Uni-Taschenbücher 1251

UTB
FÜR WISSEN
SCHAFT

Eine Arbeitsgemeinschaft der Verlage

Wilhelm Fink Verlag München
Gustav Fischer Verlag Stuttgart
Francke Verlag Tübingen
Paul Haupt Verlag Bern und Stuttgart
Dr. Alfred Hüthig Verlag Heidelberg
Leske Verlag + Budrich GmbH Opladen
J. C. B. Mohr (Paul Siebeck) Tübingen
R. v. Decker & C. F. Müller Verlagsgesellschaft m. b. H. Heidelberg
Quelle & Meyer Heidelberg · Wiesbaden
Ernst Reinhardt Verlag München und Basel
F. K. Schattauer Verlag Stuttgart · New York
Ferdinand Schöningh Verlag Paderborn · München · Wien · Zürich
Eugen Ulmer Verlag Stuttgart
Vandenhoeck & Ruprecht in Göttingen und Zürich

32,80

Jörg K. Hoensch

Geschichte Polens

Zweite, neubearbeitete und erweiterte Auflage

7 Karten

Verlag Eugen Ulmer Stuttgart

Dr. phil. Jörg K. Hoensch, geb. 1935 in Freudenthal/ČSR, seit 1972 o. Professor für Osteuropäische Geschichte an der Universität des Saarlandes. Mitglied der Gemeinsamen Deutsch-Polnischen Schulbuchkommission.

CIP-Kurztitelaufnahme der Deutschen Bibliothek

Hoensch, Jörg K.:
Geschichte Polens / Jörg K. Hoensch. –
2., neubearb. und erw. Aufl. –
Stuttgart : Ulmer, 1990
(UTB für Wissenschaft: Uni-Taschenbücher; 1251)
ISBN 3-8001-2625-7
NE: UTB für Wissenschaft / Uni Taschenbücher

Wollgrasweg 41, 7000 Stuttgart 70 (Hohenheim)
Printed in Germany
Einbandgestaltung: Alfred Krugmann
Satz: Bauer & Bökeler Filmsatz GmbH Denkendorf
Druck und Bindung: F. Pustet, Regensburg

Vorwort

„Freiheit, Gleichheit, Brüderlichkeit!"
Aber wie gelangen wir zu den Tätigkeitswörtern?
Stanisław Jerzy Lec
(Unfrisierte Gedanken)

Das Anliegen, tausend Jahre polnischer Geschichte in einem kritischen, konzisen, zugleich aber umfassend informierenden Überblick darzustellen, erwies sich als das erwartet schwierige Unterfangen: Es sollten nicht nur die wichtigsten Ereignisketten Aufnahme finden, sondern selbstverständlich auch der gegenwärtige Forschungsstand und weiterführende Literatur benannt sowie eigene Stellungnahmen und Reflexionen eingebracht werden. Unumgänglich wurde daher der Verzicht auf eingängige Detailschilderungen, auf die erschöpfende Auseinandersetzung mit den Quellen und die vollständige Auswertung der Sekundärliteratur. Die Fülle und Qualität sowohl der älteren als auch der gegenwärtigen polnischen Geschichtsschreibung sowie auch das wachsende Interesse, das polnische historische Themen im Ausland gefunden haben, erzwangen notgedrungen eine strenge Auswahl der in den Anmerkungen und der Bibliographie berücksichtigten Titelinformationen. Trotz allen Bemühens um inhaltliche Ausgewogenheit konnten die sozialen, wirtschaftlichen, kulturellen und religiösen Aspekte nicht immer in der wünschenswerten Ausführlichkeit Aufnahme finden. Die wechselvolle Geschichte der Randzonen des polnischen Staatsgebiets ist nur dann in groben Umrissen in die Darstellung einbezogen worden, wenn diese Territorien fester Bestandteil Polens waren.
Ältere deutsche Gesamtdarstellungen haben die polnische Geschichte wegen des engen und nicht immer spannungsfreien Nachbarschaftsverbandes meist in den Kategorien einer deutsch-zentrischen Ostkunde gesehen; die polnische Historiographie hat sich – unbeschadet der ideologischen und methodischen Vielfalt ihrer historischen Schulen – selten von einer die eigene Vergangenheit im europäischen Kontext überbewertenden Interpretation freimachen können. Falsch aufgezäumte, allein auf politische Vordergründigkeit ausgerichtete Geschichte fördert ein falsches national-historisches Bewußtsein, das vornehmlich durch die Schule weitervermittelt wird und zugleich das Entstehen von Ignoranz und Verachtung begünstigt. Die nicht erst seit der Teilungszeit und dem Zweiten Weltkrieg nachweisbaren Rivalitäten, Bedrohungssyndrome und ein im Vorurteil verfestigtes Nicht-zur-Kenntnis-nehmen-wollen, die in erster Linie politischen Ursprungs sind, zu denen aber auch ethnische, kulturelle und sogar religiöse Komponenten beigetragen haben, müssen abgetragen werden, um die psychologischen Folgen eines unduldsamen Nebeneinanders aus einigen Jahrhunderten zu tilgen. Im Wissen um diese Zusammenhänge fühlte sich der Autor – frei von jeder dubiosen Polenro-

mantik – verpflichtet, im Sinne der Verständigung und Versöhnung seinen Beitrag zur besseren Kenntnis der Geschichte und der politischen Kultur Polens zu leisten. Als Mitglied der Gemeinsamen Deutsch-Polnischen Schulbuchkommission der ersten Stunde war es ihm ein besonderes Anliegen, auf der Grundlage der in den „Empfehlungen für Schulbücher der Geschichte und Geographie in der Bundesrepublik Deutschland und der Volksrepublik Polen" und auf wissenschaftlichen Symposien niedergelegten Arbeitsergebnisse einen Anlauf zum Abbau des verhängnisvollen deutsch-polnischen Antagonimus zu unternehmen, der weder eine tiefe historische Tradition noch eine Zukunft hat.
Bei der Bewältigung der technischen Modalitäten dieser Publikation durfte der Verfasser dankbar die Sachkenntnis, Hilfsbereitschaft und Einsatzfreude von Frau H. Philippi und Herrn G. Ames erfahren. Die Karten zeichnete mit Akribie Herr M. Wolff. Allein der steten Ermutigung, konstruktiven Kritik und geduldigen Förderung meiner Frau H. M. H. ist der termingerechte Abschluß des Manuskripts zu verdanken – ihr ist daher in inniger Verbundenheit und tiefer Dankbarkeit dieses Buch gewidmet.

Ultra posse nemo obligatur.

Saarbrücken, *in die constitutionis* (3. Mai) 1982 — Jörg K. Hoensch

Vorwort zur zweiten, verbesserten und erweiterten Auflage

Polen wurde durch die dramatischen Veränderungen seiner politischen, gesellschaftlichen und wirtschaftlichen Strukturen seit Jahresbeginn 1989 zum Vorreiter des unumkehrbaren demokratischen Erneuerungsprozesses im östlichen Mitteleuropa.
Die sich im Rahmen einer Neuauflage bietende Gelegenheit, auch die Ereignisabläufe im vergangenen Jahrzehnt zu schildern, wurde ebenso dankbar aufgegriffen wie die Möglichkeit, einige Sach- und Druckfehler auszumerzen sowie wichtige Neuerscheinungen im Anmerkungsapparat und in der Bibliographie zu berücksichtigen.
Bundesdeutsche Politiker haben seit der Unterzeichnung des Warschauer Vertrags am 7. Dezember 1970 immer wieder die Unaufschiebbarkeit einer „endgültigen Aussöhnung" mit den Polen beschworen. Die seit November 1989 geführte und nicht nur bei unseren Nachbarn mit gespannter Aufmerksamkeit und wachsendem Befremden verfolgte innerdeutsche Diskussion um die Endgültigkeit der polnischen Westgrenze auch nach einer Wiedervereinigung der beiden deutschen Staaten hat gezeigt, daß die ursprüngliche Zielsetzung dieser Darstellung auch heute noch die gleiche Aktualität besitzt.

Saarbrücken, Frühjahr 1990 — Jörg K. Hoensch

Inhaltsverzeichnis

Vorwort 5
Abkürzungen 10
Aussprachehilfe 12

1 **Das piastische Polen (960 – 1370/86)**
1.1 Slawische Landnahme 13
1.2 Staatsgründung und Konsolidierung (960 – 1034) 16
1.3 Krise und Wiederherstellung der piastischen Macht (1034–1138) 25
1.4 Sieg und Überwindung des Partikularismus (1138 – 1320) 33
1.4.1 Das Auseinanderfallen Polens in Teilfürstentümer 33
1.4.2 Die Sonderentwicklung in den einzelnen Landesteilen . . 36
1.4.3 Berufung des Deutschen Ordens. Kirchen und Klöster . . 40
1.4.4 Die deutschrechtliche Siedlungsbewegung 42
1.5 Wiederherstellung und Verteidigung der Reichseinheit (1320 – 1386) 45
1.5.1 Die Regierung Władysławs I. und Kazimierz des Großen 45
1.5.2 Staatliche und gesellschaftliche Strukturen 49
1.5.3 Außenpolitische Aktionen. Die Thronfolge des Hauses Anjou 1370 53
Anmerkungen 58

2 **Polen unter den Jagiellonen (1386 – 1572)**
2.1 Die Herrschaft Władysławs II. Jagiełło (1386 – 1434) . . . 69
2.1.1 Errichtung der polnisch-litauischen Union und ihre Gefährdung durch Großfürst Witold 69
2.1.2 Die Kriege gegen den Deutschen Orden 75
2.2 Ausbildung des Adelsstaates (2. Hälfte des 15. Jh.) 82
2.2.1 Das Eingreifen Władysławs III. in die böhmischen und ungarischen Thronwirren 82
2.2.2 Der Krieg mit dem Deutschen Orden und die Gewinnung der böhmischen und der ungarischen Krone für die Jagiellonendynastie 84
2.2.3 Die Verteidigung der Grenzen im Osten und Südosten . . 88
2.2.4 Kirchen und Konfessionen im 15. Jahrhundert 92
2.2.5 Politische und soziale Strukturen 95
2.3 Das „Goldene Zeitalter" (1506 – 1572) 99
2.3.1 Die geistig-kulturellen Voraussetzungen 99
2.3.2 Der Ausgleich mit dem Haus Habsburg und die Säkularisierung des Ordensstaates 101

2.3.3 Ursachen und Auswirkungen der protestantischen Reformation; der Erfolg der katholischen Gegenreformation . . 104
2.3.4 Die Union von Lublin 1569 109
Anmerkungen 113

3 Die „Königliche Republik“ (1572–1795)
3.1 Die ersten Königswahlen. Politische und soziale Stratifikation der Gesellschaft 121
3.2 Die Herrschaft Stefan Báthorys und der Könige aus dem Hause Wasa (1576–1668) 132
3.2.1 Kriege mit Moskau und Schweden 132
3.2.2 Die Intervention im Großfürstentum Moskau in der „Zeit der Wirren“ 136
3.2.3 Konsolidierung unter Władysław IV. (1632–1648) 140
3.2.4 Der Verlust der Großmachtstellung unter Jan II. Kazimierz (1648–1668) 143
3.3 Jan III. Sobieski und die Türkenabwehr 152
3.4 Der politische Niedergang Polens unter den Sachsenkönigen (1697–1763) 155
3.5 Das Reformzeitalter und die Teilungen unter König Stanisław August Poniatowski 162
Anmerkungen 168

4 Nation ohne Staat – das geteilte Polen (1795–1918)
4.1 Ansätze und Scheitern einer Restitution Polens (1795–1815) 180
4.1.1 „Noch ist Polen nicht verloren...“: Erste Eingliederungsmaßnahmen der Teilungsmächte; die Legionen 180
4.1.2 Das Herzogtum Warschau; die polnische Frage auf dem Wiener Kongreß 187
4.2 „Für eure und unsere Freiheit“ – Die polnische Frage im europäischen Mächtekonzert (1815–1864) 193
4.2.1 Das „Königreich Polen“ und der Novemberaufstand von 1830/31 193
4.2.2 Die „Große Emigration“ 202
4.2.3 Die politische und soziale Entwicklung im österreichischen Galizien und in der Freien Stadt Krakau bis 1846 . . 205
4.2.4 Das Großherzogtum Posen bis zur Revolution von 1848 . . 208
4.2.5 Voraussetzungen und Scheitern des Januaraufstands 1863/64 213
4.3 Polen in den Jahren der „Organischen Arbeit“ (1864–1914) 220
4.3.1 Abwehr der Russifizierungsversuche und wirtschaftlicher Aufschwung in den „Weichselgouvernements“ 220
4.3.2 Galizien unter dem Autonomiestatut 226
4.3.3 Germanisierungs- und nationale Kampfpolitik in Preußen/Deutschland 230

4.4 Die Wiedergewinnung der Eigenstaatlichkeit im Ersten Weltkrieg 236
Anmerkungen 242

5 Polen in der Zwischenkriegszeit und im Zweiten Weltkrieg (1918–1944)
5.1 Der Kampf um die Grenzen (1918–1921) 250
5.2 Polen als parlamentarische Republik (1921–1926) 259
5.3 Polen unter Piłsudski und seinen Epigonen (1926–1939) 265
5.4 Polen im Zweiten Weltkrieg 279
Anmerkungen 293

6 Polen als Volksdemokratie (1944/45–1989)
6.1 Die gleitende kommunistische Machtübernahme (1945–1947) 300
6.2 Auswirkungen und Überwindung des Stalinismus (1948–1956) 306
6.3 Die „Ära Gomułka" (1956–1970) 316
6.4 Erfolg und Scheitern Giereks (1970–1980) 326
6.5 Der Bankrott des volksdemokratischen Systems (1981–1989) 338
Anmerkungen 354

Karten
Polen zur Zeit Bolesławs I. Chrobry 18/9
Polen unter Władysław Łokietek 1320 46
Königreich Polen – Litauen unter Władysław II. Jagiełło (um 1420) 70/71
Die Adelsrepublik im 17. Jahrhundert 144/45
Die Aufteilung Polens 1772–1795 . . . . . 182/83
Polen nach dem Wiener Kongreß (1815) 196/97
Polen im 20. Jahrhundert 252/53

Genealogische Tafeln 359
Regenten und Regierungen 364
Auswahlbibliographie 368
Personenregister 388

Abkürzungen

AK	Armia Krajowa, Armee im Lande
AL	Armia Ludowa, Volksarmee
APH	Acta Poloniae Historica
BBWR	Bezpartyjny Blok Współpracy z Rządem, Nicht parteigebundener Block der Zusammenarbeit mit der Regierung
ČSČH	Československý Časopis Historický
Czasop. Prawno-Hist.	Czasopismo Prawno-Historyczne
ForschOsteurG	Forschungen zur Osteuropäischen Geschichte
HZ	Historische Zeitschrift
JbbGOsteur	Jahrbücher für Geschichte Osteuropas
JCEA	Journal of Central European Affairs
KBW	Korpus Bezpieczeństwa Wewnętrznego, Korps der Inneren Sicherheit
KIK	Klub Inteligencji Katolickiej, Klub der katholischen Intelligenz
KOR	Komitet Obrony Robotników, Komitee zur Verteidigung der Arbeiter
KPP	Komunistyczna Partia Polski, Kommunistische Partei Polens
KRN	Krajowa Rada Narodowa, Landesnationalrat
Kwart. Hist.	Kwartalnik Historyczny
LAS	Lexikon Antiquitatum Slavicarum
MGH	Monumenta Germaniae Historica
MO	Milicja Obywatelska, Bürgermiliz
Mon.Pol.Hist.	Monumenta Poloniae Historica
ND	Narodowa Demokracja, Nationaldemokratie
NRP	Narodowa Robotnicza Partia, Nationale Arbeiterpartei
NSZZ „Solidarność“	Niezależny Samorządny Związek Zawodowy „Solidarność“, Unabhängige Selbstverwaltete Gewerkschaft „Solidarität“
OPZZ	Ogólnopolskie Porozumienie Związków Zawodowych, Gesamtpolnische Gewerkschaftsverständigung
ORMO	Ochotnicza Rezerwa Milicji Obywatelskiej, Freiwillige Reserve der Bürgermiliz
OZN	Obóz Zjednoczenia Narodowego, Lager der Nationalen Einigung
PHW	Przegląd Historyczno-Wojskowy

PKWN	Polski Komitet Wyzwolenia Narodowego, Polnisches Komitee der Nationalen Befreiung
PPR	Polska Partia Robotnicza, Polnische Arbeiterpartei
PPS	Polska Partia Socjalistyczna, Polnische Sozialistische Partei
PRON	Patriotyczny Ruch Odrodzenia Narodowego, Patriotische Bewegung der Nationalen Wiedergeburt
PRT	Polski Rząd Tymczasowy, Provisorische Regierung
Przegl.Hist.	Przegląd Historyczny
PRZN	Polski Rząd Zjednoczenia Narodowego, Regierung der Nationalen Einheit
PSB	Polski Słownik Biograficzny
PSL	Polskie Stronnictwo Ludowe, Polnische Volks-(Bauern-)Partei
PZPR	Polska Zjednoczona Partia Robotnicza, Polnische Vereinigte Arbeiterpartei
RJN	Rada Jedności Narodowej, Rat der Nationalen Einheit
Roczn.Hist.	Roczniki Historyczne
Roczn.Teolog. Kanoniczne	Roczniki Teologiczno-Kanoniczne
SD	Stronnictwo Demokratyczne, Demokratische Partei
SEER	The Slavonic and East European Review
SMHW	Studia i Materiały do Historii Wojskowości
SN	Stronnictwo Narodowe, Nationalpartei
SP	Stronnictwo Pracy, Partei der Arbeit
VfZG	Vierteljahreshefte für Zeitgeschichte
Vol.Leg.	Volumina Legum
VSWG	Vierteljahresschrift für Sozial- und Wirtschaftsgeschichte
WKON	Wojskowy Komitet Ocalenia Narodowego, Militärkomitee der Nationalen Errettung
WRON	Wojskowa Rada Ocalenia Narodowego, Militärrat der Nationalen Errettung
Zap.Hist.	Zapiski Historycne
ZfO	Zeitschrift für Ostforschung
ZL-N	Związek Ludowo-Narodowy, Nationaler Volksverband
ZOsteurG	Zeitschrift für Osteuropäische Geschichte
ZSL	Zjednoczone Stronnictwo Ludowe, Vereinigte Volks-(Bauern-)Partei

Zur Aussprache der polnischen Wörter und Namen

Die polnischen Wörter und Namen werden auf der vorletzten Silbe betont.

ą	= nasaliertes o wie franz. mon
ę	= nasaliertes e wie franz. fin
ó	= u
y	= dumpfes i
ie	= i + e, je
eu	= e + u
ei	= e + i
ł	= entspricht etwa dem engl. w in what
ń und ni	= weiches n wie franz. Champagne, ital. Bologna
s	= immer stimmlos
z	= stimmhaftes s wie in Hase
st	= s + t
sz	= sch – der entsprechende Zischlaut: ś bzw. si
cz	= tsch: ć bzw. ci
rz und ż	= stimmhaft wie franz. journal

Die Vokale sind im Polnischen kurz und offen.

1 Das piastische Polen ($\approx$ 960–1370/86)

1.1 Slawische Landnahme

Die gängigen Theorien und Hypothesen erlauben keine eindeutigen, unumstrittenen Aussagen über Herkunft, Ausbreitung und Staatenbildung der westslawischen Stämme, weil sie sich nur auf wenige, nicht gerade aussagekräftige schriftliche Zeugnisse stützen können und sowohl die Ergebnisse der Archäologie als auch der linguistischen Forschung eine oft widersprüchliche Interpretation erfahren haben[1]. Weitgehende Übereinstimmung herrscht in der Auffassung, daß in der jüngeren Bronzezeit (ca. 1200–500 v. Chr.) ein illyrisches Volk, dem Lausitzer Kulturkreis zugerechnet, weite Teile des späteren Großpolen im Flußgebiet von Warthe und Netze besiedelte und durch die Einbrüche der Skythen und Kelten sowie durch die Einwanderung nordisch-germanischer Stämme nach Südosten abgedrängt oder doch völlig überlagert wurde. Die von polnischen Archäologen nach 1945, aber auch von Historikern vertretene These, in den Mitgliedern dieser Lausitzer Kulturgruppe im Interesse einer Geltendmachung alter Ansprüche auf deren einstiges Siedlungsgebiet die Urslawen und – dank ihrer ungewöhnlichen Siedlungsstetigkeit – die direkten Vorläufer der polnischen Stämme gefunden zu haben, wird heute in dieser Form nicht mehr aufrechterhalten[2].

Die germanische Landnahme war um die Zeitwende abgeschlossen; die aus den Berichten antiker Schriftsteller der römischen Kaiserzeit überlieferten Stämme – suebische Elbgermanen, Burgunden in Pommern, Vandalen in Schlesien, Goten und Gepiden an der unteren Weichsel – begannen sich Ende des 2. Jh. n. Chr. langsam nach Osten und Südosten in Bewegung zu setzen und hatten um 400 das Gebiet zwischen Elbe und Bug, den Karpaten und der Ostsee weitgehend geräumt. Die außerpolnische Vorgeschichtsschreibung vertritt fast einhellig die Ansicht, daß erst danach, ausgelöst durch den Hunnensturm und die germanische Wanderung, slawische Stämme, wahrscheinlich aus den Flußgebieten des oberen Dnestr, des mittleren Dnepr und des Pripet, vielleicht auch aus dem nördlichen Karpatenvorland am Oberlauf der Weichsel, in diese fast menschenleeren, möglicherweise noch von bescheidenen Resten germanischer Stämme bewohnten Territorien[3] eingesickert sind und sie bis ins 7. Jh. bis zur Elbe-Saale-Linie besetzt haben. In diesem friedlichen Prozeß der slawischen Landnahme, der als letzter Akt der Völkerwanderung in den schriftlichen Quellen keinen sicheren Niederschlag gefunden hat, zogen mit der Zeit Veleti von Pommern über die Oder nach Westen, Sorben vom Mittellauf der Warthe an die obere Elbe und von dort weiter nach Süden über die Donau, Obotriten von der mittleren Oder in das spätere Mecklenburg, während sich Liutizen an der unteren Oder und in Brandenburg eine Heimstatt schufen. Wagrier, Pomoranen (vor dem 10. Jh. nur im Teilstamm der Wolliner (Vuloini) belegt)[4] und Kaschuben/Slowinzen siedelten entlang der Ostseeküste. Für Schlesien benennt der sog. bairische Geograph (Geographus Bavarus) für die 2. Hälfte des 9. Jh. die Siedlungs- und Sippenverbände (*civitates*) der Slenzanen (Sleenzani, Slasane), Dadosesani (Dziadostane), Opolanen (Opolini) und Golensizi[5], die später (erst 973 bzw. 1086) um die Trebowanen und Bobranen ergänzt wurden[6].

Aus den spärlichen, eher zufälligen Erwähnungen karolingischer und sächsischer Chronisten lassen sich für das polnische Kernland die im östlichen Großpolen um den Goplosee und Kruschwitz (Kruszwica) ansässigen Goplanen (Glopeani), die am Oberlauf der Weichsel und ihren Nebenflüssen Wisłok und San siedelnden Wislanen (Vuislane) sowie die Lędzice (Lendizi) identifizieren, die – vielleicht als Vorläufer der Polanen – wahrscheinlich im östlichen Großpolen und westlich der mittleren Weichsel wohnten[7]. Die an der mittleren Warthe um Posen (Poznań) und Gnesen (Gniezno) lebenden, später nach Mittelpolen sich ausdehnenden Polanen (lat. Poloni, poln. Polanie), von denen die erfolgreiche Staatsbildung ausging und die dem ganzen Volk später ihren Stammesnamen gaben, sind quellenmäßig erst um das Jahr 1000 (älteste Vita des heiligen Adalbert) belegt; die Masowier (Mazowszanie) im Gebiet nordöstlich der mittleren Weichsel und des unteren Bug fanden Ende des 11. Jh. in der Nestorchronik eine schriftliche Erwähnung. Somit umfaßte das – von der Sprachwissenschaft bestätigte – Kerngebiet der polnischen Slawen die Territorien um Warthe und Netze, der oberen und mittleren Weichsel samt ihren Nebenflüssen, schob sich im Südwesten über den Oberlauf der Oder bis zu den Sudeten vor, dehnte sich im Süden bis in die Täler der Karpaten und Beskiden aus und erreichte im Osten den Sanok, im Nordosten Bug und Narew, wo heftige Auseinandersetzungen mit den westbaltischen Stämmen der Prußen, vornehmlich der Jadwinger (Jatvjagen) oder Sudauer, zu bestehen waren[8].

Brandrodungen schufen die Voraussetzung für Getreideanbau und Viehzucht. Wegen der raschen Erschöpfung des Bodens war eine große Mobilität erforderlich, die aber zugleich die Binnenkolonisation begünstigte. Die leichten Böden Großpolens und Masowiens waren auch mit einfachen Hilfsmitteln gut zu bestellen, während die schweren und fruchtbaren Böden Schlesiens und Kleinpolens erst nach der langsamen, sich bis ins 10. Jh. hinziehenden Verbreitung des eisenbeschlagenen Pflugs und der Sichel intensiver genutzt werden konnten. In dem anfänglich nur inselhaft besiedelten Land entwickelten sich mit der Zeit nach Einzelhofgruppen auch kleine Weiler, später in geschlossener Siedellage und in Anlehnung an Flußläufe größere Dörfer. Dabei setzte sich nach der Feld-

graswirtschaft langsam die Mehrfelderwirtschaft durch. Die ausgedehnten Waldungen spielten als Wirtschaftsfaktor eine bedeutende Rolle; Waldbienenzucht, Jagd und Fischfang waren weit verbreitet. Die einst auf hohem Niveau stehende Eisen- und Keramikherstellung war weitgehend zum Erliegen gekommen[9]. Der lebhafte Durchgangs- und Binnenhandel über die Bernsteinstraße hatte an Bedeutung verloren; über Magdeburg und Mainz, aber auch über Böhmen und Regensburg wurden hauptsächlich Sklaven und Pelze in das Frankenreich, in das islamische Spanien und nach Norditalien im Austausch für Waffen und Luxusgüter verbracht. Seit dem 10. Jh. lag der Küstenhandel entlang der Ostsee fest in der Hand der dänischen und schwedischen Wikinger, die in Jomsborg (Vineta, Wollin), Stettin (Szczecin), Kolberg (Kołobrzeg) und im Mündungsdelta der Weichsel (Danzig/Gdańsk, Truso am Drausensee/Drużno) bedeutende Handelsniederlassungen unterhielten[10].
Leicht zu befestigende Hügelkuppen sowie mit Holz-Erdwällen geschützte Halbinseln in Seen oder an Flußläufen boten im Notfall Menschen und Vieh der näheren Umgebung Zuflucht. Die Archäologie hat für Polen rd. 2300 Burganlagen aus frühpiastischer Zeit nachgewiesen, die ihrem Zweck entsprechend variierten: ausgedehnte Fluchtburgen wechselten mit befestigten Stammesheiligtümern, kleineren Anlagen rein militärisch-strategischen Charakters und Hofumwehrungen mit Markt- und Versammlungsmöglichkeiten ab. Daneben entstanden im 9./10. Jh. durch Einbeziehung des Suburbium, der Wohnstätte der zum Hof gehörenden Handwerker, stattliche Anlagen, die als Fürstensitze vorstellbar sind[11]. Sie sind Zeugnis dafür, daß es im polnischen Raum, wie überall in der slawischen Welt, nach der dauerhaften Ansiedlung zur Herausbildung eines personalen oder territorialen Kleinstammes als gentiler und als Siedelverband mit der Burg als Mittelpunkt gekommen war. Der *ród* (Sippe, Geschlecht), der aus Einzelfamilien zusammengewachsene Verband der Großfamilie, wurde zur Keimzelle eines erweiterten Zusammenschlusses und damit zum Kleinstamm, der eine Anzahl von Großfamilien eines bestimmten Siedlungskerns umfaßte und seinerseits später in Großstämmen oder Stammesverbänden aufging[12]. Diese Familien- und Großfamilienverbände waren herrschaftlich in einem Burgherrentum (lat. *vicinia, pagus,* poln. *opole)* organisiert, wobei der Familienälteste über die Burg und ihre Verteidigung gebot und wahrscheinlich auch Gerichtsgewalt ausübte. Mit dem teils freiwilligen, teils gewaltsamen Zusammenschluß der Kleinstämme zu Stammesverbänden unter einem die Erblichkeit der Herrschaft beanspruchenden Fürsten (lat. *dux,* poln. *knędz,* später *ksiądz* und książę) wurde die zuvor mögliche Mitbestimmung der freien Stammesangehörigen auf gemeinsamen Versammlungen wahrscheinlich beendet[13]. Die Fürstenherrschaft war nur auszuüben und aufrechtzuerhalten durch die Anwerbung von Gefolgschaften (*drużyna*)[14], Söldnern, die – vom Herrn versorgt und abhängig – zwar auch einfache Verwaltungsaufgaben wahrnahmen, vor allem aber für Beutezüge und als Schutztrup-

pe bereitstanden. Mit ihren Abgaben trug die bäuerliche Bevölkerung zum Unterhalt der herrschenden Familien und deren Gefolgschaft bei; sie hatte bei Abwehrkämpfen wohl auch Krieger zu stellen und für die Funktionsfähigkeit der Verteidigungsanlagen zu sorgen. Wachsende persönliche Abhängigkeit bedingte eine stete Verschiebung des Verhältnisses Freie – Unfreie. Mit der Zeit bildete sich eine scharf von den Ackerbauern getrennte privilegierte Schicht heraus, die sich durch die Verschmelzung mit der *drużyna* zum wehrhaften Landadel (*milites, nobiles*) weiterentwikkelte.

1.2 Staatsgründung und Konsolidierung ($\approx$960–1034)

Gestützt auf die Vita des Slawenapostels Methodios (um 870) wurde die Hypothese von einem mächtigen „Staat der Wislanen", von seiner Christianisierung unter griechischem Ritus durch Methodios oder seine Schüler und von der zeitweiligen Einbeziehung des Gebiets der oberen Weichsel in das – bereits 906 zerschlagene – Großmährische Reich aufgestellt[1]. Diese staatliche Entwicklung läßt sich im einzelnen nicht nachweisen; zwischen 950 und 965 wurde das Land der Wislanen um Krakau (Kraków) durch Boleslav I. (935–967) der Oberhoheit Böhmens unterstellt und erst kurz vor der Jahrtausendwende (999?) von Bolesław I. Chrobry endgültig für Polen gewonnen.

Ansätze von Staatsbildung lassen sich im Stammesgebiet der Polanen an der mittleren Warthe und der oberen Netze in das 9. Jh. zurückverfolgen. Es ist unter Berücksichtigung der Legende vom bäuerlichen Dynastiegründer Piast nicht auszuschließen, daß nach dem Untergang einer früheren Herrschaftsorganisation oder einem Sieg über ein älteres Fürstengeschlecht – vielleicht der Glopeani in Kruschwitz – die historisch nicht faßbaren Gnesener Fürsten Siemowit, Leszek (Lestik) und Siemomysł ihr straff verwaltetes Herrschaftsgebiet bis zur mittleren Weichsel und zur Pilica, also auf Großpolen und Kujawien, ausdehnen konnten[2]. Von Teilen der deutschen Geschichtsschreibung wurde lange die Auffassung vertreten, die Bildung des Stammesstaates der Polanen gehe – ähnlich wie die Gründung der Kiever Rus' – auf den Einfluß wikingischer Fürsten zurück, die als Fernhändler und beutemachende Krieger über die zur Herrschaftsausweitung notwendigen Machtmittel verfügt hätten. Das umstrittene *Dagome-iudex*-Regest, in dem 992 Mieszko I. sein Land über Papst Johannes XV. dem Hlg. Petrus übereignete, wurde zur Begründung der Theorie herangezogen, die Staatsgründung sei unmittelbar von einer normannischen Dynastie ausgegangen[3]. Im frühen 19. Jh. hat selbst die unter dem Schock des Verlusts der Eigenstaatlichkeit stehende, von Herder beeinflußte polnische Geschichtsschreibung die krassen sozialen Gegensätze der Anfangszeit zwischen Adel und Bauern mit einer „Überschüttungstheorie", mit der Eroberung des Gebiets durch eine fremde Herren-

schicht, zu erklären versucht. Auch wenn bereits die Organisation des frühen Polanen- Staates weit über die Einigung von Stammesverbänden hinausgehende Züge der Reife trägt, die sich in den späteren normannischen Staatsgründungen wiederfinden, womit wikingische Vorbilder und Einflüsse, vielleicht über Mitglieder der *drużyna*, nicht völlig auszuschließen sind, so kann die Hypothese einer nordgermanischen Herkunft Mieszkos (lat. Misaca, Mesico) als endgültig widerlegt gelten[4].
In der Chronik des sächsischen Mönchs Widukind von Corvey[5], im Reisebericht des jüdischen Kaufmanns Ibrāhīm ibn Ja'qūb[6], in zeitgenössischen Annalen[7] und, rd. 50 Jahre später, im Chronicon des Bischofs Thietmar von Merseburg[8], erscheint Fürst Mieszko (um 960–992) als Herrscher eines gefestigten, leistungsfähigen Staatswesens, das im Osten die Masowier in einem lockeren Abhängigkeitsverhältnis hielt, im Norden in harte Grenzkämpfe verwickelt war, sich im Westen über die Oder und im Südwesten und Süden nach Schlesien und Kleinpolen auszuweiten bemühte[9]. Zusammenstöße mit dem sächsischen Grafen Wichmann und dem Markgrafen Gero sind für 963 im Gebiet östlich der Elbe belegt[10]; 967 glückte Mieszko mit Hilfe seiner wikingischen und wollinischen Verbündeten ein Sieg über Wichmann und anschließend wohl die Eroberung ganz Pommerns. Bereits jetzt als *amicus imperatoris* bezeichnet[11], konnte er bei Cidini (Zchdenick, poln. Cedynia) am 24. VI. 972 ein deutsches Heer unter dem Markgrafen der Ostmark, Hodo, zurückschlagen[12]. Auf seinem letzten Hoftag in Quedlinburg zu Ostern 973 hat Kaiser Otto I. Mieszko oder seinem Sohn Bolesław die Mißbilligung über das eigenmächtige Vorgehen Hodos ausgesprochen.
Zu diesem Zeitpunkt hatte Mieszko I. nach der 965/66 vollzogenen Heirat mit Dubrawa (Dubravka, Dobrava), der Tochter Herzog Boleslavs I. von Böhmen, im Jahre 966/67 für sich und sein Volk das Christentum nach lateinischem Ritus angenommen und war damit in die *christiana res publica* eingetreten. Böhmische Missionare vollzogen, wegen des Fehlens einer eigenständigen Priesterkaste ohne ernsthaften Widerstand, die Taufe des polytheistischen, Naturgewalten anbetenden Polen[13]. 968 wurde in Posen ein Missionsbistum gegründet, das kein Suffragan des gleichzeitig errichteten Erzbistums Magdeburg, sondern direkt dem Heiligen Stuhl unterstellt gewesen sein dürfte. Die weitsichtige Entscheidung Mieszkos, das Christentum aus freien Stücken anzunehmen, bewahrte die polnischen Stämme vor dem Schicksal der bis ins 12. Jh. im Heidentum verharrenden Elb- und Ostseeslawen, die in den dauernden Kämpfen mit den Nachbarn aufgerieben und assimiliert wurden; zugleich bot sie Gelegenheit, unter dem Vorwand der Heidenmission die eigenen Grenzen vorzuschieben. Der anfangs dominierende Einfluß des böhmischen Klerus wurde bald durch Priester und Mönche, die aus allen Provinzen des Heiligen Römischen Reiches nach Polen kamen, zurückgedrängt. Im Episkopat und unter den Kanonikern blieb bis in die Mitte des 12. Jh. das nichtpolnische Element vorherrschend[14].

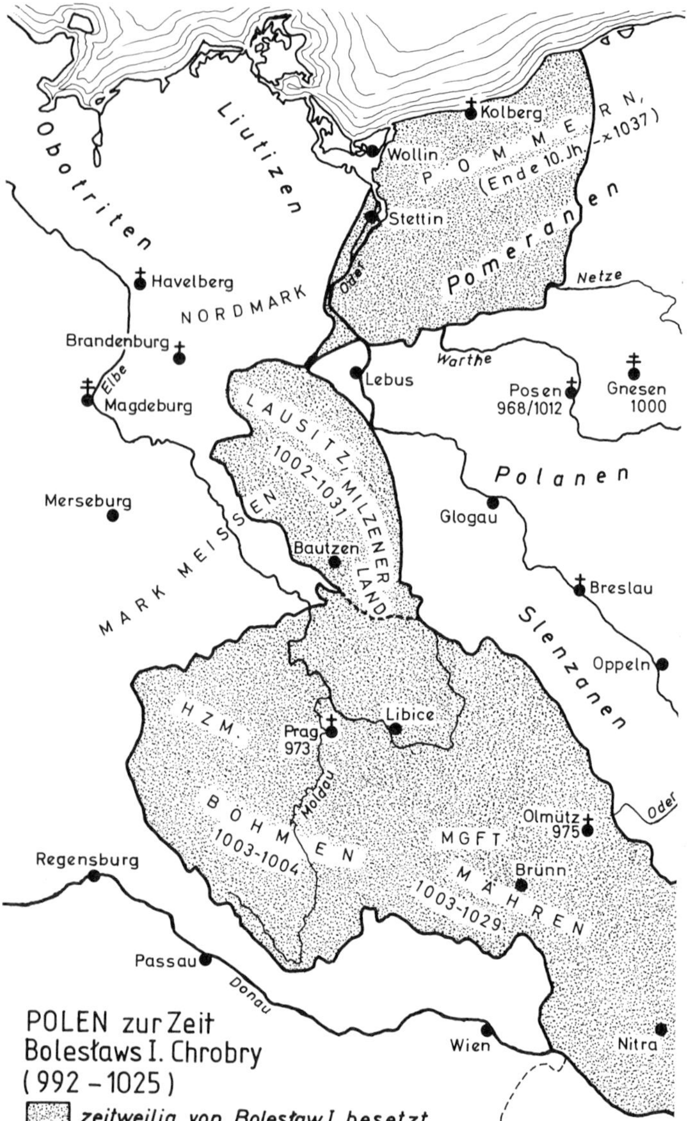

POLEN zur Zeit
Bolesławs I. Chrobry
(992 – 1025)

zeitweilig von Bolesław I. besetzt

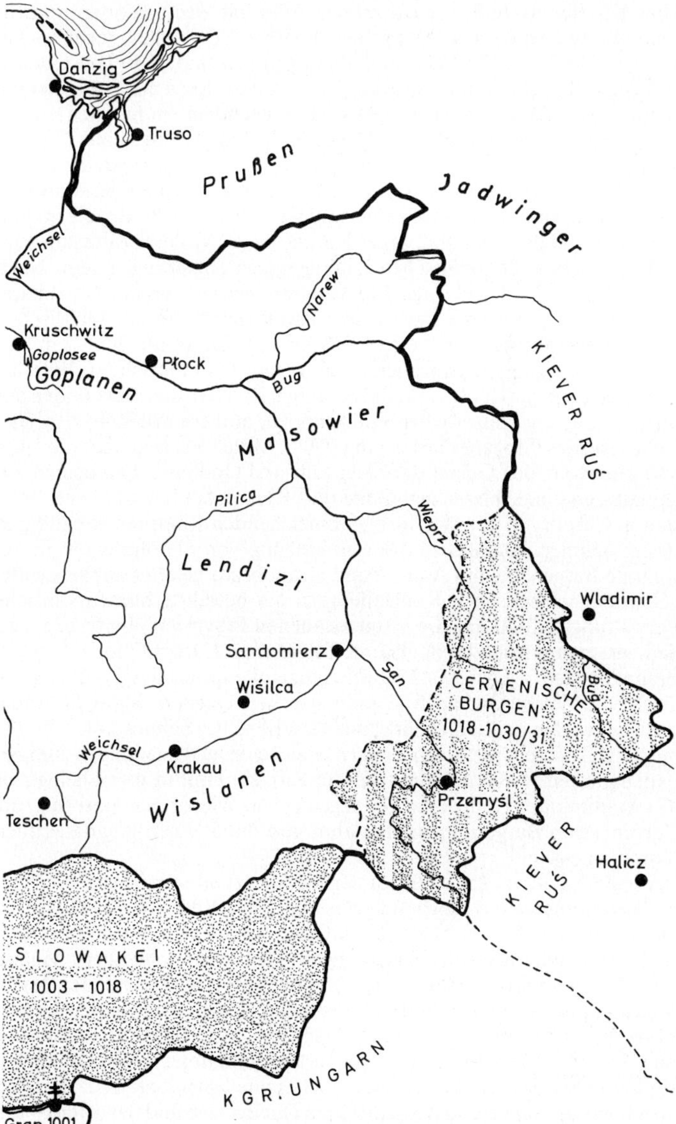

Danzig
Truso
Prußen
Jadwinger
Weichsel
Narew
Kruschwitz
Goplosee
Goplanen
Płock
Bug
KIEVER RUŚ
Masowier
Pilica
Wieprz
Lendizi
Wladimir
Sandomierz
San
Wiśilca
ČERVENISCHE BURGEN 1018-1030/31
Bug
Weichsel
Krakau
Przemyśl
Wislanen
Teschen
KIEVER RUŚ
Halicz
SLOWAKEI
1003 – 1018
KGR. UNGARN
Gran 1001

Mieszkos Bereitschaft, die kaiserliche Autorität anzuerkennen und für neueroberte Gebiete Tribut zu zahlen, bedingte vorerst kein formales Lehensverhältnis. Bei den Thronerledigungen 973 und 983 (Tod Ottos I. und Ottos II.) schlug sich Mieszko jeweils auf die Seite des Prätendenten Heinrich des Zänkers von Bayern, den er, nachdem ein möglicherweise 979 gegen ihn gerichteter Feldzug keinen Erfolg gezeitigt hatte, 983/84 sogar als *rex et dominus* anerkannte. Doch schon 985 unterstellte er sich Otto III. und der Regentin Theophanu, beteiligte sich an den Abwehrkämpfen gegen Liutizen (Heveller) und Obotriten und huldigte dem jungen König auf dem Quedlinburger Hoftag 986 als Vasall[15]. Mieszkos Einlenken dürfte außenpolitischen Überlegungen entsprungen sein. Nach 977 mit Oda, der Tochter des Markgrafen Dietrich von der Nordmark, verheiratet und dadurch auch in die Rivalitätskämpfe des sächsischen Hochadels einbezogen, rüstete er sich für den Kampf um Schlesien und Kleinpolen gegen seinen früheren Schwager, den Přemysliden Boleslav II. Unterstützt von dessen innerböhmischen Rivalen, den Slavnikiden auf Burg Libice, und kaiserlichen Hilfstruppen, eroberte Mieszko den Gau Dedosese, das Glogauer Land, ging 990 in Mittelschlesien über die Oder und unterwarf das Gebiet der Sleenzani und Opolini[16]. Die beiden angrenzenden oberschlesischen Gaue und Kleinpolen hat wohl erst Bolesław I. Chrobry in den sich bis 999 hinziehenden Kämpfen endgültig in Besitz nehmen können. Mit der Einsetzung von Gefolgsleuten in bestimmte Burgen, die mit Ämtern und Grundbesitz belehnt wurden, sollte neben der militärischen Kontrolle auch der bewährte binnenpolnische Verwaltungsaufbau auf die neugewonnenen Provinzen übertragen werden. 991 nahm Mieszko noch am erfolgreichen Kampf Ottos III. gegen Brennabor teil. – Dynastische Beziehungen knüpfte Mieszko über seine Tochter Świętosława, nach skandinavischen Quellen Sigrid Storrada, nach Schweden und Dänemark; mit der Ehe seines Sohnes Bolesław 984 mit einer Tochter Gézas von Ungarn leitete er enge Beziehungen zum Arpádenhaus ein[17]. Kontakte zur Kiever Rus' sind nur insoweit belegt, als 981 Vladimir der Heilige die Grenzgebiete an Wieprz, San und Bug, die Červenischen Burgen, in Besitz nahm und damit einen langdauernden Konflikt auslöste[18].

Bei seinem Tod am 25. V. 992 hinterließ Mieszko I. seinen erbberechtigten vier Söhnen ein weitgehend gefestigtes Reich, das von der Ostsee bis an die Sudeten, von der Oder nach Osten bis über die Weichsel reichte und – nach hypothetischen Schätzungen – 250 000 km^2 mit über 1 Million Bewohnern umfaßt haben könnte[19]. In den sofort ausbrechenden Nachfolgekämpfen setzte sich mit Unterstützung seiner *drużyna* der Älteste, Bolesław I. Chrobry (= der Tapfere, geb. 967, gest. 1025) durch, der seine Stiefbrüder sowie ihre Mutter Oda vertrieb und unter ihren Anhängern ein hartes Strafgericht hielt. Danach war seine Herrschaft im Innern unangefochten. Auf Grund der schlechten Quellenlage und der offenkundigen Voreingenommenheit des Chronisten Thietmar können nur wenige

Fakten aus der Regierungszeit Bolesławs I. als historisch gesichert gelten[20]. Neben dem vom Vater übernommenen Kampf um Oberschlesien und das Land der Wislanen war er 992 an den Zügen gegen die Liutizen, 995 gegen die Obotriten beteiligt. Von dem Missionsauftrag des christlichen Herrschers durchdrungen, ermöglichte Bolesław I. dem aus seinem Bistum Prag vertriebenen Bischof Adalbert von der Burg Danzig aus eine Missionsfahrt zu den Prußen, durch die dieser im April 997 den Märtyrertod erlitt. Der den Prußen abgekaufte Leichnam Adalberts (tsch. Vojtěch) wurde in Gnesen beigesetzt, wo sich nach der raschen Kanonisierung ein reger Adalbert-Kult zu entfalten begann, der Kaiser Otto III., dem Heiligen zu Lebzeiten freundschaftlich verbunden, im März 1000 zu einer Wallfahrt zu dessen Grab veranlaßte. Die von Papst Silvester II. gegen den Widerspruch der Metropolie Magdeburg erwirkte Errichtung eines polnischen Erzbistums in Gnesen unter Adalberts Bruder Radim/Gaudentius mit den Suffraganen Krakau, Kolberg, Breslau (Wrocław) und Posen (wohl erst 1012, nach dem Tod des Bischofs Unger) ermöglichte den Aufbau einer eigenen polnischen Kirchenorganisation, die langfristig die Lösung Polens vom Deutschen Reich begünstigte und dem politischen Selbständigkeitsstreben Bolesławs I. entgegenkam[21]. In Verfolgung seines Weltkaisergedankens und der *Renovatio Imperii* übertrug Otto III. dem ihm nahestehenden Bolesław die Aufgabe, in der Sclavinia, dem mit Italia, Francia und Germania gleichgesetzten Slawenreich, die Macht des christlichen Kaisers nach Osten hin zu vertreten und auszubreiten. Daher erhob Otto den *tributarius* zum *dominus*[22]; der Kaiser soll den Polenherzog in Wiederaufnahme antiker Titel sogar zum *populi Romani amicus et socius* sowie zum *cooperator imperii*[23] ernannt und ihn mit dem kaiserlichen Diadem geschmückt haben[24]. Zu einer förmlichen Aufhebung der von Mieszko I. 986 eingegangenen Vasallität ist es trotz des Wegfalls der Tributzahlungen wohl nicht gekommen, auch wenn sich Bolesław danach dem Kaiser gegenüber in einer herausgehobenen Stellung fand[25] und sich bereits damals, wenn vorerst auch vergeblich, in Rom um die Königskrönung bemühte. Die Binnenmission wurde durch die Vermehrung der Pfarrgemeinden und erste Klostergründungen[26] vorangetrieben. Die von Polen ausgehende Heidenmission bei Prußen und Jatvjagen forderte in den „fünf Märtyrerbrüdern" († 1003) und Brun von Querfurt († 1009) weitere Opfer[27].
Dieses enge Einvernehmen mit dem Kaisertum sollte den Tod Ottos III. 1002 nicht lange überdauern. Nach der Ermordung des von ihm unterstützten Thronkandidaten Ekkehard von Meißen schwenkte Bolesław in das Lager Heinrichs II. über, der ihn auf dem Merseburger Wahl- und Huldigungstag Ende Juli 1002 mit dem östlichen Teil der Mark Meißen, bestehend aus der Lausitz und dem Milzener Land um Bautzen, belehnte. Die Einmischung in die böhmischen Thronwirren, wo sein Neffe Boleslav III. gestürzt und mit polnischer Hilfe 1003 kurzfristig wieder auf den Prager Thron gebracht wurde, löste einen bis in das Jahr 1018 dauernden

Konflikt mit dem Reich aus, weil Bolesław Chrobry danach selbst die Herrschaft in Böhmen anstrebte, dem Kaiser dafür aber den Lehnseid verweigerte. Der mit den heidnischen Liutizen verbündete Heinrich II. konnte 1004 Bolesław aus Böhmen vertreiben und im Herbst 1005 bis nach Posen vorstoßen; in dem von sächsischen Großen und dem Magdeburger Erzbischof Tagino vermittelten Frieden mußte der Polenherzog ohne sonstige wesentliche Zugeständnisse auf die Lausitz verzichten. Teile von Mähren und die nicht von Ungarn besetzten Gebiete der Slowakei dürften unter polnischer Oberhoheit verblieben sein. Auf Grund des Gerüchts, eine weitere kaiserliche Strafexpedition werde mit dem Ziel vorbereitet, nach dem Vorbild Böhmens die politische Unterordnung Polens und die Anerkennung eines formalen Lehnsverhältnisses zum Reich zu erzwingen, fiel Bolesław I. mit einem Präventivschlag tief nach Sachsen ein, besetzte die Lausitz und zog bis vor Magdeburg und Zerbst. Die Einnahme der großen Burg Lebusa in der Niederlausitz 1012 beschleunigte den Friedensschluß im Folgejahr zu Merseburg, den Bolesław unter Erneuerung des Huldigungseides im Besitz der östlichen Mark Meißen bis an die Weiße Elster bestätigte. Die bereits im Jahre 1000 verabredete Eheschließung seines Sohnes Mieszko mit Richeza, der Tochter des lothringischen Pfalzgrafen Ezzo und Enkelin Kaiser Ottos III., sollte die Familienverbindungen der Piasten mit dem Kaiserhaus stärken und dem Frieden Dauer verleihen.

Obschon Bolesław 1013 deutsche Hilfe bei seinem ersten – vergeblichen – Ausgreifen nach Kiew in Unterstützung seines Schwiegersohnes Svjatopolk Vladimirovič erhielt, verweigerte er 1014 dem Kaiser die Heeresfolge bei dessen Romzug. Das löste einen dritten, von Heinrich II. mit liutizischer und russischer Waffenhilfe geführten Krieg aus, der für beide Seiten ohne greifbaren Erfolg blieb. Der am 30. I. 1018 in Bautzen geschlossene Friede beließ Bolesław im Besitz der Lausitz und des Milzener Landes als Reichslehn; eine weitergehende Form der Vasallität war trotz den verlustreichen Kämpfen mit mehrfachen deutschen Vorstößen über die Oder nicht durchzusetzen. Der junge polnische Staat hatte seine Westgrenze behauptet und sich als leistungsfähige Militärmacht bewährt. Bolesławs vierte Ehe mit Oda, der Schwester des bereits mit Reglindis, der Tochter des Polenherzogs verheirateten Markgrafen Hermann von Meißen, sollte die Aussöhnung mit dem Reich bekräftigen.

Noch im gleichen Jahr griff Bolesław erneut in die Kiewer Thronstreitigkeiten zugunsten seines Schwiegersohns Svjatopolk ein und konnte mit Hilfe sächsischer, ungarischer und pečenegischer Hilfskontigente den Prätendenten Jaroslav am 21. VII. 1018 am Bug schlagen. Das selbstherrliche Auftreten der Polen in Kiew löste einen von Svjatopolk geführten Volksaufstand aus; Bolesław mußte sich eilends nach Polen absetzen, wobei er reiche Beute und viele Gefangene mitnahm. Vage Pläne Bolesławs, möglicherweise zusammen mit dem in Unteritalien operierenden Kaiser Heinrich II. gegen das mächtige Byzanz unter Basileios II. vorzugehen[28], hatten sich nach diesem Rückschlag von selbst erledigt. Bis 1030/31 blieben die umstrittenen červenischen Burgen unter polnischer Oberhoheit, bevor sie der siegreiche Kiewer Großfürst Jaroslav der Weise wieder der Rus' unterstellte[29].

Für die letzten Lebensjahre Bolesławs I. Chrobry, der am 17. VI. 1025 starb, fehlen weitgehend die quellenmäßigen Belege. Der fast gleichzeitige Tod Kaiser Heinrichs II. und Papst Benedikts VIII. eröffnete dem Polenherzog aber noch die Möglichkeit, energisch seine Krönungspläne voranzutreiben und sich mit Zustimmung des neuen Papstes Johannes XIX. am 25. XII. 1024 in Gnesen zum König von Polen krönen zu lassen. Diese Manifestation der politischen Unabhängigkeit vom Deutschen Reich und der inneren Konsolidierung Polens diente nicht nur der Betonung der kirchlichen und kulturellen Zugehörigkeit zum christlichen Abendland und des daraus entspringenden Missionsauftrags, sondern war auch ein Zeichen für die Aufgabe der altslawischen Vererbungsgewohnheiten und für die Übernahme des Prinzips von der Unteilbarkeit der Herrschergewalt[30].

Bereits unter Bolesław I. dürfte die – wahrscheinlich dem Burgwardsystem der sächsisch-deutschen Marken und somit karolingischem Vorbild nachgebildete – Kastellaneiverfassung vollständig ausgebildet gewesen sein. Die das ganze Land in einem engen Netz überspannenden Kastellaneiburgen (*castra, castella*) dienten dem dort residierenden herzoglichen Kastellan (*comes castellanus*) als feste Basis, um in seinem überschaubaren Amtsbezirk den jurisdiktiven, administrativen, fiskalischen und polizeilich-militärischen Aufgaben nachzukommen. In den Haupt- und Grenzburgen lagen Garnisonen, die einen wachsenden Bedarf an Dienstleistungen und Konsumgütern hatten. Dienstsiedlungen (*suburbia,* poln. *podgrodzie*) in unmittelbarer Nachbarschaft dieser Burgen übernahmen deren Versorgung und boten den Handwerkern, die bis zu 40 verschiedenen Gewerben nachgingen und vom Fürsten abhängig waren, Schutz und Verdienstmöglichkeit. Sie entwickelten sich häufig zu bedeutenden Burgstädten *(civitates)*: Gnesen, Posen, Kruschwitz, Leslau (Włocławek), Płock, Sandomierz, Krakau, Breslau, Danzig u.a. In ihrem Einzugsbereich gab es fürstliche Dörfer, in denen ausschließlich landwirtschaftliche Spezialbetriebe mit Pferde-, Vieh- und Schafzucht, aber auch Jäger (Falkner, Vogelsteller, Biberfänger), Fischer und Waldhonigsammler (Beutner) zusammengefaßt waren. In der Nähe der Hauptburgen unterhielt der Herzog, der das gesamte Staatsgebiet als Privatbesitz der Dynastie betrachtete, große Eigengüter, deren Erzeugnisse der fürstlichen Hofhaltung und der materiellen Versorgung der *drużyna* zugute kamen[31]. Unter den Hofämtern, bei denen das ottonische Beispiel prägend war, kam dem Palatin *(comes palatinus,* pol. *wojewoda*) als dem Leiter der Hofhaltung und stellvertretendem Befehlshaber des militärischen Gefolges die größte Bedeutung zu. Geringen Einfluß übten anfangs der stets der Geistlichkeit entstammende Kanzler, die Unterkämmerer, Mundschenke und

Schwertträger aus; eine ausgedehnte, auf Schriftlichkeit basierende Verwaltungstätigkeit ist für die Frühphase nicht nachzuweisen[32].
Die langsam in Unfreiheit abgleitende bäuerliche Bevölkerung war nicht nur zu Naturalabgaben auf der Grundlage der Acker- oder Hofeinheit, sondern auch zu zahlreichen Dienstleistungen (Brücken- und Befestigungsbau, Gespanndienste) verpflichtet; die freien Bauern *(liberi, rustici)* hatten Kriegsdienst zu leisten. Mit der sich im 11. Jh. ausbildenden Praxis der Landausteilung an fürstliche Gefolgsleute nahm die Zahl der auf Adelsboden wirtschaftenden Unfreien *(servi, homines ducales)* zu. Die Quellenarmut erlaubt jedoch keine weiteren gesicherten Angaben über die soziale Stratifikation im frühpiastischen Polen[33].
Unter Ausschaltung seines ältesten Sohnes Bezprym hatte Bolesław I. seinem gebildeten, in diplomatischen und militärischen Aktionen bewährten Sohn Mieszko II. Lambert (1025–1034) die Krone zugedacht. Der neue Kaiser Konrad II. versuchte, da er die Reichsrechte verletzt glaubte, Mieszko zum Verzicht auf die Königswürde zu zwingen und bemühte sich, mit Herzog Udalrich von Böhmen und dem die Interessen Bezpryms und des jüngeren Bruders Otto vertretenden Kiewer Fürsten Jaroslav eine starke antipolnische Koalition zustande zu bringen. Mieszkos Angriff auf die Mark Meißen 1028 löste einen Gegenfeldzug Konrads und Udalrichs aus, der 1029 Mähren zurückeroberte. Als 1030 Mieszko erneut – diesmal mit Hilfe der heidnischen Liutizen – brandschatzend in die östlichen Grenzmarken einfiel und 9000 Gefangene nach Polen verschleppte, erreichte Konrad II. mit einem militärisch erfolgreichen Gegenschlag 1031 den polnischen Verzicht auf die Lausitz und das Milzener Land; Jaroslav der Weise eroberte im Osten die červenischen Burgen, zwang Mieszko im Einvernehmen mit der innerpolnischen Opposition zur Flucht nach Böhmen und ermöglichte Bezprym die Herrschaftsübernahme. Dieser wußte sich die Gunst des Kaisers durch den Verzicht auf den Königstitel, die Rückgabe der Kroninsignien und die Unterwerfung zu sichern, fiel aber bereits 1032 einem – vielleicht von Mieszko II. oder seinen Anhängern inspirierten – Mord zum Opfer. Mieszko konnte danach aus dem Exil zurückkehren, mußte aber 1033 auf einem Hoftag in Merseburg seinerseits Verzicht auf die Königswürde leisten und einer Dreiteilung Polens zustimmen: Sein Bruder Otto und ihr Vetter Dietrich bekamen selbstständige Herrschaftsbereiche übertragen – Mieszko blieb nur ein Drittel des Landes und als „Tetrarch“ die formale Oberaufsicht. Die Politik der Kaiser, das Entstehen selbständiger Staatsgebilde an den Reichsgrenzen zu verhindern und sich, wenn schon nicht die Oberherrschaft, so doch die Schiedsrichterrolle über die Nachbarn zu sichern, wurde nach dem Mißerfolg gegenüber Ungarn von Konrad II. nach Böhmen jetzt auch auf Polen ausgedehnt. Der Tod des Mitregenten Otto erlaubte Mieszko zwar noch, Dietrich zu vertreiben und das polnische Staatsterritorium in seiner Hand zu vereinen, doch starb er vor der Festigung der Zentralgewalt 44jährig am 10./11. V. 1034 – wohl selbst als Opfer eines Mordanschlags[34].

1.3 Krise und Wiederherstellung der piastischen Macht (1034–1138)

Der Tod Mieszkos II. löste sozial und religiös bedingte Wirren aus, die den Staat in seinen Grundfesten erschütterten. Eine von breiten Bevölkerungsschichten getragene Opposition der Großen des Reichs, deren Einfluß in den Nachfolgekämpfen nach dem Tod Bolesławs I. gewachsen war, stärkte die zentrifugalen, von Stammesgegensätzen und Selbständigkeitsbestrebungen genährten Kräfte in den Randprovinzen. Ihr Anführer, der Mundschenk Masław (Miecław), vertrieb nicht nur die Herzoginwitwe Richeza, sondern 1037 auch den Thronerben Kazimierz I. Odnowiciel (= der Erneuerer, 1034 bzw. 1039–1058) und errichtete bis 1047 in Masowien ein selbständiges Herzogtum[1]. Knut von Dänemark besetzte Pommern; Schlesien verblieb nach dem verheerenden Einfall Herzog Břetislavs I. 1038/39 in böhmischer Hand. Dabei wurden Krakau, Gnesen und zahlreiche großpolnische Städte zerstört, Teile der Bevölkerung nach Böhmen verschleppt, unersetzliche Reliquien, darunter die Gebeine des Heiligen Adalbert, nach Prag verschleppt[2].

Das Fehlen einer starken Zentralgewalt ermutigte eine heidnische Reaktion, wobei Kirchen und Klöster verbrannt sowie Priester und Bischöfe erschlagen oder vertrieben wurden, so daß das kirchliche Leben in weiten Gebieten ganz zum Erliegen kam. Die Landbevölkerung begehrte zudem gegen den sich ausbildenden landbesitzenden Adel und die von ihm erhobenen, wachsenden Abgaben auf; nur in einigen festen Burgen konnten sich Herren und Geistlichkeit vor dem Volksaufstand schützen. Gravierende Bevölkerungsverluste und hohe Sachschäden waren zu beklagen[3]. Kazimierz, der anfangs in Ungarn, dann bei seinen mütterlichen Verwandten im Rheinland Aufnahme gefunden hatte, konnte sich mit Unterstützung Kaiser Heinrichs III. und Jaroslavs von Kiew 1039 an die Rückgewinnung seines Landes und an die Wiederherstellung der herzoglichen Gewalt im Innern machen. Er verlegte seine Residenz aus dem niedergebrannten Gnesen nach Krakau[4], das er wohl auch zum kirchlichen Mittelpunkt zu erheben gedachte, konnte sich aber gegen den Widerstand der neuernannten Bischöfe, die auch eine strenge Metropolitanverfassung ablehnten, nicht durchsetzen. Doch mit Hilfe seines Onkels, des Kölner Erzbischofs Hermann, wurde mit der Zeit eine neue Kirchenorganisation aufgebaut; die dem Reformorden von Cluny angehörenden Benediktiner aus der Abtei Brauweiler bei Köln reformierten die bestehenden und errichteten neue Klöster[5]. Dank der Militärhilfe seines Schwagers Jaroslav von Kiew, dessen Halbschwester Dobronega Maria er 1041/42 geheiratet hatte, konnte er 1047 Masowien unterwerfen und Pommerellen in Abhängigkeit bringen, schließlich 1050, jetzt auch von König Andreas I. von Ungarn unterstützt, Schlesien zurückerobern. In einem auf dem Hoftag in Quedlinburg am 22. VI. 1054 geschlossenen Vertrag sanktionierte Kaiser Heinrich III. diese Entwicklung, wobei die dort festgelegte Zahlung eines

jährlichen Tributs in Höhe von 500 Silber- und 30 Goldmark, die bis zu Beginn des 12. Jh. Anlaß zu immer neuen Kämpfen zwischen Polen und Böhmen bilden sollte, eine böhmische Oberhoheit über Schlesien stipulierte. Bis auf Westpommern war damit der alte territoriale Bestand Polens wiederhergestellt; doch bei der geschwächten Wehr- und Wirtschaftskraft kam die innere Konsolidierung nur langsam voran, so daß Herzog Kazimierz nicht daran denken konnte, die erneute Abhängigkeit vom Deutschen Reich abzuschütteln.
Sein Sohn und Nachfolger Bolesław II. (Śmiały = der Kühne, auch Szczodry = der Freigiebige, 1058–1079)[6] hatte es wegen des Verfalls der zentralen Reichsgewalt unter Kaiser Heinrich IV. leichter, einen Selbständigkeitskurs zu verfolgen. Zwar mußte er sich anfangs gegen seine drei jüngeren Brüder, die alle an der Erbschaft beteiligt wurden, durchsetzen; mit dem zweitältesten Władysław Herman, dem Masowien zugefallen war, konnte er anfangs eine vertrauensvolle Zusammenarbeit herbeiführen. In die ungarischen Thronwirren schaltete er sich nach 1060 gegen König Andreas I. und dessen Sohn Salomon zugunsten seines Onkels Béla und später für dessen Söhne ein, von denen er ein entschiedeneres Eintreten gegen den deutschen Kaiser erwartete. Da Bolesław die Tributzahlungen an Böhmen einstellte, verschlechterte sich sein Verhältnis zu seinem Schwager, Herzog Vratislav. Als er dessen rebellierendem Bruder Jaromir Asyl in Polen gewährte und zahlreiche Zwischenfälle einen neuen Krieg wahrscheinlich werden ließen, appellierte der Böhmenherzog an Kaiser Heinrich IV., der 1073 zwar zum Krieg gegen Polen aufrief, ihn wegen des Sachsenaufstands aber nicht durchführen konnte. Die bürgerkriegsähnlichen Zustände im Reich und den Kirchenbann Heinrichs wußte Bolesław II. 1076 zu einem Feldzug gegen den treuesten Gefolgsmann des Kaisers, gegen Vratislav von Böhmen, zu nutzen und konnte ihm die neuverliehenen Marken Lausitz und Meißen abnehmen. Dabei zahlten sich die guten Kontakte zum Kiewer Fürstenhaus aus: 1068 war der Senior Izjaslav nach einer Niederlage gegen die Polovcer vom Polocker Fürsten Vseslav gestürzt worden und hatte bei seinem Vetter Bolesław II. Zuflucht gesucht, der ihn 1069 mit Waffengewalt wieder in Kiew einsetzte. Nach Izjaslavs erneuter Vertreibung durch Bolesławs Schwiegervater, Svjatoslav von Černigov, hatte der Polenherzog trotz der Aufforderung von Kaiser und Papst Gregor VII. nicht mehr zu dessen Gunsten interveniert. Erst als Svjatoslav, der dem Polenherzog 1076 im Kampf gegen Böhmen geholfen hatte, im gleichen Jahr starb, schuf Bolesław erneut die Voraussetzungen für die kurzfristige Rückkehr Izjaslavs auf den Kiewer Großfürstenthron. Danach intervenierte er wieder in Ungarn und verhalf dem lange im polnischen Exil lebenden Vetter Ladislaus I. (dem Heiligen) zur Herrschaft. Unsicher bleibt, ob Bolesław die während des ersten Ungarnzugs verlorene Kontrolle über Pommerellen 1063/64 zurückgewann und ob er sich an den Kämpfen Heinrichs IV. gegen den Gegenkönig Rudolf von Schwaben 1077 beteiligte.

Auf dem Höhepunkt der Auseinandersetzung zwischen Papst Gregor VII. und Heinrich IV. ließ sich Bolesław am 25. XII. 1076, wenige Tage vor des Kaisers Bußgang nach Canossa, in Gnesen von Erzbischof Bogumił zum König krönen – eine päpstliche Belohnung für seine konsequent antikaiserliche und prorömische Politik[7]. Doch innenpolitisch blieb der Kurs des Monarchen umstritten; eine Oppositionsgruppe von Großen, die wohl auf ausländische Unterstützung durch Böhmen und den Kaiser hoffte, wollte mit Billigung kirchlicher Kreise den jüngeren, indolenten Władysław Herman an die Macht bringen. Die Revolte wurde durch die am 11. IV. 1079 am Krakauer Bischof Stanisław vollzogene Todesstrafe erst richtig angefacht – Bolesław mußte nach Ungarn fliehen und ist 1081/82 dort oder in Kärnten im Kirchenbann zu Tode gekommen. Die wahren Ursachen für seinen Konflikt mit Stanisław, der 1253 kanonisiert und zum Nationalheiligen Polens erhoben wurde, liegen im Dunkeln und haben daher einer breiten Legendenbildung und zahlreichen Spekulationen Vorschub geleistet[8].

Unter dem charakterschwachen, leicht beeinflußbaren Władysław Herman (1079–1102), der keine Anläufe zur Erneuerung der Königswürde unternahm, kam das Land innenpolitisch nicht zur Ruhe. Abhängig von den Großen des Reiches, die der Palatin Sieciech (Sethech) anführte, konnte er der Opposition, die vom sich ausbildenden Adel gegen eine starke Zentralautorität ausging, nicht Herr werden. Seit 1081/82 mit Judith, der Schwester Vratislavs von Böhmen, seit 1088 mit Judith Maria, der Schwester Kaiser Heinrichs IV., vermählt, folgte er unbeirrbar der imperialen Politik seiner Schwäger und anerkannte daher auch Gegenpapst Clemens III. Der Mord an seinem aus dem ungarischen Exil zurückgelockten Neffen Mieszko 1089 und der Versuch, seinen Sohn Zbigniew aus erster Ehe, der Erbansprüche anmeldete, in ein Kloster abzuschieben, heizten die Unruhe im Lande weiter an, so daß sich Władysław Herman nach einem von Böhmen unterstützten, vom Kastellan von Breslau, Graf Magnus, angeführten Aufstand 1093 gezwungen sah, Zbigniew zu legitimieren und ihn an der Herrschaft zu beteiligen. Die baldige Rückkehr des vor der Volkswut nach Ungarn geflohenen Sieciech löste einen Bürgerkrieg aus, der 1097 den Anstoß zu einer Aufteilung Polens lieferte: Zbigniew erhielt Großpolen, Kujawien, Łęczyca und Sieradz, der Sohn der böhmischen Judith, Bolesław, Kleinpolen und Schlesien, während dem Vater neben der Oberhoheit nur Masowien und die Hauptstädte Gnesen und Krakau verblieben. Während der erst 1100 mit der endgültigen Verbannung Sieciechs endenden Kämpfe mußte Władysław Herman sogar die Absetzung fürchten.

Die internen Streitigkeiten ließen die Führung einer aktiven Außenpolitik nicht zu. Herzog Władysław Herman sah sich nach verheerenden Einfällen Břetislavs II. 1093 und 1096 gezwungen, die Tributzahlungen für Schlesien wieder aufzunehmen; 1085 hatte er die – freilich ohne direkte Auswirkung bleibende – Erhebung Vratislavs I. zum König von Böhmen

und Polen durch Kaiser Heinrich IV. zu akzeptieren. Sein Versuch, nach einem Zug bis zur Ostseeküste Pommerellen erneut der polnischen Oberherrschaft zu unterstellen, war nur kurzfristig erfolgreich. Der steten Erweiterung des zur Kiever Rus' gehörenden Fürstentums Halicz-Wolhynien, das sich langgestreckt von den Karpaten nach Norden über die podolische und wolhynische Platte allmählich zur wald- und sumpfreichen Niederung an Bug und Narew senkte, unter den Rostislaviči wußte Polen damals ebenfalls nicht zu begegnen. Hier, an der offenen Ostgrenze, im Gebiet der alten červenischen Burgen, dem späteren Rotrußland, wuchs Polen ein Gegner zu, der Prußen und Jatvjagen, die mit ihren Einfällen laufend für Unruhe sorgten, an Gefährlichkeit bei weitem übertraf.
Es dauerte nicht lange, bis nach dem Tod Władysław Hermans im Juni 1102 die beiden Brüder um die Alleinherrschaft zu kämpfen begannen. Zbigniew (1102–1107), dem als dem Älteren die Führung der gesamtstaatlichen Belange zustand, konnte sich dabei gegen seinen ehrgeizigen, militärisch interessierten und beim Adel beliebten Bruder Bolesław III. (Krzywousty = Schiefmund, 1102 bzw. 1107–1138) nicht behaupten[9]. Einmal mehr spielten die Großen des Reiches und der jetzt zu einer eigenständigen Kraft herangewachsene Landadel eine ausschlaggebende Rolle. Die alte Gefolgschaft *(drużyna)* war, wohl unter Assimilierung der Familien der alten Stammesführer und nach Aufnahme der aus Westeuropa, Ungarn und dem Reich einströmenden Ritter, durch fürstliche Landausteilungen seßhaft geworden und hatte sich zu einem von der übrigen Bevölkerung deutlich abgehobenen Adelsstand weiterentwickelt[10]. Die Inhaber der hohen Hofämter und die Kastellane bildeten bereits an der Wende zum 12. Jh. eine herausgehobene Oberschicht, die auf ihrem ausgedehnten erblichen Grundbesitz bis zu 600 Hofstellen ihr eigen nannte und die unter Beschneidung der grundsätzlich unumschränkten Gewalt des Fürsten in wachsendem Maße ihre Standesinteressen bei der Festlegung der Politik berücksichtigt sehen wollte. Der wehrhafte Landadel hatte, wie früher die Mitglieder der *drużyna,* Interesse an einer erfolgreichen Expansionspolitik, weil nur sie Beute, Gefangene, Landzuteilungen und fürstliche Entlohnung, somit die materiellen Voraussetzungen für einen weiteren sozialen Aufstieg versprach. Bolesławs Unternehmungslust und Wagemut verhießen bessere Aussichten als die zögernde Haltung Zbigniews, der sich aus Furcht vor den Gegenschlägen der Pomeranen und Prußen in seinen angrenzenden Provinzen Großpolen und Masowien den alljährlichen Beutezügen seines Bruders in deren Gebiete entgegenstellte. Unter Führung des Magnaten Skarbimir[11] trat der Adel deshalb in wachsender Zahl in das Lager Bolesławs über.
Bolesław III. hatte sich schon 1103, gerade mit Zbislava, der Tochter des Kiewer Großfürsten Svjatopolk II., verheiratet, gegen einen Einfall der mit Zbigniew verbündeten Böhmenherzöge Bořivoj II. und Vladislav in Schlesien zur Wehr zu setzen, mit dem diese ihren Tributforderungen Nachdruck verliehen. Gestützt auf ein Bündnis mit König Koloman von

Ungarn und dank russischer Militärhilfe konnte er sich nach wechselvollen Kämpfen behaupten und 1107 die Anerkennung seiner Oberhoheit durch den allein mit Masowien abgefundenen Zbigniew erreichen. Bereits im Winter 1107/08 wurde Zbigniew vertrieben und fand nach vergeblichen Bemühungen in Kiew und Prag bei Kaiser Heinrich V. ein geneigtes Ohr, sah dieser doch eine Gelegenheit, das seit 1033 formal bestehende, aber lange nicht mehr wirkungsvoll ausgeübte Lehnsverhältnis des Reiches über Polen zu reaktivieren. Den ultimativ vorgetragenen Forderungen des Kaisers, die Mitregentschaft Zbigniews sowie einen Jahrestribut von 300 Mark Silber oder die Stellung von 300 Rittern zu gewährleisten, wollte Bolesław nur in der eingeschränkten Form nachkommen, Truppenhilfe bei den Aktionen beizusteuern, die im Interesse der Kirche und der Ausbreitung des Glaubens lagen. Unterstützt vom Böhmenherzog Svatopluk konnte Heinrich im Spätsommer 1109 zwar den Übergang über die Oder erzwingen, doch hielten Beuthen (Bytom), Glogau (Głogów) und Breslau der Belagerung stand[12]. Das durch die ständigen polnischen Entlastungsangriffe geschwächte kaiserliche Heer mußte unverrichteter Dinge den Rückzug antreten. Der im Folgejahr in Bamberg geschlossene Friede wurde durch die Heirat Bolesławs mit Salomea, Tochter des schwäbischen Grafen Heinrich von Berg, bekräftigt; über deren Schwestern wurde der Polenherzog Schwager der böhmischen Kronprätendenten. Der 1113 aus böhmischem Exil aufgrund des Versprechens der persönlichen Sicherheit nach Polen zurückgekehrte Zbigniew wurde wegen falscher Verdächtigungen, einen neuen Bruderzwist zu schüren, von Bolesław gefangengenommen und geblendet. Erst mit diesem Verbrechen, für das Bolesław später aufrichtig Buße tat, kamen die Thronstreitigkeiten zum Abschluß[13].

Nachfolgekämpfe in Böhmen begünstigten Bolesławs Aktionen, sich endgültig von den Tributzahlungen für Schlesien zu befreien. Nach mehreren Anläufen gelang es schließlich 1114, den böhmischen Verzicht auf die Oberhoheit über Schlesien zu erzwingen. Die Kämpfe flammten 1132–34 mit vier böhmischen Verwüstungszügen in das Odergebiet erneut auf; das sich über 100 Jahre hinziehende Ringen um Schlesien wurde erst mit dem Pfingstfrieden von Glatz 1137 abgeschlossen, der auf Dauer eine eindeutige polnisch-böhmische Grenze festlegte.

Vom Anfang seiner Regierungszeit an hatte Bolesławs III. besonderes Interesse einer Rückeroberung Pommerns gegolten. Bis 1113 konnte er nach der Eroberung der Festungen Nakel (Nakło) und Wyszogród die Grenze bis zur Netze-Linie vorschieben, danach die pomeranischen Kleinfürstentümer unterwerfen und 1119 Kolberg und Pommerellen angliedern, bevor er 1121 nach der Eroberung Stettins Herzog Warcisław I. zur Anerkennung der polnischen Oberhoheit, zu Tributzahlungen und zur Annahme des Christentums zwang. 1129 wurde mit dänischer Unterstützung das polnische Herrschaftsgebiet bis an die Oder ausgedehnt. Für die neueroberten Gebiete war Bolesław III. aber dem Kaiser tributpflichtig[14]. Die erfolgreichen Missionsreisen Bischof Ottos von Bamberg nach Pommern 1124 und 1128 machten eine Ausweitung der Diözesanorganisation erforderlich: Mit Billigung des päpstlichen Legaten Gilon von Toucy, Bischofs von Tusculum, wurden dem 1124 gegründeten Bistum Lebus (Lubusz) die Gebiete westlich der Oder zugeteilt, während das vor 1140 zuerst in Usedom (Uznam) errichtete, später unter Adalbert von Pommern nach Wollin (Wolin) und schließlich 1176/88 nach Kammin (Kamień) verlegte exemte Bistum für Westpommern zuständig war[15]. Das bereits christianisierte Pommerellen unterstand dem kujawischen Bistum Leslau. Klostergründungen, die meist mit Mönchen der Hirsauer Richtung besetzt wurden, sowie die Ansiedlung von Zisterziensern und Prämonstratensern befestigten nach einer kurzen heidnischen Reaktion das Christentum in ganz Pommern. Magdeburg sah durch diese Entwicklung seine kirchlichen Interessen gefährdet; Bischof Norbert von Prémontré unternahm energische Maßnahmen, um auch die Metropolie Gnesen seinem Einfluß zu unterwerfen und durfte wohl der Billigung, wenn nicht sogar der Unterstützung Kaiser Lothars von Sachsen sicher sein, der eine Politik aktiver Kolonisation in Ostdeutschland verfolgte[16]. Der vom Kaiser gestützte Papst Innozenz II. erließ zwar 1133 die Bulle *Sacrosancta,* die alle bestehenden und geplanten polnischen Bistümer der Jurisdiktion von Magdeburg unterstellte; dieser Akt, der bereits 1136 durch die Protektionsbulle für Erzbischof Jakób von Gnesen aufgehoben wurde, blieb freilich ohne Folgen für die Kirchenorganisation in Polen[17].

Die politischen Auswirkungen waren jedoch gravierender. Herzog Warcisław hatte, um dem polnischen Druck zu begegnen, 1127/28 auch die Oberhoheit des Kaisers über Westpommern anerkannt. Als sich Bolesław in die ungarischen Thronwirren einmischte und dadurch in erneute Gegnerschaft zu Böhmen geriet, mußte er sich nach zwei erfolglosen Feldzügen 1132 und 1134 im August 1135 auf dem Reichstag in Merseburg dem Schiedsspruch des Kaisers fügen. Zudem hatte er für Pommern und für die noch gar nicht eroberte, auch von Dänemark beanspruchte heidnische Insel Rügen den Lehnseid zu leisten sowie 6000 Mark als Tribut für die zurückliegenden zwölf Jahre zu zahlen. Umstritten bleibt, ob mit der Eidesleistung und dem Vorantragen des Schwertes die Wiederherstellung des 1033 erzwungenen Abhängigkeitsverhältnisses zum Deutschen Reich verbunden war. – Seiner Intervention in rotreußische Angelegenheiten zwischen 1120–1122 blieb ein langfristiger Erfolg versagt, auch wenn Bolesław III. den Teilfürsten Volodar' von Przemyśl zu einem Stillhalteabkommen zwang. Die engen dynastischen Beziehungen zu dem in Perejaslav' residierenden Zweig der Monomachoviči konnten den 1135 bis an die obere Weichsel geführten Plünderungszug Vladimirkos von Zvinogrod nicht verhindern[18].

Diese außenpolitischen Rückschläge und die bitteren Erinnerungen an den eigenen Kampf um die Alleinherrschaft mögen Bolesław veranlaßt haben, Überlegungen über eine geregelte Erbfolge anzustellen. Wie in Polen, so hatten auch in der Kiever Rus', in Ungarn und Böhmen die Nachfolgestreitigkeiten schwere innere Erschütterungen und die Intervention der Nachbarn ausgelöst. Um einerseits der altslawischen Gewohnheit zu entsprechen, die Söhne gleichberechtigt am Erbe zu beteiligen, und um andererseits dem Lande weitere Bruderkämpfe zu ersparen, sollte das älteste Mitglied des Piastenhauses als Großfürst *(maximus dux)* die Reichseinheit symbolisieren, die Außen-, Verteidigungs- und Kirchenpolitik koordinieren, die Einheitlichkeit des Justiz-, Verwaltungs- und Münzwesens überwachen sowie eine Oberaufsicht über die an die erbberechtigten männlichen Familienmitglieder ausgeteilten Territorien ausüben[19]. Die für die vier Söhne abgesteckten Grenzen der erblichen Teilgebiete entsprachen in etwa den alten Stammesgrenzen: Władysław wurde Schlesien, Bolesław Masowien und Kujawien, Mieszko Großpolen und Henryk später das östliche Kleinpolen mit Sandomierz übertragen. Das westliche Kleinpolen mit der Hauptstadt Krakau sowie die Oberhoheit über Pommern sollten als Krongut dem jeweiligen Senior zufallen; den kirchlichen Mittelpunkt Gnesen und die kleinen Länder Łęczyca und Sieradz hatte Bolesław III. vorerst als Versorgung für seine Frau Salomea bestimmt. Bolesław wollte mit dieser testamentarisch verfügten Senioratsverfassung keine Verselbständigung der Teilfürstentümer einleiten, sondern nur klar abgegrenzte Versorgungseinheiten für seine Söhne schaffen. Doch gerade damit löste er ungewollt die Desintegration des Gesamtstaates, die weitgehende Verselbständigung der Provinzen und die Entstehung mehrerer piastischer Fürstenlinien aus, die sich erbittert bekämpften. Die vom Adel begünstigten zentrifugalen Tendenzen konnten nur von der einheitlichen Kirchenorganisation etwas gebremst werden, die in den kommenden 180 Jahren allein den Zusammenhalt der polnischen Länder zu bewahren suchte.

Die Kirche hatte sich seit der Christianisierung als ausgesprochene Staatskirche zu einer bedeutenden geistlich-kulturellen und politischen Kraft entwickelt. Der Metropolie von Gnesen unterstanden sechs vom Fürsten ernannte Suffraganbischöfe, die nicht weltliche Lehnsträger und daher vom Investiturstreit nur wenig berührt waren, obwohl sie vom Herzog zunehmend mit Grundbesitz, der ihrer Versorgung diente, ausgestattet wurden[20]. Die Herrscher begünstigten den Klerus, um dadurch ihre eigene Stellung abzusichern, was aber die Kirche vielfach in die rein staatlichen Interessen des Regenten verwickelte. Die Politik der polnischen Herzöge, durch die Anlehnung an die Kurie ihre politische Unabhängigkeit vom Reich zu erlangen, hat nicht eindeutig zum Entstehen eines dauerhaft engen Verhältnisses zwischen Polen und dem Papsttum in der frühpiastischen Zeit beigetragen[21]. Regelmäßige Zahlungen des Peterspfennigs an den römischen Stuhl sind vor der Mitte des 12. Jh. nicht einwandfrei zu belegen; einen besonderen Schutz vor anderen konnte die Kurie dem Lande sowieso nicht gewähren. Immerhin hat das Papsttum den Ausbau der Kirchenorganisation durch Entsendung von Legaten stets aktiv gefördert und, nach Erfüllung der binnenmissionarischen Aufgaben, die Abgrenzung der Diözesen sowie deren Unterteilung in Archidiakonate und Pfarrsprengel befürwortet. Die ursprünglich wohl von der Burgkirchenorganisation beeinflußte Errichtung der Pfarrgemeinden[22] hat nicht immer eine zielbewußtere Seelsorge sichergestellt, weil es häufig zu finanziellen Auseinandersetzungen mit dem ehemaligen Burggrafen und nunmehrigen Kirchenpatron kam. Mit der Festigung des Diözesanverbandes erlangten die Domkapitel wachsende Bedeutung, zumal sie mit der vermögensrechtlichen Verselbständigung auf eine sichere Grundlage gestellt wurden. Seit Bolesław III. fanden immer mehr Polen Eingang in die hohen geistlichen Würden. Der Auf- und Ausbau des Ordenswesens wurde von allen polnischen Herrschern begünstigt. Nach den Benediktinern kamen Kamaldulenser, Prämonstratenser (seit 1126 in Wieś kościelna bei Kalisch) und 1143 die Zisterzienser, die dank ihrer Frömmigkeit und ihrem vorbildlichen Fleiß in Polen besonders geschätzt wurden, obschon sie lange Einheimischen den Eintritt in ihre Klöster mit dem Hinweis verwehrten, keine Eignung für die strenge Klosterzucht mitzubringen[23].

Etwa die Hälfte des kultivierten Landes gehörte im ersten Drittel des 12. Jh. noch zur fürstlichen Eigenwirtschaft; die Herrscher waren bemüht, ihr Einkommen durch ein verbessertes Abgaben- und Zollsystem, durch Forcierung der Geldwirtschaft, durch vermehrten Binnen- und Außenhandel und die Begünstigung der inneren Kolonisation aufzubessern. An rd. 250 Plätzen wurden Märkte abgehalten, die mit wenigen Ausnahmen nur lokale Bedeutung besaßen und auf denen im Austausch für landwirtschaftliche Produkte einfache Handwerkserzeugnisse umgeschlagen wurden. Die bäuerliche Bevölkerung befand sich in verschiedenen Graden der Abhängigkeit vom fürstlichen, dem adligen oder kirchlichen Grundherrn[24]; diesen *decumi* und *servi* stand die rasch absinkende Zahl der *rustici duces* und *heredes* gegenüber, die oft keinen eigenen Grundbesitz mehr hatten und als Pächter lebten. Der Niedergang der fürstlichen Zentralgewalt begünstigte die weitere Ausbildung des Adels, der aber in keine Lehnspyramide eingebunden war und die gesellschaftliche Absonderung, gestützt auf Besitz, soziale und politische Funktion bewußt betrieb und seine erreichte Sonderstellung im 12. Jh. mit der Annahme gemeinsamer Wappen für den Familienverband unterstrich[25]. Die Thronwirren kamen den Großen des Reichs und dem Adel besonders zustatten, da sie ihre militärische Unterstützung für die jeweiligen Prätendenten von der Heranziehung zu den *colloquia,* für den Fürsten noch unverbindliche und rechtlich nicht näher umschriebene Beratungen, abhängig zu machen begannen[26]. Dem Sturz des Palatins Sieciech am Hofe Władysław Hermans und von Bolesławs III. Majordomus Skarbimir gingen langwierige Kämpfe voraus.

1.4 Sieg und Überwindung des Partikularismus (1138–1320)

1.4.1 Das Auseinanderfallen Polens in Teilfürstentümer

Das im Einvernehmen mit den Bischöfen und den Magnaten abgefaßte Testament Bolesławs III. wurde bei seinem Tod 1138 strikt erfüllt und Polen entsprechend den Vorstellungen des Vaters unter die Söhne aufgeteilt. Doch die daran geknüpfte Erwartung, die selbstverständliche Respektierung der Autorität des Seniors durch die anderen Teilfürsten und ihre Bereitschaft zur vorbehaltlosen Kooperation in allen für das Staatsganze relevanten Fragen, erfüllte sich nicht. Bald setzten heftige Bruderkämpfe ein, die den Nachbarmächten die Gelegenheit zur Intervention boten und die wegen der weiteren Aufsplitterung des Landes in immer kleinere, sich heftig befehdende Territorien die eigene wirtschaftliche, soziale und kulturelle Entwicklung blockierten. Während Albrecht der Bär, Heinrich der Löwe und Adolf von Holstein das Land zwischen Elbe und Oder kolonisierten, im Osten in den vereinigten Fürstentümern Halicz-Wolhynien sowie in Prußen und Jatvjagen Polen respektable Gegner erwuchsen und sich im Süden in Ungarn und Böhmen die königliche Gewalt konsolidierte und über den Karpatenkamm nach Polen auszugreifen versuchte, mußten die zerstrittenen, sich selbst zerfleischenden polnischen Teilfürsten die Lehnsoberhoheit des Deutschen Reiches anerkennen und schmerzliche Territorialverluste hinnehmen[1].
Schon der erste Senior, Władysław II. (Wygnaniec = der Vertriebene, 1138–1146), trug die Verantwortung für diese bedauernswerte Entwicklung. Beeinflußt von seiner österreichischen Frau Agnes, einer Halbschwester König Konrads III., und mit Unterstützung seines schlesischen Palatins Piotr Włostowic (Peter Włast)[2] versuchte er, seine jüngeren Halbbrüder, von denen der im Testament Bolesławs III. nicht bedachte Kazimierz wohl erst posthum geboren wurde, um ihr Vatererbe zu bringen und eine starke Zentralgewalt aufrecht zu erhalten[3]. Der Streit brach 1145 offen aus, als er nach dem Tode seiner Stiefmutter Salomea deren Versorgungsgebiete Łęczyca und Sieradz einzog und den dagegen protestierenden Piotr Włostowic blenden ließ. Nach der Exkommunikation von seinen Brüdern zur Flucht gezwungen, konnte Władysław, der in seiner Not auf dem Hoftag im sächsischen Kaina im April 1146 ganz Polen vom Reich zum Lehn genommen hatte, im Herbst seinen Schwager Konrad III. zwar zu einem Feldzug bis zur Oder veranlassen, aber dadurch Schlesien und die Großfürstenwürde nicht zurückgewinnen, denn der Kaiser gab sich mit Tributzahlungen und dem Versprechen des neuen Seniors, Bolesław IV. (Kędzierzawy = Kraushaar, 1146–1173)[4], zufrieden, auf dem nächsten kaiserlichen Hoftag in Merseburg zu erscheinen. Władysław war so entmutigt, daß er – als einer der ganz wenigen Polen – 1147–49 am zweiten Kreuzzug teilnahm[5].
Bolesław IV. suchte, von seinen jüngeren Brüdern durchaus respektiert,

durch den Ausbau der dynastischen Beziehungen[6] seine usurpierte Stellung zu festigen. Durch die Schaffung der selbständigen Herrschaft Sandomierz wurde dem jüngeren Bruder Henryk ein Versorgungsanteil übertragen. Erst als er Friedrich I. Barbarossa die Heerfolge für dessen ersten Italienzug verweigerte, nahm sich der Kaiser der Sache des vertriebenen, von der Kurie unterstützten Władysławs II. an und führte 1157 ein starkes Heer bis vor Posen. Im Feldlager von Krzyszkowo mußte sich Bolesław IV. zur Ableistung des Lehnseides, Entrichtung eines horrenden Tributs, zur Beteiligung am nächsten Italienzug und zum Erscheinen auf dem Hoftag in Magdeburg bequemen und seinen jüngsten Bruder Kazimierz als Geisel stellen. Nach der Anerkennung der Oberhoheit des Reichs durch Polen sah Friedrich I. keinen Anlaß, durch die Wiedereinsetzung Władysławs II. in Schlesien, was wohl neue Kämpfe um das Seniorat ausgelöst hätte, das innere Gleichgewicht zu gefährden. Erst nach dem Tod Władysławs 1159 begann der Druck des Kaisers auf Bolesław zuzunehmen, der schließlich 1163 Schlesien den drei Neffen übergab. Diese waren dem Kaiser, mit dem sie über die Großmutter blutsverwandt waren, zu einem besonderen Tribut für Schlesien verpflichtet[7]. Streit mit dem Senior führte 1172 zu ihrer erneuten Vertreibung; doch allein das Anrücken eines deutschen Heeres genügte, um Bolesław zur Herausgabe Schlesiens und zur Zahlung des seit 16 Jahren fälligen Tributs zu veranlassen. Erst nach 1173 dürfte es zu einer endgültigen Aufteilung Schlesiens, das dem Breslauer Bistumssprengel und dem Gebiet von Teschen entsprach, gekommen sein, wobei auch hier Bruderkämpfe nicht ausblieben. Damit setzte der nahezu eineinhalb Jahrhunderte dauernde Prozeß der Herauslösung Schlesiens aus dem polnischen Staatsverband ein. Die mit deutschen Fürstenhäusern eng versippten schlesischen Piasten förderten diese Sonderentwicklung des Oderlandes durch die gezielte Ansiedlung zahlreicher Bauern und Bürger aus dem Reichsgebiet[8].

Die letzten Regierungsjahre Bolesławs IV. wurden auch durch die Niederlage getrübt, die sein Heer 1166 bei dem Versuch erlitt, die Raubzüge der Prußen in seine Provinz Masowien zu unterbinden. Sein Bruder Henryk könnte bei diesen Kämpfen getötet worden sein. Ohne die Versorgungsansprüche des jüngsten Bruders Kazimierz zu berücksichtigen, der nur mit dem Gebiet um Wiślica abgefunden wurde, teilten die beiden älteren Brüder Sandomierz unter sich auf. Bolesławs IV. Tod 1173 kam einem Aufstand des Adels zugunsten des beliebten Kazimierz zuvor, der jetzt zwar Sandomierz bekam und die Vormundschaft über seinen Neffen Leszek, dem Erben von Masowien und Kujawien, übernahm, auf dem Großfürstenthron aber dem älteren Bruder Mieszko, dem wohlhabenden Herzog von Großpolen, den Vortritt lassen mußte. Mieszko III. (Stary = der Alte, 1173–1177, 1198–1202)[9], ein begabter Administrator, weckte mit seinen autokratisch-zentralistischen Methoden den Widerstand der Magnaten; der stammes- und standesbewußte kleinpolnische Adel begehrte bald gegen den wachsenden Einfluß der Großpolen im Gefolge des Seniors auf. Als sich Mieszkos unzufriedener Sohn Odo den auch vom Krakauer Bischof unterstützten Malcontenten anschloß, gelang es Kazimierz II. (Sprawiedliwy = der Gerechte, 1177–1194) ohne Mühe, Mieszko nach Pommern zu vertreiben und den Hauptteil Großpolens zu besetzen. Odo wurde mit dem Posener Gebiet abgefunden. In Schlesien setzte Kazimierz II. den vertriebenen Breslauer Herzog Bolesław den Langen wieder ein und versicherte sich so dessen Dankbarkeit, obwohl gerade der als der Ältere berechtigtere Ansprüche auf das Seniorat anmelden konnte. Mit Kleinpolen und weiten Teilen Großpolens als Herrschaftsgebiet, mit der Regentschaft in Masowien und Kujawien sowie unter Zustimmung der Adelsmehrheit konnte der Usurpator den Bemühungen des entmachteten Mieszko, der durch die ausdrückliche Anerkennung der Oberhoheit des Reiches Kaiser Friedrich I. zu einer neuerlichen Intervention zu veranlassen suchte, in Ruhe entgegensehen. 1180 veranlaßte Kazimierz auf einer Art Reichstag in Łęczyca alle polnischen Bischöfe und die Großen seines Erb- und des Senioratsgebiets, der Aufhebung der Senioratsverfassung zuzustimmen und die Vererbbarkeit der dem Großfürsten unterstehenden Gebiete mit Krakau für seine direkten Nachkommen zu bestätigen[10]. Für den Verzicht auf das *ius spolii,* das Recht des Fürsten, die persönliche Hinterlassenschaft eines Bischofs einzuziehen, stimmte Papst Alexander III. 1181 dieser Regelung zu; 1184 erklärte sich auch Kaiser Friedrich I. nach erneuter Anerkennung der Reichsoberhoheit durch Kazimierz mit diesem Beschluß einverstanden, womit auch die von seinem Sohn Heinrich VI. in Halle getroffenen Vorbereitungen für einen weiteren Polenzug abgebrochen wurden. Die von den beiden höchsten Autoritäten der Christenheit gebilligte Aufhebung des Seniorats bot die Chance, die teilfürstliche Zersplitterung mit der Zeit zu überwinden und somit die Reichseinheit, also die Handlungsfähigkeit der Krone nach innen und außen, wiederherzustellen.

Inzwischen war 1181 die polnische Oberhoheit über Westpommern erloschen, das sich dem Reich direkt unterstellte[11]; auch Pommerellen löste sich seit Ende des 12. Jh. unter dem Fürstenhaus der Samboriden aus der bisherigen, nie besonders engen politischen Abhängigkeit vom Großfürsten. Durch den 1181 vollzogenen Anschluß des Erzbischofssitzes Gnesen an Großpolen und die von Kazimierz 1177 vorgenommene Ausgliederung der Herrschaften Beuthen, Sator (Zator), Auschwitz (Oświęcim), Sewerien und Pleß hatte das Senioratsgebiet zudem beträchtliche Einbußen erlitten. Das Restterritorium wurde jetzt fest mit Sandomierz, Masowien und Kujawien, die nach dem Tod seines Mündels Leszek 1186 an den Großfürsten gefallen waren, verbunden. Mieszko der Alte, der ein großes Durchsetzungsvermögen bewies, verfocht dagegen das Senioratsprinzip, konnte sich 1191 sogar kurz in Krakau festsetzen und nach dem Tod des Bruders 1194, zeitweilig in Verbindung mit seinem Neffen Leszek (Biały = der Weiße, 1194–1198/99, 1201, 1202–1210, 1211–1227)[12] erneut den Großfürstenthron erstreiten. Er konnte aber die Stellung des

Seniors nicht mehr befestigen und die Sonderentwicklung der Landesteile unter den drei hauptsächlichen piastischen Linien, der weitverzweigten schlesischen, der großpolnischen und der kleinpolnisch-masowischen, nicht aufhalten. Dauernde Teilungen und weitere Aufsplitterung, Zusammenlegung von Territorien nach Kämpfen oder im Erbgang ergaben ein unübersichtliches Gemenge von Kleinstaaten, deren Vergangenheit vornehmlich auf provinzial- oder landeshistorischer Ebene zu schildern wäre, da sie sich einer staatengeschichtlichen Würdigung weitgehend entziehen.

Die Gruppe der selbständigen Fürstentümer, für die im 13. Jh. sogar der gemeinsame Oberbegriff *Polonia* in Vergessenheit geriet[13], wurde zusammengehalten durch die Einheit der Kirche und ein in den einzelnen Zweigen der Fürstenfamilien lebendiges Bewußtsein, der gleichen Dynastie anzugehören. Doch für die besonderen Nöte und Bedürfnisse der einzelnen Reichsteile wurde in den entfernter gelegenen Provinzen kaum Interesse aufgebracht. Der Verlust Pommerns war für die Bewohner von Sandomierz von geringer Bedeutung, die wiederum für ihre Kämpfe an der Ostgrenze in Großpolen wenig Aufmerksamkeit erhoffen durften. Die Anfänge der Ostkolonisation in Schlesien wurden von den unter den Einfällen der Prußen und Jatvjagen leidenden Masowiern nicht bewußt wahrgenommen. Unbeschadet der ununterbrochenen Auseinandersetzungen mit Feinden im Innern und von außen ermöglichte die Kleinräumigkeit der einzelnen Herrschaften den Fürsten einen intensiveren Landesausbau, der dem wirtschaftlichen und kulturellen Aufschwung diente, auch wenn er vorrangig fiskalische Ziele verfolgte. Die Einsicht, der westeuropäischen ökonomischen und geistigen Entwicklung hinterherzuhinken, beschleunigte die Bereitschaft zu grundlegenden Veränderungen im Bereich der Verwaltung, der Justiz, des Landesausbaus oder des bisher kaum entwickelten Bildungswesens.

1.4.2 Die Sonderentwicklung in den einzelnen Landesteilen

Bedingt durch die direkte Nachbarschaft und die engen dynastischen Verbindungen zum Reich ging von Schlesien die Initiative aus. Herzog Heinrich I. (Henryk Brodaty = der Bärtige, 1201–1238)[14], der Sohn Bolesławs des Langen, fand sich nach einer Auseinandersetzung mit seinem Onkel Mieszko I. von Ratibor 1202 zu einem Vergleich gezwungen, diesem das Land Oppeln zu überlassen und auf das Erbrecht in der anderen schlesischen Herzogslinie zu verzichten. Künftig gingen Mittel- und Niederschlesien *(ducatus Slezie)* und Oberschlesien *(ducatus Opol)* getrennte Wege. Nicht mehr der Oberaufsicht eines Seniors unterstellt, konnte Heinrich I. in seinem staatsrechtlich unabhängigen Fürstentum die ihm notwendig erscheinenden Reformen einleiten und sich auch um die Beilegung der Streitigkeiten der Piastenlinien untereinander bemühen (Familientag in Glogau, 25. XII. 1208); er wich Kämpfen mit seinen Verwandten aber nicht aus – was ihm bis 1218 das Land Lebus, 1229 den Besitz von Krakau, 1230 die Regentschaft in Oberschlesien, 1232 die in Sandomierz und schließlich 1234 die Kontrolle über das gesamte linke Wartheufer mit Posen und Kalisch einbrachte. Auch wenn nach einer Nachricht im Chronicon Polono-Silesiacum nicht auszuschließen ist, daß Heinrich I. kurz vor seinem Tod bei Kaiser Friedrich II. die Verleihung der Krone Polens an seinen Sohn erbeten haben soll, so waren es doch rein dynastische Interessen, die ihn den Aufbau eines Großreiches von der Spree im Nordwesten bis zum San im Südosten ohne Rücksicht auf die offene Gegnerschaft des Gnesener Erzbischofs und des Papsttums verfolgen ließen. Seine Gattin Hedwig, Tochter Bertholds IV., Grafen von Andechs und Herzogs von Meran, wird als Heilige Schlesiens (kanonisiert am 26. III. 1267) bis heute verehrt[15].

Heinrich II. (Pobożny = der Fromme, 1238–1241)[16], der sich Herzog von Schlesien, Krakau und (Groß-)Polen nannte, setzte die dynamische Politik seines Vaters fort und konnte 1239 den größten Teil Großpolens mit Gnesen erobern. Sein früher Tod am 9. IV. 1241 im Kampf gegen die Mongolen auf der Wahlstatt unweit Liegnitz (Legnica)[17] löste heftige Bruderkriege mit wechselnder Beteiligung aus, die zum raschen Zerfall der politischen Vorrangstellung und zu wachsender böhmischer Einflußnahme in Schlesien führten. Großpolen, das Land Lebus und Krakau gingen verloren; Schlesien selbst zerfiel in eine Reihe von Kleinstherrschaften (u. a. Breslau, Glogau, Liegnitz, Oppeln, Ratibor, Beuthen-Kösel, Teschen-Auschwitz, Sagan). Der bereits zuvor in die schlesischen Angelegenheiten verstrickte König Ottokar II.[18] von Böhmen verstand es vor allem während der Vormundschaft über seinen Neffen Heinrich IV. (Probus, 1270–1290)[19], den böhmischen Einfluß weiter zu festigen. Nach seinem Tod 1278 auf dem Marchfeld konnte Heinrich IV. einen Ausgleich mit König Rudolf von Habsburg herbeiführen und seinerseits mit einer Zusammenfassung der schlesischen Herzogtümer beginnen. Als er 1288 von der deutschen Bevölkerung Krakaus auf den kleinpolnischen Thron berufen wurde, schien er der Verwirklichung seiner ehrgeizigen Pläne, sich zum König Polens krönen zu lassen und danach auch die böhmische Wenzelskrone zu erlangen, recht nahe.

Heinrichs früher Tod ohne Erben am 23. VI. 1290 bot König Wenzel von Böhmen die Gelegenheit, sich endgültig in Schlesien festzusetzen und von dieser Basis unter Ausnutzung der innerpolnischen Zwistigkeiten nach der Krone Polens zu greifen. 1292 fiel ihm Krakau und damit Kleinpolen zu, im Juni 1300 ließ er sich von König Albrecht I. mit Großpolen belehnen und im August in Gnesen zum König von Polen krönen. Er starb jedoch, erst 35jährig, am 21. VI. 1305; sein Sohn Wenzel III. fiel am 4. VIII. 1306 einem politischen Mord in Olmütz zum Opfer, als er einen großangelegten Feldzug gegen seinen politischen Hauptgegner Władysław Łokietek vorbereitete[20]. Der 1310 in Prag auf den Thron gelangte Johann von Luxemburg leitete jene kluge und umsichtige Erwerbspolitik ein, die das inzwischen in noch kleinere Herrschaften zersplitterte Schlesien 1327 in Lehnsabhängigkeit und über den Vertrag von Trentschin (Trenčin) am 24. VIII. 1335 bis zu der feierlichen Verzichtserklärung Kazimierz' des Großen vom 9. II. 1339 in den vollständigen Besitz von Böhmen gelangen ließ[21]. Die von Karl IV. am 7. IV. 1348 vorgenommene Inkorporation der schlesischen Fürstentümer in die böhmischen Kronlande besiegelte endgültig für 600 Jahre diesen für Polen so einschneidenden Territorialverlust. Die im Odergebiet besonders erfolgreiche deutschrechtliche Siedlungsbewegung hatte unbeschadet der fortbestehenden kirchlichen Bindungen nach Gnesen und der lebhaften dynastischen Beziehungen zu den anderen piastischen Teilfürsten den von der unübersichtlichen innerpolnischen Entwicklung und den dauernden Machtkämpfen begünstigten Ablöseprozeß Schlesiens von Polen beschleunigt[22].

In Großpolen, wo Mieszko III. trotz zeitweiser Entmachtung 64 Jahre lang mit fester Hand die Regierung geführt hatte, ermöglichte der Streit zwischen seinem Sohn Władysław III. (Laskonogi = Stöckerbein, 1202–1229, † 1231) und seinem Enkel Władysław Odonic (= Odosohn, 1229–1239)[23] Heinrich I. von Schlesien große Gebietsgewinne und der Kirche unter dem dynamischen Erzbischof Henryk Kietlicz (1199–1219)[24] eine weitgehende Selbständigkeit vom Landesfürsten. Auch in der nächsten Generation wurde der Bruderkrieg zwischen den Söhnen von Władysław Odonic, Przemysł I. (1239–1247/57) und Bolesław (Pobożny = der Fromme, 1247–1279) anfangs fortgesetzt[25], bevor sie sich, durch das Ausgreifen der Askanier über die Oder zunehmend beunruhigt, 1247 zur Teilung Großpolens bereitfanden, das dann Przemysł II. (1279–1296) wieder als Einheit übernahm. An die Wiederherstellung der früheren Oberhoheit über Pommern war bei der inneren Schwäche nicht zu denken. Nach der umstrittenen Besitznahme des größten Teils von Pommerellen 1294 auf Grund einer Schenkung des letzten Samboriden Mestwin II. (Mszczuj)[26] ließ sich Przemysł II. in der Hoffnung, von seinem Erbgebiet aus die Einigung Polens vorantreiben zu können, mit Zustimmung des Papstes am 26. VII. 1295 von Erzbischof Jakób Świnka in Gnesen zum König von Polen krönen. Nach seiner Ermordung im Februar 1296 durch die wohl in brandenburgischem Auftrag handelnden Vertreter zweier Adelsgeschlechter[27] setzte ein grausamer Kampf um seine Nachfolge ein, aus dem dank der Unterstützung durch die Geistlichkeit schließlich 1300 Wenzel II. von Böhmen erfolgreich hervorging. Erst nach der Ermordung Wenzels III. 1306 gelangte Großpolen an den schlesischen Piasten Heinrich III. von Glogau und erst 1314 an den Erneuerer des nationalpolnischen Einheitsstaates und des Königtums, an Władysław Łokietek (= Ellenlang).

In Masowien und Kujawien hatte seit 1199 Konrad I. die Herrschaft ausgeübt[28] und nach dem gewaltsamen Tod seines älteren Bruders Leszek des Weißen durch den *dux Pomeranorum* Świętopełk mehrfach vergeb-

lich gegen Heinrich I. von Schlesien versucht, auch Krakau seiner Kontrolle zu unterstellen. Die seit 1217 vermehrt einsetzenden Überfälle der auf Plünderung und Menschenraub ausgehenden Prußen und Jatvjagen, die 1226 den Anlaß zur Berufung des Deutschen Ordens in das Weichselland bildeten, der Mongolen und, regelmäßig nach 1246, der Litauer schwächten die für gesamtstaatliche Belange notwendigen Kräfte, obschon es Konrad 1229 und von 1241–1243 gelang, auch Kleinpolen zu gewinnen. Unter seinen Söhnen Kazimierz I. und Siemowit I. setzte eine weitere Aufsplitterung in den kujawischen und den masowischen Zweig ein, die sich in der nächsten Generation in vier bzw. in zwei Linien weiter teilten. Immerhin nahm der anfangs nur mit dem kleinen Land Brest in Kujawien (Brześć Kujawski) ausgestattete Władysław aus dem kujawischen Zweig nach 1288 mit bewundernswerter Energie und unbeeinträchtigt von Rückschlägen den schließlich erfolgreichen Kampf zur Rückgewinnung der staatlichen Einheit Polens auf.
Das einst als Senioratsgebiet vorgesehene Kleinpolen stand zwar im Mittelpunkt der militärischen und politischen Auseinandersetzungen, die es demgemäß schwer in Mitleidenschaft zogen, wurde aber trotz zahlreicher Regenten mit Ausnahme der zeitweiligen Abspaltung von Sandomierz von einer weiteren Aufteilung verschont. Doch die drei Mongoleneinfälle von 1241, als im März eine Flügelarmee unter Baidor den kleinpolnischen Adel bei Chmielnik überrannte und Krakau zerstörte, von 1258/59 und 1286/87, als wenigstens Sandomierz und das neubefestigte Krakau dem Ansturm widerstanden, fügten dem Land beträchtliche materielle Schäden und hohe Menschenverluste zu. Nach 1243 regierte Bolesław V. (Wstydliwy = der Schamhafte, bis 1279) das vereinigte Kleinpolen, hatte es aber gegen seine Verwandten, den selbstbewußten Adel, eine reiche, stark verweltlichte Kirche und das weitgehend deutsche Stadtbürgertum schwer, seine Herrschaft aufrecht zu erhalten. Nach dem kinderlos verstorbenen Nachfolger Leszek Czarny (= der Schwarze, 1279–1288) kämpfte Władysław Łokietek – bis 1305 aber ohne allzu großen Erfolg – um den Besitz Kleinpolens.
Masowien und Kleinpolen hatten sich, allein schon bedingt durch die direkte Nachbarschaft, besonders häufig mit den russischen Fürstentümern an ihrer Ostgrenze auseinanderzusetzen. Halicz, das unter Jaroslav Osmomysl' (1153–1187) eine bedeutende Macht erreicht hatte, war 1198 an Roman von Vladimir und Brest (am Bug) gefallen, dessen Gebietsforderungen auf Kosten Polens 1205 in der Schlacht bei Zawichost von Leszek dem Weißen und Konrad von Masowien abgewehrt werden konnten. Im Gegenzug nahm Leszek zwischen 1207 und 1214 einen über Bug und San nach Osten reichenden Grenzstreifen mit Przemyśl und Brest in Besitz[29]; dieses auch von Ungarn beanspruchte Gebiet ging aber bereits bis 1219 an die Söhne Romans, Daniil und Vasil'ko, verloren, die einen leistungsstarken, später zwar von den Mongoleneinfällen in Mitleidenschaft gezogenen, aber nicht zerschlagenen Territorialstaat aufbauten. Daniil Roma-

novič, ein Fürst mit politischem Weitblick und großem Ehrgeiz, erhielt von Papst Innozenz IV., fast gleichzeitig mit dem Litauerfürsten Mindaugas (Mendovg), um das Jahr 1254 die Königskrone – ohne daß diesem Akt unmittelbar politische oder kirchliche Folgen zugekommen wären[30]. Sein Sohn Lev verfolgte eine erstaunlich aktive Westpolitik, schaltete sich in die Machtkämpfe in Polen ein und erhob Ansprüche auf den Krakauer Thron, die er erst 1280, nach einer Niederlage bei Koprzywnica gegen Leszek den Schwarzen, aufgab[31]. Sein Sohn Jurij nahm die Schwester Władysław-Łokieteks, Euphemia, zur Frau; deren Neffe Kazimierz der Große brachte schließlich das spätere Rotreußen 1349 unter polnische Oberhoheit. Die einstige Rivalität mit Ungarn wurde bereits unter der langen Regierung Bélas IV. (1235–1270) beigelegt, mit dem Bolesław der Schamhafte und Bolesław der Fromme verschwägert waren; der letzte Arpade, Andreas III. (1290–1301), konnte wegen des Zerfalls der Zentralgewalt in Ungarn nur wenig zur Unterstützung der nationalpolnischen Einigungsbewegung unternehmen.

1.4.3 Berufung des Deutschen Ordens. Kirchen und Klöster

Obgleich vor allem Masowien und Kujawien unter den Überfällen der Prußen[32] und Jatvjagen[33] zu leiden hatten, wurde die Heidenbekehrung und -pazifizierung seit der ergebnislosen Missionsarbeit Adalberts von Prag und Bruns von Querfurt sogar noch in der Zeit der teilfürstlichen Zersplitterung als gesamtstaatliche Aufgabe angesehen, für die sich der Gnesener Erzbischof Kietlicz zu Beginn des 13. Jh. besonders einsetzte. Papst Innozenz III. unterstützte die vom Zisterzienserabt Gottfried/Christianus von Lekno betriebenen Bekehrungsversuche im Kulmerland und weihte ihn 1215 in Rom zum Missionsbischof; der Nachfolger Honorius III. rief, ohne ein großes Echo zu finden, 1217 die Christenheit zum Kreuzzug wider die Prußen auf. Zwei Anläufe einiger Teilfürsten 1221/22 und 1223 waren nur mäßig erfolgreich; einem ad hoc ins Leben gerufenen neuen Orden der Brüder des Ritterdienstes Christi (*fratres militiae Christi,* nach ihrem späteren Sitz auch Dobriner Brüder) fügten die Prußen 1224 eine schwere Niederlage zu[34].
Diese entmutigende Erfahrung veranlaßte Konrad von Masowien 1226, dem 1198 im Heiligen Land gegründeten *Ordo militium hospitalis S. Mariae Teutonicorum Hierosolymitami* das Angebot zu unterbreiten, den Kampf gegen die Prußen aufzunehmen; als Entlohnung sagte er die Schenkung des – zu erobernden – Kulmer Landes (*terra Colmensis*) zu. Der Großmeister Hermann von Salza war auf der Suche nach einem neuen Arbeitsfeld, da König Andreas II. von Ungarn den Orden aus dem siebenbürgischen Burzenlande ausgewiesen hatte[35]. Hermann von Salza zeigte sich bemüht, die Aufgaben, Rechte und Besitztitel des Ordens von den beiden höchsten Autoritäten der Christenheit, von Kaiser und Papst, abgesichert zu erhalten. In der Goldenen Bulle von Rimini bestätigte Kai-

ser Friedrich II., daß der Orden in seinen künftigen Eroberungen im Prußenlande die Rechte eines Reichsfürsten ausüben dürfe[36]. Wegen der ununterbrochenen Prußeneinfälle und der Hinhaltetaktik des Ordens in großer Bedrängnis, übertrug Konrad von Masowien im Juni 1230 im Vertrag von Kruschwitz dem Orden das Kulmer Land zwischen Weichsel, Drewens und Ossa „zu wahrem Eigentum und vollkommener Herrschaft" mit allen Rechten und Gerechtsamen, die landesherrschaftlichen Privilegien wie Steuerhoheit, Münz- und Salzregal eingeschlossen, ohne freilich ausdrücklich auf seine Oberhoheit zu verzichten. Papst Gregor IX. bestätigte am 3. VIII. 1234 in Rieti diesen Vertrag und erhob den neuen Landbesitz des Deutschen Ordens zum Eigentum St. Peters. Als Lehnsträger von Kaiser und Papst fühlte sich Hermann von Salza ausreichend abgesichert, obgleich die Rechtslage über das Verhältnis des Ordens zu Polen keine eindeutige Definition erfahren hatte. Die vom Deutschen Orden konsequent verfolgte Errichtung eines unabhängigen souveränen Staatswesens dürfte Konrad von Masowien trotz seiner Notlage nicht intendiert haben.

1230 nahmen die ersten Ordensritter unter Landmeister Hermann Balk von der von ihnen angelegten Burg Thorn (Toruń) aus langsam das Kulmer Land in Besitz und stießen über das Weichseltal bis an die Ostseeküste vor, wo das 1237 gegründete Elbing (Elbląg) die engen Kontakte zur Hanse begünstigte. Im gleichen Jahr schlossen sich dem Deutschen Orden der livländische Schwertbrüderorden und die meisten der Dobriner Brüder an. Kreuzzüge polnischer, deutscher und böhmischer Ritter, so 1255, als das zu Ehren des teilnehmenden Ottokars II. so benannte Königsberg gegründet wurde, halfen dem Orden, bis 1283 das Prußenland einzunehmen. Der Orden war nach 1254 auch an der Zurückdrängung der Jatvjagen beteiligt, die nach Niederlagen 1256 und 1264 nach einer weiteren Schlappe 1282 bei Lublin im litauischen Staat aufgingen. Durch die konsequente Ansiedlung deutscher Bauern und Handwerker verfolgte der Orden die Eindeutschung seines Herrschaftsgebiets[37]. Die preußischen Bistümer wurden zudem nicht der Gnesener, sondern der Rigaer Metropolie angegliedert. – Die von Polen ausgehende Heidenmission führte im 13. Jh. somit dazu, daß das Land unter territorialen Einbußen vom Meer abgedrängt wurde und im Weichselland wie auch in Westpommern die Germanisierung rasche Fortschritte machte. Die von Siegfried von Feuchtwangen 1309 vollzogene Verlegung des Hochmeistersitzes von Venedig auf die Marienburg dokumentierte den Anspruch des Deutschen Ordens, uneingeschränkter säkularer Herrscher über Preußen zu sein.

Die Schwäche der Teilfürsten suchte im 13. Jh. auch die Kirche zu ihren Gunsten zu nutzen, die nach den Beschlüssen von Łęczyca 1180 zielbewußt daran gegangen war, sich der Autorität der Fürsten zu entziehen und die kirchliche Immunität auszuweiten. Erzbischof Henryk Kietlicz verlangte in Wiederaufnahme des Reformprogramms Gregors VII., das vor

130 Jahren in Polen kein Echo ausgelöst hatte, die freie kanonische Wahl der Bischöfe durch die Domkapitel, den Verzicht des Fürsten auf die Investitur und das *ius spolii,* Befreiung des Kirchenbesitzes von der staatlichen Besteuerung, das Verbot der Befreiung vom Kirchenzehnten sowie die geistliche Gerichtsbarkeit auf bischöflichem Grund und Boden[38]. Władysław Stöckerbein zeigte sich auch nach Verhängung des Kirchenbanns nicht bereit, diesen weitgehenden Forderungen nachzukommen, während Leszek der Weiße 1207 in Krakau die freie Bischofswahl zuließ. 1209 lenkte aber auch Władysław ein. Durch geschickte Ausnutzung der Rivalitätskämpfe unter den Teilfürsten stimmten nach der Synode von Borzykow 1212 Leszek, Konrad von Masowien und Władysław Odonic der kirchlichen Gerichtsbarkeit, dem *privilegium fori*[39], und einer fiskalischen Entlastung des kirchlichen Grundbesitzes zu, ohne die volle Immunität, also Steuer- und Kriegsdienstbefreiung, zu gewähren. Die Exekution geistlicher Gerichtsurteile durch fürstliche Beamte *(brachium seculare)* setzte sich ebenfalls im 13. Jh. durch. Einzelne Fürsten versuchten zwar auch später noch, die Rechte der Kirche zu mindern, doch der von der Kurie vorbehaltlos unterstützte Episkopat wußte die neuen kirchlichen Freiräume durchaus zu verteidigen. Zudem waren die Päpste lebhaft daran interessiert, pünktlich und in guter Münze den Peterspfennig zu empfangen, für dessen Einziehung im 13. Jh. in den Teilgebieten aber noch keine einheitlichen Grundsätze bestanden haben dürften[40]. Die deutschrechtliche Siedlung wurde von kirchlichen Kreisen stark gefördert, auch wenn ein Teil der Einwanderer die Zahlung des Kirchenzehnten und des Peterspfennigs verweigerte, weil ihnen diese als unvereinbar mit ihren Steuervergünstigungen erschien.

Die Klöster erlebten im 13. Jh. eine Blüte. Bereits um 1160 waren die Johanniter, etwas später die Tempelherren nach Polen berufen worden, wo sie sich dank der sozialen Aufgaben, die sie in der Krankenpflege und Armenfürsorge erfüllten, viele Sympathien sicherten. Ab 1223 lassen sich die Dominikaner in Krakau nachweisen, die 1227 eine eigene Ordensprovinz mit schließlich über 30 Konventen gründeten. Über Böhmen kamen 1236 die ersten Franziskaner nach Polen, setzten sich an den Brennpunkten des kirchlichen Lebens fest und nahmen sehr früh auch Einheimische in ihre Klöster auf. Auch die weiblichen Zweige der Bettelorden, das Tertiariertum und die Klarissinnen fanden Verbreitung. Während die Zisterzienser vornehmlich zivilisatorische Arbeit in Gegenden leisteten, die dem staatlichen und politischen Getriebe fern lagen, haben die Bettelorden mit ihrer international ausgerichteten Kirchenpolitik im Interesse einer Erstarkung des papalistischen Gedankens in Polen gewirkt.

1.4.4 Die deutschrechtliche Siedlungsbewegung

Die Rechts- und Wirtschaftsordnung Polens stand zur Zeit des Einsetzens der deutschrechtlichen Siedlungsbewegung in einem Umbruchprozeß, weil die noch weitgehend im Rahmen der Hausgemeinschaften betriebene agrarische Urproduktion durch das Aufkommen des Adels und ein wachsendes Angebot an Arbeitskräften langsam in die Fronhofverfassung mit Großgrundbesitz und Spezialisierung der Arbeit unter den Hörigen überging[41]. Zudem wuchsen die Bedürfnisse der durch die Erbteilungen neu entstandenen fürstlichen Hofhaltungen. Der bodenständige Bauer, der nur noch in seltenen Fällen ein erbliches Nutzungsrecht am Ackerland besaß, war bei den unzulänglichen technischen Hilfsmitteln außerstande, von sich aus die Landwirtschaft ertragreicher zu gestalten. So fehlte die Möglichkeit einer Einnahmeerhöhung. Das Aufblühen der Geldwirtschaft in den Nachbargebieten, der zunehmende Marktverkehr im eigenen Lande und der Wunsch nach Vereinheitlichung der Leistungen der bäuerlich wirtschaftenden Bevölkerung durch Normierung ihrer Abgaben in Geld und Getreide waren seit Ende des 12. Jh. genauso Auslöser der deutschrechtlichen Siedlungsbewegung wie auch in den folgenden Jahrzehnten der Wunsch nach Erschließung bisher ungenutzter Räume, das Bedürfnis nach Schaffung zeitgemäßer Verteidigungsanlagen in Verbindung mit befestigten Städten, die zugleich als Wirtschaftszentren dienen sollten, nach Verstärkung des Truppenaufgebots und der Bereitstellung von Geldmitteln für seine moderne Ausrüstung[42].

Damit war der Weg zur Umgestaltung der herrschenden Rechts- und Wirtschaftsordnung geebnet. Die Versuche, auf bodenständiger Grundlage durch Landesausbau zu polnischem Recht die gewünschten Verbesserungen zu erzielen, erbrachten nicht die erwarteten Resultate, zumal sich die Möglichkeit zu schnellerer Abhilfe durch die fremden Kulturelemente bot, die aus dem Territorium des Heiligen Römischen Reiches Deutscher Nation über die Grenzen des polnischen Siedlungsgebiets hereinzuströmen begannen. Ein gewisser Bevölkerungsüberschuß in den Westgebieten und die politischen Wirren der Stauferkrise und des Interregnums erleichterten den von Fürsten, Klöstern und Magnaten beauftragten Siedlungsunternehmern (Lokatoren) vielfach die Arbeit, deren sachkundige Dienste mit einer wirtschaftlich und sozial hervorgehobenen, vererbbaren Erbvogt- oder Schulzenstelle belohnt wurden. Die Neusiedler nahmen grundherrliches Land im Umfang einer flämischen bzw. fränkischen Hufe (16,8 oder 24 ha) auf der Basis der Zinshufenverfassung nach Erbzinsrecht in bäuerliche Nutzung[43], wodurch nach Ablauf der für die ersten Jahre eingeräumten Abgabenfreiheit eine zuvor festgelegte Beteiligung des Grundherrn am Ertrag in Geld und/oder Getreide und eine wirksame Besteuerung durch die Landesherrschaft gewährleistet waren[44]. Die in neugegründete oder auf deutsches Recht umgestellte Städte[45] einströmenden Handwerker konnten Handel und Gewerbe im Rahmen der Zunftorganisation pflegen und erhielten als Gegenleistung für ihre ebenfalls am Ertrag bemessenen Abgaben an die Stadtherrschaft die Versicherung, in den von ihnen ausgeübten Erwerbszweigen keine Konkurrenz zuzulassen. Auch Adel deutscher, slawischer, skandinavischer und

magyarischer Herkunft zeigte sich am Dienst bei polnischen Fürsten bereit, wenn ihm durch Landzuteilung die Möglichkeit zu rittermäßiger Lebensweise gewährt wurde.
Die Anerkennung des deutschen Rechts und die Ausübung der Rechtspflege durch eigene Organe als Schutz gegen Eingriffe der bodenständigen Gewalten stellten das wichtigste Privileg dar, das den Neusiedlern eingeräumt wurde[46]. Die auf karolingische Ursprünge zurückgehenden Rechtsgrundsätze, die sich in der Praxis des Landesausbaus und der Neulandkolonisation im mittelelbischen deutsch-slawischen Berührungsgebiet mit Magdeburg als Zentrum entwickelt hatten, zum Teil in den in Neumarkt in Schlesien (Środa) und in Kulm (Chełmno) gebräuchlichen Varianten, stellten die Grundlage dieser deutsch-rechtlichen Siedlungsbewegung dar. Sie ging aber nur in der Anfangsphase, besonders in den westlichen Randgebieten des historischen polnischen Siedlungsraums, mit der unmittelbaren Ansiedlung deutscher Zuwanderer einher[47]. Mit dem Übergang des Magdeburger Rechts von der Schutzfunktion für deutsche Siedler zum Instrument der polnischen Landes- und Grundherren zur Hebung der Landeskultur und zur Verbesserung der eigenen Machtstellung, eines sich an der Wende des 13. zum 14. Jh. vollziehenden Wandels, ging der Anteil der deutschstämmigen Kolonisten deutlich zurück. Als unter Kazimierz dem Großen in Groß- und in Kleinpolen, danach in Kujawien und, nach dem Erwerb Rotreußens 1349, auch in den polnischen Ostgebieten die deutschrechtliche Siedlungstätigkeit ihren Höhepunkt erreichte, überwog bereits der bodenständige polnische Anteil. Die Personalunion mit Litauen nach 1387 und das Ausgreifen in die Ukraine weiteten den Geltungsbereich der deutschrechtlichen Siedlungstätigkeit bedeutsam aus[48], wobei auch Kolonisten mitwirkten, deren Familien einst in deutschstämmigen Ansiedlungen in den Sudentenländern und in Oberungarn, vor allem aber in Schlesien und in den polnischen Kerngebieten eine Heimstatt gefunden hatten. Verbreitung und Stärke des im Verlauf der Ostsiedlung nach Polen und seine Nachbarländer gelangten Deutschtums sowie seine wirtschaftliche, kulturelle, normenbildende und geistig-sittliche Bedeutung für die weitere Entwicklung Polens wurden in der älteren polnischen und deutschen Forschung sehr kontrovers beurteilt; inzwischen hat sich als kleinster gemeinsamer Nenner die Auffassung durchgesetzt, daß „die Verbreitung des deutschen Rechtes unverhältnismäßig viel größer (war) als der Anteil der Deutschen an den wirtschaftlichen und gesellschaftlichen Veränderungen Polens im 13. und 14. Jahrhundert“ [49].
Um die Mitte des 15. Jh. waren die polnischen Kronländer mit deutschrechtlichen Siedlungen gesättigt; für Masowien und Rotreußen lassen sich Gründungen bis ins 16. Jh. nachweisen. In der späteren Provinz Posen wurden bereits im 13. Jh. 106, im 14. Jh. 149 Dorfgründungen nach deutschem Recht vorgenommen; in Großpolen entstanden im 14. Jh. 93, im 15. dann 153 Städte nach deutschem Recht. Allein die Erzbischöfe von

Gnesen haben auf ihrem gewaltigen Grundbesitz zwischen 1285 und 1512 215 deutschrechtliche Siedlungen errichtet[50]. In den alten, auf deutsches Recht umgestellten Städten wie Posen, Breslau und Krakau behielt die zugewanderte deutschstämmige Bürgerschaft das ganze Mittelalter hindurch ausschlaggebende Bedeutung, während in den kleineren, meist grundherrlichen Städten die polnischen Bewohner die Bevölkerungsmehrheit stellten. Im Rahmen der vom Magdeburger Recht abgeleiteten Ratsverfassung waren die Bürger in der Verwaltung der städtischen Angelegenheiten autonom und besaßen durch die Schöffenbank auch in der Rechtspflege ein Mitspracherecht. Da auch in den polnischen Kerngebieten ohne ausschlaggebende Beteiligung deutscher Zuwanderer das Zinshufensystem im Interesse der Ertragssteigerung Eingang fand, verbesserte sich mit dem Verschwinden von Hörigkeit und Landlosigkeit die soziale und wirtschaftliche Lage der zuvor völlig unabgesicherten polnischen Bevölkerung. Die deutschrechtliche Siedlung gab zugleich den Anstoß zum Aufbau der Grundherrschaft des Adels in Polen, der allein den korporativen Zusammenschluß vollzog, und der nicht nur das Bauerntum, sondern bald auch die Städte von einer maßgeblichen Beteiligung an der Staatsleitung, zumal von der Mitwirkung bei der Steuerbewilligung, fernzuhalten wußte.

1.5 Wiederherstellung und Verteidigung der Reichseinheit (1320–1386)

1.5.1 Die Regierung Władysławs I. und Kazimierz des Großen

Nach dem frühen Tod von Wenzel II. (1305) und Wenzel III. (1306) gelang es nach mehreren vergeblichen Anläufen schließlich Władysław Łokietek in geschickter Ausnutzung der außenpolitischen Lage, die polnischen Kernprovinzen in seiner Hand zu vereinen[1]. Dabei kam ihm neben der Unterstützung durch den ungarischen Monarchen Karl Robert d'Anjou und durch Papst Bonifaz VIII. der unter dem Adel Groß- und Kleinpolens weit verbreitete Patriotismus zustatten, der Łokieteks Bemühen unter dem Banner der nationalen Befreiung von der Fremdherrschaft aktiv und opferbereit mittrug. Das Bewußtsein, zur *gens Polonica* zu gehören und Teil des *regnum Poloniae* zu sein, war auch in der Zeit der schlimmsten teilfürstlichen Zersplitterung nie ganz verlorengegangen[2]; der kirchliche Zusammenschluß im Erzbistum Gnesen erwies sich als einigendes Band. Erste, praenational gefärbte Auseinandersetzungen mit den selbstbewußten deutschen Bürgern der Städte Krakau (1310–12) und Posen (1314) sowie das gefährliche Ausgreifen Brandenburgs über das Land Lebus und die Neumark in das Weichseltal, der unaufhaltsame Ablöseprozeß des unter dem Einfluß der deutschen Kultur stehenden Schlesien und die zunehmend als bedrohlich empfundene säkulare Macht des

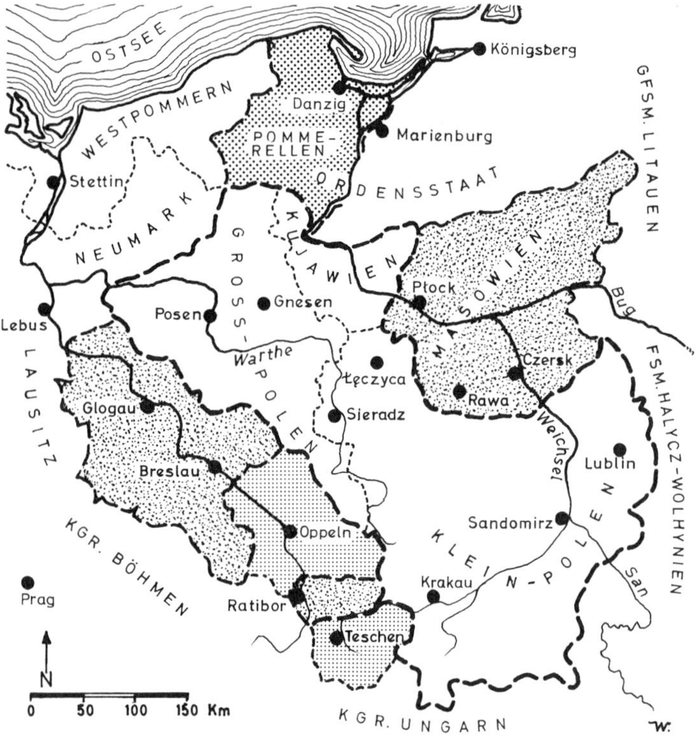

POLEN unter Wladysław Łokietek 1320

Grenzen des KR Polen

selbständige piastische Herzogtümer

Lehen der Krone Böhmens

seit 1309 unter Verwaltung des Deutschen Ordens

Deutschen Ordens trugen das Ihre dazu bei, den Prozeß einer Wiederherstellung der königlichen Zentralgewalt zu beschleunigen[3]. Territoriale Einbußen waren dabei nicht zu vermeiden. Ausgehend von Sandomierz, das er bereits 1305 besetzt hatte, brachte Władysław II. 1306 nach Kujawien, Łęczyca und Sieradz das westliche Kleinpolen und Pommerellen unter seine Kontrolle[4] und gewann schließlich 1314 Großpolen hinzu. Schlesien, das Land Lebus, Westpommern und vor allem die masowischen Fürstentümer, die unter den Nachkommen Konrads I. bis 1526 ein weitgehendes Eigenleben führten, konnten dem neuen Staat nicht angegliedert werden; Pommerellen ging dagegen bereits 1308 an den Deutschen Orden verloren. So verblieb ein Territorium von rd. 120 000 km^2 mit einer Million Einwohnern.

Der „Verrat" des Ordens bei der Verteidigung Pommerellens gegen Markgraf Waldemar von Brandenburg, den das von Łokietek entmachtete Swenzonen-(Święca-)Geschlecht 1307 ins Land gerufen hatte, prägte bis zur Säkularisierung des Ordenslandes 1525 den Kampf der polnischen Krone gegen die Deutschritter. Bei der Belagerung der Burg Danzig geriet der Burghauptmann Bogusza in solche Not, daß er im Einvernehmen mit Władysław den Ordenskomtur Günter von Schwarzenburg gegen Ersatz der Kosten um Hilfe bitten mußte. Am 14. XI. 1308 konnte der Deutsche Orden die Aufhebung der Belagerung und die Eroberung der Stadt Danzig erzwingen, wobei es zu größeren Ausschreitungen gegen die deutsche Stadtbevölkerung und pommerellische Ritter kam[5]. Der Orden, der im Folgejahr die ganze Provinz besetzte, zeigte kein Interesse, diese strategisch und wirtschaftlich so bedeutsame Territorialvergrößerung, die zudem Polen völlig von der Ostsee abschnitt, herauszugeben. Im Vertrag von Soldin kaufte der Orden für die beträchtliche Summe von 10 000 Mark Silber Waldemar die brandenburgischen Erbansprüche ab, verglich sich mit den ebenfalls Forderungen anmeldenden Söhnen Heinrichs von Glogau und Wisławs von Rügen und legte danach Władysław eine horrende Kostenrechnung vor, die der in dauernde Geldnot und in innere Kämpfe verstrickte Polenherzog nicht begleichen konnte. Ihm blieb nur der Weg vor ein Kurialgericht, das nach einem langwierigen, zweiteiligen Verfahren (1310–12 in Riga, 1320/21 in Inowrocław) den Orden am 10. II. 1321 zur Herausgabe Pommerellens und zur Zahlung einer Entschädigung verurteilte[6]. Der Orden, auf dem Höhepunkt seiner militärischen und territorialen Machtentfaltung, legte sofort Berufung ein und konnte, unterstützt von Johann von Luxemburg und Ludwig dem Bayern, nicht zur Respektierung des Urteils gezwungen werden. Verhandlungen, Verwüstungszüge in das Gebiet des Gegners, Stillhalteabkommen und Vereinbarungen wechselten miteinander ab, bevor es Łokietek am 27. IX. 1331 bei Płowce erstmals gelang, dem Orden in offener Feldschlacht standzuhalten[7]. Ein Schiedsgericht der Könige von Böhmen und Ungarn sollte danach den Streit über Pommerellen beilegen.

Władysław Łokieteks Kampf gegen den Orden war durch innen- und außenpolitische Verwicklungen beeinträchtigt. Der Konflikt mit dem aus Böhmen stammenden Krakauer Bischof Jan Muskata weitete sich 1311 zu einem von Krakauer Bürgern geführten, von Vogt Albert geleiteten Aufstand der wichtigsten kleinpolnischen Städte aus, der vom Herzog erst 1312 blutig niedergeschlagen werden konnte[8]. 1314 hatte er den Widerstand der von Vogt Primko geführten Posener Bürger zu brechen, bevor er der Angliederung Großpolens sicher sein konnte. Neben Brandenburg, das nach dem Aussterben der Askanier 1319 an den Sohn Ludwigs des Bayern gefallen war, erwies sich der umtriebige, Ansprüche auf den polnischen Thron anmeldende Johann von Luxemburg als ernstzunehmender Gegner, der nicht nur die Angliederung Schlesiens an die Krone Böhmens zielbewußt verfolgte, sondern auch mit dem Deutschen Orden verbündet war und sich an dessen Feldzügen gegen Litauen 1328/29 beteiligte. Er konnte 1329 den Herzog von Masowien-Płock zur Anerkennung der böhmischen Lehnshoheit zwingen, das Land Dobrzyń dem Orden unterstellen und im Herbst 1331 fast ungehindert nach Großpolen einfallen[9]. Da Johann schließlich Kaiser Ludwig IV. zu mächtig wurde, lenkte der Wittelsbacher im August 1329 im Frieden von Landsberg a. d. Warthe Władysław gegenüber ein und anerkannte dabei die volle Souveränität des polnischen Herrschers.

Von Anfang an hatte Władysław Łokietek gute Beziehungen zu Ungarn gepflegt, wo seit 1308 Karl Robert d'Anjou die Krone innehatte; 1320 heiratete dieser in 3. Ehe Łokieteks Tochter Elisabeth. Seit 1317, verstärkt dann 1322/23, gab es gute Kontakte zum litauischen Großfürsten Gedymin, die durch die Vermählung des polnischen Thronfolgers Kazimierz 1325 mit Aldona/Anna eine breitere Grundlage erhielten. Bei den Kämpfen mit dem Orden, den Wittelsbachern und König Johann konnte Władysław danach auf die Militärhilfe der heidnischen Litauer zurückgreifen. Die verwandtschaftlichen Bindungen zum rotreußischen Fürstenhaus erwiesen sich als tragfähig, als 1323 die letzten Nachkommen der Romanoviči, Neffen Władysławs, in Halicz-Wolhynien ausstarben und das Fürstentum an Bolesław-Jerzy II. Trojdenovič von Masowien-Czersk fiel, der 1331 ebenfalls eine Tochter Gedymins ehelichte. Gestützt auf diese außenpolitische Absicherung seiner Herrschaft gelang es Władysław, sich seiner Gegner zu erwehren, die Konsolidierung der wiedervereinigten polnischen Kerngebiete voranzutreiben und das Königtum zu erneuern[10].

Nach geduldigen Verhandlungen mit dem Avignoner Papsttum, bei denen die Einziehung des Peterspfennigs in Polen im Mittelpunkt stand, konnte Władysław die Zustimmung Johannes' XXII. zu der vom Gnesener Erzbischof Jarosław am 20. I. 1320 in Krakau vollzogenen Krönung erreichen. Die Zusage, anstelle der bisher pro Familie eingesammelten drei Groschen künftig pro Kopf einen Groschen abzuführen, konnte in den von Polen abgefallenen Teilen der Erzdiözese Gnesen nicht, in anderen Gebieten gegen den Widerstand der betroffenen Bevölkerung nur schwer eingehalten werden; der Streit zog sich bis in das Pontifikat Urbans V. hin, obschon auch Kazimierz die Steuer als Ausdruck des besonderen Lehnsverhältnisses Polens zur Kurie bewertete. Trotz der Einsprüche Johanns von Böhmen und Kaiser Ludwigs IV., der letztmalig eine Anerkennung der früheren Reichsoberhoheit durchzusetzen versuchte, konnte sich Władysław (als König: I.), *rex Poloniae Dei et apostolis sedis providentia,* in seinem Königtum behaupten; die *corona Regni Poloniae* stieg zum Symbol der politischen, religiösen und kulturellen Einheit Polens auf[11]. Als Władysław Łokietek am 2. III. 1333, 73jährig, starb, hinterließ er seinem Sohn Kazimierz zwar große, ungelöste Aufgaben wie u. a. die Auseinandersetzung mit dem Deutschen Orden und mit Böhmen. Immerhin hatte er aber unter schwierigen äußeren Bedingungen in unermüdlichem militärischen und diplomatischen Einsatz, mit beeindruckenderem Beharrungsvermögen als mit politischer Weitsicht die teilfürstliche Zersplitterung überwunden und mit der Verankerung des monarchisch-zentralistischen Prinzips auch die gefährdete Position Polens im europäischen Kräftespiel abgesichert.

Kazimierz III. (Wielki = der Große, 1333–1370)[12] setzte die Konsolidierung der Staatseinheit nach innen und außen insgesamt erfolgreich fort. Die bereits drei Wochen nach dem Tod des Vaters am 25. III. 1333 vollzogene Krönung in Krakau stellte für Kazimierz eine Selbstverständlichkeit dar. Die Erfolge seiner auf Reformen aufbauenden Innenpolitik, gipfelnd in der weitgehenden administrativen und ökonomischen Vereinheitlichung der früheren teilfürstlichen Gebiete, boten die Voraussetzung für die Führung einer aktiven Außenpolitik, die in der Erschließung neuer Expansionsräume im Südosten ihren Höhepunkt fand.

1.5.2 Staatliche und gesellschaftliche Strukturen

Dem Landesausbau und der Einrichtung einer funktionsfähigen Verwaltung galt das besondere Augenmerk des Herrschers. Die unterschiedliche Größe der Polen konstituierenden Teilgebiete lebte in den Wojewodschaften fort, die anstelle der alten Kastellaneibezirke um die Zentralburgen jetzt in Starosteien unterteilt wurden. Dem bereits seit der Böhmenherrschaft gebräuchlichen, vom König besetzten Starostenamt waren Verwaltung und Gerichtsbarkeit unterstellt. Die Ausweitung und wachsende Komplexität der Landesverwaltung machte die Einrichtung neuer Hofämter nötig, die bei der Zentrale meist von Angehörigen der Magnatenfamilien, auf Wojewodschaftsebene vom ansässigen Landadel besetzt wurden[13]. Die räumliche Nähe zu Krakau, der seit Kazimierz für über 200 Jahre unumstrittenen Hauptstadt, gewährleistete den kleinpolnischen Adelsfamilien einen besonders großen Einfluß am Hofe und unter der Beamtenschaft. Bei gelegentlich vom Herrscher einberufenen Tagfahrten *(colloquia, convocationes)* und bei den nur den adligen Amtsinhabern vorbehaltenen Beratungen (poln. *wiece)* erkundete der Monarch Ansichten und Stimmung des Adels, ohne ihm vorerst ein politisches und fiskalisches Mitspracherecht einzuräumen[14]. In Verfolgung des Einheitsstaatsgedankens, den Kazimierz in die Maxime: „*Unus princeps, unum ius, una moneta in toto regno haberi debet*" kleidete, war Rücksichtnahme auf die Interessen der geistlichen und weltlichen Magnaten sowie des einfachen Adels geboten. Im Statut von Wiślica, das als das erste geschriebene polnische Gesetzbuch gilt, stimmte der König 1364 einer Kodifizierung des Strafrechts und der Rechte und Pflichten von Adel und Bauern für Kleinpolen zu; die großpolnischen Normen wurden im Statut von Petrikau (Piotrków) niedergelegt[15]. Das für den Totschlag eines Adligen aufzubringende Wergeld wurde sechsmal höher angesetzt als die Strafe für die Tötung eines Bauern. Der durch Herkunft nachzuweisende Adel nahm seine gesellschaftliche Sonderstellung durch Grundbesitz nach Ritterrecht *(ius militare)* ein, hatte dafür aber – wie der ein Erbgut besitzende Geistliche – Kriegsdienst zu leisten. Während die Städter nach dem *ius municipale* und die bäuerlichen Ansiedler nach den verschiedenen Varianten des Magdeburger Rechts gerichtet wurden, unterstanden der Adel und die nach polnischem Recht wirtschaftende einheimische Bauernschaft dem *ius terrestre,* das unter Aufsicht der Starosten *(capitanei)* durch adlige Schöffen in den *iudicia terrestria,* in der Revisionsinstanz auf Wojewodschaftsebene durch eigens vom Monarchen ernannte Richter gewährleistet wurde. Mit der Errichtung von Oberhöfen für Kleinpolen 1356 *(Iudicium supremum theutonicum in Castro Cravociensi)* und für Großpolen 1365 war das Verbot der Einholung von Rechtsweisungen in Magdeburg verbunden.

Die 1338 erfolgte Einführung des großen Krakauer Groschens *(grossi Cracovienses)* brachte nicht die gewünschte Geldwertstabilität, weil der bereits geringe Silberanteil in Notzeiten immer weiter herabgesetzt wurde. So blieben böhmische Prägungen und der ungarische Golddukaten die vorherrschenden Zahlungsmittel. Der Mangel an Bargeld während der Kämpfe um Rotreußen machte Gebietsverpfändungen und Sondersteuern für Städte, Klöster und die Geistlichkeit notwendig; selbst die Kurie verzichtete zeitweise auf die volle Abführung des Peterspfennigs (z. B. 1343, 1351, 1354, 1369). Die Geldabgaben der Siedler nach deutschem Recht, die Gerichtsgebühren, die Einkünfte aus den Brücken- und Wegzöllen sowie aus dem Bergregal stellten neben den Revenuen aus dem Königsgut die Haupteinnahmequellen des Herrschers dar. Der von Kazimierz intensiv vorangetriebene Landesausbau mit der Neugründung zahlreicher Städte und der bäuerlichen Ansiedlung nach deutschem Recht entsprang nicht zuletzt fiskalischem Interesse.

Bei den Bauern war weiterhin zwischen den Siedlern nach deutschem Recht, die Geldzins und genau festgelegte Naturalabgaben zu leisten hatten, sonst aber frei und unabhängig waren, und der Masse der bodenständigen Ackerleute zu unterscheiden, die in wechselnder Abhängigkeit zum jeweiligen Grundbesitzer – König, Adel oder Kirche – standen. In Großpolen war den Adelsbauern ein Wechsel zu einem anderen Grundherrn bereits seit der Mitte des 14. Jh. als Vorstufe neuer Unfreiheit weitgehend untersagt, in Kleinpolen wurde er jedoch noch in gewissen Grenzen gestattet[16].

Die Städte waren überschaubar: Krakau zählte 14000, Posen etwa 4000 und Sandomierz rd. 2000 Einwohner. Unter der Stadtbevölkerung trat im 14. Jh. eine deutliche Stratifikation ein. An der Spitze stand anfangs der sozial dem Adel nahestehende, oft ihm entstammende Erbvogt *(advocatus)*, der allein dem Herrscher verantwortlich war. Durch erheblichen Grundbesitz und seinen Anteil an den Gebühren zu Reichtum gekommen, hatte er persönlich Kriegsdienst zu leisten, während die Städter im Verteidigungsfalle eine festgelegte Soldatenzahl stellen mußten. In der Verwaltung der städtischen Angelegenheiten war das Bürgertum autonom; die Rechtspflege übte der Erbvogt im Einvernehmen mit der von den Bürgern besetzten Schöffenbank aus. Seit Amt und Amtsgut wurde allerdings in den wichtigeren Städten von der Bürgerschaft durch Kauf erworben, was besonders den reichen, im Fernhandel tätigen Rats- und Schöffengeschlechtern zugute kam[17]. Im Laufe des 14. Jh. setzte bereits eine Polonisierung der städtischen Bevölkerung ein. Deutlich von den Handel und Gewerbe betreibenden Bürgern hob sich die Schicht der Dienstboten, der nicht zunftgebundenen einheimischen Handwerker und der ungelernten Handlanger ab, aber auch die Geistlichkeit mit ihrem Gesinde, später der in den Städten wohnende Adel und vor allem die Judenschaft.

Seit der Mitte des 13. Jh. waren die in den westlichen Reichsgebieten verfolgten Juden in größerer Zahl nach Polen entflohen und 1264 von Herzog Bolesław dem Frommen in Kalisch, aber auch von schlesischen Piasten mit Privilegien ausgestattet worden, die ihnen persönliche Sicherheit, Schutz der freien Glaubensausübung und das Recht, Handel zu treiben, einräumten. Kazimierz III. hat diese Garantien nicht nur auf ganz Polen ausgedehnt, sondern auch inhaltlich erweitert, indem er die Judengerichtsbarkeit dem Wojewoden oder eigenen Judenrichtern unterstellte und die autonome Selbstverwaltung der Judenschaft anerkannte. Für den Schutz des Monarchen vor Verfolgung durch die Christen und für die ihnen zugestandene, in Westeuropa nicht erlaubte Handelsfreiheit hatten sie als *servi camerae* eine Kopfsteuer in beträchtlicher Höhe an den königlichen Schatz abzuführen. Anfangs betätigten sie sich vornehmlich in dem den Christen grundsätzlich verbotenen Geldverleih, für den Kazimierz selbst die Zinssätze festlegte; gegen Ende des 14. Jh., als die Massenflucht aus den Rheinlanden viele Juden nach Polen verschlug, drangen sie auch in den städtischen Handel und das Gewerbe ein, was zu Konflikten mit den Zünften führte. In den meisten Städten mußten sie in abgegrenzten Wohnbezirken leben, in anderen, wie z. B. in Warschau 1483, wurden sie zur Ansiedlung außerhalb der Mauern gezwungen[18].

Seine in der Teilfürstenzeit gewonnene Sonderstellung wußte der Adel zu verteidigen. Ohne sich durch zusätzliche Titel abzugrenzen, setzte sich die durch Besitz, Einkommen und Nähe zum Herrscher begünstigte sozioökonomische Differenzierung im Adel fort, wobei der sich ausbildende Hochadel, das spätere Magnatentum, keine rechtliche Sonderstellung erlangte[19]. Dem Episkopat, der beträchtlichen Grundbesitz kontrollierte und bedeutenden politischen Einfluß ausübte, gelang es nicht, eine Territorialherrschaft zu errichten und Landesherr zu werden. Die Ausschließlichkeit der Ämtervergabe an den Adel, die den hohen Klerus einbezog, stärkte auch die politische Stellung dieses Standes, dessen Interessen selbst ein so autokratischer Herrscher wie Kazimierz III. nicht verletzen durfte. Die Bevorzugung der kleinpolnischen Edelleute löste bei den führenden großpolnischen Adelsgeschlechtern Verstimmung aus und führte 1352 zur Bildung der ersten Adelskonföderation, die der König erst nach vierjähriger Auseinandersetzung mit Mühe unter Kontrolle bringen konnte. Die nach 1355 von Kazimierz und Ludwig von Ungarn im Interesse der Nachfolgesicherung dem Adel gemachten Zugeständnisse begünstigten eine weitere Aushöhlung der königlichen Prärogativen. Diese Entwicklung sollte, beginnend mit dem Mitspracherecht bei der Steuerbewilligung, schließlich in der Landtagsherrschaft, der Wahlmonarchie und der Oligarchie der Magnaten zwischen dem 16. und 18. Jh. ihren Höhepunkt erreichen.

Denn Kazimierz wollte, in vier Ehen ohne männlichen Erben geblieben, Polen nach seinem Tod Thronwirren ersparen, die er dann erwartete, wenn ein Mitglied aus der piastischen Verwandtschaft zur Herrschaft gelangen würde. Daher hatte er bereits im Juli 1339 im Vertrag von Visegrád die Krone dem ihm verschwägerten Haus d'Anjou in Ungarn zugesichert. Die Magnaten machten ihre Zustimmung von der Erfüllung ihrer Gegenforderungen abhängig. Im Privileg von Buda am 24. I. 1355, in dem die Ausschließung der Töchter Kazimierz' von der Thronfolge festgeschrieben wurde, war es zu einer grundlegenden Anerkennung des Wahlprinzips und zum Verzicht des künftigen Herrschers gekommen, außerordentliche Steuern aufzuerlegen oder Kriegsdienst außer Landes ohne Entschädigung vom Adel zu verlangen[20]. Künftig benutzte der Großadel jeden Thronwechsel, um seine auf Privilegien gegründete Machtstellung weiter auszubauen; dem Monarchen mußte daher längerfristig auch an einer Begünstigung möglichst breiter Adelskreise gelegen sein, um die Vorherrschaft und damit seine Abhängigkeit von einer kleinen Gruppe von Magnaten zu vermeiden.

Auch wenn Kazimierz der Große sein innenpolitisches Ziel nicht völlig erreichte, die regionalen Unterschiede abzubauen sowie gleiche administrative und sozialökonomische Voraussetzungen in seinem zentral verwalteten, sich von Netze und Warthe im Nordwesten bis zu Wisłok, dem Seret und den Karpaten im Südosten über 900 km erstreckenden Reich zu schaffen, so trug seine besondere Fürsorge für den Bauernstand, die Hebung des Produktionsniveaus in der Landwirtschaft, die Begünstigung des Handels und Gewerbes in den aufblühenden Städten und die Pflege der Kultur zu wachsendem Wohlstand und internationalem Ansehen Polens bei. Der Errichtung einer Universität in Krakau 1364, die sich vor allem der Ausbildung der im Staatsdienst benötigten Juristen zu widmen hatte und zunächst keine theologische Fakultät besaß, maß Kazimierz besondere Bedeutung bei; ihre Blüte erreichte sie freilich erst in der jagiellonischen Ära[21]. Da immer mehr Polen Eingang in die hohen geistlichen Würden und in die Klöster fanden, übernahmen mit der Zeit einheimische Geistliche als Vertreter der höheren Bildung den gesamten Unterricht und schufen Kulturwerte, die sowohl ein geistliches als auch ein bereits eigenständiges nationales Gepräge aufwiesen. Die Anfänge der polnischen Literatur sind kirchlichen Ursprungs: Lieder, Übertragungen und Bearbeitungen nach biblischen Vorlagen oder Predigten sind die ersten polnischen Sprachdenkmäler[22]. Nach dem Gallus Anonymus, den annalistischen Aufzeichnungen an den polnischen Domkirchen und Heiligenleben kommen neben den Geschichtsbüchern der Dominikaner und der Franziskaner der vierbändigen Chronik des Krakauer Bischofs Mistrz Wincenty Kadłubek († 1223)[23], einer Großpolnischen Chronik vom Ende des 13. Jh.[24] und dem Bericht des Unterkanzlers Janko z Czarnkowa[25] ein gewisser Quellenwert zu.

1.5.3 Außenpolitische Aktionen. Die Thronfolge des Hauses Anjou 1370

Die von Kazimierz III. an den politischen Realitäten und militärischen Möglichkeiten ausgerichtete Außenpolitik trug ebenfalls zur Konsolidierung und Stabilisierung des wiedervereinigten Polen bei. Da eine Rückgliederung der schlesischen Fürstentümer unerreichbar schien, suchte er den Ausgleich mit König Johann von Böhmen, der für die de-facto-Anerkennung der böhmischen Oberhoheit im Oderland und für eine größere Geldsumme bereit war, auf seine polnischen Thronansprüche zu verzichten. Ein am 24. VIII. 1335 in Trenčin geschlossener Präliminarvertrag wurde im November unter Vermittlung des Ungarnkönigs Karl Robert in Visegrád (Vyšehrad) von den beiden Monarchen bestätigt; Kazimierz erklärte schließlich am 9. II. 1339 den Verzicht der Krone Polens auf Schlesien. Zwar gab es nach einem polnischen Einfall in die Gebiete Fraustadt und Steinau 1343 und dem Versuch, 1345 den späteren Karl IV. bei der Rückkehr von einem Feldzug gegen die Litauer gefangenzunehmen, was wiederum die Belagerung Krakaus durch die Böhmen auslöste, noch bilaterale Auseinandersetzungen, die erst durch den Frieden von Namslau am 22. XI. 1348 beigelegt wurden. Sieben Monate zuvor hatte Karl IV. die schlesischen Fürstentümer endgültig in den böhmischen Staat inkorporiert. Die Herauslösung Masowiens aus der böhmischen Oberhoheit 1351, worauf diese Provinz bis 1370 ein Lehen der polnischen Krone wurde[26], die Hochzeit seiner Enkelin Elisabeth mit Kaiser Karl IV. 1363 und die Verlobung seiner jüngsten Tochter mit dem späteren König Wenzel

1369 waren Zeichen des von Kazimierz gesuchten guten Einvernehmens mit dem südwestlichen Nachbarn.
Der durch die Aufgabe Schlesiens so schmerzhafte Ausgleich mit Böhmen bot Kazimierz die Möglichkeit, sich stärker des Konflikts mit dem Ordensstaat anzunehmen. Die bereits 1332 von Władysław I. als Schiedsrichter angerufenen Könige von Böhmen und Ungarn hatten am 26. XI. 1335 den Spruch gefällt, das umstrittene Pommerellen als königliches „Geschenk" dem Orden zu belassen, der dafür den polnischen Erbanspruch anerkennen sowie Kujawien und Dobrzyń herausgeben sollte. Der enttäuschte Kazimierz unterwarf sich zwar diesem Verdikt, strengte aber zugleich einen neuen Prozeß gegen den Orden an, der von Februar bis September 1339 in Warschau unter Vorsitz des Nuntius Galhard de Carceribus und der Anhörung von 126 Zeugen stattfand. Das Urteil, das dem Orden die Herausgabe aller Gebiete einschließlich des Kulmer Landes und hohe Entschädigungszahlungen auferlegte, wurde vom Orden sofort angefochten und konnte von Kazimierz nicht vollstreckt werden[27]. Rücksichtnahme auf die internationale Lage und die sich bietende Gelegenheit eines Landgewinns im Südosten ließen es Kazimierz angebracht erscheinen, sich auf der Basis des Schiedsspruchs von Visegrád im Juli 1343 in Kalisch mit dem Deutschen Orden zu vergleichen. Pommerellen sowie das Kulmer und das Michelauer Land verblieben dem Orden, der dafür Kujawien und Dobrzyń preisgab. Obgleich beide Seiten einige Vertragspunkte (Entschädigungszahlungen, Verzicht auf die Titulatur „heres Pomeraniae", päpstliche Bestätigung der Vereinbarung) nicht erfüllten, sicherte der Vertrag von Kalisch für über 60 Jahre den Frieden. Unter dem Hochmeister Winrich von Kniprode (1351–1382), einem ausgezeichneten Diplomaten und Administrator, erreichte der Ordensstaat seine größte Machtfülle, die von Erfolgen in den Kriegen mit Litauen (1348 Sieg an der Strebe, 1362 Eroberung Kownos, 1370 Sieg bei Rudau im Samland) gekrönt wurde. Mit dem Übertritt der Litauer zum Christentum 1386 war die dem Deutschen Orden ursprünglich übertragene Missionsaufgabe jedoch erfüllt.
1340 wurde Fürst Bolesław Trojdenovič von Halicz-Vladimir von Bojaren wegen angeblicher Geringschätzung des griechisch-orthodoxen Glaubens und Begünstigung des Katholizismus vergiftet. Kazimierz, der sich bereits 1338 mit dem ebenfalls Ansprüche auf das *regnum Galiciae et Lodomeriae* anmeldenden Ungarn verständigt hatte, marschierte unter Berufung auf sein verwandtschaftliches Erbrecht sofort in Rotreußen ein, konnte aber gegen den Widerstand Lubarts von Litauen, einem Sohn Gedymins, und wegen der Feindseligkeit der Bevölkerung nur die westliche Peripherie um den Sanok erobern. Obgleich er sich bereits seit 1346 *dominus et haeres Russiae* titulierte, gelang es erst nach 1349 mit ungarischer Unterstützung, den Großteil des Landes zu erobern und 1352 die Litauer zur Abtretung der Gebiete um Przemyśl und Lemberg zu bewegen, für die dem Tatarenkhan als dem bisherigen Oberherrn Tribut zu zahlen war[28].

Die Kurie, die dieses Ausgreifen nach Südosten finanziell unterstützt hatte, übte beträchtlichen Druck aus, um neben der griechisch-orthodoxen Kirchenorganisation den römisch-katholischen Ritus verankern zu können, wobei sich besonders die Franziskaner hervortaten. – Die anfängliche Personalunion mit Rotreußen konnte Kazimierz nach einem erfolgreichen Feldzug 1366 zu einer vollen Oberhoheit ausweiten, die er auch auf die drei litauischen Prinzen übertragenen Lehnsfürstentümer Vladimir, Chełm und Bełz ausdehnte. Nur hier im Osten und zeitweise in Masowien-Płock, das sich zwischen 1351 und 1370 Kazimierz persönlich unterstellte, bildete sich das Lehnswesen westlicher Prägung in Polen aus. Jedenfalls war bereits durch Kazimierz im Südosten ein nach der Personalunion mit Litauen 1386 wesentlich erweitertes Tor für eine expansive polnische Außenpolitik geschaffen worden. Die jagiellonische Konzeption in der polnischen Geschichte wurde nach den Territorialverlusten im Westen und Norden somit noch vom letzten Piasten initiiert, eine Politik, die mit der Einbeziehung ostslawischer und orthodoxer Bevölkerungsgruppen, der Ansiedlung der nicht assimilierwilligen Juden und dem Einströmen von Deutschen, Italienern und Armeniern die von den frühen Piasten verfolgte Richtung des Aufbaus eines national und konfessionell einheitlichen Territorialstaates aufgab[29].

Im Interesse der Absicherung seines auf fast 240 000 km^2 angewachsenen Reiches verfolgte Kazimierz eine ausgedehnte, verschlungene Heiratspolitik, die ihn mit den Häusern Wittelsbach, Luxemburg, Anjou, den litauischen Gedyminiden, den Fürsten von Pommern-Wolgast-Stolp und den piastischen Nebenlinien in dynastische Beziehungen brachte. Obschon er 1339 Karl Robert von Ungarn, 1342 dessen Nachfolger Ludwig, bei Ausbleiben eines männlichen Erben die Sukzession zugesagt hatte, spielte er nach 1360 wohl auch mit dem Gedanken, seinen pommerischen Enkel Kazimierz (Kaźko), den er zudem 1368 adoptierte, auf den Krakauer Thron zu bringen – war Ludwig doch bis zu Kazimierz' III. Tod selbst kinderlos geblieben[30]. Seine piastischen Verwandten Siemowit III. von Masowien und Władysław den Weißen von Gniewków aus der kujawischen Linie hatte er ausdrücklich ausgeschlossen. Als Kazimierz im November 1370 starb, eilte Ludwig der Große (1370–1382)[31] sofort nach Polen, ließ sich in Krakau krönen und übertrug die Statthalterschaft seiner Mutter Elisabeth, einer Schwester des Verstorbenen. Dem vom Großvater mit den Ländern Dobrzyń, Łęczyca und Sieradz bedachten Kazimierz von Pommern-Stolp, dem Schwager Kaiser Karls IV., nahm Ludwig nach der Testamentsanfechtung bis auf Dobrzyń die Hinterlassenschaft weg. Die *ad personam* an Kazimierz den Großen gebundene Lehnsoberheit über Masowien-Płock und die drei rotreußischen Fürstentümer vermochte er nicht aufrechtzuerhalten. Das ab 1372 von Władysław von Oppeln als Statthalter verwaltete Gebiet um Przemyśl und Lemberg führte ein weitgehendes Eigenleben und sollte mit der Zeit wohl der ungarischen Krone direkt unterstellt werden. An diesem wesentlich verkleinerten polnischen

Herrschaftsbereich zeigte Ludwig nur im Rahmen seiner Heiratspolitik Interesse, um seinen spätgeborenen Töchtern Maria (*1371) und Hedwig (Jadwiga, *1373/74) eine stattliche Mitgift zu sichern. Die ältere, bereits 1372 mit dem Urenkel Kazimierz' III., dem späteren Kaiser Sigismund, verlobt, sollte Polen erhalten, wodurch die luxemburgischen Lande Böhmen mit Schlesien und Brandenburg eine bedeutsame Abrundung erfahren hätten; Jadwiga, Wilhelm von Habsburg versprochen, war das um Rotreußen erweiterte Ungarn als Erbteil zugedacht.
Diesen Plänen stand aber die im Juli 1339 in Visegrád vereinbarte Erbfolgeregelung im Wege, wonach nur die – ausgebliebenen – männlichen Nachkommen des Hauses Anjou im Piastenreich erbberechtigt sein sollten. Zudem machte sich, vor allem in Großpolen, eine wachsende Unzufriedenheit über die dauernde Abwesenheit des Monarchen und die selbstherrliche Regierung des kleinpolnischen Amtsadels, der *Cracovitae,* breit. Der Plan, einen polnischen Piasten auf den Thron oder doch wenigstens in Großpolen an die Herrschaft zu bringen, fand rasch Unterstützung, obwohl Kazimierz von Pommern-Stolp sich als Prätendent verweigerte. Der Benediktinermönch Władysław von Gniewków erschien 1373 und 1375 in Polen, konnte sich aber nur kurz behaupten und traf, nachdem der junge Kazimierz im Zusammenhang mit der Belagerung von Złatoryja zu Tode gekommen war, im März 1377 einen Ausgleich mit Ludwig, der diesem die unliebsame Konkurrenz vom Halse schaffte.
Damals hatte Ludwig nach den beiden Tagfahrten von 1373 und 1374 nach Kaschau dem Adel gegenüber bereits eingelenkt. Gegen das einzige Zugeständnis, daß ihm die von ihm bestimmte Tochter auf dem polnischen Thron nachfolgen dürfe, erteilte er am 17. IX. 1374 das Privileg, die bisher 12 Groschen betragende Pflugsteuer *(poradlne)* auf 2 gr. pro Jahr und Hufe zu reduzieren und den Adel von jeder weiteren Besteuerung auszunehmen[32]. Landesämter durften nur an Polen, vorrangig an Bewohner aus dem jeweiligen Amtsbezirk, vergeben werden. Ferner mußte sich Ludwig verpflichten, nicht nur das Reich in seinem derzeitigen Umfang ungeschmälert zu erhalten, sondern auch verlorengegangene Gebiete zurückzuerobern. Mit dem Privileg von Kaschau hatte der Adel sein Mitspracherecht auf alle relevanten Gebiete ausgedehnt und sichergestellt, daß künftig bei weitreichenden Entscheidungen seine Zustimmung einzuholen war. Die herausgehobene Sonderstellung des privilegierten Adels, der Szlachta, wurde zum Kennzeichen der polnischen Adelsrepublik.
Doch die allgemeine Unzufriedenheit über die Vernachlässigung der polnischen Interessen durch Ludwig und über die Regentschaft der unbeliebten, überforderten Königsmutter entlud sich in einem Aufstand, bei dem am 7. XII. 1376 in Krakau die ungarische Gefolgschaft getötet und Elisabeth zur Flucht gezwungen wurde. Die Leitung der Reichsgeschäfte übernahm nach einem kurzen Zwischenspiel Władysławs von Oppeln 1381 ein Triumvirat mit dem Krakauer Bischof Zawisza Kurozwęcki, sei-

nem Vater, dem Krakauer Kastellan Dobiesław und dem Wojewoden von Kalisch, Sędziwój z Szubina. Außenpolitische Erfolge an der Ostgrenze, wo im Sommer 1377 die Litauer zurückgeschlagen werden konnten, verschärften die Krise, weil Ludwig das um die Fürstentümer Chełm und Bełz erweiterte Rotreußen offensichtlich als ungarische Provinz betrachtete. Während der in Großpolen erneut ausbrechenden Unruhen starb Ludwig am 11. IX. 1382.

Obwohl sich Ludwigs Schwiegersohn, Sigismund, Markgraf von Brandenburg, sofort um die Anerkennung der Nachfolge für seine Frau Maria und sich bemühte, hatte es der polnische Adel nicht eilig, einen neuen Monarchen zu bestätigen. Enttäuscht über die dauernde, den Nationalstolz verletzende Abwesenheit Ludwigs und verbittert über die unter der schwachen Regentschaft gewachsene Rechtsunsicherheit und die heftigen Fehden unter den Magnaten, schlossen sich der selbstbewußte großpolnische Adel in Radomsk[33], der kleinpolnische in Wiślica im November 1382 zu Konföderationen zusammen, die im Geiste der Kaschauer Vereinbarungen diejenige der beiden Töchter Ludwigs als Königin anzuerkennen bereit waren, die ihren ständigen Wohnsitz in Polen nehmen würde. Damit war die Kandidatur Marias, die in Ungarn die Nachfolge bereits angetreten hatte, und ihres Gatten Sigismund, für die sich der Gnesener Erzbischof Bodzanta eingesetzt hatte, erledigt. So blieb als neue Monarchin nur die jüngere Hedwig-Jadwiga, der aber eine Auflösung ihrer Verlobung mit Wilhelm von Habsburg zur Auflage gemacht wurde.

Da aber auch der masowische Piast Siemowit IV. seine Ansprüche anmeldete und Unterstützung aus Adelskreisen erhielt, begann ein Bürgerkrieg, der erst durch ein ungarisches Interventionsheer unterbunden wurde. Als die Abreise der zehnjährigen Jadwiga nach Polen von ihrer Mutter immer wieder hinausgeschoben wurde, verlangte im März 1384 eine weitere Adelsversammlung ultimativ das Erscheinen der präsumtiven Nachfolgerin bis Mai und drohte sonst mit einer freien Königswahl. Jadwiga zog allerdings erst im Oktober in Krakau ein und beendete mit ihrer am 16. X. 1384 erfolgten Krönung zum König *(rex)* das zweijährige Interregnum[34].

Nach den Vorstellungen des kleinpolnischen Amtsadels sollte eine politische Heirat den Einfluß Polens im europäischen Mächtekonzert stärken und neue Expansionsmöglichkeiten schaffen. Wilhelm von Habsburg und der sich anbietende Siemowit IV. von Masowien schienen als Prinzgemahl nicht das notwendige Format mitzubringen, dagegen eröffnete eine Verbindung mit dem litauischen Großfürsten Jagiełło (Iogailas) dem Adel ungeahnte politische, militärische und wirtschaftliche Perspektiven, die durch die Erwartung, mit den Litauern das letzte Heidenvolk Europas dem katholischen Glauben zuzuführen, eine zusätzliche geistlich-moralische Rechtfertigung erfuhren. Die Realisierung dieser Konzeption leitete eine neue Epoche in der Geschichte Polens ein, in der die unter den Piasten aktiv geführte Westpolitik fast völlig stagnierte, dafür aber das mit Litauen nur in einer lockeren, mehrfach unterbrochenen Personalunion verbundene Polen in wachsender Rivalität mit dem Großfürstentum Moskau zur führenden Macht in Ost- und Südosteuropa aufstieg. Jeden Thronwechsel, jede außenpolitische Verwicklung, jede innere Krise wußte der Adel zu nutzen, um durch neue Privilegien seinen ausschlaggebenden Einfluß auf die ihm wichtig erscheinenden Gebiete der Verwaltung und Gesetzgebung zu erweitern und Polen konsequent in eine Republik des Adels *(rzeczpospolita szlachecka)* umzugestalten.

Anmerkungen zu 1.1

1 Zum gegenwärtigen Stand der polnischen Vor- und Frühgeschichtsforschung s. J. Topolski (Hg.), Dzieje Polski, Warszawa 1976, S. 14–87, und die Zeitschriften Slavia Occidentalis (seit 1921) und Archaeologia Polona (seit 1958, in westeurop. Sprachen).

2 Wichtigster Vertreter dieser Auffassung war der Posener Frühgeschichtler Józef Kostrzewski, der seine These begründete in O pochodzeniu grupy północnej (oksywskiej) kultury wendzkiej późnego okresu lateńskiego, in: Europa-Słowiańszczyzna-Polska (Festschrift für K. Tymieniecki), Poznań 1970, S. 117 ff. und Zur Frage der Siedlungsstetigkeit in der Vorgeschichte Polens, Wrocław 1965. Vgl. W. Hensel, Polska starożytna, Wrocław usw., 1970.

3 Für das Gebiet des heutigen Polen wird im 2. Jh. n. Chr. eine Bevölkerungsdichte von 1,2–2 Personen pro km^2 angenommen, was einer Einwohnerzahl von rd. 375 000 Menschen entsprechen würde. A. Gieysztor (Hg.), History of Poland, Warszawa [2]1979, S. 31.

4 Der Name Pomorani, poln. Pomorzanie, leitet sich von *pomorje* = am Meer (gelegen) her. Namen und Siedlungsgebiet der slawischen Stämme zwischen unterer Oder und unterer Weichsel sind vor allem in den Viten Ottos von Bamberg († 1139) bezeugt, als eine getrennte Stammesorganisation nicht mehr bestanden haben dürfte. Siehe dazu S. Zajączkowski und G. Labuda in: Początki państwa Polskiego 1 (1962), S. 73 ff., 2 (1963), S. 269 ff.

5 Descriptio civitatum ad septentrionalem plagam Danubii = Regensburger Völkertafel. Praha 1956.

6 Zur Frühgeschichte Schlesiens s. Hist. Kommission für Schlesien (Hg.), Geschichte Schlesiens, Bd. 1, Von der Urzeit bis zum Jahr 1526, Stuttgart [3]1961, S. 28–95, und K. Maleczyński u. a. (Hg.), Historia Śląska, Bd. 1, T. 1, Wrocław 1961.

7 Die Ansichten über die Ausdehnung des Siedlungsgebiets der Lendizi (wohl vom altpoln. *lęda* = Ackerstück, Feld) klaffen auseinander; vielleicht wurden mit diesem Namen erstmals sogar die Bewohner der fruchtbaren Regionen im südöstlichen Vorfeld von Sandomir (Sandomierz) bezeichnet, was die Benennung der Polen als Ljachen in der ostslawischen sog. Nestor-Chronik, als Lenkai bei den baltischen Stämmen und Lengyel im Ungarischen erklären könnte. Dazu K. Potkański, Lechici, Polanie, Polska, Warszawa 1965.

8 H. Łowmiański, Początki Polski, Bd. 4, Warszawa 1970, S. 445 ff., mit weiterführenden Literaturangaben.

9 Einzelnachweise bei W. Hensel und J. Pazdura, Historia kultury materialnej Polski, Bd. 1, Wrocław 1978, und Z. Podwińska, Zmiany form osadnictwa wiejskiego na ziemiach polskich we wcześniejszym średniowieczu. Źreb, wieś, opole. Wrocław 1971.

10 G. Labuda, Slavs in Early Mediaeval Pomerania and their Relations with the Scandinavians in the 9th and 10th Centuries, in: Poland at the XIth Internatio-

nal Congress of Historical Sciences in Stockholm (1960), S. 61–80. Literaturangaben in G. LABUDA, Historia Pomorza, Bd. 1, T. 1–2, Poznań 1972.

11 H. LUDAT, Soziale und politische Strukturprobleme des frühpiastischen Polen, in: Deutsch-slawische Frühzeit und modernes polnisches Geschichtsbewußtsein, Köln, Wien 1969, S. 202 ff.

12 J. ADAMUS, Polska teoria rodowa, Łódź 1958.

13 K. ZERNACK, Die burgstädtischen Volksversammlungen bei den Ost- und Westslawen. Studien zur verfassungsgeschichtlichen Bedeutung des veče, Wiesbaden 1967, S. 243 ff.

14 F. GRAUS, Raně středověké družiny a jejich význam při vzniku statu ve střední Evropě, in: ČSČH 13 (1965), S. 1 ff.

Anmerkungen zu 1.2

1 Żywot Św. Metodego, in: Mon. Pol. Hist. 1, Warszawa 1960, c. 11, J. WIDAJEWICZ, Państwo Wiślan, Kraków 1947. Diese Auffassung ist widerlegt worden von B. STASIEWSKI, Zur Verbreitung des slavischen Ritus in Südpolen während des 10. Jh., in: ForschOsteurG 7 (1959), S. 7–25.

2 Die sagenhafte Geschichte der Gnesener Herzöge und der piastischen Frühzeit hat der wohl aus Frankreich, vielleicht aus der Diözese Lüttich stammende, am Krakauer Hof Bolesławs III. zwischen 1110 und 1117 schreibende Kleriker, der sog. Gallus Anonymus, geschildert. Jüngste Edition von K. MALECZYŃSKI, Galli Anonymi cronica et gesta ducum sive principum Polonorum, Mon. Pol. Hist., Ns 2, Warszawa 1952. Die Diskussion um seine Herkunft verzeichnet G. LABUDA, Art. Anonim tzw. Gall, in: LAS 1 (1961), S. 33; M. PLEZIA, Kronika Galla na tle historiografii XII w., Kraków 1947.
Alle Gesamtdarstellungen, besonders die aus Anlaß der Milleniumsfeiern in den 1960er Jahren erschienenen Studien, gehen ausführlich auf die Gründungsgeschichte des Piastenstaates ein. Siehe u. a. T. MANTEUFFEL (Hg.), Polska pierwszych Piastów, Warszawa [3]1974; K. TYMIENIECKI u. a. (Hg.), Początki państwa polskiego. Księga tysiąclecia, 2 Bde, Poznań 1962; R. GRODECKI, Polska piastowska, Warszawa 1969.

3 Der kurze, vieldiskutierte Urkundenauszug in der Collectio canonum des Kardinals Deusdedit hat eine höchst kontroverse Interpretation erfahren. W. LEITSCH, Deusdedit und die Urkunde Dagome iudex, in: Studien zur älteren Geschichte Osteuropas 2, Graz 1959, S. 166–185. Lit. Angaben in: Handbuch der europäischen Geschichte, Bd. 1, Stuttgart 1976, S. 913, Anm. 16.

4 H. ŁOWMIAŃSKI, Zagadnienie rola Normanów w genezie państw słowiańskich, Warszawa 1957, S. 62 ff.

5 Widukindi Res Gestae Saxonicae. MGH SS rer. germ. Hannover 1935.

6 F. WESTBERG, Ibrâhim's-ibn-Ja'kūb's Reisebericht über die Slawenlande aus dem Jahre 965, St. Petersbourg 1898; G. LABUDA, I. i. J. Najstarsza relacja o Polsce w nowym wydaniu. Roczn. Hist. 16 (1947), S. 100–183.

7 Die ältesten annalistischen Aufzeichnungen wurden ediert von A. BIELOWSKI in: Mon. Pol. Hist. 2 (1872), Ndr. Warszawa 1962.

8 Thietmar Merseburgensis Episcopo Chronicon. Darmstadt 1957.

9 S. KĘTRZYŃSKI, Polska X–XI w.: Mieszko I, Warszawa 1961; Z. WOJCIECHOWSKI, Mieszko I and the Rise of the Polish State, Toruń 1936.

10 Widukind 3,66; Thietmar 2,14.

11 Widukind 3,69.

12 Thietmar 2,29. Die heftig diskutierte Aussage *imperatori fidelem tributumque usque in Vurta fluvium solventem* wurde von Ludat, Frühzeit, S. 190, so inter-

pretiert, daß „das tributpflichtige Gebiet Mieszkos einzig auf dem linken westlichen Ufer der Warthe zu suchen ist".

13 B. Stasiewski, Die ersten Spuren des Christentums in Polen, in: ZOsteurG 8 (1934), S. 238–260; ders., Untersuchungen über drei Quellen zur älteren Geschichte und Kirchengeschichte Polens, Breslau 1932; J. Dowiat, Chrzest Polski, Warszawa ^{4}1969; Abraham, Organizacja Kościoła, S. 96 ff.; S. Urbańczyk, Religia pogańskich Słowian, Kraków 1947.

14 Weder die Darstellung von K. Völker, Kirchengeschichte Polens, Berlin, Leipzig 1930, noch die Monographie von F. Manthey, Polnische Kirchengeschichte, Hildesheim 1965, genügen den heutigen wissenschaftlichen Anforderungen. In Polen sind jüngst erschienen J. Dowiat, Historia Kościoła katolickiego w Polsce do XV w., Warszawa 1968; B. Kumor, Z. Obertyński (Hg.), Historia Kościoła w Polsce, Bd. 1, T. 1–2, Poznań 1974; J. Kłoczowski (Hg.), Kościół w Polsce, 3 Bde, Kraków 1966–1970.

15 Diese Huldigung dürfte ein lockeres Lehnsverhältnis begründet haben. – Thietmar 4,9 berichtet, daß Mieszko Kaiser Otto ein Kamel als Geschenk mitgebracht habe, was auf weitreichende Handelsbeziehungen schließen läßt.

16 Dem Verlauf der polnischen Westgrenze durch die Geschichte widmet Aufmerksamkeit G. Labuda, Polska granica zachodnia. Tysiąc lat dziejów politycznych. Poznań 1974.

17 Zur Genealogie O. Balzer, Genealogia Piastów, Kraków 1895; W. Dworzaczek, Genealogia, Warszawa 1959; sowie die anhand neuerer Ergänzungen gearbeiteten genealogischen Tafeln in den einschlägigen Gesamtdarstellungen. Siehe auch S. 341.

18 Die gesamte Problematik der polnischen Ostgrenze stellt bis 1401 dar G. Rhode, Die Ostgrenze Polens, Köln, Graz 1955, hier S. 57 ff.

19 History of Poland, S. 73 f.; grundlegende Einführung von I. Gieysztorowa, Wstęp do demografii staropolskiej, Warszawa 1976.

20 B. Stasiewski, Die Anfänge der Regierung Bolesław Chrobrys, in: ZOsteurG 9 (1935), S. 572–604; S. Zakrzewski, Bolesław Chrobry Wielki. Lwów 1925.

21 Dieser nur ungenau überlieferte „Akt von Gnesen" ist von der polnischen und von der deutschen Forschung lange kontrovers interpretiert worden. Vgl. H. Ludat, Die Anfänge des polnischen Staates, Krakau 1942, S. 67 ff. und 153 ff.; T. Wasilewski, Couronnement de l'an 1000 à Gniezno et son modèle byzantin, in: L'Europe aux IXe–XIe siècles, Varsovie 1968, S. 401 ff.

22 Thietmar 5,10.

23 Gallus Anonymus c. 9.

24 Die damals überreichte Nachbildung der Lanze des Hlg. Mauritius mit einer Partikel vom Kreuz Christi befindet sich im Krakauer Domschatz.

25 Er begleitete den Kaiser auf der Rückreise, trug ihm bei feierlichen Anlässen das Schwert voraus und nahm an der Öffnung des Grabes von Karl dem Großen in Aachen teil.

26 Als die ältesten Klostergründungen (um 1000) gelten die Benediktinerabteien Międzyrzecz (Meseritz) und Łęczyca; in der 2. Hälfte des 11. Jh. kamen u. a. in Großpolen Lubin, Mogilno und Trzemeszno (Tremessen), in Kleinpolen Tyniec, Sieciechów und Heiligenkreuz auf der Łysa Góra sowie in Masowien Czerwińsk und Jeżów hinzu. Abraham, Organizacja Kościoła, S. 193 f.

27 B. Ignesti (Hg.), S. Bruno di Querfurt, Vita dei cinque fratelli e lettera a re Enrico, Tivoli 1951; R. Wenskus, Studien zur historisch-politischen Gedankenwelt Bruns von Querfurt, Münster, Köln 1956.

28 Vgl. Thietmar 8,33.

29 Rhode, Ostgrenze, S. 57 ff.

30 W. Meysztowicz, Koronacje pierwszych Piastów, in: Sacrum Poloniae Millenium 3, Rom 1956, S. 281–384.

31 K. Modzelewski, Organizacja gospodarcza państwa piastowskiego, Wrocław 1975; K. Tymieniecki, Procesy twórcze formowania się społeczeństwa polskiego w wiekach średnich, Warszawa 1921.
32 Die Voraussetzungen der polnischen Rechts- und Verwaltungsentwicklung verfolgt J. Bardach, Historia państwa i prawa Polski, Bd. 1, Warszawa 1964, S. 48–87.
33 Zur Lage der Bauern im frühen Piastenreich St. Inglot (Hg.), Historia chłopów polskich, Bd. 1, Warszawa 1970, S. 65–77.
34 H. J. Lang, The Fall of the Monarchy of Mieszko II. Lambert, in: Speculum 49 (1974), S. 623–639; A. Pospieszyńska, Mieszko II a Niemcy, in: Roczn. Hist. 14 (1938), S. 239–295.

Anmerkungen zu 1.3

1 J. Bienak, Państwo Miecława, Warszawa 1963.
2 Eine neue Monographie fehlt; die erstmals 1899 erschienene umfassende Darstellung von S. Kętrzyński, Kazimierz Odnowiciel 1034–1058, wurde in den Sammelband Polska X–XI wieku, Warszawa 1961, aufgenommen.
3 T. Grudziński, Uwagi o genezie rewolucji w Polsce za Kazimierza Odnowiciela, in: Zapiski Towarzystwa Naukowego w Toruniu 18 (1952), S. 7–104.
4 Zur Verlegung der Hauptstadt O. Balzer, Stolice Polski 963–1138, Lwów 1916.
5 P. David, Les Bénédictins et l'Ordre de Cluny dans la Pologne médiévale, Paris 1939.
6 Seit J. Lelewel hat die polnische Historiographie Bolesław II. große Aufmerksamkeit gezollt. Neben dem knappen Artikel von K. Tymieniecki in PSB 2 (1936), S. 254–256, siehe T. Grudziński, Bolesław Szczodry. Zarys dziejów panowania, Bd. 1, Toruń 1953.
7 T. Grudziński, Polityka papieża Grzegorza VII wobec państw Europy środkowej i wschodniej, 1073–1080, Toruń 1959.
8 Nach Gallus I,27, ist Stanisław wegen Hochverrats *(traditio)* zum Tode durch „Abschlagen der Glieder" *(truncatio membrorum)* verurteilt worden; kirchliche Kreise stellen Meinungsverschiedenheiten sittlich-religiöser Art heraus und sehen in Stanisław einen Märtyrer für die Gregorianischen Reformideen. – Die – zuletzt von Manthey, Polnische Kirchengeschichte, S. 38, geäußerte – Vermutung, Bolesław habe Polen dem Papst als Lehen unterstellt, um sich vor Kaiser Heinrich IV. zu schützen und sich die Protektion der Kurie für ein Ausgreifen nach Nordosten und Osten zu sichern, ist aus den Quellen nicht zu belegen. Aus dem Briefe Gregors VII. vom 25. IV. 1075 geht zwar hervor, daß der Polenherzog eine großzügige Spende übermittelt hatte, aber keinesfalls der Pflicht zur Zahlung des Peterspfennigs nachgekommen war.
Unter Einbeziehung der umfangreichen älteren Literatur gibt eine überzeugende Interpretation T. Grudziński, Bolesław Śmiały Szczodry i Biskup Stanisław. Dzieje konfliktu. Warszawa 1982.
9 Das spannungsreiche Verhältnis der Brüder ist dargestellt worden von T. Tyc, Zbygniew i Bolesław, Poznań 1927; und von R. Grodecki, Zbigniew książę polski, in: Studia staropolskie. Księga ku czci A. Brücknera, Kraków 1928, S. 71–105.
10 S. Łaguna, Nowa hipoteza o pochodzeniu szlachty polskiej, in: Kwart. Hist. 4 (1890), S. 58–92; H. Łowmiański, Podstawy gospodarcze i społeczne powstania państwa polskiego i jego rozwoju do początku XII w., in: Kwart. Hist. 67 (1960), S. 941–970.

11 Eine von dem zum Palatin aufgestiegenen Skarbimir 1117 angezettelte Rebellion konnte Bolesław III. nur mit Mühe niederschlagen.
12 K. MALECZYŃSKI, Wojna polsko-niemiecka 1109 r., Wrocław 1946.
13 Von der reichen Literatur über Bolesław III. seien hier nur erwähnt der Artikel von K. TYMIENIECKI in PSB 2 (1936), S. 256–259; und die Monographie von K. MALECZYŃSKI, Bolesław Krzywousty. Zarys panowania, Kraków 1947.
14 K. TYMIENIECKI, Pomorze za Bolesławów, in: Roczn. Hist. 3 (1927), S. 13–29; T. TYC, Polska a Pomorze za Krzywoustego, in: Roczn. Hist. 2 (1926), S. 1–36.
15 W. DZIEWULSKI, Stosunek Ottona Bamberskiego do organizacji kościelnej terenów zachodnio-pomorskich, in: Zap. Hist. 23 (1957), S. 119–140.
16 J. WALICKI, Przynależność metropolitalna biskupstwa kamieńskiego i lubuskiego na tle rywalizacji Magdeburga i Gniezna, Lublin 1960.
17 K. MALECZYŃSKI, W sprawie autentyczności bulli gnieźnieńskiej z roku 1136, Wrocław 1947.
18 S. M. KUCZYŃSKI, Stosunki polsko-ruskie do schyłku wieku XII, in: Slavia Orientalis 7 (1958) 2, S. 223–255.
19 G. LABUDA, Testament Bolesława Krzywoustego, in: Opuscula Casimiro Tymieniecki septuagenario dedicata, Poznań 1959, S. 171–194.
20 1136 besaß der Erzbischof von Gnesen rd. 1 000 Bauernwirtschaften mit etwa 5 000 Bewohnern. Auch die Klöster verfügten über umfangreichen, aber meist zerstückelten Landbesitz.
21 Neben den Aussagen in den neueren Kirchengeschichten s. P. FABRE, La Pologne et le Saint-Siège du Xe au XIIIe siècle, in: Études d'histoire du moyen-âge dédicés à G. Mond, Paris 1896, S. 163–176.
22 Diese Entwicklung wird durch die enge sprachliche Verwandtschaft der polnischen Bezeichnung für Kirche = *kościół* mit *castellum* angenommen. – H. F. SCHMID, Die rechtlichen Grundlagen der Pfarrorganisation auf Westslawischem Boden und ihre Entwicklung während des Mittelalters, Teil 2, Weimar 1938; E. WIŚNIOWSKI, Początki organizacji parafialnej na ziemiach polskich, in: Roczn. Teolog.-Kanoniczne 7 (1960) 4, S. 137–145.
23 Die Geschichte der Zisterzienser hat T. MANTEUFFEL bearbeitet, u. a. in Rola cystersów w Polsce XII wieku, in: Przegl. Hist. 41 (1950), S. 180–202.
24 K. BUCZEK, Uwagi o prawie chłopów do ziemi w Polsce piastowskiej, in: Kwart. Hist. 64 (1957) 3, S. 86–99; ders., Książęca ludność służebna w Polsce wczesno-feudalnej, Wrocław 1958; ders., O chłopach w Polsce piastowskiej, in: Roczn. Hist. 41 (1975), S. 1–79.
25 I. IHNATOWICZ u. a. (Hg.), Społeczeństwo polskie od X do XX wieku, Warszawa 1979, S. 99–224.
26 S. ZACHOROWSKI, Colloquia w Polsce od w. XII do XIV, in: Studya z historyi prawa kościelnego i polskiego, Kraków 1917, S. 1–78.

Anmerkungen zu 1.4

1 Grundlegende Überlegungen bei G. LABUDA, L'intégration et la désintégration dans l'histoire du premier état polonais (du Xe au XIIIe siècle), in: Studi in onore di A. Fanfani, Bd. 1, Milano 1962, S. 451–469.
2 Siehe dazu die Kurzbiographie von R. HECK in: Ludzie dawnego Wrocławia, Wrocław 1958.
3 Bolesław III. hatte zwei Ehen geschlossen: von der Kiewer Fürstentochter Zbysława bekam er drei, von Salomea von Berg 14 Kinder.
4 R. GRODECKI, Bolesław Kędzierzawy (1125–1173), in: PSB 2 (1936), S. 259–260.

5 M. MENDYS, Udział Władysława II w krucjacie r. 1147, in: Rocznik Zakładu Narodowego im. Ossolińskich 1/2 (1927/28), S. 399–434.

6 Er selbst war mit der Tochter des Kiewer Großfürsten Izjaslav Mstislavič verheiratet; 1148 ehelichte seine Schwester Judith den Sohn Albrechts des Bären, Otto; seine Schwester Dubronega war seit 1142 mit dem Markgrafen Dietrich von Meißen verheiratet. Beide Schwäger hatten 1146 den glimpflichen Ausgleich mit dem Kaiser vermittelt.

7 H. PATZE, Kaiser Friedrich Barbarossa und der Osten, in: Probleme des 12. Jahrhunderts. Reichenau-Vorträge 1965–67. Konstanz, Stuttgart 1968, S. 337–409. Historia dyplomacji polskiej, Bd. 1, S. 136–145 (mit Literaturangaben). Siehe auch A. KUTSCHA, Die Stellung Schlesiens zum Deutschen Reich im Mittelalter, Berlin 1924.

8 H. APPELT, Die mittelalterliche deutsche Siedlung in Schlesien, in: Deutsche Ostsiedlung in Mittelalter und Neuzeit, Köln, Wien 1971, S. 1–19.

9 Wegen ihres Materialreichtums immer noch unverzichtbar die Monographie von S. SMOLKA, Mieszko Stary i jego wiek, Warszawa [2]1959.

10 J. ADAMUS, O mniemanej łęczyckiej ustawie sukcesyjnej r. 1180, in: Collectana Theologica 17 (1936), S. 183–206.

11 F. CURSCHMANN, Die Belehnung Herzog Bogislaws I. von Pommern im Lager vor Lübeck (1181), in: Pommersches Jahrbuch 31 (1937), S. 5–33.

12 J. WYROZUMSKI, Leszek Biały, in: PSB 17 (1972), S. 155–157.

13 O. BALZER, Polonia, Poloni, gens Polonica w świetle źródeł drugiej połowy w. XIII, in: Księga pamiątkowa ku czci B. Orzechowicza, Bd. 1, Lwów 1916, S. 71–93.

14 Die ausgewogene Biographie von B. ZIENTARA, Henryk Brodaty i jego czasy, Warszawa 1975, macht die zahlreichen älteren Darstellungen entbehrlich. Vgl. den Artikel von K. MALECZYŃSKI, in: PSB 9 (1960/61), S. 401–404.

15 E. PROMNITZ, Hedwig die Heilige ..., Breslau 1928; J. GOTTSCHALK, St. Hedwig, Herzogin von Schlesien, Köln, Graz 1964.

16 Siehe den Artikel von K. MALECZYŃSKI, in: PSB 9 (1960/61), S. 404–405; M. ŁODYŃSKI, Polityka Henryka Brodatego i jego syna w latach 1232–1241, in: Przegl. Hist. 14 (1912), S. 1–25, 141–163, 273–294.

17 L. PETRY, Die Mongolenschlacht bei Liegnitz in der neueren polnischen Geschichtsschreibung, in: Schlesisches Jahrbuch für Deutsche Kulturarbeit im Gesamtschlesischen Raume 7 (1935), S. 141–155; G. LABUDA, Wojna z Tatarami w roku 1241, in: Przegl. Hist. 50 (1959), S. 189–224.

18 Unter Berücksichtigung der umfangreichen älteren Literatur stellte den wachsenden böhmischen Einfluß in Schlesien dar B. WŁODARSKI, Polska i Czechy w drugiej połowie XIII i początkach XIV w., Lwów 1931. Einen allgemein gehaltenen Überblick gab K. MALECZYŃSKI, Polska a Czechy w średniowieczu, in: Sobótka 2 (1947), S. 1–46.

19 Neben dem Artikel von J. MITKOWSKI in PSB 9 (1960/61), S. 405–408, siehe R. PIETRZYKOWSKI, Henryk IV Probus, Warszawa 1948.

20 Dazu die ältere Studie von J. ŠUSTA, Poslední Přemyslovci a jejich dědictví 1300–1308, Praha 1917.

21 F. MELTZER, Die Ostraumpolitik König Johanns von Böhmen, Jena 1940; M. VACH, Slezska polityka Jana Lucemburského a jeji pozadí, Opava 1960; O. PUSTEJOVSKY, Schlesiens Übergang an die tschechische Krone. Machtpolitik Böhmens im Zeichen von Herrschaft und Frieden, Köln, Wien 1975. Siehe auch die Beiträge von R. HECK, B. ZIENTARA und O. PUSTEJOVSKY, in: Die Rolle Schlesiens und Pommerns in der Geschichte der deutsch-polnischen Beziehungen im Mittelalter, Braunschweig 1980.

22 K. TYMIENIECKI, Kolonizacja i germanizacja Śląska w wiekach średnich, Katowice 1937.

23 A. Kłodziński, Stosunki Laskonogiego z Odonicem (1202–1231), in: Księga Pamiątkowa Uczniów Uniwersytetu Jagiellońskiego, Kraków 1900, S. 97–165.
24 K. Tymieniecki, Henryk zwany Kietlicz (zm. 1219), arcybiskup gnieźnieński, in: PSB 9 (1960/61), S. 415–417; J. Umiński, Henryk, arcybiskup gnieźnieński zwany Kietliczem, Lublin 1926.
25 W. Rubczyński, Wielkopolska pod rządami synów Władysława Odonica (1239–1279), in: Rocznik Filarecki 1 (1886), S. 233–330.
26 Auch die Markgrafen von Brandenburg und der Deutsche Orden meldeten Ansprüche an. – M. Dragan, Polityczny testament ostatniego z książąt Pomorza Gdańskiego, in: Rocznik Gdański 6 (1932), S. 5–50.
27 K. Górski, Śmierć Przemysława II, in: Roczn. Hist. 5 (1929), S. 170–200.
28 B. Włodarski, Polityczne plany Konrada I księcia mazowieckiego, Toruń 1971.
29 Neben Rhode, Ostgrenze, finden sich weiterführende Angaben bei S. M. Kuczyński, Stosunki polsko-ruskie do schyłku w. XII, in: Slavia Orientalis 7 (1958) 2, S. 223–255.
30 A. Prochaska, Dwie koronacye, in: Przegl. Hist. 1 (1905), S. 184–208, 372–392; M. Hellmann, Der Deutsche Orden und die Königskrönung des Mindaugas, in ZfO 3 (1954), S. 387–396.
31 S. Krakowski, Obrona pogranicza wschodniego Małopolski za Leszka Czarnego, in: Zeszyty Naukowe Uniw. Łódzkiego, Ser. 1, Nr. 15, Łódź 1960, S. 97–114.
32 H. Łowmiański, Prusy pogańskie, in: Dzieje Prus Wschodnich, Bd. 1, Toruń 1935, S. 1–56.
33 A. Kamiński, Jaćwież – terytorium, ludność, stosunki gospodarcze i społeczne, Łódź 1953.
34 Nach anderen Quellen sind die Brüder des Ritterdienstes Christi erst 1228 von Konrad von Masowien als Druckmittel gegen den zögernden und anspruchsvollen Deutschen Orden gegründet worden. W. Polkowska-Morawska, Dzieje zakonu dobrzyńskiego, in: Roczn. Hist. 2 (1926), S. 145–210.
35 C. Caspar, Hermann von Salza und die Gründung des Deutschordensstaats in Preußen, Tübingen 1924; W. Kętrzyński, Der deutsche Orden und Konrad von Masovien 1225–1235, Lemberg 1904. Vgl. auch die materialreichen Darstellungen von M. Oehler, Geschichte des Deutschen Ritterordens, Bde 1–2, Elbing 1908–1912; und M. Tumler, Der Deutsche Orden, Wien 1955; und die Beiträge von F. Blanke (S. 389–416) und H. Patze(S. 417–485) in: H. Beumann (Hg.), Heidenmission und Kreuzzugsgedanke in der deutschen Ostpolitik des Mittelalters, Darmstadt 1963.
36 K. Lohmeyer, Kaiser Friedrichs II. Goldene Bulle über Preußen und Kulmerland vom März 1226, in: Mitteilungen des Instituts für Österr. Geschichtsforschung, Ergbd. 2, Wien 1888, S. 380–420; G. Labuda, Stosunek prawnopubliczny Zakonu Krzyżackiego do Rzeszy Niemieckiej w świetle Złotej Bulli Fryderyka II z r. 1226, in: Czasop. Prawno-Hist. 3 (1951), S. 87–154.
37 K. Kasiske, Die Siedlungstätigkeit des Deutschen Ordens im östlichen Preußen bis zum Jahre 1410, Königsberg 1934; C. Krollmann, Die deutsche Besiedlung des Ordenslandes Preußen, in: Prussia 29 (1931), S. 250–268; W. Ziesemer, Siedlungsgeschichte Ost- und Westpreußens, in: Hanseatische Geschichtsblätter 53 (1929), S. 153–171.
38 R. Grodecki, Początki immunitetu w Polsce, Lwów 1930; Z. Wojciechowski, Początki immunitetu w Polsce, in: Przewodnik Historyczny-Prawny 1 (1930), S. 349–366.
39 W. Abraham, Privilegium fori duchowieństwa w ustawodawstwie kościoła polskiego w wieku XIII, in: Collectana Theologica 17 (1936), S. 1–16.

40 E. Maschke, Der Peterspfennig in Polen und dem Deutschen Osten, Leipzig 1933, Sigmaringen [2]1979.

41 S. Trawkowski, Przemiany społeczne i gospodarcze w XII i XIII wieku, in: Polska dzielnicowa i zjednoczona, Warszawa 1972, S. 62–118, 592–595.

42 Die polnische und die deutsche Literatur zur deutschrechtlichen Siedlungsbewegung ist umfangreich und äußerst kontrovers. Einblicke in Themenschwerpunkte und Forschungsstand vermitteln u. a. Deutsche Ostsiedlung im Mittelalter und Neuzeit, Wien 1971; W. Schlesinger (Hg.), Die Deutsche Ostsiedlung des Mittelalters als Problem der europäischen Geschichte. Reichenau-Vorträge 1970–1972, Sigmaringen 1975. Quellensammlungen: K. H. Quirin, Die deutsche Ostsiedlung im Mittelalter, Göttingen 1954; H. Helbig und L. Weinrich, Urkunden und Erzählende Quellen zur Deutschen Ostsiedlung im Mittelalter, T. 2., Schlesien, Polen ..., Darmstadt 1970 (mit ausführlicher Bibliographie).

43 W. Kuhn, Flämische und fränkische Hufe als Leitformen der mittelalterlichen Ostsiedlung, in: Vergleichende Untersuchungen zur mittelalterlichen Ostsiedlung, Köln, Wien 1973, S. 1–51.

44 H. F. Schmid, Die sozialgeschichtliche Erforschung der mittelalterlichen deutschrechtlichen Siedlung auf polnischem Boden, in: VSWG 20 (1928), S. 301–355.

45 W. Kuhn, Die deutschrechtlichen Städte in Schlesien und Polen in der ersten Hälfte des 13. Jahrhunderts, Marburg 1968; G. Schubart-Fikentscher, Die Verbreitung der deutschen Stadtrechte in Osteuropa, Weimar 1942.

46 R. Köbner, Deutsches Recht und deutsche Kolonisation in den Piastenländern, in: VSWG 25 (1932), S. 313–352; H. Conrad, Die mittelalterliche Besiedlung des deutschen Ostens und das Deutsche Recht, Köln 1955.

47 B. Zientara, Die deutschen Einwanderer in Polen vom 12. bis zum 14. Jahrhundert, in: W. Schlesinger (Hg.), Die deutsche Ostsiedlung des Mittelalters, S. 333–348.

48 A. Halban, Zur Geschichte des deutschen Rechts in Podolien, Wolhynien und der Ukraine, Berlin 1896.

49 Empfehlung 5 der gemeinsamen deutsch-polnischen Schulbuchkommission, in: Empfehlungen für Schulbücher der Geschichte und Geographie in der Bundesrepublik Deutschland und der Volksrepublik Polen, Braunschweig 1977, S. 13f.

50 O. Lange, Lokacja miast Wielkopolski właściwej na prawie niemieckim w wiekach średnich, in: Pamiętnik Historyczno-Prawny 1 (1925), S. 110–186; T. Tyc, Die Anfänge der dörflichen Siedlung zu deutschem Recht in Großpolen 1200–1233, Breslau 1930; E. O. Kossmann, Die deutschrechtliche Siedlung in Polen. Dargestellt am Lodzer Raum, Leipzig 1939; H. J. Reimers, Die Stadtdörfer der mittelalterlichen Ostsiedlung in Polen, Marburg 1976.

Anmerkungen zu 1.5

1 Neben der bereits aus den 1880er Jahren stammenden Biographie von K. Szajnocha haben sich in jüngster Zeit mit ihm auseinandergesetzt E. Długopolski, W. Ł. na tle swoich czasów, Wrocław 1951; H. Latoś, W. Ł. Warszawa 1969 (populärwissenschaftlich); T. M. Nowak, W. Ł. – polityk i dowódca, Warszawa 1976. Siehe auch J. Baszkiewicz, Polska czasów Łokietka, Warszawa 1968; und P. W. Knoll, W. Ł. and the Restauration of the Regnum Poloniae, in: Mediaevalia et Humanistica 17 (1967) 4, S. 3–29.

2 R. Grodecki, Powstanie polskiej świadomości narodowej, Katowice 1946.

3 Die Gesamtproblematik der Wiederherstellung des polnischen Einheitsstaates handelt ab J. Baszkiewicz, Powstanie zjednoczonego państwa polskiego (na przełomie XIII i XIV w.), W-wa 1954; s. a. J. Dąbrowski, Corona Regni Poloniae – problemy zjednoczenia państwowego w XIV wieku, in: VIII Powszechny Zjazd Historików Polskich w Krakowie, Warszawa 1960, S. 113–125, Diskussionsbeiträge S. 125–142.

4 J. Bieniak, Wielkopolska, Kujawy, ziemie łęczycka i sieradzka wobec problemu zjednoczenia państwowego w latach 1300–1306, Toruń 1969.

5 S. Kujot, 14 listopada 1308 r. w Pomorzu Gdańskiem, in: Roczniki Towarzystwa Naukowego w Toruniu 15 (1908), S. 3–120; E. Keyser, Die Legende von der Zerstörung Danzigs im Jahre 1308, in: Zeitschrift des Westpreußischen Geschichtsvereins 59 (1919), S. 163–182.

6 H. Chłopocka, Procesy Polski z Zakonem Krzyżackim w XIV wieku, Poznań 1967.

7 S. Zajączkowski, Polska a Zakon Krzyżacki w ostatnich latach Władysława Łokietka, Lwów 1929.

8 E. Długopolski, Bunt wójta Alberta, in: Rocznik Krakowski 7 (1905), S. 135–186.

9 Neben der materialreichen Biographie von J. Šusta, Král Cizinec, Praha 1939, ist für die Polenpolitik König Johanns heranzuziehen B. Włodarski, Polityka Jana Luksemburczyka wobec Polski za czasów Władysława Łokietka, Lwów 1933.

10 Dieser Entwicklung gibt breiten Raum B. Włodarski, Polska i Ruś (1194–1340), Warszawa 1966.

11 Für die politische Geschichte des 14. Jh. ist immer noch unentbehrlich O. Balzer, Królestwo Polskie 1295–1370, 3 Bde, Lwów 1919–1920; siehe aber auch die fundierte Studie von P. W. Knoll, The Rise of the Polish Monarchy: Piast Poland in East Central Europe, 1320–1370, Chicago 1972.

12 Die älteren Biographien von K. Szajnocha (1854) und J. Kochanowski (1900) sind überholt durch die Darstellungen von Z. Kaczmarczyk, K. W., Warszawa 1948; und von J. Wyrozumski, K. W., Wrocław, 1981. Populärwissenschaftlich ausgerichtet sind die Arbeiten von A. Klubówna, K. W., Warszawa 1967; und K. Olejnik, K. W., Warszawa 1975. Wichtig zum Verständnis des Zeitraums sind Z. Kaczmarczyk, Monarchia Kazimierza Wielkiego, Bde 1–2, Poznań 1939–1946; und ders., Polska czasów Kazimierza Wielkiego, Kraków 1964; sowie J. Sieradzki, Polska wieku XIV. Studium z czasów Kazimierza Wielkiego, Warszawa 1959.

13 Z. Wojciechowski, L'état polonais au moyen âge. Histoire des institutions, Paris 1949; J. Dąbrowski, Korona Królestwa Polskiego w XIV Wieku. Studium z dziejów rozwoju polskiej monarchii stanowej, Wrocław 1956 (dazu kritisch K. Grzybowski in: Czasop. Prawno-Hist. 9 (1957) 2, S. 299–331); O. Balzer, Historja ustroju Polski, Lwów 1913; A. Vetulani, Polska za Piastów. Ustrój polityczny i różnicowanie się społeczeństwa, Warszawa 1949.

14 K. Górski, Die Anfänge der Repräsentation der Communitas nobilium in Polen, im Ordensstaat Preußen und in Ungarn im Mittelalter, in: Wissenschaftl. Zeitschrift der Univ. Rostock, Geschichtl. und sprachwissenschaftl. Reihe 17 (1968), S. 19–24.

15 Die wesentliche Unterschiede aufweisenden Fassungen sind nicht im Urtext, sondern nur in späteren, stark erweiterten Abschriften erhalten. Erschöpfende Darstellungen von O. Balzer, Les statuts de Casimir le Grand, Paris 1948. Zur Rechtsstellung des Adels vor Verkündigung der Statuten siehe Z. Wojciechowski, Prawo rycerskie w Polsce przed statutami Kazimierza, Poznań 1928.

16 Die sozioökonomische und rechtliche Lage der Bauernschaft sowie eine Auseinandersetzung mit der Feudalismusdiskussion finden sich in Historia chło-

pów polskich I, 154–231 (Verf.: R. Heck). Vgl. L. V. RAZUMOVSKAJA, Očerki po istorii pol'skich krest'jan ot drevnich vremen do XV veka, Moskva, Leningrad 1958.

17 Zur Stadtgeschichte im Mittelalter Miasta polskie w tysiącleciu, Bd. 1, Wrocław usw. 1965, S. 3–36.
Zur Entstehungsgeschichte der polnischen Städte H. STOOB, Die Ausbreitung der abendländischen Stadt im östlichen Mitteleuropa, in: ZfO 10 (1961), S. 25–84; P. FRANCASTEL (Hg.), Les Origines des villes polonaises... Recueil de travaux, Paris, Den Haag 1960 (mit Beiträgen von A. GIEYSZTOR (S. 15–26) und G. LABUDA (S. 53–71); Z. KACZMARCZYK, Początki miast polskich. Zagadnienia prawne, in: Czasop. Prawno-Hist. 13 (1961) 2, S. 9–45; S. PIEKARCZYK, Studia z dziejów miast polskich w XIII–XIV w., Warszawa 1955.

18 Neben der Darstellung von B. MARK, Dzieje żydów w Polsce (do końca XV wieku), Warszawa 1957, haben die Arbeiten von G. CARO, Sozial- und Wirtschaftsgeschichte der Juden im Mittelalter, Bd. 1, Leipzig 1908; und von P. BOLD, Die Generalprivilegien der polnischen Judenschaft für die Provinz Posen (1891), S. 69–105, 139–174, 387–416, ihre Bedeutung erhalten. Siehe dazu auch M. BAŁABAN, Skąd i kiedy przybyli żydzi do Polski, in: Bleter far Geszichte 13 (1960), S. 3–24.

19 K. GÓRSKI, Les structures sociales de la noblesse polonaise au moyen âge, in: Le Moyen Âge 73 (1967), S. 73–85; Z. WOJCIECHOWSKI, La condition des nobles et le problème de la féodalité en Pologne au moyen âge, in: Revue Hist. de Droit Français et Étranger, Ser. 4 A 15 (1936), S. 651–700, 16 (1937), S. 20–76; M. KOCZERSKA, Rodzina szlachecka w Polsce późnego średniowiecza, Warszawa 1975.

20 O. BALZER, O następstwie tronu w Polsce. Studya historyczno-prawne, in: Rozprawy Akademii Umiejętności, ser. II, Bd. XI, Kraków 1897, S. 289–431, hier S. 352–403; J. DĄBROWSKI, Ostatnie lata Ludwika Wielkiego 1370–1382, Kraków 1918, S. 141 f.

21 C. MORAWSKI, Histoire de L'Université de Cracovie: Moyen Âge et Renaissance, 3 Bde, Paris, Kraków 1900–1905; K. LEPSZY (Hg.), Dzieje uniwersytetu Jagiellońskiego w latach 1364–1764, Kraków 1964; P. W. KNOLL, Casimir the Great and the University of Cracow, in: JbbGeschOsteur. 16 (1968), S. 232–249.

22 Die Entwicklung der polnischen Kultur im Mittelalter zeigen u. a. auf A. GIEYSZTOR (Hg.), Historia kultury średniowiecznej w Polsce, 2 Bde, Warszawa 1963/64; Historia nauki polskiej, Bd. 1, S. 28–81; J. PTAŚNIK, Kultura wieków średnich. Życie religijne i społeczne, Warszawa [2]1959; J. LEWAŃSKI (Hg.), Średniowiecze. Studia o kulturze, Wrocław usw. 1965; B. GEREMEK (Hg.), Kultura elitarna a kultura masowa w Polsce późnego średniowiecza, Wrocław usw. 1978. Zum Schulwesen P. W. KNOLL, Learning in late Piast Poland, in: The American Philosophical Society 120 (1976) 2, S. 135–157.

23 Mistrza Wincentego Kronika polska, in: Mon. Pol. Hist. 2, Warszawa 1961, S. 191–453.

24 K. ABGAROWICZ (Hg.), Kronika wielkopolska, Warszawa 1965.

25 J. SZLACHTOWSKI (Hg.), Kronika Jana z Czarnkowa, in: Mon. Pol. Hist. 2, Warszawa 1961, S. 599–756.

26 E. MALECZYŃSKA, Książęce lenno mazowieckie 1351–1526, Lwów 1929.

27 I. ZIEKURSCH, Der Prozeß zwischen König Kasimir von Polen und dem Deutschen Orden im Jahre 1339, Berlin 1934.

28 H. PASZKIEWICZ, Polityka ruska Kazimierza Wielkiego, Warszawa 1925.

29 O. HALECKI, Idea Jagiellońska, in: Kwart. Hist. 51 (1937), S. 486–510.

30 K. PIERADZKA, Kaźko Szczeciński (1345–1377) na tle polityki pomorskiej Kazimierza Wielkiego, Warszawa 1947.

31 J. Dąbrowski, Ostatnie lata Ludwika Wielkiego 1370–1382, Kraków 1918; G. Grosschmid (Hg.), Louis the Great, King of Hungary and Poland, New York 1986.

32 P. Skwarczyński, Z badań nad przywilejami ziemskimi budzińskim i koszyckim, Lublin 1936.

33 W. Moszczeńska, Rola polityczna rycerstwa wielkopolskiego w czasie bezkrólewia po Ludwika W., in: Przegl. Hist. 25 (1925), S. 33–159.

34 Die vorliegenden Monographien haben einen stark populärwissenschaftlichen Einschlag: M. M. Gardner, Queen Jadwiga of Poland, London 1942; S. J. Szluszka, Queen Jadwiga in History and Legend. Ottawa 1950; C. Kellog, Jadwiga, Poland's Great Queen, Harrisburg 1971. Eine knappe Zusammenfassung der gesicherten Fakten bietet der Artikel von A. Strzelecka, Jadwiga Andegaweńska Anjou, in: PSB 10 (1962–1964), S. 291–297.

2 Polen unter den Jagiellonen (1386–1572)

2.1 Die Herrschaft Władysławs II. Jagiełło (1386–1434)

2.1.1 Errichtung der polnisch-litauischen Union und ihre Gefährdung durch Großfürst Witold

Die Litauer waren der einzige baltische Stamm, der sich gegen seine Nachbarn hatte behaupten können und den vom livländischen und preußischen Ordensland ausgehenden Christianisierungs- und Unterwerfungsversuchen standhielt[1]. Mitte des 13. Jh. hatte Papst Innozenz IV. – in Erwartung einer anschließenden Bekehrung des Landes – dem Großfürsten Mindaugas die Königswürde verliehen, ohne jedoch einen nachhaltigen Missionserfolg zu erzielen. Obwohl die Großfürsten religiöse Toleranz übten, erfaßten weder die vom Orden, vom Erzbischof von Riga und den polnischen Herrschern noch die vom Metropoliten von Moskau ausgehenden Bekehrungsinitiativen breite Bevölkerungsschichten. Nicht nur durch ihre tief nach Polen hineingetragenen Beutezüge (1294 bis Łęczyca, 1307 bis Kalisch), sondern auch im Kampf um Rotreußen hatten sich die Litauer als ein respektabler Gegner erwiesen, die trotz der wachsenden militärischen Auseinandersetzungen mit dem Deutschen Orden zu Beginn des 14. Jh. ihr Herrschaftsgebiet über die ruthenischen Fürstentümer im Flußgebiet von Düna und Dnepr ausweiteten. Unter Gedymin (1315–1341) und seinen Söhnen Olgierd (Algirdas) und Kiejstut (Kęstutis), die sich in den Nachfolgekämpfen durchgesetzt hatten, wurden dem Großfürstentum in abgestufter Form der Unterwerfung weite Territorien in Weißrußland und in der Ukraina bis Černigov, Kiew und Brjansk angeschlossen, während im Westen dem Druck des Deutschen Ordens nur mühsam standgehalten werden konnte.

Olgierds Sohn Jagiełło übernahm 1377 die Großfürstenwürde, hatte sich aber seines Onkels Kiejstut zu erwehren, der ihn 1381 absetzte, selbst aber 1382 im Gefängnis seines Neffen umkam. Die Nachfolgekämpfe boten dem Deutschen Orden die Gelegenheit, in die inneren Verhältnisse Litauens einzugreifen; mehrfach die Seiten der Prätendenten wechselnd, die dem Orden das als Landbrücke nach Livland wichtige Samogitien (Schamaiten, Żmudź) zu überlassen versprachen, konnten die Deutschritter mit der Taufe von Jagiełłos Vetter und Hauptrivalen Witold (Vytautas) 1383 einen bedeutenden Erfolg erzielen[2]. Ihr politisches Interesse mußte es sein, die innerlitauische Auseinandersetzung zu schüren und unter Berufung auf die Missionsaufgabe militärisch zu intervenieren. Eine Christia-

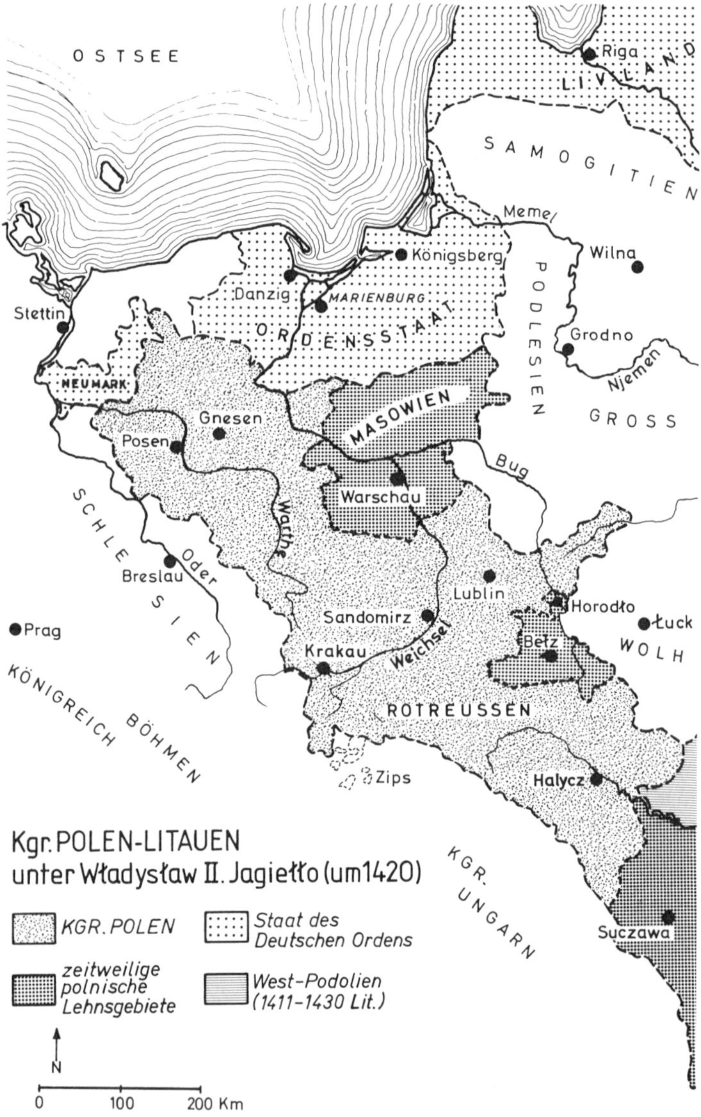

OSTSEE
Riga
LIVLAND
SAMOGITIEN
Memel
Königsberg
Wilna
Danzig
MARIENBURG
Stettin
ORDENSSTAAT
PODLESIEN
Grodno
Njemen
NEUMARK
MASOWIEN
GROSS
Gnesen
Posen
Bug
Warschau
SCHLESIEN
Warthe
Oder
Breslau
Lublin
Horodło
Sandomirz
Łuck
Prag
Betz
WOLH
Krakau
Weichsel
KÖNIGREICH BÖHMEN
ROTREUSSEN
Zips
Halycz
KGR. UNGARN
Suczawa
Kgr. POLEN-LITAUEN
unter Władysław II. Jagiełło (um 1420)
KGR. POLEN
Staat des Deutschen Ordens
zeitweilige polnische Lehnsgebiete
West-Podolien (1411–1430 Lit.)
N
0
100
200 Km

REP. PSKOV
REP. NOVGOROD
GROSSFÜRSTENTUM
Moskau
MOSKAU
Kaluga
Düna
Smolensk
Beresina
Minsk
Briansk
FÜRSTENTUM
Pripet
LITAUEN
Desna
Kiew
YNIEN
Worskla
Dnjepr
PODOLIEN
Dnestr
MOLDAU
GOLDENE HORDE
SCHWARZES
MEER
KRIM

nisierung des Landes und seine Unterstellung unter die Kirche Polens in Verbindung mit einer Personal- oder gar Realunion beinhaltete dagegen unabsehbare Gefahren für den geistlichen und säkular-territorialen Aspekt der Ordensherrschaft.

Obgleich Großfürst Jagiełło im Sommer 1377 eine Niederlage gegen ein ungarisch-polnisches Heer in Rotreußen erlitten hatte, ließ er über seinen Bruder Skirgiełło zwei Jahre später am Hof in Buda sein Interesse anmelden, in die Diskussion um die Nachfolge König Ludwigs einbezogen zu werden. Gleichzeitig pflegte er gute Kontakte zum Moskauer Großfürsten Dmitrij Donskoj, der ihm für den Übertritt zum orthodoxen Glauben die Hand seiner Tochter anbot; die Einsicht, daß durch den Zerfall der Tatarenhorde Moskau erstarken und die von dort ausgehende Sammlung des russischen Landes auf die von Litauen eroberten Gebiete der alten Kiever Rus' übergreifen werde, mag Jagiełło von der Verfolgung dieses unter den litauischen Großen wenig populären Kurses abgehalten haben[3]. Ein Zusammenschluß mit Polen dagegen konnte Schutz vor den Ordensaktivitäten und die Fortsetzung der litauischen Politik der Expansion bis an das Schwarze Meer gewährleisten.

Bereits im Sommer 1384 scheint ein grundsätzliches Einvernehmen zwischen einer Delegation kleinpolnischer Adliger und Jagiełło erzielt worden zu sein, nach seinem Übertritt zum Christentum die Heirat mit Jadwiga zu vollziehen und die Herrschaft in Polen antreten zu können, wenn er seinerseits das Großfürstentum Litauen mit seinen Lehnsgebieten der Krone Polens angliedern *(coronae regni Poloniae perpetuo applicare)* würde. Auch die Bereitschaft zur Rückgewinnung der verloren gegangenen polnischen Territorien wurde von ihm erwartet[4]. Als im Januar 1385 die litauischen Brautwerber in Krakau eintrafen, zeigte Jadwiga, die bereits 1378 Wilhelm von Habsburg symbolisch angetraut worden war, keine Neigung, den über 20 Jahre älteren Heiden Jagiełło zu ehelichen; doch konnte sie sich dem moralischen Druck der kleinpolnischen Herren und der Geistlichkeit, durch die Heirat das bislang gescheiterte litauische Missionswerk zu ermöglichen, nicht lange entziehen. Versuche Wilhelms, der im August 1385 in Krakau eintraf, die Einhaltung der Zusagen und den Vollzug der Ehe zu erzwingen, wurde vom kleinpolitischen Adel unterbunden; ihm wurde bei einem Verzicht auf seine Rechte ein Reuegeld in Aussicht gestellt. Mit der Unterzeichnung der Unionsdokumente am 14. VIII. 1385 in Krewo[5] schuf Jagiełło die Voraussetzungen für die nächsten Schritte: Am 11. I. 1386 teilte ihm eine polnische Gesandtschaft mit, daß er zum „Herrn und König des Königreichs Polen" und zum Gatten Jadwigas ausersehen sei, am 2. II. erfolgte in Lublin die offizielle Wahl, am 10. traf er mit großem Gefolge in Krakau ein, wurde am 15. getauft und dabei Władysław benannt, am 18. erfolgte die Eheschließung und am 4. III. 1386 schließlich die Krönung zum *„tutor et gubernator Regni Poloniae"*. Im Jahr darauf setzten die von Władysław II. Jagiełło geförderten, vom polnischen Klerus vorgenommenen Massentaufen und die Christianisierung Litauens ein. Der Franziskanermönch Andreas trug als erster Bischof von Wilna, eines Suffragans von Gnesen, für die enge Anbindung der litauischen an die polnische Kirchenorganisation Sorge[6]. Unter Berücksichtigung der litauischen Missionsbedürfnisse wurde die seit 1397 um eine theologische Fakultät erweiterte Universität Krakau durch königliches Dekret vom 26. VIII. 1400 unter Einbeziehung von Jadwigas persönlichem Nachlaß reorganisiert, um vorrangig der Aufgabe einer Verbreitung und Vertiefung des katholischen Ritus in Litauen und Rußland nachkommen zu können.

Während Władysław II. Jagiełło (1386/99–1434) in der polnischen Historiographie eine recht zwiespältige Würdigung erfahren hat, die vom „Heiden mit christlicher Tünche" bis zum großen, von echtem Christentum geprägten Staatsmann und Baumeister der polnisch-litauischen Großmacht reicht[7], wird Jadwiga (1384–1399) übereinstimmend als die fromme, selbstlose, das Wohl des Reiches über privates Glück stellende Herrscherin gesehen, die in entscheidenden Reichsangelegenheiten, besonders in der Außenpolitik, eine selbständige Linie verfolgt habe[8]. Obgleich Władysław II. immer wieder gezwungen war, in Litauen korrigierend einzugreifen, sah er – zumal nach dem frühen Tod Jadwigas im Kindbett – seine Aufgabe darin, als König von Polen seinem Hauptland die ganze Arbeitskraft zu widmen. Die Zustimmung der litauischen Bojaren zur anfangs nur lockeren Personalunion mit Polen suchte Władysław II. in der Weise zu gewinnen, daß er ihnen am 20. II. 1387 die Rechte der polnischen Szlachta einräumte und damit eine Mitbestimmung in Staatsangelegenheiten zuerkannte; zudem wurde die Rechts- und Verwaltungspraxis beider Länder zunehmend einander angeglichen. Unterstützt von dem anfangs fast ausschließlich aus Polen bestehenden Klerus konnten so mit der Zeit die zahllosen, entwicklungsgeschichtlich bedingten Eigenarten und Unterschiede abgebaut werden. Von einer Inkorporation Litauens in Polen konnte aber keine Rede sein[9].

Eine so weitgehende Nivellierung lag aber nicht im Interesse von Jagiełłos Vetter Witold[10], der sich ungerecht behandelt und durch den Königsbruder Skirgiełło, dem die Statthalterschaft in Litauen zugefallen war, verdrängt fühlte, hatte er aus dem väterlichen Erbe doch nur die Herrschaft Grodno erhalten. Im Winter 1389 kam es zum offenen Bruch, wobei Witold zum orthodoxen Glauben übertrat, dann beim Deutschen Orden Schutz suchte, erneut zum Katholizismus konvertierte und mit militärischer Hilfe des Ordens und des vom König verdrängten Władysław von Oppeln seinem Vetter schwer zusetzte. Am 5. VIII. 1392 kam durch Vermittlung der masowischen Piasten in Ostrów eine Vereinbarung zustande, die Witold neben dem Fürstentum Troki auch den Hauptteil Wolhyniens mit Łuck als persönliches Herrschaftsgebiet zuerkannte und ihm anstelle des nach Kiew abgeschobenen Skirgiełło als *dux Lithuaniae* die Statthalterschaft über das gesamte litauische Länderkonglomerat eintrug[11]. Witolds Ehrgeiz und seinen hervorragenden Veranlagungen wurde hier ein Wirkungsfeld geboten, das er in den Folgejahren konsequent zu nutzen verstand. Mit der Vertreibung unbotmäßiger Vettern und Neffen sowie der Erweiterung der litauischen Einflußzone im Osten ging eine die partikularistischen Interessen Litauens rigoros verfolgende Zentralisierungspolitik einher, die trotz gemeinsamer außenpolitischer Ziele doch eine wachsende Unabhängigkeit von Polen und dem dort residierenden König anstrebte. Königin Jadwiga fühlte sich daher veranlaßt, Witold 1398 an die ausgebliebenen Tributzahlungen für die litauischen und ruthenischen Gebiete zu erinnern, deren Unterstellung unter die Krone Polens Teil der Heiratsvereinbarungen von 1385/86 gewesen war. Witold, von seinen Bojaren zum „König von Litauen und der Rus'" ausgerufen, verfolgte damals den Plan, sich mit Hilfe des 1395 zu ihm geflohenen Khans Tochtamyš die Goldene Horde und damit unmittelbar auch das Großfürstentum Moskau, wo sein Schwiegersohn Vasilij I. herrschte, zu unterwerfen. Nach zwei Feldzügen, die ihn 1397 und 1398 bis zum Schwarzen Meer und auf die Krim geführt hatten, suchte er 1399 die Entscheidung. Am 12. VIII. 1399 erlitt das von Ordens- und polnischen Rittern verstärkte litauische Heer an der Vorskla, einem linken Nebenfluß des unteren Dnepr, durch den tatarischen Emir Edigü eine vernichtende Niederlage; die von Witold aufgenommene Konzeption seines Onkels Olgierd, alle russischen Länder unter litauische Herrschaft zu bringen, war nicht zu verwirklichen, zumal jetzt ein litauischer Großfürst, der zugleich König des katholischen Polen war, bei der orthodoxen ostslawischen Bevölkerung den Kredit als Befreier vom Tatarenjoch eingebüßt hatte. Nach 1410 hat Witold zwar vier Söhnen von Tochtamyš zur Macht verhelfen und Einfluß auf die inneren Auseinandersetzungen in der Horde gewinnen können; der dadurch beschleunigte Zerfall des einheitlichen Tatarenstaates im europäischen Rußland ist aber letztlich nicht Litauen, sondern dem hauptsächlichen Rivalen und schließlichen Sieger, dem Großfürstentum Moskau, zugute gekommen. Ein ereignisarmer litauisch-moskowitischer Krieg 1406–1408 bestätigte zwar den Gewinn von Smolensk und legte die gemeinsame Grenze an der Ugra fest; zu einem dauerhaften litauischen Ausgreifen nach Pskov (Pleskau) und Novgorod ist es aber nicht gekommen[12]. Immerhin hat die damals beschlossene Übertragung der Vormundschaft für Vasilijs minderjährige Kinder an Witold nach 1425 dem litauischen Großfürsten noch einmal die Möglichkeit einer Unterstellung Moskaus eröffnet – diese Einflußnahme hat aber seinen eigenen Tod im Jahr 1430 nicht überdauert. Die von Witold geschaffene territoriale Ordnung im Osten hatte bis Ende des 15. Jh. Bestand; seine aktive litauische Ostpolitik fand jedoch keine wirksame Fortsetzung.

Gleichzeitig verfolgte aber auch Kronpolen eine Ausdehnungspolitik in Richtung Südosten. Nach der durch die inneren Wirren in Ungarn begünstigten Rückgewinnung Rotreußens unterstellte sich am 27. IX. 1387 Peter, Hospodar der Moldau, polnischer Oberhoheit. Zwei Jahre danach schloß der walachische Wojewode Mircea ein Schutzbündnis mit Polen, das zeitenweise (1395/96) eine Lehnsabhängigkeit bedingte. An die Verfolgung einer konsequenten Schwarzmeerpolitik war wegen des unaufhaltsamen Vordringens der Türken, der Rücksicht auf die unklare staatsrechtliche Stellung Litauens und der ungelösten Ordensproblematik für Polen aber nicht zu denken[13].

Die Niederlage an der Vorskla 1399 zwang Witold jedenfalls zum Einlenken Kronpolen gegenüber. Seine Bereitschaft zu einer engeren Zusammenarbeit und der vorläufige Verzicht der polnischen Großen auf die direkte Inkorporation Litauens mündeten 1401 in die Unionen von Wilna und Radom[14]. Witold wurde vom König als *supremus princeps* eingesetzt und erhielt die uneingeschränkte großfürstliche Gewalt in Litauen übertragen; dafür hatte er sich Jagiełło und der Krone Polens gegenüber zu Treue und Loyalität zu verpflichten. Vertreter des polnischen und des litauischen Adels kamen zudem überein, im Falle des Todes von Jagiełło ohne Erben die Nachfolgefrage nur im gegenseitigen Einvernehmen zu lösen. Dieses Einvernehmen wurde auf einer gemeinsamen Tagfahrt am 2. X. 1413 in der Union von Horodło am Bug insoweit vertieft, als der Adel beider Länder künftig bei gemeinsamen Zusammentreffen *(conventiones et parlamenta)* in Lublin oder in Parczów über Angelegenheiten beiderseitigen Interesses beraten wollte[15]. Dem litauischen Adel, der von jetzt ab frei über Dienstgüter verfügen durfte, wurde zudem – entgegen den Vereinbarungen von Wilna, die einen Abbau der litauischen Sonderstellung beinhaltet hatten, – das Privileg zugestanden, nach dem Tode Witolds mit Zustimmung der Polen einen Nachfolger eigener Wahl zu benennen. 47 litauische Bojarenfamilien katholischen Glaubens wurden von polnischen Adelsgeschlechtern in ihre Wappenverbände aufgenommen, was ihre Polonisierung beschleunigen mußte. Da aber die polnische Szlachta dem litauischen Adel ein Mitspracherecht bei ihrer Königswahl nicht ausdrücklich eingeräumt hatte und die von Witold forcierte Eigenentwicklung Litauens keine zeitliche Eingrenzung erfuhr, wurden durch die Union von Horodło die bisherigen Unklarheiten im Zusammenwirken der beiden Staatsorganisationen nicht beseitigt; bei der Möglichkeit, verschiedene Herrscher mit konträren Zielen zu wählen, hatte sich die Gefahr eines Auseinanderbrechens der polnisch-litauischen Personalunion sogar noch erhöht.

2.1.2 Die Kriege gegen den Deutschen Orden

Diese Vereinbarung von Horodło stand noch ganz im Zeichen des vereint errungenen Erfolgs gegen den gemeinsamen großen Gegner, den Deutschen Orden, der in der 2. Hälfte des 14. Jh. zwar auf mehrfachen „Reisen“ in Litauen eingefallen war, sich aber Polen gegenüber um Einhaltung der 1343 in Kalisch niedergelegten Postulate bemüht hatte. An einem Zusammenschluß der beiden Reiche konnte der Orden aus militärisch-strategischen Gründen nicht interessiert sein; die Christianisierung Litauens entzog ihm zudem seine moralische Daseinsberechtigung. So war es nur konsequent, daß Hochmeister Konrad Zoller von Rotenstein die ihm angetragene Patenstelle bei der Taufe Jagiełłos ausschlug und der Orden sich in die internen Streitigkeiten der Gedyminiden einmischte[16]. Zwischen 1390 und 1394 belagerten Ordensheere zweimal Wilna und Grodno; 1398, vor der entscheidenden Auseinandersetzung mit den Tataren, schloß Witold in Salin (Sallinwerder) einen Vertrag, der – die Zustimmung Jagiełłos vorausgesetzt – Samogitien einmal mehr dem Orden übereignete. Die kurze Waffenbrüderschaft zerbrach aber bereits 1401; der auf Vermittlung von Papst Bonifaz IX. 1404 im masowischen Raciąż geschlossene Frieden beließ dem Orden Samogitien, wofür er aber das an ihn verpfändete Land Dobrzyń gegen Erstattung der Pfandsumme herauszugeben hatte.

Dadurch wurde auch die Krone Polens, die an dem Krieg nicht unmittelbar beteiligt gewesen war, in den Konflikt miteinbezogen, denn Dobrzyń hatte 1392 der ehemalige Statthalter Ludwigs von Ungarn, Władysław von Oppeln[17], dem Orden als Pfand übereignet. Władysław fühlte sich von Jagiełło, bei dessen Taufe er als Pate und Namensgeber mitgewirkt hatte, nicht ausreichend gewürdigt, denn die 1387 ohne größere Kämpfe erfolgte Wiederinbesitznahme Rotreußens aus zeitweiliger ungarischer Kontrolle war nicht mit der erneuten Übertragung der Statthalterschaft an Władysław verbunden gewesen. Nachdem der erfolglose Prätendent Siemowit IV. von Masowien Jagiełło den Lehnseid geleistet und sein Fürstentum der polnischen Oberhoheit unterstellt hatte, blieb Władysław von Oppeln der einzige ernstzunehmende interne Opponent Jagiełłos, zumal er sich dem Deutschen Orden anschloß und auch versuchte, die mit der Entwicklung in Polen unzufriedenen Luxemburger zu einer Intervention zu bewegen. Doch die Niederlage Sigismunds 1396 vor Nicopolis gegen die Osmanen und die Bereitschaft Jadwigas, die 1395 nach dem Tode ihrer Schwester in Ungarn angemeldeten Thronansprüche zurückzuziehen, begünstigten im Juli 1397 den Abschluß eines auf 16 Jahre terminierten Friedens. Der andere Luxemburger, König Wenzel von Böhmen, hatte sich bereits zuvor mit Jagiełło verständigt. Inzwischen war auch Władysław von Oppeln 1396 mühelos aus seinen polnischen Besitzungen vertrieben worden; der Orden, der 1402 von Sigismund von Ungarn, zugleich Markgraf von Brandenburg, die Neumark erwarb, hielt bei der polnischen Strafexpedition gegen seinen Protégé still.

Trotzdem ließ ein polnisch-litauischer Konflikt mit dem Deutschen Orden auch nach dem Frieden von Raciąż nicht lange auf sich warten. Nach einem von Witold gegen die Ordensherrschaft in Samogitien angezettelten Aufstand im Mai 1409 kam es im August zum offenen Kampf, als Hochmeister Ulrich von Jungingen die vom Orden gekaufte, von Polen beanspruchte Burg Driesen an der Netze besetzen ließ. Sigismund von Ungarn schlug sich ebenso wie Jagiełłos jüngerer Bruder Świdrygiełło auf die Seite des Ordens, der am 15. II. 1410 zudem in einem von König Wenzel gefällten Schiedsspruch seine Rechtsauffassung bestätigt fand. Bei den im Sommer 1410 erneut ausbrechenden Kämpfen konnte das um die masowischen Truppen vermehrte polnisch-litauische Heer unerwartet in nordöstlicher Richtung tief in den Ordensstaat einbrechen und dem im Verhältnis 2:3 zahlenmäßig unterlegenen, durch lange Märsche geschwächten Ordensheer am 15. VII. 1410 bei Tannenberg (Grunwald) eine vernichtende Niederlage beibringen[18]. In einer der größten Ritterschlachten des Spätmittelalters büßte der Orden seinen Ruf ein, über die größte Militärmacht im Nordosten Europas zu verfügen; viel folgenschwerer war aber der Tod seiner besten Mitglieder. Das mit taktischem Geschick von König Władysław Jagiełło geführte polnisch-litauische Heer konnte ohne Mühe den größten Teil des Ordenslandes besetzen, weil die meisten Städte freiwillig ihre Tore öffneten. Die Einnahme der von Heinrich von Plauen verteidigten Marienburg wollte dagegen nicht gelingen. Als im Herbst ungarische Truppen in Kleinpolen einfielen und der auf Eigenständigkeit bedachte Witold, der kein Interesse an polnischen Gebietsgewinnen und der Steigerung der Autorität seines königlichen Vetters hatte, die litauischen Kräfte abzog, mußte Ende September die Belagerung der Marienburg abgebrochen und das Ordensland preisgegeben werden. Der am 9. XII. 1410 in Nieszawa geschlossene Waffenstillstand mündete bereits am 1. II. 1411 in den für den Orden günstigen Ersten Thorner Frieden: Dobrzyń ging zwar endgültig verloren, das 1398 besetzte Samogitien fiel an Witold und Jagiełło zurück – allerdings nur für ihre Lebensdauer; für die Freilassung der zahlreichen Gefangenen waren 100000 Mark in böhmischer Münze zu bezahlen[19]. Sonst behielt der Orden sein gesamtes Gebiet – somit blieb Polen nach wie vor von der Ostsee abgeschnitten. Der gleichzeitige Konflikt mit Sigismund wurde am 15. III. 1412 in Lublau durch den Kompromiß beigelegt, daß die ungarischen Ansprüche auf Rotreußen bis zum Tode Jagiełłos ruhen und gemeinsame Anstrengungen gegen die immer bedrohlicher werdende Türkengefahr unternommen werden sollten[20]. Die damals erfolgte Verpfändung der dreizehn Zipser „Städte" an Polen, die bis 1769 Bestand haben sollte, schob die Grenze Polens über den Dunajec in das südliche Vorland der Tatra vor.

Auch wenn sich der Erfolg über den Deutschen Orden nicht sogleich in einem Territorialgewinn oder der Anerkennung einer Lehnsoberhoheit niederschlug, so kam ihm neben der moralischen und der militärischen Komponente auch bedeutendes politisches Gewicht zu. Da der Orden bei Kaiser und Papst eine Revision des Thorner Friedens betrieb, meldete auch Władysław II. Jagiełło neue Gebietsforderungen an und fiel, als diese vom neuen Hochmeister Michael Küchmeister zurückgewiesen wurden, im Juli 1414 im Ordensland ein. Die Einnahme von Elbing gelang nicht; daher stimmte Jagiełło am 7. X. im westpreußischen Strasburg dem Vorschlag zu, den Streit von Kaiser, Papst und dem nach Konstanz einberufenen Konzil schlichten zu lassen. Die vom Gnesener Erzbischof Mikołaj Trąba und dem Krakauer Rektor Paweł Włodkowicz z Brudzenia geleitete Delegation konnte zwar in der durch den Austausch von Streitschriften gekennzeichneten Auseinandersetzung die Richtigstellung der vom Ordensprokurator Peter von Wormdith und von dem Dominikaner Johann Falkenberg verbreiteten Verleumdungen und Zweifeln an der Wirksamkeit des litauischen Missionswerks erreichen, aber Papst Martin V. nicht zu einem für Polen günstigen Spruch bewegen[21]. Die Kurie erkannte zwar Jagiełłos und Witolds unbestreitbare Verdienste an, weite Gebiete, die auch von der Orthodoxie beansprucht wurden, dem katholischen Ritus zugeführt und Polen-Litauen durch die Abwehr von Tataren und Türken sowie die Zurückdrängung der griechisch-orthodoxen Kirche zur Vormauer des Katholizismus im Osten Europas gemacht zu haben. Wie bereits einmal 1415, wurde durch ein päpstliches Breve vom 5. bzw. 13. V. 1417 Jagiełło zum päpstlichen Generalvikar für Polen und die ruthenischen Gebiete, sein Vetter Witold für Litauen, Novgorod und Pskov bestellt.

Nach dem für Polen ungünstigen Papstvotum nahm Jagiełło im Sommer 1419 den Krieg gegen den Orden wieder auf und erzwang damit ein Schiedsgericht von König Sigismund. Doch der verfügte am 6. I. 1420 die strikte Einhaltung des Thorner Friedens und wies die polnischen Gebietsforderungen zurück[22]. Nach einem weiteren polnischen Feldzug im Sommer 1422 hatte der Orden am 27. IX. im Frieden von Melnosee der Herausgabe Samogitiens ohne Auflagen und der Rücknahme seiner Grenzen gegenüber Litauen zuzustimmen; Kronpolen erhielt nur das früher zu Kujawien gehörende Gebiet von Nieszawa zurück[23]. Der Orden nutzte die innerlitauischen Wirren nach dem Tod Witolds zu einem Einfall nach Kujawien und Dobrzyń aus; dieser dritte Krieg wurde 1433 unter Beteiligung hussitischer Söldner von den Polen bis vor Danzig getragen. In dem unter dem Druck seines Landesadels und der Städte am 31. XII. 1435 im kujawischen Brześć zustandegekommenen Frieden mußte sich der Deutsche Orden für die Garantie seines territorialen Besitzstandes verpflichten, keine gegen das Jagiełłoreich gerichteten politischen Bündnisse einzugehen, nicht mehr in die litauischen Nachfolgequerelen einzugreifen und die Verbindlichkeit dieser Vereinbarung von den eigenen Landständen absichern zu lassen. Damit bot sich künftig der polnischen Krone die Gelegenheit, den die Ordensherrschaft als bedrückend empfindenden Adel mit dem Hinweis auf die Freiheiten der polnischen Szlachta zu umwerben und die Städte mit dem Versprechen auf Öffnung der polnischen Märkte und den dann zu erwartenden Wirtschaftsaufschwung für sich zu gewinnen. Obwohl der Deutsche Orden immer noch einen bedeutenden Macht- und Wirtschaftsfaktor darstellte, hatte er in dem Vierteljahrhundert nach Tannenberg doch viel von seiner einstigen Bedeutung eingebüßt. Für den Bestand der polnisch-litauischen Union stellte der Ordensstaat jedenfalls keine ernsthafte Bedrohung mehr dar[24].

Die Auseinandersetzung mit dem Orden hatte durch das Aufflammen des Hussitismus im benachbarten Böhmen und durch die damit verbundenen Schwierigkeiten König Sigismunds, 1419 die Nachfolge seines Bruders Wenzel in Prag anzutreten, eine neue Komponente erhalten. In Anlehnung an die Lehren John Wiclifs hatte Jan Hus mit seinen um nationale und sozialreformerische Inhalte erweiterten Forderungen nach freier und ungehinderter Predigt der Heiligen Schrift, nach Einnahme des Abendmahls in beiden Formen für Laien und Geistliche *(sub utraque specie* = Utraquismus), nach apostolischer Einfachheit und Bestrafung der Unmoral einen starken Zulauf gefunden; nach dem Kirchenbann (1412) und seiner Verbrennung in Konstanz (1415) erfaßte die Bewegung in Böhmen weite Kreise der Bevölkerung[25]. Auch in Polen gab es im mittleren Adel und im Bürgertum Anhänger der neuen Lehre[26]. Als die böhmischen Stände 1420 Władysław Jagiełło die Wenzelskrone anboten, sprachen dynastische und außenpolitische Überlegungen für eine Annahme. Eine Schwächung des wankelmütigen Königs Sigismund, der durch seinen Breslauer Schiedsspruch offenbar den Orden bevorzugt hatte, lag ebenso im polnischen Interesse wie die Möglichkeit der politischen Einigung der Westslawen und der Wiedergewinnung des vor knapp 100 Jahren verlorenen Schlesien. Unter dem Einfluß des Erzbischofs Trąba[27], der auf den Provinzialsynoden von Wieluń und Kalisch 1420 strenge Statuten gegen die hussitischen Häretiker durchgesetzt hatte, schlug Jagiełło für sich die neue Würde aus, begünstigte aber die Zusage seines ungebundeneren Vetters Witold, der wiederum seinen Neffen Zygmunt Korybutowicz im Frühjahr 1422 als Statthalter nach Prag entsandte, nachdem der Adel beider Reiche auf der Tagfahrt zu Lublin im August 1421 diese Entscheidung in gewundener, von der Zustimmung der Kurie abhängig gemachter Form gebilligt hatte. Doch auch als Sigismunds Heer 1422 bei Deutsch-Brod eine schwere Niederlage einstecken mußte, war der polnisch-litauische Thronanspruch in Böhmen nicht aufrechtzuerhalten, weil die internen Gegensätze zwischen Utraquisten und Taboriten eine Konsolidierung der Lage nicht zuließen. Im März 1423 kehrte daher Zygmunt nach Polen zurück[28].

In Polen waren nämlich, begünstigt durch die Mahnungen des päpstlichen Legaten Zenon und des einflußreichsten Beraters des alternden Jagiełło, Zbigniew Oleśnicki, ein Meinungsumschwung und eine erneute Annäherung an König Sigismund eingetreten, die ihren Niederschlag in einer am 30. III. 1423 in Kaschau getroffenen Vereinbarung fanden. Danach machte es sich Jagiełło zur Pflicht, der Kirche die staatlichen Machtmittel zur Unterdrückung der hussitischen Ketzerei zur Verfügung zu stellen. Das am 9. IV. 1424 erlassene königliche Edikt von Wieluń ordnete die Ausmerzung der Irrlehre durch Zusammenwirken der weltlichen und geistlichen Gerichte an, verbot den Handel mit Böhmen und unterstützte den Abwehrkampf der Kirche.

1426, als Sigismund auf dem Verhandlungsweg eine Befriedung seiner

Erblande zu erreichen suchte, wurde Władysław Jagiełło von Papst Martin V. zum Kreuzzug gegen die Hussiten ermuntert, der nach 1428, als taboritische Banden das Paulinerkloster in Tschenstochau (Częstochowa) geplündert hatten, sogar im kurzzeitigen Einvernehmen mit dem Deutschen Orden vorbereitet wurde. Nach 1431 verfolgte Jagiełło dann den Kurs, zwischen dem gemäßigten Flügel und der Kurie zu vermitteln; er scheute sich 1433 während des dritten Ordenskrieges aber auch nicht, hussitische Hilfstruppen einzusetzen. Der vom Konzil zu Basel (1431–1449) begünstigte Abschluß der Prager Kompaktaten und die furchtbare Niederlage der Taboriten bei Lipan 1434 schlossen den Hussitenkrieg ab. In Polen wurde die Bezeichnung „Hussitismus" im 15. Jh. allerdings zum Sammelbegriff für jede – auch von völlig anderen Ursprüngen ausgehende – kirchenkritische oder antiklerikale Einstellung.
Im letzten Jahrzehnt seines langen Lebens fand sich der entscheidungsunfreudige, mißtrauische und nur mehr begrenzt an den Staatsgeschäften interessierte Władysław II. Jagiełło mit der Notwendigkeit konfrontiert, die Nachfolgefrage in Polen und Litauen im Interesse seines Hauses zu lösen. In vierter Ehe hatte ihm die litauische Prinzessin Sofia Hol'šanskaja[29] 1424 und 1427 zwei Söhne, Władysław und Kazimierz, geboren – damit wurde die Hoffnung des seit 1417 mit der Mark Brandenburg belehnten Friedrich VI. von Hohenzollern, dank der 1421 geschlossenen Ehe mit Jagiełłos Tochter Jadwiga seine Aussichten für die Thronfolge in Polen zu verbessern, zunichte gemacht. Auch Witold mußte die Erwartung, seinen Vetter in Polen zu beerben, begraben und verfolgte im Einvernehmen mit König Sigismund jetzt das Ziel, sich selbst zum König von Litauen krönen zu lassen. Der Streit um die staatliche Zugehörigkeit von Wolhynien und Podolien und das besondere Wohlwollen, das Witold beim Aufbau einer selbständigen griechisch-orthodoxen Kirchenorganisation für die litauischen Ostgebiete zeigte, hatten die polnischen Herren auch gegen ihren König, der jeder klaren Stellungnahme auswich und der Aushöhlung des Unionsgedankens tatenlos zusah, aufgebracht. Der Konflikt war bereits im April 1425 auf der Tagfahrt im kujawischen Brześć zutage getreten, weil der Adel für seine Zustimmung zur Nachfolge Władysławs III. nicht nur neue Privilegien forderte, sondern die Einhaltung seiner Zusagen auch von der Garantie aller bisher erstrittener Freiheiten durch den Thronfolger abhängig machte. Als Jagiełło auf der nächsten Adelsversammlung im Mai 1426 in Łęczyca diese Bedingung zurückwies, schwelte der Streit um die Thronfolge in Polen weiter. Um seinem Hause wenigstens in Litauen die Erbmonarchie zu sichern und um Druck auf den polnischen Adel ausüben zu können, nahm daher Jagiełło auf einer Zusammenkunft im wolhynischen Łuck den Vorschlag König Sigismunds positiv auf, Witold zum König in Litauen zu krönen[30]. Um das völlige Auseinanderbrechen der Union doch noch zu verhindern und um ihrerseits Władysław II. Jagiełło zum Einlenken zu veranlassen, bot die Szlachta im Sommer 1429 Witold die Nachfolge in Polen an. Während die Vorberei-

tungen für die Krönung Witolds in Litauen anliefen, sah sich Jagiełło gezwungen, den Forderungen des Adels nachzugeben, der vom Krakauer Bischof Zbigniew Oleśnicki[31] – der größten politischen Potenz jener Jahre – klug geführt wurde. Für die Zusage, ihrer Eignung entsprechend einen seiner beiden Söhne als Nachfolger einzusetzen, anerkannte Jagiełło am 4. III. 1430 im Privileg von Jedlno das Königswahlrecht von Adel und hohem Klerus ausdrücklich und erließ das Grundgesetz des *Neminem captivabimus nisi iure victum,* das als polnische *Habeas-Corpus*-Akte die Rechtssicherheit des Adligen garantierte[32]; es wurde in den 1433 in Krakau erlassenen *Statuta de libertatibus*[33] bedeutsam erweitert. Schließlich sollten künftig nur Adlige zu Bischöfen ernannt werden – das war ein weiterer Schritt des Adels zur Monopolisierung der geistlichen und weltlichen Würden. Obwohl die Privilegien Jagiełłos dem Gesamtadel galten, zogen doch hauptsächlich die übermächtigen, den Kleinadel bereits bedrückenden Magnaten daraus Vorteile. Die Gewichte im Staat begannen sich immer stärker vom Königtum auf eine Adelsoligarchie zu verlagern, auf die der Monarch in allen bedeutenden Fragen Rücksicht zu nehmen hatte.

Als Witold 80jährig wenige Wochen vor der Krönung am 27. X. 1430 starb, beeinträchtigten die in Litauen ausbrechenden Unruhen auch die innerpolnischen Verhältnisse. Ohne Berücksichtigung der litauischen Selbständigkeitsbestrebungen, aber auch unter Vernachlässigung der polnischen Inkorporationswünsche setzte Jagiełło seinen jüngeren Bruder Świdrygiełło (Svitrigailas) zum Großfürsten ein[34]. Unterstützt vom Deutschen Orden und von König (nach 1433: Kaiser) Sigismund, der auch ihm die Königswürde in Aussicht stellte, verfolgte Świdrygiełło eine Politik größerer Unabhängigkeit von Polen; der Versuch einer propolnischen Partei unter Witolds jüngerem Bruder Zygmunt Kiejstutowicz, ihn nach Ausbruch von Kämpfen um Podolien und Wolhynien zu stürzen, gelang am 1. IX. 1432 nur teilweise, weil sich Świdrygiełło in den ruthenisch-orthodoxen Gebieten halten konnte. Zygmunt hatte, um sich während der fast sechs Jahre dauernden Auseinandersetzungen der polnischen Unterstützung zu versichern, in der Union von Grodno am 15. X. 1432 zu versprechen, Podolien und weite Teile Wolhyniens Polen direkt zu unterstellen und weder die Königskrone anzustreben noch ein Bündnis mit dem Deutschen Orden einzugehen. Die von Zygmunt befürwortete Gleichstellung der orthodoxen litauischen Bojaren mit dem polnischen und dem katholisch-litauischen Hochadel wurde von Jagiełło nicht unterstützt, so daß ein Abbau der konfessionellen Gegensätze nicht zu erzielen war; immerhin wurde im Mai 1434 den Orthodoxen der Zugang zu den Staatsämtern mit Ausnahme der höchsten Würden zugestanden. Militärisch konnte sich Zygmunt 1432/33 gegen Świdrygiełło behaupten und diesem am 1. IX. 1435 bei Wilna eine schwere Niederlage beibringen. Eine wirkliche Stabilisierung trat aber auch danach nicht ein: Nach der Ermordung des Großfürsten Zygmunt Kiejstutowicz am 20. III. 1440 suchte der unruhige

Świdrygiełło bis zu seinem Tod 1452 anfangs von der Moldau, später von Wolhynien aus, seine Thronansprüche mit Waffengewalt durchzusetzen[35].

2.2 Ausbildung des Adelsstaates (2. Hälfte des 15. Jh.)

2.2.1 Das Eingreifen Władysławs III. in die böhmischen und ungarischen Thronwirren

Obwohl Jagiełło vor dem Höhepunkt der Auseinandersetzung um Litauen und mit dem Deutschen Orden, der ebenso wie einige russische Teilfürsten Świdrygiełło unterstützte, nach 48jähriger Regierung am 31. V. 1434 im Alter von 80 Jahren starb, konnte dank seines Einlenkens Adel und Geistlichkeit gegenüber die Nachfolge eines seiner Söhne und die Aufrechterhaltung der polnisch-litauischen Union als gesichert gelten. Unbeschadet aller internen Erschütterungen, die durch das Expansions- und Machtstreben Witolds ausgelöst worden waren, hatte sich das polnisch-litauische Großreich als bedeutendster Machtfaktor im östlichen Mitteleuropa behauptet und im politischen wie im geistig-religiösen Kräftespiel der Zeit eine geachtete Stellung erreicht. Die dem Monarchen abgerungenen Privilegien kamen vor allem den Magnaten und dem Episkopat zugute, die sich anschickten, die Minderjährigkeit des zum Nachfolger bestimmten, erst zehn Jahre alten Władysław III. (1434–1444) zu einem weiteren Ausbau ihrer Stellung zu nutzen. Die tatsächliche Macht ging an Jagiełłos früheren Sekretär und späteren Bischof von Krakau (seit 1423), Zbigniew Oleśnicki, über, dessen Wirken durch seinen Schüler Jan Długosz eine verklärende Interpretation erfahren hat[1]. Gestützt auf den kleinpolnischen Adel konnten Oleśnicki, der Kanzler Jan Koniecpolski und der Tęczyński-Clan sogleich daran gehen, den großpolnischen, z. T. durch pro-hussitische Sympathien genährten Widerstand um die Familien Ostroróg und Szamotulski zu zerschlagen und die Befriedung Litauens voranzutreiben. Der durch den militärischen Erfolg gegen Świdrygiełło beschleunigte Friedensschluß mit dem Deutschen Orden in Brześć am 31. XII. 1435 und die 1437 in Grodno bestätigte Vereinbarung mit dem Großfürsten Zygmunt, daß die von ihm regierte Provinz Wolhynien nach seinem Tod dem polnischen Reichsteil zufallen werde, erhöhten das persönliche Prestige Oleśnickis. Polen hatte danach die Hand frei, sich aktiv in die Auseinandersetzung um das Erbe Kaiser Sigismunds einzuschalten, der am 9. XII. 1437 gestorben war.

Oleśnicki hatte bereits zuvor den Plan einer dynastischen Verbindung Władysławs III. mit einer Enkelin des Kaisers verfolgt, um die Aussichten für eine Nachfolge der Jagiellonen in Ungarn und Böhmen zu verbessern. Für Hilfe bei der Türkenabwehr erwartete er ein ungarisches Einlenken in der Frage der von beiden Seiten beanspruchten Provinzen Halicz und

Moldau; die polnische Unterstützung bei der Pazifizierung der böhmischen Hussiten glaubte er mit der Rückgliederung Schlesiens nicht zu hoch bezahlt. In Ungarn konnte aber Sigismunds Schwiegersohn Albrecht von Habsburg ohne große Probleme die Herrschaft antreten; in Böhmen dagegen verweigerte ihm eine starke Minderheit die Nachfolge und bot die Wenzelskrone im April 1438 Władysław III. an. Trotz der Bedenken von Oleśnicki und des Episkopats, die einen Aufschwung für die hussitische Bewegung in Polen befürchteten, billigte eine Adelsversammlung in Nowe Miasto Korczyn die Kandidatur – allerdings unter Verweis auf die Residenzpflicht des Monarchen nicht die von Władysław, sondern von seinem jüngeren Bruder Kazimierz, der auch am 27. V. 1438 von der nationalen utraquistischen Opposition gewählt wurde. Wegen unzulänglicher Unterstützung konnte sich der erst 11jährige Kazimierz aber in Böhmen gegen Albrecht nicht behaupten; Władysław III. sah sich im Februar 1439 zu einem Einlenken gegenüber Albrecht und zur Aufgabe der polnischen Thronansprüche veranlaßt[2].

Doch Albrechts früher Tod im Oktober 1439 bot Oleśnicki eine weitere Gelegenheit, gegen den Widerstand einer prohussitischen Adelskonföderation unter Spytek z Melsztyna, die der böhmischen Thronfolge Vorrang einräumte[3], die alten Unionspläne mit Ungarn voranzutreiben. Zwar hatte sich Władysław III. anfangs mit der Partei des nachgeborenen Sohns von Albrecht, Ladislaus (Posthumus), auseinanderzusetzen, doch gelang es ihm nach wechselvollen Kämpfen, bis Dezember 1442 einen Großteil Ungarns unter Kontrolle zu bringen und sich in einem von Papst Eugen IV. vermittelten, durch die wachsende Türkengefahr begünstigten Kompromiß mit seinem Gegner auszugleichen[4]. Im Herbst 1443 eröffnete Władysław den „langen Feldzug“, auf dem das vom siebenbürgischen Wojewoden Johann Hunyadi geführte Heer durch Serbien nach Bulgarien vorstieß; in Erwartung venezianischer und päpstlicher Unterstützung schlug Władysław ein Waffenstillstandsangebot Sultan Murads II. aus und nahm mit unzulänglichen Kräften im Herbst 1444 die Kampfhandlungen wieder auf. Bei Varna wurde das um einige polnische Ritter verstärkte ungarische Heer am 10. XI. vernichtet; Władysław III. und der päpstliche Legat Julian Cesarini fanden den Tod[5]. Durch diese Niederlage war das Schicksal des byzantinischen Kaisertums und der Balkanslawen besiegelt; der Druck der Türken auf Mitteleuropa nahm spürbar zu. Aber auch die polnisch-ungarische Union, die in beiden Ländern unpopulär und für Polen äußerst kostspielig gewesen war, hatte ein unrühmliches Ende gefunden. Den Jagiellonen war es bei diesem zweiten Anlauf weder in Böhmen noch in Ungarn gelungen, dauerhaft Fuß zu fassen, die Machtsphäre auszuweiten und umstrittene Gebiete zurückzugewinnen – ja, die polnisch-litauische Union hatte während des über vierjährigen Aufenthalts von Władysław III. in Ungarn praktisch zu bestehen aufgehört, und der innere Friede in Polen hatte schwer gelitten[6].

2.2.2 Der Krieg mit dem Deutschen Orden und die Gewinnung der böhmischen und der ungarischen Krone für die Jagiellonendynastie

Nach dem gewaltsamen Tod des Großfürsten Zygmunt Kiejstutowicz 1440 hatte der ganz von seinen ungarischen Plänen ausgefüllte Władysław seinen in Böhmen gescheiterten Bruder Kazimierz als Statthalter nach Wilna entsandt, wo er, entgegen der Abmachung, am 29. VI. zum Großfürsten proklamiert wurde. Er hatte sich sofort mit einem Aufstand in Samogitien und ab 1442 mit dem vertriebenen Świdrygiełło auseinanderzusetzen, der das wolhynische Łuck eingenommen hatte. Territorialkonflikte mit Masowien um das Gebiet von Drohiczyn am Bug folgten. Als in Polen endlich der Nachricht vom Tode des bald von Legenden verklärten Władysław III. vor Varna (daher: Warneńczyk) Glauben geschenkt wurde, beschloß eine polnische Adelsversammlung im April 1445 in Sieradz, im Geist des Privilegs von Jedlno und im Interesse der Erneuerung der Union dem in Litauen mit wachsendem Selbstbewußtsein und Erfolg regierenden, gerade 17 Jahre alten Kazimierz unter der Voraussetzung der Inkorporation Litauens die Nachfolge anzutragen. Da Kazimierz nicht bereit war, die Vorteile der dynastischen Erbfolge in Litauen preiszugeben, zogen sich die Verhandlungen ergebnislos bis zum März 1446 hin. Erst als die polnischen Herren drohten, den Thron dem Fürsten Bolesław IV. von Masowien zu übertragen, wurde am 17./19. September 1446 in Brest am Bug (Brześć) erneut eine reine Personalunion zwischen Polen und Litauen vereinbart, die den Vorstellungen Kazimierz' weitgehend entgegenkam und die weder die Forderung nach Bewahrung der uneingeschränkten Selbständigkeit Litauens noch die nach seiner Eingliederung in Polen aufrechterhielt[7]. Um seine litauischen Anhänger auszusöhnen, stellte Kazimierz am 2. V. 1447 im Privileg von Wilna den litauischen Adel den polnischen Herren weitgehend gleich und sagte ihnen Abgabenfreiheit, Freizügigkeit und die Vergabe von Ämtern und Würden nur an Landesbewohner zu. Im Fall der umstrittenen Provinzen wurde der *status quo* festgeschrieben, so daß Podolien unter polnischer, Wolhynien aber unter litauischer Administration verblieb[8]. Mit der Krönung Kazimierz' am 25. VI. 1447 in Krakau kam nicht nur das dreijährige Interregnum zu Ende, sondern auch der Einfluß des während der Regentschaft und der langen Abwesenheit von Władysław die Tagespolitik dominierenden Bischofs und ersten polnischen Kardinals Oleśnicki und der ihm nahestehenden Magnaten wurde langsam zugunsten des Gesamtadels und durch die Konsolidierung des Königtums zurückgedrängt. Im Bestreben, einen internen Konflikt zwischen den beiden Reichsteilen und den adligen Interessengruppen zu vermeiden, verfolgte Kazimierz IV. (Jagiellończyk = der Jagiellone, 1447–1492)[9] eine auf Geduld und Beharrungsvermögen, Weitblick und Realitätssinn basierende Politik, die vor allem für Polen, aber auch für die Dynastie recht erfolgreich war.

Zuerst hatte Kazimierz den Aufruhr des Palatins von Wilna, Jan Gasztołd, niederzuwerfen und die Grenzen seiner litauischen Erblande 1448/49 gegen Tatareneinfälle und die Ansprüche des Prätendenten Michał Zygmuntowicz abzusichern, der im Moskauer Großfürsten einen Protektor gefunden hatte. Am 31. VIII. 1449 wurde mit Vasilij II. eine Aufteilung der Interessengebiete entlang der Ugra vereinbart, die Litauen zwar weiterhin den Einfluß auf die russischen Fürstentümer an der oberen Oka sicherte, dagegen Pskov und Groß-Novgorod ausdrücklich der Moskauer Ausdehnungssphäre zuordnete[10]. Der Schwung litauischer Ostexpansion war danach gebrochen; dem weiteren Aufstieg und Ausgreifen Moskaus nach Westen wußte Polen-Litauen künftig nur in steter Verteidigungshaltung zu begegnen.

Das mangelnde Interesse Kazimierz' und der polnischen Herren an einer dauerhaften Sicherung der litauischen Ostgrenzen hatte eine Ursache auch in der wiederaufflammenden Auseinandersetzung mit dem Deutschen Orden. Nach dem Brester Frieden waren Oleśnicki und die Hochmeister bemüht gewesen, die Vereinbarungen strikt einzuhalten. Die Ordensoberen hatten mit wachsenden Unruhen unter dem Adel und der Stadtbevölkerung zu tun, die sich im März 1440 in einem vom Kanzler Koniecpolski geförderten „Bund vor Gewalt“ (Preußischer Bund) zusammengeschlossen hatten. Unter Hochmeister Ludwig von Erlichshausen kam es zu offener Empörung der Landstände, die sich auch durch beschwichtigende Aufrufe Papst Nikolaus' V. und Kaiser Friedrichs III. nicht zum Einlenken veranlaßt sahen. Als im Februar 1454 die Aufständischen fast alle Festungen in ihre Hand gebracht hatten, trug ihr Anführer Hans von Baysen[11] König Kazimierz die Oberherrschaft über Preußen an. Nach Befragen des Kronrats kam der Monarch dieser Aufforderung nach und inkorporierte am 6. III. 1454 das gesamte Ordensgebiet in den polnischen Staat, wobei Adel und Städte ihre bisherigen Rechte bestätigt erhielten[12]. Ein langwieriger, dreizehn Jahre dauernder Krieg mit dem Deutschen Orden, der nochmals seine internationalen Beziehungen und seine materiellen Reserven einzusetzen wußte, waren die Folge[13].

Dem Orden, der seine Hauptburgen Marienburg, Stuhm und Konitz (Chojnice) verteidigte, kam zugute, daß die Szlachta, vor allem aber Litauen an einer langen Auseinandersetzung kein Interesse zeigten. Wenige Tage vor der ersten Schlacht erzwang der Adel das im Dezember 1454 in Nieszawa endgültig formulierte Privileg, das Allgemeine Aufgebot, das Ritterheer, nur nach Zustimmung der Landschaftsversammlungen, der *sejmiki,* einzuberufen, die der Kleinadel später zu seiner politischen Interessenvertretung ausbaute. Zugleich hatte der König den Landschaften ein Mitwirkungsrecht bei der Wahl der Gerichtsbeamten einzuräumen, um Willkür oder königlichen Eingriffen in Verfahren vorzubeugen, sowie – als Ursprung der stetig erweiterten Zollfreiheit – auf die Salzsteuer zu verzichten[14]. Erst danach zog der Adel in die Schlacht bei Konitz (Chojnice), wo er am 18. IX. eine schwere Niederlage durch das zahlenmäßig unterlegene Söldnerheer des Ordens erlitt. Der danach einsetzende Belagerungs-

und Abnützungskrieg, der vor allem von Danzig finanziert wurde und der das Ordensland ausblutete, erreichte im Mai 1457 einen ersten Höhepunkt, als nicht entlohnte böhmische Söldner die Marienburg an Kazimierz verkauften und den Hochmeister zur Flucht nach Königsberg zwangen[15]. Die nach 1462 noch einmal aufflackernden Kämpfe brachten Erfolge für den Preußischen Bund und die Polen, so daß nach langwierigen Verhandlungen und der Vermittlung des päpstlichen Legaten Rudolf von Rüdesheim am 19. X. 1466 in Thorn die Friedensvereinbarungen unterzeichnet werden konnten. Pommerellen mit Danzig, das Kulmer Land und das Michelauer Land, Elbing und Marienburg fielen ebenso an Polen wie das Bistum Ermland (Warmia), wodurch Polen über die Weichselmündung Zugang zur Ostsee gewann. Das in die drei Wojewodschaften Pommerellen, Kulm und Marienburg untergliederte „Preußen königlichen Anteils" wurde vorerst nicht in Polen inkorporiert, sondern in einer rechtlich nicht zweifelsfrei definierten, daher bald Auseinandersetzungen auslösenden Union der Krone Polens unterstellt[16]. Da Kazimierz sein Vorhaben, den Deutschen Orden in türkische oder tatarische Grenzlande umzusiedeln, nicht durchsetzen konnte, verblieben dem Orden das östliche Preußen mit Königsberg als eine Art polnischen Lehns[17]: Der Hochmeister wurde verpflichtet, den polnischen König als „Haupt und Oberen" anzuerkennen, einen persönlichen Treueid zu leisten und Kriegshilfe zu stellen; die – nie erfolgte – Aufnahme polnischer Ritter bis zur Hälfte der Gesamtzahl sollte dem Orden seinen ausschließlich deutschen Charakter nehmen. Obwohl sich die Hochmeister drückenden Vertragsbestimmungen zu entziehen suchten, stellte der restliche Ordensstaat in seiner isolierten Machtlosigkeit keine Bedrohung für Polen mehr dar, das mit dem so stark von seiner deutschen Bevölkerung geprägten Weichselland eine beträchtliche Ausweitung seiner politischen, ökonomischen und militärischen Bedeutung erfuhr[18].

Unter Wiederaufnahme früherer Anläufe dynastischer Politik bemühte sich Kazimierz geduldig um die Kronen Böhmens und Ungarns. Ausgangspunkt war die im Februar 1454 in Krakau vollzogene Ehe mit Elisabeth von Habsburg, der Enkelin Kaiser Sigismunds und älteren Schwester von Ladislaus Posthumus. Als dieser bereits 1457 starb, beanspruchte Kazimierz gegen den Führer der Utraquisten, Georg von Podiebrad, die Wenzelskrone für seinen einjährigen Sohn Władysław. In Ungarn setzte sich Matthias Corvinus, der Sohn Johann Hunyadis, durch. Mit Geschick konnte Kazimierz den vom Papsttum bekämpften Böhmenkönig bei einem Treffen in Glogau im Mai 1462 für die Nachfolge Władysławs gewinnen, unterstützte er doch auch Georgs Plan eines christlichen Fürstenbundes mit dem Ziel der ewigen Friedenssicherung[19]. Als Papst Paul II. die Bestätigung des Zweiten Thorner Friedens von einem militärischen Vorgehen gegen die böhmischen Häretiker abhängig machte, wußte Kazimierz eine direkte Aktion zu vermeiden. Obwohl der andere Prätendent Corvinus 1468/69 Mähren, Schlesien und die Lausitz besetzte und Georg zur Anerkennung seiner Nachfolgerechte zwang, kam im Juni 1469 in Prag eine weitere Vereinbarung über die Thronfolge Władysławs in Böhmen zustande, die nach dem Tod König Georgs 1471 von den böhmischen Ständen auch honoriert wurde[20]. Um die Lage Władysławs, der im Mai gewählt und im August 1471 gekrönt wurde, gegen Matthias Corvinus zu verbessern, setzte Kazimierz im Winter 1471/72 ein Söldnerheer mit dem Ziel in Marsch, mit Unterstützung einer starken innerungarischen Adelsopposition seinem zweiten Sohn Kazimierz (dem Heiligen, kanonisiert 1602) den Thron in Buda zu sichern. Die Kämpfe gegen Corvinus, an denen sich seit März 1474 auch Kaiser Friedrich III. beteiligte, führten aber zu keinem Ergebnis[21]; nachdem sich der Ungarkönig im „Pfaffenkrieg" 1478/79 in die Auseinandersetzung zwischen Kazimierz IV. und dem vom Deutschen Orden unterstützten Bischof von Ermland, Nikolaus von Thüngen, einschaltete, aber ebenfalls ohne langfristige Vorteile blieb, stimmten die streitenden Parteien 1479 in den Friedensschlüssen von Ofen (2. IV.) und Olmütz (25. VII.) dem *status quo* zu: Władysław erhielt Böhmen, dessen Nebenländer aber Corvinus verblieben, der für sich auch den Titel eines „ Königs von Böhmen" in Anspruch nahm. Als am 6. IV. 1490 Matthias Corvinus starb, flammte der Streit um die Nachfolge in Ungarn erneut auf. Der alte, weitgehend inaktive Kazimierz IV. unterstützte jetzt aber nicht seinen ältesten Sohn Władysław, der in Böhmen 1485 zwar einen *modus vivendi* zwischen Katholiken und Utraquisten zustande gebracht hatte, aber der wachsenden Bedeutung der Stände und der Verschärfung der Leibeigenschaft keinen Einhalt zu gebieten wußte, sondern die Kandidatur seines dritten Sohnes Jan Olbracht. Im anschließenden Bruderkrieg konnte sich Władysław durchsetzen und am 20. II. 1491 Jan Olbracht in Kaschau zum Verzicht auf die Stefanskrone bewegen, ohne jedoch ein wirkliches Einvernehmen mit seinen jüngeren Brüdern zu erzielen[22].

Danach kontrollierte das Jagiellonenhaus zeitenweise vier bedeutende Throne; das von ihnen regierte Gebiet reichte vom Böhmerwald bis zum Schwarzen Meer. Da dieser jagiellonische Staatenbund vom polnischen König verwirklicht worden war, handelte sich Polen aber auch die damit einhergehenden außenpolitischen Verwicklungen – so den Gegensatz zum Hause Habsburg und die Türkenabwehr – ein, ohne für diese Aufgaben in der Szlachta Verständnis oder gar Unterstützung zu finden. Deshalb sah sich Władysław von Böhmen und Ungarn bereits am 7. XI. 1491 gehalten, im Frieden von Preßburg im Falle des Aussterbens der eigenen Linie das Nachfolgerecht der Habsburger anzuerkennen. Bei den aus der Rivalität der magyarischen Magnaten genährten bürgerkriegsähnlichen Verwicklungen und den schließlich von Johann Zapolya unterdrückten Bauernaufständen hatte der indolente Władysław keine Kräfte frei, um eine erfolgreiche Türkenabwehr für das zunehmend bedrohte Ungarn zu organisieren.

2.2.3 Die Verteidigung der Grenzen im Osten und Südosten

Während der Kämpfe mit dem Deutschen Orden und um die Nachfolge in Böhmen und Ungarn hatte Kazimierz IV. wenig Zeit gefunden, sich mit litauischen Fragen zu beschäftigen. Erst Ende 1479 gab er dem Drängen der litauischen Bojaren nach und kam für fünf Jahre in sein Erbland, das unter Einfällen der Krimtataren und der aktiven Westpolitik Ivans III. bereits wichtige Positionen geopfert hatte. Zu einer Unterstützung des bereits 1471 gedemütigten Groß-Novgorod kam es ebenso wenig wie zu dem mit Khan Sid Achmet 1480 abgesprochenen Feldzug gegen Moskau[23], das danach unter Ausnutzung der pro-orthodoxen Sympathien der ruthenischen Bevölkerung[24] und in Koordination mit den regelmäßigen Überfällen des Krimkhans Mengli Girăi Krieg an Litauens Nordostgrenze zu führen begann. Diese Kämpfe dauerten – mit wenigen Unterbrechungen durch Waffenstillstände – bis 1537 an. Der Erfolg von Jan Olbracht am 8. IX. 1478 bei Kopystrzyn gegen die Krimtataren brachte nur kurzfristige Entlastung; auch der Sieg lokaler Kräfte bei Zasław im Januar 1491 konnte die Tatarengefahr nicht bannen[25]. Im Südosten, wo Polen den Anspruch einer – praktisch nicht durchzusetzenden – Oberherrschaft über die Moldau aufrecht erhielt, waren 1484 die beiden Schwarzmeerhäfen Kilia und Akkerman an die Türken gefallen, so daß sich der Hospodar Stefan der Große zu einer Erneuerung des Lehnseides und zur Unterstützung eines polnisch-litauischen Gegenschlags bereit fand[26]. Eine Kreuzzugsbulle Papst Innozenz' VIII. gegen die Osmanen begünstigte zwar Rüstungsvorbereitungen und die Einberufung des schwerfälligen, militärisch wenig effektiven Allgemeinen Aufgebots; ein Waffenstillstand mit den Türken im März 1489 brachte Stefan aber in Gegnerschaft zu seinem Lehnsherrn und verstärkte die Unsicherheit. Als auch Krimkhan Mengli Girăi auf der Suche nach einer Landverbindung zu den Türken nach Südwesten entlang der Schwarzmeerküste auszugreifen begann, bemühte sich der seinem Vater 1492 auf dem polnischen Thron gefolgte Jan I. Olbracht (1492–1501)[27] im Mai 1494 in Leutschau in der Zips, seinen Bruder Władysław und seinen Schwager Friedrich von Brandenburg von der Notwendigkeit eines vereinten Feldzugs gegen Türken und Tataren zu überzeugen[28]. Als sich im August 1494 ein polnisch-litauisches Heer bei Wiśniowiec in Wolhynien eine schwere Niederlage durch Mengli Girăi eingehandelt hatte, bereitete Jan Olbracht diesen neuen Südostfeldzug besonders gewissenhaft vor. Der polnische Adel war zur Unterstützung aber erst bereit, nachdem er auf dem von März bis Mai 1496 in Piotrków beratschlagenden Reichstag weitergehende Privilegien (Monopol für den Erwerb von Landbesitz, Schollenpflichtigkeit der Bauern, Schankgerechtigkeit) erhalten hatte, die seine wirtschaftliche Lage stabilisierten und ihm zudem das königliche Versprechen eintrugen, „keine neuen Konstitutionen aufzustellen und kein allgemeines Aufgebot einzuberufen, ohne in den einzelnen Ländern zuvor Landesversammlungen

(= *sejmiki*) durchgeführt zu haben“[29]. Der dann im Sommer und Herbst 1497 mit Unterstützung des Deutschen Ordens unternommene Moldauische Feldzug konnte keines der hochgesteckten Ziele, nämlich die Rückgewinnung der Schwarzmeerhäfen, die Unterwerfung der Moldau und die Unterbindung einer türkisch-tatarischen Landbrücke, erreichen, weil Władysław von Ungarn und Großfürst Alexander von Litauen ihrem Bruder Jan I. Olbracht keine koordinierte Hilfe leisteten und nicht einmal die Einnahme der moldauischen Hauptstadt Suceava gelang; auf dem Rückzug fügte Stefan dem polnischen Heer am 26. X. 1497 bei Koźmin sogar noch schwere Verluste zu[30]. Türken und Tataren fühlten sich 1498 ermutigt, in Beutezügen bis nach Lemberg (Lwów), Sambor und Sanok vorzudringen. Im April 1499 kam zwar ein polnisch-ungarisches Bündnis gegen die Türken zustande, dem – diesmal als gleichberechtigter Partner – Stefan von der Moldau beitrat; im Dezember 1499 wurde in Preßburg und am 14. VII. 1500 in Buda die Einbeziehung Frankreichs in die Allianz, die durch Eheverbindungen eine zusätzliche Absicherung erfahren sollte, vorbereitet[31]. Der plötzliche Tod Jan Olbrachts am 17. VI. 1501 und die von seinem Bruder und Nachfolger Alexander zu bewältigenden vordringlicheren Aufgaben begünstigten 1503 den Abschluß eines Waffenstillstands mit den Osmanen, der – mehrfach verlängert – ein Abgleiten der Moldau in türkische Vasallität zwar nicht verhindern konnte, aber doch eine gewisse Ruhepause bot. An die Verfolgung einer aktiven Südostpolitik war vorerst nicht zu denken.

Auch die von Kazimierz IV., der am 7. VI. 1492 in Grodno gestorben war, vernachlässigte Ostpolitik konnte von seinen drei Söhnen, die ihm auf dem Krakauer Thron folgen sollten, nicht mehr wesentlich korrigiert werden. Mit der Bestellung seines vierten Sohnes Alexander[32] zum Großfürsten in Litauen wurde die polnisch-litauische Personalunion sogar zum zweiten Mal aufgehoben. Alexander, der gegen das von Ivan III. mit zunehmender Direktheit vorangetriebene „Sammeln des russischen Landes“ mit noch geringerer polnischer Unterstützung zu rechnen hatte, hoffte durch einen verzichtvollen Frieden am 7. II. 1494 und der ein Jahr später erfolgten Eheschließung mit Ivans Tochter Elena die Streitigkeiten beilegen zu können. Doch anstelle von Sicherheit vor Moskaus Ambitionen bot die einzige dynastische Verbindung des Jagiellonenhauses mit den Moskauer Großfürsten Anlaß für heftige Beschwerden Ivans wegen der Unterdrückung der Orthodoxie und für direkte Einmischungsversuche, so daß es im Frühjahr 1500 neuerdings zum Krieg kam. Dieser wurde am 22. III. 1503 mit dem Verlust der Gebiete am Oberlauf des Dnepr, ganz Severiens an der Desna und dem anschließenden Steppengrenzstreifen in einem auf sechs Jahre befristeten Waffenstillstand beendet[33]. Das wachsende Ansehen der Moskauer Großfürsten begünstigte die „Übertritte“ weiterer ruthenisch-orthodoxer Untertanen, und diese räumten dem neuen Großfürsten Vasilij III. die Möglichkeit der Fortsetzung einer zielgerichteten Westpolitik auf Kosten des litauischen Besitzstandes ein.

Die Liquidierung einiger kleiner Teilfürstentümer durch Moskau, der Übertritt des litauischen Fürsten Michail Glinskij 1508 in russische Dienste und die Ausdehnungsversuche in Richtung Pskov und das vom Ordensmeister Wolter von Plettenberg verteidigte Livland zwangen König Zygmunt I. Stary (= Sigismund der Alte, 1506–1548), bald nach Herrschaftsbeginn eine aktive Abwehr zu organisieren. Ein im Herbst 1506 mit dem Krimkhan Mengli Girāi geschlossenes Bündnis erfüllte nicht die militärischen Erwartungen und sicherte längerfristig auch nicht die Südostflanke vor den regelmäßigen Tatareneinfällen, unter denen die rotreußischen und litauischen Gebiete litten. Da es Glinskij nicht gelang, die von orthodoxen Gläubigen besiedelten ruthenischen Teile des Großfürstentums Litauen zu einer eigenen Herrschaft zu verselbständigen, und da sich Erfolge für beide Seiten in den Feldzügen der Jahre 1507 und 1508 nicht einstellten, wurde in Moskau am 8. X. 1508 ein „ewiger Friede" geschlossen, der unter endgültiger Aufgabe aller an Ivan III. verlorengegangenen Gebiete die litauische Stellung am mittleren Dnepr unerheblich verbesserte[34]. Unter dem Vorwand, Zygmunt lasse es gegenüber der Königswitwe Elena am notwendigen Respekt fehlen, schürte Vasilij III. aber weiterhin Unruhe und löste im November 1512 den vierten Angriffskrieg aus, nachdem ein polnisch-litauisches Heer im April ein tatarisches Kommando bei Wiśniowiec geschlagen und den Khan im Sommer zur Erneuerung des gegen Moskau gerichteten Bündnisses gezwungen hatte. Nach fast zweijähriger moskowitischer Belagerung kapitulierte im Juli 1514 das strategisch wichtige Smolensk; der eindrucksvolle Sieg des litauisch-polnischen Heeres am 8. IX. 1514 unter dem Fürsten Konstanty Ostrogski (Ostrožskij) bei Orša förderte zwar die Friedensbereitschaft des von den Habsburgern unterstützten Vasilij III., ohne einen wirklichen Ausgleich herbeizuführen. Litauen wollte nicht auf Smolensk verzichten und Moskau das Gewonnene nicht herausgeben. Der erst am 14. IX. 1522 auf fünf Jahre geschlossene, später bis Weihnachten 1533 verlängerte Waffenstillstand schrieb den *status quo* – somit den Verlust von Smolensk für Litauen und die Grenze von 1508 – fest. Der Moskauer Thronwechsel und die Regentschaft Elena Glinskajas für den minderjährigen Ivan IV. bot 1534 Anlaß zum fünften litauisch-moskowitischen Krieg, der Moskau im Waffenstillstand vom 17. II. 1537 weite Gebiete nördlich Połock, Litauen aber Gomel' am Sož eintrug. Da aber ein dauerhafter Friede auch jetzt nicht zu erzielen war, wurden bis 1562 nur immer wieder die Waffenstillstandsvereinbarungen verlängert.

Etwas weniger zu leiden hatte die Bevölkerung der Südostgebiete unter Tatareneinfällen, weil die nach dem Tod des Khans Mahmed Girāi 1523 einsetzenden langen Nachfolgekämpfe die Durchführung von Raubzügen begrenzten, und weil der Aufbau eines auf feste Plätze gestützten Verteidigungssystems und die Aufstellung einer leichten Reitertruppe, den später so benannten Kosaken, das Abfangen und Zurückschlagen der Tataren bereits im Dneprgebiet oder in Podolien möglich machten. Auch

wenn eine wirkliche Konsolidierung der Grenzprovinzen dadurch nicht zu erreichen war, so konnte unter diesem Schutzschild doch eine intensivere Besiedlung der fruchtbaren Schwarzerdeböden Podoliens, Wolhyniens und Rotreußens und ihre ständige landwirtschaftliche Nutzung im Rahmen magnatischen Großgrundbesitzes erfolgen.
Diese Entwicklung wurde begünstigt durch den am 9. X. 1503 geschlossenen und trotz päpstlicher Mahnungen vom 28. VII. 1509 und 25. III. 1515, sich an den geplanten Kreuzzügen gegen die Ungläubigen zu beteiligen, mehrfach verlängerten Waffenstillstand mit dem Osmanenreich. Dieser Ausgleich unterband aber nicht die fortdauernden Auseinandersetzungen mit den Hospodaren der Moldau, die sich faktisch in türkische Vasallität begeben hatten, um das am oberen Pruth gelegene, von Polen beanspruchte Pokutien[35]. Die Einfälle des Hospodars Bogdan 1508/09 nach Podolien und bis vor Lemberg wurden durch den Sieg eines polnisch-litauischen Heeres am 4. X. 1509 in der Bukowina gesühnt, doch in dem am 17. I. 1510 geschlossenen Frieden blieb die Stellung Pokutiens weiter umstritten. 1530 nahm Hospodar Petru Rareş (Petrillo)[36] die Kampfhandlungen unter dem Vorwand, einen Glaubenskrieg der orthodoxen Moldauer und Ruthenen gegen die Polen zu führen, wieder auf. Da die Pforte ihrem Vasallen die Unterstützung versagte und die vom Reichstag bewilligte Sondersteuer gezielte Gegenmaßnahmen zuließ, glückte Hetman Jan Tarnowski am 22. VIII. 1531 bei Obertyn ein großer Sieg, der aber mit Rücksicht auf den Sultan nicht durch einen Vorstoß in die Moldau ausgenutzt werden konnte. Der Grenzkampf schwelte deshalb weiter, zumal Rareş die internationale Lage und den für Polen-Litauen Vorrang besitzenden Moskauer Krieg geschickt zu nutzen verstand. Als am 1. V. 1533 Sultan Suleiman mit Zygmunt I. und seinem Nachfolger einen auf Lebenszeit der Herrscher geltenden Friedensvertrag unterzeichnete, unterstellte sich Hospodar Petru Rareş der Oberhoheit des ungarischen Königs Ferdinand I., der vergeblich einen Ausgleich zu vermitteln suchte. Der von Zygmunt im Sommer 1537 geplante Vorstoß endete vor Lemberg mit einem Fiasko, weil sich der im Allgemeinen Aufgebot versammelte Adel zu einem Aufstand (rokosz) gegen den König zusammenschloß und bald auseinanderlief. Dieser „Hahnenkrieg“ *(wojna kokosza)* fand aber im Folgejahr einen glücklichen Abschluß: Nach der Einnahme der moldauischen Grenzfestung Chocim (Hoţin) am Dnestr am 30. VIII. 1538 mußte Petru Rareş am 20. II. 1539 endgültig auf Pokutien verzichten[37]. Die danach in endlose Thronwirren verstrickte Moldau stellte für Polen keine Bedrohung mehr dar – dafür ließ aber der Konflikt mit der jungen türkischen Großmacht nicht lange auf sich warten. Eine wirkliche Befriedung an der polnischen Südgrenze entlang des Dnestr war nicht erreicht worden.

2.2.4 Kirchen und Konfessionen im 15. Jahrhundert

Diese Auseinandersetzungen Polen-Litauens mit den Nachbarn im Osten und Südosten besaßen auch eine bedeutsame religiöse Komponente, zumal nach dem Scheitern der Florentiner Union von 1439. Die nach der Christianisierung Litauens unternommenen Versuche, auch die orthodoxen Gläubigen in den östlichen Grenzgebieten und in Ruthenien für den römisch-katholischen Glauben zu gewinnen, hatten nur geringe Erfolge aufzuweisen, obschon 1412 mit der Verlegung des Metropolitansitzes von Halicz nach Lemberg und der Bestätigung der Suffraganaten in Przemyśl, Chełm, Kamieniec, Vladimir, Sereth und Kiew die katholische Kirche in den Ostgebieten eine eigene Organisation erhielt[38]. Der vom Patriarchen in Konstantinopel nicht bestätigte orthodoxe Metropolit von Kiew, Grigorij Camblak, fand für seine im Auftrag des Großfürsten Witold am 18. II. 1418 Papst Martin V. in Konstanz vorgetragenen Unionspläne wenig Unterstützung. Da sich die Kirche Polens während des Baseler Konzils zeitweise auf die Seite des Konziliarismus schlug, entsprach die Union von Florenz nicht den kirchlichen und innenpolitischen Zielsetzungen der Jagiellonen, die damals eine Anerkennung und Aufwertung der von ihnen bekämpften Schismatiker nicht hinzunehmen bereit waren[39]. Deshalb erklärte sich auch Kazimierz IV. beim Friedensschluß mit Vasilij II. 1449 bereit, den vom Moskauer Großfürsten bestallten anti-unionistischen Metropoliten auch für die orthodoxen Christen im Jagiellonenreich als Schiedsrichter in Glaubensstreitigkeiten anzuerkennen; am 31. I. 1451 wurde Jonas, Metropolit von Moskau und ganz Rußland, „gemäß den früheren Bestimmungen und Gepflogenheiten der russischen Christenheit", von Kazimierz IV. auch als Metropolit von Kiew bestätigt. Die Teilung der Kiewer Kirchenprovinz 1458 in einen moskowitischen und einen litauischen Anteil beschleunigte die Abkehr vom Unionsgedanken, der bei der ruthenischen Bevölkerung auf wenig Widerhall gestoßen war, zumal sie im Patriarchen von Konstantinopel weiterhin das Oberhaupt ihrer Kirche erblickten. Auch wenn alle Jagiellonenherrscher als treue Söhne der katholischen Kirche die Ausbreitung des römischen Glaubens förderten, so sahen sie sich doch während der Kriege mit Moskau zu weitestgehender Toleranz ihren orthodoxen Einwohnern gegenüber veranlaßt, um der geschickt gehandhabten moskowitischen Propaganda der Glaubensbedrückung und der damit einhergehenden Abwerbung ihrer griechisch-orthodoxen Untertanen das Wasser abzugraben. 1499 und 1511 wurden der griechisch-orthodoxen Kirche staatsrechtlich Selbstverwaltung und das geistliche Gerichtswesen übertragen; eine Synode in Wilna unternahm mit ihren Reformbeschlüssen 1509 den Versuch, den kirchlichen Niedergang aufzuhalten und die Eingriffe der Grundherren und Kirchenpatrone in das kirchliche Leben abzuwehren. Der meist dem Basilianerorden angehörende höhere Klerus erlag nämlich ebenso den Versuchungen der Verweltlichung wie die breite Masse der Dorfpopen, die, ohne die notwendige Bildung und oft mit großer Familie bei geringem Einkommen, ihrer Aufgabe als Seelsorger und Volksbildner nicht gerecht wurden. Mittelpunkt des geistlichen Lebens der Orthodoxen blieb Kiew, obschon die Metropoliten häufig auch in Wilna oder Nowogródek residierten. Der durch polnische Vermittlung begünstigte kulturelle Kontakt mit dem Westen, die Auswirkungen der Reformation und wachsender politischer Druck trugen im Verlauf des 16. Jh. zu einem Abbau der Sonderstellung der griechisch-orthodoxen Kirche in Polen-Litauen bei und begünstigten schließlich das neuerliche Anwachsen des Gedankens einer Union mit den römischen Christen.

Das Verhältnis der Jagiellonenkönige zur römischen Kurie war im 15. Jh. insgesamt eng und herzlich, obgleich sich gelegentlich Meinungsverschiedenheiten nicht vermeiden ließen, wenn Reichs- und Familieninteressen den kirchlichen Belangen übergeordnet wurden. Das vorsichtige Taktieren in der Frage der Kirchenunion oder bei der von den Päpsten energisch geforderten Ausmerzung der hussitischen Häresie gab ebenso zu Verstimmungen Anlaß wie das Zerschlagen der Ordensmacht oder das dem Konziliarismus zuneigende Verhalten der polnischen Vertreter auf dem Konzil von Basel (1431–1449). Die Bedeutung der polnischen Kirche wurde von der Kurie 1417 durch die Verleihung der Primaswürde an den Erzbischof von Gnesen, seit 1360 „erster Fürst von Polen", ebenso gewürdigt wie die Ernennung von Oleśnicki und von Erzbischof Kot 1441 zu Kardinälen – ein Vorgang, der mit einer gewissen Regelmäßigkeit für den Primas und bedeutendere Kirchenführer wiederholt wurde. Das Interesse der Päpste an der geordneten Abführung des Peterspfennigs forderte selbst dann gute Beziehungen zu den polnischen Monarchen, wenn diese den Einfluß ihres Episkopats zu beschneiden suchten. Getragen von der Zustimmung der Szlachta, deren Mitgliedern die wichtigsten Pfründe vorbehalten blieben, ging schon Władysław II. Jagiełło energisch daran, bei der Besetzung der hohen geistlichen Stellen das Mitspracherecht der Kurie zu mindern sowie die freie Bischofs- und Abtswahl zu unterbinden. Seit 1505 wurde mit Landesverweisung und der Einziehung des Vermögens die Übertretung des Verbots bestraft, geistliche Würden unter Umgehung des Königs direkt in Rom zu suchen[40]; die Kurie hatte sich mit dem formalen Bestätigungsrecht zufriedenzugeben. Offene Konflikte brachen mehrfach aus, so z. B. 1460, als Kazimierz IV. den ihm genehmen Bischof von Włocławek, Jan Gruszczyński, gegen das Votum des Domkapitels zum Bischof von Krakau berief, und bei der Besetzung des dem päpstlichen Stuhl unmittelbar unterstellten Bistums Ermland 1466 und 1489, wo die Krone schließlich die Sonderstellung des Bischofs als eines souveränen Reichsfürsten im polnischen Staatsverband zu akzeptieren hatte. Dem Druck des Adels nachgebend, der sich die alleinige Nutzung der Benefizien sichern wollte, setzte sich im 15. Jh. das Prinzip endgültig durch, in den Domkapiteln nur Adlige *(„de nobili genere et legitimo matrimonio procreatus")* zum Kanonikat, zu Präbenden und Würden zuzulassen[41].

Auch wenn die grundsätzliche Steuerfreiheit für kirchlichen Grundbesitz verlorenging[42], von den der Kirche testamentarisch vermachten Gütern der Beitrag zum Allgemeinen Aufgebot zu erbringen war und sich die Prozesse um die Zahlung des Kirchenzehnten vervielfachten, hat die Kirche dennoch durch die Erweiterung des Einflusses ihrer hohen und höchsten Amtsträger auch im 15. Jh. einen nicht unbeträchtlichen Machtzuwachs erfahren. Die geistlichen Oberhirten gehörten kraft ihres Amtes dem engsten königlichen Rat, dem Senat, an und konnten als Ratgeber und dank ihrer Funktionen in der Verwaltung die wichtigsten Reichsangelegenheiten beeinflussen. Der unter Berufung auf das kanonische Recht erhobene Anspruch, die geistliche Gerichtsbarkeit auf alle Fälle, in denen ein Verstoß gegen göttliche Gebote vorliege, auszuweiten, war dagegen nicht vollständig durchzusetzen. Bei der wachsenden Zahl von Inquisitionsverfahren hatten sich aber die weltlichen Behörden zur Mithilfe zu verpflichten. Streitpunkte bei der Abgrenzung der geistlichen und der weltlichen Gerichtsbarkeit waren durch das 1434 zustandegekommene *Laudum Vartense* und ähnliche Abmachungen mit dem Adel nicht vollständig beizulegen. Durch den Erwerb von Geld und Gut, meist auf dem Weg testamentarischer Vermächtnisse, boten sich der Kirche immer neue Möglichkeiten zum Ausbau ihrer Einflußsphäre, zumal der Staat nicht nur ihren Besitz rechtlich absicherte, sondern auch seine Erweiterung begünstigte. Nach der Kodifikation des polnischen Kirchenrechts auf der Synode zu Kalisch im September 1420 kam es auch auf Diözesanebene zur Sammlung und Erweiterung kirchenrechtlicher Bestimmungen. Zahlreiche Reformdekrete strebten eine Unterbindung der bestehenden Übelstände im Klerus an, denn Klagen über den Bruch des Zölibats, über Trinkunsitten, Raufhändel und Vernachlässigung der Dienstpflichten begannen sich zu häufen. Zudem war ein Niedergang des Ordenswesens zu beklagen, obschon sich Dominikaner, Franziskaner und vor allem Benediktiner bei der Christianisierung Litauens und der Missionstätigkeit in Ruthenien große Verdienste erwarben. Der erst 1453 nach Polen berufene Bernhardinerorden übte auf die gebildete Jugend eine besonders große Anziehungskraft aus. Klosterschulen waren immer noch die wichtigsten Bildungseinrichtungen; die Universität Krakau galt als Hochburg der Rechtgläubigkeit und konnte sich auch nach dem ersten Einströmen des von Humanismus und Renaissance geprägten Gedankenguts ihren hervorragenden Ruf bewahren[43]. Als sich aber die Vertreter der Scholastik durch die Humanisten in ihrem Wissenschaftsverständnis und damit in ihrem Besitzstand bedroht glaubten, kapselten sie sich zunehmend ab und leiteten damit einen im 16. Jh. nicht mehr aufzuhaltenden Niedergang der Universität ein, der die Bildungssuchenden zum Studium im Ausland zwang. Studienaufenthalte an italienischen Universitäten, vornehmlich in Padua, Bologna und Ferrara, oder Bildungsreisen nach Süd- und Westeuropa gehörten als fester Bestandteil zum Ausbildungsprogramm für begüterte Adlige[44].

Trotz beeindruckender Machtentfaltung nach außen verkümmerte aber nach 1450 die polnische Kirche im theologisch-seelsorgerischen Bereich, weil die Bischöfe zu sehr der Tagespolitik verhaftet waren, die adligen Patronatsherren jede ihren Einfluß tangierende Tätigkeit des Klerus zu unterbinden trachteten und weil die Priester häufig weder bescheidenen moralischen noch bildungsmäßigen Anforderungen genügten[45]. Unter dem Einfluß der neuen geistigen Strömungen breitete sich zwischen Szlachta und Klerus eine Spannung aus, die im 16. Jh. schließlich in der Reformation eine Entladung fand.

2.2.5 Politische und soziale Strukturen

Trotz seiner geistlich-kulturellen, ökonomischen und politischen Bedeutung bildete der Klerus keinen eigenen Stand. Die Erzbischöfe und Bischöfe gehörten als Edelleute und Verwalter riesiger Latifundien gemeinsam mit den häufig aus Magnatengeschlechtern stammenden hohen weltlichen Würdenträgern (Wojewoden, Kastellanen, sonstigen Amtsträgern) dem Stand der Senatoren *(ordo senatorius)* an, ohne daß ihnen als Kurie etwa die Bedeutung der geistlichen Mitglieder des britischen Oberhauses zugekommen wäre. Die „ Herren Räte" hatten im Verlauf des 15. Jh. aber nicht verhindern können, daß die Ritterschaft, der Klein- und Mitteladel, sich die Möglichkeit erkämpfte, an den Beratungen der Krone teilzunehmen und ihre Vorstellungen auch gegen die Oligarchen und den König durchzusetzen. Bei diesem gleitenden Übergang der politischen Macht an die Gesamtszlachta konnte der *ordo equester* als dritter Stand eine für Europa einmalige extrem-republikanische Adelsverfassung durchsetzen, die gekennzeichnet war durch die unter den adligen Reichsbürgern nominell praktizierte Idee der Gleichheit *(równość),* der „goldenen Freiheit" *(złota wolność),* der Adelsbruderschaft *(braterstwo)* und der *absoluta potestas.* Die *tota communitas* der adligen Nation war als Souverän, Protektor und Wächter über die *Rzeczpospolita szlachecka,* die bewußt der antiken *res publica* nachempfunden wurde, gesetzt, die – wenigstens der Theorie nach – ihre politischen Entscheidungen in einem ständigen *communis consensus* traf[46].

Für die anderen Klassen der Bevölkerung blieb im öffentlichen Leben kein Raum. Die Bauern, stetig wachsenden Fronverpflichtungen unterworfen, die 1520 auf mindestens einen Tag pro Woche festgesetzt wurden, und seit 1496 in weitgehender, nach 1543 in fast völliger Erbuntertänigkeit an den Grundherrn gebunden, fanden sich nach dem 1518 verfügten Wegfall der Appellationsmöglichkeit an königliche Gerichte ganz der adligen Gerichtsbarkeit ausgeliefert[47]. Der Adel arrondierte auf Kosten des Bauernlandes seine Vorwerksliegenschaften und konnte den steigenden inländischen Getreidebedarf und die günstigen Exportmöglichkeiten für Agrarprodukte zu einer bedeutsamen Einkommenssteigerung nutzen. Die sich entwickelnde Interessenkollision mit den Städten wurde zugunsten des Stärkeren beigelegt: Während die Stadt bestrebt war, die Produkte der zunftgebundenen Handwerker unter den Bauern abzusetzen, wollte der Adel selbst die geringe Kaufkraft seiner Untertanen abschöpfen, die unumschränkte Ausfuhr-, Weg- und Zollfreiheit für seine Landwirtschaftsprodukte sicherstellen und den verteuernden Zwischenhandel der Stadtbürger ausschließen. Durch die zum Vorteil der adligen Standschaft erlassene Gesetzgebung der Reichstage, die den Städten fast ausnahmslos Grundbesitz untersagte, dem Adel das Privileg der zollfreien Ein- und Ausfuhr zugestand, einheimischen Kaufleuten den Export von Landesprodukten und den Import fremder Waren verbot sowie dem Zuzug der Bauern in die Stadt oder dem Übertritt des verarmten Adels in bürgerliche Berufe gesetzliche Riegel vorschob, wurde den Städten die notwendige wirtschaftliche Expansion mit einem kontinuierlichen Anwachsen der Bevölkerung beträchtlich erschwert[48]. Die Grundlagen der adligen Finanzpolitik, auf die bäuerliche und auf die städtische Bevölkerung alle fiskalischen Lasten abzuwälzen, denen sich der Adel selbst zu entziehen verstanden hatte, beschleunigten den Verarmungsprozeß. So prosperierten in der ersten Hälfte des 16. Jh. eigentlich nur die vom deutschen, einem starken Polonisierungsdruck ausgesetzten Bürgertum geprägten Städte; Krakau, Posen, Thorn, Elbing und Danzig, aber auch Warschau, Lublin, Lemberg und Kiew zählten mehr als 10000 Bewohner[49]. Die Getreidehandelsplätze an der Weichsel, wie Sandomierz, Kazimierz Dolny oder Bromberg (Bydgoszcz), verzeichneten einen raschen Aufstieg. Der Abbau der städtischen Freiheiten erreichte 1565 einen ersten Höhepunkt, als die königlichen Städte zur Rechnungslegung vor den Starosten verpflichtet wurden[50]. Eine mehrfach begonnene Stadtrechtsreform (Jan Cerazyn Kirsztajn [Cerasinus], Stanisław Eichler, Bartłomiej Groicki) unterblieb[51]; der politisch völlig rechtlose Stadtbürger war nichts als Bewohner seiner Stadt, die als solche eine in sich geschlossene Einheit bildete und, Krakau und die Städte im Königlichen Preußen ausgenommen, am politischen Leben der Adelsrepublik nicht teilhatte. – Die Juden, Mitte des 16. Jh. etwa 75000 Köpfe in Polen und 25000 in Litauen, hatten sich vornehmlich in den neugegründeten Städten in den Ostgebieten niedergelassen, wo sie neben dem traditionellen Geldverleih und Kleinhandel auch zahlreiche Handwerke betrieben, Gasthäuser oder auch Mühlen gepachtet hatten und oft als Verwalter auf den Latifundien der Magnaten tätig waren[52]. Gerade das Fehlen eines immediaten Verhältnisses von über 90% der Bevölkerung zum Thron hat die fortschreitende Ausweitung der Adelsmacht und der Adelsfreiheiten beschleunigt.

Eine ganze Reihe von Faktoren hatte das rasche Heranwachsen eines politischen Bewußtseins in der Szlachta gefördert: der Einfluß des Hussitismus, die Auseinandersetzung mit der Kirche um den Zehnten oder das Ausmaß der geistlichen Gerichtsbarkeit, schließlich das bei den wachsenden finanziellen Bedürfnissen der Krone bedeutsame Steuerbewilligungsrecht, die Teilnahme am Allgemeinen Aufgebot *(pospolite ruszenie)*, zumal bei den Kämpfen gegen den Deutschen Orden, und die Durchsetzung des Prinzips der Wählbarkeit des Monarchen[53]. Die mittelbare Beteiligung des Massenadels, der *nobiles,* an den Staatsgeschäften konnte auch von den „Herren Räten" nicht aufgehalten werden, weil sich der König zur Beschneidung des Übergewichts der Magnaten zunehmend auf die *iuniores* stützen und daher bei der Privilegienerteilung auch deren Wünsche berücksichtigen mußte. Die Einschränkung der königlichen Prärogativen wurde nach 1374 konsequent fortgesetzt: Im ersten Kaschauer Privileg von 1386 mußte sich Jagiełło noch vor der Krönung verpflichten, alle Ämter nur an einheimische Adlige zu vergeben. Vor dem Feldzug gegen den Deutschen Orden 1422 hatte der König in Czerwińsk der Forderung zugestimmt, keine adligen Güter ohne rechtsgültiges Urteil des königlichen Gerichtshofs einzuziehen; 1430 war in Jedlno die Zusage des *Neminem captivabimus* ergangen. Die 1433 in Krakau erlassenen *Statuta de libertatibus* räumten nur dem König und seiner Verwaltung das Recht ein, Urteile gegen Adlige zu vollstrecken. 1454 wurde in den Statuten von Cerekvica und Nieszawa die Einberufung des Allgemeinen Aufgebots von der Zustimmung der Landtage der einzelnen Länder abhängig gemacht – damit war der Weg zur Ausbildung eines Zweikammersystems im polnischen Parlamentarismus vorgezeichnet. Auf den jetzt institutionalisierten Landschaftsversammlungen *(sejmiki)* konnte der regionale Kleinadel seine Interessen und Bedürfnisse äußern, die dann auf den unregelmäßig einberufenen Generallandtagen *(sejmiki generalne)* für die Landesteile Groß- und Kleinpolen eingebracht werden konnten[54]. Erst nach der Wahl Jans I. Olbracht fand von Januar bis März 1493 in Piotrków ein für beide Landesteile gemeinsamer Reichstag *(sejm)* statt, wo im Unterhaus, der Landbotenstube *(izba poselska),* die Repräsentanten der Landtage berieten, während die Großwürdenträger und der Episkopat wie bisher im königlichen Rat (ab 1505: Senat) tagten. Als Entgegenkommen für die Bewilligung einer Steuer für den geplanten Türkenzug erhielt der Adel 1496 im Statut von Piotrków die Zusage, daß den Bürgern der Erwerb von Landgütern sowie der Abzug der Bauern erschwert werden sollte[55]. Zwar konnten die Magnaten ihren abbröckelnden Einfluß noch einmal festigen, als ihnen der neugewählte König Alexander am 25. X. 1501 im Privileg von Mielnik das Recht zur Aufkündigung des Gehorsams bei Pflichtverletzung des Monarchen zugestand[56]; aber bereits 1505 erzwang die Szlachta in Radom die wichtige Konstitution, *„ut deinceps futuris temporibus nihil novi constitui debeat per Nos et successores nostros sine communi Consiliarorum et Nuntiorum Terrestrium consensu"*[57]. Künftig gab es kaum eine staatspolitische Frage, in der die durch gewählte Landboten *(nuntii terrestres,* pol. *posłowie)* vertretene Ritterschaft auf den bald im zweijährigen Turnus zu sechswöchigen Kadenzen einberufenen Reichstagen nicht versucht hätte, ihren ausschlaggebenden Einfluß auf die Legislative durchzusetzen. Bei der rasch wachsenden Bedeutung des Reichstags als einer Vertretung der adelsständischen Interessen gegen die

Macht des Monarchen und das bisherige Übergewicht der Großwürdenträger nahm der Einfluß der *sejmiki,* dieser adligen Virilversammlungen auf Wojewodschaftsebene, stetig ab; der terrigene Adel kam schließlich nur noch dann zusammen, wenn der König ihn zur Wahl der Landboten einberief *(sejmiki przedsejmowe)* und diese nach Abschluß der Reichstagssitzungen Rechenschaft abzulegen sowie die Zustimmung für die gefaßten Beschlüsse einzuholen hatten *(sejmiki posejmowe* bzw. *relacyjne).*
Die Formen des polnischen Parlamentarismus und seine Geschäftsordnung entwickelten sich auf dem Wege der Praxis. Für die Zustimmung zur Abänderung seiner auf Gewohnheit basierenden oder durch Privilegien erworbenen subjektiven Rechte verlangte der Adel vor allem eine Beteiligung an der Legislative und der Administrative. Der König blieb Gesetzgeber in den Bereichen, die – wie die innere Verfassung der Städte, die Rechte der Judenschaft, die Lage der Bauern auf den königlichen Gütern oder die Regelung des Lehnsverhältnisses zu Preußen – außerhalb der ständischen Interessen des Adels lagen. Frühe Bestrebungen, die Landboten aus imperativen Mandatsträgern der Urwählerschaft zu Vertretern der Reichsinteressen zu machen, waren endgültig zum Scheitern verurteilt, nachdem in der Union von Lublin 1569 und in den *Articuli Henriciani* 1573 das Prinzip der uneingeschränkten Souveränität der Szlachta volle Anerkennung gefunden hatte[58]. Zu Beginn des 16. Jh. zählte das Reichstagsplenum kaum 40 Mitglieder, weil jede Wojewodschaft und die Länder nur jeweils zwei Landboten entsandten. Die Inkorporation immer neuer Territorien und das wachsende Interesse der Landtage, ihren Forderungen durch möglichst viele Abgeordnete Nachdruck zu verleihen, führten zu einem starken Anstieg, bis nach 1569 rd. 170 Deputierte in der Landbotenstube etwa 140 Senatoren gegenüberstanden.
Nachdem sich die um 1500 etwa 200 000 Köpfe zählende Szlachta gegen den Monarchen und gegen die *praelati et barones* durchgesetzt und 1496 das – 1538 verschärfte – Monopol des Grundbesitzes an sich gebracht hatte, schloß sie sich in dem Bestreben, die Ausschließlichkeit ihrer privilegierten sozialen und politischen Stellung zu behaupten, immer enger zusammen und erlangte eine eigenartige Kohärenz. Der Adel wurde zu einem ideologischen Wert von magisch-charismatischem Charakter, der praktisch nur durch die Geburt erlangt werden konnte[59]. Die stets lebendige Anschauung, daß das Kleinod des Adels gegenüber den unadligen Einwohnern eine höhere, innerhalb der Szlachta aber die gleiche ethische Verpflichtung bedinge, ließ die schroffen Besitzunterschiede und die höchst ungleichen politischen Einflußmöglichkeiten eines Magnaten und eines Kleinstgutbesitzers rechtlich in Vergessenheit geraten. Der Grundsatz, jeder Szlachcic habe *bene natus et possessionatus* zu sein, führte dazu, daß große Besitzungen immer weiter aufgesplittert wurden und in den „Adelsprovinzen“ wie in der Kaschubei, in Masowien, Mittel-Litauen, Podlachien oder Samogitien die Szlachta so verbauert war, daß sie sich allein durch die „bürgerlichen Freiheiten“ und die politischen Rechte vom

allgemeinen Bauerntum unterschied. Doch unabhängig von Besitz, Macht, Wirtschaftskraft und Lebenszuschnitt empfand sich der Szlachcic als Teil seines Standes und somit als Träger der „Nation" an das Ganze des polnischen Reiches gebunden – in ihm als Szlachcicen lebte die nationale Tradition und Geschichte, er allein konnte sich als der Verteidiger Polens und der einzigartigen polnischen Freiheiten fühlen. In ihrer konkurrenzlosen Macht- und Rechtsstellung ist die Szlachta daher nicht ohne weiteres mit dem westeuropäischen Adel zu vergleichen, weil sich in keinem anderen Land ein in sich abgeschlossener Stand eine vergleichbare politische und soziale Ausnahmestellung zu erobern vermochte, die dem Rest der Bevölkerung keinen Raum im öffentlichen Leben ließ.

2.3 Das „Goldene Zeitalter" (1506–1572)

2.3.1 Die geistig-kulturellen Voraussetzungen

Das Ideengut der Renaissance und in ihrem Gefolge der Humanismus und die Reformation begannen noch im 15. Jh. in Polen Fuß zu fassen und erlebten im 16. Jh. in der Symbiose mit der nationalen Tradition eine solche Blüte, daß bereits die Zeitgenossen von ihrem „goldenen Zeitalter"schwärmten, wenn sie an die Errungenschaften im literarisch-künstlerischen Bereich, vor allem aber an die dynamische Entwicklung auf dem staatsrechtlich-politischen Sektor unter den beiden letzten Jagiellonenkönigen dachten[1]. Obwohl innenpolitisch vor allem durch das Ausgreifen der Reformation Unruhe entstand, brachten die Jahre bis 1572 wegen der Ausbalancierung des Kräfteverhältnisses zwischen der Krone, den Magnaten und der Szlachta, wegen der vertraglichen Regelungen der Beziehungen Litauens zu Polen und wegen der Durchsetzung des Hoheitsanspruchs gegenüber dem Deutschen Orden weitgehende innere Stabilität. Die Beilegung des um die Nachfolge in Böhmen und Ungarn schwelenden Streits mit dem Hause Habsburg und die weitgehende Absicherung der Ost- und Südostgrenze gegen die Angriffe Moskaus, der Tataren, der Hospodare der Moldau und der Osmanen trug auch zu einer Konsolidierung der Machtstellung nach außen bei. In keiner anderen Epoche der polnischen Geschichte läßt sich zudem ein vergleichbarer Aufschwung aller kulturellen Kräfte des Reiches nachweisen, nie ein ähnlich leidenschaftliches Bekenntnis zu Kunst und Kultur, nie ein intensiveres geistiges Leben[2]. Zum geistigen Zentrum entwickelte sich die Hauptstadt Krakau, an deren Universität neben polnischen Gelehrten vor allem Deutsche, Italiener und Franzosen, aber auch Spanier und Niederländer tätig wurden. Besonders großen Einfluß gewann der 1470 nach Polen geflohene Italiener Filippo Buonacorsi (Callimachus), der als Prinzenerzieher und als Verfasser weitverbreiteter dichterischer, geschichtlicher und staatspolitischer Werke schulbildend wirkte[3]. Seiner Initiative und der des Deutschen Konrad Celtis-Pickel war die Gründung der ersten literarischen Gesellschaft in Polen, der *Sodalitas litterarum Vistulana*, zur Pflege der alten Sprachen, der freien Geisteswissenschaften, der schönen Künste und der Platonischen Philosophie zu danken. Der erste große Geschichtsschreiber Polens, der Kanoniker Jan Długosz (1415–1480), zeigte sich in seiner *Historiae Polonicae libri XII* bzw. den *Annales seu cronica incliti Regni Poloniae*[4] bereits ebenso im Humanismus verwurzelt wie Nikolaus Kopernikus, dessen grundlegendes Werk *De revolutionibus orbium coelestium* eine Neuausrichtung der gesamten Naturwissenschaft notwendig machte[5]. Die politische Publizistik blühte auf und brachte mit Grzegorz z Sanoka (Erzbischof Gregor aus Sanok) und Jan Ostroróg bereits im 15. Jh. bedeutende Vertreter hervor, auf die im 16. Jh. Staatsdenker wie Andrzej Frycz Modrzewski[6] oder Jakub Przyłuski aufbauen konnten. Mit Mikołaj Rej, Jan Kochanowski und Klemens Janicki begann eine polnische Nationalliteratur, die sich von kirchlichen Sujets oder ausländischen Vorbildern deutlich abhob[7].

Die Heirat König Zygmunts I. im Jahre 1518 mit der Mailänder Prinzessin Bona Sforza[8], Gian Galeazzo Sforzas Tochter und Enkelin des Königs von Arragon, begünstigte den Durchbruch des schon seit mehreren Dekaden nachweisbaren italienischen Einflusses in Polen: Mit der Invasion italienischer Höflinge, Kleriker, Architekten und Künstler zog der Renaissance-Stil ein; für lange Jahre, verstärkt durch den 1564 angesiedelten Jesuitenorden, sollte das italienische Vorbild eine der Hauptkomponenten der polnischen Kultur werden. Architektur, Kunst, Literatur, Sitten und Küche wurden weitgehend nach den südlich der Alpen praktizierten Mustern ausgerichtet. Aber nicht nur bei Hofe, sondern auch in den Residenzen der Magnaten (so bei den Boners in Ogrodzieniec, den Szydłowieckis in Szydłowiec und Chmielów, den Tarnowskis in Tarnów, den Kmitas in Wiśnicz) hielt der Renaissance-Stil Einzug, der auch das Gesicht der zuvor von der Gotik geprägten Städte veränderte.

Reformation und Humanismus erreichten fast gleichzeitig ihren Höhepunkt in Polen; doch obschon den Zeitgenossen die religiöse Erneuerungsbewegung, die nahezu den gesamten Adel erfaßte und sogar auf einen beträchtlichen Teil des Klerus übergriff, als die wichtigere Strömung erscheinen mußte, war sie im polnischen Kulturleben nur eine Übergangserscheinung, während der Humanismus zu einem festen Bestandteil der Adelskultur aufstieg. Der rasche Erfolg beider Bewegungen und die nachhaltige Wirksamkeit der geistig-kulturellen Erneuerung ist nicht nur mit der den Polen angeblich eigenen *cupiditas rerum novarum* zu erklären, die dann auf dem Zenit der Gegenreformation und der „sarmatischen Selbstgefälligkeit“ in eine Schmähung der „Ausländerei“ umschlug[9], sondern mit deren Inhalt: Hier wurde letzten Endes die Möglichkeit einer Befreiung *(wyzwolenie)* des menschlichen Geistes von den Fesseln der mittelalterlichen Welt- und Lebensanschauung erkannt; es stellte sich ein Fortschrittsbewußtsein ein, das auf der Erweiterung des Wissens und der Entdeckung eines neuen Rechts auf Verwirklichung der eigenen Individualität gründete. Aus dem Unbehagen an der Staats- und Sozialverfassung der eigenen Zeit entsprang die Sehnsucht nach universaler Erneuerung des dem antiken Staat idealistisch nachempfundenen Gemeinwesens, wobei in der Symbiose der nationalen Überlieferung mit den neuen Strömungen grundlegende Reformen angestrebt wurden, denen aber meist die praktische Bewährung versagt blieb.

2.3.2 Der Ausgleich mit dem Haus Habsburg und die Säkularisierung des Ordensstaates

Die jeweils nur kurzen Regierungszeiten von Jan I. Olbracht (1492–1501), der unverheiratet geblieben war und sich wegen seines verschlossenen Wesens sowie der Sprunghaftigkeit seiner Maßnahmen keiner besonderen Wertschätzung erfreute, und von Alexander (1501–1506) hatten weder für Polen noch für Litauen größere Erfolge gebracht. Neben schweren Gebietsverlusten im Osten war unter Aushöhlung der königlichen Prärogativen der Szlachta die ausschlaggebende Rolle im politischen Leben zugefallen. Die am 3. X. 1501 vorgenommene Wahl des schwachen, allein durch geistige Beschränktheit und Verschwendungssucht auffallenden Großfürsten Alexander hatte die 1492 aufgehobene polnisch-litauische Personalunion wiederhergestellt, ohne daß es bei dem Widerstand der litauischen Bojaren – wie in der Union von Mielnik am 23. X. 1501 postuliert – gelungen wäre, die beiden Reichsteile *„in unum et indivisum ac indifferens corpus“* zusammenzuschließen[10]. Das 1499 in Wilna vereinbarte Procedere, unter Aufhebung des Erbrechts der Jagiellonen in Litauen künftig gleichzeitig den gemeinsamen Herrscher zu wählen, wurde bereits bei der Thronerledigung 1506 mißachtet, als der von Alexander in Litauen als Nachfolger vorgesehene jüngste Bruder Zygmunt bereits im Oktober bestätigt, aber erst im Dezember 1506 in Piotrków zum König von Polen gewählt wurde. Sein älterer Bruder Władysław, der indolente König von Böhmen und Ungarn, hatte ausdrücklich auf eine Kandidatur verzichtet; ein weiterer Bruder, Friedrich, als Erzbischof und Kardinal Führer der Magnaten[11], war 1503 verstorben.
Zygmunt I. Stary (= der Alte, 1506–1548)[12] hatte seine guten Fähigkeiten bereits als Verwalter des kleinen Fürstentums Glogau unter Beweis gestellt. Seine anfängliche Tatkraft und Neuerungsbereitschaft wurde bald von Abwarten und Hinhalten überlagert, so daß sein Beiname nicht nur seine große Erfahrung, politische Klugheit und Mäßigung ausdrücken, sondern auch die mit zunehmendem Alter zutage tretende Regierungsunfähigkeit charakterisieren sollte. Neben der Aufgabe der Grenzsicherung im Osten hatte er den seit Jahren schwelenden Streit mit den Habsburgern und – damit locker verknüpft – die erneut aufgebrochene Auseinandersetzung mit dem Deutschen Orden geerbt. Der 1498 zum Hochmeister gewählte Friedrich von Sachsen weigerte sich nämlich, den im 2. Thorner

Frieden vorgeschriebenen Vasalleneid zu leisten und konnte als deutscher Reichsfürst der Rückendeckung Kaiser Maximilians I. sicher sein[13]. Trotz der im Frieden von Preßburg 1491 von Władysław eingegangenen Verpflichtung, bei seinem kinderlosen Tod dem Hause Habsburg die Erbfolge in Ungarn zu ermöglichen, hatte der Kaiser alle Maßnahmen – und so auch den Widerstand des Ordens – gegen die ihm zu mächtig gewordene Jagiellonendynastie unterstützt. Selbst der 1507 geschlossene Erbvertrag, in dem eine Doppelhochzeit der Kinder Władysławs mit den Kaiserenkeln vereinbart wurde, konnte Maximilian I. nicht dazu bewegen, dem Hochmeister Friedrich von Sachsen ein Nachgeben zu empfehlen, der sich selbst einem Breve Papst Julius' II. widersetzte. Bevor die seit Sommer 1510 in Posen geführten Ausgleichsverhandlungen zu einem Ergebnis kamen, starb Friedrich; im Juli 1511 wurde mit Albrecht von Brandenburg[14] aus der jüngeren Linie Hohenzollern-Ansbach ebenfalls ein Reichsfürst zum Nachfolger gewählt, der die grundsätzlich feindselige Politik seiner Vorgänger seinem Onkel Zygmunt I. gegenüber fortführte und Beziehungen zu Vasilij III. von Moskau anknüpfte[15]. Der Kaiser selbst wollte neben dem 1514 in Moskau geschlossenen antipolnischen Bündnis eine Liga unter Einbeziehung des Deutschen Ordens und der Moldau zustandebringen. Zur Verhärtung der Fronten hatte die im Februar 1512 geschlossene Ehe Zygmunts mit Barbara Zápolya (Szapolyay) beigetragen, deren Bruder Johann als Wojewode von Siebenbürgen sich ebenfalls Hoffnungen auf die Stefanskrone machte.

Der polnisch-litauische Sieg 1514 bei Orša über die Moskauer Truppen zwang den Kaiser jedoch zum Einlenken. Die auf dem Kongreß von Preßburg im April/Mai ausgehandelte, im Juli 1515 in Wien unterzeichnete Einigung bestätigte den Erbvertrag von 1507, wodurch Zygmunt seine eigenen Aspirationen in Böhmen und Ungarn zurückstellte; sie verpflichtete zugleich den Kaiser, jede gegen Polen/Litauen gerichtete Unterstützung der Hochmeister und des Moskauer Großfürsten zu unterlassen[16]. Damals war nicht vorauszusehen, daß bereits elf Jahre später, nach dem Tode Ludwigs in der Schlacht von Mohács 1526, die Stefans- und die Wenzelskrone dem Haus Habsburg zufallen und durch den damit verbundenen Rückzug der Jagiellonen in ihre Stammlande der Ausbau der habsburgischen Großmachtstellung begünstigt würde. Obgleich noch mehrfach Spannungen zwischen den Höfen in Wien und Krakau auftraten, so verfolgten beide Seiten doch künftig einen durch enge familiäre Bande[17] zusätzlich abgesicherten, einvernehmlichen Kurs. Zygmunt gewährte seinem Schwager Johann Zápolya, der nach 1526 Thronansprüche in Ungarn anmeldete, zwar zeitweise Zuflucht in Polen und vermittelte 1530 in Posen erfolgreich einen Ausgleich mit König Ferdinand[18], leistete aber keine wirkliche Unterstützung. Er hielt sich ebenfalls zurück, als seine kurzzeitig mit Zápolya verheiratete Tochter Izabela für ihren Sohn Johann Sigismund, Fürsten von Siebenbürgen, nach 1540 die Thronanwartschaft in Ungarn aufrechterhielt.

Die von Maximilian I. und Karl V. nach 1515 strikt eingehaltene Verpflichtung, dem Hochmeister keinerlei Hilfe zukommen zu lassen, engte den Spielraum Albrechts von Brandenburg erheblich ein. Der von ihm im Januar 1520 ausgelöste sog. Reuterkrieg brachte ihn seinem Ziel, das Königliche Preußen zurückzugewinnen, nicht näher, weil seine deutschen Hilfstruppen nach ersten Mißerfolgen im November auseinanderliefen. Die ihm durch den am 7. IV. 1521 in Thorn geschlossenen Waffenstillstand eingeräumte Vierjahresfrist suchte er – freilich vergeblich – zu nutzen, im Reich Unterstützung zu erhalten. Ihm blieb nur der Ausweg, dem Rat Luthers folgend eine Säkularisierung des nur noch knapp 50 Ritter zählenden Ordens vorzunehmen und „Preußen herzoglichen Anteils“ als weltliches Lehnsfürstentum der Krone Polens zu unterstellen. Nach schwierigen Verhandlungen wurde Einvernehmen erzielt, daß Albrecht und seine drei Brüder mit dem zum weltlichen Herzogtum umgewandelten Rest des ehemaligen Ordenslandes belehnt werden sollten; bei einem Aussterben der jüngeren Hohenzollern-Linie war der Heimfall an den polnischen König vorgesehen. Die vereinbarte Lösung aller bisherigen Bindungen an Kaiser und Reich trug Albrecht den Reichsbann ein. Am 10. IV. 1525 erfolgte auf dem Krakauer Ring vor Zygmunt I. die feierliche Huldigung und Belehnung[19] – nach 300jähriger wechselvoller, im Landesausbau und der Erschließung der wirtschaftlichen Ressourcen höchst verdienstvoller, zugleich aber die staatliche Einheit Polens gefährdender Tätigkeit stellte der Deutsche Orden, dessen Missionsaufgabe seit langem eine Fiktion gewesen war, seine Arbeit ein. In beharrlicher Politik hatten die Jagiellonenkönige diese vom Kaiser, von mißliebigen Nachbarn und von der Kurie genutzte Einmischungsmöglichkeit in innerpolnische Vorgänge beseitigt; der Zugang zur Ostsee war in breiter Front erreicht, der Norden des Landes, der durch die häufigen Kriege schwer gelitten hatte, kam endlich zur Ruhe. Das offene Bekenntnis Albrechts zum Luthertum am 6. VII. 1525 und die von Königsberg und seiner 1544 gegründeten Universität ausgehende Unterstützung des Protestantismus in Polen konnte nicht mit der Billigung Zygmunts I. rechnen, der sich als energischer Verfechter des alten Glaubens bewährte[20].

Nicht absehbar war, daß die von den mit Nachkommenschaft nicht gerade gesegneten Hohenzollern 1563 erbetene und 1568 erfolgte Mitbelehnung der kurfürstlich-brandenburgischen Linie eine Bedrohung für die territoriale Integrität Polens heraufbeschwören würde, welche die von den staatsbildenden Bestrebungen des Deutschen Ordens früher ausgehende Gefahr bei weitem übertraf. 1618 fiel das Herzogliche Preußen als polnisches Lehn an Brandenburg und mußte im Vertrag von Wehlau am 19. IX. 1657 ganz preisgegeben werden. Dem Protest des Warschauer Reichstags gegen die am 18. I. 1701 in Königsberg vollzogene Krönung Friedrichs I. zum König in Preußen wurde in Berlin keine Aufmerksamkeit gezollt. Die unter Friedrich II. verstärkt einsetzenden Bemühungen, eine Landbrücke zwischen Brandenburg und dem östlichen Preußen auf

Kosten Polens – durch die Gewinnung Preußen königlichen Anteils – herzustellen, mündeten 1772 in die Erste Teilung Polens und endeten 1795 in der völligen Zerschlagung der Adelsrepublik.
Mit der gleichen Beharrlichkeit, mit der sie die Unterwerfung des Deutschen Ordens betrieben hatten, verfolgten die Jagiellonen die Rückgliederung des alten piastischen Teilfürstentums Masowien, das sich im 14. Jh. der Inkorporation in den wiedervereinigten Zentralstaat entzogen hatte. Kazimierz IV. hatte bereits 1462 das Aussterben der letzten Fürsten der Płocker Linie zu nutzen verstanden, um einen Großteil ihres Territoriums einzuziehen; die masowischen Piasten mußten 1495 auf das eigentliche Fürstentum Płock verzichten, konnten aber unter Konrad III. das verbliebene Gebiet in einer Hand vereinen. Doch sein früher Tod 1503, die von seiner Witwe Anna Radziwiłł für die unmündigen Söhne Stanisław und Janusz III. geführte Regentschaft sowie der rasche, von Giftmordgerüchten umwobene Tod der beiden Brüder 1524 und 1526 bot Zygmunt I. die Gelegenheit, trotz des Widerstands des terrigenen Adels das erledigte Fürstentum einzuziehen und 1529 als Wojewodschaft in Großpolen zu inkorporieren[21]. Seinen Aufstieg verdankte das Ende des 13. Jh. gegründete Warschau (Warszawa), seit 1413 zwar Sitz der Herzöge von Masowien, aber ohne eigenes Bistum, ohne kulturelle Tradition, ohne überregionale wirtschaftliche Bedeutung und weitab von den kleinpolnischen Wirtschafts- und Siedlungszentren, der Tatsache, daß es auf einer wichtigen militärischen Trasse zentral zwischen den beiden Reichsteilen lag. Als Wahlort der polnischen Könige und – in anfänglicher Rivalität mit den Residenzstädten Krakau und Grodno – bald als Haupt- und Reichstagsstadt bot Warschau dem zahlreichen, allen Neuerungen abholden masowischen Kleinadel ein günstiges Pflaster zur Verfolgung seines nationalen und konfessionellen Zelotismus.

2.3.3 Ursachen und Auswirkungen der protestantischen Reformation; der Erfolg der katholischen Gegenreformation

Überraschend schnell und umfassend griff die Reformation auf Polen über[22] und fand in dem deutschen Bürgertum der Weichselstädte, aber auch in Großpolen und dem dortigen Adel zu Beginn der 1520er Jahre so viele Anhänger, daß Einfuhr und Besitz lutherischer Schriften 1520 und 1523 mit Landesverweisung und Todesstrafe geahndet werden sollten. In Danzig ging die Reformation mit einer Entmachtung des Rats und einem sozialen Umsturz einher, der im April 1526 von Zygmunt mit Waffengewalt niedergeschlagen werden mußte[23]; die danach am 26. VII. erlassenen *Statuta Sigismundi* stellten den Abfall vom römisch-katholischen Glauben künftig unter die Todesstrafe[24]. Auch wenn eine offene evangelische Gemeindebildung unterbleiben mußte, so fanden die kirchlichen Neuerer bei einflußreichen Bürgern und Adligen einen festen Rückhalt, die zwar die katholische Kirche nicht verließen, aber unter dem Deck-

mantel der Förderung des Humanismus die Ausbreitung der Reformation begünstigten. Die Erfolge der neuen Lehre waren insgesamt nicht so sehr rein religiösen Ursachen zuzuschreiben, sondern sie entsprangen der Opposition des Adels gegen die Geistlichkeit und ihren politischen Einfluß[25]; vor allem der Wunsch nach Eingrenzung der kirchlichen Jurisdiktion und der Zehntzahlungen machte die Mehrheit des Adels zu Anhängern der vielfältigen reformatorischen Bekenntnisse. Für die Szlachta stellte die Reformation somit weniger einen Dogmen- oder Glaubensstreit und schon gar nicht einen Kampf gegen das Papsttum dar: Sie bot ihr vor allem die Möglichkeit, innenpolitischen Forderungen Nachdruck zu verleihen und die ins Unangemessene gewachsene politische Bedeutung des Episkopats zu begrenzen. Da der Landesfürst wie das Volk der katholischen Kirche, die sich einem erfolgreichen Selbsterneuerungsprozeß unterzog, weitgehend treu blieben, da sich in Polen kein wirklich herausragender Reformator fand, da das Luthertum als deutsch und wesensfremd empfunden wurde und sich vom einflußreicheren Calvinismus verschiedene Richtungen abspalteten, kam die Gegenreformation seit den 1560er Jahren zügig voran.
Schon vor dem Übergreifen der Reformation auf Polen hatte innerer Streit geschwelt, der später die Auseinandersetzung um den rechten Glauben und die mit der Kirche beherrschte. Einmal verlangte der Adel die Fortführung und strikte Beachtung der 1347 von Kazimierz dem Großen im *Statut Wiślicki* niedergelegten Rechtsvorschriften, war seither jede gesetzgeberisch-kodifikatorische Arbeit doch eingestellt worden, und eine „Exekution", eine strenge Anwendung und Geltendmachung der Gesetze, die von Magnaten und Klerus nach Gutdünken angewandt wurden[26]. Eine bereits 1506 vom Krongroßkanzler und späteren Primas Jan Łaski vorgelegte neue Kompilation stieß aber auf Ablehnung; neue Ansätze in den Jahren 1523 und 1534 wurden ebenfalls zurückgewiesen, so daß der Exekutionsbewegung, die in den 1560er Jahren sogar mit einer „patriotischen Reform" und der „Verbesserung des Gemeinwohls" gleichgesetzt wurde, trotz mancher Korrekturen im Rechtswesen – z. B. 1543 einer Abgrenzung der Rechtsbefugnisse der geistlichen und der weltlichen Gerichte, 1578 der Einrichtung eines von König und Senat unabhängigen Appellationsgerichts – ein eindeutiger Erfolg versagt blieb. Noch weniger Verständnis brachte der Adel für die geplante Fiskalreform auf, die unter Verzicht auf den Hufenzins eine feste Ertragsteuer vorsah und dem König die Möglichkeit zum Unterhalt eines stehenden Heeres geben sollte, hatte sich das Allgemeine Aufgebot doch als zu schwerfällig und ungeeignet für moderne Kampftechniken erwiesen. Besonders in den westlichen Landesteilen, die nicht unter den verwüstenden Einfällen der Moskowiter, der Krimtataren und aus der Moldau zu leiden hatten, war keine Bereitschaft vorhanden, die Gelder für die Abwehrkämpfe, für Grenztruppen oder ein Söldnerheer bereitzustellen[27]. Der auf den Landtagen dominierende und durch die Landbotenstube auf dem Reichstag zunehmend an

Bedeutung gewinnende konservative Kleinadel übte auch wachsende Kritik an der von zwei Magnatenfaktionen beeinflußten königlichen Politik: Neben dem Primas Jan Łaski[28] und seinem kleinpolnischen Anhang verfügten der Kanzler Krzysztof Szydłowiecki[29] und Unterkanzler Piotr Tomicki über die besten Beziehungen zu Zygmunt I., der sich aber immer stärker den von seiner energischen Gattin Bona Sforza ausgehenden Initiativen anschloß. Sie maß den Interessen der Dynastie ein größeres Gewicht bei als den Bedürfnissen des Staates, kümmerte sich wenig um Rechtsgrundsätze und Herkommen, betrieb eine fragwürdige Personalpolitik, arbeitete mit Bestechung und scheute sich auch nicht, die höchsten Würden an die Meistbietenden zu verkaufen. Im „Hahnenkrieg" von 1537 machte daher der Adel seiner Mißstimmung über die fragwürdige Rolle Bonas Luft und verlangte unnachgiebig die Beachtung der Inkompatibilitätsverordnung von 1454, die eine Ämterhäufung mehrerer, oft miteinander konkurrierender Posten untersagt hatte[30]. Nicht nur im hohen Klerus war es üblich, neben einem Bistum zur Einkommensmehrung noch Domherrenstellen und Archidiakonate zu besetzen; auch im staatlichen Bereich war der Besitz mehrerer Starosteien neben Landschafts- und Hofämtern eingerissen. Die Landboten bestanden nicht nur auf Überprüfung der Rechtstitel der Magnatenbesitzungen, sondern verlangten auch die strikte Befolgung der Konstitutionen, die dem König die Vergabe der Ämter und der damit verbundenen Dienstgüter *(panes bene merentium)* nur während der Reichstage gestattete.

Der Adel reagierte auch deshalb so verärgert, weil Zygmunt I. seinem 1520 geborenen einzigen Sohn Zygmunt August entgegen der Überlieferung bereits *vivente rege* die Nachfolge zu sichern verstanden hatte: 1529 lösten nämlich die Litauer ein 1522 gegebenes Versprechen ein, nach einer Kodifikation der in ihrem Reichsteil geltenden Gesetze die Krönung Zygmunts II. August zum Großfürsten hinzunehmen. Unter dem Zwang, sonst eine erneute Aufhebung der Personalunion zu begünstigen, vollzog im Dezember 1529 der Reichstag in Piotrków die Wahl Zygmunts II. zum König von Polen[31]. Der Gegensatz zwischen den dynastischen Interessen der Jagiellonen, die entgegen den Vereinbarungen von 1499 und 1501 an der Erbfolge in Litauen festhielten, und dem Verlangen der Szlachta, das Recht der freien Königswahl uneingeschränkt wahrzunehmen, ohne ein Auseinanderbrechen der Union befürchten zu müssen, brach 1544 erneut auf, als Zygmunt II. August die Verwaltung Litauens übernahm und unter den Einfluß der Familie Radziwiłł geriet, die als Anführer der hohen litauischen Aristokratie eine engere konstitutionelle Bindung an Polen zu vermeiden suchte.

Die Forderung, der polnisch-litauischen Union eine rechtlich einwandfreie und unauflösliche Basis zu geben, war neben dem Zurückdrängen der Reformation, der „Exekution" und der Absicherung der Staatsgrenzen eines der Hauptanliegen des Adels, das Zygmunt II. August (1548–1572)[32] bei seinem Regierungsantritt im Gesamtstaat berücksichtigen mußte. Die Reformation hatte in den 1540er Jahren in ihrer calvinistischen und der von den Böhmischen Brüdern, die nach 1548 Zuflucht auf großpolnischen Magnatensitzen gefunden hatten, vertretenen Variante viele Anhänger gefunden[33]; der junge König, im Briefwechsel mit Melanchthon und Calvin[34] stehend, galt als tolerant und aufgeschlossen. Die 1534 und 1540 ausgesprochenen Verbote, protestantische Hochschulen zu besuchen, und die vor den geistlichen Gerichten geführten Ketzerprozesse besaßen nur eine geringe abschreckende Wirkung. Der Monarch erfüllte die in ihn gesetzten Erwartungen der Protestanten aber nur insoweit, als er gegen die sich ausbildenden lutherischen und reformierten Gemeinden nicht einschritt, den preußischen Städten das Privileg der Religionsfreiheit erteilte und 1559 im Königlichen Preußen allgemein das Augsburgische Bekenntnis zuließ. Er selbst blieb der katholischen Überlieferung treu, respektierte aber die Gewissens- und Glaubensfreiheit, lehnte jegliche religiöse Verfolgung ab und äußerte seine wachsende Besorgnis darüber, daß endlose Diskussionen über religiöse Meinungsverschiedenheiten die politische Arbeit auf den Reichstagen lähmten.

Das Festhalten Zygmunts II. August am alten Glauben wird allgemein der Enttäuschung über den Widerstand gegen seine zweite Frau, Barbara Radziwiłł, zugeschrieben, die er 1547 heimlich geheiratet hatte. Die protestantischen Wortführer des polnischen Adels versteckten hinter dem Vorwurf der Unebenbürtigkeit ihre Furcht vor einem Anwachsen des Einflusses ihrer Familie, die seit 1518 deutschen Reichsfürsten und dem Calvinismus zugetan war. Als der Krakauer Bischof und Kanzler Maciejowski die Schwierigkeiten beiseite räumte, und Barbara am 7. XII. 1550 von Primas Dzierzgowski gekrönt wurde, fühlte sich Zygmunt August dem Episkopat zu Dank verpflichtet: Sechs Tage danach erließ er ein Edikt, in dem er versprach, der römischen Kirche die Treue zu bewahren, die antireformatorischen Erlasse seines Vaters sowie die geistlichen Privilegien und die kirchliche Gerichtsbarkeit bestätigte und alle Ketzer von Staatsämtern ausschloß[35]. Da aber der Widerstand der Szlachta gegen den Klerus und seine Vorrechte weiter anwuchs, blieben die meisten Bestimmungen wirkungslos; eine antiklerikale Mehrheit der Landboten erreichte 1552 die Aussetzung der geistlichen Gerichtsbarkeit und erzwang im Frühsommer 1555 ein „Interim“, das bis zum Zusammentreten eines Nationalkonzils dem Adel das Recht der Glaubensfreiheit garantierte. Jede Änderung im Besitzstand der Kirchen wurde untersagt – was aber der Ausbreitung der Reformation nichts anhaben konnte[36]. Als auf dem Petrikauer Sejm 1562/63 der Streit um die geistliche Gerichtsbarkeit und die Zehntzahlungen erneut aufflammte, mußte der König seinen Starosten anweisen, die von der Kirche erlassenen Vorladungen und Urteile nicht mehr zu vollstrecken[37]. Da er aber die Tridentinischen Beschlüsse für Polen akzeptierte und per Dekret verfügte, die Rechte des katholischen Klerus dürften nicht beeinträchtigt werden, verabschiedete der Adel 1565 eine Reichstagskonstitution, die den Urteilen der geistlichen Gerichte

jedwede Rechtsverbindlichkeit absprach[38]. Damit war für den Adel praktisch die völlige Glaubensfreiheit sichergestellt.
Doch die vier großen reformatorischen Bekenntnisse – Lutheraner, Calvinisten, Böhmische Brüder und die von ihnen bekämpften Unitarier oder Antitrinitarier[39] – konnten sich nicht zu einer Nationalkirche zusammenschließen; nach mehreren vergeblichen Anläufen wurde am 9. IV. 1570 nur eine lockere Zusammenarbeit im *Consensus* von Sandomierz vereinbart[40]. Immerhin konnten die Evangelischen erreichen, daß ihnen während des ersten Interregnums in der Warschauer Konföderationsakte am 28. I. 1573 völlige Bekenntnisfreiheit zugesichert und jede Bestrafung an Leib und Leben oder durch Vermögenskonfiskation verboten wurde[41]. Unter strikter Beachtung einer beispielhaften religiösen Toleranz, die im Zeitalter der Gegenreformation keine Verfolgung oder Benachteiligung von Andersgläubigen kannte, wurde Polen danach zeitenweise zum weitgerühmten *paradisus hereticorum*.
Da die Reformation aber nur Teile des Adels und des zahlenmäßig insgesamt unbedeutenden Bürgertums erfaßte, konnte die in ihrem Bestand nicht erschütterte katholische Kirche trotz der weitverbreiteten antiklerikalen Stimmung bereits in den 1550er Jahren daran gehen, ohne Anwendung von Zwangsmitteln verlorenes Terrain zurückzugewinnen. Die regelmäßige Einberufung von Provinzialsynoden und die Verbreitung von antireformatorischem Schriftgut hatten zuvor wenig erreicht, weil bei der Korrumpiertheit des Episkopats und der mangelnden Bildung des Weltklerus Persönlichkeiten fehlten, um die Kirchenreform voranzutreiben und die Auseinandersetzung mit dem Protestantismus aktiv zu führen. Der 1551 in das exemte Bistum Ermland berufene spätere Kardinal (seit 1561) Stanisław Hosius[42] wurde die Seele der katholischen Gegenreformation in Polen. Er setzte sich in seinen weitverbreiteten Schriften[43] grundsätzlich mit den Ursachen für den Erfolg der Reformation auseinander, festigte die Beziehungen Polens zur Kurie und nötigte den unentschlossenen König zu härterem Vorgehen gegen die protestantischen Ketzer. Hosius' Wirken war es zuzuschreiben, daß der Senat am 7. VIII. 1564 die Beschlüsse des Tridentinums billigend zur Kenntnis nahm und sich zu den päpstlichen Grundsätzen der Wiederherstellung der römischen Kircheneinheit bekannte und daß Zygmunt II. August den neuberufenen Jesuitenorden am 23. III. 1565 unter den besonderen Schutz der Krone stellte. Zwar überwog noch 1569 unter den weltlichen Mitgliedern des Senats die Zahl der Evangelischen die der Katholiken mit 58 zu 55, doch längerfristig ließ der Erfolg der Gegenreformation nicht auf sich warten; bereits in der zweiten oder dritten Generation kehrten Adelsfamilien, deren Vorfahren zu den entschiedensten Verfechtern der neuen Lehre gehört hatten, wieder in den Schoß der katholischen Kirche zurück, nachdem ihre politischen Gravamina abgestellt, die innere Reorganisation der römischen Kirche abgeschlossen und die konfessionelle Zerrissenheit des Protestantismus nicht zu überwinden waren. Besonders die geschickt an-

gelegte, seelische Imponderabilien Rechnung tragende Erziehungs- und Betreuungsarbeit der Jesuiten führte ohne Anwendung äußeren Zwangs den sich seiner „Freiheit“ bewußten Adel behutsam zur katholischen Lehre zurück. Im Kampf gegen andersreligiöse äußere Gegner – die islamischen Türken, die orthodoxen Russen, bald auch gegen die protestantischen Schweden und Brandenburger – schloß sich die Nation bereits zu Beginn des 17. Jh. fest unter dem Banner des Katholizismus zusammen; das barocke Polen wurde geradezu zum Vorbild für ein dem päpstlichen Stuhl in unerschütterlicher Treue ergebenes Staatswesen, ein gegen Ungläubige, Schismatiker und Protestanten gleichermaßen bewährtes Bollwerk des römischen Katholizismus[44].

2.3.4 Die Union von Lublin 1569

Außenpolitisch konnte Zygmunt II. August das von seinem Vater herbeigeführte Einvernehmen mit den Osmanen aufrechterhalten und durch die Verlängerung des mit Moskau geschlossenen Waffenstillstands die Ruhe an der Ostgrenze wahren. Der Verzicht seines Neffen Johann Sigismund Zápolya auf die Thronfolge in Ungarn begünstigte 1549 den Abschluß eines Bündnisses mit seinem habsburgischen Schwiegervater Ferdinand. Als Zar Ivan IV. aber 1558 in dem Litauen benachbarten Ordensstaat Livland einfiel, Narva und Dorpat besetzte und in der Schlacht bei Ermes 1560 die militärische Widerstandskraft der Ordensbrüder für immer brach[45], konnte in dem folgenden Auflösungsprozeß Polen-Litauen nicht untätig bleiben. Im Auftrag Zygmunts III. schloß der litauische Kanzler, Fürst Mikołaj Radziwiłł „der Schwarze“[46], mit dem letzten Landmeister Gotthard Kettler eine Vereinbarung, die herzoglichpreußischem Vorbild entsprechend nach Auflösung des Ordens die Einrichtung eines weltlichen polnischen Lehnsherzogtums Kurland und Semgallen mit Kettler als Statthalter unter der direkten Administration des Königs vorsah. Da der Reichstag 1562/63 diese Lösung ablehnte, blieb diese Konstruktion auf den König *ad personam* und auf Litauen beschränkt. Im *Privilegium Sigismundi Augusti* und der *Provisio Ducalis* für Kurland war am 28. XI. 1561 den Landesbewohnern die Beibehaltung von deutschem Recht und deutscher Sprache in der Verwaltung, die Besetzung der Landesämter mit Einheimischen und das Bekenntnis zur Augsburger Konfession zugestanden worden; diese Rechte bestätigte auch das Unionsdiplom mit Litauen vom 26. XII. 1566[47].

Vorerst hatte aber Litauen die Lasten eines neuen Krieges mit Moskau zu tragen, der sich von 1563–1570 hinzog. Bereits im Februar 1563 fiel Połock, das auch nach Erfolgen des litauischen Heeres gegen die Moskowiter bei Ula und Orša im Januar/Februar 1564 nicht zurückerobert werden konnte. Die durch mehrere Waffenstillstände unterbrochenen Kämpfe, zogen sich hin, weil die Russen ihre befestigten Plätze geschickt verteidigten und sich das vor Minsk zusammengezogene Allgemeine Aufgebot im Sommer 1567 nicht zu einer größeren Feldschlacht aufraffen konnte[48]. Erst als im September 1568 der mit Zygmunt II. verschwägerte Herzog Johann von Finnland in Stockholm auf den Thron gelangte und sich eine engere schwedisch-polnische Zusammenarbeit abzuzeichnen begann, lenkte Ivan IV. Groznyj, dessen Staat während der Schreckensherrschaft der Opričnina zunehmend verfiel, ein und stimmte im Juni 1570 einem auf drei Jahre terminierten Waffenstillstand auf der Basis des faktischen Besitzstandes zu; zuvor hatte er noch rasch Herzog Magnus von Holstein als seinen Vasallen zum König von Livland proklamiert. Einer wirklichen Lösung des Livland-Konflikts kam man auch dann nicht näher, als sich die ebenfalls Ansprüche anmeldenden Schweden und Dänen im Frieden von Stettin verglichen. Die polnische Krone verfügte zwar über die besseren Rechtstitel, doch die livländische Neuerwerbung verursachte vorerst nur Kosten und Konflikte.

Doch gerade diese Auseinandersetzung hatte die Diskussion um eine engere Ausgestaltung der polnisch-litauischen Union wieder angefacht, zumal die Gefahr des Aussterbens der Jagiellonendynastie bestand, denn Zygmunt II. hatte trotz seiner drei Ehen keinen legitimen Nachfolger. Das nach 1385 einsetzende, durch die Union von Horodło 1413 verstärkte Entstehen eines Zusammengehörigkeitsgefühls zwischen Litauen und Polen hatte trotz der zeitweiligen Aufkündigung der Personalunion, die ja erst 1499 und 1501 formalisiert worden war[49], eine durchaus freiwillige Polonisierung des katholischen terrigenen Adels begünstigt. Litauen, das in seiner riesigen amorphen Ländermasse ruthenische, lettische und deutsche Volksgebiete einschloß, stellte ein weit heterogeneres Mosaik von Landschaften, Völkern, Sprachen und Konfessionen dar als Polen, das aus ethnisch und sprachlich homogeneren Landesregionen, die zwar ein eigenständiges Geschichtsbewußtsein pflegten, zusammengewachsen war. Die Vorrechte der Szlachta wirkten als nationsbildende Kraft und beschleunigten die Entstehung einer Körperschaft gemeinnationalen Fühlens. Allein die litauischen Magnaten, unter denen vor allem die Orthodoxen für eine Verbindung mit dem Moskauer Zartum optierten, zeigten unter der Führung von Mikołaj Radziwiłł „dem Schwarzen" († 1565) ebenso wie der König nur ein geringes Interesse an der Überführung der Personal- in eine Realunion, so daß dieser Komplex auf den Reichstagen in Piotrków 1558/59 und 1562/63 nicht zur Verhandlung kam. Im Sommer 1567 erhob aber der im Allgemeinen Aufgebot versammelte litauische Adel in einem „Feldlagersejm" vor Minsk so eindeutige Unionsforderungen, daß zu ihrer Behandlung für Januar 1569 ein Reichstag nach Lublin einberufen werden mußte. Bei den sich bis Ende Juni hinziehenden, mehrfach vom Scheitern bedrohten und für die beiden Länder getrennt durchgeführten Beratungen verlangten die polnischen Vertreter eine vorbehaltlose Inkorporation, während die Litauer auf der Aufrechterhaltung einer weitgehenden Landesselbstverwaltung beharrten. Erst als der König auf das Erbrecht seiner Dynastie in Litauen verzichtet hatte und der Anschluß der umstrittenen drei Wojewodschaften Podlachien, Wolhynien und Kiew mit dem östlichen Podolien an Polen sichergestellt war, konnte am 1. VII. 1569 die Unionsakte unterzeichnet werden[50]. Das Großfürstentum Litauen mit den ihm verbliebenen (weiß-)ruthenischen Provinzen wurde dem Königreich Polen gleichgestellt und mit ihm zu einem „unteilbaren Leib“ verbunden. Der gemeinsam in Polen zu wählende und in Krakau zu krönende Monarch, die Reichstage, von denen jeder dritte auf litauischem Gebiet abgehalten werden mußte, die Außenpolitik und die Münze sollten die Einheit des neuen Bundesstaates gewährleisten; die Verwaltung Livlands hatte einvernehmlich zu erfolgen. Jeder der beiden Reichsteile behielt seine eigene Verwaltung und Rechtssprechung, ein selbständiges Finanz- und Heerwesen sowie die Unabhängigkeit in der Besetzung der Ämter bei. Da am 16. III. 1569 trotz des Protests der preußischen Stände die Inkorporation des Königlichen Preußen in Polen unter weitgehendem Abbau der bisherigen Privilegien verfügt worden war[51], standen künftig nur den Lehnsfürstentümern Preußen herzoglichen Anteils und Kurland gewisse Sonderrechte zu. Die in der Union von Lublin auf der Grundlage pränationaler Toleranz der beiden Völker *(narody)* erzielte Übereinkunft sollte bis zu den Teilungen und der Verfassung vom 3. V. 1791 Bestand haben.

Die Vorteile der Realunion lagen einseitig bei Kronpolen, das sein Territorium von rd. 260 000 km² auf 815 000 km² mit etwa 7,5 Mill. Menschen ausweiten konnte. Der polnische Großadel nutzte die Möglichkeit, seinen Landbesitz auf die dünnbesiedelten ruthenischen Wojewodschaften auszudehnen, konsequent aus und errichtete dort riesige Latifundien. Dafür hatte er jetzt aber auch die Last der Absicherung der Südostgrenze gegenüber der Moldau und den Tataren zu tragen und Litauen verstärkt im gemeinsamen Abwehrkampf gegen das Großfürstentum Moskau zu unterstützen. Noch im 16. Jh. setzte zunehmend eine durchaus freiwillige Polonisierung des Adels in den litauischen, ruthenischen und livländischen Provinzen ein – diese sprachliche und kulturelle Polonisierung war um so vollständiger, je höher und privilegierter der Einzelne in der sozialen Hierarchie rangierte. Unter einer nahezu rein polnischen oder polonisierten Oberschicht breitete sich in Litauen oder Ruthenien eine katholische und – nach der Union von Brześć am Bug 1595/96 – uniierte Grundbevölkerung aus, für die jeglicher sozialer Aufstieg mit Selbstverständlichkeit zur Assimilation im Polentum führte[52]. Nur im Königlichen Preußen trat dem Polentum eine kulturell gleichrangige, zivilisatorisch teilweise überlegene Bevölkerung entgegen, die enge geistige und wirtschaftliche Kontakte zu den deutschen Ländern pflegte, so daß die kulturelle und sprachliche Polonisierung des Adels und des städtischen Bürgertums nur zu einem Bruchteil gelang[53]. Sonst bediente sich der Adel nicht nur durchgängig der polnischen Sprache, sondern er bekannte sich auch nahezu ausnahmslos zur polnischen Nation, auch wenn die alte Unterscheidung zwischen *gens* und *natio* noch voll in Kraft blieb und sich z. B. die überkommene Formel des *„gente Ruthenus, natione Polonus"* unbestrittener Anerkennung erfreute[54]. Der sprachlichen Uniformität des Adels entsprach bald die konfessionelle, weil mit dem Erfolg der Gegenreformation und der Tendenz des orthodoxen Adels, anstelle zur Union direkt zum katholischen Glauben überzutreten, der Katholizismus – freilich ohne gesetzliche Absicherung – zur Reichsreligion aufstieg und bereits im 17. Jh. die Gleichsetzung Pole = Szlachcic = Katholik des lateinischen Ritus weite Verbreitung fand. Objektive Voraussetzung dafür war nicht zuletzt die Erfahrung, daß alle Staaten, die künftig den territorialen Bestand der Adelsrepublik bedrohten, fremden Konfessionen angehörten. Die Vorstellung gewann Raum, jeder Pole habe ein *defensor fidei* zu sein – und auch deshalb wurde bereits im 17. Jh. der Wert des Adels fest mit dem katholischen Glauben verknüpft[55].

Als am 7. VII. 1572 König Zygmunt II. August unerwartet starb und mit ihm die seit fast zwei Jahrhunderten regierende Jagiellonendynastie in männlicher Linie erlosch, waren keine Maßnahmen für eine geregelte Nachfolge getroffen worden. Der anfängliche litauische Widerstand gegen die Lubliner Union und der Protest der preussischen Stände gegen die Inkorporation des Weichsellandes in Polen waren bereits weitgehend abgebaut, der Glaubensstreit dank der geübten Toleranz in ruhigere Bahnen gelenkt worden, so daß eine innere Bedrohung des multinationalen Großreiches wegen der Unsicherheit über Person und Wahl eines neuen Monarchen nicht zu erwarten war. Die Gefahr möglicher außenpolitischer Verwicklungen durch die Intervention der am Wahlausgang interessierten Nachbarmächte glaubte man angesichts des geeinten Kräftepotentials vernachlässigen zu können, obschon die livländische Frage und der nur unterbrochene Krieg mit Moskau einer baldigen Lösung bedurften. Die euphorische Erwartung des Adels, seine bereits dominierende Stellung durch die freie Königswahl dem künftigen Monarchen gegenüber noch weiter ausbauen zu können, brachte warnende Stimmen vor einem weiteren Machtverfall der Krone und der möglichen Gefährdung des Staates bei langen und häufigen Interregnen rasch zum Verstummen. Unter dem dominierenden Einfluß des späteren Krongroßkanzlers und Hetmans Jan Zamoyski wurden bereits im ersten Interregnum die Weichen für die vollständige Ausbildung der *Rzeczpospolita szlachecka,* der „königlichen Republik", gestellt. Unter dem Deckmantel der uneingeschränkten Adelsfreiheit sowie dem steten Abbau der königlichen Prärogativen führten jedoch die Machtkämpfe konkurrierender Magnatencliquen und die Intervention der Nachbarn zu einem in die Teilungen und den Verlust der Eigenstaatlichkeit mündenden Verfall des polnisch-litauischen Unionsstaates.

Anmerkungen zu 2.1

1 Einen umfassenden Überblick zur Geschichte Litauens bis 1569 und den gegenwärtigen Forschungsstand in: Handbuch der Geschichte Rußlands, Bd. 1/2, S. 718–849 (Verf. M. Hellmann). Zur Genealogie siehe K. CHODYNICKI, Geneza dynastii Giedymina, in: Kwart. Hist. 40 (1926), S. 541–566.

2 K. HEINL, Fürst Witold von Litauen in seinem Verhältnis zum Deutschen Orden in Preußen während der Zeit seines Kampfes um sein litauisches Erbe, Berlin 1925.

3 H. JABLONOWSKI, Westrußland zwischen Wilna und Moskau. Die politische Stellung und die politischen Tendenzen der russischen Bevölkerung des Großfürstentums im 15. Jh., Leiden 1955.

4 S. KUTRZEBA und W. SEMKOWICZ (Hg.), Akta Unji Polski z Litwą 1385–1791, Kraków 1932, Nr. 1; H. ŁOWMIAŃSKI, Wcielenie Litwy do Polski w 1386 r., in: Ateneum Wileński 12 (1937), S. 36–145.

5 H. PASZKIEWICZ, O genezie i wartośći Krewa, Warszawa 1938.

6 J. DEVEIKE, The Legal Aspect of the Last Religious Conversion in Europe, in: SEER 32 (1953/54), S. 117–131.

7 Die materialreiche Biographie von A. PROCHASKA, Król Władysław Jagiełło, 2 Bde, Kraków 1908, ist z. T. überholt; S. KUCZYŃSKI, W. J. 1350–1434, Warszawa 1971, trägt populärwissenschaftliche Züge.

8 Die bereits 1861 erschienene Darstellung von K. SZAJNOCHA, Jadwiga i Jagiełło, wurde 1969 in Warschau erneut verlegt.

9 Das polnisch-litauische Verhältnis ist mehrfach einer gründlichen Untersuchung unterzogen worden: A. LEWICKI, Über das staatsrechtliche Verhältnis Litauens zu Polen unter Jagiełło und Witold, in: Altpreußische Monatsschrift NF 31 (1894), S. 1–94; O. HALECKI, Dzieje Unii Jagiellońskiej, 2 Bde, Kraków 1919/20; S. Kutrzeba, Unia Polski z Litwą, Kraków 1914.

10 H. ŁOWMIAŃSKI, Witold, wielki książę litewski, Wilno 1930; J. PFITZNER, Großfürst Witold von Litauen als Staatsmann, Brünn 1930; P. ŠLEŽAS (Hg.), Vytautas Didysis 1350–1430, Kaunas 1930.

11 J. ADAMUS, Państwo litewskie w latach 1386–1398, in: Księga pamiątkowa ku uczczeniu czterechsetnej rocznicy wydania pierwszego statutu litewskiego, Wilno 1935, S. 15–79. In den Gesamtdarstellungen zur Geschichte Litauens wird diesen Vorgängen große Aufmerksamkeit gewidmet: L. KOLANKOWSKI, Dzieje Wielkiego Księstwa Litewskiego za Jagiellonów, Warszawa 1930; K. A. JURGĖLA, History of the Lithuanian Nation, New York 1948; J. OCHMAŃSKI, Historia Litwy, Wrocław usw. 1967.

12 H. PASZKIEWICZ, Jagiellonowie a Moskwa, Bd. 1, Litwa a Moskwa w XIII i XIV w., Warszawa 1933.

13 R. BÄCHTOLD, Südwestrußland im Spätmittelalter, Basel 1951; B. SPULER, Mittelalterliche Grenzen in Osteuropa, 1, Die Grenze des Großfürstentums Litauen im Südosten gegen Türken und Tataren, in: JbbGOsteur. 6 (1941), S. 152–170.

14 RHODE, Ostgrenze, S. 360f.

15 Akta Unji Polski, Nr. 49–51; A. WISKONT, Wielki książę litewski a Unja Horodelska, in: Ateneum Wileński 7 (1930), S. 469–493.

16 H. GERSDORF, Der Deutsche Orden im Zeitalter der polnisch-litauischen Union. Die Amtszeit des Hochmeisters Konrad Zöllner von Rotenstein (1382–1390), Marburg 1957.

17 E. T. BREITNER, Władysław książę opolski ... Zarys biograficzny, Lwów 1889.

18 Aus der Überfülle der Darstellungen S. M. KUCZYŃSKI, Wielka wojna z Zakonem Krzyżackim w latach 1409–1411, Warszawa [5]1966 (mit umfangr. Literaturangaben); G. RHODE, Polemiken um die Schlacht von Tannenberg 1410,

in: ZfO 22 (1973), S. 475–486; G. Evans, Tannenberg 1410–1414, London 1970.

19 E. Weise (Hg.), Die Staatsverträge des Deutschen Ordens in Preußen, Bd. 1, Königsberg 1939, S. 82 ff. (mit Literaturangaben).

20 Z. Nowak, Polityka północna Zygmunta Luksemburskiego do roku 1411, Toruń 1964.

21 H. Boockmann, Johannes Falkenberg, Der Deutsche Orden und die polnische Politik, Göttingen 1975; K. A. Fink, Zum Streit zwischen dem Deutschen Orden und Polen auf den Konzilien von Konstanz und Basel, in: Reformata reformanda, Festgabe für H. Jedin, Bd. 1, Münster 1965, S. 74–86.

22 Z. Novak, Internationale Schiedsprozesse als ein Werkzeug König Sigismunds in Ostmittel- und Nordeuropa, 1411–1425, in: Blätter für Deutsche Landesgeschichte 111 (1975), S. 172–188.

23 S. Ekdahl, Der Krieg zwischen dem Deutschen Orden und Polen-Litauen im Jahr 1422, in: ZfO 13 (1964), S. 614–651.

24 H. H. Hofman, Die Krise des Deutschen Ordens, in: T. Mayer (Hg.), Die Welt zur Zeit des Konstanzer Konzils, Konstanz, Stuttgart 1965, S. 63–81; C. A. Lückerath, Paul von Rusdorf, Hochmeister des Deutschen Ordens 1422–1441, Bad Godesberg 1969.

25 F. M. Bartoš, Čechy v době Husově 1378–1415, Praha 1947; J. Macek, Husitské revoluční hnutí, Praha 1952.

26 E. Maleczyńska, Ruch husycki w Czechach i w Polsce, Warszawa 1959.

27 T. Silnicki, Arcybiskup M. Trąba, Warszawa 1954.

28 F. M. Bartoš, Žižka a Korybut, in: Jihočeský Sbornik Historický 20 (1951), S. 33–57.

29 E. Maleczyńska, Rola polityczna królowej Zofii Holszańskiej na tle walki stronnictw w Polsce w latach 1422–1434, Lwów 1936.

30 P. Šležas, Vytauto konfliktas su Lenkija dėl karunacijos, in: Vytautas Didysis 1350–1430, Kaunas 1930, S. 205–235.

31 Eine wissenschaftlichen Ansprüchen genügende Biographie liegt nicht vor. J. Korytkowski, Z. O., Arcybiskup Gnieźnieński i Prymas Polski, in: Roczniki Towarzystwa Przyjaciół Nauk Poznańskiego 15 (1887), S. 233–309.

32 S. Kutrzeba, Przywilej jedleński z r. 1430 i nadanie prawa polskiego Rusi, in: Ku uczczeniu B. Ulanowskiego zbiór prac, Kraków 1911, S. 271–301; Historia państwa i prawa Polski, Bd. 1, S. 436–441.

33 Vol. Leg. I 40–42 (1433).

34 J. E. Puzyna, Switrigail von Litauen. Die politische Bedeutung seiner Erhebung zum Großfürsten. Fribourg 1914.

35 B. Barvin'skyj, Žyhymont Kejstutovyč velykyj knjaz' Litovskorus'kyj (1432–1440), Žovka 1905; O. Halecki, Ostatnie lata Świdrygiełły i sprawa wołyńska za Kazimierza Jagiellończyka, Kraków 1915.

Anmerkungen zu 2.2

1 Vita Sbignei de Oleśnica Cardinalis, in: A. Przezdniecki (Hg.), Joannis Długossi Senioris Canonici Cracoviensis Opera Omnia, Bd. 1, Kraków 1863.

2 V. Novotný, K otázce polské kandidatury na český trůn, in: Sbornik Žižkův 1424–1924, Praha 1924, S. 100–133; M. Vach, Jagellovská kandidature v Čechách o její ohlas na Slovensku w letech 1438–1439, in: Česko-polský sborník vědeckých prací 1 (1955), S. 188–209; R. Heck, Tabor a kandydatura jagiellońska w Czechach, 1438–1444, Wrocław 1964.

3 A. Prochaska, Konfederacya Spytka z Melsztyna, Lwów 1887.

4 J. DĄBROWSKI, Władysław I. Jagiellończyk na Węgrzech (1440–1444), Warszawa 1922.
5 O. HALECKI, The Crusade of Varna. A Discussion of Controversial Problems, New York 1943.
6 Dazu E. MALECZYŃSKA, Społeczeństwo polskie pierwszej połowy XV wieku wobec zagadnień zachodnich, Wrocław 1947.
7 Akta Unii Polski, Nr. 68 und 69.
8 Handbuch der Geschichte Rußlands, Bd. 1/2, S. 767.
9 S. M. KUCZYŃSKI, K. IV J. in: PSB 12 (1966/67), S. 269–274; M. BOGUCKA, K.J. i jego czasy, Warszawa 1981; M. BISKUP, K. GÓRSKI, K. J.: zbiór studiów o Polsce drugiej połowy XV wieku, Warszawa 1987; F. PAPÉE, Studia i szkice z czasów K. J., Warszawa 1907; ders., Polska i Litwa na przełomie wieków średnich, Bd. 1, Kraków 1903 (für die Jahre nach 1480).
10 Z. SKOPIŃSKA, Traktat 31 sierpnia 1449 r. w świetle polityki Litwy i Moskwy w latach 1440–1453, in: Ateneum Wileński 5 (1928), S. 108–150; J. NATANSON-LESKI, Dzieje granicy wschodniej Rzeczypospolitej, Bd. 1, Lwów, Warszawa 1922.
11 R. GRIESER, Hans von Baysen. Ein Staatsmann aus der Zeit des Niedergangs der Ordensherrschaft in Preußen, Leipzig 1936; E. LÜDICKE, Der Rechtskampf des Deutschen Ordens gegen den Bund der preussischen Städte, Gumbinnen 1935.
12 Vol. Leg. I. 78–84 (1454); A. VETULANI, Rokowania krakowskie z r. 1454 i zjednoczenie ziem pruskich z. Polską, in: Przegl. Hist 45 (1954), S. 188–236.
13 Der Dreizehnjährige Krieg und der Zweite Thorner Frieden erfuhren in der polnischen und in der deutschen Historiographie lange eine äußerst kontroverse Darstellung. Von polnischer Seite liegt jetzt das monumentale Werk vor von M. BISKUP, Trzynastoletnia wojna z Zakonem Krzyżackim 1454–1466, Warszawa 1967.
14 Vol. Leg. I., S. 83f. (1454), Bestätigung durch Jan Olbracht Vol. Leg. I., S. 113–117 (1496); S. ROMAN, Przywileje nieszawskie, Wrocław 1957.
15 W. RAUTENBERG, Der Verkauf der Marienburg 1454–1457, in: Studien zur Geschichte des Preußenlandes. Festschrift für E. Keyser, Marburg 1963, S. 119–150.
16 E. WEISE (Hg.), Die Staatsverträge des Deutschen Ordens im 15. Jh., Bd. 2, Marburg 1955, S. 202ff.; M. BISKUP, Zagadnienie ważności i interpretacji traktatu toruńskiego 1466 r., in: Kwart. Hist. 69 (1962), S. 295–334.
17 RHODE, Geschichte Polens, S. 156, weist darauf hin, daß ein eindeutiges Lehnsverhältnis erst mit der Säkularisierung des Ordensstaates 1525 entstanden sei. Dazu jetzt auch M. BOGUCKA, Hołd Pruski, Warszawa 1982.
18 L. DRALLE, Der Staat des Deutschen Ordens in Preußen nach dem 2. Thorner Frieden, Wiesbaden 1975.
19 R. HECK, Zjazd głogowski 1462 r., Wrocław usw. 1962.
20 E. DENIS, Fin de l'indépendence Bohème, Bd. 1, Georges de Podiébrad, les Jagellons, Paris 1890.
21 A. PROCHASKA, Wyprawa św. Kazimierza na Węgry (1471–1474), in: Ateneum Wileński 1 (1923), S. 10–28, 117–139; M. BISKUP, Die dynastische Politik der Jagiellonen um das Jahr 1475 und ihre Ergebnisse, in: Österr. Osthefte 18 (1976) S. 213–217.
22 Historia dyplomacji polskiej, Bd. 1, S. 498–500.
23 Handbuch der Geschichte Rußlands, Bd. 1, S. 646ff.
24 O. P. BACKUS, Motives of West Russian Nobles in Deserting Lithuania for Moscow, 1377–1514, Lawrence, Kans., 1957.
25 N. ERNST, Die ersten Einfälle der Krymtataren in Südrußland, in: ZfOsteur-Gesch. 3 (1913), S. 1–58; F. KONECZNÝ, Sprawy z Mengli-Girejem 1473–1504, in: Ateneum Wileński 4 (1927), S. 138–189, 287–348; L. KOLANKOWSKI,

Problem Krymu w dziejach jagiellońskich, in: Kwart. Hist. 49 (1935), S. 279–300.

26 Biographien (auf rumänisch) von N. Iorga (1904) und I. Ursu (1925).

27 F. Papée, Jan Olbracht, Kraków 1936; J. Garbacik, Jan I. Olbracht, in: PSB 10 (1962–1964), S. 405–410.

28 L. Finkel, Zjazd Jagiellonów w Lewoczy r. 1494, in: Kwart. Hist. 28 (1914), S. 317–350.

29 Vol. Leg. I 117–128.

30 Historia dyplomacji polskiej, Bd. 1, S. 539–541.

31 ibd., S. 541–544.

32 F. Papée, Aleksander Jagiellończyk, Kraków 1949.

33 Handbuch der Geschichte Rußlands, Bd. 1, S. 649 f.; R. Kentmann, Livland im russisch-litauischen Konflikt. Die Grundlegung seiner Neutralitätspolitik 1494–1514, Phil. Diss. Marburg 1929.

34 Natanson-Leski, Dzieje granicy wschodniej Rzeczypospolitej, S. 103–105; S. Herbst, Wojna moskiewska 1507–1508, in: Księga ku czci O. Haleckiego, Warszawa 1935, S. 29–54.

35 I. Nistor, Die moldauischen Ansprüche auf Pokutien, in: Archiv für Österr. Geschichte 100 (1910), S. 1–182.

36 I. Ursu, Die auswärtige Politik des Wojewoden der Moldau Peter Rares, Berlin 1907.

37 Historia dyplomacji polskiej, Bd. 1, S. 647–662.

38 W. Abraham, Powstanie organizacyi kościoła łacińskiego na Rusi, Bd. 1, Lwów 1904.

39 O. Halecki, From Florence to Brest (1439–1596), in: Sacrum Poloniae Millenium, Bd. 5, Roma 1958, S. 9–444; K. Chodynicki, Kościół prawosławny a Rzeczpospolita Polska. Zarys historyczny, 1370–1632, Warszawa 1934.

40 Vol. Leg. I 138 (1505).

41 Dieser bereits von Johannes XXIII. 1414 gebilligte Grundsatz sah noch gewisse Ausnahmen für Inhaber akademischer Grade vor; doch 1484 verfügte Kazimierz IV., daß „kein Plebejer in die Kathedralkirchen aufgenommen" werden dürfe. Das Sejmstatut von 1496 (Vol. Leg. I 120) zeigte etwas mehr Entgegenkommen, das aber durch die Bulle Leos X. 1515 und den Sejm-Beschluß von 1538 wieder aufgehoben wurde (Vol. Leg. I. 257). Künftig war die adlige Herkunft von beiden Eltern *(„ex utroque parente nobili")* Voraussetzung zur Aufnahme in ein Domkapitel bzw. für die Ernennung zu Äbten und Klostervorstehern.

42 Seit dem Vertrag von Kaschau 1374 wurden auch zwei Groschen je Hufe Kirchenbesitz vom Staat als Steuer eingezogen; der Klerus stellte sich aber auf den Standpunkt, diese Abgabe als freiwillige Hilfe *(subsidium charitativum)* an den Staat zu leisten.

43 H. Barycz, Historja Uniwersytetu Jagiellońskiego w epoce humanizmu, Kraków 1935.

44 Historia nauki polskiej, Bd. 1, S. 197–274.

45 Społeczeństwo polskie od X do XX wieku, S. 178–192.

46 ibd., S. 153–177.

47 ibd., S. 109–127, 259–272; Historia chłopów polskich, Bd. 1, S. 209–223, 259–307 (mit Literaturangaben).

48 Społeczeństwo polskie od X do XX wieku, S. 128–152, 272–281.

49 Miasta Polskie w Tysiącleciu, Bd. 1, S. 37–96.

50 Vol. Leg. II 53 (1565); weitere Gesetze mit Beschränkungen der städtischen Wirtschaftstätigkeit Vol. Leg. II 48–53 (1565).

51 J. K. Hoensch, Einflüsse antiker Rechts- und Staatsvorstellungen auf die polnische Reformdiskussion im 16. Jahrhundert, in: R. Olesch und H. Rothe

(Hg.), Fragen der polnischen Kultur im 16. Jh., Bd. 1, Giessen 1980, S. 291–322, hier S. 302–307.

52 Społeczeństwo polskie od X do XX wieku, S. 198–202, 342–349.

53 J. Maciszewski, Szlachta polska i jej państwo, Warszawa 1969.

54 K. Grzybowski, Teoria reprezentacji w Polsce epoki Odrodzenia, Warszawa 1959; J. Siemieński, Od sejmików do sejmu 1454–1505, in: Studia historyczne ku czci S. Kutrzeby, Bd. 1, Kraków 1938, S. 445–460; K. Górski, The Origins of the Polish Sejm, SEER 44 (1966), S. 122–138; M. Borucki, Sejmy i sejmiki szlacheckie, Warszawa 1972 (populärwissenschaftlich).

55 Vol. Leg. I 119 f., 124 (1496).

56 F. Papée, O przywileju mielnickim dla senatu z r. 1501, in: Księga pamiątkowa ku czci O. Balzera, Bd. 2, Lwów 1925, S. 173–187. – Dieser *articulus de non praestanda oboedientia*, vergleichbar dem in England und Ungarn gebräuchlichen *ius resistendi*, machte den Gehorsam des Adels von der strikten Beachtung der eingegangenen Verpflichtungen durch den König abhängig. Er wurde besonders während der Zeit der Wahlkönige bedeutungsvoll; bereits in den *Articuli Henriciani* wurde der 1607 und 1609 genauer definierte Grundsatz festgeschrieben, wann und durch welches Verfahren der Adel im Falle der unzureichenden Erfüllung der in den *Pacta conventa* eingegangenen Verpflichtungen und bei Verletzung der Staatsrechte durch den Monarchen befugt sei, dem König den Gehorsam aufzukündigen. W. Sobociński, Pakta konwenta. Studium z historii prawa polskiego, Kraków 1939, S. 174–202.

57 Vol. Leg. I 137 (1505).

58 A. Sucheni-Grabowska, Walka o demokrację szlachecką, in: A. Wyczański (Hg.), Polska w epoce Odrodzenia, Warszawa 1970, S. 9–67; Z. Kaczmarczyk, Typ i forma państwa polskiego w okresie demokracji szlacheckiej, in: Odrodzenie w Polsce, Bd. 1, Warszawa 1955, S. 479–528.

59 Vol. Leg. I 303 (1505).

Anmerkungen zu 2.3

1 Die Renaissance erfreut sich bei den polnischen Historikern eines intensiven Interesses. Einen ersten Eindruck über Methoden und Wissensstand in J. Irmscher (Hg.), Renaissance und Humanismus in Mittel- und Osteuropa, T. 2, Berlin 1962, S. 170–248.

2 Siehe u. a. die Sammelbände Odrodzenie w Polsce, Bde 1–5, Warszawa 1955–1960; und A. Wyczański (Hg.), Polska w epoce Odrodzenia, Warszawa 1970.

3 J. Garbacik, Kallimach jako dyplomata i polityk, Kraków 1948.

4 Neuausgabe Warszawa 1964 ff.; S. Gawęda u. a., Rozbiór krytyczny Annalium Poloniae Jana Długosza z lat 1445–1480, Warszawa 1965.

5 Nürnberg 1543; zweisprachige Ausgabe G. Klaus (Hg.), Berlin 1959.

6 Siehe Hoensch, Einflüsse antiker Rechts- und Staatsvorstellungen auf die polnische Reformdiskussion im 16. Jh., S. 307–320.

7 Odrodzenie w Polsce, Bd. 4, Warszawa 1956.

8 Überzeugende Rehabilitierung durch W. Pociecha, Królowa Bona, 1491–1557. Czasy i ludzie Odrodzenia, 4 Bde, Poznań 1949–1958.

9 T. Mańkowski, Genealogia sarmatyzmu polskiego, Warszawa 1946; J. Tazbir, Ze studiów nad ksenofobią w Polsce w dobie późnego renesansu, in: Przegl. Hist. 48 (1957), S. 655–682.

10 Historia państwa i prawa Polski, Bd. 1, S. 563–572; Bd. 2, S. 35–38.

11 H. Rybus, Królewicz kardynał Fryderyk Jagiellończyk jako biskup krakowski i arcybiskup gnieźnieński, Warszawa 1935.

12 Z. WOJCIECHOWSKI, Zygmunt Stary (1506–1548), Warszawa 1946. Materialreich E. ZIVIER, Neuere Geschichte Polens, Bd. 1, Die zwei letzten Jagellonen, Gotha 1915.

13 K. FORSTREUTER, Vom Ordensstaat zum Fürstentum. Geistige und politische Wandlungen im Deutschordensstaat Preußen unter den Hochmeistern Friedrich und Albrecht (1498–1525), Kitzingen 1951.

14 W. HUBATSCH, Albrecht von Brandenburg-Ansbach. Deutschordens-Hochmeister und Herzog in Preußen 1490–1568, Heidelberg 1960.

15 1510 hatte Christof von Schleinitz i. A. des Hochmeisters in Moskau Kontakte zum einflußreichen litauischen Emigranten Michail Glinskij und über ihn zum Großfürsten geknüpft; im März 1517 schloß der Berater Albrechts von Brandenburg, Dietrich von Schönberg, ein Bündnis mit Moskau gegen Polen.

16 X. LISKE, Der Congress zu Wien im Jahre 1515, in: Forschungen zur deutschen Geschichte 7 (1867), S. 463–558; s. a. ibid., 18 (1878) 7, S. 447–467.

17 König Ferdinand war mit der Jagiellonin Anna verheiratet; ihre Töchter Elisabeth und Katharina heirateten 1543 bzw. 1553 Zygmunt II. August, dessen Mutter Bona Sforza eine Nichte von Maximilians I. zweiter Gattin, Bianca Maria Sforza war.

18 W. POCIECHA, O zjeździe w Poznaniu w r. 1530, in: Pamiętnik Biblioteki Kórnickiej 4 (1947), S. 5–76.

19 W. POCIECHA, Geneza hołdu pruskiego (1467–1525), Gdynia 1937; Z. WOJCIECHOWSKI, Le traité de Cracovie de 1525, in: Revue Historique 207 (1952), S. 15–24; M. BOGUCKA, Die preußische Huldigung, Warszawa 1986.

20 S. DOLEZEL, Das preußisch-polnische Lehnsverhältnis unter Herzog Albrecht, 1525–1568, Köln 1967; A. VETULANI, Lenno pruskie. Od traktatu krakowskiego do śmierci księcia Albrechta 1525–1568, Kraków 1930.

21 Historia państwa i prawa Polski, Bd. 2, S. 160–167 (mit Literaturangaben); zur Sozialstruktur J. PIĘTKA, Mazowiecka elita feudalna późnego średniowiecza, Warszawa 1975.

22 Der Verlauf der Reformation und die Erfolge der Gegenreformation haben in der Literatur einen umfassenden Niederschlag gefunden. Vgl. B. STASIEWSKI, Reformation und Gegenreformation in Polen: Neue Forschungsergebnisse, Münster 1960. Siehe auch die Zeitschriften Reformacja w Polsce (1921–1956, 12 Bde) und Odrodzenie i Reformacja w Polsce (ab 1956).

23 S. GLÜCKSMANN, Ruchy społeczne w Gdańsku w początkach reformacji (1522–1526), in: Sprawozdania z Posiedzeń Towarzystwa Naukowego Warszawskiego 30 (1937), S. 23–48.

24 Vol. Leg. I 226–230 (1526).

25 W. POCIECHA, Walka sejmowa o przywileje kościoła w Polsce w latach 1520–1537, in: Reformacja w Polsce 2 (1922), S. 161–184.

26 Z. WOJCIECHOWSKI, Les débuts du programme de l'„exécution des lois" en Pologne au début du XVIe siècle, in: Revue Historique de Droit Français et Étranger, 29 (1951), S. 173–192.

27 A. WYCZAŃSKI, Z dziejów reform skarbowo-wojskowych za Zygmunta I i próby rewolucji pospolitego ruszenia, in: Przegl. Hist. 43 (1952), S. 287–304.

28 Z. KACZMARCZYK, O kanclerzu Janie Łaskim, Warszawa 1955.

29 J. KIESZKOWSKI, Kanclerz Krzysztof Szydłowiecki, Poznań 1912.

30 A. PROCHASKA, Rokosz lwowski w r. 1537, in: Kwart. Hist. 16 (1902), S. 1–22, 208–242, 381–400.

31 T. SILNICKI, Prawo elekcyi królów w dobie Jagiellońskiej, in: Studya nad Historyą Prawa Polskiego, Bd. 5, Lwów 1913, S. 153–276.

32 E. GOŁĘBIOWSKI, Z.A. Żywot ostatniego z Jagiellonów, Warszawa 1962; S. CYNARSKI, Z.A., Wrocław u. a. 1988.

33 Grundlegend G. SCHRAMM, Der polnische Adel und die Reformation 1548–

1607, Wiesbaden 1965, sowie zahlreiche weitere Aufsätze des gleichen Autors zu diesem Themenkreis.

34 E. W. ZEEDEN, Calvins Einlenken auf die Reformation in Polen-Litauen, in: Syntagma Friburgense. Historische Studien H. Aubin zum 70. Geburtstag dargebracht, Lindau, Konstanz 1957, S. 323–359.

35 Vol. Leg. II 5–9 (1550).

36 S. BODNIAK, Walka o interim na sejmie 1556/57 r., in: Reformacja w Polsce 5 (1928), S. 1–11.

37 H. KOWALSKA, Walka o dziesięciny na sejmach egzekucyjnych w latach 1562–1565, in: Odrodzenie i Reformacja w Polsce 1 (1956), S. 71–101.

38 Vol. Leg. II 52 (1565).

39 Die Antitrinitarier erfreuen sich des besonderen Interesses der polnischen Historiker. Besonders J. TAZBIR hat sich in vielen Büchern und Artikeln mit ihnen auseinandergesetzt. Siehe auch L. CHMAJ (Hg.), Studia nad arianizmem, Warszawa 1959.

40 O. HALECKI, Zgoda sandomirska 1570 r., jej geneza i znaczenie w dziejach reformacyj polskiej za Zygmunta Augusta, Warszawa 1915; J. LEHMANN, Konfesja Sandomirska na tle innych konfesji w Polsce XVI w., Warszawa 1937.

41 „Da in unserer Republik ein nicht geringes *dissidium in causa religionis christianae* besteht und wir es verhindern wollen, daß daraus wie in anderen Ländern ein schädlicher Streit ausbricht, versprechen wir es *pro nobis, et successoribus nostris in perpetuum, sub vinculo iuramenti, fide, honore et conscientiis nostris,* daß wir, die wir *dissidentes de religione* sind, untereinander Frieden halten und wegen des unterschiedlichen Glaubens und den Veränderungen in den Kirchen weder Blut vergießen noch *confiscatione bonorum,* mit Ehrverlust, *carceribus et exilio* vorgehen auch keiner Obrigkeit oder Behörde zu einem solchen Vorgehen verhelfen werden". Vol. Leg. II 124, § 3; S. PŁASZYCKI, Losy konfederacji warszawskiej r. 1573 w świetle nowych materiałów, in: Reformacja w Polsce 6 (1934), S. 106–121.

42 J. UMIŃSKI, Kardynał Stanisław Hozjusz, biskup warmiński 1504–1579, Opole ²1948; J. LORTZ, Kardinal St. H...., Braunsberg 1931.

43 Die Confessio fidei catholicae christianae wurde 39mal nachgedruckt und in fast alle europäischen Sprachen übersetzt.

44 Z. OGONOWSKI, Z zagadnień tolerancji w Polsce XVII w., Warszawa 1958.

45 S. ARNELL, Die Auflösung des livländischen Ordensstaates ... 1558–1562, Lund 1937; E. DONNERT, Der livländische Ordensritterstaat und Rußland, Berlin 1963.

46 J. JASNOWSKI, Mikołaj Czarny Radziwiłł (1515–1565) ..., Warszawa 1939.

47 K.-D. STAEMMLER, Preußen und Livland in ihrem Verhältnis zur Krone Polen 1561–1586, Marburg 1953; E. E. AIDNIK, Zur Geschichte des „Privilegiums Sigismundi" für die livländische Ritterschaft vom 28. November 1561, in HZ 157 (1937), S. 69–74.

48 S. BODNIAK, Z wyprawy radoszkowickiej na Moskwę w r. 1567/68, in: Ateneum Wileński 7 (1930), S. 799–808; ders., Polska a Bałtyk za ostatniego Jagiellona, in: Pamiętnik Biblioteki Kórnickiej 3 (1939/46), S. 42–276; Historia dyplomacji polskiej, Bd. 1, S. 689–713; W. ODYNIEC, Polskie dominium maris Baltici, Warszawa 1982.

49 Vol. Leg. I 129 f. (1499), 131 f. (1501).

50 Akta Unji Polski, Nr. 148 und 149. Zur Vorgeschichte, Durchführung und Beurteilung der Lubliner Union in der einschlägigen Literatur s. Historia państwa i prawa Polski, Bd. 2, S. 35–40; Handbuch der Geschichte Rußlands, Bd. 1/2, S. 777–788. Zur Eingliederung der Ostgebiete O. HALECKI, Przyłączenie Podlasia, Wołynia i Kijowszczyzny do Korony w r. 1569, Kraków 1915.

51 Der Landesrat, die Provinzregierung, wurde aufgelöst, der Landtag den polni-

schen Sejmiki gleichgestellt. Das Danzig, Elbing und Thorn zugestandene Vertretungsrecht auf dem Reichstag wurde von den Städten aus Protest und wegen der damit verbundenen Kosten nicht wahrgenommen. E. TUROWSKI, Die innenpolitische Entwicklung Polnisch Preußens und seine staatsrechtliche Stellung zu Polen vom 2. Thorner Frieden bis zum Reichstag von Lublin, Phil. Diss. Berlin 1937.

52 Die Entwicklung der Sozialstruktur in Litauen bis 1569 in Handbuch der Geschichte Rußlands, Bd. 1/2, S. 788–829; H. ŁOWMIAŃSKI, Studia nad początkami społeczeństwa litewskiego, 2 Bde, Wilno 1931/32.

53 T. SCHIEDER, Deutscher Geist und ständische Freiheit im Weichsellande. Politische Ideen und politisches Schrifttum in Westpreußen von der Lubliner Union bis zu den polnischen Teilungen. Königsberg 1940.

54 O. HALECKI, Das Nationalitätenproblem im alten Polen. Krakau 1916.

55 T. MAŃKOWSKI, Genealogia sarmatyzmu polskiego, Warszawa 1946; J. TAZBIR, Sarmatyzacja katolicyzmu w XVII w., in J. PELC (Hg.), Wiek XVII. Kontrreformacja. Barok. Wrocław usw. 1970, S. 7–38.

3 Die „Königliche Republik“ (1572–1795)

3.1 Die ersten Königswahlen. Politische und soziale Stratifikation der Gesellschaft

Das erste Interregnum nach dem Tod Zygmunts II. August löste im polnisch-litauischen Adelsstaat wider Erwarten krisenhafte Erschütterungen aus, weil im Gegensatz zum Aussterben der Piasten 1372 keine Vorsorge für den reibungslosen Übergang der Krone auf einen Nachfolger getroffen worden war, das Procedere der Königswahl sich erst auf dem Wege der Praxis entwickeln mußte, die Spannungen unter den Konfessionen angeheizt wurden und weil der erste in freier Wahl bestimmte Monarch bereits nach wenigen Monaten das Land fluchtartig verließ. Obschon ein Erbanspruch der Töchter nicht bestand, war die Anhänglichkeit an das Jagiellonenhaus doch so groß, daß noch zu Lebzeiten des alten Königs mit Markgraf Sigismund von Brandenburg, über die Mutter Jadwiga ein Enkel Zygmunts I., mit seinem Vetter Friedrich Albrecht, einem Enkel Kazimierz IV., und mit Johann Sigismund Zápolya, dem Fürsten von Siebenbürgen, Nachkommen aus der weiblichen Linie als mögliche Thronerben genannt wurden. Der ernsthaft in die Kandidatenauswahl einbezogene Schwedenkönig Johann III. Wasa war über seine Gemahlin Katharina ein Schwager Zygmunts II. Bald traten auch der Moskauer Großfürst Ivan IV., der Kaisersohn Erzherzog Ernst und Henri de Valois als Bewerber auf[1].

Von ausschlaggebender Bedeutung waren zuerst jedoch die unumgänglichen Entscheidungen über Wähler, Wahlort und die dem neuen Monarchen aufzuerlegenden konstitutionellen Beschränkungen. Der entgegen den Wünschen des protestantischen Adels, der Lublin vorgeschlagen hatte, für den 6. I. 1573 in das katholische Warschau einberufene Konvokationsreichstag bestimmte den Primas Jakób Uchański[2] zum Interrex; die Protestanten und Anhänger der Exekutionsbewegung hatten den calvinistischen Krongroßmarschall Jan Firlej mit dieser verantwortungsvollen Aufgabe betraut sehen wollen. Während einige Adelsführer wie Mikołaj Sienicki, Stanisław Szafraniec und Świętosław Orzelski dem erweiterten Sejm und eine starke Magnatenfaktion dem Senat das Recht der Königswahl übertragen wollten, unterstützten die Bischöfe den von Jan Zamoyski[3] eingebrachten Vorschlag, in einer *electio viritim,* Mann für Mann, der Gesamtheit der adligen Reichsbürger die Teilnahme bei der Auswahl des Monarchen einzuräumen. Denn mit der Bestimmung des westlich von Warschau gelegenen Wola zum Wahlfeld stand bereits fest, daß der konservative, streng katholische Kleinadel Masowiens einen ungebührlich starken Einfluß auf den Wahlausgang nehmen könnte, zumal die Szlachta entfernterer Landesteile die weite, kostspielige Reise scheuen würde. Es war aber auch abzusehen, daß beim Fehlen eines zuverlässigen Zählsystems bei unklaren Mehrheitsverhältnissen Doppelwahlen mit anschließenden militärischen Auseinandersetzungen um die Krone nicht ausbleiben konnten. Der Konvokationsreichstag stimmte Zamoyskis Vorschlag schließlich mit großer Mehrheit zu. Dem protestantischen Adel wurde das Einlenken durch die Unterzeichnung der Warschauer Konföderation erleichtert, in der ihm völlige Bekenntnisfreiheit und in Glaubensfragen Schutz von Leib, Leben und Vermögen verbürgt wurde[4].

Auf dem für April 1573 nach Wola einberufenen Wahlreichstag standen sich als aussichtsreiche Bewerber der von den Magnaten unterstützte Erzherzog Ernst, Sohn Kaiser Maximilians II., und der von der breiten Adelsmasse begünstigte Henri III. Valois, Bruder Karls IX. von Frankreich, gegenüber. Opposition gegen die Magnaten, Bedenken vor einer möglichen Verwicklung mit dem Sultan bei der Wahl des Habsburgers und Vorbehalte gegen einen „Deutschen“ sowie die weitgehenden Versprechungen des französischen Gesandten, des Bischofs Montluc von Valence, ließen am 11. V. 1573 die etwa 50000 anwesenden Adligen für Henri Valois stimmen[5]. Um einen Rückfall in die monarchische Alleinherrschaft auszuschließen, hatte der neue Herrscher in den *Articuli Henriciani*[6] den wichtigsten Beschränkungen seiner Rechte zuzustimmen und in den *Pacta conventa*[7] konkrete Regierungsmaßnahmen zu versprechen. Am 25. I. 1574 traf Henri in Polen ein und wurde am 21. II. in Krakau gekrönt. Da der neue Monarch auf dem Krönungsreichstag am 22. V. 1574 die beiden Wahlkapitulationen, ohne jegliche Erwähnung der *Articuli Henriciani* und der von ihm geforderten Toleranz in religiösen Dingen, nur summarisch bestätigte[8], sich nicht in den polnischen Verhältnissen zurechtfand und auch keine Anstalten traf, seiner Zusage nachzukommen, die fast dreißig Jahre ältere, unverheiratete Schwester Zygmunts II., Anna[9], zu ehelichen, machte sich rasch Mißstimmung gegen Henri breit. Auf die Nachricht vom Tod seines Bruders Karl IX. († 30. V. 1574) verließ er, ohne auf die polnische Krone zu verzichten, in der Nacht vom 18./19. VI. das Land; als er einer ultimativen Aufforderung, bis spätestens zum 12. V. 1575 in Polen zu erscheinen, nicht nachkam, erklärte ihn eine Adelsversammlung für abgesetzt und traf Vorbereitungen für eine Neuwahl.

Als Kandidaten traten drei Mitglieder des Hauses Habsburg, nämlich Kaiser Maximilian II., sein Bruder Ferdinand und erneut sein Sohn Ernst, gegen Herzog Alfonso II. von Ferrara, Johann III. Wasa, den böhmischen Burggrafen Wilhelm von Rosemberg, Ivan IV. und den erst spät von der kleinpolnischen Magnatenfamilie Zborowski nominierten Fürsten von Siebenbürgen, Stefan Báthory, an[10]. Bei österreichisch-russischen Ausgleichsgesprächen hatte Ivan Groznyj bereits eine Teilung des neuen Staatenbundes derart vorgeschlagen, daß Erzherzog Ernst die polnischen Gebiete, Ivans Sohn Fedor aber als Großfürsten die litauischen Territorien und Livland zufallen sollten. Da auch der inzwischen zum französischen König gekrönte Henri III. seine Thronansprüche in Erinnerung brachte und mit türkischer Unterstützung gegen die Wiener und Moskauer Prätendenten rechnen konnte, spielten außenpolitische Rücksichtnahmen auf dem für den 7. XI. 1575 einberufenen Wahlreichstag eine nicht unwesentliche Rolle. Daher fand auch der Vorschlag, diesmal einem „piastischen", d. h. einem polnischen Kandidaten den Vorzug zu geben, weite Unterstützung beim Kleinadel, ohne daß es jedoch gelungen wäre, sich auf einen Bewerber zu einigen. Am 12. XII. ließ Primas Uchański den von rd. 10 000 Adligen gewählten Kandidaten der geistlichen und weltlichen Würdenträger, Kaiser Maximilian II., zum König von Polen ausrufen, dem am 14. XII. 1575 die etwa 20 000 Köpfe umfassende Kleinadelspartei unter Führung Zamoyskis die Jagiellonin Anna entgegenstellte, zu deren Gatten und künftigen König gleichzeitig Stefan Báthory[11] gekürt wurde. Da seine Anhänger die Krönungsstadt Krakau besetzten und er rascher als sein kaiserlicher Widersacher in Polen erschien, entschied er durch die Trauung mit Prinzessin Anna und die Krönung am 1. V. 1576 die Doppelwahl zu seinen Gunsten, zumal der Kaiser bald darauf starb († 12. X. 1576), und sich Báthory auch im Lager seiner Gegner dank seiner Erfolge als Regent und Heerführer rasch allgemeine Sympathie erwarb.

Bei diesen beiden Elektionen hatte sich ein – 1587 weiter verfeinertes – festes, auf Gewohnheitsrecht beruhendes Verfahren der Königswahl herausgebildet, das später nicht mehr wesentlich geändert wurde. Der Konvokation *(konwokacya)* genannte Reichstag, dessen Beschlüsse traditionell unter dem Konföderationsrecht mit Stimmenmehrheit gefaßt wurden, sollte den Staat während des Interregnums absichern und den Wahlakt vorbereiten[12]. Auf dem Wahlreichstag *(sejm elekcyjny)* wurden die *Pacta conventa* für den neuen Monarchen ausgearbeitet, dann die Exorbitantien, die Maßnahmen zur Verhinderung künftiger Rechtsübertretungen durch den König trafen, beschlossen und die Wahl vollzogen. Der *rex electus* hatte vor dem gewohnheitsrechtlich in Krakau abgehaltenen Krönungsreichstag *(sejm koronacyjny)* eine Bestätigung der alten Privilegien *(confirmatio generalis iurium)* zu erlassen, den Eid zu leisten und bekannt zu machen *(litterae iuramenti praestiti)* und den Vollzug der Krönung anzukündigen *(denuntiatio regis coronati)*. Der Monarch war nicht an die Entscheidungen seiner Vorgänger gebunden, wenn er sie zuvor nicht ausdrücklich bestätigt hatte. Das geschah im Rahmen der *Pacta conventa*, den von dem neuen Herrscher und den beiden adligen Ständen vereinbarten Bestimmungen größtenteils staatsrechtlicher Natur, die unmittelbar nach der Wahl beschworen werden mußten; außer der Anerkennung der wichtigsten Verfassungsgrundsätze enthielten sie eine genaue Bestätigung der Rechte und Freiheiten der Adelsgesellschaft und ein Verzeichnis aller Pflichten und Obliegenheiten des Königs[13]. Der im Privileg von

Mielnik festgeschriebene, jetzt auf den Gesamtadel ausgeweitete *articulus de non praestanda oboedientia* machte den verfassungsmäßigen Gehorsam des Adels von der strikten Beachtung der eingegangenen Verpflichtungen durch den König abhängig. Schon die *Articuli Henriciani,* die jeweils unverändert zu beschwören waren, stellten den Grundsatz auf, der Adel sei im Falle der unzureichenden Erfüllung der in den Wahlkapitulationen eingegangenen Verpflichtungen und der Verletzung der Staatsrechte durch den Monarchen befugt, dem König den Gehorsam aufzukündigen[14]. Jede Wahl und jeder Eid eines neuen Monarchen auf die *Pacta conventa,* den Wahlkapitulationen des Heiligen Römischen Reiches Deutscher Nation, den schwedischen *Konungsförsäkran* oder den venezianischen *promessi* vergleichbar, sicherten und erweiterten die ständischen Freiheiten, während die Herrschaft der Krone dagegen auf ein verschwindendes Maß obrigkeitlicher Rechte und politischer Macht herabsank, begrenzt durch die Immunitäten und Privilegien der Szlachta. Das Recht der „freien Königswahl“ galt bis zum Ende der Adelsrepublik der überwiegenden Mehrheit der Szlachcicen als eine der *pupillae libertatis,* als ein unabänderliches, ja als das wichtigste Kardinalrecht der Adelsnation.

Der König galt zwar als die „Quelle aller Gesetzgebung“, da er mit Ausnahme des Konvokations- und des Wahlreichstags allein den Sejm einberufen und verabschieden konnte, die Verhandlungsgegenstände festsetzte und den Konstitutionen durch seine Unterschrift Gesetzeskraft verlieh. Der Grundsatz der Adelsgesellschaft, den König keine wesentliche Entscheidung aus eigener Machtvollkommenheit treffen und vollziehen zu lassen, gab 1576 Anlaß zu der Verordnung, dem Herrscher einen Senatsausschuß beizugeben, der in der Zeit zwischen den Reichstagen als Kontrollorgan der Adelsgesellschaft fungierte[15]. Der Majestät blieb eigentlich nur ein Privileg, das ihren Einfluß und die Patronage der Krone sicherstellte: das Recht, die Ämter und Würden zu verleihen sowie die zur Besoldung mit lebenslangem Nießbrauchrecht ausgestatteten Staatsgüter, die immerhin ein Fünftel des Gesamtterritoriums umfaßten, zu vergeben[16]. Obwohl der Monarch die von ihm meistens während eines Reichstags ernannten Großwürdenträger nicht abberufen noch in ihre Amtsführung eingreifen konnte, war er dennoch verantwortlich für alle Handlungen seiner Minister. Durch die Bestallung der Burgrichter oder Starosten *(capitanei cum iurisdictione)* konnte der König zwar indirekt die Jurisdiktion auf einem bescheidenen Sektor beeinflussen, doch die oberste Gerichtsbarkeit wurde ihm bereits 1578, endgültig 1589 genommen. Das Fehlen einer vernünftigen Administration und die Verquickung der Verfassungs- und Verwaltungsbefugnisse erwies sich als äußerst nachteilig. Das aus der steten Sorge vor einem starken Königtum und im Interesse einer geringen Besteuerung klein gehaltene Heer war dem Einfluß des Monarchen ganz entzogen und dem Oberbefehl der nur dem Reichstag Rechenschaft schuldigen Hetmane unterstellt. Seit 1632 war es dem König verboten, „*bella offensiva* zu beginnen oder zu führen" und „*sine scitu et consensu Rei Publicae*" fremde Truppen nach Polen zu bringen oder polnische über die Grenzen der Republik in andere Länder zu entsenden[17]. Über den Abschluß von völkerrechtlichen Verträgen und Vereinbarungen über Krieg und Frieden durften König und Republik nur gemeinsam entscheiden. Dennoch hatten alle Monarchen in den *Pacta conventa* die Klausel zu beschwören, der Wiedereroberung der dem Reich entrissenen Provinzen besondere Aufmerksamkeit zu zollen.

Der Zugang zum polnischen Thron stand jedem Adligen offen; nur die gewohnheitsrechtliche Ausschließung aller Akatholiken fand nach 1669 eine gesetzliche Bestätigung. Während ein Teil der Elektoren aus Furcht vor einem starken Königtum ausländische Bewerber den einheimischen, „Piasten" genannten Wahlkandidaten in der Hoffnung vorzogen, sie würden über den Parteien stehen und die Auseinandersetzungen zwischen den großen Magnatenfaktionen leichter beilegen können, wurde nach 1696 verstärkt der Ruf laut, nur noch polnischen Kandidaten den Thron zu übertragen. Da die Adelsgesellschaft durchaus Sorge getragen hatte, ihre Herrscher für die politische Machteinbuße wenigstens finanziell zu entschädigen[18], fehlte es bei keiner Thronvakanz an ausländischen Prinzen und polnischen Edelleuten, die unbeschadet der durch die republikanische Verfassung und die *Pacta conventa* so stark eingeschränkten monarchischen Prärogativen ihre Bereitschaft bekundeten, der *Rzeczpospolita szlachecka* als König zu dienen. Zudem kam Polen dank seiner weitgehend noch unerschlossenen materiellen Ressourcen als Bündnispartner, als militärischem Aufmarschfeld und als logistischem Reservoir eine nicht zu unterschätzende Bedeutung im europäischen Mächtekonzert zu. Während im Westen der Absolutismus die feudale Zersplitterung überwand, setzten die an Polen besonders interessierten Mächte wie Habsburg, Frankreich und Schweden im 16. und 17. Jh. sowie die dominierenden Nachbarn Rußland und Preußen im 18. Jh. alles daran, durch die Unterstützung des Machtmißbrauchs und der Rivalitäten der Magnatencliquen den Einfluß der Krone weiter zu beschneiden und dadurch ihre Arbiterfunktion und den Interventionsanspruch auszuweiten.

In der extrem-republikanischen Adelsverfassung, wie sie in den *Articuli Henriciani* ihren Ausdruck fand, wurde dem König nur der Rang eines *primus inter pares* unter den adligen Reichsbürgern eingeräumt; ihm kam als *princeps senatus* bestenfalls die Stellung eines mit der königlichen Würde ausgestatteten Präsidenten der adligen Republik oder – im Bereich der Herrschaft – eines „ersten Oligarchen" zu[19]. Die reale Macht lag fast ausschließlich in den Händen des Adels, der sie in den Organen der Republik, durch den alleinigen Besitz aller Ämter der Krone sowie der hohen geistlichen Würden, vor allem aber durch die Grundherrschaft über die Untertanen, über die Masse der nichtadligen Landesbewohner, ausübte. Zu den vornehmsten unter den politischen Rechten gehörte neben der Königswahl die „freie Stimme" des einzelnen auf den Landtagen bzw. im

Reichstag, als deren höchster Ausdruck das *Liberum veto*[20] galt. Der Sejm – in besonderen Fällen auch die General-Konföderation – war das entscheidende Organ des Reiches und zugleich war er doch nichts als ein Ständetag des Adels. Der Szlachcic war schon als Mitglied seines Standes und also als Teil der „Nation" an das Ganze des polnischen Reichs gebunden, während kein unmittelbares äußeres und inneres Verhältnis des Stadtbürgers, geschweige denn des Bauern oder des Juden zu diesem übergeordneten Ganzen „Polen" bestand.

Vor diesem Hintergrund bildete sich ein starrer sozialer Dualismus heraus; zwischen Adel und Nichtadel klaffte ein Abgrund: hier Standschaft und Herrschaft – dort Untertanenschaft; hier die „freie polnische Nation" – dort das „gemeine Volk" , dem keine Freiheiten und Rechte zukamen. Die Unterschiede zwischen Reichtum und Armut, zwischen Unbildung und Wissen spielten in der Adelsideologie eine untergeordnete Rolle[21]. Deshalb entziehen sich die Adelsgesellschaft in Polen und ihr Staat, die *Rzeczpospolita szlachecka,* weitgehend der begrifflichen Fassung durch Termini, die sich bei der Beurteilung der gesellschaftlichen Strukturen im vorrevolutionären Europa bewährt haben. Das wesentliche Merkmal der Adelsgesellschaft in Polen war ihre doppelte soziale Struktur: die ständische und die klassenbedingte. Die auffälligen sozialökonomischen Unterschiede und die ungleichen Bildungsvoraussetzungen innerhalb der Szlachta machen deutlich, daß es sich beim polnischen Adel keineswegs um eine nationale Elite, nur um einen „Ersten Stand" oder eine besitzende Oberschicht, eine echte Aristokratie, gehandelt hat, sondern daß er viel eher eine – wenn auch und zumal gegenüber andern privilegierte – „Gesellschaft in sich selbst" darstellte[22]. Der Adel war in dem gesamten sozialen Kontext der feudalen Adelsrepublik durch ein formalrechtliches Moment ausgezeichnet, innerlich dagegen – vom fürstlichen Magnaten bis zum landstreichenden oder dienenden Träger eines adligen Namens – in fast unüberbrückbare Schichtungen aufgespalten. In keinem Fall darf der polnische Adel daher nur mit einer „Klasse" identifiziert werden, wie dies häufig in historischen Studien geschieht; ebenso unzulässig ist es, im Adel in soziologischer Hinsicht nur einen Stand zu sehen – eine solche Norm könnte allein im Rahmen rechtsgeschichtlicher Untersuchungen akzeptiert werden.

Der polnische Staat war ein loses Gefüge aus einer Vielzahl heterogener Obrigkeiten und privater Herrschaften, dessen höchste Instanz – doch ohne jede hierarchische Ordnung – die Hoheit der Krone und die „ Interessengemeinschaft der Republik" waren. Wenn auch – wie von der Historiographie im 19. Jh. betont[23] – der adlige Gutskomplex das grundlegende strukturelle Element gebildet haben mag, wurde er politisch relevant erst im Nachbarschaftsverband auf Landschafts- bzw. Wojewodschaftsebene, wo den lokalen Wünschen und Forderungen Ausdruck verliehen wurde, und diese über die *Sejmiki* der Zentrale übermittelt werden konnten. Diese meistens von den ansässigen Magnaten kontrollierten Verbände ordneten sich im Landesmaßstab einer der großen Parteiungen unter, die ihren Interessen entsprach. Eine gewachsene, z. T. auch ethnisch oder religiös begründete Homogenität hielt die Nachbarschaftsverbände ebenso zusammen wie gemeinsame Wirtschaftsinteressen und verwandte Produktionsmethoden[24]. Das eingefahrene System der Landtagsherrschaft, die fast ungezügelte Allmacht der Magnaten und die günstige Konjunktur für landwirtschaftliche Produkte genügten der Szlachta und begründeten das Desinteresse und die Gleichgültigkeit an der gesamtstaatlichen politischen Entwicklung, solange die Standesvorrechte und die Belange des eigenen Nachbarschaftsbereichs nicht tangiert waren. Diese oft in eine Selbstüberschätzung ausartende, durch den Glaubenseifer mitgeprägte provinzielle Selbstgenügsamkeit, die mit dem Begriff „Sarmatismus" umschrieben wird[25], diese Unbeteiligtheit der Szlachta gegenüber Fragen, die das Staatsganze und die Adelsgesellschaft *in toto* betrafen, erklären auch das Scheitern aller Reformvorhaben. Nicht allein die unleugbaren Schwächen der polnischen Ständeverfassung, nicht das politische Unvermögen ihrer Trägerschicht, nicht das Fehlen von Reformkonzeptionen, sondern vielmehr das konservative Beharrungsvermögen der überwältigenden Adelsmehrheit und ihr unnachgiebiges Festhalten an den überlebten Ideen einer radikalen „Freiheit" und „Gleichheit" haben mit der direkten Intervention der Nachbarmächte schließlich den Untergang der polnisch-litauischen Staatenunion mitbedingt.

Die seit dem Ende des 15. Jh. geübte, im Zeitalter der Reformation und der Gegenreformation besonders strikte Kontrolle der Adelsgesellschaft wußte zu verhindern, daß sich die katholische Kirche zu einem Staat im Staate ausbilden konnte und daß sich ihre Würdenträger zu einer ständisch abgeschlossenen politischen Kraft eigenständiger Prägung zu entwickeln vermochten. Die politischen Prärogativen des Episkopats – seine 16 Mitglieder nahmen vor den 120 weltlichen Senatoren und den zehn Ministern die ersten Plätze im Senat ein – leiteten sich von der Stellung seiner Mitglieder als polnische Adlige und als vom König ernannte Inhaber der großen, seit 1635 einem Erweiterungsverbot unterliegenden kirchlichen Latifundien ab[26]. Von der Szlachta wurde die Kirche zwar als geistige Kraft respektiert, in ihren weltlichen Herrschaftsansprüchen aber immer den politischen Interessen der Adelsgesellschaft untergeordnet. Die in der polnischen und in der litauischen Verwaltung den Geistlichen vorbehaltenen Stellen als Minister, Sekretäre, Referendare, Notare und Schreiber gewährleisteten den Einfluß des Klerus auf die Administration, so wie die geistlichen Beisitzer bei den Tribunalen die Berücksichtigung der kirchlichen Belange im Bereich der Jurisdiktion überwachten. Die politischen Befugnisse des Primas während des Interregnums gekoppelt mit seiner geistlichen Autorität räumten einer dynamischen Persönlichkeit Einwirkungsmöglichkeiten ein, die ein Wahlkönig nicht besaß. Auch wenn sich Auseinandersetzungen über die Zahlung des Zehnten, über die Abgrenzung der geistlichen Gerichtsbarkeit, über die Abführung der Annaten nach der Neubesetzung kirchlicher Würden oder die Besteuerung des Kirchenguts nie ganz vermeiden ließen, vermochte der Klerus die Szlachta von den dem bürgerlich-demokratischen Protestantismus innewohnenden Gefahren für die klassenbedingte Stratifikation der Adelsgesellschaft zu überzeugen und die enge Symbiose von Katholizismus und Adel bereits zu Beginn des 17. Jh. zu verankern. Bei der weitverbreiteten naiven Glaubensinbrunst konnte die Ideologie von der nationalen Sendungsaufgabe des polnischen Katholizismus Fuß fassen; die katholische Kirche als Vorkämpferin des Polentums in einem Nationalitätenstaat, der einer wachsenden Bedrohung durch andersgläubige Nachbarn ausgesetzt war, konnte eine in Sitten und Gebräuchen ganz auf das Kirchenjahr eingestellte Bevölkerung immer fester an sich binden.

Da die herrschende Adelsnation instinktiv die ländliche Struktur der Republik als die schlechthin optimale ansah, war sie seit dem 16. Jh. bestrebt, die alten Rechte der Städte tunlichst einzuschränken. Die seit 1565 wachsende Abhängigkeit von den adligen Beamten machte die privilegierte Rechtspflege der Städte und die wirtschaftliche Sicherheit ihrer Bürger illusorisch. Durch die zum Vorteil der adligen Standschaft erlassene Gesetzgebung der Reichstage, die den Städten mit bedeutungslosen Ausnahmen Grundbesitz untersagte, dem Adel das Privileg der zollfreien Ein- und Ausfuhr zugestand sowie dem Zuzug der Bauern in die Stadt oder dem Übergang des verarmten Adels in bürgerliche Berufe gesetzliche Riegel vorschob, wurde den Städten die notwendige wirtschaftliche und bevölkerungsmäßige Explosion praktisch unmöglich gemacht. Das Fehlen von Schutzzöllen untergrub die Stellung des Handwerks, fremde Waren überschwemmten die Märkte, Innungen und Zünfte zerbrachen durch ihr Festhalten an längst obsolet gewordenen Regeln. Von besonders schweren Verlusten waren die kleinen Städte und Marktflecken betroffen, denn das vom Grundherrn in seinem Autarkiestreben unterstützte Dorfgewerbe begann mit den städtischen Handwerkern zu konkurrieren. In jeder neuen Wahlkapitulation hatte der künftige Monarch zudem in eine weitergehende Aufsicht der Adelsgesellschaft über die königlichen Städte einzuwilligen.

Für den Verfall der Städte waren jedoch auch andere Gründe maßgebend wie die Verlagerung der Haupthandelsstraßen, z. T. zur Umgehung der vom Adel unter Zygmunt I. erzwungenen verkehrsfeindlichen Zollgesetzgebung, vornehmlich jedoch als Folge der Schweden- und Türkenkriege und der häufigen inneren Unruhen, vor allem dann wegen der im 18. Jh. strikten agrarischen Schutzzollpolitik der Nachbarn Rußland und Preußen. Der Erste und der Zweite Nordische Krieg bedingten verhängnisvolle Menschenverluste, die nicht wettgemacht werden konnten. Danzig als der wichtigste Handels- und Warenumschlagplatz mit seiner streng gehüteten Stadtautonomie zählte 1650 etwa 77000 Bürger, hundert Jahre danach 46000. In Wilna, dem einzigen wichtigen Stadtkomplex außerhalb Kronpolens, wohnten im 17. Jh. einmal 60000, 1777 aber nur knapp

21 000 Menschen; Krakau, das sich im 16. Jh. seiner 80 000 Einwohner gerühmt hatte, war um 1770 mit 16 000 Bürgern, von denen 6 000 im Getto lebten, eine fast ausgestorbene Stadt. Daneben kam noch Warschau, Lemberg, Posen, Thorn, Elbing und Lublin überregionale Bedeutung zu. Der einstmals solide Reichtum der Städte war dahin, Handel und Gewerbe lagen darnieder, der Verlust an bürgerlicher Bildung und an technischem Können ließ wirtschaftliche Initiative und handwerkliches Standesbewußtsein einschlafen. Die Mehrheit der Stadtbewohner lebte zudem in sog. Adelsstädten *(miasta szlacheckie)*, dem privaten, der persönlichen Rechtssprechung unterstehenden Eigentum einzelner Grundherren, und waren der Frondienstpflicht unterworfen. Das Unvermögen der Adelsgesellschaft, die Funktion der Stadt und ihrer Bürger im Gesamtverband des Staates zu erkennen, und die mangelnde Integrationsbereitschaft, besonders der Städte im Königlichen Preußen, haben in der Republik nie eine echte Symbiose entstehen lassen. Die gesellschaftspolitische Bedeutung der bürgerlichen Schicht in Polen reichte zudem nicht entfernt an die des westlichen Europa heran und die zahlenmäßige Schwäche hemmte ebenso wie die Auswirkungen der juristischen und sozialen Einschränkungen, die das städtische Bürgertum der Adelsverfassung zu verdanken hatte, ihre Aktivität[28].

Bereits seit Ende des 15. Jh. hatten die Bauern in einer Reihe von Konstitutionen ihre Freizügigkeit eingebüßt; von diesem Zeitpunkt an versuchte die Szlachta auch ohne offizielle und allgemeinverbindliche Beschlüsse, die Bauern materiell stärker auszubeuten. Die Fronlasten wurden ständig erweitert, die Vorwerkwirtschaftsform auf Kosten des Bauernlandes ausgedehnt und, begünstigt durch die Bevölkerungsexplosion im 16. Jh., ein Pauperisierungsvorgang eingeleitet, wodurch sich der Grundbesitzer zwar nicht legal, aber doch gewohnheitsrechtlich anerkannt, zum Herrn über Habe, Leben und Gewissen seines Untertanen erhob[29]. Zwar mußte der Grundherr gewisse Rücksichten auf seine bäuerlichen Untertanen nehmen, um sie nicht zur Flucht nach Osten auf die weitgestreckten Latifundienbesitze, wo die Fronverpflichtungen geringer waren als im exportorientierten Zentralpolen, zu veranlassen. Während zwischen 1550 und 1650 die polnische Getreideausfuhr ihren Höhepunkt erreichte und in guten Jahren über 100 000 Lasten (etwa 550 000 Tonnen) allein über Danzig nach Westeuropa verschifft werden konnten, geriet der Bauer in die uneingeschränkte Dienstpflicht und Erbuntertänigkeit. Zwar setzten Gewohnheitsrecht, Gesittung und die religiöse Gesinnung des Adels der Willkür des Herrn lockere Schranken, doch war der Gutsbesitzer nicht nur Richter in erster und letzter Instanz, sondern er konnte als staatliche Obrigkeit den Bauern auch jede Arbeit, jede Pflicht, die Hinnahme jeder Schmälerung der Besitzrechte und jede neue Frondienstlast auferlegen. Die Voll- oder Ganzbauern *(kmethones, rolnicy)* aus dem 15. Jh. mit einer Hufe Ackerland und zwei Paar herrschaftlicher Ochsen, denen neben den notwendigen Wohn- und Wirtschaftsgebäuden auch noch ein Garten und

Wiesen für das Winterheu zum eigenen Nießbrauch zur Verfügung standen, machten bis zum 18. Jh. den Viertelhüfnern Platz, die für den Eigenbedarf höchstens 4 Hektar Land bewirtschaften konnten und pro Woche dafür bis zu vier Tage Handdienst und ebenso viele Gespannfrontage abzuleisten sowie beträchtliche Mengen an Getreide, Geflügel, Eiern, Wolle, Honig, Obst und Waldfrüchten abzuliefern hatten. Die härtesten Lasten hatte der Bauer auf den Latifundien zu tragen, die der Kontrolle von Verwaltern oder bei Pachtgütern Adelssöhnen und Juden zur Ausbeutung überlassen worden waren. Der Mangel an Kapital und wirtschaftlicher Initiative innerhalb des Adels, die nach hergebrachter Art gehandhabte Bodenbearbeitung, wobei Neuerungen verpönt, Rodungen unterlassen und Meliorationen nicht durchgeführt wurden, sowie die Folgen der Kriege und der inneren Unruhen haben neben der Praxis der Grundherren, immer mehr Menschen als Arbeitskräfte auf den Vorwerksliegenschaften und dem stetig verkleinerten Bauernland anzusiedeln, zur weiteren Zersplitterung der Bauernstellen, zum Aufkommen eines landlosen Proletariats und zur totalen Verarmung der Landbevölkerung geführt. Bei der herkömmlichen Dreifelderwirtschaft und unter Verwendung von meistens nur hölzernen, eisenbeschlagenen Pflügen wurde nicht zuletzt wegen der dürftigen oder gänzlich unterlassenen Düngung, dem Boden durchschnittlich nur die dreifache Aussaatmenge abgerungen. Die vielen katholischen Feiertage in den arbeitsintensiven Erntemonaten und Witterungsunbilden schmälerten die Erträge. Die relativ hohen Agrarexporte waren nur deshalb möglich, weil die bäuerliche und verbauerte kleinadlige Bevölkerung in äußerst bescheidenen Verhältnissen lebte.

Die rechtliche und wirtschaftliche Lage des einzelnen Bauern konnte je nach Verkehrslage, Größe und Art des Besitzes bedeutsame Unterschiede aufweisen, wobei sich die auf den königlichen Tafelgütern, auf den Staatsdomänen und auf Kirchenbesitz Ansässigen, rd. 30% der gesamten Landbevölkerung, in einer etwas günstigeren Position befanden. Ein weiteres Sechstel, die „Freisassen“, die sich durchweg aus Gruppen vormals eingewanderter, fremdstämmiger Ackerbürger zusammensetzten, denen ein besonderer personaler Rechtsstatus gewährt worden war, nahmen eine eigentümliche soziale Mittelstellung mit gewichtigen Vorrechten zwischen den Adels- und den Domänenbauern ein. Holländer, Mennoniten, deutsche Bauernsiedler, die im 16. und 17. Jh. eingewandert waren, hatten sich ihre emphyteutischen Rechte bewahren können. Die seit Ende des 17. Jh. in größerer Anzahl als Exulanten nach Polen entflohenen und hier religiöse Toleranz genießenden altgläubigen Russen *(Raskol'niki)* lebten als freie Zinsbauern meistens in geschlossenen Siedlungen in den östlichen Wojewodschaften. Zu einer Aktualisierung der Bauernfrage kam es unter dem Einfluß des Physiokratismus erst durch die politische Krise in der zweiten Hälfte des 18. Jh., als der Zusammenhang des Bauernelends mit der offen zutage tretenden Ohnmacht des Staates erkannt wurde, wobei sich die Szlachta energischer gegen die Beschneidung ihrer wirtschaftlichen Basis als gegen den Abbau ihrer politischen Vorrechte zur Wehr setzte[30].

Das im 16. Jh. aufgekommene Sprichwort: „Die Republik Polen ist des Bauern Hölle, des Städters Fegefeuer, des Edelmanns Himmel und des Juden Paradies" entsprach – jedenfalls soweit es den in den Steuerlisten von 1578 mit 75 000 Männern für Kronpolen und 25 000 für Litauen sicher zu niedrig ausgewiesenen jüdischen Bevölkerungsteil betraf – nicht der Wirklichkeit. Obschon ihnen im Vergleich zum übrigen Europa viele Möglichkeiten der wirtschaftlichen Entfaltung offenstanden, waren die Juden in Polen hauptsächlich als Steuerzahler geduldet. Die aktive Teilnahme am Staatsleben, der Zugang zu Ämtern und zum Heer blieben ihnen ebenso verschlossen wie der eigene Grundbesitz. Der Jude als „Eigentum" der Staatsgewalt mußte immer gewärtig sein, seiner Rechte für verlustig erklärt und finanziell erpreßt zu werden. Immer wenn es galt, den Staatsbankrott abzuwenden, wurde eine stärkere Besteuerung der Judenschaft beschlossen. Die Schwierigkeit für die großteils verarmten Juden bestand nicht zuletzt darin, daß ihnen seit 1538 in mehreren Konstitutionen beengende Arbeits- und Aufenthaltsbeschränkungen auferlegt wurden, was sie zwang, auf dem flachen Land unter dem Schutz eines Adligen zu siedeln, dem sie als Pächter, Verwalter, Händler, Schankwirt und Handwerker unentbehrlich wurden. Der furchtbare Kosaken- und Bauernaufstand von 1648/49, der durchaus antisemitische Züge trug, tat der persönlichen Sicherheit und der materiellen Basis der Juden weiter Abbruch. Im 18. Jh. machten sie mit 750 000 Menschen bereits rd. 7% der Bevölkerung aus[31], von denen zwei Drittel zusammengepfercht in den Gettos einiger größerer Städte und in zahllosen ostpolnischen und ruthenischen Städtchen, ein Drittel auf dem flachen Land lebten. In den Wojewodschaften Sandomierz, Rotreußen, Podolien, Wolhynien, Troki und Wilna stellten sie 14% der Gesamtbevölkerung, in Großpolen und Masowien noch rd. 5,5%.

Die Grundlage ihrer Verfassung bildete die Gemeinde, *Kahal,* eine ausgebildete Korporation mit Besitz- und Herrschaftsrechten, geleitet von einem von den jüdischen Steuerzahlern gewählten Kollegium, dessen Mitglieder, die *Parnassim* oder *Raschim* (Älteste, *seniores*), solidarisch auftraten und die Verantwortung kollektiv zu tragen hatten. Die unter König Stefan Báthory zusammentretenden Kongresse, die „Generalität der jüdischen Nation" *(Jeneralność Narodu Żydowskiego),* sollten als eine Art personalen Selfgovernments die Angelegenheiten der inneren Autonomie der jüdischen Gemeinde koordinieren, die Vermittlung in allen zwischen Staat und Judenschaft anstehenden Streitpunkten und die Umlage der Steuerpauschale auf die einzelnen Gemeinden vollziehen. Doch gegenüber dem Herrschaftsmonopol der Adelsgesellschaft konnte sich diese beispielhafte Organisationsform nicht behaupten und verfiel bereits im 17. Jh. Zwar erhielt die Judenschaft 1669 eine kleine Kodifikation ihrer früheren Privilegien und unter der liberalen Judenpolitik von Jan III. Sobieski auch soziale und wirtschaftliche Aufstiegsmöglichkeiten, doch danach sorgte die Szlachta für die Aufnahme einer strikt kontrollierten Klausel in den Wahlkapitulationen, keine Juden zu irgendeiner Funktion im Staatsdienst zuzulassen oder sie in der Verwaltung der Krondomänen zu beschäftigen. In der Aufklärungszeit wurden dann Stimmen laut, die Juden durch die weitere Beschneidung ihrer geringen Rechte zur Abwanderung zu zwingen. Die Integration der Juden in die sich ausbildende bürgerliche Gesellschaft ist auch im 19. Jh. nur zögernd angelaufen und hat sich auf einen bescheidenen Teil des jüdischen Stadtbürgertums beschränkt[32].

3.2 Die Herrschaft Stefan Báthorys und der Könige aus dem Hause Wasa (1576–1668)

3.2.1 Kriege mit Moskau und Schweden

Bevor König Stefan Báthory die durch das lange Interregnum verschleppten außenpolitischen Aufgaben anpacken konnte, hatte er noch den Widerstand Danzigs, der größten und reichsten Stadt, zu brechen, die den von den anderen preußischen Ständen in Thorn geleisteten Huldigungseid verweigerte. In dem 1576/77 geführten Danziger Krieg, in dem es vornehmlich um den Aus- bzw. Abbau der städtischen Selbständigkeit ging, konnte Stefan trotz einem Sieg gegen ein Bürgerheer bei Dirschau die von Juni bis September 1577 belagerte, aber stark befestigte und geschickt verteidigte, von Dänemark auf dem Seeweg unterstützte Stadt nicht einnehmen. Der am 16. XII. 1577 in Marienburg geschlossene Friede kam auf der Basis eines Kompromisses zustande: Zwar hatte der Rat Abbitte zu leisten und eine Buße von 200 000 Złoty zu bezahlen, erhielt dafür aber eine Bestätigung aller Privilegien[1]. Der am 26. II. 1585 unterzeichnete Pfahlgeldvertrag sicherte gegen die Überlassung der Hälfte der Hafengebühren an den König die innerstädtischen Freiheiten zusätzlich ab. Unter Ausschaltung des vom König unterstützten Elbing konnte Danzig sein Hafenmonopol weiter ausbauen und dank seiner Wirtschaftskraft und seines Reichtums eine von der Krone weitgehend unabhängige Stellung erlangen.

Während der Danziger Wirren hatte Ivan IV. die Kampfhandlungen in Livland wiederaufgenommen und das Land besetzt. Nachdem Bemühungen um eine friedliche Regelung im Januar 1578 gescheitert waren, führte Stefan mit großem strategischen Geschick drei Feldzüge gegen Moskau durch[2], wobei zunächst im August 1579 Polock zurückerobert wurde; im Herbst 1580 fiel die starke Festung Velikie Luki (Wielkie Łuki). Vor dem für das Frühjahr 1581 geplanten dritten Feldzug unterbreitete Ivan mehrere Friedens- und Unionsangebote und wandte sich, als diese von den gemeinsam operierenden Polen und Schweden abgelehnt worden waren, mit der Bitte um Vermittlung an Papst Gregor XIII. Der von diesem beauftragte Jesuit Antonio Possevino[3] vermittelte nach einer für Polen verlustreichen Belagerung von Pskov am 15. I. 1582 in Jam Zapol'skij einen auf zehn Jahre terminierten Waffenstillstand, in dem Ivan ganz Livland, Polock und Veliž (Wieliż) preisgab, dafür aber Smolensk behauptete. Eine dauerhafte Lösung der Livland-Frage war durch diesen Kompromiß aber wieder nicht erzielt worden, weil auch nach dem polnischen Erwerb des Distrikts Pilten 1585 Dänemark im Besitz von Ösel verblieb und sich Schweden in Estland festsetzte. Die 1582 erlassenen *Constitutiones Livoniae* ermöglichten unter Verletzung der 1561 gemachten Zusagen den Aufbau einer weitgehend von Polen beeinflußten Provinzverwaltung, so daß sich die Sympathien der Livländer immer stärker den Schweden zuneigten, zumal auch die Gegenreformation durch die Errichtung eines Bistums in Wenden, die Gründung jesuitischer Kollegien und die Ernennung des Wilnaer Bischofs Radziwiłł zum Statthalter aktive Unterstützung erfuhr[4]. Hier lagen die Ursprünge eines Konflikts, der dann im 17. Jh. für Polen/Litauen große Brisanz erlangte. Nach dem Tod des Zaren Ivan IV. 1584 griff Báthory ältere Pläne einer Union mit dem Großfürstentum Moskau mit dem Ziel auf, die vom päpstlichen Stuhl immer noch geförderte Kirchenunion herbeizuführen und entschieden die Vertreibung der Türken aus Europa anzugehen[5]. Die 1578 eingeleitete Heeresreform, wonach pro 20 Hufen Königsgut jeweils ein Fußsoldat zu stellen und auszurüsten war, hatte mit der sog. Hufeninfanterie *(piechota łanowa)* eine schlagkräftige Truppe geschaffen, die den militärischen Anforderungen der Zeit besser genügte als das überholte Allgemeine Aufgebot. Diese Pläne wurden von dem „Adelstribunen" Jan Zamoyski unterstützt, der trotz der *incompatibilitas* 1578 die Kanzler- und 1581 die Großhetmanwürde empfangen und 1584 die Kusine des Königs geehelicht hatte. Ihr einvernehmliches Zusammenwirken hatte bereits 1578 zur Verbesserung der Rechtspflege durch die Einrichtung von Berufungsgerichten, den Tribunalen, für Groß- und Kleinpolen geführt, die 1581 auch von Litauen übernommen wurden[6]. Da der Adel unter Abbau der königlichen Rechtssprechung auf den Landtagen jetzt seine Richter letzter Instanz selbst bestimmen konnte, begrüßte er diese Reform. Doch Unzufriedenheit, ja offener Aufruhr stellten sich ein, als Zamoyski ein Mitglied der Báthory anfangs wohlgesinnten einflußreichen Magnatenfamilie Zborowski, Samuel, im Mai 1584 wegen seiner landesverräterischen Beziehungen zu den Habsburgern hinrichten ließ und sich seine Brüder mit dem Vorwurf der „Tyrannei" der Krone um Unterstützung an den Gesamtadel wandten. Obwohl der Reichstag im Februar 1585 harte Urteile gegen die Unruhestifter fällte, löste eine Minderheit von Abgeordneten den Sejm auf; der König hatte einen beträchtlichen Prestigeverlust hinzunehmen[7]. Wegen dieser innenpolitischen Rücksichtnahmen konnte Báthory vor seinem überraschenden Tod am 12. XII. 1586 seine großangelegten außenpolitischen Pläne nicht entschlossen vorantreiben.

In seiner kurzen Regierungszeit war es dem energischen, unpopuläre Maßnahmen nicht scheuenden König Stefan immerhin gelungen, die gefährdete Ostgrenze abzusichern und dank der von ihm veranlaßten Reformen den Staat auch im Innern zu konsolidieren. Dem Adel hatte er bewußt gemacht, daß nur unter finanziellen Opfern und unter persönlichem Einsatz die Expansion der Nachbarmächte aufgehalten und der territoriale Besitzstand der Staatenunion gewahrt werden konnte.
Seine trotz der Begünstigung der Gegenreformation gewahrte religiöse Toleranz, seine persönliche Integrität und seine militärischen Erfolge haben ihm bis heute hohes Ansehen als eine der großen Herrschergestalten der polnischen Geschichte gesichert.
Der von der Familie Zborowski mit ihren Anhängern geschürte innenpolitische Konflikt beeinflußte das dritte Interregnum und die nächste Königswahl[8]. Gleich vier habsburgische Erzherzöge, die Brüder Kaiser Rudolfs II. Ferdinand, Ernst, Maximilian und Matthias, wetteiferten mit Kardinal Andreas Báthory, König Stefans Neffen, dem Moskauer Großfürsten Fedor und dem bald zum Favoriten der Zamoyski-Partei aufsteigenden Sigismund Wasa, dem Enkel Zygmunts I. So kam es im August 1587 zu einer erneuten Doppelwahl: am 19. stimmte das von Zamoyski und Primas Karnkowski geführte Lager für Zygmunt III. (Sigismund Wasa), während am 22. die Opposition um die Zborowskis Erzherzog Maximilian wählte. Obschon der Habsburger das von Zamoyski verteidigte Krakau nicht erobern konnte, gab es noch ein längeres Tauziehen um den Thron, weil einerseits Johann III. Wasa im Interesse der Nachfolgesicherung in Schweden seinem Sohn den Verzicht auf den polnischen Thron nahelegte und mit Kaiser Rudolf Kontakte knüpfte, um den bereits zweimal unterlegenen Erzherzog Ernst auf den polnischen Thron zu bringen, und weil andererseits Zamoyski mehrfach vergeblich versuchte, dem Reichstag die Annahme eines Gesetzes zum dauernden Ausschluß der Thronbewerber aus dem Hause Habsburg nahezulegen[9]. Nach der Krönung Zygmunts III. (1587–1632)[10] am 28. XII. 1587 und der Gefangennahme Maximilians im Januar 1588 wurde die Auseinandersetzung zwischen den zerstrittenen Lagern rasch beigelegt; doch die wachsenden Spannungen zwischen dem König und seinem dominierenden Kanzler erschwerten eine wirksame Beilegung der innenpolitischen Streitpunkte, zumal Zygmunt mit der Sicherung seiner Nachfolge in Schweden eine von der Adelsnation nicht mitgetragene Politik verfolgte.
Da sich der introvertierte, mißtrauische und fanatisch religiöse König vom Einfluß Zamoyskis freimachen wollte und daher nach dem vom Kanzler vermittelten Pazifikationstraktat von Beuthen am 10. III. 1589 selbst den Ausgleich mit dem Hause Habsburg suchte, der 1592 durch die Ehe mit Anna von Innerösterreich, der Schwester des späteren Kaisers Ferdinand II., auch eine dynastische Grundlage erhielt, kam es zu einem Wechsel der Hofpartei: Die ehemaligen pro-habsburgischen Gegner und der Episkopat stellten sich hinter Zygmunt III., während die Anhänger

Zamoyskis in die Defensive gerieten. Zygmunts Bereitschaft, sich unter Wiederaufnahme der alten Pläne Báthorys vom päpstlichen Stuhl und von Österreich in eine anti-osmanische Liga hineinziehen zu lassen, wurde von Zamoyski entschlossen bekämpft, obgleich auch er als Hetman mehrfach in der Moldau und in der Walachei intervenierte und dadurch das korrekte polnisch-türkische Verhältnis gefährdete. Als Pläne Zygmunts III. ruchbar wurden, für die Nachfolge in Schweden auf die polnische Krone zugunsten eines Habsburgers zu verzichten, und als sich der König nach dem Tod Johanns III. im November 1592 unter Vernachlässigung der polnischen Belange ausschließlich um die Konsolidierung seines schwedischen Erbes kümmerte, vertiefte sich die innenpolitische Kluft[11]. Denn Zygmunt hatte in seinen Wahlkapitulationen nicht nur versprechen müssen, Polen lediglich mit Einwilligung des Sejm zu verlassen, sondern auch Estland an Polen abzutreten.

Obschon der Reichstag dem König eine einjährige Abwesenheit zur Thronübernahme in Schweden zugestand, mußte Zygmunt bald einsehen, daß von Warschau aus, wohin er 1596 die Hauptresidenz verlegte, die Doppelherrschaft nicht aufrechtzuerhalten war, zumal der zum Statthalter in Stockholm eingesetzte Onkel Karl von Södermanland selbst nach der schwedischen Krone strebte und daher bürgerkriegsähnliche Zustände im Lande herrschten. Weil Zygmunt keine Anstalten traf, das im Frieden von Tjavzin 1595 mit dem Großfürstentum Moskau ausdrücklich als schwedisches Besitztum anerkannte Estland der Krone Polens zu unterstellen, konnte er 1598 bei seinem gescheiterten Versuch, die Auseinandersetzung in Schweden zu seinen Gunsten zu entscheiden, nicht mit polnischer Unterstützung rechnen. Erst als er im März 1600 die Inkorporation vollzog, trat die Adelsrepublik dem dynastischen Konflikt bei, der sich zu einem bis 1626/29 hinziehenden polnisch-schwedischen Krieg um Livland ausweiten sollte. Nach anfänglichen Rückschlägen konnten ab Herbst 1601 polnisch-litauische Truppen das von Schweden mit Ausnahme Rigas besetzte Livland zurückerobern und schließlich dem seit 1604 zum schwedischen König gekrönten Karl IX. am 27. IX. 1605 bei Kirchholm eine empfindliche Niederlage zufügen[12]. Die Einbeziehung beider Länder in die Moskauer Wirren ließen den Livland-Konflikt, der nur durch einen Waffenstillstand beigelegt worden war, zurücktreten; erst König Gustav Adolf, der sich durch den Frieden von Stolbovo (27. II. 1617) mit Rußland den Rücken freigemacht hatte, nahm im Sommer 1617 die Kampfhandlungen wieder auf und konnte nach der Einnahme Rigas im September 1621 ganz Livland nördlich der Düna in Besitz nehmen. Die polnischen Rückeroberungsversuche wurden nach der Niederlage bei Wallhof 1626 eingestellt[13]; die Ausweitung des Konflikts auf Preußen, wo Gustav Adolf im Juli 1626 gelandet war, zog Polen am Rande mit in den Dreißigjährigen Krieg hinein. Bei diesem langwierigen Stellungskrieg, unterbrochen durch ein Seegefecht vor Oliva (28. XI. 1627), konnte Gustav Adolf nach Anfangserfolgen (bei Mewe, 1. X. 1626, und

Dirschau, 7. VII. 1627) trotz einer Niederlage bei Marienwerder im Juni 1629 in einem von Frankreich vermittelten Waffenstillstand in Altmark am 26. IX. 1629 die Kontrolle über die meisten preußischen Küstenstädte behaupten und sich durch einen Vertrag mit Danzig einen bedeutenden Anteil an den Hafenzöllen sichern[14]. Der von Zygmunt III. auch danach noch aufrechterhaltene Anspruch auf die schwedische Krone war genau so wenig einzulösen wie die bis zum Frieden von Oliva 1660 verteidigten Besitztitel in Estland und Livland. Die schwedische Vorherrschaft an der Weichselmündung und der Übergang Herzoglich Preußens als Lehen an das Haus Brandenburg 1618 bzw. 1621 bedrohten erneut Polens freien Zugang zur Ostsee. Gerade der noch nicht endgültig beigelegte Konflikt mit Schweden hatte Polen trotz einiger Waffenerfolge nur Territorialverluste eingebracht und ein erfolgversprechendes Vorgehen gegenüber dem in innere Wirren verstrickten Moskau und dem Osmanenreich unterbunden. Die von der Vereinigung Herzoglich Preußens für den territorialen Bestand Polens möglicherweise ausgehende Gefahr, durch eine Landbrücke diese exponierte Provinz mit den Erblanden fester zu verknüpfen, stellte zu Beginn des 17. Jh. noch keine Bedrohung dar, weil sich die Hohenzollern der Adelsrepublik gegenüber einer vorsichtigen, ja ängstlichen Politik befleißigten, die vorgab, allein dynastische und keine auf Gebietserwerb ausgerichteten Ziele zu verfolgen.

3.2.2 Die Intervention im Großfürstentum Moskau in der „Zeit der Wirren“

Die seit den Zeiten des Großfürsten Witold latenten, in seinen letzten Lebensjahren auch von König Stefan verfolgten Unionspläne mit dem Großfürstentum Moskau, die nicht nur die Möglichkeit einer gewaltigen Ostexpansion, sondern auch der Bekehrung der orthodoxen Schismatiker beinhalteten, erhielten bereits in der Anfangsphase des livländischen Kriegs neue Nahrung, als 1598 mit dem Tod des Zaren Fedor die Rurikiden-Dynastie erlosch und unter wachsendem Widerstand der Hocharistokratie Boris Godunov auf den Thron gelangte. Die Zuspitzung der inneren, durch die Bindung der Bauern an die Scholle und durch katastrophale Mißernten geschürten Krise versuchten Thronprätendenten in Gestalt falscher Zarensöhne zu nutzen. Der erste Usurpator, Demetrius (1603–1606)[15], wohl der entlaufene Mönch Griša Otrep’ev, fand in Polen die Unterstützung sowohl zahlreicher Adliger als auch der katholischen Kirche und konnte so, von der innerrussischen Opposition der Bojaren als Werkzeug verwandt, nach dem Tode Godunovs 1605 sogar den Zarenthron besteigen. Verheiratet mit der polnischen Magnatin Maryna Mniszech[16], lösten seine polnischen und katholischen Bindungen in Moskau einen Pogrom gegen seine polnischen Begleiter aus, dem auch der Pseudo-Demetrius am 27. V. 1606 zum Opfer fiel. Da in Polen mit dem Aufstand von Mikołaj Zebrzydowski ein gefährlicher innerer Konflikt der

Lösung harrte, konnte sich König Zygmunt III., der die Aktionen des Pseudo-Demetrius mit Wohlwollen verfolgt hatte, vorerst nicht in die sich nach der Wahl des Bojarenzaren Vasilij Šujskij zuspitzende Auseinandersetzung im Moskauer Zartum einschalten.

Denn sein die Toleranzgesetze verletzendes Vorgehen, der wachsende Einfluß des katholischen Episkopats und des jesuitischen Hofpredigers Piotr Skarga[17] auf die Festlegung der Politik, die einseitige Bevorzugung einiger Magnatenfamilien und die enge Kooperation mit dem Haus Habsburg, dem er sich 1605 erneut verschwägerte, weckten den Unwillen des Klein- und Mitteladels und nährten den Widerstand der sich zurückgesetzt fühlenden Magnaten. Die zahlenmäßig bereits stark reduzierten Protestanten beklagten die ungeahndet bleibenden Übergriffe auf protestantische Gotteshäuser und Schulen sowie die Wiedergewährung der staatlichen Hilfe bei der Vollstreckung der Urteile geistlicher Gerichte. Zamoyski, der unangefochtene Führer der Opposition, versuchte, einen offenen Bruch mit dem Hof zu vermeiden, doch konnte er bis zu seinem Tod († 3. VI. 1605) keine Beilegung der Gravamina erzielen. Als Zygmunt 1606 dem Sejm Pläne für eine Reichstagsreform, für ständige Steuern und ein stehendes Heer vorlegte, riefen im August die Gegner unter dem Vorwurf, der König wolle unter Verletzung seiner Wahlkapitulation ein *dominium absolutum* einführen, den Aufstand *(rokosz)* aus und kündigten ihm im Sommer 1607 den Gehorsam auf[18]. Nach seinem Sieg über das Aufstandsheer am 6. VII. 1607 in der Nähe von Radom war der König zwar Herr der Lage, brauchte aber lange, um das Mißtrauen und die Unzufriedenheit des Adels abzubauen. Obgleich kein Strafgericht gehalten wurde und sich Zygmunt mit der Abbitte der Aufstandsführer zufrieden gab, war der politische Einfluß des protestantischen Adels ein für allemal gebrochen. Der Szlachta galt jedoch künftig der Versuch als legitim, durch Konföderationen (unter Beitritt des Königs) oder Aufstände ihre politischen Ziele durch die Anwendung bürgerkriegsähnlicher Methoden durchzusetzen. Mit einer 1609 verkündeten Generalamnestie hatte Zygmunt jedenfalls das Versprechen zu verbinden, keine Stärkung der königlichen Macht zu verfolgen.

Nach ihrer Niederlage war ein Teil der Aufständischen nach Moskau entkommen und hatte sich einem zweiten falschen Demetrius, dem *„Vor* (Räuber) *von Tušino"*, angeschlossen. Während sie dort einen einträglichen Privatkrieg führten, sah sich Zygmunt III. zu einem Eingreifen veranlaßt, als der hartbedrängte Vasilij im Februar 1609 ein Bündnis mit König Karl IX. von Schweden schloß. Mit dem Ziel, die im letzten Jahrhundert erlittenen Territorialverluste wettzumachen und die auch unter religiösen Gesichtspunkten erwünschte Union mit dem Großfürstentum Moskau herbeizuführen, begann Zygmunt im Juli 1609 einen Feldzug, der sich aber anfangs nur auf die Belagerung von Smolensk beschränkte. In Verhandlungen mit den innerrussischen Gegnern Šujskijs, die – mit der Familie Romanov an der Spitze – im Lager des „Räubers" standen, versprach Zygmunt am 14. II. 1610, bei der Wahl seines Sohnes Władysław zum Zaren dem russischen Adel ähnliche Vorrechte wie die der polnischen Szlachta gewähren zu wollen und gab eine Garantie für den Schutz der orthodoxen Kirche ab. Nachdem Hetman Stanisław Żółkiewski[19] am 23. VI. 1610 dem schwedisch-russischen Heer bei Klušina eine vollständige Niederlage beigebracht hatte, stand der Weg nach Moskau offen, wo die Bevölkerung den Zaren Vasilij stürzte und den Polen kampflos die Tore der Stadt öffnete. Doch Zygmunt III. wußte die Gunst der Stunde nicht zu nutzen: Im Gefühl momentaner militärischer Überlegenheit gab er seinen militanten katholischen und absolutistischen Neigungen nach und verweigerte einem von Żółkiewski mit den verschiedenen Gruppen von Würdenträgern geschlossenen Abkommen, das den Glaubenswechsel des Kandidaten Władysław und Beschränkung der monarchischen Prärogativen vorsah, die Zustimmung. Die Führer der „Großen Gesandtschaft“, die den inzwischen zum Zaren gewählten Władysław[20] nach Moskau geleiten sollten, ließ Zygmunt gefangennehmen und nach Polen verbringen. Er bestand danach sogar auf seiner eigenen Wahl, um Polen/Litauen unmittelbar mit dem Moskauer Zartum in Personalunion zu verbinden. Dieses ungeschickte Vorgehen schürte den nationalen Widerstand der Russen, der begünstigt wurde durch Zygmunts Rückzug nach der Einnahme der Schlüsselfestung Smolensk am 13. VI. 1611; der seit März hart bedrängten polnischen Garnison im Kreml wurde erst im Sommer und Herbst 1612 Hilfe zuteil, ohne ihre Kapitulation im Oktober verhindern zu können[21]. Mit dem vom russischen Landesaufgebot unter dem Fürsten Požarskij erzwungenen Rückzug der Polen und mit der Wahl von Michail Fedorovič Romanov am 17. II. 1613 zum Zaren war der Krieg jedoch noch nicht beendet, weil Zygmunt III. die Ansprüche seines Sohnes Władysław weiterverfocht und mit österreichischer Unterstützung auf der Wiederherstellung der litauischen Grenzen von 1449 beharrte[22]. Da Verhandlungen zu keinem Ergebnis führten, unternahm im Frühjahr 1617 Władysław mit Unterstützung der Dnepr- und Donkosaken einen weiteren Versuch, auf den Zarenthron zu gelangen; nach Anfangserfolgen, die das polnisch-kosakische Heer im Oktober 1618 bis vor die Tore Moskaus führte, wurde am 3. I. 1619 in Deulino (poln. Diwilino) ein auf $14\frac{1}{2}$ Jahre terminierter Waffenstillstand geschlossen, der Polen/Litauen unter Aufrechterhaltung der Thronansprüche Władysławs die Rückgabe eines Großteils der seit Ivan III. verlorenen Territorien, u. a. von Smolensk, Severien, Černigov und Dorogobuž, eintrug, wofür nur die Gefangenen der „Großen Gesandtschaft“ mit dem Zarenvater, dem Patriarchen Filaret, freigelassen werden mußten[23].

Der Mißerfolg dieses Versuchs, die Machtsphäre auf Moskau auszudehnen, hatte auch religiöse Ursachen, denn die in Polen/Litauen verfolgte Politik gegenüber den Orthodoxen besaß für die Rechtgläubigen keine Anziehungskraft. Auf dem Höhepunkt der Gegenreformation glaubte man, aus dem Titel des 1589 zum Patriarchen „von Moskau und der ganzen Rus'" aufgewerteten geistlichen Oberhaupts den Anspruch der geistlichen Jurisdiktion über die orthodoxen Einwohner der Adelsrepublik herauslesen zu können; danach erhielten die alten Pläne einer Kirchenunion zur Abwehr dieser Gefahr neue Nahrung. Gefördert vom Hofprediger Skarga und unterstützt vom Kanzler Zamoyski nahmen die Bischöfe von Łuck und Vladimir, Cyrill Terlecki und Hypatius Pociej, im Sommer 1595 in Rom Verhandlungen über die Wiederbelebung der Florentiner Union von 1439 auf, deren Ergebnisse am 23. XII. 1595 in die Bulle *Magnus Dominus* von Papst Clemens VIII. eingingen. Darin wurde unter Aufrechterhaltung der slawischen Liturgie, der Priesterehe und der eigenen Administration eine Union der orthodoxen Kirche Polen/Litauens mit Rom verkündigt[24]. Gegen diese Vereinbarungen, die im Oktober 1596 von einer Synode in Brześć am Bug gebilligt wurden, stellten sich aber die Bischöfe von Lemberg und Przemyśl sowie die orthodoxen Bruderschaften unter Führung des Fürsten Konstantin Ostrogski (Ostrožskij)[25], so daß an die Stelle der angestrebten kirchlichen Geschlossenheit eine latente, den inneren Glaubensfrieden bedrohende Auseinandersetzung trat. Bald fühlten sich die Uniierten getäuscht, weil ihnen die versprochene Gleichstellung mit den römischen Katholiken nicht gewährt und ihr Episkopat auch nicht in den Senat aufgenommen wurde; zudem begünstigte der katholische Klerus Übertritte von der Union zum lateinischen Ritus und höhlte so die Substanz der uniierten Kirche aus. Die orthodox gebliebenen Adligen, seit 1620 wieder mit einer – 1635 auch staatlich anerkannten – eigenen Kirchenorganisation ausgestattet, fanden sich im öffentlichen Leben benachteiligt und suchten deshalb erst recht die Unterstützung ihrer Glaubensbrüder im Zarenreich. Da auch die Protestanten Klagen über den Abbau ihrer Rechte und ihre Zurückdrängung führten, vertieften sich unter Reduzierung der zuvor beachteten religiösen Toleranz die konfessionellen Gegensätze, die bereits durch die von orthodoxen und reformierten Adligen 1599 geschlossene Konföderation von Wilna[26] und den Aufstand des Zebrzydowski eine Zuspitzung erfahren hatten. Auch das von missionarischem Sendungsbewußtsein genährte Eingreifen in die innerrussischen Wirren war dem Glaubensfrieden und der Konsolidierung der Kirchenunion in Polen/Litauen nicht dienlich.

Ein unterschwelliges religiöses Motiv lag auch den seit etwa 1595 wieder aufflackernden Kämpfen mit dem Osmanenreich zugrunde, die hauptsächlich durch die Einmischung einzelner Magnaten in die Thronfolgestreitigkeiten im Fürstentum Moldau, durch die Raubzüge der Dneprkosaken und durch die verwüstenden Einfälle der Krimtataren schließlich 1615 offen ausbrachen. Kurzzeitig 1617 durch ein Stillhalteabkommen beigelegt, kam es im September 1620 bei Cecora zur offenen Feldschlacht, bei der das vom Hospodar der Moldau, Kaspar Graziani, zur Hilfe gerufene, viel zu schwache polnische Heer entscheidend geschlagen wurde und Żółkiewski den Tod fand. Der Schock der Niederlage und die Möglichkeit einer Koalition des ehrgeizigen Sultans Osman II. mit dem

protestantischen Fürsten von Siebenbürgen, Gabor Béthlen, und mit den aufständischen böhmischen Ständen wirkten so nachhaltig, daß der Sejm Gelder zur Anwerbung eines großen Heeres bewilligte. Diese durch Kosaken verstärkte, vom Kronprinzen Władysław und Hetman Chodkiewicz[27] geführte Armee konnte sich im Herbst 1621 der Belagerung durch ein doppelt so starkes türkisches Heer bei Chocim am Dnestr erwehren, so daß auf der Grundlage des *status quo ante* am 9. X. 1621 ein Frieden geschlossen wurde, der Polen nur die Verpflichtung auferlegte, dem Tatarenkhan einen jährlichen Tribut zu zahlen. Den tatarischen Überfällen auf polnisches Territorium war damit aber nicht Einhalt geboten. Besonders hoch wurde das Vorrecht veranschlagt, bei der Hohen Pforte eine ständige Gesandtschaft unterhalten zu können[28].
Die kriegerischen Verwicklungen mit Schweden, Moskau und den Osmanen unterbanden weitergehende Pläne Zygmunts III., auf der Seite Habsburgs in den Dreißigjährigen Krieg einzugreifen, zumal Zusagen für Entschädigungen in Schlesien nicht zu erhalten waren. So blieb Polen von den Kampfhandlungen und Verwüstungen in Mitteleuropa weitgehend verschont. Großpolnische Magnaten boten auf ihren Gutskomplexen und in ihren Städten den hartbedrängten Böhmischen Brüdern mit dem Bischof Jan Amos Comenius an der Spitze[29] und schlesischen Protestanten wie schon achtzig Jahre zuvor einen Zufluchtsort. Städte wie Lissa (Leszno) und Fraustadt (Wschowa), aber auch die Neugründungen Rawicz oder Bojanowo blühten als Zentren des Tuchmachergewerbes auf. Trotz der ständigen Kriege bescherte die gute Konjunktur für Getreide- und Viehexporte dem Land, das bald als Insel des Friedens gerühmt wurde, wachsenden Wohlstand.

3.2.3 Konsolidierung unter Władysław IV. (1632–1648)

Als Zygmunt III., der sich nur einer geringen Beliebtheit erfreute und von den Polen immer als Ausländer betrachtet wurde, am 30. IV. 1632 starb, trat als einziger ernsthafter Bewerber um die Nachfolge sein ältester Sohn Władysław an, der bereits 1599 zum König von Schweden und 1611 zum Zaren von Rußland gewählt worden war und vorerst noch den Anspruch auf beide Kronen aufrechterhielt. In der einzigen Wahl, die ohne Blutvergießen ablief, wurde er bereits im November 1632 bestätigt und als Władysław IV. (1632–1648)[30] am 6. II. 1633 in Krakau gekrönt. Seine Leutseligkeit, seine militärischen Erfahrungen und sein offenes Bekenntnis zur Toleranz hatten ihm auch die Unterstützung der Dissidenten eingetragen, die während des Interregnums Kurfürst Georg Wilhelm von Brandenburg und König Gustav Adolf von Schweden um Schutz vor dem religiösen Eifer der katholischen Szlachta gebeten hatten. Als erste dringliche Aufgabe hatte Władysław einen russischen Einfall zurückzuschlagen, der seit dem Herbst 1632 zum Verlust zahlreicher Festungen und Städte sowie der hartnäckigen Belagerung von Smolensk geführt hatte[31]. Erst als der

König im Herbst 1633 selbst das Kommando übernahm, konnten die Moskowiter zurückgedrängt werden, ohne daß es dabei dem polnischen Heer gelang, die den Weg nach Moskau versperrende Festung Belaja einzunehmen. Der am 14. VI. 1634 an der Poljanovka unterzeichnete „ewige Friede“ beließ Polen/Litauen mit Ausnahme des Gebiets von Serpejsk den 1619 vereinbarten Territorialbestand; nachdem Władysław gegen eine beträchtliche Entschädigung auf den Zarentitel verzichtet hatte, sagte Moskau sogar Hilfe im Kampf gegen Schweden, Tataren und Türken zu[32]. Dieses Einvernehmen war deshalb wichtig, weil Zar Michail im Juli und Oktober 1633 Tatareneinfälle angeregt und auch einen türkischen Angriff des Paschas Abasa nach Podolien begünstigt hatte. Ein drohender polnisch-türkischer Krieg konnte im Oktober 1634 gerade noch durch einen neuen Vertrag mit der Hohen Pforte vermieden werden, ohne daß sich die vom Sultan zugesagte strenge Aufsicht über die Krimtataren in einer Verringerung ihrer Raubzüge konkretisieren ließ.

Die Gefährdung der Grenzen im Osten und Südosten hatte Władysław abgehalten, nach dem Tod seines Onkels Gustav Adolf bei Lützen seine Ansprüche auf den schwedischen Thron nachdrücklich zu vertreten. Sein Vorhaben, sich nach dem Ausgleich mit Moskau und der Pforte auf die schwedische Frage zu konzentrieren, scheiterte an der Kriegsmüdigkeit der Szlachta und der Ablehnung der zur Anwerbung von Söldnern notwendigen Steuermittel durch den Sejm. Der vornehmlich durch französische Vermittlung am 12. IX. 1635 in Stuhmsdorf (Sztumska Wieś) auf 26 Jahre vereinbarte Waffenstillstand bedingte die Räumung des Königlichen Preußen und den Verzicht auf den Danziger Hafenzoll durch Schweden, während Polen Livland nördlich der Düna aufgeben mußte[33]. Zwar versuchte Władysław, durch den Aufbau einer polnischen Flotte die Voraussetzungen für einen Kampf um die Ostseeherrschaft zu verbessern, konnte aber wegen des wachsenden Widerstands in der Adelsgesellschaft nach 1644 eine aktive Schweden- und Seepolitik nicht mehr verfolgen[34].

Allen Versuchen der kriegführenden Parteien, Polen in die Schlußphase des Dreißigjährigen Kriegs zu verwickeln, wußte Władysław trotz des von Frankreich mitgetragenen Angebots, die polnischen Ansprüche auf Schlesien unterstützen zu wollen, auszuweichen[35]. Durch seine Ehe mit der Erzherzogin Cäcilia Renate, einer Cousine, besiegelte er 1637 sein Einvernehmen mit den Habsburgern. Diese Allianz trug ihm nach dem Tod Herzog Bogusławs IV. von Pommern 1637 die Herrschaften Lauenburg (Lębork) und Bütow (Bytów) ein, die dem Königlichen Preußen angegliedert wurden, und 1644 den Pfandbesitz der schlesischen Fürstentümer Ratibor und Oppeln. Auch die vom Großen Kurfürsten 1641 in Warschau geleistete Huldigung für das Lehnsgebiet Herzoglich Preußen war unter dem Druck Kaiser Ferdinands III. zustandegekommen[36]. Besonderes Gewicht maß Władysław aber einem Türkenfeldzug bei, den er mit Unterstützung Habsburgs, Moskaus, Venedigs, Florenz’ und des Papstes

für 1646 sorgfältig vorbereitete[37]. Seine zweite Ehe mit der wohlhabenden französischen Prinzessin Maria Louisa Gonzague de Mantua-Nevers[38] im März verschaffte ihm die notwendigen Mittel, denn der Sejm hatte eine Kriegssteuer abgelehnt. Eine schwere Erkrankung des Königs gab den Gegnern des Türkenkriegs Gelegenheit, einen Aufschub zu erzwingen und Władysław nach heftigen Auseinandersetzungen vor dem Reichstag im Herbst 1646 zur Auflösung des Heeres zu veranlassen. Bevor eine endgültige Entscheidung über die Durchführung des Türkenfeldzugs getroffen worden war, verstarb Władysław IV. am 20. V. 1648 in Merecz.
Innenpolitisch hatte Władysław gegen die mächtigen Magnaten und den selbstbewußten Adel einen schweren Stand. Den 1637 zur Verteidigung des katholischen Glaubens und zur Errichtung einer starken Zentralgewalt gegründeten „Orden der Unbefleckten Empfängnis der Jungfrau Maria“ mußte er wegen des Widerstands der Szlachta bald auflösen. Obwohl der Sejm 1643 eine Sondersteuer zur Bezahlung der königlichen Schulden in Höhe von 4 Mill. Złoty bewilligte, konnte der Monarch seine Steuerforderungen nur selten durchsetzen. Während die Republik in Friedenszeiten für ihr nach 1634 auf 990 000 km^2 angewachsenes Territorium mit mehr als 10 Mill. Einwohnern, von denen etwa 40% Polen waren, ganze 4000 Mann unter Waffen hielt, verfügten Magnaten wie Jarema Wiśniowiecki[39] oder Dominik Zasławski über Privatarmeen mit mehr als 3 000 Soldaten. Des Königs Versuche, in Danzig und den preußischen Häfen einen zusätzlichen Zoll einheben zu lassen, waren ebenso erfolglos wie der Anlauf, eine königliche Handelscompagnie zu gründen. Das 1645 nach Thorn einberufene *Colloquium Caritativum* konnte die konträren Standpunkte der drei Konfessionen, der Katholiken, der Lutheraner und der Reformierten, nicht bereinigen und den Siegeszug der Gegenreformation nicht aufhalten[40]. Während das Brüdergymnasium in Lissa unter Comenius’ Leitung aufblühte und die protestantischen Schulen in Danzig, Elbing und Thorn einen hohen Wissensstand vermittelten, verstanden es die Jesuiten, dank ihres Schulwesens und ihres politischen Einflusses die Masse der Szlachta durch eine geschickt angelegte, seelischen Imponderabilien Rechnung tragende Werbearbeit fest im Schoß der geläuterten katholischen Kirche zu verankern sowie das Geistesleben in Polen zu kontrollieren. Die verfallende Jagiellonenuniversität in Krakau und die von Jan Zamoyski 1600 gegründete Akademie in Zamość konnten mit der von Jesuiten geleiteten Akademie in Wilna nicht konkurrieren. Andererseits wehrte der Sejm aber alle Versuche ab, das Posener Jesuitenkolleg zu einer Akademie zu erheben oder – nachdem die Pläne Władysławs IV. gescheitert waren, in Lemberg eine Ritterakademie einzurichten – in Galizien eine Jesuiten-Universität aufzubauen. Mit dem seit 1642 in Polen ansässigen Schulorden der Piaristen erwuchs den Jesuiten mit der Zeit ein ernstzunehmender Gegner, der sich, besonders im 18. Jh., um die Erneuerung des noch ausschließlich kirchlich geprägten Schulwesens verdient

machte. Das Bestreben des hohen Klerus, die in den Wahlkapitulationen garantierten Rechte der jetzt als „Dissidenten" bezeichneten Andersgläubigen zumindest durch den Zusatz einzuschränken, *„salvis iuribus ecclesiae Romanae"*, erschwerte bei wachsender religiöser Intoleranz die freie Religionsausübung. Die Übergriffe der Behörden und der oft von Ordens- und Weltgeistlichen angeführten Menschenmassen gegen Akatholiken häuften sich; die Verfolgung der Sozianer oder Antitrinitarier erreichte mit der vom Sejm 1638 gebilligten Schließung ihres geistigen Zentrums Raków mit seiner bekannten Druckerei und der am 10. VI. 1658 erlassenen Ausweisungskonstitution ihren Abschluß[41].

3.2.4 Der Verlust der Großmachtstellung unter Jan II. Kazimierz (1648–1668)

Obschon sich Polen im Vergleich mit den in den Dreißigjährigen Krieg verstrickten, schwer betroffenen Staaten insgesamt in einer vorteilhaften Lage befand, hatten wachsende ethnische, religiöse, politische und soziale Spannungen eine wirkliche Konsolidierung des Staatswesens verhindert. Der plötzliche Tod Władysławs IV. löste deshalb tiefgreifende Erschütterungen aus, so daß die sich anschließende Regierung von Jan II. Kazimierz als der ereignisreichste Zeitraum der neueren polnischen Geschichte gewertet worden ist, in dem die Grundlagen der Adelsrepublik schwer erschüttert wurden.

Um die Nachfolge bewarben sich zwei Stiefbrüder des Verstorbenen, Kardinal Jan Kazimierz und der Bischof von Breslau und Płock, Karol Ferdynand, sowie der Sohn des in Polen populären, auf brandenburgische und schwedische Unterstützung hoffenden Fürsten von Siebenbürgen Georg I. Rákóczy, Sigismund. Der in der Ukraina tobende Kosakenaufstand unter Hetman Bohdan Chmielnicki (Chmel'nyc'kyj)[42] und die schwere Niederlage der polnischen Armee bei Piławce am 23. IX. vereinte die Adelswähler geschlossen hinter Jan Kazimierz, der mit der Auflage, sich mit der Witwe des Bruders zu vermählen, am 20. XI. 1648 zum König ausgerufen wurde. Er hatte, ohne sich dabei besonders auszuzeichnen, als kaiserlicher Obrist und spanischer Admiral Dienst getan, bevor er als Jesuit 1647 den Kardinalspupur erhalten hatte[43]. Die Erwartung, gerade er werde sich gegen äußere Feinde und innere Gegner durchsetzen, konnte dieser verweichlichte, lenkbare und sprunghafte Monarch nicht erfüllen. Die Kosakenfrage[44] hatte bereits seit der Jahrhundertwende politisches Gewicht erhalten und war in den letzten Regierungsjahren Władysław IV. zum Problem geworden. Die Kosaken, eine ethnisch schwer definierbare Bevölkerungsgruppe freier Grenzbewohner in den weiten Ebenen am Unterlauf des Dnepr, hatten sich Ende des 16. Jh. in zwei Gruppen mit unterschiedlicher Organisationsform aufgespalten: die frauenlose Kriegergemeinschaft mit dem Zentrum auf der Dnepr-Insel Sič jenseits der Stromschnellen, die Zaporoger (von *za porogami* = jenseits der Strom-

OST-SEE
STIFT PILTEN
SEIT 1660 ZU KURLAND
Pilten
Dorpat
LIVLAND
1561–1629/1660 P
Riga
KURLAND
POLN. LEHEN
SAMOGITIEN
Memel
Memel
Danzig
Königsberg
HZM. PREUSSEN
POLN. LEHEN
BIS 1657
Lauenburg
Bütow
1637–1657
poln.
PREUSSEN
KGL. ANTEIL
Wilna
GFSM.
Grodno
Njemen
L
Stettin
BRANDENBURG
Warthe
Thorn
Gnesen
Posen
GROSSPOLEN
KUJAWIEN
Weichsel
FSM. MASOWIEN
Bug
Warschau
Pinsk
POLE
Pripjet
SCHLESIEN
Oder
KGR.
POLEN
Radom
Lublin
Breslau
KLEINPOLEN
Krakau
WOLH
GALIZIEN
REUSSEN
Zips
KGR.
UNGARN
FSM.
SIEBENBÜRGEN
MO
P
0
100
200 Km

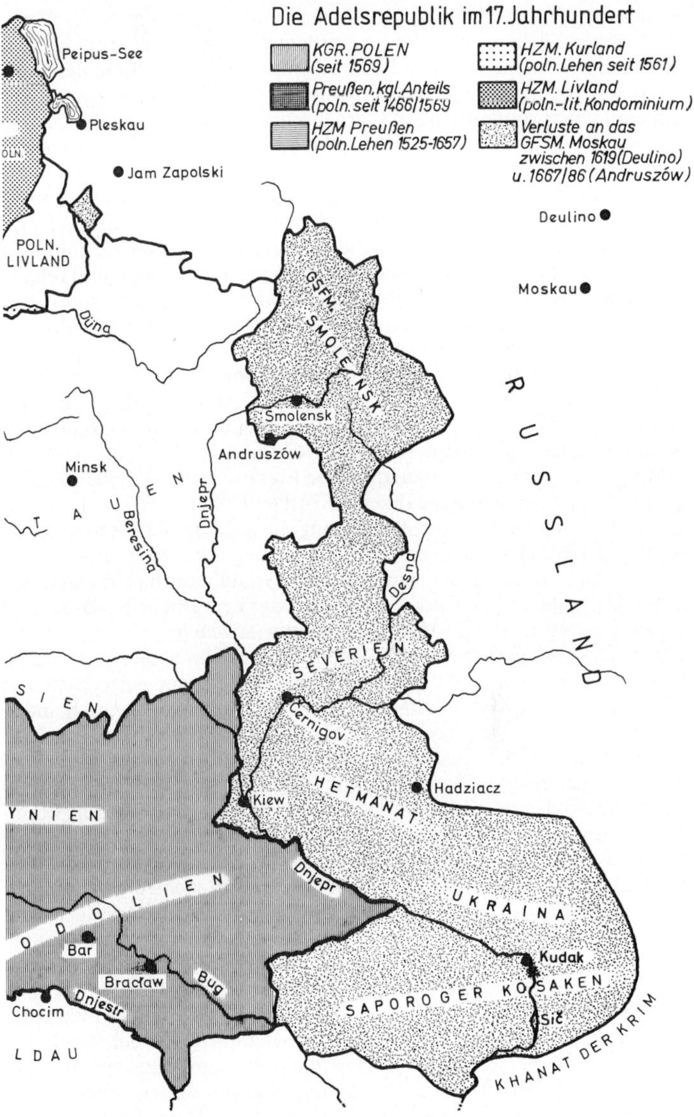

Die Adelsrepublik im 17. Jahrhundert
KGR. POLEN (seit 1569)
Preußen, kgl. Anteils (poln. seit 1466/1569)
HZM Preußen (poln. Lehen 1525-1657)
HZM. Kurland (poln. Lehen seit 1561)
HZM. Livland (poln.-lit. Kondominium)
Verluste an das GFSM. Moskau zwischen 1619 (Deulino) u. 1667/86 (Andruszów)
Peipus-See
Pleskau
Jam Zapolski
POLN. LIVLAND
Düna
Deulino
Moskau
GSFM. SMOLENSK
RUSSLAND
Smolensk
Andruszów
Minsk
TAUEN
Beresina
Dnjepr
Desna
SEVERIEN
SIEN
Cernigov
Hadziacz
HETMANAT
Kiew
YNIEN
ODOLIEN
Dnjepr
UKRAINA
Bar
Bracław
Bug
Kudak
SAPOROGER KOSAKEN
Sič
Chocim
Dnjestr
LDAU
KHANAT DER KRIM

schnellen), die außerhalb der Gesellschaftsordnung und ihrer überlieferten Normen blieben, gegen jede Autorität rebellierten und ihren Lebensunterhalt auf abenteuerlichen Beutezügen auf die Krim und in die osmanischen Besitzungen gewannen, und die „Register-Kosaken“, die seit Stefan Báthory im königlichen Sold vornehmlich bei der Abwehr der Tataren eingesetzt wurden. Von den über 30000 „Kosaken“ wurden aber selten mehr als 6000 registriert, so daß sich die „schwarze Masse“ *(čern')*, die durch entlaufene Bauern aus Rußland und Polen/Litauen Verstärkung erhielt, mit der Ausdehnung des Großgrundbesitzes in ihren Freiheitsrechten bedroht fühlte und befürchtete, in die bäuerliche Erbuntertänigkeit zu geraten. Neben dem sozialen gab es auch nationalen und religiösen Zündstoff, weil die *čern'* überwiegend ruthenisch und orthodox war und sich von den katholischen polnischen Herren und ihren oft jüdischen Verwaltern unterdrückt glaubte[45]. Die von Polen in den Friedensverträgen mit dem Sultan übernommene Verpflichtung, die Kosaken im Zaum zu halten, war auch nach dem Bau der Dnepr-Festung Kudak nicht zu gewährleisten; die verfügten Restriktionen lösten die rasch und blutig niedergeschlagenen Aufstände von 1630, 1637 und 1638 aus, die das Konfliktpotential aber nicht beseitigten. Die Enttäuschung, daß die Szlachta Władysławs Vorbereitungen für einen Türkenfeldzug unterbunden hatte, von dem reiche Beute und die Erhöhung der Zahl der Register-Kosaken wenn nicht gar eine weitgehende Privilegierung erhofft worden war, sowie die Intensivierung der magnatischen Grundherrschaft fachten den seit Jahrzehnten schwelenden Konflikt zwischen Dnepr-Kosaken und Polen/Litauen an, der im März 1648 eruptiv ausbrach.

Die Anfangserfolge waren dem Ataman der Sič, Chmielnicki, zu verdanken, der nach einem ihm zugefügten Unrecht die Seiten gewechselt und ein Abkommen mit dem Krimkhan Islam Girāi zustande gebracht hatte. Nach Siegen bei Żółte Wody und Korsun' konnte er sich der Unterstützung der ruthenischen Bauernbevölkerung, des unteren orthodoxen Klerus und sogar eines Teils des terrigenen Kleinadels sicher sein. Die katastrophale Niederlage des polnischen Heeres bei Piławce stärkte die Position der Gruppe um Kanzler Jerzy Ossoliński und den Wojewoden Adam Kisiel, die das Kosakenproblem nicht militärisch, sondern auf dem Verhandlungsweg lösen wollten. Chmielnicki, zu Weihnachten 1648 feierlich in Kiew eingezogen und in Verhandlungen mit Moskau und der Pforte über die Gründung eines selbständigen Hetmanstaates stehend, stimmte im Januar 1649 einem Waffenstillstand zu, den der Führer der betroffenen Magnaten, Fürst Jarema Wiśniowiecki, in Vergeltung für kosakische Greueltaten bald brach und sich mit strategischem Geschick in Zbaraż gegen eine kosakisch-tatarische Übermacht behauptete. Da sich König Jan Kazimierz aber bei seinem Entlastungszug vom Gegner einschließen ließ, hatte er am 15. VIII. 1649 im Abkommen von Zborów der weitgehenden Autonomie der Kosaken und der Erhöhung der Zahl der Register-Kosaken auf 40000 zuzustimmen[46]. Doch da die bestehende Sozialordnung

nicht reformiert wurde, waren weder die Ansprüche der mobilisierten Massen noch der Ehrgeiz der Kosakenführerschaft befriedigt worden. In der Ukraina herrschte weiterhin das Chaos.
Chmielnickis Bemühen, sich selbst die Stellung eines ukrainischen Souveräns und seinem Sohn den Thron der Moldau zu sichern, entfremdete ihn von der kosakischen Basis; aber ein im April 1651 mit der Pforte abgeschlossenes Bündnis sowie ein wohl weniger von ihm als vom siebenbürgischen Fürsten Georg II. Rákóczy geschürter Bauernaufstand im Karpatenvorland (Podhale) unter Kostka Napierski[47] schufen für Chmielnicki günstige Voraussetzungen, sich der Militärmaßnahmen zu erwehren, welche die jetzt am polnischen Hof ausschlaggebende Kriegspartei energisch betrieb. Während die Miliz des Bischofs von Krakau den Bauernaufstand rasch niederschlug, erfocht aber die zahlenmäßig unterlegene Kronarmee vom 28.–30. VI. 1651 bei Beresteczko einen eindrucksvollen Sieg über die von tatarischen und türkischen Hilfstruppen unterstützten Kosaken, ohne daß Jan Kazimierz den Erfolg politisch zu nutzen wußte. In der am 28. IX. 1651 in Biała Cerkiew (Belaja Cerkov') unterzeichneten Vereinbarung hatten sich die Kosaken mit der Überlassung der in der Wojewodschaft Kiew liegenden Krongüter und der Reduzierung der Registrierten auf 20 000 Mann zufriedenzugeben.
Trotz einer der Kronarmee Ende Mai 1652 beigebrachten Niederlage bei Babok gab Chmielnicki seine auf die Begründung einer Dynastie gerichtete, weder von den Tataren noch von den Türken vorbehaltlos unterstützte, bei der orthodoxen Bevölkerung höchst unpopuläre Politik auf und intensivierte die bereits seit 1650 gepflegten Kontakte zum russischen Zaren. Der zeigte anfangs aber wenig Interesse, eine Schutzherrnfunktion zu übernehmen, Moskau hätte dann doch mit Sicherheit einen Krieg gegen Polen und mit Wahrscheinlichkeit auch einen Konflikt mit der Türkei zu erwarten gehabt. Nach langwierigen Verhandlungen und gestützt auf die Zustimmung einer Landschaftsversammlung *(zemskij sobor)* stimmte Zar Aleksej Michajlovič der Übernahme des Protektorats zu; eine Kosakenversammlung erklärte sich am 18. I. 1654 in Perejaslav unter Aufkündigung des Gehorsams gegenüber dem polnischen König „für den östlichen, den rechtgläubigen Zaren". Dieser in der Forschung umstrittene „Vertrag" sicherte unter Betonung der autokratischen Staatsidee den Kosaken weitgehende Autonomie[48]. Im Sommer 1654 brach der Krieg gegen Polen/Litauen mit einem russischen Vorstoß nach Nordwesten aus, wobei wegen unzulänglicher polnischer Rüstungen in rascher Folge die Festungen Smolensk und Polock, im Sommer 1655 Minsk, Dünaburg und schließlich die litauische Hauptstadt Wilna kapitulierten. Die 1654 unter den Hetmanen Potocki und Lanckoroński in das Kosakengebiet geführten Strafexpeditionen und die Niederlage der vereinten Russen und Kosaken in der Winterschlacht von Ochmatów (29. I.–2. II. 1655) konnten diese empfindlichen Territorialverluste vorerst nicht wettmachen[49].
Diese Schwächung der Adelsrepublik nutzte der neue Schwedenkönig

Karl X. Gustav noch vor Ablauf des Stuhmsdorfer Waffenstillstands im Sommer 1655 zur Wiederaufnahme der Kämpfe[50]. Er erzwang die Kapitulation eines großpolnischen Aufgebots sowie am 18. VIII. die Unterwerfung Litauens, wobei sich die litauischen Dissidenten förmlich dem Schwedenkönig unterstellten und einer Union beider Länder zustimmten. Da weite Landstriche Karl X. kampflos zufielen und manche Magnaten wie der litauische Hetman Janusz Radziwiłł, Krzysztof Opaliński oder der frühere Unterkanzler Radziejowski sich ihm freiwillig unterordneten, konnte er bereits im September in Warschau und im Oktober 1655 in Krakau einziehen. Allein Danzig und das von Kosaken bedrohte Lemberg hielten noch zu Jan Kazimierz, der sich auf habsburgisches Gebiet in Schlesien abgesetzt hatte. Kurfürst Friedrich Wilhelm I. von Brandenburg nahm am 17. I. 1656 das Herzogtum Preußen und das Ermland vom Schwedenkönig zum Lehen und wurde danach ebenfalls in die Kampfhandlungen einbezogen, die sich unter Beteiligung Dänemarks und Siebenbürgens schließlich zum Ersten Nordischen Krieg, zu den „Kriegen der blutigen Sintflut“ auswuchsen[51]. Dieses an überraschenden Peripetien reiche Völkerringen beschleunigte den Niedergang der Adelsrepublik, für die bereits detaillierte Teilungsprojekte ausgearbeitet wurden[52]; doch Polen/Litauen zeigte mehr Widerstandskraft als erwartet und konnte seine beeindruckende Lebensfähigkeit unter Beweis stellen.

Eine Signalwirkung ging im November/Dezember 1655 von der Verteidigung des Paulinerklosters in Tschenstochau aus, die als ein von der Mutter Gottes bewirktes Wunder galt und die bald danach eine bis heute ungebrochene Überhöhung erfuhr[53]. Einzelerfolge gegen schwedische Abteilungen, die das Gesamtterritorium nicht wirkungsvoll kontrollieren konnten, begünstigten die Bildung der Konföderation von Tyszowce, die unter dem Oberbefehl von Stefan Czarniecki im Südosten einen für die Schweden verlustreichen Kleinkrieg zu führen begann[54]. Jan Kazimierz gelang es, den Krimkhan auf seine Seite zu ziehen und dank habsburgischer Vermittlung einen Waffenstillstand mit Moskau zu schließen. Am I. IV. 1656 heizte er in Lemberg den religiösen Eifer durch die Proklamation der Mutter Gottes zur Königin Polens weiter an und versprach den unterdrückten Ständen eine Verbesserung ihrer sozialen und politischen Lage. Karl X. geriet in zunehmende Bedrängnis und trat am 25. VI. 1656 im Vertrag von Marienburg dem brandenburgischen Kurfürsten vier großpolnische Wojewodschaften ab, worauf die vereinten Schweden und Brandenburger in der Schlacht von Warschau (28.–30. VIII.) einen Sieg über die polnischen Truppen erfochten[55]. Dennoch besserte sich die Lage für Jan Kazimierz, weil die Russen die Schweden in Livland mit Krieg überzogen und weil im November 1656 Subsidienverträge mit Moskau, Habsburg und Dänemark unterzeichnet werden konnten. Karl X. konterte mit der Übertragung der vollen Souveränität für Herzoglich Preußen an den Großen Kurfürsten (Vertrag von Labiau, 20. XI. 1656) und der Beteiligung Georgs II. Rákóczy am Krieg, der im Winter 1656/57 in Südpolen große Erfolge erringen konnte[56]. Da aber Ferdinand III. nach dem Vertrag von Wien vom 27. V. 1657 mehr Hilfe leistete und Krongroßmarschall Lubomirski in Nordsiebenbürgen erfolgreiche Entlastungsangriffe führte, konnte Georg II. am 22. VII. 1657 in Międzybóż in Podolien zur Kapitulation und zur Zahlung einer hohen Entschädigung gezwungen werden.

Als auch Dänemark aktiv gegen Karl X. vorging, lenkte Friedrich Wilhelm I. in den Verträgen von Wehlau (19. IX.) und Bromberg (6. XI. 1657) ein. Der von Rußland und Dänemark hart bedrängte Schwedenkönig gab nach wechselvollen Gefechten die von seinen Truppen in Königlich Preußen gehaltenen Städte preis und beteiligte sich an den unter französischer Vermittlung im Januar 1659 zustandegekommenen Verhandlungen, die am 3. V. 1660 in den Frieden von Oliva mündeten[57].

Gegen den Verzicht auf die längst obsolet gewordenen Ansprüche auf den schwedischen Thron und unter Anerkennung des seit 1629 von Schweden gehaltenen Besitzes in Livland erreichte Jan Kazimierz die Bestätigung des territorialen *status quo* von 1648 – Polen hatte damit seine Hoffnungen zu begraben, am *dominium maris Baltici* teilzuhaben. Kurland, zeitweise von den Schweden besetzt, blieb polnisches Lehnsherzogtum. Kurfürst Friedrich Wilhelm I. wurde für Herzoglich Preußen aus der bisherigen Vasallität entlassen, ohne die von ihm beanspruchte volle völkerrechtliche Souveränität zu erlangen. Mit der Belehnung der erst 1637 von Polen gewonnenen Herrschaften Lauenburg und Bütow war der Große Kurfürst einer territorialen *linea communicationis* in Richtung Preußen ein Stückchen nähergekommen[58]. Den Städten in Königlich Preußen wurde eine von den protestantischen Mächten überwachte Besitzgarantie ihrer konfessionellen Rechte aus der Vorkriegszeit zugestanden. Wichtig war aber, daß diese reiche, strategisch so wichtige Provinz Polen erhalten blieb und die Adelsrepublik danach ihre Kräfte freisetzen konnte, um die Territorialverluste im Osten wettzumachen.

Das durch österreichische Vermittlung am 3. XI. 1656 erzielte polnisch-russische Einvernehmen war von Anfang an gefährdet gewesen, weil die vom Zaren Aleksej geforderte Wahl zum Nachfolger Jan Kazimierz' in Polen nicht durchzusetzen war[59]. Nach dem Tod von Chmielnicki im August 1657 gelang es der polnischen Diplomatie zudem, einen wichtigen Flügel der Kosaken unter dem neuen Ataman Wyhowski (Vyhovskyj) abzuspalten und mit ihm am 16. IX. 1658 die Vereinbarung von Hadziacz zu schließen, die ein Kosakenfürstentum in den südöstlichen Wojewodschaften Kiew, Bracław und Černigov mit eigenen Landesämtern und Gerichten, die Gleichberechtigung der Orthodoxie und die Aufnahme von 1 000 Familien der kosakischen Oberschicht in den polnischen Adel vorsah[60]. Doch die ruthenische Bevölkerung und die armen Kosaken rebellierten gegen diese den polnisch-litauischen Dualismus in einen ungleichgewichtigen Trialismus umwandelnde Lösung, erzwangen den Rücktritt Wyhowskis und die Wahl von Jurij Chmielnicki[61] zu seinem

Nachfolger. Im Frühjahr 1659 marschierten russische Truppen in der Ukraina ein und setzten im Oktober die erneute Bestätigung der Unterstellungsvereinbarung von Perejaslav durch. Da aber die kampferprobte polnische Armee nach dem Frieden von Oliva voll im Osten eingesetzt werden konnte, stellten sich trotz zahlenmäßiger Unterlegenheit rasch Erfolge ein: Ein russisches Heer unter Šeremetev wurde im wolhynischen Czudnów im November 1660 zur Kapitulation gezwungen, wonach sich Ataman Chmielnicki wieder der polnischen Oberhoheit zu unterstellen hatte; im Jahresverlauf 1661 wurden Wilna befreit und der Nordosten weitgehend freigekämpft; im Winter 1663/64 unternahm König Jan Kazimierz mit Hilfe der Tataren einen mit hohen Verlusten verbundenen und daher bald abgebrochenen Vorstoß nach Moskau[62]. Auflösungserscheinungen unter den am mittleren Dnepr ansässigen Kosaken, die von starken sozialen Spannungen und einer Hinwendung zu Moskau bzw. zu Warschau begleitet wurden, steigerten in der durch die Militäraktionen und grausamen Vergeltungsmaßnahmen schwer betroffenen Ukraina das Chaos. Die gewaltigen Verluste an Menschen und Gütern, die wachsende Kriegsmüdigkeit und schwere Auseinandersetzungen im Innern (Aufstand des Lubomirski) erzwangen einen baldigen Friedensschluß. Frankreich vermittelte die mehrfach unterbrochenen Waffenstillstandsverhandlungen, die nach über dreijähriger Laufzeit am 31. I. 1667 in Andruszów (russ. Andrusovo) zu dem Ergebnis führten, daß Stadt und Land Smolensk endgültig an Rußland fielen, während Litauen in seinen Grenzen von 1569 restituiert wurde. Die Ukraina wurde derart geteilt, daß die östlich des Dnepr gelegenen Distrikte sowie das am westlichen Ufer gelegene Kiew – anfangs nur auf zwei Jahre, in der Tat auf Dauer – dem Zaren verblieben. Das Gebiet der Zaporoger Kosaken wurde einem Kondominium unterstellt; seine Bewohner sollten in den Kämpfen gegen die Krimtataren Verwendung finden[63]. Bei dieser vorerst für $13\frac{1}{3}$ Jahre geltenden Amputation büßte Polen/Litauen 233000 km^2 mit rd. 1,6 Mill. Menschen, meist ruthenischer Volkszugehörigkeit und orthodoxen Glaubens, ein. Die während der russischen Wirren im Osten geschaffene Großmachtstellung war verloren; zudem drohte ein Konflikt mit der Hohen Pforte, die sich von der Moldau aus in der polnischen Ukraina zu engagieren begann[64]. In Polen selbst schwächten Parteienkämpfe die königliche Autorität und verhinderten eine rasche Erholung von den furchtbaren Folgen der „Kriege der blutigen Sintflut“.

Zwar verfügte die Adelsrepublik nach 1667 immer noch über ein Gebiet von 730000 km^2; in den zwei Kriegsjahrzehnten war die Einwohnerzahl aber fast halbiert worden und betrug nur noch an die 5 Mill. Menschen. Besonders in Litauen (312000 km^2 mit 1,6 Mill. Einwohnern) und Polnisch-Livland hatte die Bevölkerung schwer gelitten; aber auch die zentralpolnischen Distrikte hatten fast die Hälfte, in einigen Teilen drei Fünftel ihrer Bewohner verloren. Besonders schwer war die Judenschaft betroffen, die durch Massenmorde und Flucht von 450000 auf 180000

Köpfe reduziert wurde[65]. Die Pest und in ihrem Gefolge schwere Hungersnöte hatten ganze Landesteile entvölkert; Getreideanbau und -ausfuhr, die wichtigsten Einnahmequellen, gingen drastisch zurück. Die Zerstörung der Städte, der Verlust an handwerklichen Fertigkeiten und bürgerlicher Bildung sowie eine hohe Inflation begünstigten krankhafte Auswüchse im sozialen Gefüge und erschwerten die Überwindung der katastrophalen Folgen des Krieges.

Während Armeekonföderationen mit vorgeschobenen politischen Zielsetzungen das Land terrorisierten, um die Begleichung der ausgebliebenen Soldzahlungen zu beschleunigen, schlossen sich Teile des Adels im Frühjahr 1665 dem Aufstand des Krongroßmarschalls Jerzy Lubomirski *(rokosz Lubomirskiego)* an, der mit Waffengewalt die Reformabsichten des Hofes zu durchkreuzen versuchte[66]. Angesichts der allgemeinen Auflösungserscheinungen hatte die insbesondere von der Königin Maria Louisa geforderte bessere Regulierung der Thronfolge und die Abschaffung des zum *liberum rumpo* pervertierten *liberum veto* Auftrieb erhalten. Anlaß hatte der bedauerliche Präzedenzfall vom 8./9. III. 1652 geboten, als der unter der Protektion von Janusz Radziwiłł agierende Landbote von Upita, Władysław Siciński, mit seinem Einspruch den ordnungsgemäßen Abschluß des Reichstags verhinderte[67]. Obgleich diese Praxis des „Zerreißens" der Reichstage nirgendwo eine ausdrückliche Sanktion erfuhr, wurde sie zum adligen Gewohnheitsrecht und diente dem Egoismus der einheimischen Magnaterie ebenso wie den Zwecken der ausländischen Höfe. Das so stark ausgeprägte Bewußtsein, eine *gens libera* zu sein, und die Furcht vor Errichtung eines monarchischen *dominium absolutum* wirkte über das immer häufiger angewandte *ius vetandi* im Sinne einer politischen Selbstverstümmelung. So fielen zwischen 1573 und 1788 53 Reichstage dem „Zerreißen" zum Opfer, davon 15 bereits vor der Wahl des Marschalls[68]. Als Pläne bekannt wurden, im Interesse der Stärkung der königlichen Autorität die Land- und Reichstage künftig nur noch auf ausdrücklichen Befehl des Monarchen zusammentreten und mit Stimmenmehrheit Beschlüsse fassen zu lassen sowie die Einführung der Erbmonarchie durch die Wahl des Thronfolgers *vivente rege* vorzubereiten, regte sich auf dem Sejm 1661 der von Österreich und Brandenburg geschürte Widerstand, der 1665 zum offenen Konflikt zwischen der Krone und den „Republikanern" um Lubomirski ausuferte[69]. Nach der gnadenlosen Schlacht bei Mątwy, die den Aufständischen am 31. VII. 1666 einen Sieg über die königstreuen Truppen eintrug[70], mußte Jan II. Kazimierz unter Verzicht auf seine Reformpläne und mit einem Amnestieversprechen einlenken; am 16. IX. 1668 dankte er verbittert ab, zumal es ihm trotz wachsender außenpolitischer Bedrohung auch nicht gelungen war, vom Reichstag eine Steuerbewilligung für die Aufstellung eines stehenden Heeres in Friedenszeiten zu erhalten. Während der Adel unter weiterer Ausbildung einer extrem-republikanischen Verfassung im Interesse der Aufrechterhaltung seiner einmaligen Vorrechte die außenpolitische

Schwächung in Kauf nahm, fand sich Polen durch die benachbarten übermächtigen Militärmonarchien und die internen Streitigkeiten der Magnatenfaktionen wachsenden Bedrohungen ausgesetzt. Trotz zunehmender Selbstgefälligkeit und sprießender Eigensucht, unter Abbau der bisher geübten Toleranz und des hohen kulturellen Niveaus konnte sich die Adelsnation aber immer noch zu großen Leistungen aufraffen, wenn – wie in der Türkenabwehr – ihre Lebensinteressen bedroht waren.

3.3 Jan III. Sobieski und die Türkenabwehr

Das Interregnum von 1668/69 erregte die Adelsnation ebenso wie die Nachbarmächte, weil kein Kandidat aus dem bisher regierenden Haus Wasa zur Verfügung stand und die Forderung nach der Wahl eines „Piasten" bei der Szlachta einen starken Widerhall fand. Die Österreich zuneigende Partei der „Republikaner" präsentierte den Pfalzgrafen Philipp Wilhelm von Neuburg und später den Herzog Karl von Lothringen, während die frankophilen „Regalisten" unter Führung des Kronhetmans Jan Sobieski den Prinzen Louis II. Condé favorisierten. Die 80000 adligen Wähler stimmten am 19. VI. 1669 aber für Michał Korybut Wiśniowiecki (1669–1673), der über eine weibliche Nebenlinie königlich-„piastisches"Blut nachweisen konnte und der durch seine Ehe (27. II. 1670) mit Eleonore, der Schwester Kaiser Leopolds I., zusätzliche Dignität gewann. Sein Vater Jarema, ein in der Ukraina begüterter Magnat, hatte sich bei der Kosakenabwehr große Verdienste erworben. Die Regierung führte mit starker Hand Bischof Olszowski, Vizekanzler der Krone.
Bei der offen pro-österreichischen Orientierung ließ der Konflikt mit der Türkei nicht lange auf sich warten. Bereits im Oktober 1667 hatte Sobieski einen Angriff von Tataren und Kosaken bei Podhajec zurückschlagen müssen, nachdem sich Petro Dorošenko, in der bei Polen verbliebenen Ukraina zum Hetman gewählt, dem Schutz des Sultans unterstellt hatte[1]. Der Krieg brach im Dezember 1671 offen aus; Sultan Mehmed IV. eroberte am 27. VIII. 1672 die starke Festung Kamieniec in Podolien und bedrohte danach Lemberg und Lublin. Da der Sejm vor Bewilligung einer Kriegssteuer zerrissen wurde, konnte nur das unbewegliche Allgemeine Aufgebot zur Abwehr der Türkengefahr einberufen werden. Ohne den Kampf zu wagen, willigte Michał Korybut am 18. X. 1672 in den Vorfrieden von Buczacz, der Polen den Verlust der Wojewodschaften Bracław und Podolien samt der Anerkennung des türkischen Protektorats über die Ukraina sowie einen Jahrestribut von 22000 Dukaten auferlegte. Während im Innern der Parteienhader offen ausbrach und ein Bürgerkrieg zwischen der königstreuen Kleinadelskonföderation von Gołąb mit der frankophilen Gegenkonföderation von Szczebrzeszyń unter Sobieski nur dank der Vermittlung des päpstlichen Nuntius Buonvisi vermieden werden konnte, erkrankte König Michał schwer und hatte die Führung der

Außenpolitik und des Kriegswesens an den Kronhetman abzutreten. Da der Reichstag großzügig Gelder bereitstellte, war Sobieski mit einer starken Truppe in der Lage, der türkischen Hauptarmee am 11. XI. 1673 bei der Festung Chocim eine schwere Niederlage zu bereiten[2]. Doch da König Michał am Vortag gestorben war, konnte während des Interregnums dieser Sieg nicht ausgenutzt werden: Der Vertrag von Buczacz blieb *via facti* in Kraft.

Bei der am 21. V. 1674 vorgenommenen Wahl setzte sich der siegreiche Feldherr Sobieski gegen Karl von Lothringen und den Prinzen Condé durch[3], zumal er dank seiner ehrgeizigen und energischen Gemahlin Maria Kasimira de la Grange d'Arquien („Marysieńka")[4] als treuer Parteigänger Frankreichs galt. Jan III. (1674–1696)[5], Sohn des Wojewoden von Reußen und Urenkel des Kronhetmans Żółkiewski, hatte eine hervorragende Bildung genossen und Auslandserfahrungen gesammelt, bevor er sich als Militär an allen Fronten im Nordischen Krieg auszeichnete. In der Hoffnung, mit französischer Vermittlung den Türkenkrieg rasch beenden und dann im Einvernehmen mit Ludwig XIV. im Vorgehen gegen Brandenburg das östliche Preußen und gegen Österreich die ungarische Krone gewinnen zu können, schloß er am 11. VI. 1675 den Geheimvertrag von Jaworów, der Polen französische Subsidienzahlungen einräumte. Nach der Einnahme der podolischen Festung Bar 1674 konnte Sobieski den tatarischen Hilfstruppen des Sultans am 22. VIII. 1675 bei Lemberg und dem türkischen Hauptheer im September/Oktober 1676 im Lager von Żórawno standhalten[6]. Im danach vereinbarten Waffenstillstand verzichtete die Pforte auf die polnischen Tributzahlungen und räumte zwei Drittel der Ukraina. Während bis 1681 ein russisch-türkischer Krieg tobte, konnte Polen in den Friedensschlüssen von Konstantinopel (6. III. 1678) und Radzyń (11. II. 1681) eine Entlastung an seiner Südostgrenze erreichen[7].

Die auf die Gründung einer erblichen Hausmacht in Herzoglich Preußen ausgerichteten Pläne Sobieskis, die eine polnisch-schwedische Zusammenarbeit gegen Brandenburg vorsahen, kamen nicht im gewünschten Tempo voran, so daß sich der König nach dem überraschend im Oktober 1679 geschlossenen Bündnis zwischen Ludwig XIV. und dem Großen Kurfürsten nach anderen Partnern umsehen mußte. Als Großwesir Kara Mustafa, ermutigt von der französischen Diplomatie, Anstalten traf, durch die Unterstützung des aufständischen Kuruzzenführers Tököly das türkische Besatzungsgebiet in Ungarn auf Kosten Österreichs zu erweitern und damit die gesamte polnische Südgrenze entlang der Karpaten gefährdete, schloß Jan III. am 1. IV. 1683 eine Allianz mit Kaiser Leopold I., die gegenseitige Unterstützung bei einem türkischen Angriff vorsah. Bereits am 13. V. 1683 nahmen die Türken den Feldzug mit dem Ziel auf, Wien zu erobern. Da der Reichstag, durch großzügige österreichische Bestechungsgelder gewonnen, keinen Widerspruch einlegte, konnte Sobieski ein Entsatzheer nach Österreich führen und als Oberbefehlshaber der

alliierten Truppen wesentlich zum Sieg über die Türken am 12. IX. 1683 in der Schlacht auf dem Kahlenberg beitragen[8]. Auch an der Herbstkampagne in Oberungarn (Slowakei), die in der Doppelschlacht von Párkány und der Kapitulation der Festung Gran im Oktober 1683 ihre Höhepunkte erreichte, waren polnische und litauische Einheiten entscheidend beteiligt. Die Offensivkraft des Osmanenreiches war danach gebrochen, eine wesentliche Entlastung der polnischen Südostgrenze erreicht. Die von Sobieski bis ins Jahr 1691 unternommenen Versuche, durch die Eroberung der Moldau und der Walachei bis an das Schwarze Meer vorzustoßen, blieben ohne nachhaltigen Erfolg; von den podolischen Festungen aus bedrohten die Türken sogar mehrfach Wolhynien und Rotreußen und stießen 1695 noch einmal bis nach Lemberg vor[9]. Erst im Frieden von Karlowitz (26. I. 1699) wurde Polen/Litauen die Wiederherstellung der Grenze von 1668 zugestanden, was die Rückgliederung Podoliens mit Kamieniec und der von der Türkei besetzten Gebiete in der Ukraina bedeutete. Somit hatte sich der 1684 vollzogene Beitritt Polens zur Heiligen Liga (Österreich, Venedig, der Papst, seit 1686 auch Rußland) doch noch bezahlt gemacht. Die mit dem – von dem Gesandten Grzymułtowski am 6. V. 1686 unterzeichneten – „ewigen Frieden“ mit Moskau verbundenen Erwartungen auf effektive russische Waffenhilfe waren jedoch nicht in Erfüllung gegangen, obschon Polen endgültig auf die bereits 1667 in Andrusovo abgetretenen Gebiete verzichtete und die – verhängnisvolle – Zusage gab, die vier orthodoxen Bistümer der Republik der geistlichen Jurisdiktion der Metropolie von Kiew zu unterstellen.
Das starke außen- und militärpolitische Engagement Sobieskis beeinträchtigte die innere Konsolidierung, zumal die steuerliche Leistungsfähigkeit der Bewohner wegen der dauernden Kriegszüge überstrapaziert wurde; die Szlachta blieb im allgemeinen von finanziellen Sonderleistungen verschont[10]. Zwar wurde der religiöse Frieden unter den christlichen Konfessionen weitgehend gewahrt und auch die Juden erfreuten sich des königlichen Wohlwollens, doch die Rivalitäten unter den Magnatenfaktionen arteten bisweilen zu förmlichen Kleinkriegen aus und beeinträchtigten die öffentliche Sicherheit[11]. Die in Friedenszeiten bestenfalls 18 000 Mann zählende Armee konnte weder einen wirkungsvollen Schutz der Grenzen noch die Aufrechterhaltung der inneren Ruhe garantieren. Die Reichstage wurden zunehmend durch einzelne Landboten gesprengt, die im Auftrag einer Magnatenpartei oder einer ausländischen Macht ihr Veto einlegten und damit den politischen Niedergang der Adelsrepublik beschleunigten. Die vom König verfolgte, auf Mehrung seines Privatbesitzes ausgerichtete, kleinliche Familienpolitik lief häufig nicht mit den Staatsinteressen konform. Alle Versuche, einem seiner Söhne die direkte Nachfolge zu ermöglichen und die königliche Selbstherrschaft zu stärken, scheiterten selbst auf dem Höhepunkt seiner Erfolge an der geschlossenen Opposition des Adels[12], zumal es nicht gelang, seinem ältesten Sohn Jakób in Herzoglich Preußen, in der Moldau, in Ungarn oder durch

die Ehe mit der Erbin der protestantischen Linie der Radziwiłł, Luise Charlotte, ein Erbterritorium und damit verbesserte Aussichten für die Nachfolge zu verschaffen. Die seit 1678, besonders nach 1683 ventilierte Ehe mit einer habsburgischen Erzherzogin fand am Wiener Hof wenig Gegenliebe. Durch die Hochzeit mit Hedwig, der Tochter des Pfalzgrafen Karl Philipp von Neuburg, wurde Jakób 1691 zwar Schwager Kaiser Leopolds I.; die Spannungen zwischen den einen Coup d'État planenden königlichen Eltern und dem designierten Nachfolger wuchsen aber derart an, daß Jakób 1695 an den kaiserlichen Hof nach Wien entfloh und sich mit Karl XI. von Schweden und den innenpolitischen Gegnern seines Vaters verbündete. Die Abneigung der Szlachta gegen die dominante Königin Maria Kasimira war schließlich so ausgeprägt, daß keiner der Söhne Sobieskis im Interregnum 1696/97 ernsthaft als Kandidat für die Nachfolge in Frage kam, nachdem der König am 17. VI. 1696 nach schwerer Krankheit gestorben war. Trotz seiner unbestreitbaren militärischen Verdienste war er mit seinem Vorhaben, eine Erbmonarchie zu errichten, die Verfassung unter Stärkung der königlichen Gewalt zu reformieren und die Großmachtstellung Polens wiederherzustellen, am Widerstand des Adels und an der sich stetig steigernden Intervention der ausländischen Höfe in innerpolnische Vorgänge gescheitert. Sein Ruhm als Türkensieger hatte sich längst überlebt.

3.4 Der politische Niedergang Polens unter den Sachsenkönigen (1697–1763)

Zehn Kandidaten, darunter vier deutsche Reichsfürsten, meldeten ihr Interesse für die Nachfolge an. Die im 17. Jh. nicht eingehaltene Vorschrift, daß Söhne und Enkel des Monarchen nicht *immediate,* sondern frühestens nach zwei weiteren Regierungen im Amt nachfolgen können, wurde jetzt ausgegraben, um die Söhne Sobieskis von der Thronfolge auszuschließen. Auf dem diesmal von fast 100000 Wählern beschickten Elektionsreichstag konnte der Kandidat Frankreichs, der Prinz François Louis de Conti, am 26. VI. 1697 vier Fünftel der abgegebenen Stimmen auf sich vereinen; tags darauf votierte etwa die Hälfte der durch großzügige Geldgeschenke umgestimmten Adligen für den gerade zum Katholizismus konvertierten Kurfürsten von Sachsen, der diese dritte Doppelwahl dank seines sofortigen Erscheinens in Polen mit der am 15. IX. 1697 in Krakau vollzogenen Krönung zu seinen Gunsten entschied[1]. Da Conti nach kühler Aufnahme in Danzig bereits im November den Kampf um die Krone aufgab, konnte August II. (1697–1733)[2] nach der „Reconciliation" im Frühjahr 1698 der Krone sicher sein.

Die bis 1763 dauernde „Sachsenzeit" gilt als eines der dunkelsten Kapitel der polnischen Geschichte, weil sich die Adelsrepublik in politische Konflikte hineingezogen fand, die außerhalb ihrer nationalen Interessen lagen, die Lahmlegung des Staatswesens rasch fortschritt, der Zweite Nordische Krieg, aber auch der Siebenjährige Krieg dem Land schwere Opfer abforderten und sich die Nachbarmächte eine wachsende Mitsprache und bald ein unverhülltes Protektorat über Polen zu sichern wußten. Die Kraft, die Schwächen der Verfassung, die Unzulänglichkeiten der Sozial- und Wirtschaftsstruktur, den Niedergang der politischen Moral, den offenen Parteienhader, die militärische Ohnmacht oder den religiösen Unfrieden, in einem reichen Schrifttum schonungslos offengelegt, durch umfassende Reformen zu beseitigen, brachte die Adelsrepublik nicht mehr auf[3], zumal jetzt Rußland und bald auch Brandenburg-Preußen es verstanden, Polen in seiner „Unordnung" zu bewahren und mit immer detaillierter ausgearbeiteten Teilungsplänen seine territoriale Integrität zu bedrohen. Die überwiegende Mehrheit der im traditionsbewußten, konservativen „Sarmatismus" verhafteten Adelsgesellschaft klammerte sich während der Herrschaft der Wettiner an die bequeme Maxime, daß „Polen durch seine Unregierung (= Anarchie)" bestehe und seine Wehr- und Waffenlosigkeit keinen Nachbarn zu einem Angriff reize[4]. Die Nachbarn konnten, begünstigt durch die Rivalität der Magnatengeschlechter, jede Stärkung des politischen, militärischen und wirtschaftlichen Potentials hintertreiben, zumal die Szlachta kein Interesse an einem Ausbau der Staatsgewalt durch eine Stärkung der königlichen Autorität zeigte. Weder die Einführung eines funktionierenden parlamentarischen Systems mit Mehrheitsentscheidungen, noch die Errichtung von Zentralbehörden, die Straffung des Justizwesens, eine Heeresreform sowie gesellschaftliche und wirtschaftliche Neuerungen unter Abbau oder Begrenzung ihrer usurpierten Rechte kamen voran. Die privaten und lokalen Sonderinteressen sowie die Gegensätze zwischen den verschiedenen Nationalitäten, Reichsständen, Gesellschaftsklassen und Konfessionen prallten wegen des Fehlens einer inneren Ordnung ungezügelt aufeinander. Die Kluft zwischen den Magnaten und dem Massenadel sowie die im Kampf um den politischen Einfluß sich ausbildende Aufsplitterung in Fraktionen waren sichere Zeichen des fortschreitenden Verfalls, der durch die willkürlichen, skrupellosen und die polnischen Interessen ignorierenden Regierungsmaßnahmen Augusts II. oder Augusts III. noch beschleunigt wurde[5].

Die „Nation" hatte August II. die Beibehaltung seiner sächsischen Kurwürde erlaubt, weil sie sich trotz des Fehlens einer direkten Landverbindung zum weiterentwickelten Sachsen ökonomische Vorteile und verbesserte Ausfuhrchancen für polnische Rohstoffe und Agrarprodukte erhoffte. Als August II. aber seine absolutistischen Neigungen ohne Rücksichtnahme auf Recht und Tradition immer deutlicher verfolgte und die Zustimmung der Nachbarn zur Errichtung einer sächsischen Erbmonarchie durch großzügige Abtretungsangebote zu erkaufen versuchte, brachte er bald den gesamten Adel gegen sich auf. Augusts Erwartung, durch die Teilnahme Sachsens an dem von Rußland und Dänemark vorbereiteten Krieg gegen Karl XII. von Schweden den schwedischen Anteil von Livland mit Riga zurückgewinnen und seinem Haus als erbliches Herzogtum angliedern zu können, führte trotz der ausdrücklich aufrechterhaltenen Neutralität zur unfreiwilligen Einbeziehung der Adelsrepublik in den Zweiten Nordischen Krieg[6]. Grundlage waren die von August II. mit Peter I. und Friedrich IV. im Herbst 1699 geschlossenen Allianzverträge. Karl XII. konnte aber Dänemark im Frieden von Travendal (19. VIII. 1700) und Rußland nach dem Sieg bei Narva (30. XI. 1700) ausschalten und sich dann gegen August wenden, dessen sächsische Truppen das starkbefestigte Riga vergeblich belagert hatten. Über das polnische Lehnsherzogtum Kurland rückte Karl XII. im Januar 1702 in Litauen ein, besetzte Ende Mai Warschau, schlug die sächsische Armee am 19. VII. bei Kliszów und eroberte das nahegelegene Krakau[7]. Erst als die Schweden durch eine überharte Besatzungspolitik das Land ausbluteten und eine einvernehmliche Regelung an der Forderung Karls XII. scheiterte, August II. müsse zuerst als König von Polen zurücktreten, erwachte der polnische Widerstandswillen. Die Gegner des Wettiners schlossen sich unter schwedischer Protektion am 14. II. 1704 in der Generalkonföderation von Warschau zusammen, die August II. für abgesetzt erklärte, das Interregnum ausrief und den von Karl XII. favorisierten Wojewoden von Posen, Stanisław Leszczyński[8], am 12. VII. 1704 durch rd. 800 Wähler zum neuen König proklamieren ließ. Die August II. ergebene Konföderation von Sandomierz, die mit ihrer Guerillataktik der schwedischen Besatzungsarmee schwer zusetzte, konnte aber die systematische Ausplünderung Polens durch die Schweden nicht unterbinden. Deshalb schloß die Republik am 30. VIII. 1704 einen Vertrag mit Peter I., der russischen Truppen die Operation in den östlichen Landesteilen gestattete und die Aufstellung einer polnischen Armee mit rd. 50000 Mann vorsah; Karl XII. erzwang von Stanisław I. am 28. XI. 1705 die Unterzeichnung eines Bündnisses, das für die vage Aussicht, durch eine aktive Beteiligung Polens am Krieg gegen Rußland die Ukraina östlich des Dnepr wiederzugewinnen, faktisch die Unterwerfung unter die schwedische Militärmacht beinhaltete[9]. Die Niederlage der sächsischen Armee bei Fraustadt (12. II.), die Einnahme von Grodno (24. III.) und die Besetzung Kursachsens durch schwedische Truppen zwangen August II., am 24. IX. 1706 im Vertrag von Altranstädt der polnischen Krone zu entsagen; der Erfolg polnisch-sächsisch-russischer Truppen gegen die Schweden und die Anhänger Leszczyńskis bei Kalisch am 29. X. 1706 konnte diese demütigende Entscheidung nicht mehr revidieren. Stanisław I. fand aber auch danach keine allgemeine Anerkennung und übte mit Hilfe der schwedischen Besatzungstruppen seine Herrschaft nur in Großpolen und in Teilen von Masowien und von Litauen aus.

Als im Januar 1708 Karl XII. mit seinem Heer nach Rußland aufbrach, konnte sich Stanisław I. gegen die von Hetman Sieniawski geführte Gegenkonföderation nur in wenigen Städten behaupten und nicht verhin-

dern, daß der Nachschub aus Polen für die Schweden faktisch unterbunden wurde; dadurch trugen auch die Polen zu der entscheidenden Niederlage Karls XII. am 9. VII. 1709 bei Poltava bei. Die schwedische Besatzungsarmee verließ danach eilends Polen, Leszczyński und seine Anhänger gingen ins Exil, August II. erschien im August mit sächsischen Truppen im Lande und widerrief seinen Thronverzicht. Da August im Kampf gegen seine internen Gegner auf die massive Unterstützung des Zaren angewiesen blieb, forderte Peter I. ein Mitspracherecht auch in innerpolnischen Angelegenheiten, das er sich am 20. X. 1709 im Allianzvertrag von Thorn verbriefen ließ, der die Polen zur weiteren Teilnahme am Schwedenkrieg verpflichtete[10]. Zudem setzte sich der Zar in Livland fest und weitete seinen Einfluß auf das polnische Lehnsherzogtum Kurland durch die Verheiratung seiner Nichte Anna Ivanovna mit Herzog Friedrich Wilhelm Kettler aus.
Während die – auch von Leszczyński unterstützten – schwedischen Versuche, von Vorpommern aus wieder in Polen Fuß zu fassen, ohne allzu große Mühe abgewehrt werden konnten, barg die mögliche Intervention der Hohen Pforte größere Gefahren[11]. Zwar waren Pläne des Hetmans Mazepa, die russische und die polnische Ukraina zu einem eigenen Kosakenstaat zusammenzuschließen, mit dem Erfolg der russischen Waffen bei Poltava vorerst hinfällig, doch bot die Ausweitung des russischen Einflusses auf Polen dem Sultan einen Vorwand, als Hüter der polnischen Unabhängigkeit aufzutreten und dem Zaren im November 1710 den Krieg zu erklären. Anhänger Leszczyńskis, vor allem der Magnat Potocki und der General Poniatowski, hatten in der Moldau eine Exilarmee aufgestellt, die sich an den Kampfhandlungen beteiligte, ohne freilich in dem nach der russischen Niederlage am Pruth geschlossenen Vertrag (23. VII. 1711) noch im Frieden von Adrianopel (3. VII. 1713) durchsetzen zu können, daß Stanisław I. auf dem polnischen Thron restituiert wurde. Immerhin waren dem Zaren Beschränkungen im Hinblick auf die Stationierung russischer Truppen und die Erweiterung des russischen Protektorats in Polen auferlegt worden. Stanisław gab den Kampf um die Krone vorerst auf und zog sich nach Zweibrücken ins Exil zurück. Am 20. IV. 1714 verzichtete der Sultan auf jede Einmischung in der polnischen Ukraina; die danach einsetzende intensive Kolonisation durch ruthenische, polnische und russische Bauern unter der harten Herrschaft der polnischen Magnaten bereitete der ungezügelten, die nomadische Lebensweise bevorzugenden und sich staatlichen Kontrollen entziehenden Ungebundenheit des Kosakentums ein Ende[12].
Schwerwiegende Folgen erwuchsen Polen durch die von August II. in der Erwartung, Brandenburg in den Krieg gegen Schweden einzubeziehen, ohne Wissen der Staatsorgane dem Kurfürsten Friedrich III. im Jahr 1700 erteilte Zustimmung, eine Königskrone für das Haus Hohenzollern unter Berufung auf die *absoluta potestas* im Herzogtum Preußen zu erwerben. Obschon Friedrich am 8. VI. 1700 in den Reversalien von Kölln die Rech-

te der Republik ausdrücklich würdigte, versagte der Sejm der am 18. I. 1701 in Königsberg erfolgten Krönung zum „König in Preußen" die Anerkennung[13]. Daraufhin verweigerte König Friedrich Wilhelm I. das *homagium eventuale* und verfolgte im *„grand dessin"* immer neue Pläne zur Annexion polnischer Territorien, deren Verwirklichung, von August II. im Interesse der Errichtung eines *dominium absolutum* in Polen durchaus gefördert, allein am Einspruch Peters I. scheiterte[14]. Die Verteidigung der territorialen Integrität der Adelsrepublik war künftig nur durch die Präsenz russischer Truppen in Polen gewährleistet; der Zar besaß als Arbiter in allen innen- und außenpolitischen Streitfragen nach 1717 das ausschlaggebende Gewicht in Polen/Litauen.

Ein 1716 nach Bekanntwerden der Teilungspläne gegen August II. ausgebrochener Aufstand (Konföderation von Tarnogród) ließ den russischen Einfluß weiter anwachsen, weil im Schutz der Bajonette der vom König ins Land gerufenen zaristischen Truppen am 3. XI. 1716 ein Pazifikationstraktat zustandekam[15], in dem der Wettiner versprach, alle zwei Jahre einen ordentlichen Reichstag einzuberufen und die aus dem Lande lebenden sächsischen Truppen abzuziehen. Dafür stimmte der Adel erstmals der Aufstellung eines stehenden Heeres von 16 000 Mann für Polen und von 8 000 Soldaten für Litauen zu[16]. Diese Vereinbarung wurde auf dem „Stummen Sejm", auf dem keine Diskussion zugelassen war, am 1. II. 1717 in Grodno bestätigt[17]. Künftige Versuche, die russische Suprematie abzuschütteln und den Abzug der zaristischen Truppen zu erreichen, waren von vorneherein zum Scheitern verurteilt, weil einmal die magnatischen Oligarchen jeden Anlauf zur Stärkung des Königtums unterbanden und im Zaren den Protektor ihrer „Freiheiten" erblickten, dann sich die von August II. in die mit Österreich am 5. I. 1719 in Wien geschlossene Defensivallianz geknüpften Erwartungen nicht realisieren ließen[18], und schließlich Peter I. im Potsdamer Traktat vom 17. II. 1720 Einvernehmen mit Preußen erzielte, Reformen zur Überwindung der adelsständischen Verfassung in Polen zu unterbinden. Das Ansehen der *Rzeczpospolita szlachecka* war so tief gesunken, daß sie am formellen Abschluß des Nordischen Krieges im Frieden von Nystadt (10./11. IX. 1721) nur geringen Anteil hatte und weder für ihre territorialen noch für ihre materiellen Einbußen eine Entschädigung erhielt.

Auch wenn die Verwüstungen und die Menschenverluste nicht das Ausmaß der „Sintflut" erreichten, so hatten die Kampfhandlungen, die Pest und die sich anschließende Hungersnot ein Viertel aller Bewohner hinweggerafft und die Einwohnerzahl 1715 auf weniger als 6 Mill. Menschen reduziert. Trunksucht, ein allgemeiner Sittenverfall und Resignation behinderten eine rasche Erholung auf sozialökonomischem und politischem Gebiet. Der konfessionelle Eifer schwemmte die letzten Reste der früheren religiösen Toleranz hinweg. Mit dem Danziger Kastellan Güldenstern war 1666 der letzte evangelische Vertreter aus dem Senat, mit dem Landboten Piotrowski 1718 der letzte Reformierte aus dem Sejm ausgeschlossen worden. Der Abfall vom römischen Katholizismus wurde nach 1668 mit Landesverweisung bestraft; der „Stumme Sejm“ verfügte die Zerstörung aller nach 1632 erbauten protestantischen Kirchen und schränkte das Abhalten der Gottesdienste weiter ein[19]. August III. hatte sich 1733 in seiner Wahlkapitulation zu verpflichten, Hofwürden, höhere Staatsstellen und Richterposten nur noch an Katholiken zu vergeben; den Protestanten wurde auch das passive Wahlrecht für den Reichstag aberkannt[20]. Der feierlichen Krönung der Schwarzen Madonna von Tschenstochau am 1. XI. 1717 zur „Königin der Krone Polens“ kam mehr als nur symbolische Bedeutung zu, auch wenn sich ein offizielles Staatskirchentum nicht entwickeln konnte und sich der Katholizismus mit der Rolle der *ecclesia dominans* zufriedengeben mußte. Das Thorner Blutgericht, bei dem am 7. XII. 1724 der Bürgermeister Roesner und neun Patrizier hingerichtet wurden, weil sie die Ausschreitungen der Schüler des evangelischen Gymnasiums gegen die des Jesuitenkollegs während einer Prozession nicht unterbunden hatten, erregte in ganz Europa lebhafte Aufmerksamkeit[21]. – Durch die Wirren der Kosakenaufstände und die dauernden Kampfhandlungen in der Ukraina war der Fortbestand der uniierten Kirche in Frage gestellt worden. Erst zu Beginn des 18. Jh. erkannten alle uniierten Diözesen die geistliche Oberhoheit des Papstes an, der die Nuntien in Warschau immer wieder anzuweisen hatte, die griechisch-katholische Kirche vor Übergriffen des römisch-katholischen Klerus zu schützen[22]. Da der uniierte Weltklerus nur über ein bescheidenes theologisches Wissen verfügte und ein elendes Dasein fristete, gingen die anspruchsvolleren Stellen an Angehörige des Basilianerordens – doch auch sie konnten nicht verhindern, daß der gesamte ruthenische Adel polonisiert wurde und dabei häufig vom uniierten zum lateinischen Ritus übertrat. So bewahrte sich die orthodoxe Kirche bei der ruthenischen Bevölkerung das Ansehen, die Erhaltung des ukrainischen Volkstums zu gewährleisten. Die wachsende Bedrückung der Akatholiken veranlaßte schließlich Rußland und Preußen, im Allianzvertrag von 1730 eine Klausel zum Schutz ihrer Glaubensgenossen in Polen aufzunehmen, der ihnen künftig als Vorwand für eine offene Intervention diente[23].

August II., in Polen politisch längst unglaubwürdig geworden, aber wegen seines großzügigen, leichtfertigen Lebensstils durchaus bewundert, starb unerwartet am 1. II. 1733, ohne der Verwirklichung seiner immer wieder aufgegriffenen Pläne zur Errichtung der sächsischen Erbthronfolge in Polen nähergekommen zu sein. Bei dem Wunsch der Adelsnation, einen „Piasten“ auf dem Thron zu sehen, bot sich der von seinem Schwiegersohn Ludwig XV. unterstützte Exkönig Stanisław I. Leszczyński als Kandidat an, der auch am 12. IX. 1733 von 12000 Anhängern gewählt wurde[24]. Am 5. X. 1733 aber stimmten unter dem Druck russischer Truppen etwa 1000 meist litauische Adlige für den Kurfürsten August von Sachsen, der sich die Unterstützung Österreichs durch die Zustimmung zur Pragmatischen Sanktion Kaiser Karls VI. und die Rußlands durch die

Einräumung der freien Verfügungsgewalt über das Herzogtum Kurland gesichert hatte[25]. Während sich Leszczyński in Danzig gegen die russisch-sächsische Belagerung verteidigen mußte[26], konnte sich August III. am 17. I. 1734 in Krakau krönen lassen. Nach der Kapitulation Danzigs im August bildete sich zwar noch eine Konföderation zugunsten Stanisławs I., aber sie zeigte sich der russisch-sächsisch-polnischen Übermacht nicht gewachsen. Am 26. I. 1736 verzichtete Stanisław, der mit dem Herzogtum Lothringen abgefunden wurde, auf die polnische Krone[27]; ein Pazifikationsreichstag im Sommer 1736 versöhnte die beiden Lager.
Der an politischen Fragen uninteressierte, energielose August III. (1733–1763)[28] überließ die Führung der Regierungsgeschäfte seinen Ministern Józef Sułkowski und (nach 1738) Heinrich Graf Brühl[29], die eine beispiellose Günstlingswirtschaft duldeten, so daß Kämpfe der Magnatenfaktionen um Ämter, Krongüter und Einfluß die Adelsrepublik völlig lähmten und Polen zum Spielball der Nachbarmächte werden ließen. Nicht der weitgehend auf Repräsentationsaufgaben beschränkte König, sondern die vier oder fünf „Chefs" von Aristokratenparteiungen gaben den Ton an, die ihre Macht aus ihrer Stellung als Oberhaupt einer Latifundien besitzenden Sippe herleiteten. Von den besten Lehrern erzogen, äußerst ehrgeizig und einig nur in diesem Punkt, keine Erbdynastie oder ein *dominium absolutum* in Polen zuzulassen, waren diese „Kleinkönige" *(królewięta)* zu reich und zu selbständig, um sich als Werkzeug eines Schattenkönigs herzugeben – aber auch zu machtbesessen, um einem von ihnen die Krone zu gönnen. Während in Litauen die Radziwiłł, befehdet von den Pac und Sapieha, gestützt auf ihre rd. 27 000 km^2 umfassenden Besitzungen mit vielen Städtchen und Hunderten von Dörfern den Ton angaben, erfreute sich in Polen die „Patrioten"-Partei der Potocki der Gunst des Hofes, sah sich aber bald von der „Familie" Czartoryski bedrängt, die erst seit den 1720er Jahren einen steilen Aufstieg genommen hatte[30]. Die Magnaten regierten zwar in ihren Einflußbereichen nach Gutdünken, aber weitgehend indirekt, hinter dem Wandschirm der Adelsdemokratie. Die Symbiose von Hoch- und Kleinadel entstand dadurch, daß der Massenadel in seinem Nachbarschaftsbereich den Schutz des Magnaten brauchte und dieser auf den Landtagen zur Durchsetzung seiner Ziele auf die Stimme selbst des zinspflichtigen Adelshintersassen angewiesen blieb. Die seit 1714 herrschende relative Ruhe trug indes vorrangig zur wirtschaftlichen Erholung des intensiv produzierenden und exportorientierten mittleren Gutsadels bei – der wachsende Wohlstand ließ bei ihm den Wunsch entstehen, sich der politischen Bevormundung und der Suprematie der Magnaten zu entledigen. Ein reiches Reformschrifttum beschäftigte sich intensiv mit der Frage, wie denn die Funktionsfähigkeit der wegen der zügellosen Anwendung des *liberum veto* zerrissenen Reichstage und damit die Gesetzgebung gewährleistet, das Gerichtswesen reformiert, die innere Sicherheit erhöht und die Übergriffe der Magnaten unterbunden werden könnten[31]. In dieser zunehmend vom Geist der Aufklä-

rung beeinflußten Publizistik hat sich vor allem der Piarist Stanisław Konarski, der Reformator des polnischen Schulwesens, hervorgetan[32]. Da aber trotz aller guten Einsichten und brauchbaren Reformprojekte alle Reichstage, meist unter Mitwirkung Rußlands, Frankreichs und vor allem Preußens, gesprengt wurden, verfiel die staatliche Autorität weiter; es bestand keine Aussicht, die ausländische Einmischung abzuwehren. Während des russisch-türkischen Kriegs (1736–1739) benutzte die zaristische Armee die Ukraina und Podolien als Aufmarschbasen; im österreichischen Erbfolgekrieg wurde die Neutralität der Republik ständig verletzt[33]. Nach dem Erwerb Schlesiens im Frieden von Dresden (25. XII. 1745) fand Polen seine gesamte Westgrenze unter der Kontrolle Friedrichs II. von Preußen, der dem polnischen Außenhandel zunehmend Schwierigkeiten bereitete und die Desintegrationserscheinungen in der Adelsrepublik weidlich schürte. Auch im Siebenjährigen Krieg wurde die – ohnmächtige – polnische Neutralität von Russen, Preußen und Österreichern mißachtet, die das Land als Aufmarsch- und Versorgungsgebiet benutzten[34]. Die von Friedrich II. gewissenlos betriebene Fälschung der polnischen Münze führte dazu, daß das ausgeblutete Polen unfreiwillig einen bedeutsamen Beitrag zur Finanzierung des Siebenjährigen Krieges zu leisten hatte[35]. Die Versuche Augusts III., die bereits unter seinem Vater verlorengegangene Position in Kurland zu behaupten und 1758 seinen Sohn Karl in Mitau als Herzog zu etablieren, wurden von Katharina II. nach Beendigung des Siebenjährigen Krieges mit der Wiedereinsetzung Ernst Johann Birons unterbunden. Beim Tod Augusts III. am 5. X. 1763 waren die Schwäche Polens und die russische Suprematie so offenkundig wie noch nie.

3.5 Das Reformzeitalter und die Teilungen unter König Stanisław August Poniatowski (1764–1795)

Die Thronbesteigung Katharinas II. (9. VII. 1762) hatte bei der 1754 von den Potockis als Hofpartei verdrängten „Familie“ Czartoryski die Hoffnung geweckt, dank der früher engen persönlichen Kontakte ihres Mitglieds Stanisław August Poniatowski zur Zarin ihr weitgespanntes Reformprogramm mit russischer Billigung durchführen zu können. Das Interregnum bot den einen Staatsstreich vorbereitenden, von den frankophilen „Republikanern“ oder „Patrioten“ hart bedrängten Anhängern der „Familie“ die Gelegenheit, vom konföderierten Konvokationsreichstag wichtige Neuerungen verabschieden und am 7. IX. 1764 Stanisław August zum König wählen zu lassen[1]. Preußen hatte am 11. IV. unter der Auflage, die bisherige Verfassung aufrechtzuerhalten, dieser Wahl zugestimmt. Mit russischer Waffenhilfe waren die Hauptkonkurrenten Karol Radziwiłł und der Kronhetman Jan Branicki zur Flucht ins Ausland gezwungen worden.

Als sich der begabte, kenntnisreiche und wohlmeinende Stanisław II. August (1764–1795)[2] aber daran machte, die Reformvorstellungen zu realisieren, hatte er nicht nur gegen den Widerstand weiter Teile der Adelsnation, sondern bald auch gegen den Unwillen seiner sich zurückgesetzt fühlenden, einfußreichen Onkel, der Fürsten August und Michał Czartoryski, und vor allem gegen den entschiedenen Einspruch Rußlands und Preußens anzukämpfen. Während die Steigerung der Steuereinkünfte durch die Einsetzung einer Schatzkommission und die Anläufe, die Wirtschaftskraft der Städte und ihrer Bürger zu heben, noch hingenommen wurden, lösten die Maßnahmen, das Heerwesen zu reformieren, bereits Widerspruch aus. Den bitteren Erfahrungen der Auswüchse des Einstimmigkeitsprinzips entsprang der Versuch, die Kompetenzen der Landtage zu beschneiden, den besitzlosen Adel politisch zu entmachten, viele Reichstagsentscheidungen und Wahlen mit Stimmenmehrheit zu treffen, um das unbeeinträchtigte Funktionieren von Legislative, Exekutive und Jurisdiktion zu gewährleisten. Die Anwendung des *liberum veto* sollte nur noch bei „Staatsangelegenheiten" wie etwa bei der Zustimmung zu Krieg und Frieden zugelassen werden[3]. Doch diese Reformmaßnahmen wurden von den Schutzmächten sofort energisch unterbunden. Als Vorwand diente einmal mehr die Bedrückung der orthodoxen und protestantischen Dissidenten, deren nicht völlig ungerechtfertigte Beschwerden von einem konföderierten Reichstag im Oktober/November 1766 zurückgewiesen worden waren. Ihre im März 1767 im litauischen Słuck und in Thorn zusammengetretenen, zahlenmäßig unbedeutenden Konföderationen schlossen sich am 23. VI. 1767 in Radom mit den von Rußland durch Geld und unter militärischem Druck zustandegebrachten „republikanischen" Konföderationen der Königsgegner und Reformfeinde zu einer Generalkonföderation zusammen, als deren Marschall der aus dem Dresdener Exil zurückgeholte unberechenbare, vom Kleinadel verehrte Karol Radziwiłł *(Panie Kochanku)* fungierte[4]. Stanisław August, von der Historiographie im 19. Jh. für das Scheitern der Reformen sowie für den Niedergang und den Verlust der Unabhängigkeit allein verantwortlich gemacht[5], mußte unter der Drohung der Thronenthebung einen Reichstag einberufen, der einen „ewigen" russisch-polnischen Vertrag ausarbeitete. Darin wurde zwar eine Garantie des territorialen Besitzstandes der Republik abgegeben, aber auch alle „Kardinalrechte" wie die freie Königswahl, die Beibehaltung des *liberum veto* und die Tolerierung der Akatholiken dem Schutz der Zarin unterstellt. Der Sejm sah sich am 5. III. 1768 gezwungen, in stummer Sitzung seine Zustimmung zu erteilen[6]. Doch der konservative Kleinadel, über die Verschleppung der zelotischen Gegner eines Entgegenkommens an die Dissidenten nach Sibirien verbittert, schloß sich unter Führung von Michał Krasiński und Józef Pułaski am 29. II. 1768 zur Konföderation von Bar (in Podolien) zusammen, die die Russen aus Polen vertreiben, den König absetzen und die uneingeschränkte Vorherrschaft der katholischen Kirche sicherstellen wollte[7].

Während künftig dem russischen Gesandten in Warschau die Stellung eines Prokonsuls oder Vizekönigs zukam, der über Ämter, Ordensverleihungen, Gelddotationen und die Ausrichtung der Innenpolitik entschied[8], und die Szlachta unter Umgehung des polnischen Hofes direkt in St. Petersburg um Protektion nachsuchte, tobte vier Jahre lang ein verlustreicher Bürgerkrieg, der die Weichen für die Erste Teilung stellte. Einem Aufstand ruthenisch-orthodoxer Bauern, der Hajdamaken, fielen im Juni 1768 zudem etwa 100 000 jüdische und polnische Einwohner auf unmenschliche Weise zum Opfer. Die Konföderierten, von russischen Truppen über den Dnestr auf türkisches Gebiet abgedrängt, schöpften neue Hoffnung, als der Sultan im Oktober 1768 Rußland den Krieg erklärte. Frankreich und Österreich unterstützten die danach von Oberungarn aus operierenden Barer, die im Herbst 1770 Stanisław II. August für abgesetzt erklärten und die Wahl eines von Rußland unabhängigen Königs anstrebten. Als die russischen Korps unter Suvorov 1771 mehrere Erfolge erfochten, der Versuch mißlang, Stanisław August zu entführen und Österreich und Preußen begannen, Teile Polens zu besetzen, wurde die Situation für die Konföderierten unhaltbar. Im Mai mußten sie das Krakauer Königsschloß, im August 1772 mit Tschenstochau die letzte Festung räumen.
Die Verwicklung Rußlands und seine Anfangserfolge im Türkenkrieg sowie seine unangefochtene Vorherrschaft in Polen weckten das Mißtrauen von Preußen und Österreich. Joseph II., Mitregent der zögernden Kaiserin Maria Theresia, hatte 1769 die Besetzung und am 27. XII. 1770 die Reincorporation der 1412 von Ungarn an Polen verpfändeten Teile der Zips durchgesetzt; österreichische Truppen waren danach im Karpatenvorland in Richtung Lemberg und Krakau einmarschiert[9]. Seit dem Herbst 1770 hatte auch Preußen von Posen aus weite Gebiete Großpolens und von Königlich Preußen okkupiert. Friedrich II., der mit beeindrukkender Zähigkeit die Gewinnung einer Landbrücke von Brandenburg zum preußischen Landesteil betrieb, hatte nach Absprachen mit Joseph II. in Neiße und Neustadt im Februar 1769 das – wohl von ihm selbst konzipierte – Projekt eines Grafen Lynar in St. Petersburg zur Diskussion gestellt, wobei für die militärische Unterstützung der Zarin im Krieg gegen die Pforte Österreich mit Rotreußen, Preußen aber mit dem Königlichen Preußen sowie einem Protektorat über Danzig entschädigt werden sollten. Zwar zog der russische Außenminister Graf Panin die indirekte russische Herrschaft über ganz Polen einer Aufteilung vor, doch Katharina II. sah sich aus taktischen Rücksichtnahmen gehalten, den vom Prinzen Heinrich von Preußen im Oktober 1770 mit Verve vorgetragenen Teilungsvorschlägen zuzustimmen. Da Österreich lieber eine andere Entschädigung erhalten hätte und schließlich überzogene Territorialforderungen ameldete, wurde am 17. II. zuerst der russisch-preußische und erst am 5. VIII. 1772 der russisch-österreichische Teilungsvertrag ausgefertigt, obschon die beanspruchten Gebiete bereits im März/April 1772 besetzt worden waren. Rußland nahm die Wojewodschaften Po-

lock, Witebsk, Mstislav und Polnisch Livland mit 84000 km^2 und 1,25 Mill. Einwohnern in Besitz und erreichte dadurch die bereits 1667 vergeblich geforderte Grenzlinie entlang der Düna; Österreich annektierte weite Teile Kleinpolens, aber ohne die Städte Krakau und Sandomierz, und Rotreußen mit knapp 84000 km^2 und 2,67 Mill. Menschen, denen es unter Berufung auf angebliche historische Rechte als Königreich Galizien und Lodomerien den Status eines „lose angefügten Erblandes" einräumte. Obgleich Preußen nur rd. 35000 km^2 mit 356000 Einwohnern erhielt, die zu 40% deutschstämmig waren, stellte der Erwerb von Königlich Preußen (ohne Danzig und Thorn) mit dem Ermland und Teilen der Wojewodschaften Gnesen und Inowrocław eine äußerst wertvolle, strategisch wie wirtschaftlich ungemein wichtige Landverbindung von Hinterpommern nach Ostpreußen dar[10]. Erst der polnisch-preußische Vertrag vom 18. IX. 1773 enthob den König von Preußen von der Lehnsuntertänigkeit gegenüber der polnischen Krone und stellte die volle außenpolitische Souveränität her. Da künftig vier Fünftel des polnischen Außenhandels über preußisches Gebiet liefen, sicherte sich Friedrich II. mit dem Transitzoll nicht nur eine ergiebige Einnahmequelle, sondern er verfügte damit künftig über gesteigerte Einflußmöglichkeiten auf die Politik des polnischen Reststaates.

Unter dem militärischen Druck der Teilungsmächte ratifizierte der konföderierte, durch Bestechungen gefügig gemachte Reichstag am 30. IX. 1773 die Teilungstraktate, die den Verlust von rd. 203000 km^2 mit 4,5 Mill. Einwohnern bedingten. Der Reststaat mit seinen 527000 km^2 und rd. 7 Mill. Menschen war trotz ungünstiger Grenzziehung durchaus lebensfähig und erlebte einen wirtschaftlichen Aufschwung, weil unter dem Schock der Teilung auf dem bis 1775 tagenden Delegationsreichstag einige wichtige Reformen verabschiedet werden konnten[11]. Der Immerwährende Rat, das in fünf Departements aufgeteilte Regierungskollegium, erreichte eine Verbesserung des Steuerwesens, eine Modernisierung der Armee nach preußischem Vorbild, eine Reform der politischen und sozialen Stellung der königlichen Städte sowie – unter dem Einfluß des Physiokratismus – eine Besserstellung der Bauern, auch wenn die liberale Bauerngesetzgebung Andrzej Zamoyskis keine Mehrheit im Sejm fand. Das Verbot des Jesuitenordens gab 1773 den Anstoß zur Einsetzung einer „Kommission für das nationale Edukationswesen", die mit einheitlichen Lehrplänen und Schulbüchern dem Geist der aufgeklärten Liberalität zum Durchbruch verhalf und auch die im scholastischen Geist erstarrten Universitäten von Krakau und Wilna reformierte[12]. Diese geistige Erneuerung beflügelte den von einem starken Patriotismus getragenen Reformwillen aller Schichten und Stände[13].

Obgleich die Rivalitäten der Magnatenfaktionen zurücktraten, das *liberum veto* im Reichstag keine Anwendung mehr fand und die russischen Truppen 1780 das polnische Staatsgebiet räumten, versuchten vorerst weder der als Anreger und Mäzen tätige König noch die Regierung, die auftretenden Differenzen unter den Teilungsmächten für einen größeren Spielraum in der Innen- und Außenpolitik zu nutzen. Als aber Rußland durch die Kriege mit der Türkei (1787–1792) und mit Schweden (1788–1790) die Zügel seines Protektorats über die Republik lockern mußte, schlug die bisherige Reformdiskussion in praktische politische Arbeit um. Die Hoffnung auf Gesundung und Rettung der adligen *res publica* verdichtete sich auf dem Vierjährigen Reichstag (6. X. 1788–29. V. 1792) zu leidenschaftlicher reformerischer Aktivität, wobei neben vielen Einzelreformen eine neue Gesamtverfassung des Reiches erarbeitet wurde. 1791 legte König Stanisław II. August den feierlichen Eid auf das neue „Regierungsgesetz“ *(ustawa rządowa)* ab, das als die „Konstitution vom 3. Mai“ bekannt wurde[14].

Die vom König geförderte Reformbewegung, die teilweise schon im geistigen Zusammenhang mit der französischen Revolution stand, wurde fast ausschließlich vom Adel getragen. Besonders die dem kleinen Landadel entstammenden Geistlichen, deren Wortführer Hugo Kołłątaj war, und Reformpublizisten wie der Bürgersohn Stanisław Staszic oder der Merkantilist Józef Wybicki lasteten die Hauptschuld für den Verfall der Republik den Magnaten an, deren „Partikularismus“ den Staat ausgehöhlt habe[15]. Ihr erklärtes Ziel war es, die „Exzesse der Freiheit“ auf ein vertretbares Maß zurückzuschneiden, Staat und Gesellschaft aus dem Zustand der Anarchie und des Machtverfalls herauszuführen. Ihre wichtigsten Forderungen kreisten um die Abschaffung oder wenigstens die Einschränkung des *liberum veto,* Modernisierung der Verwaltung und des Gerichtswesens durch die Neueinrichtung zentraler Instanzen, staatliche Protektion für Handel und Gewerbe, Schutz und Förderung der Städte und des Bauernstandes, Aufbau eines breite Schichten erfassenden Bildungswesens. Sie strebten eine Staatsverfassung nach englischem Vorbild an, die eine Stärkung der königlichen Gewalt intendierte, die Erbmonarchie für das Haus Wettin vorsah und das korrumpierte adelsparlamentarische System durch ein konstitutionelles ersetzen sollte. Die von außen kommende Bedrohung wurde geradezu zum Motor und zum Hauptinhalt der Argumentation.

Die Konstitution huldigte der Rousseauschen Idee von der Volkssouveränität und berücksichtigte die Lehre Montesquieus von der Teilung der Gewalten. Obschon die Bauernschaft als der wertvollste Stand, als die „Quelle allgemeinen Wohlstands“ herausgestellt und die Rolle des Bürgertums in Handel und Gewerbe betont wurden, so sollte auch künftig der Adel der politische Stand *par excellence* bleiben, erweitert freilich um das einem Besitz- und Steuerzensus genügende Bürgertum. Den in der Verfassung verwendeten Begriffen des „Reichsbürgers“ und der „Nation“ ist anzumerken, daß außer ihrer Erweiterung über den adligen Stand hinaus kein tragfähiger Konsens erzielt worden war[16]. Mit der Beseitigung des *liberum veto,* dem Verbot von Konföderationen, durch den Übergang zur dynastischen Erbfolge und durch die Schaffung einer funktionsfähigen

Regierung in der Hand des Monarchen und der von ihm auf zwei Jahre ernannten Minister wurden diejenigen Relikte aus der polnischen Vergangenheit ausgemerzt, die nicht mehr zeitgemäß waren, obgleich sie dem Adel bisher als die schönsten Perlen der polnischen „Freiheit" gegolten hatten. Die Adelsbauern erhielten endlich einen Rechtsschutz gegenüber dem Grundherrn; den Bürgern der königlichen Städte wurde ein – freilich beschränktes – Wahlrecht zur Landbotenkammer, die als „Repräsentant und Inbegriff der Souveränität der Nation" definiert wurde, zuerkannt. In ihrer konsequenten Modernität sollte die Konstitution vom 3. V. 1791 als die erste kodifizierte Verfassung Europas vorbildhaft für die gesamte neuere Verfassungsgeschichte werden.
Doch diese gegen den Widerstand Rußlands und Preußens, der Garantiemächte der alten Staatsordnung, gegen die Angriffe der konservativen Opposition und gegen die Wünsche der Zaudernden im eigenen Lager durchgesetzten Reformmaßnahmen besaßen keine Chance der praktischen Bewährung. Preußen, seit dem 29. III. 1790 mit der Republik in einer Defensivallianz verbündet, glich sich bereits am 27. VII. 1790 in der Reichenbacher Konvention mit Leopold II. aus und verlor jedes Interesse an einer Stärkung Polens, zumal Katharina II. die „französische Pest" an der Weichsel nicht tatenlos hinzunehmen bereit war. Die Zarin ermutigte mehrere Magnaten, sich Ende April 1792 zum Kampf gegen die neue Verfassung in der Konföderation von Targowica zusammenzuschließen[17], der sie eine russische Armee mit 100000 Mann zur Verfügung stellte. In dem ungleichen Krieg konnten die von Fürst Józef Poniatowski und dem im amerikanischen Unabhängigkeitskrieg bewährten Tadeusz Kościuszko geführten Krontruppen nur bis Juli Widerstand leisten; der Versuch des Königs, durch seinen Beitritt zur Konföderation weiteres Blutvergießen zu verhindern und wenigstens Teile der Konstitution zu retten, brachte nicht das gewünschte Ergebnis. Nach längeren Verhandlungen vereinbarten Rußland und Preußen am 23. I. 1793 eine weitere Amputation Polens, bei der die ruthenischen Gebiete östlich der Linie Dünaburg-Chocim mit rd. 228000 km^2 und 3,06 Mill. Einwohnern an das Zarenreich sowie Großpolen bis an die Pilica, das westliche Masowien und die Städte Danzig und Thorn, insgesamt 58400 km^2 mit 1,14 Mill. Einwohnern, an Preußen fielen[18]. Ein „Stummer Sejm" hatte am 23. IX. 1793 die Abtretungsverträge zu ratifizieren. Ein Großteil der Konföderierten, über die Folgen ihres leichtfertigen Protests entsetzt, ging in die Emigration.
In dem auf 240000 km^2 mit 3,5 Mill. Menschen reduzierten, nicht mehr lebensfähigen Reststaat entflammte am 24. III. 1794 ein Nationalaufstand, in dem Kościuszko als Diktator und Oberbefehlshaber fungierte[19]. Nach dem Sieg über eine russische Abteilung bei Racławice gelang es den Bürgern von Warschau und Wilna, die russische Garnison zu vertreiben; nach tapferer Gegenwehr, an der sich in größerer Zahl auch die nur mit Sensen bewaffneten Bauern beteiligten, mußten die Aufständischen am 10. X. 1794 in Maciejowice die Überlegenheit der von Suvorov komman-

dierten Russen anerkennen. Uneinigkeit über das Ausmaß der Territorialanteile ließen am 3. I. 1795 nur eine russisch-österreichische Vereinbarung zu, der Preußen am 24. X. 1795 beitrat. Rußland annektierte danach die litauischen und ruthenischen Gebiete östlich von Njemen und Bug mit 146 000 km^2 und 1,34 Mill. Einwohnern; Österreich bekam das restliche Kleinpolen bis zur Pilica und zum Bug mit Krakau, ein von 1,1 Mill. Menschen bewohntes Territorium von 51 000 km^2; Preußen besetzte alles Land westlich von Bug und Memel, also das restliche Masowien mit Warschau, Teile Podlachiens und Litauens mit 43 000 km^2 und 1,04 Mill. Einwohnern[20]. Stanisław II. Poniatowski hatte am 25. XI. 1795 abzudanken, denn die polnisch-litauische Adelsrepublik war mit der Dritten Teilung von der politischen Landkarte Europas getilgt worden.
Das Bewußtsein, daß den Polen in der Zweiten und Dritten Teilung, für die es keine – auch noch so weit hergeholte – historische Begründung gab, bitteres Unrecht zugefügt worden sei und allein die ungezügelten Machtinteressen der Teilungsstaaten den Ausschlag gegeben hatten, war im restlichen Europa durchaus lebendig. Da die polnische Nationsidee so eng mit der *Rzeczpospolita szlachecka* verknüpft gewesen war, konnte mit dem Untergang der königlichen Republik die Vorstellung aufkommen, zusammen mit dem Staat werde auch die Nation untergehen. Doch die Reformbewegung des ausgehenden 18. Jh. und die eingeleiteten politischen und sozialen Umwälzungen hatten im Ansatz bereits ein neues Nationsgefühl entstehen lassen, das ein Überleben der polnischen „Nation ohne Staat“ durch mehr als ein Jahrhundert der Teilung und Unfreiheit gewährleistete[21]. Die „polnische Frage“ stellte im 19. Jh. bald nicht nur ein innerstaatliches Problem für die jeweilige Teilungsmacht dar, sondern beschäftigte mehrfach die große Politik der europäischen Kabinette.

Anmerkungen zu 3.1

1 E. Reimann, Die polnische Königswahl von 1573, in: HZ 11 (1864), S. 68–128; P. Skwarczyński, Pierwsze trzy wolne elekcje viritim, in: Teki Historyczne 10 (1959), S. 119–154.
2 T. Wierzbowski, J. U., arcybiskup gnieźnieński (1502–1581), Warszawa 1895.
3 W. Sobieski, Trybun ludu szlacheckiego, Warszawa ²1963; A. Śliwiński, J. Z. – kanclerz i hetman wielki koronny, Warszawa 1947.
4 Siehe oben S. 108 f.
5 P. Champion, Henri III roi de Pologne, 2 Bde, Paris 1943, 1952.
6 Text in Vol. Leg. II 150–153 (1575).
7 Vol. Leg. II 133 f. (1573).
8 Vol. Leg. II 135–137 (1574).
9 M. Bogucka, Anna Jagiellonka, Warszawa 1964; P. Jasienica, Ostatnia z rodu, Warszawa 1965.
10 W. Zakrzewski, Po ucieczce Henryka. Dzieje bezkrólewia 1574–1575, Kraków 1878; L. Bazylow, Starania Stefana Batorego o koronę polską, in: Nauka i Sztuka 4 (1948) 7, S. 70–120.

11 K. OLEJNIK, S.B., 1533–1586, Warszawa 1988; s.a. den Sammelband Étienne Batory, Roi de Pologne, prince de Transylvanie, Cracovie 1935 (dort: L. SZÁDECKY, L'élection d'É.B. au trône de Pologne, S. 82–104; Bibliographie S. 525–564).

12 W. KONOPCZYŃSKI Konwokacje, in: Studia historyczne ku czci S. Kutrzeby, Bd. 1, Kraków 1938, S. 247–268.

13 Vol. Leg. II 163 (1576); W. SOBOCIŃSKI, Pakta konwenta. Studium z historii prawa polskiego, Kraków 1939; ders., O ustawie konstytucyjnej państwa polskiego z r. 1573, in: Czasop. Prawno-Hist. 1 (1948), S. 75–90.

14 Die 1578 erfolgte Definition, durch welche Handlungen der König den von ihm beschworenen Vertrag nicht erfülle, wurde 1607 und 1609 durch die Festlegung des Verfahrens bei der Aufkündigung des Vertrags ergänzt. SOBOCIŃSKI, Pakta konwenta, S. 174–202. Sollte sich der Monarch auch nach dreimaligen Ermahnungen des Primas, des Senats und der im Sejm vertretenen Ritterschaft uneinsichtig zeigen, durfte eine verfassungsrechtlich abgesicherte bewaffnete Konföderation zum Sturz dieses Königtums *sua naturali tyrannide aut rebellione* zusammentreten. Solche Konföderationen haben zwar mehrfach erklärt, der Monarch habe seinen Thron verwirkt; es fehlte ihnen aber allen die Macht, ihren Spruch durchzusetzen.

15 Die anfangs 16, nach 1641 28 *consiliarii ad latus regis* bzw. *senatorowie rezydenci* wurden aus dem Kreis der Bischöfe, Wojewoden und Kastellane bestimmt. Ihre Amtsdauer wechselte im halbjährigen Turnus. Seit 1717 waren die mit Mehrheit gefaßten Beschlüsse, die bereits seit 1607 schriftlich festgehalten und dem Reichstag nachträglich zur Billigung vorgelegt werden mußten, für den König verbindlich.

16 Von den dem Staate gehörenden Güterkomplexen in einer Ausdehnung von rd. 140 000 km^2 oder 19% des Gesamtterritoriums hatte der König 84% = 117 000 km^2 nach der immer erneuerten Konstitution aus dem Jahre 1590 innerhalb von sechs Wochen nach dem Ableben des letzten Nutznießers solchen Edelleuten zuzuteilen, die sich um den Staat verdient gemacht hatten. Außer der Bestallung der 17 Erzbischöfe und Bischöfe, der Äbte der zwölf reichsten Klöster, der 120 weltlichen Senatoren, der zehn Minister für Polen und Litauen sowie der schätzungsweise 140 Starosten stand dem König sowohl das Ernennungsrecht für weit über 1000 Beamte der Rechtspflege und der Verwaltung als auch das Bestätigungsrecht für die Ausgabe der Offizierspatente aller Grade im stehenden Heer und für die mit wenigen Ausnahmen zu leeren Titeln degradierten Landschaftsämter zu. Der König hatte allein darauf zu achten, daß der Ernannte 24 Jahre alt war und einer *bene natus et possessionatus*-Familie entstammte. Die Rücksichtnahme auf die Stärke der Faktionen, das utilitäre Moment, ob und unter welchen Gesichtspunkten ein Kandidat über sein Amt hinaus der ihn stützenden Parteiung von Diensten sein könne, die häufig durch das *ius communicativum* eingeschränkte freie Vergabe, der bei jeder Neuverleihung einer wichtigen Position ausbrechende Parteienhader, wobei sich der König bestenfalls einen Parteigänger und zahlreiche neue Gegner im Lager der Übergangenen schaffen konnte, haben jedoch den Wert dieses Privilegs stark beschnitten. Immer wieder verlangten die Führer der Magnatenfaktionen, die einflußreichen Ämter und die einträglichsten Sinekuren ausschließlich auf dem Reichstag und nur nach Zustimmung des Senats zu vergeben. Diese Forderung griff auch die Reformpolitik des ausgehenden 18. Jh. auf.

17 Vol. Leg. III 363 f. (1632).

18 Schon Stefan Báthory konnte mit einem Einkommen aus den dem König vorbehaltenen, etwa 22 000 km^2 umfassenden Tafelgütern (*bonae mensae regiae*), aus dem Zoll- und dem Salzregal sowie einigen Sondersteuern rechnen, das

jährlich – entsprechend der Kaufkraft von 1765 – zwischen 12,3 und 17 Mill. złp schwankte. Jan III. Sobieski hat als König ungeheuere Reichtümer angesammelt: Bei seinem Tod hinterließ er privaten Landbesitz und Juwelen im Wert von 200 Mill. złp und Bargeld im Wert von 120 Mill. złp. Bedingt durch Gebietsabtretungen und den Verzicht auf einen Teil der Steuer- und Zolleinnahmen pendelte sich zu Beginn der Regierungszeit Stanisławs August Poniatowskis die Jahreseinnahme bei etwa 7 Mill. złp ein (= 400 000 Dukaten). In Notlagen hat es die Republik nicht an der Bereitschaft, Privatschulden des Herrschers zu bezahlen und seine Revenuen zu erhöhen, fehlen lassen. T. Korzon, Wewnętrzne dzieje Polski za Stanisława Augusta (1764–1794), Bd. 3, Kraków usw. 1897, S. 4–102; Ł. Jasiński, Beiträge zur Finanzgeschichte Polens im XVIII. Jh., Posen 1909, S. 64–66, 69–78, 111–113.

19 H. Roos, Ständewesen und parlamentarische Verfassung in Polen (1505–1772), in: D. Gerhard (Hg.), Ständische Vertretungen in Europa im 17. und 18. Jh., Göttingen 1969, S. 310–367, hier S. 353 f.

20 W. Konopczyński, Le liberum veto. Étude sur le développement du principe majoritaire, Paris 1930.

21 Diesen Ausführungen liegen Überlegungen zugrunde, die u. a. K. G. Hausmann, Die politischen Begriffe und Wertungen in der polnischen Aufklärung, Phil. Diss. Göttingen 1957; A. Zajączkowski, Główne elementy kultury szlacheckiej w Polsce. Ideologia a struktury społeczne, Wrocław usw. 1961; und J. Jedlicky, Klejnot i bariery społeczne. Przeobrażenia szlachectwa polskiego w schyłkowym okresie feudalizmu, Warszawa 1968, angestellt haben.

22 Eine überzeugende Synthese hat vorgelegt A. Wyczański, Polska – Rzeczą pospolitą szlachecką 1454–1764, Warszawa 1965.

23 Diese auf Bobrzyński, Ulanowski und Baranowski zurückgehende Interpretation hat überspitzt zusammengefaßt O. Forst-Battaglia, Eine unbekannte Kandidatur auf dem polnischen Thron, Bonn 1922, S. 6–8; s. a. S. Hüppe, Verfassung der Republik Polen, Berlin 1867, S. 18.

24 A. Zajączkowski, Główne elementy kultury szlacheckiej, S. 69–83.

25 Nach T. Mańkowski, Genealogia sarmatyzmu polskiego, Warszawa 1946, verfolgte vor allem J. Tazbir diese Fragestellung. Siehe u. a. Sarmatyzacja katolicyzmu w XVII w., in: J. Pelc (Hg.), Wiek XVII. Kontrreformacja. Barok, Wrocław 1970, S. 7–38.

26 Die Szlachta versuchte mit diesem 1669 und 1676 verschärften und erweiterten Verbot jede Schwächung des adligen Allods zu unterbinden. Diese Grunderwerbsklausel wurde 1726 auch auf den städtischen Bereich ausgedehnt.

27 Społeczeństwo polskie od X do XX wieku, S. 294–307; Historia państwa i prawa Polski, Bd. 2, S. 218–223.

28 Hoensch, Sozialverfassung und politische Reform, S. 131–151; Społeczeństwo polskie od X do XX wieku, S. 272–281; Historia państwa i prawa Polski, Bd. 2, S. 203–212.

29 Diesen Vorgang beschreiben W. Rusiński, Drogi rozwojowe folwarku pańszczyźnianego, in: Przegl. Hist. 47 (1956), S. 617–655, und W. Szczygielski, Dzieje społeczne chłopów w okresie od XVI do XVIII w., in: Z dziejów chłopów polskich (od wczesnego feudalizmu do 1939 r.), Warszawa 1968, S. 68–125.

Die Literatur über die Etablierung des Systems der Abhängigkeiten durch den Adel über die Bauern ist äußerst umfangreich, zumal sich die marxistische polnische Historiographie diesem Komplex mit besonderer Intensität widmet. Eine durchaus brauchbare Einführung bieten die Historia państwa i prawa Polski, Bd. 2, S. 40–56, S. 193–201, 476–483, jeweils mit erschöpfenden Literaturangaben, und die Historia chłopów polskich, Bd. 1, S. 308–327. Die beste Gesamtdarstellung ist aber immer noch die Arbeit von W. Grabski, Historia wsi w Polsce, Warszawa 1929, die das polnische Bauerntum dem europäischen gegenüberstellt.

30 Hoensch, Sozialverfassung und politische Reform, S. 151–180.

31 R. Mahler, Żydzi w dawnej Polsce w świetle liczb. Struktura demograficzna Żydów w Koronie w XVIII w., in: Przeszłość demograficzna Polski, Warzawa 1967, S. 131–181, hier S. 154,

32 Żydzi w Polsce odrodzonej, Bd. 1, Warszawa 1936; R. Mahler, Dzieje Żydów w Polsce przedrozbiorowej, Warszawa 1946; A. M. Bałaban, Z historyi Żydów w Polsce. Szkice i studja, Warszawa 1920.

Anmerkungen zu 3.2

1 C. Lepszy, Gdańsk et la Pologne à l'époque de Batory, in: Étienne Batory, Roi de Pologne, S. 212–241.

2 O. Laskowski, Les campagnes de Batory contre la Moscovie, in: Étienne Batory, Roi de Pologne, S. 375–403; J. Natanson-Leski, Epoka Stefana Batorego w dziejach granicy wschodniej Rzeczypospolitej, Warszawa 1930.

3 L. Karttunen, A. P., Un diplomat pontifical au XVIe siècle, Lausanne 1908; G. Stökl, Posseviniana, in: JbbGOsteur. 11 (1963), S. 223–236.

4 G. Kleeberg, Die polnische Gegenreformation in Livland, Leipzig 1931.

5 S. Polcin, Une tentative d'Union au XVIe siècle: la mission religieuse du père Antoine en Moscovie, Roma 1957.

6 S. Kutrzeba, La réforme judiciaire en Pologne à l'époque d'Étienne Batory, in: Étienne Batory, Roi de Pologne, S. 292–304.

7 J. Tichý, Zápas Zamojskiego se Zborovskými v letech 1582–1585, Praha 1937.

8 J. Caro, Das Interregnum Polens im Jahre 1587 und die Parteikämpfe der Häuser Borowski und Zamoyski, Gotha 1861.

9 Er machte sich durch diese Kampagne bei der Magnaterie so unbeliebt, daß ihm der vom Primas Karnkowski nach Koło einberufene Adelstag im August 1590 das Recht absprach, an künftigen Wahlreichstagen teilzunehmen und seine Stimme abzugeben. Dieses Verbot wurde von dem im Dezember 1590/Januar 1591 tagenden Reichstag ausdrücklich bestätigt.

10 Außer der dreibändigen Bibliographie von J. J. Niemcewicz, Warszawa 1819, gibt es keine detaillierte Lebensbeschreibung König Zygmunts III.

11 Der Kampf Zygmunts III. um die schwedische Krone und die polnische Zurückhaltung ist in der Historiographie nur für Teilbereiche abgehandelt worden.

12 S. Herbst, Wojna inflancka 1600–1602, Warszawa 1938; ders., Wojna inflancka 1603–1604, in: Studia historica. W 35-lecie pracy naukowej H. Łowmiańskiego, Warszawa 1958, S. 295–307; M. Kujawski, The Battle of Kirchholm. A Masterpiece of early XVIIth Century Military Tactics, in: The Polish Review 11 (1966), S. 40–61.

13 Sveriges Krig. 1611–1632, Bd. 2, Polska Kriget, Stockholm 1936.

14 K. R. Böhme, Die schwedische Besetzung des Weichseldeltas, 1626–1636, Würzburg 1963.

15 A. Hirschberg, Dymitr Samozwaniec, Lwów 1898.

16 A. Hirschberg, Maryna Mniszchówna, Lwów 1927.

17 J. Tazbir, Piotr Skarga. Szermierz kontrrefomacij, Warszawa 1978.

18 J. Maciszewski, Wojna domowa w Polsce 1606–1609. Studium z dziejów walki przeciw kontrreformacji, Bd. 1, Wrocław 1960; A. Rembowski, Rokosz Zebrzydowskiego. Materiały historyczne, Warszawa 1893.

19 A. Prochaska, Hetman S. Ż., Warszawa 1927; J. Maciszewski (Hg.): S.Ż., początek i progres wojny moskiewskiej, Warszawa 1966; L. Podhorodecki, S.Ż., Warszawa 1988.

20 A. DAROWSKI, Elekcja Władysława IV na cara, in: Szkice historyczne, Ser. 2, St. Petersburg 1895, S. 1–147.
21 W. SOBIESKI, Żółkiewski na Kremlu, Warszawa, Kraków 1920.
22 K. TYSZKOWSKI, Wojna o Smoleńsk 1613–1615, Lwów 1932; W. LEITSCH, Moskau und die Politik des Kaiserhofes im XVII. Jh., T. 1, 1604–1654, Graz, Köln 1960.
23 Handbuch der Geschichte Rußlands, Bd. 2, S. 42–46.
Während die Befreiung Moskaus von der polnischen Besetzung in der russischen Literatur eine nationale Glorifizierung erfuhr, wurde in Polen trotz der militärischen Erfolge die Einmischung in die innerrussischen Verhältnisse während der Smuta nur als Angelegenheit des Königshauses und einiger Magnatengeschlechter, keinesfalls als eine nationale Aufgabe der Adelsnation gewertet. J. MACISZEWSKI, Polska a Moskwą 1603–1618. Opinie i stanowiska szlachty polskiej, Warszawa 1968.
24 A. M. AMMANN, Abriß der ostslawischen Kirchengeschichte, Wien 1950, S. 299–327; VÖLKER, Kirchengeschichte Polens, S. 260–280; E. LIKOWSKI, Die ruthenisch-römische Kirchenvereinigung, genannt Union zu Brest, Freiburg i. Brsg. 1904.
25 K. LEWICKI, Książę Konstanty Ostrogski a unja brzeska 1596 r., Lwów 1933.
26 D. OLJANČYN, Zur Frage der Generalkonföderation zwischen Orthodoxen und Protestanten in Wilna 1599, in: Kyrios 1 (1936), S. 29–46.
27 W. DOBROWOLSKA, Chodkiewicz Jan Karol, hetman w. litewski (1560–1621), in: PSB 3 (1937), S. 363–367.
28 L. PODHORECKI, Kampania chocimska 1621 r., in: SMHW 10 (1964), S. 88–143, 11 (1965), S. 37–68; R. MAJEWSKI, Polski wysiłek obronny przed wojną chocimską 1621, in: SMHW 7 (1961), S. 3–39.
29 A. DANYSZ, J. A. K. w Polsce, in: Studja z dziejów wychowania w Polsce, Kraków 1921, S. 257–335; L. KURDYBACHA, Działalność J. A. Komeńskiego w Polce, Warszawa 1957.
30 A. ŚLIWIŃSKI, Król Władysław IV, Warszawa 1925; W. CZAPLIŃSKI, Władysław IV (Próba charakterystyki), in: Roczn. Hist. 17 (1948), S. 126–142.
31 Handbuch der Geschichte Rußlands, Bd. 2, S. 91–95; W. LIPIŃSKI, Stosunki polsko-rosyjskie w przededniu wojny smoleńskiej 1632–1634 i obustronne przygotowania wojskowe, in: Przegląd Historyczny-Wojskowy 4 (1931), S. 234–271; Fortsetzungen ibid. 5 (1932), S. 165–206; 6 (1933), S. 173–225; 7 (1935), S. 217–255.
32 W. GODZISZEWSKI, Granica polsko-moskiewska wedle pokoju polanowskiego, Kraków 1935.
33 W. CZAPLIŃSKI, Na marginesie rokowań w Sztumsdorfie w 1635 r., in: Przegląd Współczesny 7, 66 (1938) 8/9, S. 98–119.
34 W. CZAPLIŃSKI, Polska a Bałtyk w latach 1632–1648. Dzieje floty i polityki morskiej, Wrocław 1952.
35 W. CZAPLIŃSKI, Władysław IV wobec wojny 30-letniej (1637–1645), Kraków 1937.
36 W. CZAPLIŃSKI, Ostatni hołd pruski, in: Księga pamiątkowa ku czci W. Sobieskiego, Bd. 1, Kraków 1932, S. 53–71.
37 W. CZERMAK, Plany wojny tureckiej Władysława IV, Kraków 1895.
38 M. L. PLOURIN, Marie de Gonzague, une princesse française, reine de Pologne, Paris 1946.
39 W. TOMKIEWICZ, J.W. (1612–1651), Warszawa 1933; J. WIDACKI, Kniaź Jarema, Katowice 1984.
40 S. F. JACOBI, Das liebreiche Religionsgespräch zu Thorn 1645, Gotha 1895.
41 Z. OGONOWSKI, Z zagadnień tolerancji w Polsce XVII w., Warszawa 1958.

42 G. VERNADSKY, Bohdan, Hetman of Ukraine, New Haven, London 1941; M. KORDUBA, in: PSB 3 (1937), S. 329–334; O. GÓRKA, B. Ch. – jego historycy, postać i dzieło, in: Sesja naukowa w trzechsetną rocznicę zjednoczenia Ukrainy z Rosją, Warszawa 1956, S. 65–102; I. P. KRYPJAKEVYČ, B. Ch. Kyïv 1954; J. KACZMARCZYK, B. Ch., Wrocław u. a. 1988.

43 W. CZAPLIŃSKI, Jan II. Kazimierz Waza, in: PSB 10 (1962–1964), S. 410–413; T. WASILEWSKI, Ostatni Waza na polskim tronie, Katowice 1984.

44 Z. WÓJCIK, Dzkie pola w ogniu. O Kozaczyźnie w dawnej Rzeczypospolitej, Warszawa [3]1968.

45 W. A. SERCZYK, Rzeczpospolita i Kozaczyzna w pierwszym ćwierćwieczu XVII stulecia, in: Studia Historyczne 20 (1977) 1, S. 3–22; M. WAWRYKOWA, Z dziejów walki narodu ukraińskiego z ekspansją Polski w drugiej połowie XVI i pierwszym ćwierćwieczu XVII stulecia, in: Sesja naukowa (wie Anm. 42), S. 103–129.

46 L. KUBALA, Oblężenie Zbaraża i pokój Zborowem, Warszawa [3]1930. Von ukrainischer Seite liegt die materialreiche, aber zu panegyrischen Verzeichnungen neigende Darstellung von M. HRUŠEVS'KYJ, Istorja Ukrainy-Rusy, Bde 8 und 9, Kyïv 1928–1931, vor (für die Jahre 1645–1657).

47 B. BARANOWSKI, Powstanie Kostki Napierskiego w 1651 r., Warszawa 1951; S. SZCZOTKA, Powstanie chłopskie pod wodzą Kostki Napierskiego, Warszawa 1951.

48 A. CHOULGUINE, Le traité de Péréyaslav et l'union de l'Ukraine avec la Moscovie, in: Revue Historique 222 (1959), S. 297–310; O. E. GÜNTHER, Der Vertrag von Perejaslav im Widerstreit der Meinungen, in: JbbGOsteur. 2 (1954), S. 221–257; Handbuch der Geschichte Rußlands, Bd. 2, S. 123–131.

49 L. KUBALA, Wojna moskiewska r. 1654–1655, Warszawa, Kraków 1910.

50 Wichtige Beiträge in K. LEPSZY (Hg.), Polska w okresie drugiej wojny północnej 1655–1660, 3 Bde, Warszawa 1957 (im Bd. 3 eine erschöpfende Bibliographie).

51 „Potop" – nach dem zweiten Teil des dreibändigen Romanwerks von Nobelpreisträger H. Sienkiewicz, der mit seiner phantasievollen Beschreibung der Jahre 1648–1673 seit vier Generationen das Geschichtsbild weiter Kreise in Polen entscheidend geprägt hat. A. KERSTEN, Sienkiewicz-potop-historia, Warszawa 1966.

52 Vor allem der russische Diplomat Ordin-Naščokin entwarf einen kühnen Großreichplan für das Moskauer Zartum. S. dazu G. STÖKL Rußland von 1462–1689, in: Handbuch der europäischen Geschichte, Bd. 3, Stuttgart 1971, S. 1164 und S. 1167, Anm. 3.

53 O. GÓRKA, Legenda a rzeczywistość obrony Częstochowy w r. 1655, Warszawa 1957; T. NOWAK, Spór o rolę dziejową obrony Jasnej Góry w 1655 r., in: Przegl. Hist. 49 (1958), S. 132–147.

54 A. KERSTEN, Z badań nad Konfederacją Tyszowiecką, in: Rocznik Lubelski 1 (1958), S. 99–116; T. NOWAK, Kampania wielkopolska Czarnieckiego i Lubomirskiego w roku 1656, in: Rocznik Gdański 11 (1937), S. 67–162; Z. KUCHOWICZ und Z. SPIERALSKI, Stefan Czarniecki, pogromca Szwedów, Warszawa 1953.

55 L. KUBALA, Trzydniowa bitwa pod Warszawą. Ustęp z Wojny Brandenburskiej, in: Księga pamiątkowa ku czci B. Orzechowicza, Bd. 1, Lwów 1916, S. 510–544; ders., Wojna szwecka w roku 1655 i 1656, Lwów usw. 1914.

56 L. KUBALA Wojna Brandenburska i najazd Rakoczego w roku 1656 i 1657, Lwów, Warszawa 1917.

57 K. FRIESE, Über den äußeren Gang der Verhandlungen beim Frieden von Oliva, Phil. Diss. Kiel 1890.

58 A. KAMIŃSKA-LINDERSKA, Lenno Lębork i Bytów na tle stosunków polkso-

brandenburskich 1657–1670, in: Studia i Materiały do Dziejów Wielkopolski i Pomorza 6 (1960) 1, S. 65–124.

59 Zum Hintergrund M. GAWLIK, Projekt unii rosyjsko-polskiej w drugiej połowie XVII w., in: Kwart. Hist. 23 (1909), S. 78–125.

60 A. PROCHAZKA, Wyhowski, twórca unii hadjackiej i jego rodzina, in: Przewodnik Naukowy i Literacki 48 (1920), S. 18–33, 113–125, 209–221, 305–323, 399–411.

61 F. RAWITA-GAWROŃSKI, Ostatni Chmielniczenko, Poznań 1919.

62 C. BICKFORD O'BRIEN, Muskovy and the Ukraine ... 1654–1667, Berkeley, Los Angeles 1963; Handbuch der Geschichte Rußlands, Bd. 2, S. 131–144.

63 Z. WÓJCIK, Traktat andruszowski 1667 roku i jego geneza, Warszawa 1959.

64 Dazu Z. WÓJCIK, Między traktatem Andruszowskim a wojną turecką. Stosunki polsko-rosyjskie 1667–1672, Warszawa 1968.

65 Neue Berechnung von H. ROOS, Polen von 1668–1795, in: Handbuch der europäischen Geschichte, Bd. 4, Stuttgart 1968, S. 696–698.

66 W. CZAPLIŃSKI, Dwa sejmy w roku 1652 ..., Wrocław 1955, S. 122ff.

68 Hatten unter Jan Kazimierz noch 500 złp als Bestechungssumme oder unter August II. ein russischer Zobelpelz zum „Kauf... des Vetos ausgereicht, so mußten 1744 z. B. 14000 franz. Taler und 15000 preußische Dukaten für das „Zerreißen" des Sejm aufgebracht werden. – Alle damit zusammenhängenden Probleme hat dargestellt W. KONOPCZYŃSKI, Le liberum veto, Paris 1930. Die mit den Reichstagen zusammenhängenden Fragen behandelt erschöpfend H. OLSZEWSKI, Sejm Rzeczypospolitej epoki oligarchii 1652–1763. Prawo-praktyka-teoria-programy, Poznań 1966.

69 J. BĄKOWA, Szlachta województwa krakowskiego wobec opozycji Jerzego Lubomirskiego w latach 1661–1667, Warszawa, Kraków 1974, S. 27–44; W. CZAPLIŃSKI, Opozycja wielkopolska po krwawym potopie (1660–1668), Kraków 1930.

70 W. MAJEWSKI, Bitwa pod Mątwami, in: SMHW 7 (1961), S. 41–90.

Anmerkungen zu 3.3

1 W. MAJEWSKI, Podhajce – letnia i jesienna kampania 1667, in: SMHW 6 (1960), S. 47–99. Zur Lage in der Ukraina F. RAWITA-GAWROŃSKI, Kozaczyzna ukraina w Rzeczypospolitej Polskiej do końca XVIII w., Warszawa 1923.

2 Die Feldzugsgeschichte wird in den Sobieski gewidmeten Biographien knapp abgehandelt (s. u. Anm. 5). Zum Stand des polnischen Heeres K. ZAJĄC, Wojsko Rzeczypospolitej w latach 1668–1673, in: SMHW 5 (1960), S. 184–243.

3 J. WOLIŃSKI, Epilog elekcji 1674 r., Kraków 1952.

4 Neben der populärwissenschaftlichen Biographie von K. WALISZEWSKI, Marysienka ..., Paris ^{4}1904, jetzt M. KOMASZYŃSKI, Maria Kazimiera Sobieska królowa Polski, Warszawa 1982.

5 O. FORST de BATTAGLIA, J.S., Mit Habsburg gegen die Türken, Graz u. a. 1983; G. HAGENAU, J.S. Der Retter Wiens, Wien, München 1983; Z. WÓJCIK, J.S. 1629–1696, Warszawa 1983; J. WIMMER, Der Entsatz von Wien 1683, Warszawa 1983.

6 J. WOLIŃSKI, Żórawno, in: PHW 2 (1930), S. 45–61.

7 J. W. ZINKEISEN, Geschichte des osmanischen Reiches in Europa, Bd. 5, Gotha 1857; J. WOLIŃSKI, Pośrednictwo tatarskie w wojnie polsko-tureckiej 1674–1675, in: Polityka Narodów 4 (1934), S. 480–507.

8 Die Befreiung Wiens hat in der polnischen Historiographie eine panegyrische Verzeichnung erfahren. Die militärischen Aspekte schildert M. KUKIEL, Pol-

ski wysiłek zbrojny r. 1683, in: Kwart. Hist 47 (1933) 1, S. 161–181; J. WOLIŃSKI, Parkany (7 i 9 października 1683 r.), in: PHW 6 (1933), S. 39–60.

9 C. CHOWANIEC, Wyprawa Sobieskiego do Mołdawji w 1686 r., Warszawa 1932; ders., Z. dziejów powiedeńskiej polityki Jana III. Do genezy sprawy wschodniej, in: Przegląd Współczesny 8 (1929), S. 321–341.

10 J. WOLIŃSKI, Z dziejów wojny i polityki w dobie Jana Sobieskiego, Warszawa 1960.

11 Die litauische Magnatenfamilie Sapieha löste 1694 einen Kleinkrieg gegen ihre Standesgenossen aus, der erst am 16. XI. 1700 mit der Schlacht von Ołkieniki beendet wurde. L. POWIDAJ, Wojna domowa Sapiehów z szlachtą litewską w ostatnich latach XVII i na początku XVIII w., in: Przegląd Polski 7 (1872) 1, S. 68–88, 211–231.

12 K. PIWARSKI, Projekty reformy państwa za Jana III. Sobieskiego, in: Studia historyczne ku czci S. Kutrzeby, Bd. 1, Kraków 1938, S. 345–370.

Anmerkungen zu 3.4

1 A. WALEWSKI Dzieje bezkrólewia po skonie Jana III, Bd. 1, Kraków 1874; P. HAAKE, Die Wahl Augusts des Starken zum König von Polen, in: Historische Vierteljahresschrift 9 (1906), S. 31–84; R. SCHELLER-STEINWARTZ, Polen und die Königswahl von 1697, in: ZOsteurG. 2 (1912), S. 481–540; K. PIWARSKI, Das Interregnum 1696/97 in Polen und die politische Lage in Europa, in: J. Kalisch und J. Gierowski (Hg.), Um die polnische Krone. Sachsen und Polen während des Nordischen Krieges 1700–1721, Berlin 1962, S. 9–44.

2 P. HAAKE, August der Starke, Berlin 1926; C. GURLITT, August der Starke, ein Fürstenleben aus der Zeit des deutschen Barock, 2 Bde, Dresden 1924; zur polnischen Einschätzung s. J. FELDMAN, August II Mocny (1670–1733), in: PSB 1 (1935), S. 179–183.

3 HOENSCH, Sozialverfassung und politische Reform, S. 1–49.

4 Polska nierządem stoi – Polonia confusione regitur. S. S. LESZCZYŃSKI, Głos wolny wolność ubezpieczający, Nancy 1743 (?); (S. KONARSKI), Von einem nützlichen Mittel zum Bestande der ordentlichen Reichstäge in Pohlen, Bd. 1, Warschau 1762, S. 170f.

5 Dennoch erfreute sich das Haus Wettin beim Kleinadel und der republikanischen „Partei" einer ausreichenden Popularität, um trotz des Scheiterns bei der letzten Königswahl 1764 auf dem Vierjährigen Reichstag 1791 und schließlich 1807 aus Napoleons Gnaden im Herzogtum Warschau die Krone angetragen zu bekommen.

6 Eine neue Gesamtdarstellung liegt nicht vor; noch im 19. Jh. hat sich K. JARODOWSKI in mehreren Studien ausführlich mit der Regierungszeit August II. beschäftigt. Für die Anfangsphase des 2. Nordischen Krieges s. V. KORULJUK, Polska i Rosja a wojna północna, Warszawa 1954; O. HAINTZ, König Karl XII. von Schweden, Bd. 1, Berlin ²1958.

7 P. STOK, Bitwa pod Kliszowem w r. 1702, in: SMHW 6 (1960) 2, S. 191–252; J. WIMMER, Wojsko polskie w przededniu wojny północnej (1699–1702), in: Studia i Materiały do Historii Sztuki Wojennej, Bd. 1, Warszawa 1954, S. 339–392.

8 J. FELDMAN, S.L., Warszawa ²1959; J. LECHICKA, Rola dziejowa S.L., Toruń 1949; J. LEVRON, S.L., roi de Pologne et duc de Lorraine, Paris 1984; E. CIEŚLAK, W obronie tronu króla S.L., Gdańsk 1986.

9 J. FELDMAN, Polska w dobie wielkiej wojny połnocnej 1704–1709, Kraków 1925.

10 E. HASSINGER, Brandenburg-Preußen, Schweden und Rußland 1700–1713, München 1953; zur Innenpolitik jener Jahre J. GIEROWSKI, Między saskim absolutyzmem a złotą wolnością. Z dziejów wewnętrznych Rzeczypospolitej w latach 1712–1715, Wrocław 1953.
11 J. FELDMAN, Polska a sprawa wschodnia 1709–1714, Kraków 1926.
12 A. I. BARANOVIČ, Magnatskoe chozjajstvo na juge Volyni v XVIII v., Moskva 1955.
13 A. WADDINGTON, L'acquisation de la couronne royale de Prusse par les Hohenzollern, Paris 1888.
14 J. GIEROWSKI, Preußen und das Projekt eines Staatsstreiches in Polen im Jahre 1715. Zur Genesis der Konföderation von Tarnogród, in: Jahrbuch für die Geschichte der UdSSR und der Volksdemokratischen Länder Europas 3 (1959), S. 296–317.
15 Text in Vol. Leg. VII 112–133 (1717).
16 Zur Entwicklung des polnischen Heeres in der 2. Hälfte des 17. Jh. siehe J. WIMMER, Wojsko polskie w drugiej połowie XVII w., Warszawa 1965; im 18. Jh. T. KORZON, Dzieje wojen i wojskowości w Polsce, Bd. 3, Lwów [2]1923.
17 OLSZEWSKI, Sejm Rzeczypospolitej, S. 400–403.
18 A. PHILIPP, August der Starke und die pragmatische Sanktion. Die Zeit des ersten Wiener Friedens (1719–1727), Leipzig 1907.
19 Die Hintergründe schildert eingängig G. RHODE, Brandenburg-Preußen und die Protestanten in Polen 1640–1740 ..., Leipzig 1941; J. FELDMAN, Sprawa dysydencka za Augusta II, in: Reformacja w Polsce 3 (1924), S. 89–116.
20 Vol. Leg. VI 301–310, hier S. 302 (1733).
21 R. FRYDRYCHOWICZ, Die Vorgänge zu Thorn im Jahre 1724, in: Zeitschrift des Westpreußischen Geschichtsvereins, H. 11 (1884), S. 73–97; S. KUJOT, Sprawa toruńska z r. 1724, in: Rocznik Towarzystwa Przyjaciół Nauk Poznańskiego 20 (1894), S. 1–152.
22 Der Beitritt der Bistümer Przemyśl (1691), Lemberg (1701), Łuck (1702) und Chełm (1704) zur Union konnte nicht über die Schwäche der griechisch-katholischen Kirche in der Adelsrepublik hinwegtäuschen. Obwohl nach den offiziellen Angaben der uniierten Kirchenleitung in der Ukraina 1900 uniierten ganze 20 orthodoxe Gemeinden gegenüberstanden, konnte sich die Union in den ruthenischen Ländern niemals vollständig durchsetzen. Die Tatsache, daß in den östlichen Landesteilen eine vom polonisierten Adel standesmäßig, religiös und national scharf unterschiedene, in das Leben der Republik kaum integrierte geschlossene bäuerliche Bevölkerungsgruppe siedelte, gab ab 1762 Katharina II. ein Werkzeug in die Hand, die schlummernde Sympathie der Ruthenen für die Orthodoxie im russisch-nationalen Sinn zu wecken. AMMANN, Abriß der ostslawischen Kirchengeschichte, S. 193–215, 299–336, 413–440; J. PELESZ, Geschichte der Union der ruthenischen Kirche mit Rom, Bd. 2, Wien 1880, S. 495–527.
23 Nach Historia chłopów polskich, Bd. 1, S. 53, waren im Zeitalter der Teilungen 53% der Bevölkerung der katholischen und 30% der uniierten Kirche zuzurechnen, 10% waren orthodoxe Juden, 3,5% bekannten sich zum orthodoxen und 1,5% zum protestantischen Glauben. 2% der Einwohner gehörten anderen Glaubensgemeinschaften an.
24 Zum Hintergrund des französischen Engagements s. E. ROSTWOROWSKI, O polską koronę. Polityka Francji w latach 1725–1733, Wrocław 1958.
25 R. BEYRICH, Kursachsen und die polnische Thronfolge 1733–1736, Leipzig 1913; S. ASKENAZY, Elekcya Augusta III, in: Biblioteka Warszawska 60 (1900) 2, S. 197–215, 430–464.
26 E. NADOLNY, Danzig und der polnische Thron 1733/34, in: Zeitschrift des Westpreußischen Geschichtsvereins (1939), S. 139–189.

27 P. Boyé, Un Roi de Pologne et la couronne ducale de Lorraine. S.L. et le troisième traité de Vienne, Paris 1898.
28 W. Konopczyński, August III, in: PSB 1 (1935), S. 183–185; ders., August III, in: Historja polityczna Polski, Bd. 2, S. 464–581.
29 W. Konopczyński, H. v. Brühl, in: PSB 3 (1937), S. 16–19.
30 Hoensch, Sozialverfassung und politische Reform, S. 214–286.
31 W. Konopczyński, Polscy pisarze polityczni XVIII w. (do Sejmu Czteroletniego), Warszawa 1966.
32 W. Konopczyński, Stanisław Konarski, Warszawa 1926; Hoensch, Sozialverfassung und politische Reform, S. 36–49.
33 M. Skibiński, Europa a Polska w dobie wojny o sukcesję austriacką w latach 1740–1745, 2 Bde. Kraków 1912, 1913.
34 W. Konopczyński, Polska w dobie wojny siedmoletniej, 2 Bde, Warszawa 1909–1911.
35 J. K. Hoensch, Friedrichs II. Währungsmanipulationen im Siebenjährigen Krieg und ihre Auswirkungen auf die polnische Münzreform von 1765/66, in: Jahrbuch für die Geschichte Mittel- und Ostdeutschlands 22 (1973), S. 110–175.

Anmerkungen zu 3.5

1 S. Askenazy, Die letzte polnische Königswahl. Phil. Diss. Göttingen 1894.
2 O. Forst-Battaglia, S.A.P. und der Ausgang des alten Polenstaates, Berlin 1927; J. Nieć, Młodość ostatniego elekta (1732–1764), Kraków 1935; K. Zernack, S.A.P., Probleme einer politischen Biographie, in: Jbb GOsteur. 15 (1967), S. 371–393; dem aufgeklärten Mäzen und Liebhaber der schönen Künste forscht nach J. Fabre, S.A.P. et l'Europe des lumières, Paris 1952.
3 Hoensch, Sozialverfassung und politische Reform, S. 286–307.
4 Dieser unbändige Charakter hat eine Reihe populärwissenschaftlicher Studien angeregt, u. a. E. Starczewski, in: Widma przeszłości, Warszawa usw. 1929, S. 177–203; E. v. Brüggen, Polens Auflösung, Leipzig 1878, S. 134–160.
5 Auslöser war J. Lelewels knappe Studie Geschichte Polens unter Stanisław August, Braunschweig 1831.
6 Vol. Leg. VII 250–285 (1768).
7 W. Konopsczyński, Konfederacja barska, 2 Bde, Warszawa 1936–1938.
8 Die Rolle der russischen Gesandten Repnin und Stackelberg schildern A. Kraushar, Książę Repnin i Polska w pierwszem czteroleciu panowania Stanisława Augusta (1764–1768), 2. Bde, Kraków 1879; und K. M. Morawski, Prokonsulat Stackelberga, in: Biblioteka Warszawska 71 (1911), S. 560–568.
9 Die das österreichische Vorgehen vorsichtig entschuldigende Arbeit von A. Beer, Die erste Theilung Polens, 3 Bde, Wien 1873, ist durch die Untersuchung von H. H. Kaplan, The First Partition of Poland, New York, London 1962, korrigiert worden. S. a. F. B. Kaiser, B. Stasiewski (Hg.), Die erste polnische Teilung, Köln, Wien 1974.
10 Berechnungen nach H. Roos, in: Handbuch für europäische Geschichte, Bd. 4, S. 746 f.
11 D. Stone, Polish Politics and National Reform 1775–1788, New York 1976; A. Czaja, Między tronem, buławą a dworem Petersburskim: z dziejów Rady Nieustającej 1786–1789, Warszawa 1988.
12 L. Kurdybacha, M. Mitera-Dobrowolskak Komisja Edukacji Narodowej, Warszawa 1973; B. Suchodolski, Komisja Edukacji Narodowej na tle roli oświaty w dziejowym rozwoju Polski, Warszawa 1973.

13 Die geistigen und gesellschaftlichen Strömungen dieser Zeit zeichnet nach B. LEŚNODORSKI (Hg.), Polska w epoce Oświecenia, Warszawa 1971 (mit Beiträgen u. a. von E. Rostworowski, J. Topolski und S. Herbst); W. SMOLEŃSKI, Przewrót umysłowy w Polsce w. XVIII. Studia historyczne, Warszawa [2]1923.

14 Text in Vol. Leg. IX 220–225, begleitende Gesetze z. B. über die königlichen Städte (214–219), über die Durchführung der Landtage (233–240) und des Reichstags (250–266), über die als Staatsrat konzipierte „Wache der Gesetze" (straż) (266–270) usw. Redigierte Fassung in: Wybór tekstów źródłowych z historii państwa i prawa polskiego, Bd. 1/2, Warszawa 1951. Die relevanten Quellen zum Vierjährigen Reichstag sind zu finden in: Materiały do dziejów Sejmu Czteroletnego, Bde 1–4, Wrocław 1955–1961.
Unter der reichen Sekundärliteratur ragen heraus C. DENY, Les idées politiques et l'esprit public en Pologne à la fin du XVIIIe siècle. La Constitution du 3 Mai 1791, Paris 1901; V. KALINKA, Der vierjährige polnische Reichstag 1788–1791, 2 Bde, Berlin 1886–1898; W. SMOLEŃSKI, Ostatni rok Sejmu Wielkiego, Kraków [2]1897; B. LEŚNODORSKI, Dzieło Sejmu Czteroletniego 1788–1792. Studium historyczno-prawne, Wrocław 1951; E. ROSTWOROWSKI, Ostatni król Rzeczypospolitej. Geneza i upadek Konstytucji 3 Maja, Warszawa 1966. Der außenpolitischen Konstellation geht nach J. ŁOJEK, Geneza i obalenie Konstytucji 3 Maja, Lublin 1986. Siehe auch Historia państwa i prawa Polski, Bd. 2, S. 522–545 (mit Literaturangaben).

15 H. Kołłątaj, der geistige Mittelpunkt der „Schmiede" (Kuźnica), wurde durch seine Listy Anonima (1788/90) und einen konkreten Verfassungsentwurf (Prawo polityczne narodu polskiego, 1790) zum Motor der Reformbewegung. Die politischen Schriften K. wurden Anfang der 50er Jahre neu ediert von B. LEŚNODORSKI, der auch den Beitrag verfaßte H. K., in: Z dziejów polskiej myśli filozoficznej i społecznej, Bd. 2, Warszawa 1956. S. Staszic hat die Reformdiskussion durch seine Schriften Uwagi nad życiem Jana Zamoyskiego (1787) und Przestrogi dla Polski (1790) wesentlich beeinflußt. B. SUCHODOLSKI, S. Staszic, in: Z dziejów polskiej myśli filozoficznej ... Bd. 2, Warszawa 1956; W. GOETEL, S. Staszic, Kraków 1969. Der Merkantilist J. Wybicki war 1777/78 durch seine Listy patryotyczne an den Ex-Kanzler A. Zamoyski hervorgetreten. J. LECHICKA, J. W. Życie i twórczość, Toruń 1962. Zum literarischen Umfeld s. Z. LIBERA, Problemy polskiego Oświecenia, Warszawa 1969.

16 JEDLICKI, Klejnot i bariery społeczne, S. 99–133; HAUSMANN, Die politischen Begriffe, S. 33–96, bes. 56–59 und 73f.; S. GRODZISKI, Obywatelstwo w szlacheckiej Rzeczypospolitej, Kraków 1963, S. 163–196; J. KOWECKI, U początków nowoczesnego narodu, in: B. Leśnodorski (Hg.), Polska w epoce Oświecenia, Warszawa 1971, S. 106–170.

17 W. SMOLEŃSKI, Konfederacja targowicka, Kraków 1903; J. WĄSICKI, Konfederacja targowicka i ostatni sejm Rzeczypospolitej z 1793 r., Poznań 1952.

18 R. H. LORD, The Second Partition of Poland, Cambridge, Mass., 1915.

19 Der Kościuszko-Aufstand erfreut sich des ungebrochenen Interesses der polnischen Historiker. S. Askenazy und W. Dzwonkowski (Hg.), Akty powstania Kościuszki, 3 Bde, Kraków, Wrocław 1918–1955; T. KORZON, Kościuszko. Biografia z dokumentów wysnuta. Krakow [2]1906; K. KOŹMIŃSKI, T. K., 1746–1817, Warszawa 1969; E. SAKOWICZ, Z dziejów insurekcji 1794 r., Warszawa 1926; J. KOWECKI, Pospolite ruszenie w insurekcji 1794 r., Warszawa 1963; M. FRANČIĆ, Insurekcja kościuszkowska, Kraków 1988; B. LEŚNODORSKI, Polscy Jakobini. Karta z dziejów powstania 1794 r., Warszawa 1960.

20 Zahlen nach Roos, Handbuch der europäischen Geschichte, Bd. 4, S. 750.

21 B. LEŚNODORSKI, Les partages de la Pologne. Analyse des causes et essai d'une théorie, in: APH 8 (1963), S. 7–30; S. HUBERT, Poglądy na prawo narodów w

Polsce czasów Oświecenia, Wrocław 1960; T. Łepkowski, Polska – narodziny nowoczesnego narodu 1764–1870, Warszawa 1967, S. 233–266; J. J. Wiatr, Naród i państwo. Socjologiczne problemy kwestii narodowej, Warszawa 1969.

4 Nation ohne Staat – das geteilte Polen (1795–1918)

4.1 Ansätze und Scheitern einer Restitution Polens (1795–1815)

4.1.1 „Noch ist Polen nicht verloren . . .“: Erste Eingliederungsmaßnahmen der Teilungsmächte; die Legionen

Polen, weder unter Berücksichtigung historischer, ethnischer, wirtschaftlicher noch geographischer Faktoren zerschlagen, war nach der Dritten Teilung für rd. 125 Jahre die Möglichkeit einer einheitlichen politischen Entwicklung in einem Staatswesen genommen. Die Teilungsmächte zeigten sich bemüht, ihre erbeuteten Gebiete so rasch wie möglich zu konsolidieren und den in ihren Erblanden herrschenden administrativen, jurisdiktiven und sozioökonomischen Verhältnissen anzupassen. Unter Zurückdrängung der vorherrschenden Rolle des Adels, durch Enteignung und Umverteilung der Staatsgüter und des Großteils des Kirchenbesitzes, Verbesserung der Rechtsstellung der Bauern, Einführung neuer Anbaumethoden (langsamer Übergang von der Dreifelder- zur Fruchtwechselwirtschaft, Ausbreitung des Kartoffelanbaus und der Schafzucht) und durch Ansiedelung neuer Erwerbszweige traten bedeutsame Veränderungen im bisherigen politischen und sozialen Gefüge ein. Das Wissen um die allgemeine Unzufriedenheit in der patriotisch gesinnten, im 19. Jh. von modernem nationalen Gedankengut erfaßten Bevölkerung, die sich die Wiedergewinnung von Freiheit und Unabhängigkeit *(wolność i niepodległość)* erhoffte und dafür auch zu kämpfen bereit war, veranlaßte die Teilungsmächte 1797 zu der Vereinbarung, den Namen „Polen“ künftig aus dem offiziellen Sprachgebrauch zu verbannen.

Im habsburgischen Galizien, dem am dichtesten besiedelten Gebiet des alten Polen, waren bereits 1782 eine „gemäßigte Unterthänigkeit“ für die Bauern verordnet und 1786 die Höhe ihrer Robotleistungen festgesetzt worden, die künftig auch in Geld abgegolten werden konnten. Die Erwartung, daß die Mobilisierung und die Verbesserung der sozialen Lage der ländlichen Untertanenschicht die wirtschaftliche, militärische und finanzielle Leistungsfähigkeit Österreichs steigern könnte, erfüllte sich aber nicht. Abgeschnitten von den bisherigen Wirtschaftszentren, von einer überwuchernden Bürokratie schlampig verwaltet, mit einem hohen Geburtenüberschuß gesegnet und ohne ausreichende Erwerbsmöglichkeiten für die unterbeschäftigte bäuerliche Bevölkerung, wurde diese periphere Provinz des Habsburgerreiches im Verlauf des 19. Jh. zum Armenhaus Europas. Die wachsenden, national eingefärbten Auseinandersetzungen zwischen den im Westteil dominierenden Polen, den im Osten vorherrschenden Ruthenen und dem nicht assimilierten, diskriminierten Judentum bedrohte zunehmend den sozialen Frieden. Die Szlachta, durch die Trennung in Magnaten/Aristokratie und (Klein-) Adel aufgespalten, erfreute sich immer noch beträchtlicher Vorteile und zeigte sich bald zur engen Kooperation mit den österreichischen Behörden bereit[1]. Auch im preußischen Anteil blieben das adlige Monopol für Landbesitz und manche anderen Privilegien gewahrt, wenn auch Erbuntertänigkeit und Bodengebundenheit der Bauern aufgehoben wurden; Bauernlegen war strikt verboten, kam aber immer wieder vor. Die Einführung des Allgemeinen Landrechts zwischen 1794 und 1797 schloß den strikt zentralistisch ausgerichteten Verwaltungsaufbau in den drei Provinzen Westpreußen, Südpreußen und Neuostpreußen ab. Das Schulwesen wurde bald zur Stützung der Germanisierungsmaßnahmen eingesetzt, denen auch die Juden mit dem 1797 erlassenen Judenreglement unterworfen wurden. Die Ansiedlung deutscher Bauern auf dem konfiszierten Staats- und Kirchenbesitz, die Förderung der deutschen Zuwanderung in die Städte, die vor allem Posen mit seiner aufblühenden Industrie zugute kam, oder der ausschließliche Einsatz deutscher Beamter weckten bald Vorbehalte unter der polnischen Bevölkerung. Andererseits wurden die Maßnahmen zur Hebung der landwirtschaftlichen Produktivität, die verbesserten Absatzmöglichkeiten für Agrarerzeugnisse und die großzügige, langfristig aber verhängnisvolle Kreditgewährung auf Landbesitz durchaus anerkannt und genutzt[2].

In Rußlands neuen Westgubernien lebte eine weitgehend weißruthenische, ruthenisch-ukrainische und litauische Bevölkerung mit einer starken polnischen oder polonisierten Oberschicht und einem beträchtlichen Anteil von Juden; 40% bekannten sich zum griechisch-uniierten, 38% zum römisch-katholischen, 6,5% zum orthodoxen und 10% zum jüdischen Glauben[3]. Unter dem aufgeklärten Despotismus Katharinas II. und Pauls I. konnte die Szlachta, der die günstigen Möglichkeiten des Getreideexports über die Schwarzmeerhäfen zu einer kräftigen Einkommenssteigerung verhalfen, ihre alten Wahlkörperschaften und Gerichtsinstanzen beibehalten und politisch auf Gouvernementsebene mitbestimmen. Die begründete Annahme, gerade die zaristische Regierung werde die „jacobinische Pest an der Weichsel“ ausrotten und die alten Vorrechte und Besitztitel der Szlachta wahren, veranlaßte den Großteil der Adligen, sich rasch mit der neuen Staatsmacht zu arrangieren. Obgleich das russische Leibeigenensystem offiziell nicht eingeführt wurde, nützten die Grundherren die Gelegenheit, ihren schollengebundenen Untertanen höhere Robotlasten aufzubürden. Zugleich nahm der Druck der staatlichen Stellen auf die Uniierten zu, in den Schoß der orthodoxen Kirche zurückzukehren. Die Stadtbürger, entsprechend ihrer Steuerleistung in Kategorien eingeteilt, und die ebenfalls unter fiskalischen Gesichtspunkten klassifizierten Juden konnten anfangs an der städtischen Selbstverwaltung,

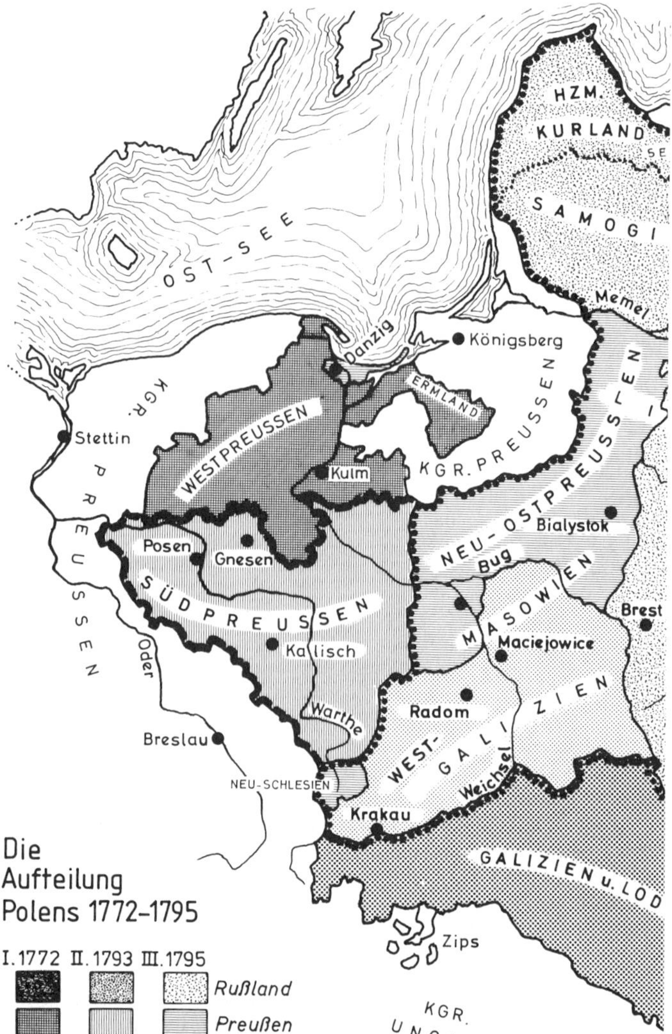

Die
Aufteilung
Polens 1772–1795
I. 1772 II. 1793 III. 1795
Rußland
Preußen
Österreich
Grenze Polens nach der 1. Teilung
Grenze Polens nach der 2. Teilung
OST-SEE
HZM. KURLAND
SAMOGI
Memel
Königsberg
Danzig
ERMLAND
NEU-OSTPREUSSEN
KGR. PREUSSEN
KGR. PREUSSEN
Stettin
WESTPREUSSEN
Kulm
Bialystok
Bug
Posen
Gnesen
SÜDPREUSSEN
MASOWIEN
Brest
Maciejowice
Kalisch
Oder
Radom
Warthe
GALIZIEN
Breslau
WEST-GALIZIEN
Weichsel
NEU-SCHLESIEN
Krakau
GALIZIEN u. LOD
Zips
KGR. UNGARN

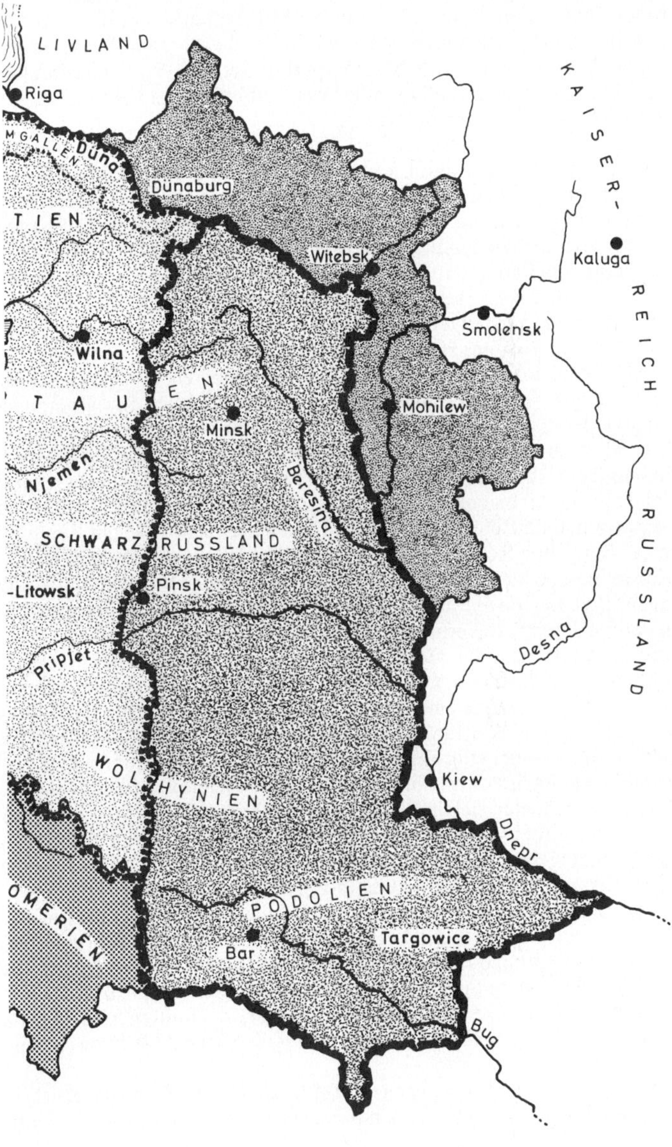
LIVLAND
Riga
Düna
Dünaburg
Witebsk
Kaluga
KAISER-REICH
RUSSLAND
Smolensk
Wilna
Minsk
Mohilew
Beresina
Njemen
SCHWARZRUSSLAND
Pinsk
Pripjet
Desna
WOLHYNIEN
Kiew
Dnepr
PODOLIEN
Targowice
Bar
Bug

die aber bald ausgehöhlt wurde, teilnehmen. Die Bauern fanden sich in großer Zahl in den 25 Jahre dauernden Militärdienst gepreßt (in Österreich anfangs lebenslänglich, später wie in Preußen 20 Jahre). Sie und das zahlenmäßig unbedeutende Stadtbürgertum (etwa 17%) hatten in allen drei Teilungsgebieten die Hauptlast der erhöhten – und jetzt effektiver eingetriebenen – Steuern zu tragen[4].

Mehrere unzulänglich vorbereitete Versuche, Aufstände gegen die Teilungsmächte zu organisieren, konnten von diesen 1797/98 ohne Schwierigkeiten unterbunden werden[5]. Die Verschwörer standen in lockerer Verbindung zur polnischen Emigration in Paris, die in zwei Lager gespalten war: die eher gemäßigt adlig-bürgerliche „Agentur" unter dem Anwalt F. Barss und dem Publizisten J. Wybicki sowie die radikalere, grundlegende Sozialreformen fordernde „Deputation" unter dem Priester F. Dmochowski. Beide versuchten, das revolutionäre Frankreich zu einem Eingreifen zugunsten ihres Heimatlandes zu veranlassen. Doch das seit 1795 die Macht ausübende Direktoriat zeigte sich nur bereit, der Anregung zur Aufstellung einer aus Freiwilligen und österreichischen Kriegsgefangenen gebildeten Legion in Oberitalien nachzukommen; trotz des anfänglichen Mißtrauens des Generals Bonaparte konnte der im Kościuszko-Aufstand bewährte, kurzzeitig auf die preußische Karte setzende General J. H. Dąbrowski[6] bis zum Herbst 1797 eine auf 6000 Mann angewachsene Truppe aufstellen, die schließlich im Dienst der cisalpinischen Republik an der Besetzung Roms und den Kämpfen im Königreich Neapel erfolgreich teilnahm. Nach dem Ausbruch des Zweiten Koalitionskriegs wurde eine weitere Legion in Italien unter General J. Zajączek gebildet, die 1799 an der Etsch schwere Verluste erlitt und im Juli bei der Kapitulation Mantuas in österreichische Gefangenschaft geriet; Dąbrowskis Truppen konnten, stark dezimiert, im Juni an der Trebbia den Russen unter Suvorov standhalten. Diese erste „Italienische" Legion erreichte nach ihrer Reorganisation in Südfrankreich eine Stärke von 10000 Mann. Die etwa 3000 Soldaten einer eilig aufgestellten „Donau" - Legion unter K. Kniaziewicz beteiligten sich im Sommer 1800 an den Kämpfen in Süddeutschland und zeichneten sich in der Schlacht bei Hohenlinden aus. Doch der Friede von Lunéville (9. II. 1801) machte die Hoffnung der polnischen Patrioten zunichte, mit der militärischen Unterstützung Frankreichs die Befreiung und Wiedervereinigung ihrer Heimat vorantreiben zu können. Nach vorübergehenden Diensten im Königreich Etrurien wurde der 5000 Mann starke Rest der Legion im Mai 1802 und im Februar 1803 nach Santo Domingo (Haiti) eingeschifft, um einen Aufstand gegen die französische Kolonialmacht niederzuschlagen. Die Kämpfe und das Klima ließen nur wenige Hundert am Leben, die nach ihrer Rückkehr im Rahmen der französischen Armee gegen italienische Aufständische eingesetzt wurden[7].

Dieser bewaffnete Protest gegen die Teilung löste eine Sympathiewelle in Frankreich und Italien aus; auch in der Heimat erwachte die Hoffnung auf eine rasche Wiedergewinnung der Eigenstaatlichkeit. Der von großem Opfermut und Tapferkeit geprägte, von der französischen Regierung und später von Napoleon gewissenlos ausgenutzte Versuch, das Schicksal Polens zu wenden, blieb indes ohne Erfolg und forderte unter den insgesamt etwa 30 000 Legionären einen hohen Blutzoll. Viele der nach Polen zurückgekehrten Offiziere und Mannschaften taten später Dienst in den Armeen des Herzogtums Warschau und Kongreßpolens. Die im Sommer 1797 der Legion von Wybicki gewidmete Hymne: „Noch ist Polen nicht verloren, solange wir leben" mit dem Refrain: „Marsch, marsch Dąbrowski, von Italien nach Polen" drückte mit ihrer zündenden Mazurek-Melodie den Freiheits- und Lebenswillen des ganzen Volkes aus und wurde daher 1918 zur Nationalhymne Polens erhoben[8].

Bereits während der aufgeklärten, jedoch inkonsistenten Regierung des Zaren Paul I. gewannen adlige Kreise verstärkt Gehör, die unter Betonung der Notwendigkeit wirtschaftlicher und kultureller Reformen evolutionären Maßnahmen im Einvernehmen mit Rußland das Wort redeten. Als 1801 nach einer Palastrevolution der als liberal eingeschätzte Alexander I. den Zarenthron bestieg und den Polen Adam Jerzy Czartoryski[9], einen Großneffen des letzten Königs und seit 1795 als Garant für die Loyalität seiner reichbegüterten und immer noch einflußreichen „Familie" am Petersburger Hof lebend, zuerst zum Mitglied seines Beratergremiums, 1802 zum stellvertretenden und im Januar 1804 zum Leiter der russischen Außenpolitik machte, keimte die Hoffnung auf, mit Unterstützung des Zaren die Teilungen rückgängig machen zu können. Die bereits im Februar 1803 erfolgte Ernennung zum Kurator des Schulwesens für die acht in der Zweiten und Dritten Teilung an Rußland gefallenen Gubernien versetzte Czartoryski in die Lage, die Universität in Wilna nach einer grundlegenden Reform zu einem Zentrum des polnischen Geisteslebens auszugestalten, das Schulwesen im nationalen Sinne zu beeinflussen und die wissenschaftliche Erforschung der Sprache, der Geschichte und der kulturellen Grundlagen zu fördern[10]. Der Druck auf die uniierten Gläubigen ließ nach; die Russifizierungsmaßnahmen unter Weißruthenen, Ruthenen und Litauern wurden eingestellt. Auch auf Galizien und auf das preußische Teilungsgebiet griff diese geistig-kulturelle Erneuerungsbewegung über; in Warschau konnte der bereits 1800 gegründete Verein der Freunde der Wissenschaften, mit dem Reformer S. Staszic an der Spitze, dank großzügiger privater Förderung die Aufgaben einer modern konzipierten Akademie der Wissenschaften wahrnehmen. Das wichtigste Projekt war die von S. Linde betreute Edition eines Wörterbuchs der polnischen Sprache (ab 1806)[11].

Als Außenminister entwickelte Czartoryski mehrere Pläne, die durch die Einbeziehung des preußischen Anteils und gestützt auf enge britisch-russische Beziehungen eine Wiederherstellung Polens in den leicht modifizierten Grenzen von 1772 in Personalunion mit Rußland vorsahen. Obwohl es am St. Petersburger Hof starke Vorbehalte gegen den polnischen

Außenseiter und eine gewichtige pro-preußische Fraktion gab, eröffnete der Ausbruch des Dritten Koalitionskriegs Czartoryski die Möglichkeit, dem Zaren im Oktober 1805 einen Angriff auf Preußen und die Unterstützung eines polnischen Aufstandes in Südpreußen vorzuschlagen. Doch Alexander, seit 1802 eng mit dem preußischen Königspaar befreundet, lehnte diesen „Mordplan gegen Preußen" ab und bekräftigte am 4. XI. 1805 im Vertrag von Potsdam die russisch-preußische Zusammenarbeit. Der Erfolg Napoleons bei Austerlitz machte den zaristischen Plan eines geschlossenen Vorgehens der Teilungsmächte gegen Frankreich obsolet; mit der Abberufung Czartoryskis aus dem Außenministerium im Juni 1806 erlitten die polnischen Hoffnungen auf die Wiederherstellung der Eigenstaatlichkeit unter russischem Protektorat einen schweren Dämpfer[12].

Der Ausbruch des preußisch-französischen Krieges und die Siege Napoleons bei Jena und Auerstädt eröffneten jedoch im Herbst 1806 die Möglichkeit, jetzt mit französischer Unterstützung der Wiedervereinigung Polens näherzukommen. Napoleon, der sich trotz der den Polen früher bereiteten Enttäuschungen einer großen Sympathie erfreute[13], erkannte die Bedeutung der polnischen Karte und beauftragte den General J. Zajączek am 20. IX. 1806, eine „Nordische Legion" aus polnischen Überläufern aufzustellen. Während es der seit 1798 in Paris lebende, republikanisch gesinnte Kościuszko ablehnte, mit Napoleon zusammenzuarbeiten, kamen General Dąbrowski und der Publizist Wybicki der Aufforderung des Kaisers nach, einen Aufstand im polnischen Südpreußen zu organisieren. Napoleon hatte es aber vermieden, ohne den Beweis der Polen, „wert zu sein, eine Nation zu bilden" , klare politische Aussagen zu machen. Der Aufstand breitete sich wie ein Flächenbrand aus, so daß die neue Legion bereits am 6. XI. 1806 in Posen einziehen konnte und die Vorhut der *Grande Armée* drei Wochen später Warschau erreichte[14]. Die Unentschlossenheit des preußischen Königs, dem Drängen der Magnaten unter Prinz A. Radziwiłł nach Krönung zum polnischen Monarchen nachzugeben und mit politischen Konzessionen den preußischen Führungsanspruch in der Polenfrage zu untermauern, die Schwäche der preußischen Behörden und die unerfreuliche Wirtschaftslage hatten ein Klima entstehen lassen, das den Erfolg des Aufstands begünstigte.

Während sich Dąbrowski und Zajączek mit Eifer an den Ausbau der Nordischen Legion machten, die bald über 20000 Mann zählte, taten sich die führenden Persönlichkeiten in Warschau schwer, ohne eindeutige Zusagen in das Lager Napoleons überzutreten. Am 14. I. 1807 setzte Napoleon eine Regierungskommission als höchstes Legislativ- und Verwaltungsorgan für die von den Franzosen besetzten preußisch-polnischen Gebiete ein, die ihrerseits ein Direktorium mit fünf Ministern bildete, wobei Kriegsminister Poniatowski, Justizminister F. Łubieński und dem späteren Verbindungsmann zum sächsischen König, S. Breza, der größte Einfluß zukam; die Oberaufsicht übten aber französische Militärs und Zivil-

angestellte aus. Bald wurde klar, daß für Napoleon der polnische Beitrag für die Kämpfe gegen Preußen und Rußland Vorrang besaß. Im Frühjahr 1807 standen über 40000 Polen unter den Waffen, die in einer eigenen polnischen Armee, der polnisch-italienischen Legion und unmittelbar in französischen Einheiten organisiert waren; in der Schlacht von Friedland am 14. VI. 1807 hielten sich die Polen besonders tapfer. Bei den Verhandlungen in Tilsit zwischen Napoleon und Alexander schien eine grundlegende Lösung der polnischen Frage bevorzustehen.
Czartoryski hatte den Zaren zuvor in mehreren Memoranden bestürmt, nach österreichisch-ungarischem Vorbild eine russisch-polnische Union zu proklamieren und dadurch Napoleons Polen-Politik den Wind aus den Segeln zu nehmen. Doch der Zar, beunruhigt durch verbreitete, von Frankreich geschürte Unruhen in den Westgubernien, wollte sich den anderen Teilungsmächten durch einen so weitgehenden Schritt nicht entfremden. Deshalb stimmte er am 7. VII. 1807 im Frieden von Tilsit der wohl von Napoleon kommenden Anregung zu, aus dem preußischen Anteil abzüglich des zu Rußland geschlagenen Bezirks von Białystok ein Herzogtum Warschau zu bilden, lehnte aber das französische Angebot, sich zum König von Polen proklamieren zu lassen, ebenso ab wie Napoleon die russische Offerte, seinen Bruder Jérôme zum Souverän zu machen. So wurde Friedrich August von Sachsen, dem bereits die Mai-Verfassung von 1791 den Thron angetragen hatte, zum Herrscher des 102744 km^2 großen Territoriums mit 2,6 Mill. Einwohnern bestimmt[15].
Diese Teillösung erfüllte keinesfalls die weitergehenden Erwartungen der polnischen Patrioten, die ihren militärischen und materiellen Einsatz schlecht belohnt fanden und den Verzicht auf den Namen „Polen" nur schwer akzeptierten.

4.1.2 Das Herzogtum Warschau; die polnische Frage auf dem Wiener Kongreß

Das geringe Interesse Napoleons an einem wirklich lebensfähigen Staatsgebilde trat bereits am 22. VII. 1807 zutage, als er anstelle der von den Polen erwarteten modifizierten Mai-Verfassung von 1791 der Regierungskommission *(Komisja Rządząca)* in Dresden ein Grundgesetz *(Statut constitutionnel du duché de Varsovie)* diktierte, nach dem der Monarch allein die Exekutivgewalt ausübte und nur ihm die Gesetzesinitiative zustand. Ein Zwei-Kammer-Parlament mit einem vom König ernannten Senat (anfangs 18, später 30 Mitglieder) und einem indirekt – über die Sejmiki bzw. die Stadtversammlungen – gewählten Sejm, von dessen 100 (später 166) Abgeordneten 60% aus dem Adel und 40% aus dem Bürgertum kommen sollten, durfte nur im Zweijahresturnus für zweiwöchige Kadenzen zusammentreten, ohne wirkliche Beschlußbefugnisse zu besitzen. Im Rahmen einer französischem Vorbild folgenden, straff zentralistischen Verwaltung wurde das Herzogtum in sechs (später zehn) Departements organisiert und diese in Bezirke aufgeteilt; die Präfekten und Subpräfekten ernannte der Innenminister. Anklänge an die frühere adlige Selbstverwaltung mit ihren Wahlbeamten wurden tunlichst vermieden, so daß sich im Laufe der Zeit eine moderne Bürokratie mit einem bald 9 000 Angehörige zählenden Beamtenapparat ausbildete. Die Unabhängigkeit der auf Lebenszeit ernannten Richter, die öffentlichen Gerichtsverfahren und die Einführung des *Code Napoléon* am 1. V. 1808 garantierten ein funktionierendes Justizwesen. Obschon der Katholizismus als Staatsreligion anerkannt wurde, so bestand doch Glaubensfreiheit. Mit der in Art. 4 festgelegten Freiheit aller Bürger vor dem Gesetz war auch die Aufhebung der bäuerlichen Unfreiheit verbunden, ohne daß den Bauern das Recht auf den von ihnen bearbeiteten Boden zugestanden worden wäre[16]. Da König Friedrich August wenig Interesse an seinem Nebenland zeigte, nur viermal in Warschau erschien, 1810 die Ausführung der Ministerentscheidungen ohne vorherige Zustimmung erlaubte und 1812 die königliche Gewalt ganz an den Ministerrat delegierte, traten die zentralistisch-monarchistischen Züge dieser Oktroyverfassung nicht so offen zutage[17]. Dem französischen Residenten in Warschau kam politisch eine ausschlaggebendere Rolle als dem König und den polnischen Behörden zu. Napoleon scheute sich nicht, die materiellen und militärischen Ressourcen des Herzogtums rücksichtslos für seine Kriege auszunutzen. Die ursprünglich auf 30 000 Mann angelegte Konskriptionsarmee wurde 1809 verdoppelt und verschlang zwei Drittel der öffentlichen Einkünfte. Mehrere Regimenter standen direkt in französischen Diensten, wurden während des Spanienfeldzugs eingesetzt und zeichneten sich besonders aus – wie z.B. die aus adligen Freiwilligen gebildete leichte Kavallerie bei der Erstürmung des Passes von Samosierra am 30. XI. 1808. Etwa 180 000 bis 200 000 Mann dürften zwischen 1807 und 1812 Militärdienst geleistet haben. Als 1812 die mehr als eine halbe Million Soldaten zählende *Grande Armée* im Herzogtum Warschau untergebracht und verköstigt werden mußte, stand das Land am Rande des Staatsbankrotts. Obgleich die Handelsbilanz 1810/11 erstmals ausgeglichen werden konnte, litten Polens Agrarexporte doch durch die gegen England verhängte Kontinentalsperre beträchtlich; allein das Tuchmachergewerbe und damit verbunden die Schafzucht erlebten wegen des Bedarfs an Uniformen einen Aufschwung. Die Steuerlast war hoch; der Bevölkerung wurde nur ein Existenzminimum zugestanden. Um den hochverschuldeten Gutsbesitzern zu helfen, die ihre Hypotheken nicht mehr zurückzahlen konnten, ließ sich das Ministerium am 10. V. 1808 im Vertrag von Bayonne in einen zweifelhaften Handel mit Napoleon ein, der die mit 48 Mill. viel zu hoch angesetzten Staatskapitalien dem Herzogtum Warschau für 20 Mill. Francs überließ, die in drei Jahren mit den aufgelaufenen Zinsen abzulösen waren. Diese im polnischen Sprachgebrauch noch heute geläufigen „Bayonner Summen“ überforderten die Finanzkraft und hatten verheerende Auswirkungen auf das gesamte Wirtschafts- und Sozialgefüge[18].

Der Szlachta kam wegen ihrer Mitwirkungsmöglichkeiten bei den regionalen Sejmiki und ihres wachsenden Anteils an der Stadtbevölkerung die größte Bedeutung zu, auch wenn der Adel mit beträchtlichen wirtschaftlichen Schwierigkeiten zu kämpfen hatte und häufig seinen Landbesitz aufgeben mußte. Die durch die hohen direkten und indirekten Abgaben fiskalisch zu stark herangezogenen Bürger konnten keine erfolgversprechenden wirtschaftlichen Initiativen ergreifen, zumal der Binnenmarkt mit sächsischen, französischen und russischen Erzeugnissen überschwemmt wurde. Die Bauern wußten mit ihrer neugewonnenen persönlichen Freiheit wenig anzufangen, da Geld oder Kredite zum Kauf ihrer Bodenstellen fehlten und die kaum prosperierenden Städte keine Erwerbsmöglichkeiten boten. Allein der Eintritt in die Armee bot Aufstiegschancen. Den Juden wurden 1808 die politischen Rechte wieder aberkannt, sie durften keinen Grundbesitz halten und öffentliche Ämter ausüben. Trotzdem war die Identifikation aller Bevölkerungskreise mit dem Rumpfstaat „Herzogtum Warschau" groß, und die Opferbereitschaft blieb ungebrochen. Die Vertreter jacobinischen Gedankenguts lehnten die antiliberal-autoritäre Verfassung ab und wurden daher nicht an der Ausübung der Staatsmacht beteiligt; die konservativen Großgrundbesitzer machten aus ihrer Abscheu vor der demokratischen Gleichmacherei und dem *Code Napoléon* kein Hehl und verharrten in der Hoffnung auf eine Lösung der polnischen Frage durch den Zaren ebenfalls in Opposition.

Die militärischen Erfolge, die Fürst Józef Poniatowski, der Neffe des letzten Wahlmonarchen Stanisław August, im französisch-österreichischen Krieg im Jahre 1809 errang, als die von Erzherzog Ferdinand d'Este geführten Österreicher zwar nicht von der Besetzung Warschaus abgehalten, dafür aber der rechts der Weichsel gelegene Teil Galiziens mit Lublin, Zamość und Lemberg besetzt und schließlich Krakau erobert werden konnten[20], weckten erneut überzogene Erwartungen auf eine Erweiterung des Herzogtums. Aber in dem am 14. X. 1809 in Schönbrunn unterzeichneten Frieden kam nur das Österreich in der Dritten Teilung zugesprochene Westgalizien mit den Städten Krakau, Sandomierz und Lublin, insgesamt 45 000 km^2 mit 1,5 Mill. Einwohnern, unter polnische Verwaltung. Rußland, dessen Truppen ebenfalls in Galizien einmarschiert waren, um ein weiteres Vordringen der polnischen Einheiten zu unterbinden, annektierte seinerseits den Bezirk Tarnopol. Ein lebendiges Nationalbewußtsein, durch den Ausbau des Schulwesens und die Errichtung eines Edukationsdepartements gefördert, und die Hoffnung, von diesem erweiterten Kern die nationale Unabhängigkeit wiedergewinnen zu können, griffen auf immer breitere Schichten der Bevölkerung über.

Während die Konsolidierung des erweiterten Herzogtums vorangetrieben wurde, und sich der neue Minister Matuszewicz erfolgreich bemühte, die Staatsfinanzen zu sanieren, zeigte der wachsende Antagonismus zwischen Alexander I. und Napoleon rasch Rückwirkungen auf das Herzog-

tum Warschau. Der in seiner Armee gepflegte Napoleonkult und die starke französische Orientierung weckten Bedenken des Zaren, daß ein weiteres Ausschlachten der polnischen Frage durch Napoleon bedrohliche Folgen für den russischen Anteil beinhalten könnte. Ein daher von Alexander im Januar 1810 vorgelegter Vertragsentwurf, der eine Restituierung des Königreichs Polen sowie die Verwendung von „Polen" oder „polnisch" ausschloß, wurde von Napoleon, der sich Österreich anzunähern begann, nicht mehr unterzeichnet. Bereits 1811 entwickelte der Zar einen Angriffsplan gegen Frankreich, für dessen Gelingen eine Beteiligung der Armee des Herzogtums unerläßlich schien; aus diesem Anlaß gab Alexander I. Czartoryski und dem litauischen Magnaten M. Ogiński, der die Proklamation eines Großfürstentums Litauen im russischen Staatsverband erhoffte, seine Bereitschaft zu weitreichenden, aber im einzelnen nicht erläuterten nationalen Konzessionen an die Polen zu erkennen. Die Dankbarkeit und Loyalität Napoleon gegenüber war im Herzogtum aber so stark ausgeprägt, daß nur konservative Kreise eine verstärkte Hinwendung zu Rußland forderten. Als Napoleon im Juni 1812 zu seinem Rußlandfeldzug aufbrach, konnte er mit der vorbehaltlosen Unterstützung der Regierung und breiter Bevölkerungsschichten rechnen.
Doch auch diesmal wußte der Kaiser einer eindeutigen Festlegung seiner Polen-Pläne auszuweichen, wobei er dem Eindruck nicht widersprach, bei einem Sieg die Wiederherstellung Polens in den Grenzen von 1772 gestatten zu wollen. Der eilig nach Warschau einberufene Sejm beschloß die Bildung einer Konföderation mit dem betagten Adam Kazimierz Czartoryski an der Spitze, die Napoleon in Wilna ihre Aufwartung machte, aber auch nur Unverbindliches zu hören bekam. Die Enttäuschung darüber, daß das von den Russen befreite Litauen nicht sogleich mit dem Herzogtum verschmolzen wurde, sondern am 1. VII. 1812 nur eine aus polnischen Honoratioren gebildete provisorische Regierung bekam[22], konnte die militärische Einsatz- und Opferbereitschaft nicht wesentlich abbauen. Etwa 100000 Polen waren an den Schlachten von Smolensk, Borodino und an der Beresina beteiligt; wenige kehrten im Frühjahr 1813 mit dem geschlagenen Heer zurück. Bereits im Februar 1813 besetzten russische Truppen Warschau. Poniatowski, der eilends eine neue Armee von 16000 Mann zusammengezogen hatte, blieb im Lager Napoleons, kämpfte in Schlesien und Sachsen und kam am 18. X. 1813 während der Völkerschlacht bei Leipzig zutode[23].
Andere Regierungsmitglieder dagegen versuchten bei dem sich abzeichnenden Debakel der *Grande Armée* rasch die Fronten zu wechseln und Alexander I. zur Wiederherstellung eines polnisch-litauischen Staates zu veranlassen. Der Zar schien einer Personalunion nicht abgeneigt, versprach dann aber in den Verträgen von Breslau und Kalisch am 28. II. 1813 auch seinen Verbündeten, ihre Interessen in Polen zu berücksichtigen und das Herzogtum Warschau zu beseitigen. Der preußischen Forderung nach Rückgabe der früheren Teilungsgebiete bis zur Knesebeck-

Linie kam er jedoch nicht nach. Im Herzogtum amtierte ein im März 1813 ernannter Oberster Rat unter Vorsitz des russischen Senators V. S. Lanskoj, dem ein indirekt gewähltes Zentralkomitee unter seinem Sprecher, dem Fürsten A. K. Czartoryski, zur Seite stand. Eine rasch auf 20000 Mann gebrachte Nationalgarde sorgte für Ruhe und Ordnung. A. J. Czartoryski, vom Zaren mit der Ausarbeitung von Empfehlungen beauftragt, suchte Alexander die Wiederherstellung des alten Polen nahezubringen und dafür auch die britische Zustimmung zu erlangen. Während der Kämpfe in Frankreich im Frühjahr 1814 zeigte sich der Zar den bis zuletzt bei Napoleon ausharrenden polnischen Offizieren und Mannschaften gegenüber großmütig und ließ sie mit den Waffen in die Heimat zurückkehren; er versicherte mehrfach, sich für die Wiedererrichtung eines polnischen Staates verwenden zu wollen, ohne jedoch seine Vorstellungen zu präzisieren. Seine im August 1814 in einer Instruktion niedergelegte Bereitschaft, dem preußischen Wunsch nach einer erweiterten Landbrücke zwischen Schlesien und Ostpreußen zu entsprechen, bedeutete aber von vornherein eine Ausklammerung von ethnisch-polnischem Territorium bei der anstehenden Lösung der polnischen Frage.

Die Entscheidung blieb dem im September 1814 in Wien zusammengetretenen Friedenskongreß vorbehalten. Für seinen Vorschlag, das Herzogtum Warschau mit Teilen aus dem polnischen Gebietserwerb Rußlands zu einem Königreich Polen unter seinem Zepter zu vereinen, fand Alexander nur die Unterstützung Preußens, das sich als Entschädigung für seinen Verzicht die Zuteilung ganz Sachsens erhoffte. Metternich hielt Österreichs Anspruch auf das Königreich Galizien und Lodomerien aufrecht, wollte sich aber mit der Rückgabe von Teilen des 1809 verlorengegangenen Westgalizien (u.a. der Gebiete um Krakau und Zamość) zufriedengeben. Der schärfste Widerspruch kam vom englischen Vertreter, Lord Castlereagh, der nicht bereit war, eine Machterweiterung Rußlands hinzunehmen. Zwar konnte weder von ihm noch von Metternich die Errichtung eines an Rußland angelehnten „Königreichs Polen" verhindert werden; doch unter dem Eindruck einer am 3. I. 1815 geschlossenen britisch-österreichisch-französischen Allianz mit anti-russischer Zielsetzung hatte Zar Alexander I. einem Kompromißvorschlag zugestimmt, der die Beibehaltung der – zwar wesentlich abgeänderten – Teilungsgrenzen vorsah und den Polen lediglich das Versprechen der drei Monarchen eintrug, die Einheit der polnischen Nation durch die Zulassung von Selbstverwaltungsorganen, die Aufrechterhaltung wirtschaftlicher Bindungen und die Förderung der polnischen Sprache wahren zu wollen. Nach langem Tauziehen gab Preußen weitgehend die in der Dritten Teilung erworbenen Gebiete auf, konnte aber den Grenzverlauf entlang der Flüsse Drewenz und Prosna (mit Ausnahme der Stadt Kalisch, aber unter Einbeziehung von Thorn) verteidigen. Österreich behielt Galizien mit dem von Rußland rückgegliederten Bezirk Tarnopol und dem Salzbergwerk Wieliczka, aber ohne Zamość; das umstrittene Krakau wurde unter der Kontrolle der drei

Teilungsmächte als Freie Stadt zu einer kleinen Republik erhoben. Das Herzogtum Warschau sollte durch seine Verfassung unwiderruflich mit dem Kaiserreich Rußland verbunden bleiben, aber eine selbständige Verwaltung erhalten. Die Grenzziehung dieses Königreichs Polen im Osten blieb allein dem Zaren überlassen, der für sich den Titel eines Königs von Polen reklamierte[24]. Immerhin hatten die Teilungsmächte im Art. I die Verpflichtung übernommen, daß die Polen „... *obtiendront une représentation et des institutions nationales, réglées d'aprés le mode d'existence politique que chacun des gouvernements auxquelles ils appartiennent jugera utile et convenable de leur accorder*". Die in Art XV enthaltenen Bestimmungen über den unbeeinträchtigten Handel und Verkehr und die in Art. XI ausgesprochene Generalamnestie ließen trotz aller Verzweiflung über die enttäuschende Gesamtregelung die Erwartung entstehen, auch über die neuen Teilungsgrenzen hinweg die Einheit der Nation bewahren und unter dem Schutz des Zaren die nationalen Aspirationen verfolgen zu können. Da sich künftig 82% des ehemaligen polnisch-litauischen Staatsterritoriums unter russischer Oberheit befanden, bestand eigentlich keine zwingende Alternative zur russischen Orientierung.

Immerhin hatte der Wiener Kongreß die willkürlichen Teilungsaktionen von 1772 bis 1795 völkerrechtlich sanktioniert, gleichzeitig aber auch die Existenz der polnischen Nation ausdrücklich anerkannt und ihr im Königreich Polen eine – wenn auch im einzelnen noch nicht erkennbare – staatliche Ordnung zugebilligt.

Das Herzogtum Warschau hatte trotz seiner unleugbaren inneren Widersprüche und sozioökonomischen Schwächen den Willen zur Wiederherstellung eines polnischen Staatswesens dokumentiert und bedeutsame Wandlungen innerhalb der alten Gesellschaftsstruktur eingeleitet, die im Laufe des 19. Jh. mit dem Übergreifen einer sozialen Mobilität unter steter Zurückdrängung der einst prädominanten Szlachta und dem Entstehen eines patriotisch gesinnten Bürgertums die Ausformung einer modernen Klassengesellschaft bedingten. Besonders der besitzlose Kleinadel, der zum kleineren Teil „verbauerte", in seiner Mehrheit aber in den städtischen Schichten aufging und das Rückgrat der Beamtenschaft und der Intelligenz stellte, stieg zum Träger der nationalen Einigungsbewegung auf und drängte auf die grundlegende Reform des anachronistischen Sozialgefüges. Die im Herzogtum Warschau eingeführte politische und militärische Organisation blieb bis 1831 bestehen; die administrativen und jurisdiktiven Einrichtungen sogar bis 1863 bzw. 1876. Die Erfolge der polnischen Waffen im napoleonischen Zeitalter hatten zudem die Vorstellung verfestigt, daß allein der bewaffnete Kampf Polen die Freiheit und Unabhängigkeit zurückbringen könne.

4.2 „Für eure und unsere Freiheit“ – Die polnische Frage im europäischen Mächtekonzert (1815–1864)

4.2.1 Das „Königreich Polen“ und der Novemberaufstand von 1830/31

Die 1815 auf dem Wiener Kongreß revidierten Teilungsgrenzen sollten im großen und ganzen bis zum Ersten Weltkrieg Bestand haben. Durch diesen – oft als Vierte Teilung bezeichneten – Vorgang waren sechs Teilgebiete entstanden, die sich im Umfang, im sozioökonomischen Entwicklungsgrad und in ihrer Rechtsstellung deutlich voneinander abhoben. Im preußischen Bereich war zwischen dem Erwerb aus der Ersten Teilung, dem Ermland und Westpreußen, die dem Staat direkt inkorporiert worden waren, und den in Art. II der Wiener Schlußakte als „Großherzogtum Posen“ ausgewiesenen westpolnischen Distrikten zu unterscheiden. Österreich kontrollierte das „Königreich Galizien und Lodomerien“; nahm zugleich aber starken Einfluß auf die Geschicke der neutralen „Freien Stadt Krakau“. Der Zar hatte den russischen Teilungserwerb und den kurzfristig unter preußischer Verwaltung stehenden Bezirk Białystok Rußland unmittelbar verbunden; jetzt war noch das aus dem Hauptteil des alten Herzogtums Warschau bestehende „Königreich Polen“ hinzugekommen, das Rußland in Personalunion verbunden war. Einigermaßen eigenständig entwickeln konnten sich zeitweise nur die „Republik Krakau“und das Königreich (umgangssprachlich: Kongreßpolen).
Die durch den Zaren genährten hochgeschraubten Erwartungen der Polen, Alexander I. werde wenigstens die litauischen und die direkt an das ethnisch-polnische Gebiet östlich von Njemen und Bug gelegenen Gubernien dem Königreich angliedern, wurden bitter enttäuscht – nur ein Gebiet von 127000 km^2 mit 3,3 Mill. überwiegend polnischen Einwohnern kamen in den Genuß der in Wien versprochenen Sonderstellung. Das am 20. VII. 1815 proklamierte Königreich Polen erhielt am 27. XI. eine Verfassung, die – gestützt auf die von A. J. Czartoryski im Mai entworfenen „Grundsätze“ – einige Elemente aus der Mai-Verfassung von 1791 und dem Grundgesetz des Herzogtums Warschau übernahm, aber auch den autokratischen Vorstellungen Alexanders I. genügte und dem König/Zaren direkte Interventionsmöglichkeiten bot. Allein der vom Monarchen zu leistende Eid auf die Verfassung und die Verpflichtung, königliche Dekrete vom zuständigen Minister gegenzeichnen zu lassen, begrenzte die Herrschergewalt.
Entgegen früheren Zusagen ging die Verfassung nicht auf die Absicherung der wirtschaftlichen Lage der Bauern, die 80% der erwerbstätigen Bevölkerung ausmachten, und der Gleichstellung der Juden, etwa 10% der Gesamtbevölkerung[1], ein. Der Besitz, die persönliche und die Meinungsfreiheit waren geschützt; Regierung und Verwaltung lagen ausschließlich in den Händen der Landesbewohner; Polnisch war die alleini-

ge Sprache. Fünf Minister und ein Staatssekretär bildeten die „Verwaltungsrat" benannte Regierung und standen den Kollegialbehörden für Inneres und Polizei, Justiz, Finanzen, Krieg, Erziehung und Religion vor; sie waren zugleich Mitglieder des Staatsrats. Im Parlament sollte sich das wieder „Sejm" genannte Unterhaus aus 77 Vertretern des Adels und 51 Deputierten aus den Stadt- und Landgemeinden zusammensetzen, die alle Grundbesitz nachweisen mußten und in direkter Wahl bestimmt wurden. Die vom König/Zaren zu ernennenden 53 Senatoren hatten hohen Besitzqualifikationen zu genügen oder mußten dem russischen Kaiserhaus angehören. Während der auf 30 Tage erweiterten Sitzungskadenzen durften in jedem zweiten Jahr nur die vom Monarchen oder der Regierung vorgelegten Gesetzgebungsakte beraten werden. Etwa 3% der Gesamtbevölkerung stand das aktive Wahlrecht zu[2].
Entgegen den Voraussagen ernannte der an den polnischen Belangen lebhaften Anteil nehmende Zar nicht A. J. Czartoryski, sondern den vom Jacobiner zum kaisertreuen Militär gereiften J. Zajączek[3] zum Statthalter; doch lag weder bei ihm der größte Einfluß noch bei den Ministern, unter denen der bedeutende Erziehungsreformer S. K. Potocki, der schriftstellerisch tätige Innenminister T. Mostowski und der seit 1821 erfolgreich amtierende Finanzchef, Fürst K. Drucki-Lubecki[4], herausragten, sondern beim Großfürsten Konstantin, den Alexander zum Oberkommandierenden der 35000 Mann zählenden Armee ernannt hatte, und bei Nikolaj Novosil'cev, der die in der Verfassung nicht vorgesehene Position eines Kommissars beim Staatsrat bekleidete. Der erste Reichstag, vom Zaren selbst am 27. III. 1818 mit einer Rede eröffnet, in der er erneut eine Inkorporation der fünf sich über Litauen, Podolien und Wolhynien erstreckenden Gouvernements in Aussicht stellte, erwies sich als willfähriges Zustimmungsorgan. Als sich aber auf dem nächsten Sejm im September/Oktober 1820 radikale Äußerungen der sog. „ Kalisch-Opposition"um die Brüder Niemojowski nicht unterdrücken ließen[5], die Unruhe unter den Studenten und Offizieren anwuchs und Geheimbünde ausgehoben wurden, verschob der ein Umsichgreifen liberaler Ideen fürchtende Alexander die Einberufung des dritten Sejm auf Mai 1825. Der Gedanke, die Verfassung des Königreichs Polen zu kassieren, war dem Zaren damals nicht fremd. Auch der autokratische Nachfolger Nikolaj I. zeigte seine Unzufriedenheit mit der konstitutionellen Struktur, ließ sich aber bei einem Besuch in Warschau im Mai 1829 zum Schwur auf die Verfassung und zur Krönung herbei. Auf dem für Mai 1830 einberufenen vierten Reichstag zeigten sich die Angehörigen des konservativen Hochadels bemüht, die kritischen Stimmen der Liberalen zu unterdrücken und die wachsenden Spannungen mit dem Hofe in St. Petersburg abzubauen. Obgleich eine Regelung der nach wie vor ungelösten Bauernfrage unterblieb, konnte die kongreßpolnische Regierung doch Erfolge in ihrer Wirtschaftspolitik aufweisen. Der Kohlebergbau in dem an Oberschlesien angrenzenden Distrikt von Dąbrowa Górnicza wurde ebenso gefördert wie

die Gründung von Eisenhütten und von Stahlwerken in den Świętokrzyskie-Bergen zwischen Kielce und der Kamienna[6]. Die englischen Brüder Evans gründeten 1822 in Warschau eine Fabrik, in der vorwiegend Landwirtschaftsbedarf produziert wurde. Einen raschen Aufschwung nahm die Tuchmacherindustrie, der sich in Rußland günstige Absatzmöglichkeiten eröffneten; wegen der nach 1820 gewährten Vorteile wanderten auch viele deutsche Tuchmacher und Weber in die neugeschaffenen Zentren wie Zgierz, Pabianice und Łódź ein[7], die einem dynamischen Wachstum unterlagen. Nach 1830 erlebte die Baumwollverarbeitung auf industrieller Basis eine erste Konjunktur. Bäuerliche Neusiedlungen auf adligem und staatlichem Grundbesitz führten eine neue Gruppe meist deutscher Bauern in die westlichen Wojewodschaften Kongreßpolens. Auf kulturellem Gebiet erfolgte eine Erweiterung des ländlichen und städtischen Schulwesens, gekrönt durch die Errichtung der Universität Warschau 1816 und der Hochschulen für Bergbau und Forstwirtschaft in Kielce. Den laizistischen Bestrebungen der Regierung hatte die katholische Kirche Tribut zu zollen, die ihren Einfluß auf das Schulwesen beschnitten fand und die 1820 verfügte Ausweisung des Jesuitenordens hinzunehmen hatte. Der Vatikan paßte bereits 1818 die Bistumsgrenzen den neuen Staatsgrenzen an und erkannte dem Erzbischof von Warschau, dem sieben Suffragane unterstanden, ebenfalls den Titel eines „Primas von Polen" zu[8].

Auch in den angrenzenden fünf „westlichen Gubernien" blieb der dominierende Einfluß der polnischen bzw. polonisierten Oberschicht gewahrt, während in den Bezirken Kiew, Mogilev und Witebsk eine offene Russifizierungspolitik eine rasche Assimilation herbeiführen sollte. Das bis 1824 unter dem Patronat Czartoryskis stehende Bildungswesen behielt seine polnische Prägung und konnte den Gedanken der Wiedervereinigung in den Grenzen der alten polnisch-litauischen Staatenunion propagieren. Studentische Geheimbünde wie die „Philomaten" und „Philareten" , die in Verbindung mit Freimaurern und den Carbonari standen, wurden von Professoren der Wilnaer Universität, vornehmlich durch den Historiker Joachim Lelewel, ermutigt; nach ihrer Aufdeckung wurden 1824 20 Angeklagte, darunter der spätere Nationaldichter Adam Mickiewicz, zeitweilig nach Rußland verbannt. Durch Entlassungen von Professoren und eine restriktive Aufsicht versuchte der neue Kurator Novosil'cev künftig liberale Regungen zu unterdrücken.

Der Wilnaer Prozeß stand in Verbindung mit ähnlich gelagerten Vorgängen in Warschau; dort hatte die Polizei bereits 1822 weitverzweigte geheimbündlerische Aktivitäten unter den Studenten aufgedeckt. Die 1817 nach dem Vorbild des Tugendbundes und der *Amis de la Vérité* gegründete *Panta Koina* pflegte enge Kontakte zur Verbindung *Polonia* an den Universitäten in Breslau und Berlin, zur Gesellschaft der Feien Polen und zu den Wilnaer Kommilitonen. Sie wurde 1822 ebenso zerschlagen wie eine aus dem – anfangs von Alexander I. selbst geförderten – Freimaurer-

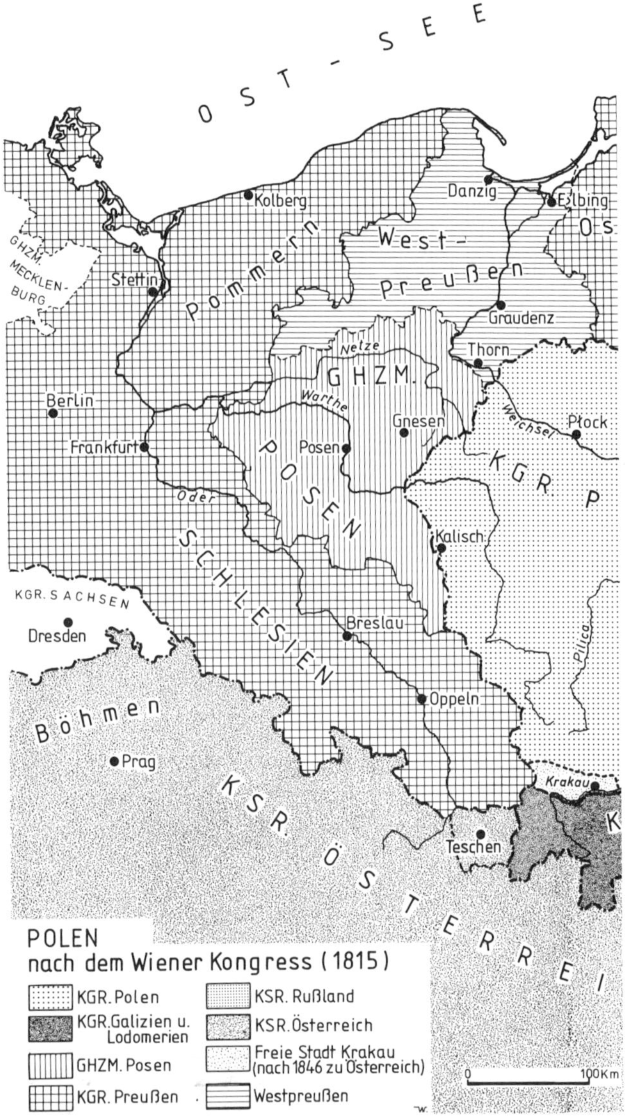
POLEN
nach dem Wiener Kongress (1815)
KGR. Polen
KGR. Galizien u. Lodomerien
GHZM. Posen
KGR. Preußen
KSR. Rußland
KSR. Österreich
Freie Stadt Krakau (nach 1846 zu Österreich)
Westpreußen
0
100 Km
OST - SEE
Kolberg
Danzig
Elbing
West-Preußen
Pommern
GHZM. MECKLENBURG
Stettin
Graudenz
Thorn
Netze
GHZM.
Warthe
Berlin
Gnesen
Weichsel
Płock
Frankfurt
Posen
POSEN
KGR. P
Oder
SCHLESIEN
Kalisch
KGR. SACHSEN
Dresden
Breslau
Pilica
Böhmen
Oppeln
Prag
Krakau
KSR. ÖSTERREICH
Teschen

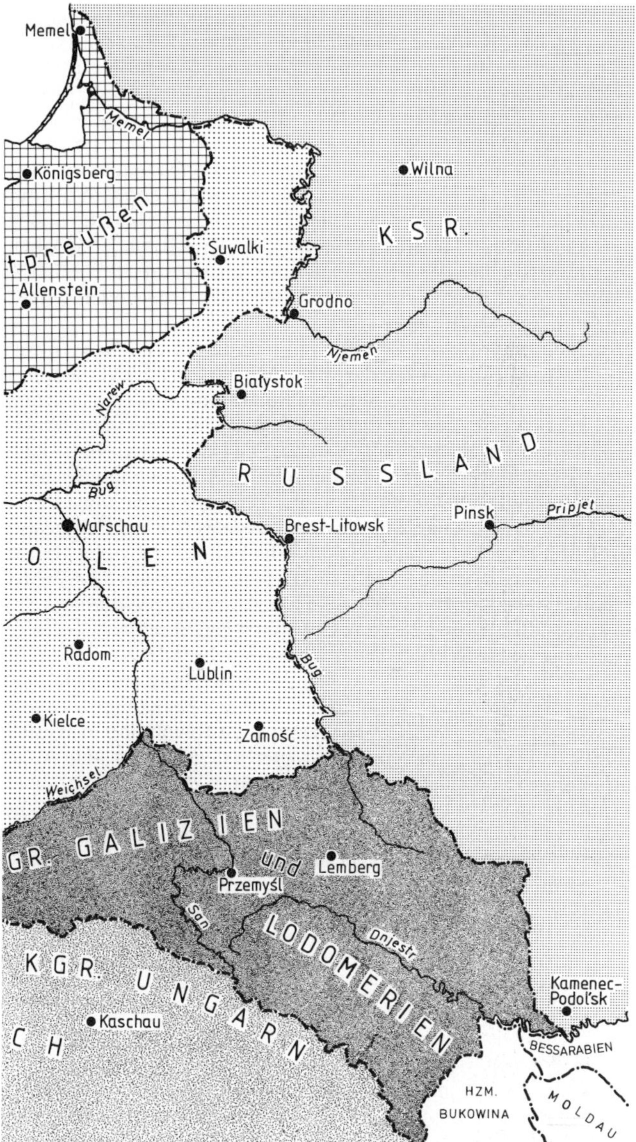

Memel
Memel
Königsberg
...tpreußen
Allenstein
Suwalki
Wilna
K S R.
Grodno
Njemen
Białystok
Narew
R U S S L A N D
Bug
Warschau
...OLEN
Brest-Litowsk
Pinsk
Pripjet
Radom
Lublin
Bug
Kielce
Zamość
Weichsel
GR. GALIZIEN
und
LODOMERIEN
Lemberg
Przemyśl
San
Dnjestr
KGR. UNGARN
Kaschau
...CH
Kamenec-Podol'sk
BESSARABIEN
HZM. BUKOWINA
MOLDAU

tum hervorgegangene, in mehrere Sektionen gegliederte National-„Patriotische Gesellschaft", deren Anführer, der Major W. Łukasiński, von einem Kriegsgericht zu neun Jahren Haft verurteilt, aber bis zu seinem Tod 1868 in der Festung Schlüsselburg gefangengehalten wurde[9]. Einige Angehörige der Patriotischen Gesellschaft hatten Beziehungen zu den russischen Dekabristen gepflegt, so daß 1826 auch in Kongreßpolen Verhaftungen vorgenommen wurden; der zuständige Senat verurteilte diese Kontaktpersonen 1828 aber nicht wegen Hochverrats, sondern nur wegen Geheimbündelei zu relativ milden Strafen. Die angespannte außenpolitische Lage während des russisch-türkischen Kriegs mit der Möglichkeit einer militärischen Auseinandersetzung mit Österreich veranlaßte Zar Nikolaj I. nach einem Jahr, den sein Mißfallen erregenden Urteilsspruch dennoch zu bestätigen.

Die versuchten Eingriffe des Großfürsten Konstantin und Novosil'cevs in innerpolnische Belange sowie die offene Mißachtung der Verfassungsvorschriften durch den Zaren lösten Spannungen und Unzufriedenheit in Polen aus, zumal keine Aussicht mehr auf Erweiterung des kongreßpolnischen Territoriums nach Osten hin bestand. Die Nachrichten vom Gelingen der Pariser Juli-Revolution und der mit der Proklamation der belgischen Unabhängigkeit gekrönte Erfolg der Brüsseler Erhebung (18.XI. 1830) wirkten als Zündfunken für die Auslösung des Novemberaufstands am 29.XI. 1830[10]. Der liberale Adel und die politisch bewußte Bürgerschaft der Hauptstadt hatten freudig auf die Nachrichten aus dem Westen reagiert, ohne damit konkrete politische Erwartungen zu verbinden; Studenten, junge Offiziere und die von einer hohen Teuerungswelle betroffenen Unterschichten in Warschau wurden von wachsender Unruhe ergriffen. Als am 19.XI. die erste Mobilmachungsorder erging und – nicht unglaubwürdige – Nachrichten kursierten, die Armee des Königreichs solle mit russischen Truppen zur Niederschlagung der Revolution in Westeuropa eingesetzt werden, was Nikolaj I. zugleich den gewünschten Anlaß zur Aufhebung der ungeliebten Verfassung liefern konnte, wurden überstürzt Aufstandsvorbereitungen getroffen. Unter Führung der Leutnants Piotr Wysocki und Józef Zaliwski konnten zwar das Arsenal und das Schloß Belvedere besetzt, nicht aber der dort residierende, wegen seiner unberechenbaren Härte und des von ihm geforderten dumpfen Militärdrills besonders verhaßte Großfürst Konstantin gefangengenommen werden. Da sich die meisten polnischen Generale mit einem Teil ihrer Truppen dem Aufstand versagten, die Mehrzahl der Bürger skeptisch blieb und die Bauern nicht zu mobilisieren waren, konnte sich Konstantin mit den russischen Einheiten geordnet aus Warschau absetzen[11].

Die Planlosigkeit der weitgehend isolierten Aufständischen erlaubte es den legalen Organen, sich ohne Mühe der Führung der Bewegung zu bemächtigen. Der erweiterte Verwaltungsrat mit Adam Jerzy Czartoryski an der Spitze setzte eine provisorische Regierung ein und ernannte den in Opposition zu Konstantin stehenden General Józef Chłopicki zum Oberbefehlshaber. Obgleich dieser einer bewaffneten Auseinandersetzung mit Rußland keine Erfolgsaussichten einräumte, proklamierte er sich am 5. XII. in Anlehnung an das von Kościuszko 1794 gegebene Beispiel eigenmächtig zum „Diktator". Der zum 18. XII. einberufene Sejm bestätigte diese Maßnahme, enthob die provisorische Regierung ihres Amtes und bildete dafür einen Obersten Rat, dem wiederum Czartoryski präsidierte. Ohne klare Konzeption wurden Verhandlungen mit dem Zaren und mit westlichen Regierungen geführt, zugleich aber die militärischen Vorbereitungen für den zu erwartenden Kampf mit Rußland nicht energisch genug vorangetrieben, denn Auseinandersetzungen zwischen der konservativen Hochadelsfraktion, der liberalen „Kalisch-Gruppe" und der radikalen Linken beeinträchtigten die Aufstands-Koordination[12]. Deshalb legte Chłopicki am 17. I. 1831 seine Diktatur nieder. Eine neue „Nationalregierung" unter Czartoryski, der jetzt als Vertreter der Linken auch der in Wilna entlassene Historiker Lelewel[13] angehörte, trug künftig die politische Verantwortung; den Oberbefehl übertrug der Sejm dem militärisch unerfahrenen Fürsten Michał Radziwiłł. Verhängnisvoll wirkte sich der unter dem Druck der Straße am 25. I. 1831 zustandegekommene Reichstagsbeschluß aus, die Dynastie Romanov für abgesetzt zu erklären. Ein Ausgleich mit Nikolaj I. auf dem Verhandlungsweg war dadurch ebenso ausgeschlossen wie eine aktive Hilfeleistung der europäischen Höfe für die polnischen Insurgenten[14].

Die militärische Auseinandersetzung begann im Februar 1831, als Feldmarschall Diebitsch mit 115 000 Mann in Polen einrückte. Die auf 85 000 Soldaten gebrachte polnische Armee, die nur etwa zur Hälfte aus ausgebildeten Kräften bestand, konnte nach einigen kleinen Gefechtserfolgen den Russen am 25. II. bei Grochów vor den Toren Warschaus nicht standhalten. Hohe Verluste und Tauwetter verhinderten aber eine Einnahme der Hauptstadt. Der neue polnische Oberbefehlshaber, General J. Skrzynecki, konnte Ende März und im April in einer Reihe von Gefechten bei Wawer, Dębe Wielkie und Iganie den rechten Flügel der Russen aufreiben, aber weder die Heranführung russischer Gardekorps unter Großfürst Michail unterbinden noch durch einen Einfall in Wolhynien den Abzug des russischen Hauptheeres erreichen. Als die vereinten Russen zur Gegenoffensive übergingen, handelte sich Skrzynecki am 26. V. bei Ostrołęka eine so verlustreiche Niederlage ein, daß der polnische Angriffsschwung endgültig gebrochen war. Polnische Korps mußten bereits im April nach Galizien und Mitte Juli von Litauen, wo die Einnahme von Wilna scheiterte, auf preußisches Territorium übertreten und wurden interniert. Da aber im russischen Heer die Cholera grassierte, der mit Diebitsch und dem Großfürsten Konstantin die beiden Befehlshaber zum Opfer fielen, zeigte sich Zar Nikolaj I. im Juli 1831 kurzzeitig verhandlungsbereit, bis den jetzt von Feldmarschall Paskevič geführten Russen ein großangelegtes Umgehungsmanöver gelang, wodurch Warschau nun auch vom Westen her bedroht wurde. Die in der erneuerten „Patriotischen Gesellschaft" versammelten Intellektuellen sahen allein in einer unverzüglichen Lösung der Bauernfrage eine Chance, der Revolution durch eine bäuerliche *levée en masse* neuen Schwung zu geben[15]. Der Nachfolger des wegen Inkompetenz abgesetzten Skrzynecki, General Dembiński, nahm die polnischen Truppen auf Warschau zurück, löste mit diesem unpopulären Schritt aber am 15. VIII. einen wilden Ausbruch des radikalisierten Mobs aus, der auch das Gefängnis stürmte und Lynchjustiz übte. Die über das weitere Vorgehen zerstrittenen Fraktionen beauftragten den General Jan Krukowiecki, eine neue Regierung zu bilden und den aussichtslos gewordenen Kampf fortzuführen. Nach einer heldenhaften Verteidigung am 6./7. IX. 1831 mußte Warschau den Russen preisgegeben werden. Die Linke drängte zwar auf die Fortsetzung der Kämpfe, der neue Oberbefehlshaber Rybiński sah aber nur noch die Kapitulation als Ausweg. Während sich einige Truppenteile auf österreichisches Territorium absetzten, traten die etwa 20 000 Mann der Restarmee am 5. X. 1831 auf preußisches Gebiet über[16].

In diesem ungleichen Kampf bestanden von vornherein nur geringe Aussichten auf Erfolg. Bei aller Sympathie, die in Westeuropa, aber auch unter deutschen Liberalen und am Wiener Hof für die Polen geäußert wurde, gelang es der polnischen Diplomatie nicht, eine internationale Vermittlung zustandezubringen. Czartoryskis Angebot, selbst unter Aufgabe der Verfassung den polnischen Thron einem österreichischen Erzherzog zu übertragen, besaß nie eine Realisierungschance. Der Vatikan verurteilte den Aufstand. Selbst aus Paris kamen nur vage Ermutigungen. Innenpolitisch klafften die Erwartungen von Hochadel, Gutsadel, liberalem Bürgertum und Intelligenz, den städtischen Unterschichten und den Bauern viel zu weit auseinander, so daß ein von der Gesamtbevölkerung getragener Konsens nicht zu erzielen war. Zwar kamen Feiwillige sowie auch materielle und moralische Unterstützung aus den anderen Teilungsgebieten, doch Österreich und Preußen wußten ebenso wie Rußland in den westlichen Gubernien die Unruhen schon im Keime zu ersticken. Der Streit um die Zielsetzungen, die erforderlichen sozialen und wirtschaftlichen, politischen und militärischen Maßnahmen, die rasche Ablösung von Regierungen und und Oberkommandierenden, die wachsende Radikalisierung sowie die verlustreichen Kämpfe dämpften die Bereitschaft der Bevölkerung, diese „konservative Revolution" (F. Engels) bis zur letzten Konsequenz mitzutragen. Der beispielhafte Einsatz der polnischen Truppen und die von einem echten Patriotismus getragene Opferbereitschaft sollen damit keinesfalls abgewertet werden. Teilerfolge hätten bei gründlicherer Vorbereitung, bei Vermeidung politischer Fehler wie der Absetzung des Hauses Romanov oder der Vertagung der drängenden Bauernfrage und bei einem einheitlicheren Kurs der Führung durchaus im Bereich des Möglichen gelegen[17].

Der Zar und der von ihm zum Fürsten von Warschau ernannte, zu hartem Durchgreifen entschlossene Feldmarschall Paskevič leiteten sofort Strafmaßnahmen ein, die in der Kassierung der Verfassung, dem Verbot des Reichstags, der Auflösung der selbständigen Armee sowie in der Proklamation eines „Organischen Statuts“ am 26. II. 1832 gipfelten; im März 1833 wurde der – bis 1856 dauernde – Ausnahmezustand verhängt. Eine starke russische Besatzungstruppe erstickte alle liberalen und nationalen Regungen. Während die einfachen Soldaten amnestiert wurden, künftig aber in russischen Einheiten dienen mußten, verurteilte ein gemischtes russisch-polnisches Oberstes Kriminalgericht die Aufstandsführer, Regierungs- und Sejmmitglieder sowie die geistigen Wegbereiter, die fast alle in die Emigration gegangen waren, zu schweren Strafen; bei den vollstreckbaren Urteilen wurde die Todesstrafe von Nikolaj I. in Zwangsarbeit umgewandelt. Über 3000 Güter, etwa 10% des adligen Grundbesitzes, wurden konfisziert und häufig russischen Offizieren als Belohnung übereignet. Die Universitäten Warschau und Wilna wurden wie die wichtigsten Gymnasien 1832 geschlossen; das Erziehungswesen nach 1839 direkt von St. Petersburg aus verwaltet[18]. Statthalter Paskevič stand einem Verwaltungsrat mit fünf „Hauptdirektoren“ vor, die Exekutivaufgaben wahrnahmen. Einen Teil der Funktionen des verbotenen Reichstags, so die Vorbereitung legislativer und fiskalischer Maßnahmen, bekam bis zu seiner Auflösung 1841 ein Staatsrat übertragen. Die polnische Amts- und Unterrichtssprache blieb zwar erhalten, doch wurden alle Schaltstellen mit Russen besetzt. Eine Anpassung an das innerrussische Verwaltungssystem erfolgte 1837 mit der Ersetzung des Wojewodschafts- durch das Gouvernementssystem, 1841 durch die Einführung der russischen Münze und 1847 durch die Übernahme des russischen Strafrechts. Gestützt auf das päpstliche Breve *Cum primum* von 1832, in dem der Aufstand gegen die gesetzmäßige Obrigkeit scharf verurteilt wurde, entzogen die Behörden dem Erzbischof von Warschau den Primastitel und ließen diesen Posten bei Vakanzen für längere Zeit unbesetzt; mit der Einrichtung eines orthodoxen Bistums in Warschau gingen eine wachsende Bedrückung der katholischen Kirche und eine staatliche Förderung der Orthodoxie einher. Alle Entscheidungen lagen künftig beim Zaren, der mit dem Bau einer Zitadelle (1834) und der Drohung, Warschau in Schutt und Asche legen zu lassen, seine Entschlossenheit demonstrierte, jede nationalrevolutionäre Bewegung brutal zu unterdrücken.

Mit vergleichbarer Härte wurde gegen Teilnehmer und Sympathisanten des Novemberaufstands in den westlichen Gubernien eingeschritten. Die in zahllosen Einzelverfahren Abgeurteilten wurden enteignet und mit ihren Familien nach Innerrußland umgesiedelt. Etwa 45000 polnische Kleinadelsfamilien, vornehmlich aus Litauen, aber auch aus Podolien und Wolhynien, mußten sich zwangsweise im Kaukasus, im Transwolgagebiet und in Sibirien niederlassen; etwa 3000 konfiszierte Güter wurden meist verdienten Russen zugeteilt. Der bäuerlich wirtschaftende Kleinadel, eine Stütze des Polentums, verlor seine Standesvorrechte und hatte künftig Militärdienst zu leisten. Mit dem Zurückdrängen des polnischen

Einflusses auf allen Ebenen ging ein Assimilierungsdruck einher, dem besonders die griechisch-uniierte Kirche ausgesetzt war. 1839 kam der Zar der „demütigen Bitte“ einer uniierten Bischofssynode nach, die Wiedervereinigung mit der Orthodoxie zu erlauben, worauf die griechischen Katholiken zum Übertritt gezwungen wurden. Die Aufhebung des litauischen Statuts im Jahr 1840, was die Ersetzung der bisherigen Wahlbeamten durch russische Administratoren ermöglichte, die Umbenennung westlicher Gubernien in „Nordwestliches Land“ und das Verbot des Polnischen als Unterrichts- und Gerichtssprache sollten den Erfolg der Russifizierungsmaßnahmen sicherstellen.
Auch auf wirtschaftlichem Gebiet zeigte das harte Durchgreifen nach 1831 Auswirkungen. Die neuen Zollschranken, die Erschwerung des Transithandels nach China und der Ausfall der Armee als Kunde beeinträchtigten die junge Textilindustrie; einige Betriebe wurden deshalb nach Białystok umgesiedelt, um den einfacheren Zugang zum russischen Binnenmarkt zu nutzen. Die vom vormaligen Finanzminister Drucki-Lubecki mit staatlichen Mitteln geförderten Eisen- und Kohlebetriebe wurden nach 1833 der Bank von Polen unterstellt, die aber die finanziellen und technischen Probleme genau so wenig bewältigen konnte wie die Absatzkrise, so daß der Staat nach 1842 die Kontrolle über die Eisen- und Zinkhütten wieder übernehmen und einen Teil der Kapazitäten, darunter die große und moderne Huta Bankowa, stillegen mußte, weil im agrarisch geprägten Kongreßpolen noch wenig Bedarf für Roheisen bestand. Der anfangs von privaten Kapitalgebern betriebene, bald vom Staat übernommene Eisenbahnbau, der 1845 zur Fertigstellung der Linie Warschau–Wien führte, verbesserte aber die Absatzchancen der Schwerindustrie. Zum Abbau der Überbevölkerung und der Unterbeschäftigung auf dem Lande konnten die wenigen Fabriken nur unwesentlich beitragen[19].
Obwohl der Staat den Übergang der Fronleistungen zu Pachtzinszahlungen begünstigte, standen noch 1848 1,356 Mill. Fronbauern und rd. 850 000 Landlose nur 459 000 Pächtern und 141 000 Kolonisten gegenüber. Nur einige wenige Großgrundbesitzer wie A. Zamoyski und A. Wielopolski zeigten Interesse, eine wirkliche Verbesserung der Lage der bäuerlichen Bevölkerung herbeizuführen. Die Klein- und Mittelbesitzer waren wegen der befürchteten Umstellungskosten und zeitweiligen Einkommenseinbußen bestrebt, das überholte und unproduktive Abhängigkeitssystem zu erhalten. Zwar wuchsen der Anteil des agrarisch genutzten Bodens und die Erträge leicht an, weil sich Zuckerrüben- und Kartoffelanbau ebenso durchsetzten wie die Schaf- und Schweinezucht, doch der bäuerlichen Armut war damit allein nicht beizukommen[20].

4.2.2 Die „Große Emigration“

Nach dem Zusammenbruch des Novemberaufstands und als Folge der Repressionspolitik der Teilungsmächte gingen etwa 9 000 Polen, darunter führende Literaten, Musiker, Historiker, Politiker und Vertreter der Hocharistokratie, in die Emigration; Paris wurde – trotz der bald einsetzenden Behinderung durch die beunruhigten französischen Behörden – der Ausgangspunkt ihrer von einem lebendigen Patriotismus getragenen Bemühungen, politische und ideologische Konzeptionen zur Befreiung der Heimat zu entwickeln. Das von ihnen geprägte Schlagwort „Für eure und unsere Freiheit“ kämpfen zu wollen, fand Widerhall vor allem bei liberal und national gesinnten Europäern, die sich nach Befreiung von fremder Oberherrschaft, nach politischer Einheit ihrer Heimat und nach demokratisierenden Reformen sehnten. Die Wiederherstellung Polens und die Beendigung der Oberhoheit der Teilungsmächte erlangten deshalb Symbolwert für den europäischen Freiheitskampf.

Die bereits während des Novemberaufstands zutage getretenen Gegensätze waren auch in der Emigration nicht zu überbrücken, so daß sich zahlreiche Gruppen und Grüppchen mit unterschiedlichen, teils widersprüchlichen Konzeptionen herausbildeten, die sich mißtrauisch gegenüberstanden und häufig in selbstzerfleischenden Kämpfen aufrieben. Der größte Einfluß kam dem aristokratisch-konservativen Lager mit dem Fürsten A. J. Czartoryski und dem Grafen Władysław Zamoyski an der Spitze zu, die vom Hôtel Lambert aus ihre radikalen, sozialen Veränderungen abholden, eindeutig monarchistisch ausgerichteten Vorstellungen mit ausreichenden Geldmitteln dank guter Kontakte zu den europäischen Höfen emsig verfochten. Unter Berufung auf die Beschlüsse des Wiener Kongresses, die er selbst entscheidend mitgeprägt hatte, verlangte Czartoryski nach außen hin nur die Wiederherstellung des mit Rußland in Personalunion verbundenen konstitutionellen Königreichs Polen. Das von den Whigs regierte Großbritannien, über die russische Orientpolitik beunruhigt, zeigte sich dem Werben der polnischen Konservativen aufgeschlossen. Auch im Vatikan wuchs wegen des harten russischen Vorgehens gegen die uniierte Kirche und der zunehmenden Bedrückung der Katholiken die Bereitschaft zur Unterstützung der Czartoryskischen Forderung. Da aber der erwartete gesamteuropäische Konflikt über die russische Türkeipolitik ausblieb, die Aktionen des polnischen demokratischen Lagers die interessierten Höfe zunehmend beunruhigten und Zweifel aufkamen, ob selbst die Konservativen sich mit dem Erreichen ihres proklamierten Ziels begnügen und nicht die Wiederherstellung eines geeinten Polen verlangen könnten, erlahmte in den 1840er Jahren die Bereitschaft, die polnische Frage als gesamteuropäischen politischen Faktor einzukalkulieren. Die allmähliche Entfremdung von den Realitäten im Lande dokumentierte 1843 die Gründung einer „Monarchistischen Gesellschaft des 3. Mai“, die Czartoryski zum „König de facto“ proklamierte[21].

Bereits im November 1831 hatte sich das demokratische Lager mit dem Polnischen Nationalkomitee eine Organisation geschaffen, von dem sich jedoch bereits im Frühjahr 1832 die sozialrevolutionäre Ziele verfolgende Polnische Demokratische Gesellschaft (TDP) abspaltete[22]. Geistiger

Ziehvater der Linken blieb der Historiker J. Lelewel, der mit einer Glorifizierung der slawischen Urdemokratie und der Idealisierung des Bauerntums eine harsche Kritik an der verhängnisvollen politischen Rolle des Adels verband; er konnte jedoch von Brüssel aus, wo er seit 1833, nach seiner Ausweisung aus Frankreich, in bedrückender Armut lebte, weder eine weitere Aufsplitterung im demokratischen Lager aufhalten noch seine gemäßigteren Vorstellungen durchsetzen[23]. Das am 10. IV. 1832 in Bern als Zweigorganisation von Mazzinis „Jungem Europa" gegründete „Junge Polen" mit Lelewel an der Spitze besaß gegenüber den radikaleren Programmen anderer Splitterorganisationen ebenfalls nur eine bescheidene Wirksamkeit[24]. In der TDP konnte sich nach langen internen Auseinandersetzungen gegen die radikaleren T. Krępowiecki und A. Gurowski der moderatere W. Heltman behaupten, der im Manifest von Poitiers (4. XII. 1836) bei aller Betonung der Notwendigkeit grundlegender sozialer Veränderungen die Adelsfeindschaft zurücktreten ließ und der Demokratischen Gesellschaft in der „Zentralisation" eine straffe Organisation gab. – Die mehrheitlich von bäuerlichen Soldaten in England gebildete „Gemeinde des polnischen Volkes" verband mit der Forderung nach Abschaffung des Privateigentums am Boden die Erwartung großzügiger Landzuteilungen an die Bauern[25].

Während der Dichter Adam Mickiewicz mit seinen „Büchern der polnischen Nation und der polnischen Pilgerschaft" (1832) und dem Nationalepos „Pan Tadeusz" (1834) ebenso wie der Komponist Frédéric Chopin mit seiner den polnischen Nationalcharakter verherrlichenden Musik um Sympathie für ihr geteiltes Land warben, schritten die jungen Aktivisten auch zur politischen Tat. Im Mai 1832 wurden als Höhepunkt der Polenbegeisterung der deutschen Liberalen die polnischen Redner, unter ihnen Krępowiecki, enthusiastisch auf dem Hambacher Fest gefeiert; Polen waren an dem Umsturzversuch in Paris (Juni 1832), beim Sturm auf die Frankfurter Hauptwache (April 1833) und dem Aufstand in Lyon (April 1834) an führender Stelle beteiligt. Die schlecht vorbereitete Partisanenaktion des Obersten Zaliwski im März 1833 wurde von russischen Truppen mühelos zerschlagen, diente Nikolaj I. als Anlaß zur weiteren Verschärfung seiner Polenpolitik und führte zu der Absprache der drei Teilungsmächte auf der Konferenz von Münchengrätz, schärfer gegen die Emigranten einzuschreiten. Auch die französische Regierung sah sich genötigt, die drei großen „Depots", in denen sie die Polenflüchtlinge anfangs geschlossen untergebracht und versorgt hatte, aufzulösen, um die umsichgreifende Geheimbündelei und die angebahnten Kontakte zu anderen revolutionären Bewegungen in Europa zu erschweren. Da die Polen bald als „Sturmvögel der Revolution" galten, machte die weitverbreitete Polenbegeisterung der bürgerlichen Liberalen[26] mit der Zeit einer distanzierteren, eigene nationale Interessen stärker berücksichtigende Betrachtungsweise und Vorbehalten gegen die mit Konspiration und Revolution verbundenen politischen Ziele der polnischen Emigration Platz.

4.2.3 Die politische und soziale Entwicklung im österreichischen Galizien und in der Freien Stadt Krakau bis 1846

Im 77300 km² umfassenden Königreich Galizien und Lodomerien bekannten sich von den 1817 gezählten 3,5 Mill. Bewohnern 47,5% als Polen, 45,5% als Ruthenen, 6% als Juden und 1% als Deutsche. Das starke Bevölkerungswachstum konnte von den wenigen Städten, unter denen Lemberg mit 40000 Einwohnern die größte war, nicht aufgenommen werden, weil mit Ausnahme einiger Brauereien sowie weniger Textil- und Glasmanufakturen größere Betriebe völlig fehlten. Die Rückständigkeit war auf allen Sektoren erschreckend und wurde von dem überdimensionierten österreichischen Verwaltungsapparat nicht bekämpft; zudem floß zeitweise nur ein Sechstel der Steuereinnahmen wieder in die Provinz zurück. Unter Metternichs absolutistischer Herrschaft konnten sich die überlebten Relikte des Feudalismus durchaus behaupten. Der aus vier Ständen – dem hohen Klerus, den Aristokraten, dem begüterten Mitteladel und nur zwei städtischen Vertretern – zusammengesetzte Landtag, der einmal im Jahr kurz beraten durfte, besaß außer in Steuerangelegenheiten kein Mitspracherecht. Sein Exekutivorgan, der Landesausschuß, hatte es schwer, sich über die kaiserlichen – meist von Deutschen und Tschechen besetzten – Behörden wenigstens bescheidenen Einfluß auf die Landesverwaltung zu sichern. Der katholischen Kirche mit dem Erzbistum Lemberg als Mittelpunkt kam, von den 1820 aus Rußland verwiesenen Jesuiten unterstützt, eine bedeutende politisch-stabilisierende Rolle zu. Die Ruthenen galten als besonders kaisertreu; das sich in der uniierten Kirchenhierarchie breitmachende ruthenisch-nationale Gedankengut und der stetig wachsende Antagonismus zum dominanten polnischen Bevölkerungsteil wurden in Wien geduldet und als Instrument zur Kontrolle der als unzuverlässig eingestuften Polen eingesetzt.

Denn die politisch und wirtschaftlich erfreuliche Entwicklung im Königreich Polen übte auch auf die galizischen Polen eine starke Anziehungskraft aus; wohl auch deshalb gab es einige kleine Gesten, die den polnischen Bevölkerungsteil mit der österreichischen Staatsmacht aussöhnen sollten: So wurde an der 1817 wiedereröffneten Universität Lemberg, deren Unterrichtssprache nach 1824 deutsch war, 1826 ein Lehrstuhl für polnische Sprache und Literatur eingerichtet; die von der Magnatenfamilie Ossoliński 1817 gegründete Nationalstiftung, das Ossolineum, durfte nach zehnjähriger Wartezeit 1827 die Arbeit aufnehmen; der neue Gouverneur, Fürst A. Lobkowicz, eröffnete 1828 den Landtag auf Polnisch und in polnischer Nationaltracht, hielt seine Beamten an, die Landessprache zu erlernen, und pflegte enge Kontakte zum Hochadel. An die deplorable Lage der Bauern, die seit den Josephinischen Reformen zwar persönlich frei, aber dennoch frondienstpflichtig und ständigen Übergriffen der Grundherren ausgesetzt waren, rührte die Verwaltung indes nicht.

Da der Novemberaufstand, an dem zahlreiche Galizier aktiv teilnahmen, begeisterte Zustimmung und großzügige Unterstützung auch im österreichischen Teilungsgebiet fand, griffen die Behörden zu restriktiven Maßnahmen, ohne auch hier das Entstehen von Geheimbünden wirkungsvoll unterbinden zu können. Viele Emigranten aus Kongreßpolen ließen sich in Galizien nieder und entwickelten eine gesteigerte politische Aktivität unter dem Kleinadel, dem niederen Klerus und der Intelligenz. Zweigorganisationen der Carbonari, des Jungen Polen und vor allem der Vereinigung des polnischen Volkes wurden Mitte der 1830er Jahre aufgedeckt, ihre Träger verhaftet und abgeurteilt sowie danach die staatlichen Kontrollmaßnahmen verschärft. Den wachsenden Spannungen zwischen Landbesitzern und Bauern sowie zwischen Polen und Ukrainern[27] wurde dagegen von den Behörden wenig Aufmerksamkeit geschenkt. Zwar untersuchte der Landtag 1830 das Ausmaß der bäuerlichen Dienstleistungen, rührte aber nicht am Grundbesitzmonopol des Adels. Da der Staat keine wirksame Hilfe leistete, waren 1842 erst 8% der Bauernstellen auf ein Pachtsystem umgestellt; der Adel verschaffte sich durch die – zwar verbotene – weitere Aufteilung des Bauernlandes im dichtbesiedelten Westgalizien zusätzliche Vorteile, so daß die kinderreichen Bauern auf den verkleinerten Höfen ihren Unterhalt dann nicht mehr erwirtschaften konnten.

Unruhe ging auch von der nur 1 164 km^2 umfassenden Republik Krakau, die der Wiener Kongreß geschaffen und der Kontrolle der drei Teilungsmächte unterstellt hatte, mit ihren 88 000 (1827: 120 000) Einwohnern aus. Ihre von A. J. Czartoryski im Mai 1815 hastig konzipierte Verfassung sah als Exekutivorgan einen Senat mit zwölf Mitgliedern und einem Präsidenten vor, die zu zwei Dritteln gewählt bzw. von Universität und Domkapitel delegiert wurden. Ihm zur Seite stand als Legislative eine Repräsentantenversammlung, deren Abgeordnete von den Kommunen gewählt, zu einem Drittel aber ebenfalls von der Universität, dem Domkapitel und selbst dem Senat entsandt wurden. Das Zensuswahlrecht begünstigte eine aristokratisch-klerikale Oligarchie, die bis 1827 die bürgerliche Opposition in Schach halten, anschließend aber die Macht nur dank der Intervention österreichischer Truppen behaupten konnte. Obschon die Aufdeckung von Geheimbünden zur Beschneidung der Autonomie der Universität (1821) und zur Sistierung der Arbeit der Repräsentantenversammlung (1828) geführt hatte, blieb die Republik Krakau ein auch wirtschaftlich prosperierender Hort der Freiheit.

Die bei der Gründung zugestandene Freihandelszone machte Krakau nämlich zu einem wichtigen Handelsplatz, der auch der jungen Industrie und dem lokalen Handwerk neuen Auftrieb verlieh. Die Bauern wurden, da vier Fünftel des Bodens dem Staat und der Kirche gehörten, langsam vom Fron- auf das Pachtsystem übergeleitet und konnten sich wirtschaftlich einigermaßen behaupten. Die Universität zog Studenten aus allen Teilungsgebieten an, die in dem liberalen Klima der Stadt ihrer Forderung nach der Wiedervereinigung und Demokratisierung Polens offen

Ausdruck verleihen konnten. Doch die Unterstützung des Novemberaufstands, der Sturz der Stadtregierung durch die bürgerliche Opposition und die Aufnahme kongreßpolnischer Aufstandskämpfer boten der russischen Schutzmacht im September 1831 den Vorwand zur zeitweisen Besetzung der Stadt. Die Kontakte zur Großen Emigration und die Unterstützung von Partisanenaktionen in Kongreßpolen veranlaßten die Teilungsmächte 1833 zu einem gravierenden Eingriff in die politische Struktur der Stadtregierung; die künftig ausschlaggebende „Konferenz der Residenten“ nutzte die Aufdeckung der mit Lelewels Jungem Polen in Verbindung stehenden „Vereinigung des polnischen Volkes“ und die Ermordung eines russischen Agenten, um im Februar 1836 die Schutzmächte um Militärintervention zu bitten. Am preußischen Widerspruch scheiterte vorerst noch Österreichs Bemühen, die Freie Stadt zu annektieren. Die Selbstverwaltung blieb aber auch nach Abzug der österreichischen Truppen 1841 so stark beeinträchtigt, daß eine den gesamtpolnischen Interessen dienende Politik von Krakau aus nicht zu verfolgen war. Die von der Emigration geschürte konspirative Tätigkeit, die in radikal-demokratischen, oft utopischen Programmen ihren Ausdruck fand, konnte aber weder hier noch im angrenzenden Galizien wirkungsvoll unterbunden werden[28].

Die wachsenden Spannungen zwischen den (meist polnischen) Gutsbesitzern und (im Ostteil fast ausschließlich ruthenischen) Bauern boten ein günstiges Klima für die Vorbereitung revolutionärer Aktionen, zumal das Bauernlegen um sich griff, es praktisch unmöglich war, die hohen Fronlasten durch Zinszahlungen abzulösen und die Flut der von Bauern geführten Prozesse gegen die Grundherren die Unzufriedenheit schürte. Führer einer von der „Zentralisation“ der Demokratischen Gesellschaft in allen Landesteilen für das Jahr 1846 vorbereiteten Erhebung hofften, daß die Abschaffung der Erbuntertänigkeit und die Zuteilung von Grundbesitz der Auslöser sein würde, die Bauern und die bäuerlichen Soldaten in den Armeen der Teilungsmächte für den geplanten Nationalaufstand zu gewinnen. Der als Oberbefehlshaber vorgesehene Ludwik Mierosławski wollte aber auf die Mitwirkung des Adels als Voraussetzung für den Aufstandserfolg nicht verzichten und ermutigte die durch sich häufende Übergriffe der Bauern beunruhigten Gutsbesitzer, den Bauern freiwillig Entgegenkommen zu zeigen und sich an die Spitze der nationalen Einigungsbewegung zu setzen. Vor der Klärung der Fronten und vor Abschluß der Vorbereitungen mußte die Erhebung verfrüht am 20. II. 1846 in Krakau ausgelöst werden, weil durch Verrat die preußischen Behörden von den Plänen Wind bekommen und die in Posen versammelten Teilnehmer verhaftet hatten; österreichische Truppen besetzten am 18. II. vorsorglich Krakau. Ein koordiniertes Handeln war danach unmöglich geworden; erste Aufstandsaktionen wurden von den vorgewarnten Sicherheitskräften ohne Mühe unterbunden. Allein in Krakau konnte sich nach dem kampflosen Rückzug der Soldaten am 22. II. eine Nationalregierung etablieren und in einem „Manifest an die polnische Nation" mit dem Versprechen an die Bauern, ihre Fronpflichten aufzuheben und ihre Hofstellen zu Grundeigentum zu machen, zur Volkserhebung aufrufen. Das Militär, von Bauern unterstützt, konnte ohne Mühe die Aufständischen am 26. II. bei Gdów schlagen und den selbstproklamierten Diktator Jan Tyssowski mit seinem kleinen Anhang zum Übertritt auf preußisches Gebiet zwingen. Im Einvernehmen mit Preußen und Rußland wurde die Republik am 16. XI. nach Galizien inkorporiert; das zur Kreisstadt degradierte Krakau und seine Universität, für die Deutsch als Vorlesungssprache verordnet wurde, versanken in provinzieller Bedeutungslosigkeit[29].

Während dieser Aufstandsversuch, der in Kongreßpolen und im Großherzogtum Posen ohne Echo blieb, nach wenigen Tagen niedergeschlagen werden konnte, brach eine von österreichischen Beamten geschürte Bauernrevolte aus, wobei etwa 500 Herrenhöfe geplündert und gebrandschatzt sowie rd. 1 000 Personen, darunter 200 Gutsbesitzer und Pächter, ermordet wurden. Einer der Anführer, der Bauer Jakub Szela aus Smarzowo, gelangte dabei zu traurigem Ruhm[30]. Nach dem verzögerten Einsatz regulärer Truppen waren die österreichischen Behörden nicht daran interessiert, die vorhandenen Mißstände zwischen Bauern und grundbesitzendem Adel abzubauen.

In allen drei Teilgebieten verloren die Emigranten mit ihrem Anspruch, die Interessen der ganzen Nation zu vertreten, nach diesem gescheiterten Aufstandsvorhaben an Glaubwürdigkeit. Die Bereitschaft wuchs, sich mit den gegebenen Verhältnissen abzufinden und unter Verzicht auf große Gemeinschaftsaktionen eine an den Realitäten orientierte Teilgebietspolitik zu betreiben. Diese Tendenz wurde durch das Revolutionsjahr 1848 zwar kurzzeitig verlangsamt, aber nicht mehr unterbunden.

4.2.4 Das Großherzogtum Posen bis zur Revolution von 1848

Am 15. V. 1815 versprach König Friedrich Wilhelm III. seinen im Großherzogtum Posen lebenden polnischen Untertanen in einem „königlichen Zuruf", ihre Nationalität, Religion und Sprache zu achten und ihnen den Zutritt zu öffentlichen Ämtern und Würden zu ermöglichen[31]. Mit der Einsetzung des Fürsten Anton Radziwiłł zum Statthalter und der Ernennung des als polonophil geltenden Josef von Zerbonis zum Oberpräsidenten dokumentierte er seine Bereitschaft, dieser nur rd. 30 000 km^2 umfassenden Provinz mit ihren 521 000 katholischen (fast ausschließlich polnischen), 218 000 protestantischen (= deutschen) und 50 000 jüdischen Einwohnern eine weitreichende Selbstregierung zuzugestehen. Für den in der Provinz Westpreußen organisierten, über 20 000 km^2 umfassenden preußischen Landgewinn aus der Ersten Teilung war eine Sonderstellung nicht vorgesehen, so daß weniger als die Hälfte der 1,5 Mill. in Preußen lebenden Polen, unter denen viele noch nicht von einem modernen Nationalbewußtsein durchdrungen waren, die Achtung ihrer ethnischen und nationalen Eigenständigkeit erwarten durfte.

Während der sog. „Stillen Jahre“ bis 1830 zeigte sich die neue Obrigkeit bemüht, den polnischen Adel – nicht zuletzt durch die Sanierung des hochverschuldeten Grundbesitzes – zu gewinnen, indem ihm der beherrschende Einfluß auf die Kreis- und Lokalverwaltungen belassen wurde. In dem 1824 eingerichteten Provinziallandtag, der erst 1827 zu seiner konstituierenden Sitzung zusammentrat, bestand eine dominierende Adelsmehrheit[32]. Die Einführung des preußischen Allgemeinen Landrechts 1816/17 und die Maßnahmen zur Vereinheitlichung der Verwaltung entsprangen noch keinen gezielten Germanisierungstendenzen, obgleich sich im Berliner Kabinett reaktionäre Kräfte, so auch der für die Innere und Polizei-Verwaltung zuständige Minister v. Schuckmann, durchzusetzen begannen, die Administratoren – u. a. den Posener Militärbefehlshaber, General von Roeder, oder den Oberpräsidenten von Ost- und Westpreußen, v. Schön – in ihrem Bestreben zu unterstützen, jede Eigenentwicklung der ehemals polnischen Gebiete zu unterbinden. Kultusminister K. v. Altenstein trug mit seinem liberalen Sprachenerlaß vom 13. XII. 1822 immerhin Sorge, daß im Schulwesen die polnische nationale Individualität geschützt blieb[33]. Auch die katholische Kirche, deren Diözesangrenzen durch die Bulle *De salute animarum* vom 16. VII. 1821 den neuen Gegebenheiten angepaßt wurden und die jetzt nur noch das zusammengelegte Erzbistum Gnesen-Posen mit dem Suffragan Kulm umfaßte, konnte ihren Aufgaben ungehindert nachgehen und sich mit der Zeit zu einem Zentrum nationalbewußten Polentums entwickeln.

Aber auch den Schutz und die wirtschaftliche Absicherung der Bauern machte sich der preußische Staat zur Aufgabe. Bereits 1819 war den Grundbesitzern das Bauernlegen verboten und dann am 8. IV. 1823 im Regulierungsgesetz die endgültige Bauernbefreiung verordnet worden. Diese sich über 30 Jahre hinziehende Ablösung sah für die Grundherren nur eine relativ bescheidene Entschädigung durch einen Anteil des vom Bauern genutzten Bodens vor, so daß sich ein wirtschaftlich gesundes Mittelbauerntum entwickeln konnte; zudem blieb den Bauern für eine Übergangszeit die Nutzung des herrschaftlichen Waldes gestattet. Nach 1831 wurde die Bauernbefreiung aber bewußt als Mittel zur Zurückdrängung des Adels als Träger des nationalpolnischen Sonderbewußtseins eingesetzt und im Unterschied zum Verfahren in den altpreußischen Provinzen den adligen (= polnischen) Gutsbesitzern der Erwerb des abgelösten Bauernlandes untersagt. Das Eindringen deutschen privaten Grundbesitzes, zuvor bereits geduldet, wurde jetzt offen gefördert, doch blieb bis zur Mitte des 19. Jh. die vorherrschende Stellung des Adels unangetastet. Von den Gütern über 150 ha befanden sich 1848 in der Provinz Posen immerhin bereits 600000 ha in deutscher und 950000 ha in polnischer Hand[34].

Die den polnischen Belangen relativ entgegenkommende Politik der preußischen Behörden kam als Folge des Novemberaufstands, der auch im Großherzogtum Posen eine starke Anteilnahme, direkte und indirekte Unterstützung und allgemein große Erwartungen geweckt hatte, zu einem jähen Ende. Ein Observationskorps unter General v. Gneisenau unterstützte die russischen Bemühungen zur Niederschlagung des Aufstands und unterband ein Übergreifen der Kampfhandlungen auf das Großherzogtum. Der Statthalter, Fürst Radziwiłł, wurde von seinem Amt suspendiert; im Dezember 1830 übernahm Eduard v. Flottwell[35] als Oberpräsident die Provinzialverwaltung, unterstützt vom Kommandierenden General Carl v. Grolmann. Sie waren bestrebt, die bereits in Westpreußen erprobten Grundsätze staatlicher Einschmelzungs- und Eindeutschungspolitik, die auf eine Einschränkung ständischer (polnischer) Privilegien zugunsten einer Stärkung des bürgerlichen (deutschen) Elements und der als königstreu geltenden Bauern gerichtet war, auf Posen zu übertragen. Gegen mehr als 1 000 Polen, vorwiegend Angehörige des Adels, wurden 1831 Hochverratsprozesse geführt, die, wenn überhaupt abgeschlossen, mit milden Urteilen endeten – ein Beweis der Rechtsstaatlichkeit der preußischen Justiz. Nachdem 1832 die Verwendung des Deutschen als innerer Amtssprache obligatorisch geworden war, wurde 1833 dem Adel die Einwirkungsmöglichkeit auf die Kreispolitik durch ein königliches Dekret beschnitten, das den Kreistagen die Mitwirkung bei der Ernennung der Landräte nahm und in der Praxis zur Bestellung Deutscher auf diesen Posten führte. Die lokale polnische Selbstverwaltung wurde 1836 zerschlagen, als die Vögte *(wójt)*, welche die grundherrliche Amts- und Polizeigewalt in den Gemeinden ausübten, den von der Regierung ernannten Distriktkommissaren weichen mußten. Der 1833 gebildete, mit einem Kapital von 1 Mill. Talern ausgestattete „Güterbetriebsfonds" diente zum Aufkauf verschuldeter polnischer Güter und half bei der Weiterveräußerung an deutsche – meist adlige – Interessenten. Während aus staatspolitischen Gründen die Selbstverwaltungsrechte und politischen Mitwirkungsmöglichkeiten des polnischen Adels wie auch seine wirtschaftlichen Grundlagen gezielt geschmälert wurden, bemühte sich die preußische Verwaltung gleichzeitig um einen Ausbau der städtischen Selbstverwaltung, Förderung des Handwerks und des Bauerntums, Kultivierung des Landes und die Einrichtung neuer Bildungsstätten. Durch dieses ambivalente, mehr bürokratisch als politisch konzipierte Reformprogramm hoffte Flottwell, die polnischen Untertanen dauerhaft in den preußischen Staat integrieren und mit ihrer Loyalität auch ihre Germanisierung erreichen zu können[36].

Der wachsende Widerstand des polnischen Klerus gegen die Kulturpolitik Flottwells eskalierte in dem großes Aufsehen erregenden Streit zwischen der preußischen Regierung und dem Erzbischof von Gnesen/Posen, Dunin-Sulgustowski, über Mischehen, der 1837 angeordnet hatte, daß Trauungen nur vollzogen werden dürften, wenn sich das Brautpaar verpflichtet hatte, die Kinder im katholischen Glauben zu erziehen. Nach einem langwierigen Prozeß wurde der Erzbischof 1839 seines Amtes enthoben und, als er sich nicht an gerichtliche Auflagen hielt, zehn Monate lang gefangengehalten. Da sich der Klerus und die Gläubigen mit ihrem Oberhirten identifizierten, konnte Dunin im August 1840 in sein Amt zurückkehren, ohne daß der Konflikt wirklich beigelegt worden wäre. Das gefestigte Selbstbewußtsein des Polentums kam auch darin zum Ausdruck, daß der 1836 aus dem Pariser Exil zurückgekehrte Arzt Karol Marcinkowski[37] in Posen 1840 eine „Gesellschaft für wissenschaftliche Hilfe“ mit dem Ziel gründete, durch die Gewährung von Stipendien an minderbemittelte Polen die staatliche preußisch-deutsche Kulturpolitik zu unterlaufen; zwischen 1841 und 1891 wurden insgesamt 4335 Stipendien vergeben. In dem schon 1839 eröffneten Hotel Bazar schufen sich polnischer Adel und Bürgertum zudem ein Zentrum für Politik, Kultur und Geselligkeit, das ebenso wie die polnischen Zeitungen und Zeitschriften den offiziellen Germanisierungstendenzen entgegenwirkte.

Mit der Thronbesteigung Friedrich Wilhelms IV. 1840 setzte ein zwar konservativer, dem Posener Polentum aber gewogener Kurs, die sog. Versöhnungsära, ein, die durch eine Amnestie für die Teilnehmer am Novemberaufstand begann, die Rückberufung des Erzbischofs Dunin und die Ablösung des Oberpräsidenten v. Flottwell eine Fortsetzung fand und mit der Einrichtung einer katholischen Abteilung im Kultusministerium 1841 sowie der Übertragung der Schulaufsicht an die Geistlichkeit einen ersten Höhepunkt erreichte. In der Erwartung einer vorbehaltlosen preußischen Staatsgesinnung war man bereit, in national-polnischen Belangen Neutralität zu wahren. Da ein Auslieferungsabkommen mit Rußland zeitweise nicht erneuert wurde, fanden nach 1842 viele Agitatoren der Pariser Emigration und aus Kongreßpolen im Großherzogtum Posen ein Betätigungsfeld, zumal der kleine und mittlere Landadel stark unter den Einfluß demokratischer Ideen geriet und der vom Hochadel und einem Teil der Geistlichkeit getragenen Ausrichtung eines Arrangements mit der preußischen Staatsmacht eine Absage erteilte. Geheime Gesellschaften wie der 1842 vom Posener Buchhändler Walenty Stefański gegründete „Bund der Plebejer“ entstanden und schufen die Voraussetzungen für die Vorbereitung einer neuen revolutionären Erhebung, die im Auftrag der Demokratischen Gesellschaft u. a. von dem als Oberbefehlshaber vorgeschlagenen L. Mierosławski seit Jahresbeginn 1846 von Posen aus vorbereitet wurde. Die Aufdeckung und Zerschlagung des Aufstandszentrums im Februar reichte aus, um Friedrich Wilhelm IV. auf die Linie der Flottwellschen Polenpolitik einschwenken zu lassen. Der von August bis Dezember 1847 gegen 254 Verdächtige in Berlin geführte Polenprozeß, bei dem acht – nicht vollstreckte – Todesurteile und 112 mal hohe Freiheitsstrafen verhängt wurden[38], löste unter deutschen Liberalen und Demokraten eine neue Sympathiewelle für die polnische nationale Unabhängigkeitsbewegung aus.

Durch die deutsche Märzrevolution von 1848, die mit der Befreiung der

Verurteilten des Polenprozesses am 20. III. und ihrem Triumphzug durch Berlin Auftrieb erhielt, wurde anfangs eine Verwirklichung sowohl der deutschen als auch der polnischen Nationalstaatsidee in den Bereich des Möglichen gerückt. In Posen bildete sich ein polnisches Nationalkomitee, das den Kurs des liberalen März-Ministeriums, die militärische Auseinandersetzung mit dem reaktionären russischen Zarentum als Voraussetzung für die Gründung eines freien Deutschland und eines freien Polen zu suchen, vorbehaltlos unterstützte. Da in einer Kabinettsorder vom 24. III. Friedrich Wilhelm IV. eine „nationale Reorganisation des Großherzogtums" versprochen hatte, trieb das Nationalkomitee – um zurückgekehrte Aufstandsführer wie Mierosławski und Libelt erweitert – die Aufstellung nationalpolnischer Streitkräfte, die Ablösung mißliebiger deutscher Beamter und ihre Ersetzung durch Polen voran. Ausschreitungen gegen Deutsche und Juden sowie die von preußischen Militärs betonte Gefahr einer revolutionären polnischen Machtergreifung führten am 3. IV. zur Ausrufung des Ausnahmezustands; der zum Regierungskommissar ernannte Generalmajor v. Willisen konnte gegen den Boykott der preußischen Beamten und der Offiziere seinen Auftrag, die Einsetzung eines polnischen Oberpräsidenten vorzunehmen, die Reorganisation von Polizei und Militär einzuleiten sowie die Neuwahl der Landräte und Bürgermeister durch die Bevölkerung vorzubereiten, nicht durchführen; durch eine Vereinbarung mit dem gemäßigten Flügel des Nationalkomitees am 11. IV. wußte er aber immerhin den Ausbruch größerer Kampfhandlungen zu verhindern. Eine Teilung des Großherzogtums, in den Kabinettsordern vom 14. und 26. IV. verfügt, schien bei dem wachsenden Antagonismus zwischen der polnischen und der deutschen Bevölkerung eine gangbare Lösung zu bieten. Da nur die überwiegend von Polen bewohnten östlichen Kreise „reorganisiert", der Westteil mit der Stadt Posen aber unmittelbar dem Deutschen Bund angeschlossen werden sollte, kam es Ende April zum offenen Aufruhr, bei dem die meist nur mit Hieb- und Stichwaffen ausgerüsteten Freischärler nach Anfangserfolgen den zahlenmäßig überlegenen preußischen Truppen am 9. V. 1848 mit der Kapitulation bei Wreschen Tribut zollen mußten. Mierosławski und die anderen Aufstandsführer wurden gefangen gesetzt, kamen später nach einer Amnestie aber wieder frei[39].

Da sich die polnische Bevölkerungsmehrheit kaum an den Wahlen zur Frankfurter Nationalversammlung beteiligte, stand nur ein Pole elf deutschen Abgeordneten aus dem Großherzogtum gegenüber. Während der dreitägigen Polendebatte vom 24.–26. VII. in der Paulskirche wurde deutlich, wie groß der durch den bewaffneten Aufstand bedingte Sympathieverlust für die Polen war, denn nur 31 Stimmen lehnten die von 341 Abgeordneten gebilligte vorläufige Aufnahme des Großherzogtums in den Deutschen Bund ab; die Gefahr einer Teilung der Provinz, wo nur ein „Herzogtum Gnesen" mit 6000 km^2 und etwa 300000 Einwohnern im polnischen Sinne reorganisiert werden sollte, war damit noch nicht ge-

bannt[40]. Die preußische Nationalversammlung beschloß zwar am 23. X. mit knapper Mehrheit, dem Großherzogtum die „bei der Verbindung mit dem preußischen Staat eingeräumten besonderen Rechte“ zu belassen, doch bei der Annahme der preußischen Verfassung am 8. IX. 1849 unterblieb jeder Hinweis auf eine Sonderstellung. Das im Schriftverkehr jetzt nur noch als „Provinz Posen“ ausgewiesene Gebiet schied am 3. X. 1851 zwar wieder aus dem Deutschen Bund aus und konnte eine Teilung vermeiden, besaß aber nur noch die gleiche Rechtsstellung wie die anderen Ostprovinzen des preußischen Staates auch[41].
Die Ereignisse von 1848 hatten erstmals eine schroffe Frontstellung zwischen deutscher und polnischer Bevölkerung ausgelöst. „War das polnische Problem in Preußen vor 1848 wesentlich eine Frage des Verhältnisses zwischen preußischem Staat und polnischer Adelsnation gewesen, so komplizierte es sich jetzt zum Dreiecksverhältnis staatlich-preußischer, nationaldeutscher und nationalpolnischer Interessen und Ansprüche“[42]. In einer oft konzeptionslosen und vornehmlich abwehrenden Irrationalität glaubten die preußischen Behörden auf eine fortschreitende Germanisierung als Mittel staatlicher Integration nicht verzichten zu können, bemühten sich aber zugleich, durch Toleranz in nationalen Fragen die nichtdeutschen Untertanen zu gewinnen. Bei der Vorrangigkeit des Staatsgedankens gegenüber dem Nationalitätenprinzip war der Gegensatz zwischen Deutschen und Polen nicht mehr zu überbrücken. Die dem polnischen Bevölkerungsteil durch das Dreiklassenwahlrecht zugestandenen Möglichkeiten einer politischen Vertretung seiner Ansprüche im preußischen Landtag wurden zudem durch Geschäftsordnungstricks und die Manipulationen bei den Neuwahlen 1855 beeinträchtigt[43]. Die Polen begannen, sich durch die Gründung national ausgerichteter Vereinigungen sowie ein gesellschaftliches Zusammenrücken und Abschließen auf die unvermeidliche Auseinandersetzung mit den Deutschen einzustellen.

4.2.5 Voraussetzungen und Scheitern des Januaraufstands 1863/64

Neben den gescheiterten Aufstandsversuchen in Galizien 1846 und in Posen 1848 waren Polen während des „Völkerfrühlings“ in Österreich, Ungarn, Sizilien, in der Lombardei, in Dresden und in Baden aktiv beteiligt gewesen und hatten versucht, nicht nur die liberal-demokratische Öffentlichkeit für die Belange ihrer Heimat zu interessieren, sondern auch mit einer gesamteuropäischen Umwälzung die Befreiung Polens zu beschleunigen. General Józef Bem, Anführer der Wiener Barrikadenkämpfer im Oktober 1848, konnte als Oberbefehlshaber der ungarischen Aufstandsarmee die Kapitulation im August 1849 nicht verhindern; die von Adam Mickiewicz gegründete kleine Legion kämpfte 1848/49 in lombardischen und toskanischen Diensten, bevor sie die Truppen der römischen Republik verstärkte[44]. Am Dresdener Mai-Aufstand nahmen Delegierte der Pariser „Zentralisation“ teil; die sizilianischen und danach die badischen

Aufständischen wurden von Ludwik Mierosławski kommandiert. Während diese – insgesamt gescheiterten – Einsätze prominenter Polen die Auffassung verfestigten, sie seien die Hauptverantwortlichen für das allgemeine Aufbegehren, kostete sie die Teilnahme an dem – von Liberalen und Demokraten als reaktionär eingestuften – Prager Slawenkongreß (2.–12. VI. 1848) politische Sympathien[45].

Der revolutionäre Funken griff 1848 auch nach Galizien über, wobei zwei Versuche der Machtübernahme – in Krakau am 26. IV., in Lemberg am 2. XI. – im österreichischen Bombardement zusammenbrachen. Der Adel, durch das geschickte Ausspielen der nationalen Gegensätze zwischen Polen und Ukrainern durch den Generalgouverneur Graf Stadion beunruhigt und sich bewußt, daß eine Lösung der Bauernfrage durch die Aufhebung der Lasten und eine Landzuteilung unumgänglich war, schlug Kaiser Ferdinand am 6. IV. 1848 eine kombinierte Regelung der politischen und der sozialen Aspekte vor, ohne konkrete Zusagen für ihre Verwirklichung zu erhalten. Graf Stadion erklärte in eigener Verantwortung am 22. IV. (durch ein auf den 17. IV. zurückdatiertes kaiserliches Dekret sanktioniert) alle Herrendienste als erloschen; die Bauern bekamen in einer sich bis 1857 hinziehenden „Grundentlastung" ihre jeweiligen Höfe als Besitz zugeteilt und behielten das Recht auf Wald- und Weidenutzung[46]. Da die zeitweise untersagte Realerbteilung 1869 wieder gestattet wurde, konnte bei einem starken Bevölkerungsanstieg und einer bäuerlichen Unterbeschäftigung durch das Fehlen von Industrie die unrentablen Klein- und Kleinstwirtschaften nicht einmal mehr den Unterhalt der Bauernfamilien gewährleisten. Der Mangel an Kapital und schlechte Absatzmöglichkeiten verhinderten nicht nur die Modernisierung des hochverschuldeten adligen Klein- und Mittelbesitzes, sondern auch der schlecht verwalteten großen Latifundien der Magnaten. Die hochgesteckten politischen Erwartungen, die sich in der Bildung von Nationalräten und der Aufstellung von Nationalgarden einen organisatorisch-militärischen Rahmen zu geben suchten, waren nicht zu realisieren; auch die konstruktive Mitarbeit der von den Vertretern der Hocharistokratie dominierten, aber auch von einzelnen Bauern beschickten Polen-Fraktion im Reichsrat 1848/49 trug zunächst nur den bescheidenen Erfolg ein, daß mit Agenor Graf Gołuchowski ein Pole zum Generalgouverneur Galiziens ernannt wurde. Während der neoabsolutistischen Ära Bach konnte an einen Ausbau nationalpolitischer Rechte nicht gedacht werden.

Unter dem harten Regiment des Statthalters und „Fürsten von Warschau" Paskevič kam es 1848 in Kongreßpolen zu keinem Aufstandsversuch. In breiten Kreisen der Bevölkerung hatte sich die Einsicht verfestigt, sich mit den herrschenden Zuständen abfinden zu müssen; durch eine begrenzte Kooperation mit der Staatsmacht wurde versucht, die wirtschaftlichen, kirchlichen, kulturellen und nationalen Belange abzusichern. Die Aufklärungs- und Bildungsarbeit erschien besonders vordringlich, um der jetzt von dem kleinen und mittleren Bürgertum geprägten Nationsgesellschaft – durch die wirtschaftliche Entwicklung begünstigt – neue Kräfte zuzuführen, die aus der sich herausbildenden Arbeiterschaft und dem Bauernstand kamen. Während nach 1831 in den acht Gouvernements des „Nordwestlichen Landes“ ein verschärfter Russifizierungskurs verfolgt wurde und die Anhänger der griechisch-uniierten Kirche einem wachsenden Druck zur Beschleunigung ihres Übertritts zur orthodoxen Staatskirche ausgesetzt waren, konnte im Königreich die Zweisprachigkeit bei den Behörden, die Besetzung der unteren und mittleren Stellen mit Polen und die Beibehaltung des Polnischen als Unterrichtssprache im Volksschulwesen verteidigt werden. Die auch nach dem Abschluß eines Konkordats am 22. VII. 1847 nicht wesentlich abgemilderte Behinderung des Wirkens der katholischen Kirche stärkte auch im Klerus das Nationalbewußtsein[47]. Die 1850 erfolgte Aufhebung der 20 Jahre zuvor verhängten Zollgrenze gegenüber Rußland verbesserte die Absatzchancen der polnischen Produkte, begünstigte eine weitere Industrialisierung und Urbanisierung, wobei die agrarische Überbevölkerung das Reservoir für die benötigten Arbeitskräfte bot und ein rasches Anwachsen der Industriearbeiterschaft begünstigte.

Die dem Krimkrieg vorausgehenden diplomatischen Verwicklungen weckten in der zerstrittenen Emigration die Hoffnung, bei der Stellung polnischer Legionen im Kampf gegen Rußland als kriegführende Partei anerkannt zu werden und die Westmächte zur Restitution Polens veranlassen zu können. Eine einheitliche Konzeption konnte selbst jetzt nicht entwickelt werden, so daß zeitweise die Möglichkeit einer Aufstellung sowohl „aristokratischer“ als auch „demokratischer“ Einheiten bestand. Die Türkei zeigte Interesse an der Übernahme polnischer Offiziere und stellte auch kleinere polnische Abteilungen in ihrer Armee auf; Mickiewicz erlag während des Versuchs, die Streitigkeiten vor Ort beizulegen, im November 1855 in Konstantinopel der Cholera. Der von Napoleon III. bei Ausbruch der Kampfhandlungen im April 1854 als Sprecher der Polen bei den Alliierten akzeptierte Fürst A. J. Czartoryski konnte nicht verhindern, daß wegen britischer Vorbehalte die Aufnahme der Forderung nach voller Restitution der Sonderstellung des Königreichs Polen in die der zaristischen Regierung übermittelten Friedensbedingungen unterblieb.

Der Tod Nikolajs I. (3. III. 1855) und das Ableben Paskevičs (20. I. 1856) weckten wegen der bekannten Reformbereitschaft des neuen Zaren Alexander II. in Kongreßpolen die Erwartung, auch ohne Hilfe von außen eine Verbesserung der politischen und sozialen Lage erreichen zu können. Obgleich der Zar bei einem Besuch im Mai 1856 in Warschau dem polnischen Adel riet, allen „Träumereien“ abzuschwören, bestätigten die Ernennung des Fürsten M. Gorčakov zum Statthalter, die Aufhebung des seit 1832 herrschenden Ausnahmezustands sowie eine Amnestie für alle im Zusammenhang mit dem Novemberaufstand Verurteilten eine Liberalisierung der russischen Polenpolitik. Die Einrichtung einer Medizinischen Akademie (1857) und die im Folgejahr erteilte Erlaubnis zur Gründung einer bald an die 4000 Mitglieder zählenden Landwirtschaftlichen Gesellschaft[48] unter dem Grafen Andrzej Zamoyski, in der Vorschläge für die – freiwillige – Zuteilung von Land an die Bauern ausgearbeitet wurden, steigerten den Wunsch, unter Wiederbelebung der einst von A. J. Czartoryski entwickelten Pläne einer engen russisch-polnischen Kooperation auf evolutionärem Wege und mit einer Politik der kleinen Schritte die vor 1830 genossene Sonderstellung zurückzugewinnen. Zum Repräsentanten dieser Richtung stieg der Marquis Aleksander Wielopolski auf[49].

Diese auf Ausgleich und allmählichen Fortschritt ausgerichtete Politik forderte den Widerspruch der „Demokraten" oder „Roten" heraus, meist Studenten, die aus dem depossedierten Adel, der kleinen Beamtenschaft und dem Warschauer Stadtbürgertum kommend und bald in mehrere Grüppchen aufgesplittert, konspirative und revolutionäre Ziele verfolgten und die Notwendigkeit eines neuen Aufstands propagierten. Angesichts der italienischen Einigung und in Erwartung der Unterstützung durch Napoleon III. suchten sie durch die Organisation von Massendemonstrationen bei kirchlichen Festen oder nationalen Gedenktagen die Konfrontation mit der Besatzungsmacht. Das vom schwachen Statthalter Gorčakov lange verhinderte Durchgreifen der Polizei und bald auch der Einsatz regulärer Truppen heizte die antirussische Stimmung in der Bevölkerung weiter an. Auch die Beschlüsse der Landwirtschaftlichen Gesellschaft, die zu einer Art Landtagsersatz geworden war, sollten durch den Druck der Studenten und der städtischen Unterschichten beeinflußt werden.

Als am 27. II. 1861 bei der Auflösung einer Demonstration durch Schüsse der Kosaken fünf Opfer zu beklagen waren und Gorčakov daraufhin den Abzug der russischen Truppen aus Warschau anordnete, zeigte sich der mit den Problemen der Bauernbefreiung in Rußland ausgelastete Alexander II. zu einigen Konzessionen bereit. Mit der Ablösung des verhaßten russischen Direktors für innere Angelegenheiten wurde am 27. III. 1861 Wielopolski zum Direktor eines neuen Departements für Unterricht und Kultus bestellt; bald leitete er auch die Justizkommission und eine neue Behörde für die Emanzipation der Juden. Sein energisch durchgesetztes Reformprogramm[50], das in der Umwandlung aller bäuerlichen Dienstleistungen in Zinszahlungen (16. V.) und in der Gewährung der Niederlassungsfreiheit für Juden (25. V. 1861) gipfelte, trug ihm das Mißtrauen des unzufriedenen Adels und der unliebsame jüdische Konkurrenz fürchtenden städtischen Bevölkerung ein. Obschon am 8. IV. die Auflösung einer Demonstration mehr als 100 Tote gekostet hatte, rissen die vom niederen Klerus unterstützten Protestkundgebungen, die im Herbst mit den Gedenkfeiern an die Union von Lublin, an die Adelsunion von Horodło 1413 und aus Anlaß der Beisetzung des Warschauer Erzbischofs A. Fijałkowski einen Höhepunkt erreichten, praktisch nicht mehr ab. Als nach Verhängung des Kriegsrechts am 14. X. 1861 Soldaten die Demonstranten bis in die Kirchen verfolgten, ließ der katholische Klerus, unterstützt von protestantischen Pfarrern und Rabbinern, alle Kirchen Warschaus schließen und sich auch durch Massenverhaftungen nicht zu einem Nachgeben bewegen. Wielopolski sah sich noch im Oktober 1861 zum Rücktritt genötigt; durch die Ernennung eines neuen Erzbischofs wurde der Konflikt mit der Kirche im Februar 1862 notdürftig beigelegt.

Nach einer kurzen Phase harten Durchgreifens setzte Alexander II. im Juni 1862 seine liberalere Politik fort, indem er seinen Bruder, den Großfürsten Konstantin Nikolaevič, zum Statthalter[51] und Wielopolski zum Chef einer nur aus Polen bestehenden Zivilregierung ernannte. Auch wenn die Bildung einer zentralen Landesvertretung und die Aufstellung einer polnischen Armee unterbleiben mußten, wurde in anderen Bereichen der vor 1830 herrschende Zustand wiederhergestellt, ohne daß sich der selbstherrliche Wielopolski die Unterstützung der gemäßigten Adelsfaktion, der „Weißen", sichern konnte. Die in Stärke und Einfluß überschätzten „Roten", die etwa 25000 militärisch kaum geschulte und nur schlecht ausgerüstete Mitglieder zählten, schufen sich im Juni 1862 in einem in mehrere Departements gegliederten Nationalen Zentralkomitee eine geheime Kommandozentrale und bereiteten für das Frühjahr 1863 den Aufstand vor. Um dieser Erhebung zuvorzukommen, ordnete Wielopolski im Januar 1863 die zwangsweise Aushebung von 10000 der Konspiration verdächtigten jungen Männern an; da der Termin nicht geheimgehalten werden konnte, entschloß sich die Aufstandsführung, ihre bedrohten Mitglieder aus den Städten abzuziehen und am 22. I. 1863 loszuschlagen.

Wegen des Fehlens von Waffen und des Versagens der militärischen Führung gelang es den Aufständischen aber nicht, geschlossene Gebiete oder größere Städte in ihre Hand zu bekommen. Der als Diktator vorgesehene Mierosławski wurde beim Übertritt auf kongreßpolnisches Gebiet geschlagen und konnte sein Amt nicht übernehmen. Auch die in ihrer Zusammensetzung rasch wechselnde Nationalregierung konnte sich nicht etablieren. Sie hatte zwar in einem Manifest vom 22. I. 1863 die Landzuteilung an die Bauern und die Entschädigung der Grundbesitzer aus einem Nationalfonds proklamiert, konnte aber Bauern in größerer Zahl nicht zum aktiven Eingreifen bewegen. Allein im Mai/Juni gelang es ihr, aus dem Warschauer Untergrund heraus eine gewisse politische Führungsposition einzunehmen[52]. Die kleinen, von der Zivilbevölkerung unterstützten und ihre Terrainkenntnis ausspielenden Partisanentrupps, auch nach Anschluß der „Weißen" nie mehr als 30000 Mann, konnten der bald auf 300000 Soldaten gebrachten russischen Armee dennoch fast 15 Monate Widerstand leisten und ihr in kleinen Gefechten empfindliche Niederlagen zufügen[53]. In der bis Ende März 1863 dauernden ersten Kampfphase gelang es aber nicht, bei Überfällen auf die russischen Garnisonen die fehlenden Waffen zu beschaffen und die Heranführung russischer Reserven zu unterbinden. Durch das in der Konvention Alvensleben am 8. II. 1863 vereinbarte russisch-preußische Zusammenwirken wurde die Auslandshilfe erschwert und der Operationsspielraum eingeengt. Der am 10. III. zum Diktator ausgerufene M. Langiewicz wurde bereits Ende März zum Übertritt auf galizisches Gebiet gezwungen und von den österreichischen Behörden interniert.

Als aber das Hôtel Lambert das „weiße" Direktorium veranlaßte, sich aktiv an den Kämpfen zu beteiligen[54], der galizische Adel Unterstützung gewährte, Napoleon III. es nicht an Ermutigungen fehlen ließ und als Frankreich, England und Österreich am 17. IV. in St. Petersburg für die Wiederherstellung des Königreichs Polen in dem vom Wiener Kongreß festgelegten Rahmen intervenierten[55], flammten die Kämpfe wieder auf. Die Sympathiekundgebungen in den westlichen Hauptstädten und die bis August 1863 mehrfach wiederholten Vorsprachen Österreichs und der Westmächte am Zarenhof verstärkten die Hoffnung auf ein russisches Einlenken oder eine direkte Intervention der europäischen Höfe. Mit der Beurlaubung Wielopolskis am 16. VII., der Abberufung des Großfürsten Konstantin Anfang September und der Ernennung des Grafen Berg zum neuen Statthalter (31. X.) machte Alexander II. deutlich, daß er die Politik des Ausgleichs als gescheitert ansah und eine militärische Entscheidung suchte.

In der Erwartung, daß es im Frühjahr 1864 zu einem französisch-russischen Krieg kommen würde, zogen sich die Kämpfe unter dem Oberbefehl des selbsternannten Diktators Romuald Traugutt in einem zeitweise erfolgreichen Kleinkrieg bis April 1864 hin, wobei sich der General J. Hauke-Bosak besonders auszeichnete. Da wirksame Unterstützung durch die westeuropäischen Regierungen ausblieb und das harte Durchgreifen der russischen Militärbehörden seine Wirkung zeigte, erlosch mit der Gefangennahme Traugutts am 11. IV. und dem Übertritt Hauke-Bosaks nach Galizien am 19. IV. 1864 der Januaraufstand. Die Sieger übten an Adel, Intelligenz und Geistlichkeit grausam Rache: Über 250 Hinrichtungen, über 1500 Verurteilungen zur Zwangsarbeit, über 11000 Verschickungen nach Sibirien oder Innerrußland wurden vollzogen, Belastete durch die Konfiskation ihrer Güter (1660), durch Kontributionen, lange Einquartierungen oder die Entlassung aus dem Staatsdienst ruiniert. In Litauen, wo der Aufstand ebenfalls um sich gegriffen hatte, erwarb sich der Generalgouverneur von Wilna, M. Murav'ev, den Ruf eines „Henkers", weil er in den westlichen Gubernien 128 Hinrichtungen vollstrekken, fast 1000 Personen zu schwerer Zwangsarbeit und 8000 zur Verschickung verurteilen sowie 1800 Güter konfiszieren ließ. Erst 1883 ermöglichte eine Amnestie den Verbannten die Rückkehr in die Heimat. Die willkürlich festgesetzten Geldstrafen zwangen viele Gutsbesitzer zum Verkauf; der offene Terror gegen die polnische Oberschicht und die Auflösung von 26 der 46 katholischen Klöster sollten den Boden für eine rasche Russifizierung Litauens bereiten. Um auch die polnischen Bauern endgültig für die Zarenherrschaft zu gewinnen, bereitete der Sonderbeauftragte N. A. Miljutin eine auf die kongreßpolnischen Verhältnisse zugeschnittene Agrargesetzgebung vor, die im März 1864 verkündet wurde und die Grundherren trotz geringer Entschädigungszahlungen zwang, 1 Mill. ha Ackerland zusätzlich abzutreten, so daß der bäuerliche Anteil an der landwirtschaftlichen Nutzfläche auf 46% anwuchs[56].

Die Enttäuschung über das Ausbleiben wirkungsvoller Hilfe durch die westeuropäischen Mächte prägte das politische Bewußtsein der betroffenen Polen weit stärker als die Härte der russischen Vergeltungsmaßnahmen. Napoleon III. war über das Ausbrechen des Aufstands äußerst ungehalten und suchte anfangs über das Hôtel Lambert dessen Liquidation zu erreichen; erst nach Bekanntwerden der Konvention Alvensleben, gegen die Frankreich in Berlin Protest einlegte, engagierte sich Napoleon III. etwas stärker für die polnische Sache, da er hoffte, bei einem gesamteuropäischen Konflikt gegen Rußland und Preußen das linke Rheinufer als französische Grenze zu erreichen. Die britisch-französische Intervention am 17. IV. 1863, der sich auch Österreich anschloß, veranlaßte den Zaren aber nur zur Gewährung einer Amnestie für diejenigen Aufständischen, die bis zum 1. V. die Waffen niederlegten. Spätere Proteste, so am 17. VI. und im August 1863, wurden vom russischen Außenminister Gorčakov ebenso schroff zurückgewiesen wie der im November unterbreitete Vorschlag Napoleons III., auf einem Kongreß die polnische Frage beizulegen. Das russisch-preußische Zusammenwirken bei der Niederschlagung des Aufstands und Bismarcks anmaßende Äußerungen über die Polen schürten die germanophoben Antipathien in der polnischen Bevölkerung. Die Erwartung, die Wiederherstellung der Eigenstaatlichkeit mit Hilfe des westlichen Auslands erreichen zu können, war nach der Niederlage geschwunden; die deprimierende Einsicht breitete sich aus, daß langfristig die Voraussetzungen für ein auch die Bauern erfassendes modernes Nationalbewußtsein allein durch konstruktive „Arbeit an den Grundlagen" und eine gewisse Loyalität den Teilungsmächten gegenüber geschaffen werden müßten, bevor das Ziel der Befreiung und Wiedervereinigung der Teilgebiete zu erreichen war.

An der Unvereinbarkeit der politischen und sozialen Konzeptionen innerhalb der „Roten" und der „Weißen", am Fehlen einer koordinierten militärischen Führung, an unzulänglichen Vorbereitungen und an der Vergeblichkeit aller Versuche, die Masse der Bauern zu mobilisieren, war der Januaraufstand ebenso gescheitert wie am Desinteresse der westlichen Regierungen und an der durch das Zusammenwirken mit Preußen gestärkten russischen Übermacht. Der romantische Nationalismus der alten adligen Staatsnation war in dieser letzten großen Kraftanstrengung zusammengebrochen; die moralischen Folgen der Niederlage trugen dazu bei, daß anstelle der alten Führungsschicht der bürgerliche Mittelstand im öffentlichen Leben zur bestimmenden Kraft wurde. Er sagte sich los von den bisherigen Methoden des nationalen Kampfes und der politischen Romantik, suchte nach neuen Wegen der nationalen Selbstbehauptung und fand sie unter den Losungen der „organischen Arbeit“ . Im „Warschauer Positivismus“ enstand eine neue, durchaus bürgerliche Ideologie, die den von technischem und wissenschaftlichem Fortschritt geprägten wirtschaftlichen Aufschwung begleitete und dem Unternehmergeist, der Arbeit, dem Wohlstand, der Volksbildung eine bisher nicht gekannte Hochachtung entgegenbrachte. Damit ging auch ein Wandel in dem erst in der 1. Hälfte des 19. Jh. auch sozial auf alle Schichten der Bevölkerung erweiterten Nationsbegriff einher, der sich noch immer auf die Bewohnerschaft des Gesamtterritoriums von 1772 erstreckt hatte. Mit der Einsicht, daß die Muttersprache in erster Linie bestimmend für die Nationszugehörigkeit ist, wurde der Kampf für die Sprache und gegen die Assimilation zu einem prägenden Element; dabei machte der seit den 1840er Jahren in Gang gekommene soziale, in seinen Auswirkungen zugleich nationale Emanzipationsprozeß der Bauernvölker den Polen schmerzhaft deutlich, daß Ukrainer, Litauer und – erst seit Beginn des 20. Jh. – auch Weißruthenen ihren eigenen nationalen Weg gehen wollten und das „historische Polen“ mit dem wesentlich kleineren „ethnischen Polen“ nicht deckungsgleich war[57]. Der Wille zur Erhaltung der nationalen Substanz und zur Wiedergewinnung von Freiheit und Unabhängigkeit wurde durch das Entstehen moderner politischer Parteien mit unterschiedlicher sozialer und nationaler Zielsetzung schließlich zu Beginn des 20. Jh. kanalisiert und zugleich instrumentalisiert[58].

4.3 Polen in den Jahren der „ Organischen Arbeit“ (1864–1914)

4.3.1 Abwehr der Russifizierungsversuche und wirtschaftlicher Aufschwung in den „Weichselgouvernements“

Einschneidender noch als die harten Vergeltungsmaßnahmen gleich nach der Niederwerfung des Januaraufstands wirkten sich die unter Abbau der früheren Sonderstellung nach und nach vorgenommene Angleichung Kongreßpolens an die innerrussischen Verhältnisse aus. Ohne daß es zu einer offiziellen Namensänderung gekommen wäre, wurden die 1867 wieder auf zehn verdoppelten Gouvernements des Königreichs als „Weichsellande“ bzw. „-gouvernements“ im amtlichen Sprachgebrauch geführt und ausnahmslos von Russen verwaltet. Die auf unterer und mittlerer Ebene noch stark mit polnischen Beamten durchsetzten Zentralbehörden wurden zwischen 1866 und 1868 endgültig aufgelöst und die Befugnisse der in Warschau residierenden Generalgouverneure (dem Balten F. Graf Berg folgten P. E. Kotzebue, 1874–1880, P. P. Albedinskij, 1880–1883, und I. V. Gurko, 1883–1894) stetig erweitert. Nach der Aufhebung des Budgetrechts und der eigenen Finanzverwaltung 1870 sank die Bank die Bank Polski zu einer Zweigstelle der Kaiserlichen Bank ab. Obwohl der Code Napoléon in Kraft blieb, wurde das Gerichtswesen russifiziert; Russisch war seit 1865 ausschließliche Verwaltungssprache. In den Volksschulen wurde Russisch zunächst Unterrichtsfach, später auch Schulsprache; mit Ausnahme der Religionsstunden mußten seit 1869 auf den höheren Lehranstalten alle Fächer auf Russisch unterrichtet werden. Die „Hauptschule“ wurde 1869 in eine russische Universität umgewandelt. An einer echten Volksbildung lag den russischen Behörden wenig, so daß um die Jahrhundertwende noch 70% der Erwachsenen Analphabeten waren. Die nach der Bauernbefreiung in Rußland eingeführte städtische Selbstverwaltung und die Justizreformen wurden nicht auf Polen ausgedehnt. Religiöse Feiern und Prozessionen blieben ebenso untersagt wie religiöse Vereine. Da sich die Bischöfe an das 1866 mit der Kündigung des Konkordats ergangene Verbot, keine Kontakte zur Kurie zu pflegen, nicht hielten und die Staatsmacht den Klerus mit Verbannung bestrafte, war 1870 keines der 15 Bistümer besetzt. Das einzig verbliebene uniierte Bistum Chełm wurde 1875 zwangsweise mit der orthodoxen Staatskirche vereint und die Widerstand leistenden Gemeinden mit Gewalt zum Übertritt gezwungen. Die am 24. XII. 1882 bekanntgegebene Wiederherstellung der diplomatischen Beziehungen des Vatikans zum Zarenhof besserte die Lage der bedrängten Kirche nur wenig. Die sich vornehmlich gegen die Mittel- und Intelligenzschicht, weniger gegen die Bauern richtende Restriktions- und Bedrückungspolitik verstärkte anfangs die nach der Niederschlagung des Januaraufstands weit verbreitete Hoffnungslosigkeit. Aus dem passiven Widerstand gegen die Russifizierungsmaßnahmen und bei den sich aus der Aufhebung der Zollbeschränkungen ergebenden wirtschaftlichen Möglichkeiten erwuchs mit der Zeit aber die Bereitschaft, durch „organische Arbeit“ die Zerschlagung des eigenständigen, nationalpolnischen politischen Lebens zu überwinden und aus eigener Kraft der Bedrohung Herr zu werden[1].

Geistiger Wegbereiter war eine neue Generation „realistischer“ Schriftsteller wie B. Prus, H. Sienkiewicz und E. Orzeszkowa, aber auch eine Gruppe von Historikern und Volkskundlern wie A. Bielowski, K. Szajnocha und H. Schmitt. Sie lösten mit ihren Arbeiten unter geschickter Umgehung der russischen Zensur eine Hinwendung zur Geschichte und Literatur unter einer wachsenden städtischen Intelligenzschicht aus, die aus dem enteigneten oder besitzlosen Adel und aus dem Kleinbürgertum hervorgegangen war und die sich mit großer Hingabe privat der nationalen Erziehungsarbeit widmete, um die schädlichen Folgen des russifizierten Bildungswesens zu unterlaufen. Wichtigster Sprecher dieses „Warschauer Positivismus“ wurde der Publizist A. Świętochowski, der in seinen Artikeln in der Zeitschrift *Przegląd Tygodniowy,* nach 1882 in *Wskazania Polityczne* unter Beachtung einer gewissen Loyalität gegenüber der Staatsmacht zur Nutzung der wirtschaftlichen Chancen und der Bildungsmöglichkeiten aufrief, um eine moderne, selbstbewußte, alle

Schichten der Bevölkerung umfassende polnische Nationsgesellschaft aufzubauen. Die Hoffnungen auf eine grundlegende Umgestaltung der gesamteuropäischen Lage flammten zwar im Zusammenhang mit dem preußisch-österreichischen und dem deutsch-französischen Antagonismus sowie während der Balkankrise zwischen 1875 und 1878 noch einmal auf[2], aber das Zustandekommen von Zweibund 1879, Dreikaiservertrag 1881 und dem Rückversicherungsvertrag 1887 machten deutlich, daß die Übereinstimmung der Teilungsmächte eine Lösung der polnischen Frage ausschloß.

Obwohl sich nach der Landreform von 1864 unter Reduzierung des adligen Bodenanteils ein lebensfähiges Mittelbauerntum ausbildete, aber auch zahlreiche, durch Realerbteilung noch weiter zersplitterte Zwerghöfe entstanden, konnten in der Landwirtschaft die Folgen des kräftigen Geburtenanstiegs nicht aufgefangen werden. Die – zumal nach 1890 voll einsetzende – Auswanderung in die USA (2,6 Mill.), Südamerika (200 000), Deutschland (400 000), Rußland (300 000) und in andere europäische Länder (100 000) bot bis 1914 allen Teilgebieten ein gewisses Ventil, die Bevölkerungsvermehrung zu kanalisieren. Trotzdem wuchs allein in Kongreßpolen die Einwohnerzahl zwischen 1863 und 1897 von 5 Mill. auf 9,4 Mill. an, wobei immer noch fast drei Viertel der erwerbstätigen Bevölkerung in der Landwirtschaft arbeiteten. In den dynamisch wachsenden Städten vervielfachten sich bis zur Jahrhundertwende die Einwohnerzahlen, weil mit der Mechanisierung in der Textilindustrie, in der durch den – weitgehend unter strategischen Gesichtspunkten forcierten – Eisenbahnbau begünstigten Schwerindustrie und in der um Warschau angesiedelten, meist für den Agrarbedarf produzierenden Leichtindustrie Verwendung für Arbeitskräfte bestand. 1897 gab es bereits 270 000, 1914 über 400 000 Industriearbeiter und ein knappes Drittel aller Beschäftigten war bereits in Handel, Handwerk und Industrie tätig[3].

Dieser soziale Wandel begünstigte das Entstehen sozialistischer Bewegungen, die sich aber bis Mitte der 1880er Jahre unter Berufung auf die internationale Solidarität des Proletariats strikt gegen die nationale Idee und die Wiederherstellung eines polnischen Staates mit dem Argument wandten, er werde bloß ein Gemeinwesen der Szlachta und der Bourgeoisie sein. Die 1882 entstandene erste größere Organisation, das „Proletariat“, wurde durch die Verhaftung ihres Gründers L. Waryński im Folgejahr und die Verfolgung ihrer Anhänger bis 1885 weitgehend aufgerieben[4]. Vertreter der in Warschau, Wilna, aber auch in der Schweiz operierenden sozialistischen Gruppierungen unter der Führung von B. Limanowski und S. Mendelson gründeten im November 1892 in Paris die Polnische Sozialistische Partei (Polska Partia Socjalistyczna = PPS), die sich an das Erfurter Programm der SPD anlehnte und ab 1893 in Kongreßpolen tätig wurde. Der 1892 aus sibirischer Verbannung zurückgekehrte Józef Piłsudski[5], der die ab 1894 im Untergrund erscheinende Zeitung *Robotnik* (Der Arbeiter) herausgab und bald zum *de facto*-Führer der Partei aufstieg, vertrat die – etwas später in die Losung: „Durch Unabhängigkeit zum Sozialismus“ gekleidete – Auffassung, daß allein in einem unabhängigen, demokratischen Polen die überfällige soziale Umgestaltung erreicht werden könnte. Internationalistisch und klassenkämpferischer gab sich die 1893 von Rosa Luxemburg (Luksemburg) und Julian Marchlewski gegründete „Sozialdemokratie des Königreichs Polen“, die ab 1900 unter Führung Feliks Dzierżyńskis auch auf Litauen ausgedehnt wurde (daher: *Socjaldemokracja Królestwa Polskiego i Litwy* = SDKPiL) und die enge Zusammenarbeit mit der russischen Sozialdemokratie suchte. Da sich beide bald wegen der unterschiedlichen Bewertung der nationalen Belange heftig befehdeten und sie nur in der Illegalität wirken konnten, blieb ihnen eine Massenbasis versagt[6], obwohl bereits der große Streik in Łódź, der am 9./10. V. 1892 217 Tote und Verwundete gekostet hatte, die wachsende Militanz und die große soziale Not der polnischen Arbeiter deutlich gemacht hatte.

Das bürgerliche Lager hatte sich in der von dem Schriftsteller Z. Miłkowski 1887 in der Schweiz gegründeten „Polnischen Liga“ *(Liga Polska)* eine eigene Organisation geschaffen. Sie betonte als Erbe der Demokratischen Gesellschaft unter Betonung des „Allpolentums“ *(Polskość)* und in Ablehnung der sich in „dreifacher Loyalität“ *(trójlojalizm)* gegenüber den Teilungsmächten dokumentierenden Teilgebietshaltung die Notwendigkeit des Kampfes um Freiheit und Wiedervereinigung. Die in Warschau seit 1886 von J. Popławski herausgegebene Zeitschrift *Głos* (Die Stimme) machte sich zum Sprachrohr dieser Richtung, die in Roman Dmowski ihren wahren Führer fand[7]. Besonders in der geheimen Schüler- und Studentenorganisation *Związek Młodzieży Polskiej* (Verband der polnischen Jugend = Zet) fanden diese Ideen Rückhalt und durch das Schulsystem im Untergrund, das die Kenntnis der polnischen Sprache, Geschichte und Geographie verbreitete, auch weiten Widerhall in der Bevölkerung. Als nach den großen Demonstrationen zum 100. Jahrestag der Mai-Verfassung 1891 und des Kościuszko-Aufstands 1894 die Organisation durch Verhaftungen zerschlagen wurde, entstand in der *Liga Narodowa* (Nationale Liga) ein auf alle Teilgebiete ausgeweiteter Ersatz; ihr den alltäglichen nationalen Kampf predigendes, in Galizien gedrucktes Organ *Przegląd Wszechpolski* (Allpolnische Rundschau) konnte vor allem das Bürgertum und die wohlhabenden Bauern mit den Ideen eines – antisemitisch eingefärbten – biologischen Nationalismus, eines heiligen nationalen Egoismus und mit der Notwendigkeit der Restitution Polens in den Grenzen von 1772 vertraut machen. Mit der 1897 erfolgten Gründung der „Nationaldemokratischen Partei“ *(Stronnictwo Narodowo-Demokratyczne* = SN-D), die ab 1903 in Galizien legal auftreten konnte, nahm sie die offene Auseinandersetzung mit den sozialistischen Richtungen auf[8].

Diese Entwicklung wurde durch die etwas liberalere Politik der russischen Behörden in der Anfangsphase der Regierung Nikolajs II. erleichtert; doch die nach 1899 spürbar werdende Wirtschaftskrise ließ die Unruhe in der Arbeiterschaft anwachsen und führte nach dem Tod des gemäßigt vorgehenden Generalgouverneurs A. Imeretinskij nach 1900 zu einer deutlichen Verschärfung. Die Aushebung der *Robotnik*-Redaktion und die Verhaftung des *SDKPiL*-Führers Dzierżyński 1900 schwächten die Sozialisten, die nur bei den alljährlich durchgeführten Mai-Demonstrationen ihren Rückhalt in der Arbeiterschaft unter Beweis stellen konnten. Der Ausbruch des russisch-japanischen Krieges im Februar 1904 und die Umstellung der Produktion auf Kriegsbedarf schufen, begünstigt durch die Naturkatastrophen im Sommer und Herbst, ein höchst explosives Klima. Im Sommer 1904 versuchte Piłsudski der japanischen Regierung die Erlaubnis zur Aufstellung einer polnischen Legion aus Kriegsgefangenen und die Finanzierung eines Aufstands in Kongreßpolen abzuringen, wurde aber von dem ebenfalls nach Tokio geeilten Dmowski konterkariert, der in der Zusammenarbeit mit den russischen Liberalen die Möglichkeit einer Realisierung seiner politischen Vorstellungen auf evolutionärem Wege sah. Der bewaffnete Zusammenstoß demonstrierender polnischer Arbeiter mit der zaristischen Polizei am 13. XI. 1904 in Warschau bildete das Vorspiel zur Revolution des Jahres 1905, die nach dem „Blutigen Sonntag" in St. Petersburg mit einem gewaltsam niedergeschlagenen Generalstreik auf ganz Kongreßpolen übergriff. Während Gutsadel und Besitzbürgertum, vom Ausmaß des Aufbegehrens beängstigt, dem Zaren – wie schon mehrfach zuvor aus anderen Anlässen – ihre Loyalität bekundeten, unterstützten die Arbeiter offen die sozialistischen Parteien, von denen die *PPS* mit 55 000, die *SDKPiL* mit etwa 40 000 und der kongreßpolnische Zweig des jüdischen „Bunds" mit 9 000 Mitgliedern die bedeutendsten waren, unterstützt von der kurzlebigen „Polnischen Bauern-Union" *(Polski Związek Ludowy = PZL)*[9]. Die Führung der Nationaldemokraten setzte weiterhin auf ein Entgegenkommen der russischen Liberalen, obgleich die im Oktober 1904 in Paris aufgenommenen Gespräche mit den späteren Konstitutionellen Demokraten (= Kadetten) und Sozialrevolutionären nicht vorankamen; sie wie auch der Klerus zeigten sich aber bemüht, die nationale Gärung im Frühjahr 1905 zu beruhigen[10]. Den von den Sozialisten initiierten, bis 1908 andauernden Boykott der russischen Schulen, dem sich bald die neugebildeten Standesorganisationen der Lehrer anschlossen, mußten wegen seiner Publikumswirksamkeit schließlich auch die Nationaldemokraten unterstützen. Nach mehreren kleinen Zugeständnissen gestattete die Regierung im Oktober 1905 die Einrichtung von Schulen mit polnischer Unterrichtssprache, worauf bereits 1906 63 000 Schüler die 141 Anstalten der Schulunion *(Macierz Szkolna)* besuchten. Das Toleranzpatent vom 17./30. IV. 1905 erlaubte 200 000 zwangsweise zur Orthodoxie überführten Unierten die Praktizierung ihrer ursprünglichen Religion. Auf Kommunalebene wurde Polnisch sogar als Amtssprache wieder zugelassen.

Es kehrte damit jedoch keine Ruhe in Kongreßpolen ein: Bei den Mai-Demonstrationen und bei einem mit Barrikadenkämpfen verbundenen

Streik in Łódź im Juni 1905 gab es wieder zahllose Opfer. Die von der *PPS* aufgestellten Kampfverbände, die im Juli 1906 über 750 Mitglieder zählten, begannen gezielt gegen Polizeiposten, Kasernen, zivile Einrichtungen und die russischen Beamten vorzugehen. Auch wenn Attentate auf den Warschauer Polizeipräsidenten Nolken und die Generalgouverneure Maksimovič und Skalon scheiterten, so fanden bei Hunderten von Einzelaktionen allein 1906 fast 350 Staatsangestellte den Tod. Dieser von der Mehrheit der Partei nicht gebilligte Untergrundkampf führte im November 1906 auf dem IX. Parteitag der *PPS* in Wien zu einer Spaltung, wobei sich die „linke" Mehrheit *(PPS-Lewica)* der *SDKPiL* anzunähern begann, die auf die enge Zusammenarbeit mit dem russischen Proletariat baute, während sich die von Piłsudski geführte Gruppe in einer „Revolutionären Front" *(PPS-Frakcja Rewolucyjna)* zusammenschloß. Überfälle auf Banken und Postzüge sollten die Gelder zur Ausbildung einer Kampftruppe beschaffen, die mit Duldung der österreichischen Polizei in Galizien im „Verband für den aktiven Kampf" *(Związek Walki Czynnej)* aufgestellt wurde[11]. Da die Nationaldemokraten den Sozialisten nicht allein die Ausschlachtung der revolutionären Stimmung in der Arbeiterschaft überlassen wollten, gründeten sie einen „ Nationalen Arbeiterbund" *(Narodowy Związek Robotniczy = NZR),* dessen Anhänger sich schließlich im Winter 1906/07 in Łódź blutige Kämpfe mit den sozialistischen Gruppierungen lieferten, die das Klima bis in die Zwischenkriegszeit hinein vergifteten[12].

Das zaristische Manifest vom 17./30. X. 1905, in dem die Umwandlung des russischen Reiches in eine konstitutionelle Monarchie zugesagt wurde, löste in Warschau Massendemonstrationen aus, die in einem Blutbad endeten; alle weiteren Initiativen wurden durch die Verhängung des Ausnahmezustands am 11. XI. im Keim erstickt, ohne daß der neue Premier Witte Dmowskis Hinweis, nur die Autonomie für das Königreich könne die Revolution in Polen beenden, als ernsthafte Alternative in Erwägung gezogen hätte. Das voreilige Unterfangen der *PPS* am 22. XII., den Aufstand der Moskauer Arbeiter zur Machtübernahme in Warschau zu nutzen, wurde von den zaristischen Truppen vereitelt. Danach war der revolutionäre Schwung gebrochen, zumal auch der Klerus, unterstützt durch die Enzyklika Papst Pius' X. vom 3. XII. 1905, eindringlich die Rückkehr zu Ruhe und Ordnung empfahl. Die Nationaldemokraten fanden sich in der Hoffnung, durch konstruktive Arbeit in den neuen gesetzgebenden Gremien mehr für die polnische Sache erreichen zu können, mit den herrschenden Zuständen ab. Da sich die Linke an den Wahlen zur Ersten Duma am 3. V. 1906 nicht beteiligte, konnten die Nationaldemokraten auch 34 der in Kongreßpolen vergebenen 37 Mandate gewinnen und noch 19 Sympathisanten aus den Westgubernien nach St. Petersburg entsenden. Die restriktiven Maßnahmen der russischen Regierung wurden von den Nationaldemokraten auch nach der Auflösung der Ersten Duma toleriert; bei den im Oktober 1906 durchgeführten Wahlen, an denen sich jetzt auch die *SDKPiL* und der jüdische „Bund“ beteiligten, konnte die SN-D, begünstigt durch das Kurialsystem, mit einer Ausnahme alle Abgeordneten aus Kongreßpolen stellen. Die von R. Dmowski geführte polnische Fraktion unterstützte die Vorlagen der Regierung Stolypin mit der Argumentation, nur die Stärkung Rußlands zum Kampf gegen das die Freiheit Polens und Europas bedrohende imperialistische Deutsche Reich biete die Voraussetzung, daß der Zar freiwillig den Polen die Autonomie und später die Eigenstaatlichkeit einräumen werde[13]. Die zwangsweise Auflösung der Zweiten Duma am 3./16. VI. 1907 und die durch die Wahlgesetzänderung auf 14 kongreßpolnische Abgeordnete verminderte Repräsentation ließ erste Zweifel an der Richtigkeit dieser Politik aufkommen[14]. Der nationalistische Kurs selbst in den russischen Oppositionsparteien, die konterrevolutionäre Politik der Regierung Stolypin, die nach der Schließung der Schulunion *(Macierz Szkolna)* im Dezember 1907 Vorbereitungen zur Bildung eines neuen Gouvernements Chełm mit einer uniierten und verstärkter Russifizierung ausgesetzten Bevölkerungsmehrheit traf, die Unterdrückung aller Ansätze zur Organisierung der polnischen Bauern sowie die gnadenlose Verfolgung aller oppositionellen Regungen veranlaßten Dmowski, im Februar 1909 sein Mandat niederzulegen. Die Führer der Linksparteien waren längst ins Exil gezwungen worden. Auch wenn 1911 die mehr aus sozialen als politischen Gründen geschürte Streikbewegung anwuchs, bereitete den russischen Behörden und dem zaristischen Militär die Aufrechterhaltung von Ruhe und Ordnung in Kongreßpolen keine besonderen Schwierigkeiten.

4.3.2 Galizien unter dem Autonomiestatut

Die in der neoabsolutistischen Ära Bach nach 1849 unternommenen Versuche, auch in Galizien die nationalen und sozialen Spannungen durch Zentralisierungs- und Germanisierungsmaßnahmen zu unterdrücken und die Selbstverwaltungsrechte weiter zu beschneiden, kamen mit den Niederlagen in Oberitalien 1859 zu einem Ende. Der bisherige Statthalter Graf A. Gołuchowski, der anschließend für 16 Monate das gesamtösterreichische Innenministerium übernahm, hatte es durch geschicktes Taktieren verstanden, die offizielle Politik zu unterlaufen, eine Aufteilung des „Königreichs Galizien und Lodomerien“ in mehrere Einzelprovinzen zu verhindern und durch das Einschleusen von Polen in die Staats- und Lokalverwaltung sogar das nationalbewußte Element zu stärken. Sein „Oktoberdiplom“, das eine weitgehende Föderalisierung der Monarchie und Autonomie für Galizien vorgesehen hatte, war 1860 jedoch noch nicht durchzusetzen; erst die österreichische Niederlage gegen Preußen und die Forderungen der Ungarn zwangen Kaiser Franz Joseph im Herbst 1866, sich die Unterstützung der als kaisertreu geltenden Polen mit der Zusage, eine Polonisierung der Verwaltung und des Schulwesens dulden zu wollen, zu sichern. In einer am 10. XII. 1866 verabschiedeten Adresse sprach der galizische Landtag die Erwartung nach weiteren politischen Zugeständnissen aus, versicherte dem Kaiser aber zugleich „aus der Tiefe unserer Herzen, daß wir zu Dir, allergnädigster Herr, stehen und stehen wollen“. Auch wenn offiziell kein Autonomiegesetz verabschiedet und nur von „Selbstregierung“ gesprochen wurde, erhielten die von der Hocharistokratie repräsentierten galizischen Polen mit der Zeit die in einer Landtagsresolution vom 18. IX. 1868 aufgestellten Selbstverwaltungsbefugnisse, so daß *de facto* die volle Autonomie gegeben war. Bereits im Juni 1867 war die Zustimmung zum Ungarischen Ausgleich mit der Errichtung eines galizischen Landesschulrats und der Einführung des Polnischen als Unterrichtssprache honoriert worden; 1869 wurde die polnische Gerichts- und Amtssprache zugelassen und 1870 die Landesuniversitäten Krakau und Lemberg polonisiert. Seit 1871 vertrat ein Minister für Galizien die polnischen Belange in der Zentralregierung; die Wahlreform von 1873 vermehrte die Zahl der galizischen Abgeordneten im Reichsrat und begünstigte das polnische Element den Ruthenen gegenüber, die ebenfalls einen militanten Nationalismus zu entwickeln begannen. Polnische Ressortminister und die Grafen Alfred Potocki (1870/71) und Kazimierz Badeni (1895–1897) als Ministerpräsidenten gestalteten die Politik der k. u. k. Monarchie an führender Stelle mit[15].

Der konservative Trend in der galizischen Politik wurde nicht nur durch das Kurialwahlrecht begünstigt, sondern auch durch die Folgen des Schocks, den die brutale Niederwerfung des Januaraufstands in Kongreßpolen ausgelöst hatte. In der Auseinandersetzung um die Ursachen für das erneute Scheitern und die Gründe für das Zerbrechen der polnischen Eigenstaatlichkeit im 18. Jh. bildete sich eine Gruppe junger Konservativer aus, die der Tradition der Aufstände und Verschwörungen in bitteren Satiren in der *Teka Stańczyka* eine Absage erteilten und unter Berufung auf die politischen Realitäten die Zusammenarbeit mit der Teilungsmacht proklamierten. Die – nach einem Hofnarren aus dem 16. Jh. benannten – *Stańczyken* schworen zwar nicht der Befreiung und Wiedervereinigung als politischem Ziel ab, aber sie verlangten zuvor eine grundlegende Umerziehung der polnischen Mentalität und das Erwerben von praktischen Erfahrungen im Umgang mit der politischen Macht. Der Literaturhistoriker Graf S. Tarnowski, der Herausgeber der Zeitschrift *Czas,* S. Koźmian, und der Historiker J. Szujski wurden die einflußreichsten Wortführer dieser ein allmähliches Erstarken der nationalen Kräfte propagierenden Richtung. Durch die Gründung der Krakauer Akademie der Wissenschaften 1872/73 wurde diesem Trend, sich sachlich-kritisch mit der Geschichte, der Sprache, der Literatur und der Volkskunde auseinanderzusetzen und in großen Überblicksdarstellungen, Quelleneditionen und Nachschlagewerken die eigene Vergangenheit aufzuarbeiten, ein organisatorischer Rahmen geboten; die geisteswissenschaftlichen Publikationen erlangten bald über Polen hinaus hohes Ansehen. Dagegen konnte wenig getan werden, um die schwierige materielle

Lage der Bauern zu verbessern und die Wirtschaftskraft Galiziens zu heben. Das rasche Bevölkerungswachstum von 5,45 Mill. auf über 8 Mill. in der Zeit von 1869–1910 konnte auch durch die höchste Todesrate in Europa und das sprunghafte Anwachsen der Auswandererzahlen nicht gebremst werden. Waren es um 1880 nur rd. 7000 Menschen jährlich, die ihr Heil im Ausland suchten, so stieg ihre Zahl in den 1890er Jahren auf über 30000 und nach 1900 auf über 50000 pro Jahr an. 80% der Menschen lebten von der Landwirtschaft; auch wenn sich vor 1914 der bäuerliche Anteil an der Nutzfläche geringfügig erhöhte, konnte der Landhunger nicht gestillt werden. Unterbeschäftigung und offene Not nach schlechten Ernten, die wegen veralteter Anbaumethoden sowieso wenig ertragreich waren, gehörten zum Alltag. Über 20% des Bodens waren im Besitz von 160 Magnaten, die wegen des Überangebots an billigen Arbeitskräften wenig für die Modernisierung ihrer Betriebe taten; erst mit dem nach 1878 unter strategischen Gesichtspunkten vorangetriebenen Bau der Eisenbahnen verbesserten sich die Absatzchancen für galizische Agrarprodukte. Der größtenteils nicht assimilierte jüdische Bevölkerungsanteil verdoppelte sich zwischen 1857 und 1890 und betrug danach 11,5%; in acht Städten stellten die Juden mehr als 75%, in weitern 55 mehr als 50% der Einwohner. Etwa 80% des örtlichen Handels und Gewerbes lagen in jüdischen Händen, was eine weitere Ursache für die häufigen antisemitischen Ausschreitungen war. Das polnische Schulwesen förderte zwar gewisse Polonisierungstendenzen unter aufgeklärten Juden, nährte aber den wachsenden Widerstand des ruthenischen Bevölkerungsanteils, der bei 43% lag. Voraussetzungen für Industrieansiedlungen waren kaum gegeben; nur der Kohleabbau und die Gewinnung von Rohöl in Ostgalizien konnten mit staatlicher Förderung rechnen. Erst nach 1900 überstieg die Zahl der meist in kleineren Betrieben beschäftigten Arbeiter die Marke von 100000. Obwohl die Provinz mehr als ein Viertel der Einwohner der cisleithanischen Reichshälfte stellte, waren nur 4% der größeren Industriebetriebe dort angesiedelt; Galizien steuerte gerade 10% der Staatseinnahmen bei und wurde schließlich mit 16–18% bei den Staatsausgaben bedacht[16].

Diese wirtschaftliche Zurückgebliebenheit bei relativ großen geistigen und politischen Freiräumen begünstigte das Entstehen populistischer Bewegungen unter den verelendeten Bauern. Erste Organisationsversuche unternahmen die Priester S. Stojałowski mit einem genossenschaftlich orientierten und B. Wysłouch mit einem eher national-reformerischen Programm. Erfolg trotz kirchlicher Mißbilligung hatte schließlich die Gründung einer „Polnischen Volkspartei" *(Polskie Stronnictwo Ludowe = PSL),* die bald Vertreter in den Landtag und in den Reichsrat entsenden konnte und mit der Forderung nach gerechterer Landverteilung und Linderung der bäuerlichen Not ein Programm zum Abbau der aristokratischen Vorherrschaft verband. Die 1913 erfolgte Spaltung in einen sozialradikalen Flügel *(PSL-Lewica)* und eine nationalkonservative Richtung

(*PSL-Piast*) schwächte aber ihre politische Durchschlagskraft[17]. Publikationen mit sozialistischen Inhalten wurden bereits seit den 1860er Jahren in Galizien verbreitet, aber erst nach 1877 schritt die österreichische Polizei konsequent gegen die wenigen Wortführer wie B. Limanowski und L. Waryński ein. Nach mehreren Anläufen kam es am 31. I. 1892 zur Gründung einer „Galizischen Sozialdemokratischen Partei" (*Galicyjska Partia Socjalno-Demokratyczna*), die sich 1897 zu einer nationalen gesamtpolnischen Partei (*PPSD*) unter der Führung des energischen Ignacy Daszyński wandelte. Da 1895 dem Druck der unteren Schichten nach Wahlbeteiligung mit der Schaffung einer fünften Kurie nachgegeben werden mußte, konnte auch die *PPSD* ihre Vertreter in den Reichsrat und den Landtag entsenden, ohne die dominante Stellung der Neokonservativen zu erschüttern; als 1907 gegen den Widerstand des Polenklubs das allgemeine, gleiche Wahlrecht eingeführt wurde, konnte zwar durch geschickte Manipulation der Wahlkreise erreicht werden, daß die Ukrainer, die 43% der Bevölkerung stellten, nur 29% der Mandate erhielten, doch mußte der Adel seine führende Stellung an die seit 1904 auch in Galizien als Partei organisierten Nationaldemokraten (*SN-D*), an *PSL, PPSD* und die Christlichsozialen abtreten. In ihren antisemitisch und antiukrainisch eingefärbten und nationalpolnisch ausgerichteten Zielsetzungen besaßen die galizischen Parteien durchaus Gemeinsamkeiten.

Im Revolutionsjahr 1905 kam es auch in Galizien zu mehreren großen Streiks und einer Radikalisierung der öffentlichen Meinung, doch mit Kongreßpolen vergleichbare blutige Zusammenstöße zwischen Bevölkerung und Staatsmacht blieben aus[18]. In der relativ liberalen Atmosphäre konnten viele Emigranten aus Kongreßpolen publizistisch und politisch tätig werden und mit der Duldung der österreichischen Gendarmerie rechnen, solange ihre Geheimorganisationen allein gegen Rußland gerichtet waren. Der von K. Sosnkowski gegründete „Verband für den aktiven Kampf" (*ZWC*), der sich 1910 in dem von W. Sikorski geleiteten „Schützenverband" (*Związek Strzelecki*) einen legalen Zweig zulegte, sowie die stärker mit den Nationaldemokraten sympathisierenden, aber Dmowskis Neoslawismus ablehnenden „Organisation der Polnischen Armee" (*Armia Polska*) und „Schützengefolgschaften" (*Polskie Drużyny Strzelecki*) bildeten ihre Mitglieder paramilitärisch aus und bereiteten sich systematisch auf den Kampf um die Eigenstaatlichkeit Polens vor[19]. Die Zusammenarbeit der insgesamt pro-österreichisch ausgerichteten Parteien und Organisationen fand am 10. XI. 1912 in einem Aktionsbündnis, der „Vorläufigen Kommission der Konföderierten Unabhängigkeitsparteien" (*Tymczasowa Komisja Skonfederowanych Stronnictw Niepodległościowych = TKSSN*) einen Höhepunkt, wobei J. Piłsudski die Betreuung der militärischen Aspekte übertragen erhielt[20]. Auch wenn hier kein allgemeinverbindliches Programm für die Wiedergewinnung der Selbständigkeit entwickelt werden konnte, so stellten die militärischen und politischen Verbände in Galizien doch eine Schule dar, aus der die meisten der führenden Politiker im wiedererstandenen Polen hervorgingen. Der von den österreichischen Behörden geschickt instrumentalisierten ukrainischen Frage, deren Aktualität am 12. IV. 1908 bei der Ermordung des Statthalters Potocki durch einen ukrainischen Nationalisten deutlich hervorgetreten war, maßen sowohl die polnisch-galizischen Aktivisten als auch die Neokonservativen eine viel zu geringe Bedeutung bei, so daß ernsthafte Versuche eines nationalen Ausgleichs vor 1914 unterblieben. Trotz seiner ökonomischen Rückständigkeit und der ungelösten sozialen und ethnischen Probleme entwickelte sich Galizien dank der weitreichenden Landesselbstverwaltung und seines breitgefächerten Pressewesens zum geistigen und organisatorischen Zentrum des polnischen Freiheitskampfes, von dem nach Ausbruch des Ersten Weltkriegs die bedeutsamsten nationalpolnischen Impulse ausgingen.

4.3.3 Germanisierungs- und nationale Kampfpolitik in Preußen/Deutschland

Die nach der gescheiterten Revolution von 1848 gewachsene Einsicht, daß vom kleinen preußischen Teilungsgebiet schwerlich eine erfolgversprechende Initiative zur Wiedergewinnung der nationalen Freiheit ausgehen könne, ließ die nationalbewußten Polen schon während der 1850er Jahre in der Provinz Posen das Konzept der „Organischen Arbeit“ verfolgen. Neben den Marcinkowski-Verein traten der „Gewerbeverein“ von 1849 und die „Darlehensgesellschaft für Gewerbetreibende der Stadt Posen“ aus dem Jahr 1861, die wie der 1867 von I. Łyskowski für Westpreußen ins Leben gerufene „Thorner Wirtschaftskongreß“ den wirtschaftlichen Aufschwung förderten. Die im Januar 1857 gegründete „Posener Gesellschaft der Freunde der Wissenschaften“ und die 1869 organisierte „Gesellschaft zur Förderung der moralischen Interessen der polnischen Bevölkerung unter preußischer Herrschaft“ legten beredt Zeugnis ab vom wachsenden Selbstverständnis und vom nationalen Bewußtsein des sich entwickelnden Bürgerstandes, der seit 1859 im *Dziennik Poznański* (Posener Tageblatt) ein kämpferisches Presseorgan besaß, zu dem sich der *Tygodnik Katolicki* (Katholisches Wochenblatt) und seit 1872 der *Kurjer Poznański* (Posener Kurier) gesellten. Der von den Oberpräsidenten v. Bonin, v. Puttkammer und v. Horn verfolgte Kurs, das Polnische nach der Verwaltung auch aus den Schulen zu verbannen und die Bildungsmöglichkeiten für Polen zu erschweren, wurde durch die außerschulische Erziehungsarbeit im nationalpolnischen Geiste weitgehend wettgemacht und begünstigte den noch engeren Zusammenschluß des polnischen Bevölkerungsanteils. Der Ausbruch des Januaraufstands wurde von ihm zwar nicht gutgeheißen, aber doch nach Kräften unterstützt.

Gerade dieses letzte militärische Aufbäumen veranlaßte den neuen preußischen Ministerpräsidenten Otto von Bismarck, sein aus strategischen Überlegungen seit langem verfolgtes Konzept der vollständigen Integration der polnisch besiedelten preußischen Gebiete in die Tat umzusetzen: „Das Ziel der Staats-Regierung muß unbeirrt darauf gerichtet sein, die Provinz (Posen) zu germanisieren, und dies läßt sich nur durch Verdrängung des polnischen Elements herbeiführen", stellte er am 31. I. 1863 lakonisch fest. Während er die polnischen Bauern aus Dankbarkeit für die staatlichen „Wohltaten" wie Rechtssicherheit und Wohlstand dem preußischen König treu ergeben wähnte, verdächtigte er den Adel, ein staatsfeindliches Element zu sein; die größte und für Preußen gefährlichste nationalpolnische Aktivität schrieb er dem Klerus zu. Der Tod des Erzbischofs von Gnesen/Posen, Leon Przyłuski, am 12. III. 1865 bot die Gelegenheit, dank guter Kontakte zum neuen Oberhirten M. Halka-Ledóchowski den polnischen Klerus politisch zu neutralisieren. Der Konflikt brach aber bereits nach 1866 offen aus, als die polnischen Vertreter im preußischen Landtag und – nach 1867 – im Norddeutschen Reichstag bei allem Verständnis für die deutsche nationale Einigungsbewegung, die auch Anstoß und Vorbild für eine Restitution Polens sein konnte, aus Furcht vor einer Assimilations- und Verdrängungspolitik die im Widerspruch zur Wiener Schlußakte stehende Einbeziehung Posens in den Norddeutschen Bund ablehnten. Die Bereitschaft, unter Beibehaltung der im „Königlichen Zuruf" vom 15. V. 1815 versprochenen Sonderstellung einem supranational ausgerichteten Königreich Preußen anzugehören, wurde nicht in Frage gestellt, wohl aber die Einbeziehung in einen deutschen Nationalstaat abgelehnt, solange kein nationalitätenrechtliches Schutzstatut mit autonomer Selbstverwaltung gewährt worden war. Aus diesem Grund protestierten die polnischen Abgeordneten 1871 vehement auch gegen die Einbringung der Provinz Posen in das Deutsche Reich.

Nach 1871 haben die Polen aber keinen starren Konfrontationskurs betrieben, sondern ein gütliches Auskommen mit der preußisch-deutschen Regierung gesucht. Zur Ausarbeitung eines verpflichtenden politischen Programms ist es nicht gekommen, doch lassen die Initiativen und Stellungnahmen der polnischen Mandatsträger erkennen, daß es ihnen vorrangig um die Wahrung der nationalen Eigenständigkeit und um die Interessenvertretung des polnischen Bevölkerungsteils ging. Unter Betonung ihrer Loyalität und ihres Bemühens, ihre Vorstellungen nur mit gesetzeskonformen Mitteln verwirklichen zu wollen, verfolgten sie als langfristiges Ziel durchaus die Wiederherstellung eines polnischen Nationalstaates und als kurzfristiges Programm die Verbesserung der wirtschaftlichen, sozialen und kulturellen Verhältnisse sowie die Wahrung und den Ausbau der religiösen und individuellen Freiheiten. Das Zentrum und, in Einzelfragen, die Sozialdemokratie sowie die Fortschrittspartei fanden sich zur Zusammenarbeit mit den Polen bereit, die aber gegen die entschiedene Gegnerschaft der Nationalliberalen und Neokonservativen ankämpfen mußten[21].

Die Ablehnung des Norddeutschen Bundes und der Reichsgründung durch die Polen bestätigte Bismarcks antipolnische Ressentiments und trug bedeutend zur Abrechnung mit ihnen im Gesamtverband des Kulturkampfs zusätzlich bei. Dieses rätselhafte Kapitel von Bismarcks Innenpolitik hatte eine eindeutig polonophobe Komponente. In Posen, Oberschlesien und in Westpreußen, den von Polen besiedelten Gebieten des alten Preußen, verfilzte sich das antiklerikale Vorgehen unentwirrbar mit verstärkten Germanisierungstendenzen. Die Aufhebung der geistlichen Schulaufsicht 1871 fand in diesen drei Provinzen als wichtigstes Element der Eindeutschungspolitik die konsequenteste Anwendung. Dieser Verordnung folgte die Einführung der deutschen Unterrichtssprache an Volksschulen in Schlesien (1872) und Posen/Westpreußen (1873), die stufenweise Abschaffung des Polnischen als Unterrichtsfach an den höheren Schulen zwischen 1872 und 1890 sowie die Festlegung des Deutschen als alleiniger Geschäftssprache in allen Ämtern und Körperschaften (1876). Der sich dagegen zur Wehr setzende Erzbischof Ledóchowski wurde 1874 verhaftet, zwei Jahre eingekerkert und nach seiner Freilassung an der Rückkehr in seine Kirchenprovinz gehindert; fast 100 Geistliche wurden ebenfalls in Haft gehalten; 126 Pfarrstellen waren vakant, so daß dort zeitweilig keine Kasualien vorgenommen werden konnten. Dieses kurzsichtige Vorgehen der Behörden löste im polnischen Bevölkerungsteil ein nationales Bewußtwerden und einen unerwartet starken Solidarisierungsprozeß aus, die alle staatlichen Zwangsmaßnahmen zur weitgehenden Bedeutungslosigkeit verurteilten[22]. Das offenkundige Bemühen der Staatsmacht, die polnische Sprache zurückzudrängen und die bisher unbestrittene geistlich-moralische Führungsposition des katholischen Klerus zu beschneiden, riß die polnischen Bauern aus ihrer politischen Lethargie und ihrem nationalen Desinteresse. Gefördert wurde diese nationale Erweckungsbewegung durch die jetzt überall entstehenden Bauernvereine, die es zwar bereits 1871 in Posen und Westpreußen gegeben hatte, die zuvor aber hauptsächlich von den Gutsbesitzern und nicht von den Mittel- und Kleinbauern genutzt worden waren. Die Zahl der von M. Jackowski organisierten Vereine stieg zwischen 1873 und 1877 von elf auf 105 an; sie stellten sich die Aufgabe, moderne Betriebstechniken und profitable Anbaumethoden zu vermitteln, Geräte, Saatgut und Düngemittel gemeinsam preiswert einzukaufen sowie in Kredit- und Versicherungsfragen zu beraten. Ein Ziel der Vereine, das erst in den 1890er Jahren richtig zum Tragen kam, lag in dem Bemühen, polnischen Boden nicht in deutsche Hände gelangen zu lassen. Darüber hinaus widmeten sie sich der Pflege nationaler Sitten und Bräuche. Das zahlenmäßig zwar geringe, aber gebildete und wirtschaftlich einigermaßen saturierte polnische Bürgertum besaß bereits ein modernes Nationalbewußtsein, das keinen Raum für Unterlegenheitskomplexe den Deutschen gegenüber ließ. Die staatlichen Zwangsmaßnahmen hatten noch im Verlauf der 1870er Jahre zur Folge, daß sich die polnischen Bürger allem Deutschen gegenüber immer stärker abkapselten und geradewegs zur Flucht in einen aufflackernden polnischen Nationalismus gezwungen wurden. Auch die mehr als 700000 Polen, die in Oberschlesien lebten, wurden durch die Kulturkampfmaßnahmen und die Sprachverordnungen aufgerüttelt und unter wachsender Entfremdung gegenüber der deutschen Obrigkeit von einem aktiven polnischen Nationalismus erfaßt.

Ludwig Bernhard, der in den Jahren vor dem Ersten Weltkrieg die Mobilisierung der wirtschaftlich-sozialen Kräfte des Polentums in Preußen erstmals untersuchte, nannte es den „großen Irrtum“ der Bismarckschen Kulturkampf- und Germanisierungspolitik, daß der Kanzler diesen Wandel nicht erkannte und statt dessen weiterhin den polnischen Bevölkerungsteil für ein gefügiges und führerloses Volk hielt, solange es nur dem verderblichen Einfluß seines Adels und des Klerus entzogen würde[23]. Die nach 1848 einsetzende soziale Differenzierung hatte aber die Herausbildung eines selbstbewußten Bauern- und Bürgerstandes begünstigt, die ihrerseits eine wachsende Selbständigkeit dem eigenen Adel und der preußisch-deutschen Obrigkeit gegenüber mit sich brachte. Der Kulturkampf trug zur außerordentlichen Stärkung des polnischen Nationalbewußtseins bei; die Fortsetzung der germanisierenden Sprachpolitik aber, der die antipolnische Bevölkerungs- und Bodenpolitik von 1885/86 folgte, hat diesen von Bismarck ungewollt herbeigeführten Zusammenschluß der Polen über die Standes- und Bildungsgrenzen hinweg weiter gefestigt. Die 1885 verfügte Abschiebung von rd. 30000 Polen aus den deutschen Grenzprovinzen, eine selbst von Konservativen als „nutzlos grausamer Akt“ verurteilte Maßnahme mit stark antisemitischer Tendenz, da ein Drittel der Ausgewiesenen Juden waren[24], stellte zusammen mit der Ansiedlungsgesetzgebung von 1886 die zweite Zäsur im deutsch-polnischen Verhältnis dar. Die „Germanisierung des Bodens“ verfolgte das Ziel, in den überwiegend polnisch besiedelten Bezirken Ostelbiens so viel polnischen Grundbesitz wie möglich aufzukaufen, zu parzellieren und als Rentengut an deutsche Bauern zu verpachten, die eine Art Wall gegen die gefürchtete Polonisierung bilden sollten. Diese Aktion kostete bis 1913 fast eine Milliarde Goldmark, ohne daß der gewünschte Effekt eintrat, weil die Preise für Grundbesitz rasch stiegen und das Volumen der Landverkäufe drastisch zurückging. Die Zahl der deutschen Bauernsiedlungen stieg zwar durch die Aufteilung der großen Güter an; da die polnische Mittelschicht ihr Kapital für eine systematische polnische Siedlungspolitik zur Verfügung stellte, um Güter deutscher Besitzer in polnischer Umgebung aufzukaufen und diese in kleinere Hofstellen zu parzellieren, konnten aber insgesamt mehr polnische Bauern angesiedelt werden[25]. Die Agrarkrise nach 1891 traf zudem die polnischen Landwirte weniger hart, weil sie nicht so stark für den Markt produzierten. Wegen des Einspruchs der deutschen Großgrundbesitzer blieb der überwiegend agrarische Charakter von Posen/Westpreußen erhalten, so daß sich hier nur kleinere Industriebetriebe entwickeln konnten. Die einzige Großstadt Posen besaß kurz vor der Jahrhundertwende erst 100000, 1910 aber bereits

150 000 Einwohner; alle anderen Städte blieben trotz erheblichen Wachstums Mittel- und Kleinstädte. Eine stärkere Schicht bodenständiger polnischer Industriearbeiter konnte sich nicht ausbilden, so daß sich auch die Wirkungsmöglichkeiten der Sozialdemokratie in bescheidenem Rahmen hielten[26]. Die wirtschaftlichen Schwierigkeiten und die politische Diskriminierung beschleunigten die Abwanderung von Polen in das industrialisierte Mitteldeutschland und später in die neuen Industriezentren an Rhein und Ruhr; auch die Zahl der Überseeauswanderer schnellte in die Höhe[27]. Der dadurch bedingte Arbeitskräftemangel während der Erntezeit zog zwischen 1890 und 1914 ein von 17 000 auf über eine halbe Million anwachsendes Kontingent polnischer Wanderarbeiter aus Kongreßpolen und Galizien an, was nun wieder die Abwanderung deutscher Landarbeiter in größerer Zahl in die Industriestädte im Westen bedingte. Die vorherrschende Agrarstruktur trug somit zu einer ungewollten Stärkung des polnischen Bevölkerungsteils in den Ostprovinzen bei; in der Provinz Posen sank zwischen 1860 und 1905 der Anteil der deutschsprachigen, durch die assimilierten Juden verstärkten Bevölkerung von 44,4% auf 38,4%.

Auch Bismarcks Nachfolger konnten die wachsenden Spannungen zu den fremden Nationalitäten im Deutschen Reich nicht mildern, weil die Struktur von Staat und Gesellschaft ohne wesentliche Änderungen bestehen blieb. Während das preußische Dreiklassenwahlrecht die überwiegend der dritten Kurie angehörenden polnischen Wähler benachteiligte, boten die Reichstagswahlen eine Möglichkeit, die Stärke und Geschlossenheit des Polentums zu demonstrieren, das sich daher als nationale Interessenvertretung zur Wahl stellte. Von den 15 Wahlkreisen in der Provinz Posen wurden mindestens neun und höchstens zwölf Mandate gewonnen; in Westpreußen durchschnittlich sechs von dreizehn. Die polnischen Fraktionen im preußischen Landtag und im Reichstag, bis in die 1890er Jahre überwiegend aus Vertretern des Adels, der Geistlichkeit und des gebildeten Bürgertums zusammengesetzt, besaßen immerhin die Gelegenheit, die Beschwerden ihrer Landsleute öffentlich vorzubringen, auch wenn eine Beeinflussung der Staatspolitik in ihrem Sinne unmöglich war. Das Bemühen der polnischen Reichstagsfraktion, während der zweiten „Versöhnungsära" nach Bismarcks Sturz durch die Unterstützung der Regierungspolitik – so bei der Abstimmung über die Militärvorlage 1893 – Zugeständnisse in nationalen Fragen zu erlangen, trug unter Kanzler Caprivi jedoch nur kurzfristige Zugeständnisse auf dem Bildungssektor ein[28]. Als ein Erlaß Hohenlohes 1898 den Beamten die Förderung des Deutschtums zur Pflicht machte, war es für einen nationalbewußten Polen praktisch unmöglich, ein Staatsamt zu bekleiden.

Diese Zuspitzung erfolgte bereits unter der Ägide des „Vereins zur Förderung des Deutschtums in den Ostmarken", den die Posener Grundbesitzer v. Hansemann, v. Kennemann und v. Tiedemann (daher nach den Anfangsbuchstaben ihrer Namen auch: HaKaTa) 1894 nach einer Huldigungsfahrt zu Bismarck in den Sachsenwald gegründet hatten. Obschon der Ostmarken-Verein zahlenmäßig unbedeutend blieb, so stieg er doch durch seine lautstarke Propaganda und dank der Förderung anderer völkischer Vereinigungen und der zahlreichen Anhängerschaft unter den preußischen Beamten zum Sprachrohr jener Kräfte auf, die mit der Forderung nach der Vorherrschaft des deutschen Landbesitzes und der deutschen Sprache einen Abbau der staatsrechtlichen Stellung der Polen in Preußen verbanden. Das Fehlschlagen des Ansiedlungsgesetzes von 1886 veranlaßte den Verein, die Enteignung der großen polnischen Gutskomplexe zu verlangen[29]. Erst Kanzler v. Bülow hatte keine Bedenken, alle staatlichen Zwangsmittel einzusetzen, weil er sich durch die Schulstreiks provoziert fühlte, an denen sich in der Provinz Posen Mitte November 1906 nach der Einführung der deutschen Unterrichtssprache auch im Religionsunterricht rd. 47 000 Kinder beteiligt hatten[30]; zudem war die Regierung durch Gerichtsbeschluß gezwungen worden, die im Reichsvereinigungsgesetz enthaltene Bestimmung aufzuheben, die alle nicht auf deutsch geführten öffentlichen Versammlungen verboten hatte. Ermutigt vom Ostmarken-Verein wurden Geltungsbereich und Anwendung des Ansiedlungsgesetzes am 20. III. 1908 insoweit verschärft, daß die Regierung die Ermächtigung erhielt, große Güter aus polnischem Besitz gegen Entschädigungszahlungen zu enteignen[31]. Zwar nur in vier Fällen 1912 angewandt, stieg aber dieses Enteignungsgesetz, gegen das selbst die österreichische Regierung Protest einlegte und das nur eine knappe Mehrheit im preußischen Herrenhaus fand, zum Symbol einer Politik auf, die Unnachgiebigkeit und Härte im Osten als nationale Pflicht forderte. Ideologische und politische Rigorosität und Verkrampfung kennzeichneten den auf beiden Seiten mit wachsender Unbeugsamkeit geführten Kampf der Nationalitäten um Sprache, Schule und Boden, bei dem die Machtmittel zwar in der Hand des preußischen Staates lagen, der damit aber das Entstehen einer durchgeformten Nationsgesellschaft bei den Polen nicht verhindern konnte. Die Beseitigung des Analphabetentums durch die harte preußische Schule begünstigte die von einer Fülle von Zirkeln und Vereinen betreute Volksbildungsarbeit im nationalpolnischen Sinne. Durch sachlich-nüchterne Arbeit in straffer Disziplin entwickelte sich unter Verzicht auf revolutionäre Aktionen eine weitreichende nationale Solidarität, die in der Ausformung eines nicht mehr assimilierbaren polnischen Gemeinwesens, des *Społeczeństwo*, mündete und das durch die wirtschaftlichen Autarkiebestrebungen, ein engmaschiges Netz nationalpolnischer Organisationen und ein hochentwickeltes Pressewesen gekennzeichnet war. In der Auseinandersetzung mit der preußisch-deutschen Staatsautorität und bei der erfolgreichen Abwehr der Germanisierungsmaßnahmen entstand eine moderne Nationsgesinnung, die sich die Wiedergewinnung eines geschlossenen polnischen Nationalstaates zum Ziel setzte. Der Ausbruch des Ersten Weltkriegs nährte die Hoffnung auf Realisierung dieses Wunsches.

4.4 Die Wiedergewinnung der Eigenstaatlichkeit im Ersten Weltkrieg

Die revolutionären Erschütterungen in Rußland 1905 sowie die durch die bosnische Annexionskrise von 1908 und den Balkankrieg 1912/13 gewachsenen Animositäten unter den Teilungsmächten waren ein Indikator dafür, daß ein Krieg zwischen den drei Kaiserreichen und damit ein Aufrollen der polnischen Frage im Bereich der Möglichkeiten lag. Eine Absprache über ein gemeinsames Vorgehen oder die politischen Zielsetzungen über die Teilungsgrenzen hinweg war nicht erfolgt, zumal die ideologische Kluft zwischen den neoslawistischen Gedanken huldigenden Nationaldemokraten und den Linksparteien unüberbrückbar schien. Eine einflußreiche Gruppierung, die eine Lösung im Einvernehmen mit dem Deutschen Reich propagierte, gab es nicht; ein Zusammengehen mit dem Zarenreich war für die sozialistischen Parteien ohne eine vorangehende Demokratisierung und den Abbau der Russifizierungspolitik undenkbar. Die *SDKPiL* und die *PPS-Lewica* verurteilten den imperialistischen Krieg und arbeiteten nur auf eine grundlegende Sozialrevolution hin und nicht auf die Wiedergewinnung der nationalen Souveränität für ein geeintes Polen. Die starke militärische Abhängigkeit der Habsburgermonarchie vom Deutschen Reich und die Unfähigkeit Wiens, sich trotz des ungarischen Einspruchs zu einer grundlegenden Beilegung der nationalen Konflikte mit den anderen Völkerschaften aufzuraffen, dämpfte die Bereitschaft zur Befürwortung einer austropolnischen Lösung, die ihrerseits in österreichischen Regierungskreisen Anhänger besaß, die erwarteten, bei einem Krieg mit Rußland Kongreßpolen zu gewinnen und es nach der Vereinigung mit Galizien zum dritten autonomen Bestandteil der k. u. k. Monarchie (Trialismus) zu erheben. Obschon die Zustimmung des deutschen Bündnispartners bei Abtretung des Dąbrowa-Beckens sicher erschien, ließ Wilhelm II. am 31. VII. 1914 keinen Zweifel aufkommen, daß nach dem erwarteten raschen Sieg ein polnischer Staat in enger Anlehnung an das Deutsche Reich geschaffen würde[1]. Das deutsche Militär, dessen Einfluß auf die Außenpolitik im Kriegsverlauf ins Unangemessene stieg, meldete den Wunsch nach Annexion eines von Ostpreußen nach Schlesien reichenden Grenzstreifens zur Verbesserung der strategischen Ausgangslage und zur Besiedlung durch deutsche Bauern an[2]. Der Oberbefehlshaber der russischen Truppen, Großfürst Nikolaj Nikolaevič, versprach am 14. VIII. 1914 die Wiedervereinigung eines „in Glauben, Sprache und Selbstverwaltung" freien Polen[3]. Sein Manifest wurde begeistert von den Warschauer „ Realisten" um R. Dmowski begrüßt, die mit ihrem am 25. XI. 1914 gegründeten Nationalkomitee *(Komitet Narodowy Polski)* die „Zerschlagung der feindseligen deutschen Macht und die Vereinigung Polens unter dem Zepter des russischen Monarchen" verfolgten[4]. Die bedeutsamsten politischen und militärischen Initiativen gingen anfangs vom österreichischen Galizien aus.

Dort hatte Piłsudski am 6. VIII. im Einvernehmen mit den österreichischen Militärbehörden 200 Mann seiner Schützenorganisation nach Kongreßpolen in der Hoffnung einmarschieren lassen, einen Aufstand gegen die Russen auszulösen und die Mobilisierung beeinträchtigen zu können. Doch der Aufruf einer fiktiven Nationalregierung löste kein größeres Echo aus. Piłsudskis Schützentruppe wurde von den Österreichern als Teil einer „Westlichen Legion" der Armee unterstellt und 1915 mehrfach erfolgreich in den Kämpfen eingesetzt. Politisch kam es am 16. VIII. 1914 zu einem zeitweiligen Zusammenschluß der verschiedenen Gruppierungen in einem Obersten Nationalkomitee *(Naczelny Komitet Narodowy = NKN)* unter dem Krakauer Bürgermeister J. Leo, dem es aber nicht gelang, Kaiser Franz Joseph zum Erlaß eines – bereits vorbereiteten – „Manifests an die zu befreienden Polen" zu bewegen. Die Einnahme Ostgaliziens mit Lemberg durch die zaristischen Truppen im September 1914 gab den russophilen Kreisen Auftrieb und führte in Kongreßpolen mit nationaldemokratischer Unterstützung zur Aufstellung einer Legion aus Freiwilligen, der Polnischen Schützenbrigade unter W. Gorczyński, die aber unter strenger russischer Oberaufsicht stand. Ein im November 1914 vom russischen Außenminister Sazonov gegen den Widerstand der Reaktionäre im Kabinett durchgesetzter Autonomieplan für Kongreßpolen, der wenigstens auf sprachlichem und administrativem Gebiet eine gewisse Liberalisierung vorsah, wurde bis März 1915 so weit verwässert, daß schließlich nur noch der Gebrauch des Polnischen in der Lokalverwaltung übrigblieb. Eine gemischte russisch-polnische Kommission, der auch Dmowski angehörte, konnte zwischen dem 19. VI. und 1. VIII. 1915 kein Einvernehmen über die praktische Durchführung erzielen. Als der Zar dem Kabinett Goremykin den Auftrag gab, ein Autonomiegesetz für Polen vorzubereiten, war nach der Durchbruchschlacht von Tarnów-Gorlice im Mai und der Eroberung Russisch-Polens im Sommer 1915 ganz Kongreßpolen bereits zum deutsch-österreichischen Okkupationsgebiet geworden, das auch im Sommer 1916 durch die Brusilov-Offensive nicht zurückgewonnen werden konnte. Die führenden Nationaldemokraten hatten damit ihr Wirkungsfeld verloren; Dmowski, zunächst nach Petrograd geflohen, ging im November 1915 in die Schweiz, um als Leiter des polnischen Nationalkomitees mit Hilfe der Westalliierten eine Lösung der polnischen Frage vorzubereiten. Denn die zaristische Regierung konnte nicht veranlaßt werden, ihre Kriegsziele hinsichtlich Polens zu konkretisieren bzw. die Möglichkeit eines Separatfriedens mit den Mittelmächten auf Kosten Polens auszuschließen[5].

Polen mußte für die drei Armeen etwa 1,5 Mill. Soldaten stellen und hatte unter den Kampfhandlungen und den aus dem Lande lebenden Truppen schwer zu leiden. Keine bedeutsame Änderung trat ein, nachdem sich die deutsche und die österreichische Militärführung auf eine Aufteilung Kongreßpolens in ein deutsches Generalgouvernement Warschau mit General v. Beseler und das österreichische Militärgouvernement Lublin mit General Baron Diller an der Spitze geeinigt hatten. Obwohl die deutschen Besatzungsbehörden polnische Selbstverwaltungsorgane, die polnische Unterrichtssprache und die Wiedereröffnung einer polnischen Universität in Warschau zuließen, vermied Berlin jede eindeutige Stellungnahme über seine künftige Polenpolitik, weil jede Form der Anerkennung einer polnischen Eigenstaatlichkeit den deutschen Interessen zuwiderzulaufen schien. In Kriegsziel-Denkschriften äußerten der Alldeutsche Verband und der Ostmarken-Verein ihre Erwartung, Kongreßpolen zum Gegenstand neudeutscher Ostkolonisation zu machen, wobei erstmals der Gedanke an Annexion in Verbindung mit der Aussiedlung der nichtdeutschen Bevölkerung aufkam. Auch die bereits vor 1914 von F. Naumann und P. Rohrbach entwickelte Mitteleuropa-Konzeption, wonach durch Zurückdrängen Rußlands eine Zone suzeräner Pufferstaaten vom Baltikum bis zur Ukraine unter deutschem Protektorat entstehen sollte, fand Fürsprecher. Reichskanzler Bethmann Hollweg wich in der Hoffnung auf einen Sonderfrieden mit Rußland bis zum Herbst 1916 jeder Festlegung aus, so daß sich der Eindruck verfestigte, die austropolnische Lösung mit der Einbeziehung eines polnischen Teilstaates in die trialistisch erweiterte Habsburgermonarchie würde gebilligt[6].

Dieses undurchsichtige Taktieren suchte Piłsudski zu nutzen. Da es ihm nicht gelang, die im Sommer 1916 etwa 1 000 Offiziere und 20 000 Mann zählende Legion aus der österreichischen Armee herauszulösen und eine eigene polnische Heeresorganisation aufzustellen, schuf er sich mit der *Polska Organizacja Wojskowa (= POW)* in Kongreßpolen eine weitgehend unabhängige Miliz und im Zentralen Nationalkomitee *(Centralny Komitet Narodowy = CKN)* im Dezember 1915 ein politisches Organ, das er gegen den nationaldemokratisch beeinflußten Interparteilichen Klub *(Koło Międzypartyjne)*, aber auch gegen das Oberste Nationalkomitee auszuspielen wußte. Mit einer Rücktrittsdrohung konnte Piłsudski schließlich im Juli 1916 die Überführung der drei Brigaden der Legion in ein aus zwei Divisionen bestehendes polnisches Hilfscorps doch noch erzwingen; aber nach deutschen Pressionen hatte die österreichische Militärführung am 26. IX. diesem Resignationsangebot nachträglich zuzustimmen, worauf auch zahlreiche Offiziere der 1. und 3. Brigade ihren Abschied einreichten. Dieses konsequente Verhalten diente Piłsudskis wachsendem Prestige in der polnischen Öffentlichkeit. Aus Furcht vor einer Rückkehr der Russen hielten sich nämlich viele Polen im Königreich politisch bedeckt, schenkten aber auch den Autonomiezusagen des neuen Premiers Stürmer vom 22. II. und der Initiative Außenminister Sazonovs vom Juni 1916, der den Polen mit Ausnahme der Wirtschafts-, Militär- und Verteidigungspolitik interne Selbstverwaltung zugestehen wollte, wenig Glauben. Seine Entlassung am 20. VII. und die Mitteilung vom 18. VIII., erst nach dem Einmarsch der russischen Truppen nach Kongreßpolen über die künftige Rechtsstellung befinden zu wollen, desavouierte die polnischen Russophilen endgültig.

Als daher am 5. XI. 1916 in einer gemeinsamen deutsch-österreichischen Proklamation die Wiederherstellung eines polnischen Staates mit erblicher Monarchie und konstitutioneller Ausrichtung bekanntgegeben wurde, fand dieser Ansatz unter den Polen weitgehend Anerkennung, auch wenn klare Aussagen über die künftigen Grenzen vermieden worden waren. Das Zugeständnis einer eigenen polnischen Armee wurde durch die bereits am 9. XI. von den Militärs eingeleitete Rekrutierungskampagne entwertet, durch die – ohne auf Widerhall zu stoßen – Freiwillige für die in den Materialschlachten aufgeriebenen deutschen Verbände gesucht wurden. Der Eindruck, daß die Proklamation allein aus dieser Überlegung ergangen sei, verfestigte sich bald, weil der Aufbau staatlicher Einrichtungen nur langsam vorankam. Der Ende November konzedierte Provisorische Staatsrat für beide Besatzungszonen, dessen 25 ernannten Mitgliedern nur beratende Stimme eingeräumt wurde, konnte am 14. I. 1917 erstmals zusammentreten, wobei der mit dem Referat für Heeresfragen betraute Piłsudski deutlich machte, nur bei weitgehender politischer Eigeninitiative zu umfassender polnischer Waffenhilfe bereit zu sein. Der populäre Slogan „Ohne polnische Regierung keine polnische Armee" führte am 1. V. 1917 zu der Forderung nach Ernennung eines Regenten und einer polnischen Regierung; als die unbeweglichen deutschen Behörden dieser Initiative nicht nachkamen, lehnte der Staatsrat sechs Wochen lang die Zusammenarbeit ab. Da die neue polnische Armee als „Polnische Wehrmacht" in deutsche Uniformen gesteckt wurde und eine Aufteilung in galizische und kongreßpolnische Einheiten erfolgte, verweigerten am 9. VII. 1917 zwei Drittel der Offiziere und Mannschaften den Eid. Piłsudski hatte bereits wenige Tage zuvor sein Mandat im Staatsrat niedergelegt und auch seine Kollegen zur Demission aufgefordert; wegen der wachsenden Unruhen, die zur Schließung der Universität Warschau führten, wurde am 22. VII. der populärste polnische Politiker mit zahlreichen Funktionären der POW verhaftet und bis Kriegsende in der Festung Magdeburg festgehalten.

Da sich danach die Unabhängigen und die Linke der Zusammenarbeit mit den Besatzungsbehörden verschlossen, blieb diesen nur die Kooperation mit der rechtskonservativen, adlig-klerikalen Honoratiorenschicht, aus der mit Erzbischof Kakowski, Fürst Lubomirski und Graf Ostrowski der am 27. X. 1917 gebildete Regentschaftsrat besetzt wurde. Teile der Verwaltung in Kongreßpolen wurden einer – in der Zusammensetzung mehrfach wechselnden – Regierung übertragen, die hilflos die Ansätze zur Ausbildung einer litauischen Eigenstaatlichkeit im Gebiet Oberost und der Anerkennung einer Ukrainischen Volksrepublik zusehen mußte[7]. Die Empörung der polnischen Öffentlichkeit teilte sich der 2. Brigade der Legion unter Oberst Haller mit, die am 15./16. II. 1918 geschlossen zum Gegner übertrat. Danach traf die deutsche Polenpolitik nur noch auf mißtrauisches Abwarten, weil die von der 3. Obersten Heeresleitung aufrechterhaltenen und ausgeweiteten Annexionsforderungen nicht nur die wiederbelebten austropolnischen Konzeptionen, sondern auch die Bereitschaft einiger einsichtsvoller deutscher Politiker wie M. Erzberger und F. Naumann blockierten, durch begrenzte Konzessionen die Polen für eine „kleine Wiederherstellung“ eines in etwa auf Kongreßpolen beschränkten polnischen Pufferstaates unter deutschem Protektorat zu gewinnen. Auch die Vertreter des preußischen Polentums machten deutlich, daß sie ihr eigenes Schicksal mit dem des künftigen polnischen Staates verbinden wollten. Durch Engstirnigkeit und mangelnde politische Weitsicht waren die Möglichkeiten zu einer einvernehmlichen Regelung der polnischen Problematik mit den Direktbetroffenen, die in der vorbehaltlosen Anerkennung des polnischen nationalen Selbstbestimmungsrechts hätte münden müssen, von den deutschen Militär- und Regierungsstellen leichtfertig verspielt worden.

Weil es den Mittelmächten nicht gelang, ihrer Polenpolitik Glaubwürdigkeit zu verleihen, fiel es den Alliierten seit 1917 relativ leicht, Hoffnung und Vertrauen für ihr Versprechen zu erwecken, auch für die Wiedergewinnung der polnischen Selbständigkeit den Krieg zu führen. Aus Rücksicht auf das verbündete Rußland hatten die britische und die französische Regierung trotz wachsenden Drucks der polnischen Emigrantenkreise bis November 1916 eine eindeutige Stellungnahme unterlassen; der Pianist und Politiker Ignacy Paderewski konnte aber über Oberst House Einfluß auf Präsident Wilson nehmen, der in seiner „Frieden ohne Sieg“-Rede am 22. I. 1917 seiner Überzeugung Ausdruck verlieh, „daß es ein geeintes, unabhängiges und selbständiges Polen geben und daß in Zukunft die unverletzliche Sicherheit des Landes, des Glaubens und der wirtschaftlichen und gesellschaftlichen Entwicklung allen Teilen dieses Volkes verbürgt werden sollte“ [8]. Die Februar-Revolution in Rußland brachte auch hier die Dinge in Fluß. Am 14./27. III. 1917 ließ der Petrograder Sowjet das polnische Proletariat wissen, daß er „das nationalpolitische Selbstbestimmungsrecht der Völker“ anerkenne, die Teilungsverträge als nichtig betrachte und für ein „in staatlicher und internationaler Hinsicht vollkommen unabhängig(es)“ Polen eintreten werde; am 17./30. III. sicherte die Provisorische Regierung die Bildung eines mit Rußland durch eine Militärallianz verbundenen polnischen Nationalstaates aus den Gebieten zu, „deren Bevölkerung in der Mehrheit aus Polen besteht“[9]. Die Aufstellung polnischer Verbände unter General J. Dowbór-Muśnicki, die bald über 20000 Mann zählten, waren ein erstes Zugeständnis[10]. Dieses Polnische Militärkomitee geriet im Frühjahr 1918 beim deutschen Vormarsch unter starken Druck; die geschlossen zu den Russen übergelaufene 2. Brigade der alten österreichischen Legion wurde bei Kanev am Dnepr eingeschlossen und mußte am 11. V. kapitulieren, doch konnte sich ein Großteil der Offiziere, unter ihnen auch General Haller, zu den Bolschewiki und schließlich nach Frankreich durchschlagen.

Wegen der in Polen weitverbreiteten Vorbehalte gegen die Russen und – nach der Oktoberrevolution der Bolschewiki – gegen die junge Sowjet-

macht lag in der Endphase des Krieges die Initiative zur Lösung der Polenfrage auf seiten der Westmächte, die jetzt auch keine Rücksichtnahme mehr auf den bisherigen russischen Bündnispartner üben mußten. Das am 15. VIII. 1917 in Lausanne gegründete Polnische Nationalkomitee konnte bis Jahresende die Anerkennung durch die Regierungen Frankreichs, Großbritanniens, Italiens und der USA erreichen. Als bedeutsam erwies sich die von der französischen Regierung am 4. VI. 1917 verfügte Aufstellung einer aus polnischen Kriegsgefangenen und Emigranten gebildeten Armee, die im März 1918 dem jetzt von Paris aus operierenden Nationalkomitee unterstellt wurde und deren Oberbefehl am 21. IX. 1918 der über Murmansk nach Frankreich gelangte General Haller übernahm. Diese „Blaue Armee" wurde in der Schlußphase des Krieges erfolgreich eingesetzt; nach ihrer Überführung nach Polen stellte sie einen bedeutenden Stabilisierungsfaktor für die wiedererstandene Republik dar.
Der Einsatz der polnischen Divisionen und das Wirken des Nationalkomitees beeinflußten die politischen Stellungnahmen der Westalliierten in der Polenfrage. Präsident Wilson stellte am 8. I. 1918 im 13. seiner Vierzehn Punkte die Errichtung eines „die von einer unbestreitbar polnischen Bevölkerung bewohnten Gebiete" umfassenden Polen mit freiem und gesichertem Zugang zum Meer als eines der alliierten Kriegsziele heraus; der britische Premier D. Lloyd George nannte eine Woche danach die Gründung eines unabhängigen polnischen Staates „eine dringende Notwendigkeit für die Stabilität Westeuropas" . Bis zum Herbst 1918 wurde der Rahmen für die Wiedergewinnung der nationalen Eigenständigkeit Polens weiter präzisiert, wobei die Regierungen der Alliierten bis zur deutschen Kapitulation am 9. XI. 1918 davon ausgingen, daß nach dem Prinzip eines unparteiisch ausgelegten Selbstbestimmungsrechts nur einwandfrei ethnisch-polnische Gebiete dem neuen Polen einverleibt werden sollten. Weitergehende Erwartungen verband Dmowski am 8. X. 1918 mit der somit feststehenden Neugründung einer unabhängigen, starken polnischen Republik, die er zu einer „großen schöpferischen Demokratie" in Osteuropa und zur „Schanze gegen den deutschen Drang nach Osten" ausgestalten wollte: Dem neuen Polen sollten im Westen Posen, Westpreußen, Oberschlesien, im Norden Teile Ostpreußens, im Osten fast das gesamte Großfürstentum Litauen sowie Podolien und Wolhynien zugeschlagen, im Süden schließlich ganz Galizien und das ehemalige Herzogtum Teschen übereignet werden. Dieser Konzeption eines nationalbetonten Großpolens stellte Józef Piłsudski, trotz der Festungshaft die unbestrittene moralische und militärische Autorität im Lande, den Plan eines wiederbelebten „jagiellonischen Polen" – eines föderativ aufgebauten supranationalen Großreichs unter polnischer Führung – entgegen[11].
In dem Vakuum, das der militärische und politische Zusammenbruch der drei Teilungsmächte 1917/18 in Ostmitteleuropa hinterließ, konnte nach 146 Jahren die Wiedergewinnung der Eigenstaatlichkeit durch den natio-

nalrevolutionären Zusammenschluß des Polentums über die bisherigen Teilungsgrenzen hinweg sichergestellt werden. Dies war vor allem dem politischen Geschick und dem persönlichen Einsatz des erst am 10. XI. 1918 nach Warschau zurückgekehrten Piłsudski zu danken, der als allseitig geachtete Autorität mit der Übernahme des ihm vom Regentschaftsrat angetragenen militärischen Oberbefehls am 11. XI. und diktatorischer Vollmachten am 14. XI. in der Position des „Vorläufigen Staatschefs" *(Tymczasowy Naczelnik Państwa)* der jungen Republik trotz aller sich auftürmenden Schwierigkeiten zu wirklichem Leben verhalf.

Anmerkungen zu 4.1

1 H. GLASSL, Das österreichische Einrichtungswerk in Galizien (1772–1790), Wiesbaden 1975.

2 I. C. BUSSENIUS, Die preußische Verwaltung in Süd- und Neuostpreußen 1793–1806, Heidelberg 1960; J. WĄSICKI, Ziemie polskie pod zaborem pruskim. Prusy południowe 1793–1806, Wrocław 1957; ders., Ziemie polskie pod zaborem pruskim. Prusy nowoschodnie 1795–1806, Poznań 1963.

3 WANDYCZ, Lands of Partioned Poland, S. 17f.

4 U. L. LEHTONEN, Die polnischen Provinzen Rußlands unter Katharina II. in den Jahren 1772–1782..., Berlin 1907.

5 Nach Joachim Denisko, der im Juli 1797 den Österreichern unterlag, mußte auch Franciszek Gorszkowski seine Bemühungen aufgeben, eine Bauernrevolte mit nationaler und sozialer Zielsetzung auszulösen. Die russischen Behörden hoben gleichzeitig Verschwörerzirkel in Litauen, Wolhynien und Podolien aus. Die stark vom Ideengut der französischen Jacobiner beeinflußte Gesellschaft der Polnischen Republikaner wurde 1798 im preußischen Warschau zerschlagen. M. KUKIEL, Próby powstańcze po trzecim rozbiorze 1795–1797, Kraków, Warszawa 1912.

6 G. ZYCH, J. H. Dąbrowski, Warszawa 1964.

7 Zur Geschichte der Legion s. J. L. PACHOŃSKI, Legiony polskie. Prawda i legenda, 1794–1807, 4 Bde, Warszawa 1969–1979; M. KUKIEL, Dzieje wojska polskiego w dobie napoleońskiej, 2 Bde, Warszawa 1918–1920.

8 D. WAWRZYKOWSKA-WIERCIOCHOWA, Mazurek Dąbrowskiego. Dzieje Polskiego Hymnu Narodowego, Warszawa [2]1977.

9 M. HANDELSMAN, Adam Czartoryski, 3 Bde, Warszawa 1948–1950.

10 D. BEAUVOIS, Lumières et société en Europe de l'Est. L'Université de Vilna et les écoles polonaises de l'Empire Russe, 2 Bde, Paris 1977.
A. KRAUSHAR, Towarzystwo Warszawskie Przyjaciół Nauk 1800–1832, 4 Bde, Kraków, Warszawa 1900–1906; B. SUCHODOLSKI, Rola TWPN w rozwoju kultury umysłowej w Polsce, Warszawa 1951.

12 Zur Tätigkeit Czartoryskis als russischer Außenminister s. P. K. GRIMSTEAD, The Foreign Ministers of Alexander I, Berkeley, Calif., 1969; zu den Plänen Czartoryskis neben dem Standardwerk von M. KUKIEL, Czartoryski and European Unity 1770–1861, Princeton, N.J., 1955, jetzt auch J. SKOWRONEK, Le programme européen du prince A. J. Czartoryski en 1803–1805, in: APH 17 (1968), S. 137–159; und ders., Antynapoleońskie koncepcje Czartoryskiego, Warszawa 1969.

13 Dieses Phänomen hat – leider nur bis zum Jahr 1806 – behandelt A. ASKENAZY, Napoleon a Polska, 3 Bde, Warszawa, Kraków 1918–1919 (stark gekürzte französische Fassung Napoléon et la Pologne, Paris 1925). Für die späteren

Jahre M. HANDELSMAN, Napoleón et la Pologne 1806–1807, Paris 1909, und ders., Napoleon a Polska, Warszawa 1911.

14 J. WĄSICKI, Powstanie 1806 r. w Wielkopolsce, Poznań 1958.

15 Die Bewertung der Tilsiter Verhandlungen und der jeweiligen Initiativen ist in der Literatur kontrovers. Die russische Historiographie und der Pole M. LORET, Między Jeną a Tylżą 1806/07, Warszawa 1920, schreiben Alexander I. die Initiative bei der Gründung des Herzogtums Warschau zu, während HANDELSMAN (s. o. Anm. 13) und E. HALICZ, La Question polonaise à Tilsit, in: APH 12 (1965), S. 44–64, und ders., Geneza Księstwa Warszawskiego, Warszawa 1962, in Napoleon die treibende Kraft erblicken.

16 In einer Ausführungsverordnung vom 21. XII. 1807 legte Justizminister Łubieński eine Übergangsfrist von einem Jahr fest, nach dem die Bauern ihre bisherigen Hofstellen verlassen oder durch freiverhandelte Kontrakte mit dem Grundherrn zu Pächtern oder Käufern des Landes werden konnten.

17 M. KALLAS, Konstytucja Księstwa Warszawskiego, Toruń 1970; W. SOBOCIŃSKI, Historia ustroju i prawa Księstwa Warszawskiego, Torun 1964; H. GRYNWASER, Kodeks Napoleona w Polsce, Wrocław 1951. Zur Rolle des Monarchen S. J. WILLAUME, Fryderyk August jako książę warszawski, Poznań 1939.

18 J. JEDLICKI, Bilan social du Duché de Varsovie, in: APH 14 (1966), S. 93–104; B. GROCHULSKA, Handel zagraniczny Księstwa Warszawskiego, Warszawa 1967. Die gleiche Autorin bietet in Księstwo Warszawskie, Warszawa 1966, eine zusammenfassende Übersicht der Geschichte des Herzogtums Warschau.

19 S. ASKENAZY, Książę J.P. 1763–1813, Warszawa [4]1922; dt. Fassung Gotha 1912; J. SKOWRONEK, Książę J.P., Wrocław u. a. 1984.

20 Das Heerwesen im Herzogtum Warschau und der Feldzug von 1809 sind umfassend dargestellt worden: G. ZYCH, Armia Księstwa Warszawskiego 1807–1812, Warszawa 1961; B. BEMBARZEWSKI, Wojsko polskie: Księstwo Warszawskie 1807–1814, Warszawa [2]1912; J. CHELMINSKI, A. MALIBRAN, L'Armée du Duché de Varsovie, Paris 1913.

21 A. ZAHORSKI, Z dziejów legendy napoleońskiej w Polsce, Warszawa 1971; ders., Spór o Napoleona we Francji i w Polsce, Warszawa 1974.

22 J. IWASZKIEWICZ, Litwa w 1812 r., Warszawa 1912; B. DUNDULIS, Napoléon et la Lithuanie en 1812, Paris 1940.

23 M. KUKIEL, Wojna 1812 r., Kraków 1937.

24 Die sich auf Polen beziehenden Art. I–XIV der Schlußakte des Wiener Kongresses vom 9. VI. 1815 sind abgedruckt in J. L. KLÜBER, Acten des Wiener Kongresses in den Jahren 1814 und 1815, Osnabrück [2]1966, Bd. 6, S. 19–25. Dort auch die zwischen den Teilungsmächten geschlossenen Verträge über Fragen der Staatsbürgerschaft, der Staatsschulden und des Verkehrs vom 3. V. 1815, Bd. 5, S. 121–137, 138–157; Bd. 6, S. 97–119.
In den Gesamtdarstellungen zum Wiener Kongreß – H. v. TREITSCHKE (1879), C. K. WEBSTER ([4]1945), H. NICOLSON (1946) und K. GRIEWANK (1963) – wird der polnische Aspekt ausführlich, wenn auch kontrovers behandelt. S. a. K. BARTOSZEWICZ, Utworzenie Królestwa Polskiego, Kraków 1916; E. WAWRZKOWICZ, Anglia a sprawa polska 1813–1815, Warszawa 1919; J. WILLAUME, Stosunek Prus wobec sprawy polskiej na kongresie Wiedeńskim, in: Przegląd Zachodni 6 (1950) 1–2, S. 3–15.

Anmerkungen zu 4.2

1 A. EISENBACH, Kwestia równouprawnienia Żydów w Królestwie Polskim, Warszawa 1972.
2 Text der Verfassung bei K. H. L. PÖLITZ (Hg.), Die europäischen Verfassungen seit dem Jahre 1789 bis auf die neueste Zeit, Leipzig 1833, S. 24–33.
3 J. NADZIEJA, General Józef Zajączek, 1752–1826, Warszawa 1975.
4 M. AJZEN, Polityka gospodarcza Lubeckiego 1821–1830, Warszawa 1932.
5 H. WIĘCKOWSKA, Opozycja liberalna w Królestwie Kongresowym, Warszawa 1925.
6 N. GĄSIOROWSKA, Górnictwo i hutnictwo w Królestwie Polskim 1815–1830, Warszawa, Kraków 1923.
7 O. KOSSMANN, Lodz, eine historisch-geographische Analyse, Würzburg 1966; O. HEIKE, Aufbau und Entwicklung der Lodzer Textilindustrie, Mönchengladbach 1971.
8 S. KIENIEWICZ, Historia Polski 1795–1918, Warszawa 1970, S. 60–83; K. GRONIOWSKI, J. SKOWRONEK, Historia Polski 1795–1914, Warszawa 1971, S. 47–68; WANDYCZ, Lands of Partioned Poland, S. 74–91.
9 S. ASKENAZY, Łukasiński, Warszawa ²1929; H. DYLĄGOWA, Towarzystwo Patriotyczne i Sąd Sejmowy 1821–1829, Warszawa 1970.
10 J. A. BETLEY, Belgium and Poland in International Relations 1820–1831, S'Gravenhage 1960.
11 W. TOKARZ, Sprzysiężenie Wysockiego i noc listopadowa, Warszawa 1925.
12 W. BARTNOWSKI, Walka o cele rewolucji listopadowej, Wrocław 1969; W. ZAJEWSKI, Walki wewnętrzne ugrupowań politycznych wo powstaniu listopadowym 1830–1831, Gdansk 1967; J. SKOWRONEK, M. ŻMIGRODZKA, Powstanie listopadowe 1830–1831: geneza – uwarunkowania – bilans – porównania, Wrocław u. a. 1983; M. MOCHNACKI, Powstanie narodu polskiego w roku 1830 i 1831, 2 Bde, Warszawa 1984.
13 S. KIENIEWICZ, Joachim Lelewel, in: PSB 17 (1972), S. 21–25.
14 G. SEIDE, Regierungspolitik und öffentliche Meinung im Kaisertum Österreich anläßlich der polnischen November-Revolution 1830–1831, Wiesbaden 1971; J. DUTKIEWICZ, Austria wobec powstania listopadowego, Kraków 1933; ders., Francja a Polska w 1831 r., Łódź 1950.
15 M. MELOCH, Sprawa włościańska wo powstaniu listopadowym, Warszawa ³1953; E. Oppman, Warszawskie „Towarzystwo Patriotyczne" 1830/31, Warszawa 1937.
16 Einzelheiten über den Verlauf der Kämpfe bei W. TOKARZ, Wojna polsko – rosyjska 1830 i 1831, Warszawa 1930.
17 J. ŁOJEK, Szanse powstania listopadowego. Rozważania historyczne, Warszawa 1966; C. MORLEY, The European Significance of the November Uprising, in: JCEA 11 (1952), S. 407–416; eine Gesamtschau bietet R. F. LESLIE, Polish Politics and the Revolution of November 1830, London 1956.
18 J. KUCHARSKI, Epoka paskiewiczowska; dzieje oświaty, Warszawa, Kraków 1914.
19 E. Boss, Sprawa robotnicza w Królestwie Polskim w okresie paskiewiczowskim 1831–1855, Warszawa 1931.
20 F. BORTKIEWICZ, Nadziały i powinności chłopów pańszczyźnianych w dobrach prywatnych Królestwa Polskiego, Warszawa 1958.
21 H. H. HAHN, Außenpolitik in der Emigration. Die Exildiplomatie Adam Czartoryskis, 1830–1840, München, Wien 1978; S. KALEMBKA, Wielka Emigracja. Polskie Wychodźstwo polityczne w latach 1831–1862, Warszawa 1971; ders. (Hg.), Wielka Emigracja i sprawa Polska a Europa (1832–1864), Toruń 1980. Forschungsstand und die jeweiligen Interpretationsansätze zeigt der Sammel-

band der XI. deutsch-polnischen Schulbuchkonferenz: Die deutsch-polnischen Beziehungen 1831–1848; Vormärz und Völkerfrühling, Braunschweig 1979.

22 M. Tyrowicz, Towarzystwo Demokratyczne Polskie 1832–1863, Warszawa 1964; S. Kalembka, Towarzystwo Demokratyczne Polskie w latach 1832–1846,Toruń 1966.

23 B. Cygler, Działalność społeczno-polityczna Joachima Lelewela na emigracji w l. 1831–1860, Gdańsk 1969; ders., Zjednoczenie Emigracji Polskiej 1838–1846, Gdańsk 1963.

24 S. Sokołowska, Młoda Polska. Z dziejów ugrupowań demokratycznych Wielkiej Emigracji, Wrocław 1972.

25 P. Brock, Polish Revolutionary Populism. A Study in Agrarian Socialist Thought from the 1830's to the 1850's, Toronto 1977.

26 S. dazu neben dem in Anm. 21 erwähnten Sammelband E. Kolb, Polenbild und Polenfreundschaft der deutschen Frühliberalen, in: Saeculum 26 (1975), S. 111–127.

27 J. Kozik, Ukraiński ruch narodowy w Galicji w l. 1830–1848, Kraków 1973.

28 M. Szarota, Die letzten Tage der Republik Krakau, Breslau 1911; J. Bieniarzówna (Hg.), Rzeczpospolita Krakowska 1815–1846. Wybór źródeł, Wrocław 1950.

29 Eine gute Bibliographie, aber eine unzulängliche Interpretation bietet A. Gill, Die polnische Revolution 1846, München, Wien 1974; M. Żychowski, Rok 1846 w Rzeczypospolitej Krakowskiej i w Galicji, Warszawa 1956; J. Sieradzki, C. Wycech (Hg.), Rok 1846 w Galicji, Warszawa 1958.

30 C. Wycech, Powstanie chłopskie w Galicji w r. 1846, Wrocław 1951.

31 M. Laubert, Die preußische Polenpolitik von 1772–1914, Krakau 1942, S. 49.

32 Die Städte konnten 16, die Landgemeinden acht, der Adel aber 26 Abgeordnete delegieren.

33 R. Cromer, Das Sprachenrecht der Polen in Preußen in der 1. Hälfte des 19. Jh., in: Nation und Staat 6 (1932/33), S. 619f. Die gesamte Rechtspraxis erläutert J. Wąsicki, Ziemie polskie pod zaborem pruskim. Wielkie Księstwo Poznańskie 1815–1848. Studium historyczno-prawne, Poznań 1980.

34 M. Broszat, Zweihundert Jahre deutsche Polenpolitik, Frankfurt ^{2}1972, S. 87.

35 M. Laubert, Eduard von Flottwell. Ein Abriß seines Lebens, Berlin 1919.

36 Einzelheiten zu den hier aufgeführten Teilaspekten können entnommen werden M. Laubert, Studien zur Geschichte der Provinz Posen in der 1. Hälfte des 19. Jh., Bde 1–3, Posen, Lissa 1908–1943; und ders., Die Verwaltung der Provinz Posen 1815–1847, Breslau 1923.

37 Neben der konzisen Biographie von W. Jakóbczyk, Karol Marcinkowski, 1800–1846, Poznań 1966, besitzt auch die ältere deutsche Darstellung von A. Kronthal, Dr. Karl Marcinkowski..., Breslau 1925, ihre Berechtigung. Die Ausbildung einer polnischen Intelligenzschicht schildert W. Molik, Kształtowanie się inteligencij polskiej w Wielkim Księstwie Poznańskim 1841–1870, Warszawa, Poznań 1979.

38 Unter den zum Tode Verurteilten befand sich neben Mierosławski auch der Philosoph Karol Libelt, dessen Verteidigungsreden eine besonders große Wirkung auf die Öffentlichkeit hatten. Aus Anlaß des 17. Jahrestags des Novemberaufstands erklärte Friedrich Engels in London: „Wir deutschen Demokraten haben ein besonderes Interesse an der Befreiung Polens. Es sind deutsche Fürsten gewesen, die aus der Teilung Polens Vorteile gezogen haben... Eine Nation kann nicht frei werden und zugleich fortfahren, andere Nationen zu unterdrücken. Die Befreiung Deutschlands kann also nicht zustandekommen,

ohne daß die Befreiung Polens von der Unterdrückung durch Deutsche zustandekommt." K. MARX, F. ENGELS, Werke, Bd. 4, Berlin 1959, S. 417 f.

39 H. SCHMIDT, Die polnische Revolution des Jahres 1848 im Großherzogtum Posen..., Weimar 1912; J. FELDMAN, Sprawa polska w r. 1848, Kraków 1933; S. KIENIEWICZ, Społeczeństwo polskie w powstaniu poznańskim 1848 r., Warszawa [2]1960.

40 J. KUCKARZEWSKI, The Polish Cause in the Frankfurt Parliament of 1848, in: Bulletin of the Polish Institute of Arts and Sciences in America 1 (1942/43), S. 47–73; W. BLECK, Die politischen Parteien und die Posener Frage in den Jahren 1848–49, Posen 1914.

41 Z. GROT, Działalność posłów polskich w sejmie pruskim 1848–1850, Poznań 1961.

42 BROSZAT, Zweihundert Jahre deutsche Polenpolitik, S. 115.

43 L. BERNHARD, Die Polenfrage. Der Nationalitätenkampf der Polen in Preußen, München, Leipzig [3]1920, S. 77. S. a. S. BASKE, Praxis und Prinzipien der preußischen Polenpolitik vom Beginn der Reaktionszeit bis zur Gründung des Deutschen Reiches, in: ForschOsteurG 9 (1963), S. 7–268; L. TRZECIAKOWSKI, Pod pruskim zaborem 1850–1918, Warszawa 1973.

44 S. KIENIEWICZ, Legion Mickiewicza 1848–1849, Warszawa 1957.

45 M. WAWRYKOWA, Der Slawenkongreß 1848 und die Polen, in: JbbGOsteur 27 (1979), S. 100–108.

46 I. S. MILLER, W przededni zniesienia pańszczyzny w Galicji, Warszawa 1953; K. GRZYBOWSKI , Galicja 1848–1914. Historia ustroju politycznego na tle historii ustroju Austrii, Wrocław 1959.

47 F. HAASE, Die katholische Kirche Polens unter russischer Herrschaft, Breslau 1917.

48 W. GRABSKI, Historya Towarzystwa Rolniczego, Warszawa 1904.

49 Z. STANKIEWICZ, Dzieje wielkości i upadku Aleksandra Wielopolskiego, Warszawa 1967.

50 I. M. ROSEVARE, Wielopolski's Reforms and their Failure before the Uprising of 1863, in: Antemurale 15 (1971), S. 87–214.

51 I. KOBERDOWA, Wielki Książę Konstanty w Warszawie 1862–1863, Warszawa 1962.

52 Aus der Fülle der Litratur ragen die Gesamtdarstellungen von S. KIENIEWICZ, Powstanie styczniowe, Warszawa 1972; R. F. LESLIE, Reform and Insurrection in Russian Poland 1856–1865, London 1963; und H. W. RAUTENBERG, Der polnische Aufstand von 1863 und die europäische Politik im Spiegel der deutschen Diplomatie und der öffentlichen Meinung, Wiesbaden 1979, mit erschöpfender Bibliographie, S. 397–468, hervor.

53 M. KUKIEL, Military Aspects of the Polish Insurrection of 1863–64, in: Antemurale 7/8 (1963), S. 363–369.

54 H. WERESZYCKI, Hotel Lambert i obóz Białych przed wybuchem powstania styczniowego, in: Przegl. Hist. 50 (1959), S. 514–544, 651–660.

55 Zahlreiche Studien untersuchen den diplomatiegeschichtlichen Hintergrund. S. u. a. J. FELDMAN, Mocarstwa wobec powstania styczniowego, Kraków 1929; V. G. REVUNENKOV, Pol'skoe vosstanie 1863 g. i evropejskaja diplomatija, Leningrad 1957; S. BÓBR-TYLINGO, Napoléon III, l'Europe et la Pologne en 1863–64, in: Antemurale 7/8 (1963), S. 1–362; H. WERESZYCKI, Austria a powstanie styczniowe, Lwów 1930; ders., Anglia a Polska w l. 1860–1865, Lwów 1934; H. F. GENTZEN, Großpolen im Januaraufstand. Das Großherzogtum Posen 1858–1864, Berlin 1963.

56 W. B. LINCOLN, The Making of a New Polish Policy: N. A. Milyutin and the Polish Question 1861–1863, in: The Polish Review 15 (1970), S. 54–66; S. KIENIEWICZ, Sprawa włościańska w powstaniu styczniowym, Wrocław

1953; ders., The Emancipation of the Polish Peasantry, Chicago 1969; E. HALICZ, Kwestia chłopska w Królestwie Polskim w dobie powstania styczniowego, Warszawa 1955.

57 T. ŁEPKOWSKI, La formation de la nation polonaise moderne dans les conditions d'un pays démembré, in: APH 19 (1968), S. 18–36; P. BROCK, Polish Nationalism, in: P. F. Sugar, I. J. Lederer (Hg.), Nationalism in Eastern Europe, Seattle 1969, S. 310–372.

58 H. LEMBERG, Politische Konzeptionen für ein neues Polen in der Zeit vor 1918, in: T. Schieder, P. Alter (Hg.), Staatsgründungen und Nationalitätenprinzip, München 1974, S. 85–104.

Anmerkungen zu 4.3

1 H. WERESZYCKI, Historia polityczna Polski w dobie popowstaniowej: 1864–1918, Warszawa 1948; W. POBÓG-MALINOWSKI, Najnowsza historia polityczna Polski 1864–1945, Bd. 1, London ²1963; R. F. LESLIE (Hg.), The History of Poland since 1863, Cambridge usw. 1980, S. 1–64; J. WOJTASIK, Idea walki zbrojnej o niepodległość Polski 1864–1907, Warszawa 1987.

2 H. WERESZYCKI, Sojusz trzech cesarzy: Geneza 1866–1872, Warszawa 1965; ders., Walka o pokój europejski 1872–1878, Warszawa 1971; J. ZDRADA, Zmierzch Czartoryskich, Warszawa 1969.

3 Einzelheiten bei W. KULA , Historia gospodarcza Polski popowstaniowej, Warszawa 1948; A. JEZIERSKI, S. M. ZAWADZKI, Dwa wieku przemysłu w Polsce: zarys dziejów, Warszawa 1966. Eine eher populärwissenschaftliche Darstellung der Lage der Fabrikarbeiter schrieb E. KACZYŃSKA, Dzieje robotników przemysłowych w Polsce pod zaborami, Warszawa 1970.

4 J. BUSZKO, Narodziny ruchu socjalistycznego na ziemiach polskich, Kraków 1967; L. BLIT, The Origins of Polish Socialism: The History and Ideas of the First Polish Socialist Party, 1878–1886, Cambridge 1971; U. HAUSTEIN, Sozialismus und nationale Frage in Kongreßpolen bis zur Gründung der PPS, in JbbGOsteur 4 (1962), S. 513–562.

5 W. POBÓG-MALINOWSKI , J.P., London 1964; A. MUHLSTEIN, Le Maréchal P., 1867–1919, Paris 1939; W. F. REDDAWAY, Marshall P., London 1939; W. JĘDRZEJEWICZ, P.: A Life for Poland, New York 1982.

6 G. W. STROBEL, Die Partei Rosa Luxemburgs, Lenin und die SPD, Wiesbaden 1974; J. P. Nettl, Rosa Luxemburg, 2 Bde, Köln 1967 (mit einer umfassenden Darstellung ihrer politischen Tätigkeit in Polen); F. PERL, Dzieje ruchu socjalistycznego w zaborze rosyjskim do powstania PPS, Warszawa ²1958; M. ŻYCHOWSKI, Polska myśl socjalistyczna XIX i XX wieku do roku 1918, Warszawa 1972; U. HAUSTEIN, Sozialismus und nationale Frage in Polen, Köln 1969. N. MICHTA, Rozbieżnośći i rozłam w SDKPiL, Warszawa 1987.

7 A. MICEWSKI, Roman Dmowski, Warszawa 1971.

8 S. KOZICKI, Historia Ligi Narodowej, London 1964; W. POBÓG-MALINOWSKI, Narodowa demokracja 1887–1918: Fakty i dokumenty, Warszawa 1933; J. J. TEREJ, Idee, mity, realia – szkice do dziejów Narodowej Demokracji, Warszawa 1970; E. v. PUTTKAMMER, Die polnische Nationaldemokratie, Krakau 1944.

9 S. J. BRZEZIŃSKI, Polski Związek Ludowy, Warszawa 1957, S. 237–327.

10 S. KALABIŃSKI, Antynarodowa polityka endecji w rewolucji 1905–1907, Warszawa 1955.

11 A. ŻARNOWSKA, Geneza rozłamu w Polskiej Partii Socjalistycznej 1904–1906,

Warszawa 1965; T. Ładyka, Polska Partia Socjalistyczna (Frakcja Rewolucyjna) w l. 1906–1914, Warszawa 1972; J. Kasprzakowa Ideologia i polityka PPS-Lewicy 1907–1914, Warszawa 1965.

12 Über den Verlauf der revolutionären Ereignisse in Polen s. S. Kalabiński, F. Tych, Czwarte powstanie czy pierwsza rewolucja: lata 1905–1907 na ziemiach polskich, Warszawa 1969.

13 Diese Vorstellungen, auch auf dem Prager Slawenkongreß im Juli 1908 vorgetragen, legte Dmowski in seinem Buch Niemcy, Rosja a Sprawa Polska nieder, das 1909 auch in französicher Übersetzung unter dem Titel La question polonaise erschien. S. a. K. G. Hausmann, Dmowskis Stellung zu Deutschland vor dem Ersten Weltkrieg, in ZfO 13 (1964), S. 56–91, A. Giza, Neoslawizm i Polacy 1906–1910, Szczecin 1984.

14 Z.Łukawski, Koło polskie w rosyjskiej Dumie państwowej w l. 1906–1909, Wrocław 1967; M. Wierzchowski, Sprawy Polski w III i IV Dumie państwowej, Warszawa 1966; E. Chmielewski, The Polish Question in the Russian State Duma, Knoxville, Tenn., 1970.

15 M. Bobrzyński, W. L. Jaworski, J. Milewski, Z dziejów odrodzenia politycznego Galicji, 1859–1873, Warszawa 1905. Dokumentation: S. Kieniewicz (Hg.), Galicja w dobie autonomicznej 1850–1914, Wrocław 1952.

16 Wandycz, The Lands of Partitioned Poland, S. 220–226.

17 P. Brock, The Early Years of the Polish Peasant Party 1895–1907, in: JCEA 14 (1954), S. 219–235; K. Dunin-Wąsowicz, Dzieje stronnictwa ludowego w Galicji, Warszawa 1956.

18 J. Buszko, H. Dobrowolski, Udział Galicji w rewolucji 1905–1907, Kraków 1957.

19 H. Bagiński, U podstaw organizacji wojska polskiego 1908–1914, Warszawa 1935.

20 A. Garlicki, Geneza legionów: Zarys dziejów TKSSN, Warszawa 1964.

21 F. Schinkel, Polen, Preußen und Deutschland. Die polnisch-deutsche Frage als Problem der preußisch-deutschen Nationalstaatsentwicklung, Breslau 1931; L. Trzeciakowski, Pod pruskim zaborem, Warszawa 1973; J. Feldman, Bismarck a Polska, Warszawa [2]1966.

22 L. Trzeciakowski, The Prussian State and the Catholic Church in Prussian Poland 1871–1914, in: Slavic Review 26, (1967), S. 618–637; ders., Polskie ugrupowania polityczne zaboru pruskiego wobec Niemiec 1871–1918, in: Dzieje Najnowsze 4 (1972), S. 25–44.

23 L. Bernhard, Die Polenfrage, S. 121 f.

24 H. Neubach, Die Ausweisung von Polen und Juden aus Preußen 1885–86, Wiesbaden 1967; J. Mai, Die preußisch-deutsche Polenpolitik 1885–1887, Berlin 1962.

25 S. die ausführliche Darstllung in: W. Jakóbczyk (Hg.), Dzieje Wielkopolskie, Bd. 2, Poznań 1973.

26 S. Kubiak, Ruch socjalistyczny w Poznańskiem 1872–1890, Poznań 1961.

27 C. Klessmann, Polnische Bergarbeiter im Ruhrgebiet 1870–1945 ..., Göttingen 1978; K. Murzynowska, Die polnischen Erwerbsauswanderer im Ruhrgebiet während der Jahre 1880–1914, Dortmund 1979.

28 L. Trzeciakowski, Polityka polskich klas posiadających w Wielkopolsce w erze Capriviego, 1890–1894, Poznań 1960.

29 A. Galos, F. H. Gentzen, W. Jakóbczyk, Die Hakatisten: der Deutsche Ostmarkverein 1894–1934, Berlin 1966; R. Tims, Germanizing Prussian Poland ... 1894–1919, New York 1941.

30 R. Korth, Die preußische Schulpolitik und die polnischen Schulstreiks, Würzburg 1963.

31 M. Pirko, Bülow a sprawa polska, Warszawa 1963.

Anmerkungen zu 4.4

1 L. Grosfeld, Polityka Państw centralnych wobec sprawy polskiej w l. 1914–1918, Warszawa 1962, S. 33f.

2 I. Geiss, Der polnische Grenzstreifen. Ein Beitrag zur deutschen Kriegszielpolitik im Ersten Weltkrieg, Lübeck, Hamburg 1960, S. 150ff.; W. Basler, Deutschlands Annexionspolitik in Polen und im Baltikum 1914–1918, Berlin 1962; W. Conze, Polnische Nation und deutsche Politik im Ersten Weltkrieg, Köln, Graz 1958.

3 W. Recke, Die polnische Frage als Problem der europäischen Politik, Berlin 1927, S. 205.

4 R. Dmowski, Politika Polska i odbudowanie państwa polskiego, Warszawa 1929, S. 505f.

5 A. Dallin, The Future of Poland, in: Russian Diplomacy and Eastern Europe 1914–1917, New York 1963, S. 1–77; J. Holzer, J. Molenda, Polska w pierwszej wojnie światowej, Warszawa 1973; J. Pajewski, Wokół sprawy polskiej: Paryż, Lozanna, Londyn, Poznań 1970; T. Komarnicki, The Rebirth of the Polish Republic 1914–1920, London 1957; zum Kampfverlauf W. Lipiński, Walka zbrojna o niepodległość Polski 1905–1918, Warszawa 1931.

6 Broszat, Zweihundert Jahre deutsche Polenpolitik, S. 181–188.

7 G. Linde, Die deutsche Politik in Litauen im ersten Weltkrieg, Wiesbaden 1965; H. J. Beyer, Die Mittelmächte und die Ukraine, München 1956; O. S. Fedyshyn, Germany's Drive to the East and the Ukrainian Revolution 1917–1918, New Brunswick, N.J., 1971.

8 L. L. Gerson, Woodrow Wilson and the Rebirth of Poland 1914–1920, New Haven, Conn., 1953; V. S. Mamatey, The United States and East Central Europe ... Princeton, N.J., 1957; M. Leczyk, Komitet Narodowy Polski a Ententa i Stany Zjednoczone 1917–1919, Warszawa 1966.

9 P. S. Wandycz, Soviet-Polish Relations 1917–1921, Cambridge, Mass., 1969.

10 M. Wrzosek, Polskie korpusy wojskowe w Rosji w l. 1917–1918, Warszawa 1969.

11 M. K. Dziewanowski, Piłsudskis Federal Policy 1919–1921, in: JCEA 10 (1950), S. 113–128, 271–287; ders., Joseph Piłsudski. A European Federalist 1918–1922, Stanford, Calif., 1969.

5 Polen in der Zwischenkriegszeit und im Zweiten Weltkrieg (1918–1944)

5.1 Der Kampf um die Grenzen (1918–1921)

Mit dem militärischen Zusammenbruch und dem politischen Kollaps der Monarchien in Rußland, Österreich-Ungarn und Deutschland geriet der durch den Ersten Weltkrieg und die Oktoberrevolution bereits schwer erschütterte ostmitteleuropäische Raum völlig aus den Fugen. Der danach von der Ostsee bis zur Adria reichende Gürtel von Nachfolgestaaten verlieh der Landkarte des östlichen Mitteleuropa ein völlig neues Aussehen. Politische Instabilität herrschte lange vor, weil die nur mühsam beigelegten Grenzkonflikte zwischen den neuen Nachbarn dauernd die Gefahr militärischer Verwicklungen und damit eines unmittelbaren Eingreifens der Großmächte heraufbeschworen. Das Fortbestehen starker interner ethnischer und sozialer Spannungen, die wegen der nur langsam vorankommenden politischen und wirtschaftlichen Konsolidierung immer wieder neu angefacht wurden und eine große Furcht vor revolutionären Umwälzungen aufkommen ließen, sowie die Drohung eines gewaltsamen Exports der Revolution durch Sowjetrußland beeinträchtigten ebenfalls das Entstehen wirklich gefestigter Verhältnisse. Polen stellte dabei keine Ausnahme dar, zumal das Pariser Nationalkomitee und die Rechtsparteien im Lande ihr wichtigstes Ziel in der Realisierung ihrer „piastischen Konzeption" mit einem betont nationalen Großpolen unter Frontstellung dem Deutschen Reich gegenüber sahen, während ihre innenpolitischen Gegner in Anknüpfung an das jagiellonische Reich die föderative Angliederung der litauischen, weißruthenischen und ukrainischen Siedlungsgebiete innerhalb der historischen Grenzen von 1772 verfochten. Der schließlich erzielte Kompromiß, die Errichtung eines Nationalitätenstaates mit nationalstaatlichen Ansprüchen, konnte weder die sich bald in offener, sachlich und personell bedingter Gegnerschaft gegenüberstehenden Parteien noch die betroffenen ethnischen Minderheiten zufriedenstellen, die mit Unterstützung ihrer Mutterländer immer entschiedener gegen ihre sprachliche, religiöse und nationale Bedrükkung aufbegehrten.

Noch unter deutscher Besatzung hatte der Warschauer Regentschaftsrat am 7. X. 1918 ein „vereinigtes unabhängiges Polen" proklamiert und am 12. X. die „Polnische Wehrmacht" auf „das Vaterland, den polnischen Staat und den Regentschaftsrat" vereidigen lassen. Im galizischen Krakau war am 27. X. eine „Allparteiliche Liquidationskommission" entstanden, der sich am 7. XI. in Lublin eine „Vorläufige Volksregierung" unter

Ignacy Daszyński entgegenstellte, die in ihrem sozialrevolutionären Programm die Verstaatlichung der Industrie, die Mitsprache der Arbeiter und die Enteignung und Parzellierung des Großgrundbesitzes forderte. Bei dem vollständigen Machtverfall der deutschen und der österreichischen Besatzungsmacht konnte Piłsudski durch entschlossenes Handeln interne Konflikte unterbinden, die wegen der unterschiedlichen politischen Zielsetzungen im Lande selbst und in der Emigration entstanden waren; als die Nationaldemokraten den am 14. XI. 1918 zum Premier ernannten Daszyński boykottierten, beauftragte Piłsudski bereits am 18. XI. den gemäßigten Sozialisten Jędrzej Moraczewski mit der Regierungsbildung und stellte ihm die Aufgabe, zum frühest möglichen Zeitpunkt allgemeine und direkte Wahlen zu einem verfassungsgebenden Sejm vorzubereiten. Obschon die vollziehende Gewalt nur in dem von deutschen Truppen geräumten ehemaligen Königreich Polen, den angrenzenden Westgouvernements und in Westgalizien ausgeübt wurde, bezog das am 28. XI. vorgelegte Wahlgesetz auch Oberschlesien, Posen, Westpreußen und Masuren, aber nicht die früheren litauischen Ostgebiete für die auf den 26. I. 1919 festgelegten Parlamentswahlen mit ein. Ohne die Zustimmung der Alliierten, die Piłsudski als früheren Verbündeten der Mittelmächte mit großer Reserve gegenüberstanden und eher zu den Vorstellungen Dmowskis tendierten, konnten keine Entscheidungen über die Erweiterung des polnischen Staatsterritoriums getroffen werden.
Dieser Umstand zwang Piłsudski, einen Ausgleich mit dem Pariser Nationalkomitee und den Rechtsparteien im Lande zu suchen. Hoch- und Mitteladel, die Mehrheit des Bürgertums und Teile der wohlhabenden Bauern unterstützten aus Angst vor sozialen Umwälzungen die nationaldemokratischen Vorstellungen und schlossen sich am 5. II. 1919 im Nationalen Volksverband *(Związek Ludowo-Narodowy = ZL-N)* mit dem Ziel zusammen, eine weitgehende Agrarreform zu verhindern, die Privatinitiative und die Industrialisierung zu fördern und eine Entente-freundliche Außenpolitik zu betreiben. Einen Monat zuvor hatte der von der Rechten dilettantisch durchgeführte, sofort niedergeschlagene Putsch Piłsudski die Möglichkeit geboten, rechte wie linke Extremisten in die Schranken zu verweisen. Die Polnische Sozialistische Partei *(PPS)* konnte der Unterstützung der Arbeiterschaft und der linken Intelligenz sicher sein[2]. Die breite Masse der Bauern wurde von den drei 1919 nur kurzfristig verschmolzenen Flügeln der Polnischen Volkspartei *(Polskie Stronnictwo Ludowe = PSL)* vertreten, wobei die katholisch orientierte *Piast*-Richtung mit der Forderung nach einer moderaten Bodenreform eher die Mittelbauern repräsentierte, während die auf Galizien konzentrierte *Lewica* und das kongreßpolnische *Wyzwolenie* für ihre kleinbäuerliche Klientel eine radikale Landaufteilung verlangten. Die am 16. XII. 1918 aus der Sozialdemokratie des Königreichs Polen und Litauen *(SDKPiL)* und dem linken Flügel der *PPS* hervorgegangene, straff organisierte Kommunistische Partei Polens *(KPP)* wurde bereits im Januar 1919 verboten, weil sie

POLEN im 20. Jahrhundert

LETTLAND
LITAUEN
Memel
Memel
Tilsit
Kowno
Wilna
T
USSEN
Minsk
Grodno
Białystok
Narew
WEISSRUSSLAND
Bug
Brest-Litowsk
Pripjet
Lublin
Bug
Chełm
Sandomierz
San
Przemysl
Lemberg
UKRAINE
Tarnopol
Stanislawow
RPATHO-RUSSLAND
RN
Czernowitz
RUMÄNIEN
UdSSR
100 Km

gemäß ihres internationalistischen Programms das neue Staatswesen konsequent ablehnte und bis 1923/24 für den Anschluß Polens an die UdSSR eintrat. Mit zeitweise bis zu 12 000 Mitgliedern übte sie nur einen bescheidenen Einfluß aus, weil ihr proletarischer Internationalismus, die völlige Abhängigkeit von Moskau und ihr kämpferischer Atheismus in dem so stark vom Katholizismus geprägten Polen mit starken nationalistischen Gefühlen und der lebendigen Erinnerung an die russische Herrschaft kein Echo fanden[3].

Bei den Wahlen zur Konstituanten erhielt die vereinigte Rechte 34% der Stimmen, während die Bauernlinke mit 21% wesentlich besser als die *PPS* mit 13% abschnitt; die Parteien der Mitte kamen auf rd. 30%. Piłsudski hatte diesem Trend bereits am 16. I. 1919 mit der Ablösung der von der Linken getragenen Regierung Moraczewski durch ein bürgerliches Kabinett Paderewski entsprochen, in dem er selbst zusätzlich das Außenministerium übernahm. Dmowski, dessen Vorstellungen sich Piłsudski in einem Brief vom 21. XII. 1918 angenähert hatte, sollte als Chef der polnischen Delegation die Territorialforderungen auf der Pariser Friedenskonferenz vertreten. Der Sejm beschloß am 20. II. 1919 auf seiner konstituierenden Sitzung bis zur Verabschiedung eines neuen Grundgesetzes eine „Kleine Verfassung" und übertrug Piłsudski in der Erwartung, er würde ein Übereinkommen mit dem Parlament suchen, die gesamte zivile und militärische Exekutive. Während im Verfassungsausschuß unter den beteiligten Parteien bei zunehmender Verhärtung der Positionen um eine Lösung der Nationalitäten- und der Agrarfrage gerungen wurde, spitzte sich der Kampf um die Grenzen dramatisch zu.

Eine wichtige Entscheidung war bereits Anfang Januar 1919 gefallen, als der am 27. XII. 1918 bei der Ankunft Paderewskis in Posen ausgebrochene Aufstand bis zum 8. I. 1919 fast die ganze Provinz in polnische Hand brachte und damit ein nicht mehr revidierbares *fait accompli* für die im Februar aufgenommenen Beratungen der Kommission für polnische Angelegenheiten auf der Friedenskonferenz schuf[4]. Die deutsche Reichsregierung, der Rat der Volksbeauftragten, hatte als erste das neue Polen diplomatisch anerkannt und mit Harry Graf Kessler einen Gesandten nach Warschau geschickt, doch waren Mitte Dezember 1918 auf Druck des Pariser Nationalkomitees diese Kontakte abgebrochen worden, obschon die Bereitschaft zur Abtretung der von Polen bewohnten Distrikte der Provinz Posen von deutscher Seite signalisiert worden war. Die weitergehenden polnischen Forderungen wurden in der deutschen Öffentlichkeit als nicht zu überbietender Ausdruck polnischer Überheblichkeit und Größenwahns gewertet; die Tatsache, daß eine der wichtigsten Kornkammern und ein vielversprechendes industrielles Entwicklungsgebiet wegen der deutschen militärischen Schwäche fast kampflos aufgegeben werden mußte und dadurch die polnische Grenze nur in 160 km Entfernung von der deutschen Hauptstadt verlief, prägte sich als Symbol der Niederlage, der Revolution und der suspekten demokratischen Veränderungen in das deutsche Nationalbewußtsein ein. Auch wenn – nicht zuletzt auf Insistieren Lloyd Georges' – die Friedenskonferenz die polnischen Forderungen nach 84198 km² Reichsterritoriums auf ein Gebiet von 42927 km² mit knapp 3 Mill. Bewohnern reduzierte, so lösten die Abtrennung fast der gesamten Provinz Posen, von Teilen Mittelschlesiens und des pommerellischen Herzstücks von Westpreußen zur Sicherung des polnischen Zugangs zum Meer sowie die Anordnung von Plebisziten in Oberschlesien und den strittigen Gebieten um Marienwerder und Allenstein (Art. 87–98 des Versailler Vertrags) besonders starke deutsche Empörung aus. Die Erhebung Danzigs zur Freien Stadt mit einem Gebiet von 1914 km² mit 315000 deutschen und etwa 10000 polnischen Einwohnern (Art. 100–108 VV) sollte auch nach der genauen Festlegung der wirtschaftlichen und verkehrspolitischen Rechte Polens am 24. X. 1921 wegen der beiderseitigen unerbittlichen Verteidigung ihrer vermeintlichen Rechtspositionen weiterhin das deutsch-polnische Verhältnis belasten[5].

Die Entfesselung des ersten der drei Schlesischen Aufstände im August 1919, wodurch die Polen eine territoriale Entscheidung vor der Durchführung des Plebiszits erzwingen wollten, heizte die antipolnische Stimmung im Deutschen Reich weiter an. Auch nach dem Einrücken alliierter Truppen in Oberschlesien und der vernichtenden Abstimmungsniederlage der Polen am 11. VII. 1920, als im Bezirk Allenstein lediglich 2,2%, in Marienwerder nur 7,6% der Stimmberechtigten für den Anschluß an Polen votierten, blieb die Lage wegen des polnisch-sowjetischen Konflikts verworren. Das Plebiszit am 20. III. 1921 in Oberschlesien erbrachte 59,6% der Stimmen für den Verbleib bei Deutschland und 40,4% für die Angliederung an Polen; den Richtlinien des Versailler Vertrags (Art. 88) entsprechend nahm der Völkerbundsrat am 20. X. 1921 eine Aufteilung der Provinz unter weitgehender Berücksichtigung der lokalen Abstimmungsergebnisse derart vor, daß Polen ein Gebiet von 3213 km² mit rd. 1 Mill. Einwohnern, aber mit 85% aller Kohlevorräte und 75% der Industrieanlagen erhielt, das Deutsche Reich immerhin mit 9713 km² und 1,3 Mill. Einwohnern drei Viertel des Gebiets und 56% der Bewohner zugesprochen bekam. Die deutsche Enttäuschung über die angebliche Komplizenschaft der Alliierten mit den Polen und die dadurch ausgelöste Zerreißung des nach dem Ruhrgebiet größten industriellen Ballungsraums kannte keine Grenzen[6].

Als Vorbedingung für den Gebietserwerb im Westen hatte Polen am 28. VI. 1919 einen Minderheitenschutzvertrag zu unterzeichnen, der die deutsche und jüdische Bevölkerung vor einer raschen und gewaltsamen polnischen Assimilierungspolitik schützen sollte[7].

Trtozdem setzte, besonders in der Provinz Posen, eine Verdrängung der deutschen Bevölkerung ein, die 1923/24 im sog. Optantenstreit ihren Höhepunkt erreichte und auch wegen der wachsenden wirtschaftlichen und sprachlichen Diskriminierung bis 1929 über 700000 Deutsche zur Abwanderung veranlaßte[8].

Die zwischen 1919 und 1921 von den Alliierten durchgesetzte deutsch-polnische Grenze wurde in Polen, insbesondere von der Rechten, als Benachteiligung und als halbe Niederlage empfunden; in der Weimarer Republik wurde sie nicht hingenommen, geschweige denn anerkannt. Die Forderung nach einer umfassenden Revision der Ostgrenze fand mit Ausnahme der KPD bei allen deutschen Parteien und zahlreichen Gelehrten und Publizisten die vorbehaltlose Unterstützung, prägte die Außenpolitik aller Kabinette entscheidend mit und wurde zu einem der wenigen echten nationalen Integrationsfaktoren für die nach der Niederlage so verunsicherte deutsche Öffentlichkeit.
Einen Mißerfolg hatte Polen im Streit mit der Tschechoslowakei um das Gebiet von Teschen hinzunehmen. Nach der Besetzung der westlichen Hälfte durch tschechische Truppen kam es Ende Januar 1919 zu Kampfhandlungen, die am 3. II. mit der Vereinbarung beendet wurden, nach einer Volksabstimmung den Grenzverlauf festzulegen. Dieses auch vom Obersten Rat der Alliierten gebilligte Verfahren war aber nicht zu realisieren, so daß die Botschafterkonferenz am 28. VII. 1920 einen Schiedsspruch fällte, der Polen lediglich den Ostteil des umstrittenen Gebiets bis zum Fluß Olsa mit rd. 1 000 km^2 und 142 000 Einwohnern zusprach, der ČSR aber den dank seiner Berg- und Hüttenwerke wertvolleren Westteil mit 1 220 km^2 und knapp 300 000 Menschen beließ, von denen je ein Viertel Polen und polnisch sprechende Schlonzaken waren[9]. Erst durch die Entscheidung der Botschafterkonferenz vom 16. IX. 1924 über den Verlauf der gemeinsamen Staatsgrenze in der Javorina und der Orava wurden zwischen den beiden slawischen Nachbarn die leidigen, quantitativ in keinem Verhältnis zu den geweckten Emotionen stehenden territorialen Querelen endgültig beigelegt.
Währenddessen machte sich Piłsudski konsequent daran, sein von der Nationaldemokratie nur mit Vorbehalten unterstütztes Konzept zu realisieren, die Ostgrenzen von 1772 unter Berufung auf das historische Staatsrecht wiederzugewinnen. In der Erwartung, Rußland werde nach der Oktoberrevolution langfristig als Hegemonialmacht in Osteuropa ausfallen, stellte Piłsudski den Litauern, Weißruthenen und Ukrainern eine Restauration der alten jagiellonischen Föderation in einer modernen Form und wirkungsvollen Schutz vor den Bolschewiki in Aussicht[10]. Mit der Einnahme Wilnas im April 1919 und der folgenden Besetzung weißruthenischer Gebiete bis nach Minsk schuf Piłsudski ein *fait accompli,* das im Juni 1919 mit der Eroberung Ostgaliziens territorial ausgeweitet werden konnte. Die 1918 gebildeten Nationalregierungen der Litauer, Weißruthenen und Ukrainer, die nationalstaatliche Ansprüche erhoben und daher sowohl gegen die Bolschewiki als auch gegen die Polen Front machten, konnten sich wegen des Ausbleibens westalliierter Schützenhilfe gegen den doppelten Druck nicht behaupten. Der Oberste Rat schlug am 8. XII. 1919 den Verlauf der Ostgrenze entlang der Flüsse Bug und San (der erst später so benannten Curzon-Linie) vor[11]; unter Mißachtung

dieser Lösungsmöglichkeit führte Piłsudski im Winter 1919/20 Verhandlungen mit der Regierung der Russischen Sozialistischen Föderativen Sowjetrepublik (RSFSR), die am 28. I. 1920 unter Berücksichtigung des tatsächlichen polnischen Machtbereichs einer viel weiter östlich, etwa von Drissa im Norden nach Bar im Süden, verlaufenden Demarkationslinie zustimmte. Als jedoch am 21. IV. 1920 ein Offensivpakt mit der Ukrainischen Volksrepublik unter Ataman Š. Petljura abgeschlossen werden konnte, löste Piłsudski am 26. IV. eine Offensive aus, die am 7. V. in der Einnahme Kiews gipfelte. Der am 2. VI. begonnenen sowjetischen Gegenoffensive unter Tuchačevskij, bei der die Entfesselung der kommunistischen Revolution in Mitteleuropa proklamiert und Mitte Juli in Białystok als Vorstufe einer Regierung für ein künftiges „Sowjet-Polen" ein Provisorisches Komitee eingesetzt wurde, konnte Polen wenig Widerstand entgegensetzen. Der am 16. VIII. mit dem sog. Wunder an der Weichsel eingeleitete Gegenschlag führte dann aber eine rasche Entscheidung im polnisch-sowjetischen Krieg herbei. Bei den nach dem 12. X. in Riga geführten Friedensverhandlungen kam es zwischen den gebietshungrigen „ Föderalisten" und den einen starken Nationalstaat fordernden „Unitaristen" innerhalb der polnischen Delegation zu heftigen Auseinandersetzungen. Mit der Unterzeichnung des Friedens von Riga am 18. III. 1921 konnte eine Festlegung der polnisch-sowjetrussischen und der polnisch-sowjetukrainischen Grenze rd. 150 km östlich der Curzon-Linie erzielt werden, die weitgehend den polnischen Forderungen entsprach[12]. Der Coup des Generals Żeligowski vom 9. X. 1920 hatte Polen zudem das umstrittene Wilna-Gebiet mit rd. 37 000 km^2 und 1 Mill. Einwohnern eingetragen; der am 24. III. 1922 vollzogenen Eingliederung stimmte am 15. III. 1923 trotz litauischer Proteste die alliierte Botschafterkonferenz zu[13]. Dabei wurde auch die seit 1919 angefochtene Annexion Ostgaliziens durch Polen sanktioniert. Unter Aufgabe eines wirklich föderalistischen Programms und nach dem Sieg des Nationalstaatsgedankens wurde das neue Polen als nationalpolitischer Einheitsstaat konzipiert und begonnen, durch zunehmenden Polonisierungsdruck die Rechte der nationalen Minderheiten, die rd. ein Drittel der Bevölkerung stellten, zu beeinträchtigen. Damit wuchs Polen, das mit Ausnahme Rumäniens und Lettlands mit allen seinen anderen Nachbarn verfeindet war, ein Konfliktpotential zu, das die Geschicke der II. Republik entscheidend beeinflussen sollte.

Erst nach dem Frieden von Riga im März und der Aufteilung Oberschlesiens im Oktober 1921 stand fest, daß der neue polnische Staat ein Territorium von über 388 000 km^2 mit mehr als 27 Mill. Einwohnern umfaßte, von denen sich allerdings nur knapp 19 Mill. zur polnischen Nationalität bekannten. Mehrfach, zuletzt im Sommer 1920, war die Kriegswalze über die polnischen Lande gerollt und hatte im Verein mit den hohen Requisitionen Schäden in Höhe von 73 Mrd. Goldfranc hinterlassen[14]. Außer der Schwierigkeit, vier unterschiedliche Verwaltungs-, Rechts-, Finanz-, Verkehrs- und Bildungssysteme zu koordinieren, sahen sich die polnischen Behörden vor die Aufgabe gestellt, die im ganzen unzulängliche wirtschaftliche Ausstattung, eine erhebliche strukturelle Unausgewogenheit sowie die regionalen Gegensätze im technischen Entwicklungsstand zu überwinden und die unter sich fast beziehungslosen Wirtschaftsgebiete, deren Ergänzungsräume jetzt außerhalb der Grenzen lagen, zu einer ökonomischen Einheit zu integrieren. Das fast vollständige Fehlen wertvoller Rohstoffe, der chronische Kapitalmangel, der wenig aufnahmefähige Binnenmarkt sowie häufige politische und finanzielle Krisen hemmten den industriellen Ausbau.

Das frühere russische Teilungsgebiet, das in sich selbst in die *Kresy,* die dem russischen Zartum einst voll eingegliederten östlichen Grenzprovinzen (37% des polnischen Territoriums mit 4,8 Mill. Einwohnern weißruthenischer, ukrainischer, polnischer und jüdischer Herkunft), und Kongreßpolen (30% Nachkriegspolens mit 10,5 Mill. vorwiegend polnischen Einwohnern) zerfiel, war mit Ausnahme der für den zuvor für den russischen Binnenmarkt produzierenden Textilindustrie um Łódź und Białystok, der ebenfalls auf östliche Abnehmer eingestellten Metallindustrie um Warschau und wenige Holzverarbeitungsbetriebe arm an Industrie. Im österreichischen Galizien (20% des polnischen Territoriums mit 7,75 Mill. Bewohnern, darunter zahlreichen Ukrainern), dem Armenhaus Europas, waren allein die den lokalen Bedarf der Landwirtschaft befriedigende Metallverarbeitung, die bescheidene Petroleumraffination, die Salzgewinnung sowie schließlich die Wolltuchherstellung im Raum Bielsko-Biała auf industrieller Basis betrieben worden. In Posen und Westpreußen (11% der Fläche Polens mit 2,9 Mill. Einwohnern) hatte sich eine hochentwickelte Nahrungsmittelindustrie und eine für den lokalen Bedarf ausreichende Gebrauchsgütererzeugung etabliert. Im ostoberschlesischen Industriegebiet (0,8% des Territoriums mit 1 Mill. Einwohnern), das sich mit dem kongreßpolnischen Dąbrowa-Becken gut ergänzte, war Polen im äußersten Südwesten des Staatsgebiets eine vielseitig entwickelte, großbetrieblich organisierte Montan- und Schwerindustrie eingegliedert worden, deren Abhängigkeit vom deutschen Absatz- und Versorgungsmarkt freilich bis 1925 fortbestand[15].

Während 1921 (1931) nur 10,3% (15,1%) der polnischen Erwerbstätigen ihren Unterhalt in der Industrie und 3,7% (4,8%) in Handel und Gewerbe fanden, hingen 72,3% (64,9%) der Beschäftigten und 63,8% (60,9%) der Gesamtbevölkerung von der Landwirtschaft ab[16]. So stellte sich als Kernproblem jeder Modernisierung in Polen die Besserung oder gar Beseitigung der strukturellen Mängel des sozioökonomischen Gefüges auf dem Agrarsektor dar. Es galt, vorrangig der ungleichen Verteilung der in Landwirtschaft und Industrie tätigen Bevölkerung zu begegnen und die ungesunde agrarische Betriebsstruktur, eine Folge der Überbevölkerung des Dorfes mit der latenten Unterbeschäftigung der Bauern, zu überwinden. Trotz größter Bedürfnislosigkeit der Bauern reichten die Erträge der Feld-

und Viehwirtschaft auf den unrentablen Klein- und Zwergbetrieben Kongreßpolens, Galiziens und der kulturell und ökonomisch noch stärker zurückgebliebenen östlichen Wojewodschaften nicht einmal zur Sicherstellung des Lebensunterhalts aus. Nur 3,5% des pflügbaren Bodens standen dem Drittel aller Betriebe offen, die weniger als zwei Hektar umfaßten; zwei Drittel aller Bauern besaßen Höfe von weniger als 5 ha, die nicht einmal 15% der Ackerfläche bedeckten. Güter von 50 und mehr Hektar machten zwar nur 0,9% aller Betriebseinheiten aus, kontrollierten aber mit 47,3% fast die Hälfte aller landwirtschaftlichen Nutzfläche. Allein eine umfassende Industrialisierung schien in Polen Gewähr dafür zu bieten, der im 19. Jh. entstandenen übermäßigen Bevölkerungsvermehrung um das Dreifache mit der Eröffnung einer Abwanderung der verelendeten Bauern in die Städte Herr zu werden[17].
Die Schwierigkeiten, aus diesen unausgewogenen strukturellen Grundlagen einen neuen volkswirtschaftlichen Organismus zu schaffen sowie Landwirtschaft, Industrie und Verkehr auf die Bedürfnisse des eigenen Marktes und des Exports abzustimmen, wurden durch das Fehlen eines einheitlichen Verwaltungsapparats, die Kapitalarmut und die Instabilität der politischen Ordnung in den Anfangsjahren potenziert. Die zur Beseitigung der Kriegsschäden und zur Wiederingangsetzung der Wirtschaft benötigten Investitionen konnten von den rasch wechselnden Regierungen zunächst nur durch die verstärkte Inanspruchnahme der Notenpresse bereitgestellt werden. Die internen Querelen über Ausrichtung und Ziele der neuen Republik engten den wirtschaftspolitischen Spielraum ebenso ein wie der Unterhalt einer kostenintensiven Armee.

5.2 Polen als parlamentarische Republik (1921–1926)

Obschon mit der Verabschiedung der Kleinen Verfassung am 20. II. 1919 eine gewisse Konsolidierung Polens eingeleitet wurde, löste der trotz der offenen Grenzfragen mit wachsender Verbitterung geführte Kampf der Parteien um die Inhalte der neuen Verfassung eine spürbare Verschlechterung des innenpolitischen Klimas aus. In der Frage der Einbindung der nationalen Minderheiten, denen die *PPS* sogar eine Territorialautonomie einzuräumen bereit war, und bei der Durchführung der unaufschiebbaren Agrarreform klafften die Vorstellungen besonders weit auseinander; die Unnachgiebigkeit der Bauernparteien führte am 31. VIII. zur Umbildung und am 9. XII. 1919 zur Demission der Regierung Paderewski[18], der im raschen Wechsel die Kabinette Skulski (bis 19. IV. 1920) und Grabski (bis 24. VII. 1920) folgten. Angesichts der sowjetischen Bedrohung stellte der Bauernpolitiker Wincenty Witos eine „Regierung der nationalen Verteidigung“ zusammen, die am 17. III. 1921 das Verfassungspaket über die parlamentarischen Hürden brachte. In Anlehnung an die Verfassung vom 3. V. 1791 und das französische Staatsgrundgesetz wurde den zwei Kam-

mern, dem 444 Abgeordnete zählenden Sejm und dem auf 111 Mitglieder begrenzten Oberhaus, dem Senat, die aus allgemeinen, gleichen, direkten und geheimen Wahlen hervorgehen sollten, die eigentliche Staatsgewalt übertragen. Aus Vorbehalten gegen die unangefochtene Autorität des amtierenden Staatschefs Piłsudski hatten die Rechtsparteien durchgesetzt, daß die Befugnisse des von der Nationalversammlung zu wählenden Staatsoberhaupts weitgehend auf repräsentative Aufgaben beschränkt blieben. Die dem Parlament übertragene Allmacht enthielt infolge des herrschenden Vielparteiensystems mit fließenden ideologischen und organisatorischen Überlappungen von vornherein ein Element der Instabilität und gefährdete wegen der Schwierigkeit zuverlässiger Mehrheitsbildung die staatspolitische Kontinuität[19].
Da eine Wahlordnung noch nicht beschlossen worden war, löste sich die Konstituante nach der Verabschiedung der Verfassung nicht auf, sondern setzte ihre Arbeit bis zum November 1922 in dem Bestreben fort, den seine Prärogativen aus der „Kleinen Verfassung" herleitenden Piłsudski in die Schranken zu weisen. Da es nicht gelang, die inflationäre Geldentwertung und die sich daraus ergebenden Spannungen in den Griff zu bekommen, folgten dem am 13. IX. 1921 gestürzten Witos in 15 Monaten weitgehend aus Beamten gebildete Kabinette nach, wobei im Juli 1922 die von Piłsudski gestützte Regierung Śliwiński und das vom Sejm berufene Kabinett Korfanty nebeneinander regierten. Die am 28. VII. verabschiedete Wahlordnung benachteiligte die Minderheiten, die sich deshalb unter jüdischer und deutscher Führung zum Block der Nationalen Minderheiten zusammenschlossen[20]. Bei den am 5./12. XI. 1922 durchgeführten Wahlen blieben die vereinigten Rechtsparteien (*ZL-N:* Nationaldemokraten, Christlich Nationale, Nationale Arbeiterpartei) mit 29% der Stimmen und 163 Mandaten die stärkste Gruppierung, während sich die *PPS* mit 10,3% und 41 Mandaten sowie *SL-Wyzwolenie* mit 11% und 49 Mandaten behaupten konnten. *Piast* hatte 13,2% und 70 Mandate, der Minderheitenblock 16% und 87 Mandate gewonnen, so daß ihnen künftig die Rolle des Züngleins an der Waage zukam. Da Piłsudski auf eine Kandidatur für das Präsidentenamt verzichtete, konnte sich bei der am 9. XII. durchgeführten Wahl im 5. Scrutinum der von der Bauernlinken unterstützte Professor G. Narutowicz gegen den Vertreter der Rechten, Graf M. Zamoyski, mit Hilfe der Stimmen der Minderheitenvertreter durchsetzen, fiel aber bereits am 16. XII. dem Attentat eines nationalen Fanatikers zum Opfer. Unter dem Schock dieses Ereignisses wurde am 17. XII. die überparteiliche Regierung W. Sikorski gebildet und am 20. XII. der *Piast*-Kandidat S. Wojciechowski zum Staatsoberhaupt gewählt. Piłsudski legte die ihm verbliebenen Ämter des Generalstabschefs und des Vorsitzenden des Verteidigungsrates im Sommer 1923 nieder und zog sich verbittert auf sein kleines Gut Sulejówek zurück.
Damit hatte sich die im *ZL-N* zusammengeschlossene, unter Führung der Nationaldemokraten stehende Rechte durchgesetzt, zumal sie künftig mit

der Unterstützung der *SL-Piast* rechnen durfte. Mit dem Scheitern Sikorskis am 26. V. 1923 und der Ernennung eines Kabinetts Witos wurde die Linke in die Opposition verwiesen. Da Witos aber aus Rücksichtnahme auf den Großgrundbesitz mit der Durchführung der Agrarreform zögerte und sich seine Maßnahmen zur Inflationsbekämpfung als unwirksam erwiesen, mußte er am 14. XII. um seinen Rücktritt einkommen. Als Nachfolger konnte sich mit wechselnder parlamentarischer Unterstützung bis November 1925 der als Wirtschafts- und Währungsfachmann geltende W. Grabski behaupten, dem es dank besonderer Vollmachten im Frühjahr 1924 gelang, in einer Währungsreform die polnische „Mark" durch den (Gold-)*Złoty* zu ersetzen, durch rigorose Sparmaßnahmen und den Verkauf von Staatsbesitz den Haushalt zu sanieren sowie durch Aufnahme von Auslandsanleihen der Wirtschaft neue Impulse zu geben. Katastrophale Mißernten 1924 und 1926, die mit dem Ausbruch des deutsch-polnischen Zollkriegs am 15. VI. 1925 einhergehende Produktionskrise und die hohe Arbeitslosigkeit lösten einen weiteren, besorgniserregenden Währungsverfall aus, bevor mit Hilfe von Auslandskrediten im November 1927 eine gesetzliche Stabilisierung des *Złoty* der Wirtschaft eine kurze Stabilisierungsphase gewährte[21].
Diese dünne Finanzdecke engte den Spielraum bei der Durchführung von Arbeitsbeschaffungsprogrammen ein. Der in blutige Auseinandersetzungen ausufernde Generalstreik vom 6.–8. XI. 1923 und eine Streikwelle im Sommer 1924 wiesen auf die über 360 000 Arbeitslosen hin – etwa ein Drittel der gesamten Industriearbeiterschaft. Auch unter den Bauern gärte es, da die in das am 15. VII. 1920 verabschiedete neue Bodenrecht gesetzten Erwartungen, nämlich Landzuteilungen an Landarbeiter und Kleinbauern sowie eine allgemeine Rentabilitätsverbesserung in der Landwirtschaft, nur zum geringen Teil erfüllt wurden. Die mit den Durchführungsbestimmungen im 2. Agrarreformgesetz vom 28. XII. 1925 verfügte Schaffung neuer Bauernstellen durch Parzellierung von Großgrundbesitz, Neusiedlung, Landzulagen, Flurbereinigung und Bodenverbesserung konnte weder die regionalen Unterschiede in der Betriebsstruktur und in der Intensität der Landbewirtschaftung beseitigen noch den nachdrängenden Bevölkerungszuwachs absorbieren. Bei einem Wachstum um acht auf über 35 Millionen bis 1939 mußten mehr als 2 Mill. Polen ihr Heil in der Auswanderung suchen[22]. Obschon der Anteil der städtischen Bevölkerung langsam, aber kontinuierlich zwischen 1921 und 1931 von 24% auf 27% anstieg, nahm die ländliche Übervölkerung durch die hohe Geburtenrate sogar noch zu[23]. Durch die Umverteilung von etwa 10% der Nutzfläche, über 2,65 Mill. ha Land, entstanden 153 000 Kleinhöfe neu und etwa 500 000 Bauernfamilien erhielten eine Bodenzuteilung; 5 Mill. ha unterlagen der Flurbereinigung. Eine wirkliche Lösung der Agrarfrage war damit aber nicht erreicht worden, was sich in der politischen Radikalisierung der Bauernschaft und 1937 in landesweiten Streiks zeigte.

In der realistischen Einsicht, daß das wiedererstandene Polen mit der Gegnerschaft seiner durch Krieg und Revolution zwar geschwächten, dennoch mächtigen Nachbarn im Osten und im Westen rechnen müsse, blieb der II. Republik während der schwierigen Konsolidierungsphase außenpolitisch kein anderer Ausweg als die enge Anlehnung an die Westmächte. Das Bündnis mit Frankreich vom 19. II. 1921, ergänzt durch die zwei Tage später unterzeichnete geheime Militärkonvention, machte Polen zum wichtigsten Eckpfeiler im *cordon sanitaire* der französischen Nachkriegspolitik und gewährte dem Land Schutz vor einem unprovozierten Angriff. Der Auftrag jedoch, den Druck des sowjetischen Expansionismus und des unversöhnlichen deutschen Revisionismus auf Ostmitteleuropa zu neutralisieren sowie den von den Nachfolgestaaten zwischen Ostsee und Adria ausgefüllten Raum zu stabilisieren, mußte die Kräfte Polens bei weitem überfordern. Zwar sah das am 3. III. 1921 zustandegekommene Bündnis mit Rumänien gegenseitige militärische Hilfe bei einer sowjetischen Aggression vor, doch die herzlichen Kontakte, die Warschau zur ungarischen Regierung pflegte und die eine moralische Unterstützung der magyarischen Revisionspolitik beinhalteten, setzten der polnisch-rumänischen Zusammenarbeit enge Grenzen. Die angestrebte Kooperation mit der Kleinen Entente war wegen der angespannten Beziehungen zur ČSR nicht zu realisieren; der am 6. XI. 1921 von den Außenministern Skirmunt und Beneš geschlossene Vertrag wurde vom Sejm nicht ratifiziert; das zur Regelung der mit dem Streitpunkt Teschen zusammenhängenden Fragen am 23. IV. 1925 vereinbarte Liquidationsabkommen besaß nur formalen Charakter[25]. Wegen der offenen Territorialdispute scheiterten mehrere Anläufe der polnischen Diplomatie, eine gemeinsame Front der Randstaaten von Finnland bis Rumänien gegen die UdSSR zustandezubringen, obgleich sie sich am 17. III. 1922 in Warschau auf einen – freilich nie in Kraft getretenen – Nichtangriffs- und Konsultativpakt geeignigt hatten.
In Erinnerung an die verhaßte zaristische Fremdherrschaft, an die blutige Auseinandersetzung um die neue Ostgrenze sowie die Bedrohung der Eigenstaatlichkeit durch die Bolschewiki und ihre fast durchweg aus den ethnischen Minderheiten stammenden Führungskader im Lande galt Sowjetrußland als der Hauptfeind des neuen Polen. Die sich 1921 anbahnende militärische Zusammenarbeit zwischen Roter Armee und Reichswehr, die im Vertrag von Rapallo am 16. IV. 1922 auch ein politisches Fundament erhielt, wurde in Polen mit großer Beunruhigung zur Kenntnis genommen, auch wenn die vom Reichswehr-Chef H. v. Seeckt am 11. IX. damit verknüpften Erwartungen – „Polens Existenz ist unerträglich und wird verschwinden durch eigene innere Schwäche und durch Rußland – mit unserer Hilfe" – den Zeitgenossen unbekannt blieben. Der am 26. IV. 1926 abgeschlossene Berliner Vertrag, ein weitgehend im Hinblick auf Polen konzipierter deutsch-sowjetischer Neutralitätspakt, gestaltete die deutsch-sowjetische Zusammenarbeit noch enger[26].

Das deutsch-polnische Verhältnis blieb auch nach der Beilegung des Oberschlesien-Konflikts gespannt, weil die sich aus der Grenzfrage und dem anhaltenden Ärger um den „Korridor“, der trotz der Vereinbarung über den Transitverkehr zwischen Ostpreußen und dem Reich vom 21. IV. 1921 nicht abgebaut werden konnte und sich wegen der angeblichen wirtschaftlichen Benachteiligung Danzigs und der kleinlichen Politik gegenüber der deutschen Minderheit dauernd neue Streitpunkte ergaben und kein deutscher oder polnischer Staatsmann den Mut besaß, sich offen zum Ziel einer Aussöhnung zu bekennen. Über die möglichen Konsequenzen der bestehenden bitteren Feindschaft scheint man sich auf beiden Seiten keine Gedanken gemacht zu haben. Auf wirtschaftlichem Gebiet hätte das Deutsche Reich Polen umfassende Hilfe beim Aufbau moderner Einrichtungen und Industrien anbieten können. Doch zwischen dem oberschlesischen Industriegebiet mit seiner vielseitig entwickelten Montan- und Schwerindustrie und dem deutschen Wirtschaftsraum blieb die vom Völkerbundsrat verordnete Zusammenarbeit nur bis zum Auslaufen der Kohle-Abnahmekonvention 1925 bestehen; dabei hatte das Deutsche Reich nach 1922 fast 50% der polnischen Exporte aufgenommen und rd. 40% der polnischen Einfuhren geliefert. Danach setzte ein ruinöser Zollkrieg ein, durch den die Reichsregierungen politische Konzessionen für die in Polen verbliebene deutsche Minderheit und eine partielle Grenzrevision erzwingen wollten[27]. Aus dieser Zwangslage heraus hatte Polen – begünstigt durch den britischen Generalstreik von 1926 – neue Märkte für seine Kohle in den skandinavischen Ländern zu erschließen und durch eine Diversifikation der Produkte und der Handelspartner die Abhängigkeiten zu vermindern versucht. Die Fertigstellung der sog. Kohlenmagistrale und der seit 1922 forcierte Ausbau des Hafens von Gdingen galten als Symbol für den polnischen „Drang zum Meer“, als Beweise der erreichten ökonomischen Effizienz und Dynamik sowie als Grundlage der wirtschaftlichen Unabhängigkeit. Obgleich das Deutsche Reich auch während des Zollkriegs und der Weltwirtschaftskrise seine Stellung als bedeutendster Außenhandelspartner Polens verteidigte, blieben die sich aus einer Wirtschaftskooperation ergebenden Möglichkeiten der politischen Annäherung und eines Abbaus des vorhandenen Mißtrauens unter den Nachbarn ungenutzt[28].

Die von den polnischen Regierungen in dem verständlichen Stolz, die nationale Unabhängigkeit wiedergewonnen zu haben, verfolgte Minderheitenpolitik heizte die latenten Spannungen zu den Nachbarstaaten zusätzlich an[30]. Nach den – wohl zu Recht heftig angezweifelten – offiziellen Angaben waren Polen 4 Mill. Ukrainer, je 1,1 Mill. Deutsche und Weißruthenen sowie 2,1 Mill. Juden und andere ethnische Splittergruppen einverleibt worden, so daß die nationalen Minderheiten wenigstens 31% der Staatsbevölkerung ausmachten. Nach dem vom Völkerbund garantierten Minderheitenschutzvertrag und den Art. 109 und 110 der März-Verfassung von 1921 sollte den Minoritäten ein gewisser, liberalen Ideen entspringender Rechtsschutz in einem nationalpolnischen Einheitsstaat zustehen, wobei das Ziel einer allmählichen freiwilligen Assimilierung nicht geleugnet wurde. Noch bevor die unter dem Einfluß der Nationaldemokraten stehenden Regierungen der frühen 1920er Jahre gezielt daran gehen konnten, durch ihre Boden- und Siedlungspolitik die wirtschaftliche Basis der Minderheiten zu beeinträchtigen und anschließend ihre Kulturautonomie zu beschneiden, sah sich die deutsche Minderheit sogleich nach der Staatsgründung besonders heftigen Repressalien ausgesetzt, da sie – besonders in den westlichen Wojewodschaften – als Mitträgerin früherer Germanisierungsbestrebungen verdächtigt wurde. Zwischen 1919 und 1930 reduzierte sich die Zahl der deutschen Schulen von 564 auf 83; der Bodenanteil in deutscher Hand ging von 1,56 Mill. ha im Jahr 1914 auf 1,04 Mill. ha im Jahr 1926 zurück. Das subjektive Gefühl der Rechtsunsicherheit und der Hilflosigkeit der neuen Staatsmacht gegenüber rief Panikstimmung hervor, die wiederum Angstverkäufe und Abwanderungen begünstigte, so daß bis 1939 etwa 750000 Deutsche in das Deutsche Reich übersiedelten.

Die uneinsichtige polnische Nationalitätenpolitik in den weißruthenischen und ukrainischen Ostgebieten bot sogar den Sowjetbehörden eine Gelegenheit, die Staatsverdrossenheit der Minderheiten zu schüren und Unruhen auszulösen, die 1924 zu einem richtigen Kleinkrieg an der Grenze ausuferten. Da unter dem Unterrichtsminister S. Grabski 1925/26 im Rahmen der Polonisierungsmaßnahmen das Minderheitenschulwesen weitgehend zerschlagen wurde, der uniierte Ritus gegenüber der vorherrschenden römisch-katholischen Kirche benachteiligt war und die orthodoxen Christen strenge Auflagen zu erfüllen hatten, stach die bis etwa 1929 anhaltende, relativ großzügige Förderung der nationalen Kultur in der Weißrussischen und in der Ukrainischen SSR vorteilhaft von der polnischen Unterdrückungspraxis ab und weckte offene Sympathien für die Bolschewiki. Sozialrevolutionäre, sozialdemokratische und moskalophile Gruppen blieben aber neben der am 11. VII. 1925 gegründeten Ukrainischen Nationaldemokratischen Organisation (= *UNDO*) unbedeutend. Als Stalin wegen der Zwangskollektivierung und wegen des Anlaufens des I. Fünfjahrplans Ruhe an der Westgrenze benötigte, vermied er jede Aktualisierung der Revisionsforderungen und nahm die Zerschlagung der im sowjetrussischen Interesse in Ostpolen agierenden Minderheitenorganisationen ohne Protest hin.

Der römisch-katholischen Religion war im Art. 114 der März-Verfassung der erste Platz unter den nominell gleichberechtigten Bekenntnissen eingeräumt worden. Durch das am 10. II. 1925 mit dem Vatikan abgeschlossene Konkordat wurden nicht nur die Diözesangrenzen den neuen Staatsgrenzen angepaßt, sondern die Kirchenorganisation auch auf fünf Erzbistümer – Gnesen/Posen, Warschau, Lemberg, Krakau und Wilna – ausgeweitet und die staatliche Verpflichtung festgeschrieben, an allen Schulen obligatorischen Religionsunterricht durchzuführen[31].

Die Verschlechterung der außenpolitischen Lage, vor allem aber der besorgniserregende wirtschaftliche Verfall mit über 400 000 Arbeitslosen, der von der seit dem 13. XI. 1925 amtierenden Regierung Skrzyński nicht gestoppt werden konnte, Meinungsverschiedenheiten über die Rolle der Armee und die Unzufriedenheit über die durch die extreme Ausbildung der parlamentarischen Regierungsform angeblich begünstigte Mißwirtschaft, Korruption und der Streit um Ämter und Würden veranlaßten Piłsudski nach mehreren direkten Interventionen beim Staatspräsidenten Wojciechowski, mit Unterstützung des ihm ergebenen Verteidigungsministers General L. Żeligowski am 12. V. 1926 einen Staatsstreich auszulösen und die seit zwei Tagen amtierende Mitte-Rechts-Regierung Witos zu stürzen. Der nach schweren Kämpfen am 14. V. sichergestellte Sieg wurde auch durch die Unterstützung der *PPS* ermöglicht, die durch einen Generalstreik die Heranführung regierungstreuer Truppen verhinderte. Mit dem Rücktritt des Staatspräsidenten und der Regierung in der Nacht vom 14./15. V. und der Beauftragung des Lemberger Professors K. Bartel zur Bildung einer überparteilichen Regierung von Fachleuten wurde der bisherigen nationaldemokratisch gefärbten Staatspolitik im parlamentarischen Gewande eine Absage erteilt und von Piłsudski ein scheindemokratisches, autoritäres Regime aufgebaut[32].

5.3 Polen unter Piłsudski und seinen Epigonen (1926–1939)

Piłsudski trat mit dem Anspruch an, eine Sanierung (*sanacja*) des politischen Lebens vorzunehmen und den Machtverfall im Innern und nach außen aufzuhalten. Unter der formal legitimen Weiterführung der bisherigen Staatstradition, gestützt auf seine außerordentlich große Autorität sowie auf die vorbehaltlose Unterstützung der Armee, die er durch den versöhnlichen Tagesbefehl vom 22. V. 1926 und die Auswechslung der „galizisch-österreichischen“ Kommandeure mit den ihm in absoluter Loyalität ergebenen „Legionären“ für sich gewann, begründete er seine „moralische Diktatur“, in der die soldatischen Tugenden wie Pflicht und Gehorsam, Uneigennützigkeit und Patriotismus einen besonders hohen Stellenwert besaßen. Die anfängliche Unterstützungsbereitschaft der Linksparteien wandelte sich aber bald zur offenen Feindschaft, da sich der frühere Sozialrevolutionär Piłsudski der polnischen Herrenschicht aus den national gemischten Ostgebieten annäherte und durch den Ausgleich mit dem konservativen Landadel, dokumentiert durch seinen Besuch auf dem Radziwiłłschen Majorat Nieśwież am 25. X., die „alte Rechte“ für sich gewann. Um die Legalität der geltenden Verfassung zu wahren, ließ sich Piłsudski keine außerordentlichen Vollmachten einräumen; in den nicht mehr von Parlamentsmehrheiten, sondern vom persönlichen Vertrauen des Marschalls abhängigen zwölf Regierungen, von denen er nur zwei (Oktober 1926–Juni 1928, August–Dezember 1930) selbst führte, begnügte er sich mit dem Amt des Kriegsministers und dem Posten des Generalinspekteurs der Armee. Das Angebot, Staatspräsident zu werden, lehnte Piłsudski ab und ließ dem politisch unerfahrenen, aber anerkannten Chemieprofessor I. Mościcki am 1. VI. 1926 in das auf reine Repräsentation begrenzte höchste Staatsamt wählen, dem durch Verfassungsänderung am 2. VIII. das Recht der Parlamentsauflösung zugestanden wurde. Das Parlament blieb in der bisherigen Zusammensetzung bestehen, wobei sich die gegen Piłsudski eingestellte „junge Rechte“ und die sich langsam abwendende Linke weiterhin gegenseitig bekämpften und dem Marschall die Durchsetzung seiner Sanierungsmaßnahmen erleichterten[1].

Während sich die „junge Rechte“ am 4. XII. 1926 im Großpolnischen Lager unter der Führung Dmowskis einen neuen organisatorischen Rahmen zur Verfolgung einer strikten Oppositionspolitik schuf, beschloß am 20. XII. auch die *PPS* eine Kampfansage. Deshalb beauftragte Piłsudski Anfang Dezember 1927 seinen engsten Vertrauten, den Obersten W. Sławek, ein „Regierungslager“ aufzubauen, das schließlich in dem heterogenen Parteilosen Block der Zusammenarbeit mit der Regierung (= *BBWR*) die persönliche Gefolgschaft des Marschalls, aber auch Abspaltungen aus den bestehenden Parteien, die „Regimekatholiken“ und den konservativen Landadel zusammenfaßte. Bei den am 4./11. III. 1928 durchgeführten Wahlen konnte dieses Zweckbündnis mit 122 der 444 Mandate die relative Mehrheit erringen, während unter den 19 anderen Gruppierungen die Nationaldemokraten und die Bauernpartei *SL-Piast*[2] schwere Verluste hinnehmen mußten und die Linke dank des guten Abschneidens der *PPS* auf insgesamt 136 Sitze kam. Die wiederum in einem Wahlbündnis zusammengeschlossenen Minderheiten stellten 88 Abgeordnete.

Enttäuscht darüber, daß nicht sein Kandidat Bartel, sondern der Sozialist Daszyński zum Sejm-Marschall gewählt wurde, steuerte Piłsudski mit der Begründung, die wirtschaftliche Notlage des Landes erfordere eine „Schutzdiktatur“, einen zunehmenden Konfrontationskurs gegen das unkooperative Parlament. Die Auseinandersetzungen erreichten in den Kämpfen um das Budget und in der Anklage des Finanzministers Czechowicz vor dem Staatsgerichtshof im März 1929 einen Höhepunkt. Nachdem die von Sławek geführten Verhandlungen über eine neue Verfassung, in der unter Beibehaltung der parlamentarischen Regierungsform die Macht des Präsidenten gestärkt werden sollte, am Widerstand der anderen Parteien gescheitert waren, griffen Regierung und Marschall immer häufiger zur Rechtsbeugung, ohne den offenen Verfassungsbruch zu riskieren. Aus Protest gegen die Vertagung der Nationalversammlung schloß sich die mittlere und linke Opposition, *PPS, Piast, Wyzwolenie,* Bauernpartei, Nationale Arbeiterpartei und die Christliche Demokratie, im Oktober 1929 zur Zentrumslinken *(Centrolew)* zusammen, die mit ihren rd. 180 Abgeordneten über zwei Fünftel der Mandate verfügte[3]. Diese vereinigte Opposition mag Piłsudski veranlaßt haben, die für den 31. X. 1929 geplante Entmachtung des Parlaments aufzuschieben, das am 5. XII. die erste „Regierung der Obristen“ unter Świtalski zu Fall brachte und am 17. III. 1930 auch ein gemäßigteres Kabinett Bartel stürzte. Die *PPS* verkündete danach offen ihr Ziel, das bestehende autoritäre System zugunsten der alten parlamentarischen Demokratie liquidieren zu wollen. Der am 29. VI. in Krakau durchgeführte Kongreß für die Verteidigung des Rechts und der Freiheit des Volkes, dem weitere *Centrolew*-Veranstaltungen folgten, verstärkte bei Piłsudski die Furcht vor einem Umsturz.

Unter Mißachtung der Verfassung nahm der Marschall so Zuflucht zur offenen Diktatur. Nachdem er am 25. VIII. selbst wieder das Ministerpräsidium übernommen hatte, ließ er am 30. VIII. das Parlament auflösen und Neuwahlen für den 17./24. XI. 1930 ausschreiben. Die am 10. IX. einsetzende Verhaftung von rd. 70 Oppositionspolitikern, darunter viele Ukrainer und Sozialisten, aber auch die ehemaligen Ministerpräsidenten Witos und Korfanty, und ihre schikanöse Haft in der Festung Brest-Litowsk dienten der Zerschlagung des *Centrolew* und der Herbeiführung einer Atmosphäre der Verunsicherung und Einschüchterung, die sich auf das Wahlergebnis auswirkte. Mit 243 Sitzen bekam der Regierungsblock die absolute Mehrheit; die seit 1928 als Nationale Partei firmierende Nationaldemokratie stellte 62 Abgeordnete, die Zentrumslinke fiel auf 102, das Minderheitenlager auf 33 Mandate zurück. Doch gaben die danach einer unkontrollierten Diktatur ausgelieferten Oppositionsparteien nicht auf: Als Folge der Weltwirtschaftskrise, die in Polen vor allem die landlosen und landarmen Bauern hart traf, schlossen sich alle Bauernparteien im März 1931 zu einer großen Volkspartei *(SL)* unter Führung von Witos zusammen, die als Interessenvertretung fast der gesamten Bauernschaft unentgeltliche Landumverteilung forderte. Im Interesse einer Zusammenfassung aller demokratischen Kräfte arbeitete die *PPS* eng mit der *SL* zusammen; die ebenfalls in der Opposition verharrende Nationaldemokratie versagte sich der engeren Kooperation und verfocht trotz der Abspaltung radikaler Gruppierungen im „Lager des Großen Polen“ eine extrem nationalistische, polonisatorische und antisemitische Ideologie. Das wegen angeblicher Umsturzpläne seit Oktober 1931 laufende Gerichtsverfahren gegen die Brester Gefangenen endete am 12. I. 1932 mit der Verurteilung von 10 *Centrolew*-Politikern zu Strafen bis zu drei Jahren und hatte wegen der Verletzung des Rechtsgefühls der Nation die Abkehr vieler Intellektueller von Piłsudski zur Folge. Führende Oppositionelle wie Witos, Korfanty und die Sozialisten Lieberman und Thugutt sahen sich zur Emigration gezwungen.

Der gefügige Sejm setzte den autoritären Reigerungsmethoden des Piłsudski-Lagers, das sich neben dem Heer jetzt auch auf den überdimensionierten Staatsapparat stützte, wenig Widerstand entgegen und übertrug

am 23. III. 1933 in einem Ermächtigungsgesetz dem Präsidenten das Recht, Dekrete mit Gesetzeskraft zu erlassen. In diesem Amt war am 8. V. 1932 fast ohne Widerstand der loyale, farblose I. Mościki bestätigt worden. Da dem *BBWR* aber die Zweidrittel-Mehrheit fehlte, konnte das am 6. II. 1931 eingebrachte Verfassungsprojekt nicht durchgezogen werden. Der von Sławek ausgearbeitete, an zeitgenössisch-autoritativen Vorbildern orientierte Entwurf fand zudem nicht in allen Einzelheiten Piłsudskis Billigung; einer Überarbeitung stimmte der Sejm trotz eines Boykotts der Rechten am 26. I. 1934 unter beschämenden Umständen zu. Der mit kleinen Änderungen am 16. I. 1935 vom Senat gebilligte Text erhielt am 23. IV. durch die Unterschrift des Präsidenten Gesetzeskraft. Theoretisch sollte künftig die Macht von sechs Gewalten – Präsident, Regierung, Oberbefehlshaber, Sejm, Senat und Jurisdiktion – wahrgenommen werden, die ausschlaggebende Rolle fiel aber dem nur vor „Gott und der Geschichte" verantwortlichen Präsidenten zu, der bei wichtigen Staatsakten wie bei der Auflösung des Parlaments oder der Berufung des Oberbefehlshabers der Verpflichtung einer Gegenzeichnung durch die verantwortlichen Minister enthoben war und auch allein die Regierung berufen und ein Drittel der Senatoren ernennen konnte[4].
Piłsudski, der mit dem auf ihn zugeschnittenen Grundgesetz den Übergang von der absolutistischen zur totalitären Staatsstruktur einleitete, starb jedoch bereits am 12. V. 1935. Nach seinem Tod und wegen der Mittelmäßigkeit der sich bald in Diadochenkämpfen paralysierenden Nachfolger verfiel sein System, dessen Korsettstangen die Offiziere seiner Weltkriegslegion waren, sehr schnell, obwohl es äußerlich noch scheinbar unangefochten fortbestand. Es fehlte den Epigonen die Autorität, die genialische Skrupellosigkeit und die unbeugsame Charakterstärke des Vorbilds, in dessen Persönlichkeit sich ein romantischer Glaube an die historische Aufgabe und Lebenskraft Polens mit einer realistischen Einschätzung des politisch Durchsetzbaren und zynischer Menschenverachtung verbanden. Trotz aller guten Ansätze war es ihm nicht gelungen, die tiefe Kluft zwischen dem Regierungs- und dem Oppositionslager zu schließen und unter Abbau der politischen Konfrontation die Nation für die Bewältigung der schweren Sozial- und Wirtschaftskrise zu einen. Auch seine Außen- und Minderheitenpolitik besaß keine konsolidierenden Rückwirkungen. Die seit 1931 amtierenden Regierungen Prystor, Jędrzejewicz und Kozłowski waren an der Aufgabe gescheitert, die Nationaldemokratie mit dem Regierungslager auszusöhnen und die aktivsten Kräfte der jungen Intelligenz für sich zu gewinnen[5].
Die Maßnahmen zur Sanierung des Wirtschaftslebens zeitigten nur kurzfristige Erfolge. Da ein ausgeglichener Staatshaushalt nur zwischen 1926 und 1930 sowie nach 1936 vorgelegt werden konnte, blieben Staat und Privatwirtschaft wegen der Schwäche des inneren Kapitalmarktes auf einen hohen Anleihenzufluß aus dem Ausland angewiesen. Hauptgläubiger waren die USA, Frankreich und Großbritannien. In Schlüsselindu-

strien wie in der Energie- und Erdölwirtschaft, im Bergbau und im Hüttenwesen sowie in der Elektroindustrie betrug der ausländische Kapitalanteil mehr als 50%, in der chemischen und in der holzverarbeitenden Industrie mehr als 30%, wobei die Anleger aus dem Deutschen Reich mit mehr als einem Viertel vor denen aus Frankreich, den USA, Belgien und Großbritannien die Liste anführten[6]. Durch hohe Schutzzölle, Steuernachlässe und Preisregelungen in Form von Kartellen[7] wurde die Neugründung industrieller Produktionsstätten und die Ankurbelung der Wirtschaft begünstigt. Der eingeengte polnische Binnenmarkt war aber nur beschränkt aufnahmefähig, so daß Polen ungeachtet eines erheblichen Einfuhrbedarfs an Produktionsmitteln und industriellen Konsumgütern seine wichtigsten Industrien auf den Export einstellen und neue Märkte erobern mußte. Selbst in den Monaten der Hochkonjunktur nach 1926, als zahlreiche neue Zweige wie Maschinenbau und Elektrotechnik angesiedelt wurden, konnte der Produktionsstand der Vorkriegszeit nicht erreicht werden.

Die Weltwirtschaftskrise leitete auch in Polen eine bedeutsame Umstrukturierung der Nationalökonomie ein – der privatwirtschaftliche Sektor, trotz billiger Arbeitskräfte wegen der anziehenden Preise für Importrohstoffe, der starken Auslandsverschuldung und der technisch veralteten Anlagen mit zu hohen Produktionskosten belastet, konnte dem Druck der einseitig bevorzugten staatlichen Industrie nicht lange standhalten. Die Regierung begründete die Ausweitung des von Anfang an vorhandenen Etatismus in der Wirtschaftspolitik und ihre direkten Eingriffe mit der Notwendigkeit einer raschen Steigerung des Verteidigungspotentials, dem Abbau der Arbeitslosigkeit und der Nivellierung der sozioökonomisch so unterschiedlich entwickelten Landesteile. Der Aufbau einer staatlichen Rüstungsindustrie im Landesinnern, erste Ansätze einer Motorisierung und der Ausbau der chemischen Industrie haben jedoch die Verteilung der Industriestandorte nicht wesentlich verändert und nur wenige neue Arbeitsplätze geschaffen. Die Verkehrsinfrastruktur, die Nutzung der Wasserkräfte und die Elektrifizierung hinkten dem mitteleuropäischen Stand weit hinterher. Die soziale Stratifikation erfuhr in den 1930er Jahren nur insoweit eine Veränderung, als nur noch drei Fünftel aller Erwerbstätigen in der Landwirtschaft, aber fast ein Viertel bereits in der Industrie ihren Lebensunterhalt verdienten. Hemmend wirkte sich aus, daß Industrie und Gewerbe in eine Vielzahl kleiner und kleinster Betriebe aufgesplittert waren. Einschließlich der Textilindustrie, wo Groß- und Mittelbetriebe vorherrschten, beschäftigten neun Zehntel aller Unternehmen nur vier oder weniger Mitarbeiter; nur 2,4% von den Betrieben mit fünf oder mehr Beschäftigten hatten 1938 eine 200 Arbeiter überschreitende Belegschaft. Mehr als zwei Drittel der Bevölkerung lebte in Gemeinden mit weniger als 2000 Einwohnern; viele Städte waren nur Agglomerate von Industriedörfern mit kleinstädtischem Kern. Unter diesen Umständen verhielt sich die Arbeiterschaft viel konservativer als sie es wohl bei der Ausbildung großstädtischer und großbetrieblicher Zentren getan hätte. Landwirtschaftliche Produkte und unverarbeitete Rohstoffe wie die Steinkohle bildeten die wichtigsten Ausfuhrgüter, auch wenn ein langsames Ansteigen der Industrieerzeugnisse am Außenhandelsumsatz zu verzeichnen war. Obgleich England zuletzt als Hauptabnehmer in Erscheinung trat, blieb das Deutsche Reich der bedeutsamste Wirtschaftspartner und hielt seine Stellung als Hauptlieferant[8]. Das scharfe Absakken der Außenhandelsumsätze bis 1934 konnte nur mühsam aufgehalten werden, so daß auch 1938 erst zwei Fünftel des 1929 erzielten Volumens erreicht waren. Polen blieb somit bis Kriegsausbruch ein im Übergang zum Industriestaat stehendes Agrarland.

Der innenpolitische Umschwung vom Mai 1926 bedingte anfangs keine wesentliche Änderung der Außenpolitik. Wegen der Konfliktsituation mit den Regierungen der UdSSR und Litauens – die Ermordung des Warschauer Sowjetgesandten Vojkov am 7. VI. 1927 und der virulente Streit mit der Regierung in Kowno, die formal immer noch am Kriegszustand mit Polen festhielt, beschworen die Gefahr einer kriegerischen Verwicklung herauf – suchte Piłsudski zu einem *Modus vivendi* mit der Reichsregierung zu gelangen, vor allem hinsichtlich des Zollkriegs und des Streits um die Grenzrevision. Auch der Realist Stresemann war an wenigstens freundschaftlich-korrekten Beziehungen zwischen Berlin und Warschau interessiert[9]. Da die *communis opinio* in Deutschland in der Revisionsfrage jedoch absolut unnachgiebig war, die deutsche Heeresleitung den Ausbau des illegalen, aus Furcht vor polnischen Handstreichen geschaffenen „Grenzschutzes Ost" und die militärische Zusammenarbeit mit der Roten Armee forcierte sowie der Reichstag in konsequenter Fortsetzung der seit 1925 verfolgten wirtschaftlichen Diskriminierung Polens die Ratifizierung des nach langjährigen schwierigen Verhandlungen am 27. III. 1930 unterzeichneten Handelsvertrags ablehnte, empfand Piłsudski die Gefährdung der polnischen Westgrenze als derart bedrohlich, daß er seit 1930 militärische Übungen als Abschreckungsmanöver an den deutschen Grenzen vornehmen ließ. Als Polen mit der vorzeitigen Inkraftsetzung des am 27. VIII. 1928 geschlossenen Kriegsächtungspaktes die Spannungen zur UdSSR abzubauen verstand und nach dem Abschluß eines Nichtangriffsvertrags mit der Sowjetunion am 25. VII. 1932 mit der Entlastung seiner Ostgrenzen ein hohes Maß an politischer Bewegungsfreiheit gewann[10], sah sich die Warschauer Regierung in der Lage, eine schärfere Frontstellung gegen die in der Ära Brüning aktivierten deutschen Forderungen nach Grenzrevision und Aufrüstung einzunehmen. Als Ziel verfolgten Piłsudski und sein am 2. XI. 1932 ernannter Außenminister Oberst Józef Beck das Programm, ein von Frankreich weniger abhängiges Polen zur Führungsmacht in Ostmitteleuropa und zum Kristallisationskern eines von der Ostsee bis zur Adria reichenden „Dritten Europa" in einer Riegelfunktion gegen den expansiven Kommunismus der Sowjetunion und einen revisionistischen deutschen Nationalismus zu erheben.

Die als Antwort auf die in Deutschland lauthals geforderte Aufrüstung durchgeführten polnischen Abschreckungsmanöver trugen wegen der Furcht vor einer polnischen Invasion mit annexionistischen Zielen zur politischen Radikalisierung im Deutschen Reich bei und begünstigten mittelbar die Machtergreifung Hitlers, von dem in Warschau als „Österreicher“ – unter Verkennung seiner wahren Ziele – ein geringeres Engagement für die Revision der Ostgrenze erwartet und seine Absorption mit innenpolitischen Fragen höher veranschlagt wurde.
Als Hitler jedoch das Revisionsverlangen sofort offensiv vertrat, sah sich Piłsudski zu einer Demonstration der polnischen Verteidigungsbereitschaft veranlaßt. Unter Wiederaufnahme der seit 1932 betriebenen Einschüchterungspolitik um Danzig[11] wurde am 5. III. 1933 die polnische Garnison auf der Westerplatte vertragswidrig verstärkt; nach Pressionen des Völkerbundsrats zog die polnische Regierung die Truppen am 16. III. wieder zurück. Dennoch reifte bei Piłsudski der Plan, mit Hilfe eines – erst später so genannten – Präventivkriegs unter der Ägide des Völkerbunds und im Zusammenwirken mit Frankreich eine Polizei-Aktion gegen Hitler-Deutschland durchzuführen, bei der Polen nach dem Vorbild der Ruhrbesetzung zeitweilig Ostpreußen und Oberschlesien okkupieren und dadurch die strikte Einhaltung der Versailler Territorial- und Rüstungsbestimmungen erzwingen wollte. Mit Ausnahme von Danzig war nach Abschluß der Aktion an die Rückgabe der besetzten Gebiete gedacht[12]. Doch die französische Regierung verschloß sich zweimal – sowohl im März/April als auch im Oktober/November 1933, nach dem Austritt Deutschlands aus dem Völkerbund – dieser polnischen Initiative. Immerhin hatte sich Hitler auf eine ultimative Anfrage vom 2. V. 1933 hin veranlaßt gesehen, im Rahmen seiner „Friedensoffensive“ die Respektierung der deutsch-polnischen Grenze zu unterstreichen. Die von Hitler dann im Herbst 1933 signalisierte – taktische – Verständigungsbereitschaft stieß in Polen auf Widerhall: Das auf zehn Jahre befristete deutsch-polnische Nichtangriffsabkommen vom 26. I. 1934 sah völligen Gewaltverzicht und unmittelbare Verständigung in allen Fragen der gegenseitigen Beziehungen, Nichteinmischung in die inneren Angelegenheiten und die „Begründung eines gutnachbarlichen Verhältnisses“ vor[13]. Diese von beiden Seiten als nützlicher Waffenstillstand gewertete Vereinbarung beendete auch den neunjährigen Zollkrieg und leitete eine kurze Spanne der deutsch-polnischen Zusammenarbeit ein, die in beiden Ländern nicht auf ungeteilte Zustimmung bei der völlig überraschten Bevölkerung stieß.
Doch die von Piłsudski im Interesse eines Zeitgewinns zur weiteren militärischen Aufrüstung und zur Ablenkung der deutschen expansiven Stoßrichtungen nach Südosten initiierte Umverteilung der außenpolitischen Gewichtungen erbrachte eher eine Verschlechterung der polnischen Ausgangslage: Der Eintritt der UdSSR in den Völkerbund am 18. IX. 1934 führte zu einer engeren russisch-französischen und russisch-tschechoslowakischen Zusammenarbeit und erschwerte die von Beck am 5. V. 1934

zustande gebrachte Parallelisierung des polnisch-sowjetischen mit dem polnisch-deutschen Nichtangriffspakt. Obwohl sich Piłsudski, der in der UdSSR nach wie vor Polens gefährlichsten Gegner sah, Hitlers Vorschlägen energisch widersetzte, einen gemeinsamen antisowjetischen Feldzug vorzubereiten, so führte doch Stalins Politik der friedlichen Koexistenz in Westeuropa, durch die in polnischen Augen das Bündnis Warschau–Paris abgewertet wurde, Polen unfreiwillig näher an Hitler-Deutschland heran, als es der außenpolitisch hellsichtigere Piłsudski eigentlich intendiert hatte.

Verhängnisvoll für Polen wirkte sich aus, daß die Nachfolger Piłsudskis nicht an der vom Marschall nüchtern an den Machtverhältnissen orientierten Außenpolitik festhielten und, anstatt den Weg zur Entspannung und Verständigung in einer Richtung konsequent weiterzugehen, eine gefährliche und der eigenen Stärke unangemessene Schaukelpolitik betrieben. Die internen Richtungskämpfe wußte Beck zu nutzen, um den Primat der Außenpolitik für die künftige Regierungsarbeit zu verankern und eine nicht ungefährliche Balance-Politik zwischen der sowjetisch-französischen Bündnisgruppe und dem Deutschen Reich zu betreiben. Spannungen und unmotivierte Kurskorrekturen konnten nicht ausbleiben, da die immer einflußreicher werdende Generalität einer stärkeren französischen Orientierung das Wort redete, Beck andererseits in lockerer Anlehnung an das Deutsche Reich rasche außenpolitische Erfolge und einen Prestigegewinn für Polen hinsichtlich der angemaßten Führungsrolle in dem „Dritten Europa" erhoffte. Hitler suchte seinerseits durch ständig widderholte Angebote eine Art von deutsch-polnischem Zweckverband gegen die UdSSR zustandezubringen, der nach außen defensive Züge trug, insgeheim aber der Vorbereitung zur Eroberung deutschen Lebensraums im Osten dienen sollte. Die Politik Hitlers war dabei von Anfang an konsequent auf die Niederwerfung Polens gerichtet: entweder durch ein neuerliches Zerschlagen der polnischen Staatlichkeit oder durch das Hineinzwingen Polens in ein Satellitensystem unter deutscher Führung. Wegen ihrer großen Verteidigungsanstrengungen an der Westgrenze wurde die UdSSR von Polen weiterhin als „Feind Nr. 1" angesehen; die Verfolgung der Kommunisten im eigenen Land, die schroffe Ablehnung der vom Kreml propagierten Volksfrontpläne und die stille polnische Billigung für den Antikominternpakt (25. XI. 1936) arbeiteten Hitler in die Hände, da die grundsätzlich antisowjetische Haltung Polens die Ostflanke des Deutschen Reiches deckte.

Zwar führte die verbale Distanzierung von der Politik Hitlers nach der Rheinlandbesetzung (7. III. 1936) zu einer kurzfristigen Intensivierung der Zusammenarbeit mit Frankreich (Abkommen von Rambouillet, 3. IX. 1936), was 1937 zeitweise die politische Entfremdung vom deutsch-polnischen Nichtangriffsvertrag so weit vorantrieb, daß die dabei zutage tretenden Spannungen an die verhärtete Lage im Jahr 1919/20 erinnerten und vor allem die deutsche Minderheit unter kleinlichen Repressalien zu leiden hatte. Doch mit der Beteiligung an der Zerschlagung der Tschechoslowakei im September/Oktober 1938 wurde Polen zum Komplizen von Hitlers Aggressionspolitik. Beck sah in dem vordergründig um das sudetendeutsche Problem gruppierten deutsch-tschechoslowakischen Konflikt nur eine Bestätigung seiner These von der Notwendigkeit, den ungeliebten südlichen Nachbarn zu schwächen, damit das befreundete Ungarn gestärkt und die Voraussetzungen für das Zusammenwachsen jenes ostmitteleuropäischen Staatenblocks unter polnischer Führung geschaffen würden, der neben der britisch-französischen Entente und der sich herausbildenden „Achse Rom-Berlin" als dritte Kraft bei der Ausgestaltung der europäischen Politik nicht übergangen werden könnte[14]. Als mit der Entscheidung von München (29. IX. 1938) der tschechoslowakische Querriegel gegen jeden polnischen Expansionsversuch nach Süden aufgebrochen, die Kleine Entente gesprengt und das Polen einengende französisch-sowjetisch-tschechoslowakische Bündnissystem vom Mai 1935 zerschlagen wurde, erkannte die Warschauer Führung zu spät, daß sich mit dem gewaltigen Machtzuwachs für Hitler und der verbesserten strategischen Ausgangslage für die deutsche Wehrmacht die Situation für Polen besorgniserregend verschlechtert hatte. Die ultimativ erzwungene Übertragung des Olsa-Gebiets, etwa 1 000 km^2 mit 200 000 Einwohnern, konnte trotz seines Industriepotentials nicht als Kompensation für das künftig erhöhte Risiko gelten, zumal Hitler sowohl im Donauraum als auch im Baltikum die Bemühungen der polnischen Politik des „Dritten Europa" erfolgreich abzublocken wußte. Die von Litauen am 17. III. 1938 ultimativ erzwungene Aufnahme diplomatischer Beziehungen unter Anerkennung des *Status quo* hatte Polens Prestige ebenfalls nicht gedient.

Mit der Münchener Entscheidung glaubte Hitler, die Voraussetzungen für die Verwirklichung seiner Ostkonzeption seien gegeben; Polen war als politisch-militärische Aufmarschbasis gegen die UdSSR vorgesehen. Zweifel sind angebracht, ob die seit dem 24. X. 1938 der Warschauer Regierung unterbreiteten Vorschläge einer „Globallösung" mit der Rückgliederung Danzigs an das Deutsche Reich und der Errichtung einer exterritorialen Straßen- und Eisenbahnverbindung durch den „Korridor" ernst gemeint waren und bei einem Einlenken Polen vor dem deutschen Überfall bewahrt hätten, war doch das Angebot der formellen Anerkennung der deutsch-polnischen Grenze und der Verlängerung der Geltungsdauer des Nichtangriffspakts auf 25 Jahre mit der Aufforderung zum Beitritt zum Antikominternpakt verbunden. Die offenkundige Gefahr für Polen, sich gegenüber seinem östlichen Nachbarn unverantwortlich zu exponieren und faktisch aus dem westlichen Bündnissystem auszuscheiden, hätte bei der gewaltigen machtpolitischen und militärischen Überlegenheit des Deutschen Reiches längerfristig den Verlust der Eigenstaatlichkeit bedingt; bei dem Prestigeverlust für die innenpolitisch ohnedies nicht genügend fundierte polnische Regierung wäre eine Machtübernahme der von Deutschland unterstützten faschistoiden Kräfte und damit die langsame Aushöhlung selbst eines Suzeränitätsverhältnisses nicht zu vermeiden gewesen. Unter dem ungeheuren Eindruck, den die deutsche Besetzung Prags (15. III. 1939) gemacht hatte, und im Wissen um die akute militärische Bedrohung Polens gab die britische Regierung eine Garantieerklärung ab im Falle einer direkten oder indirekten deutschen Aggression (31. III. und 6. IV. 1939)[15] – der Angriffswille Hitlers gegenüber Polen wurde dadurch jedoch nur gesteigert, weil er darin die Bestätigung für seine These einer englischen Einkreisung Deutschlands mit Polens Hilfe zu finden glaubte. Die konsequente polnische Zurückweisung aller deutschen Vorschläge mit dem Hinweis, daß jeder deutsche Griff nach Danzig den Krieg auslösen werde, nahm Hitler zum Anlaß, um am 3. IV. den Befehl zur Vorbereitung des Angriffs auf Polen zu geben und am 28. IV. den deutsch-polnischen Nichtangriffsvertrag widerrechtlich mit der Begründung zu kündigen, daß das britisch-polnische Abkommen im Widerspruch dazu stünde. Hitler, der sich uneinsichtig in den Gedanken verrannt hatte, die Ehre Großdeutschlands verlange den Gang mit den Waffen gegen Polen, faßte unbeschadet seiner antisowjetischen Grundhaltung die Möglichkeit ins Auge, mit der UdSSR zur Durchsetzung einer „doppelten Revision" mit dem Ziel einer neuen Teilung Polens zusammenzuarbeiten. Es kann den polnischen Politikern nicht der Vorwurf erspart werden, daß sie in der dramatischen Phase vor Ausbruch des Zweiten Weltkriegs die Gefahr einer zeitweisen Beilegung der als axiomatisch geltenden Gegensätze zwischen Nationalsozialismus und Bolschewismus nicht erkannten und mit Hilfe der Westalliierten das im Ribbentrop-Molotov-Abkommen vom 23. VIII. 1939 sanktionierte Zusammenwirken der beiden Nachbarn nicht zu verhindern wußten[16].

Zudem trug auch die von Piłsudski und seinen Nachfolgern unter Mißachtung der Rechte der nationalen Minderheiten verfolgte Polonisierungspolitik nicht zu einer Stabilisierung bei. Kein Wunder, daß sich unter dem Druck eines Systems der offenen oder versteckten Benachteiligung, wie sie ehedem im wilhelminischen Deutschland die Polen getroffen hatte und die nun der deutschen Minderheit galt, sich die deutsche Volksgruppe enger zusammenschloß, die parlamentarisch nach 1930 weitgehend zur Wirkungslosigkeit verdammt war und im Überschwang der Idee von einer „gesamtdeutschen Volksgemeinschaft" über die Grenzen hinweg die Gefahren des Nationalsozialismus nicht erkannte. Infolge des deutsch-polnischen Paktes von 1934 und der Gleichschaltung der auslandsdeutschen Volksgruppen durch das nationalsozialistische Regime hatten die in Polen lebenden Deutschen Zurückhaltung zu üben und konnten nur noch bedingt mit Unterstützung durch die Reichsregierung rechnen. Der Austritt des Deutschen Reiches aus dem Völkerbund und die einseitige polnische Aufkündigung des Minderheitenschutzvertrags am 13. IX. 1934[17] beraubte die deutsche Minorität bis zum Abschluß eines bilateralen Abkommens am 5. XI. 1937 eines effektiven Minderheitenschutzes. Die vereinbarten Grundrechte in sprachlicher, kultureller, wirtschaftlicher und kirchlicher Hinsicht auf der Basis der Gegenseitigkeit blieben faktisch ohne Wirkung; kleinliche polnische Repressalien im Schulwesen, die Intensivierung der Verwaltungspraxis im nationalstaatlichen Sinne und die mit der Verstaatlichung der Großindustrie einhergehenden polonisatorischen Maßnahmen ließen den Unmut unter dem deutschen Bevölkerungsteil anwachsen. Da Hitler seit dem Frühjahr 1939 offen den Konflikt mit Polen schürte und die deutsche Minderheit gewissenlos zur Verschärfung der Lage einsetzte, antwortete die polnische Regierung trotz der Staatsloyalität der überwiegenden Mehrheit der Deutschen mit Verfolgungsmaßnahmen und trug damit ihrerseits zu einer tragischen Zuspitzung der Beziehungen bei. Die danach im Deutschen Reich schlagartig von neuem einsetzende antipolnische Pressekampagne griff die alten Vorbehalte und Vorurteile gegen den Nachbarn auf; trotz aller Unglaubwürdigkeit der Behauptungen inszenierte Goebbels einen so perfekt-perfiden Verleumdungsfeldzug, daß weite Kreise der deutschen Bevölkerung von der Richtigkeit des Hitlerschen Vorgehens überzeugt waren. – Die polnische Historiographie hat insgesamt der Versuchung widerstanden, die polnischen Staatsbürger deutscher Herkunft undifferenziert und in ihrer Gesamtheit als Fünfte Kolonne des nationalsozialistischen Imperialismus zu diffamieren.

Noch härter griffen die Regierungen gegen Weißruthenen und Ukrainer durch, deren Nationalbewußtsein konsequent durch die Zerschlagung ihrer politischen und kulturellen Organisationen und die Verweigerung der nationalen Kirchensprache unterdrückt wurde. Eine Folge davon war, daß die im Februar 1929 in Wien gegründete Organisation Ukrainischer Nationalisten *(OUN)* zum Terror gegen staatliche Einrichtungen und Repräsentanten des Regimes griff, dem u. a. 1931 der Chef des BBWR, T. Hołówko, und 1934 der Innenminister B. Pieracki zum Opfer fielen. Die Regierung antwortete seit September 1930 mit „Pazifikationen", die durch offene Einschüchterung nur an der Oberfläche eine gewisse Konsolidierung der nationalen Gegensätze erreichte und die bürgerliche Ukrainische Nationaldemokratische Organisation *(UNDO)* unter Verzicht auf ihr Autonomieprogramm 1935 zu einem Burgfrieden veranlaßte. Durch die Manipulation der Wahlen 1935 und 1938 trug die Regierung Sorge, daß nur ihr genehme Minderheitenvertreter ein Mandat erhielten. Die Weißruthenen waren wie die Litauer seit 1937 Ziel verstärkter Polonisierungsmaßnahmen, die von den örtlichen Militärbehörden, aber auch von der katholischen Kirchenleitung ausgingen und von der Zerstörung orthodoxer Kirchen und der zwangsweisen Bekehrung Orthodoxer zum Katholizismus begleitet waren. Die sowjetische Befreiungspropaganda vom September 1939 fiel daher unter ihnen auf fruchtbaren Boden. In Galizien sah sich am 7. V. 1938 die *UNDO* als Antwort auf die polnischen Bedrückungen veranlaßt, erneut die Territorialautonomie für das gesamte ukrainische Gebiet innerhalb Polens zu fordern und die am 6. X.

1938 der Karpatenukraine innerhalb der ČSR eingeräumte Selbstverwaltung in der Erwartung zu unterstützen, dieses „ukrainische Piemont" könne zum Kristallisationspunkt der Eigenstaatlichkeit werden[18]. Blutige Unruhen konnten im Winter 1938/39 nur dank kirchlicher Vermittlung notdürftig beigelegt werden, ohne daß die grundsätzlichen Spannungen, die durch die Nichtbehandlung eines am 7. XII. 1938 eingebrachten „Verfassungsgesetzes für das Land Galizien-Wolhynien" im Sejm eine weitere Verschärfung erfuhren, vor Kriegsausbruch zu beseitigen gewesen wären.

In Abkehr vom Antisemitismus der Nationaldemokraten verfolgten die Regierungen unter Piłsudski eine großzügigere Judenpolitik mit dem Ziel einer raschen Assimilierung. Die Wirtschaftskrise und der ökonomisch bedingte Antisemitismus behinderten jedoch diese Integrationspolitik, zumal die Juden ihre Positionen in intellektuellen und gewerblichen Berufen ausweiten konnten, und begünstigten ein erneutes Anwachsen des Zionismus, der von der Regierung durch die Unterstützung der Auswanderungsbewegung nach Palästina kräftig gefördert wurde. Zugleich wurden im Mai 1938 Maßnahmen beschlossen, um die Zahl der jüdischen Studenten einzuschränken und den jüdischen Anteil in akademischen Berufen und hohen Wirtschaftspositionen zu begrenzen. Die im November 1938 im Deutschen Reich einsetzende schonungslose Judenverfolgung löste in Polen wiederum eine engere Zusammenarbeit der staatlichen Stellen mit den jüdischen Organisationen sowie die weitgehende Einstellung antisemitischer Maßnahmen und Propaganda aus, obwohl die wirtschaftlichen und sozialen Gegensätze fortbestanden[19].

Nach dem Tod Piłsudskis schlugen die Nachfolger innenpolitisch einen unverhüllten Rechtskurs ein, der sich programmatisch zunehmend an der Ideologie der Nationaldemokratie orientierte, aber auch durch Rezeption totalitärer Vorbilder gekennzeichnet war. Im Rahmen des anfangs beachteten Prinzips der kollektiven Führung fiel dem Präsidenten Mościcki die höchste zivile Gewalt zu, während den Oberbefehl über die Streitkräfte General E. Rydz-Śmigły übernahm und Oberst Sławek die Regierungsgeschäfte führte[20]. Nach den am 10. VII. ausgeschriebenen, bereits durch die Modalität der Kandidatenauswahl gelenkten Sejm-Neuwahlen am 8. und 15. IX. 1935 verfügte das Regierungslager in dem auf 208 Mitglieder verkleinerten Unterhaus mit 153 Abgeordneten über eine bequeme Mehrheit, die durch die Ernennungen zum Senat, wo 45 der 64 Wahlsenatoren den Machthabern nahestanden, noch weiter ausgebaut wurde. Die Bevölkerung hatte sich nur zu 46,5%, in Warschau sogar nur zu 30% an den manipulierten Wahlen beteiligt. Sławek, von Piłsudski eigentlich als Staatspräsident vorgesehen, legte am 12. X. den Premierposten nieder und löste das ihm unbedingt ergebene Regierungslager *BBWR* auf, wodurch er sich künftig jede politische Mitwirkungsmöglichkeit nahm[21]. Nach einem kurzen Zwischenspiel M. Zyndram-Kościałkowskis führte ab Mai 1936 General F. Sławoj-Składkowski die Regierungsgeschäfte, ohne das in einen

Mościcki- und einen Rydz-Flügel gespaltene Regierungslager einigen zu können. Unter ihm konnten der zunächst wenig beliebte Außenminister Beck und der Finanz- und Wirtschaftsexperte E. Kwiatkowski ihre Ressorts dynamisch mit Eigeninitiative verwalten.

Gerade die Bekämpfung der Arbeitslosigkeit, die 1935 rd. 1,5 Mill. Menschen erfaßt hatte, und der – bedingt durch das Absinken der landwirtschaftlichen Erzeugerpreise – weiteren Verarmung und Radikalisierung der Bauernschaft standen im Mittelpunkt von Kwiatkowskis Programm. Der forcierte Ausbau des Zentralen Industriereviers *(COP)*[22] schuf jedoch nur wenige neue Arbeitsplätze und brachte die drängende Bauernfrage einer Lösung nicht näher. Nachdem bereits im Juni 1936 Bauernpartisanen die Kreisstadt Myślenice in ihre Gewalt gebracht hatten, kam es vom 15.–25. VIII. 1937 zu einem landesweiten Bauernstreik, der allein durch den Einsatz von Militär blutig niedergeschlagen werden konnte[23]. Eine wirkliche Beilegung dieses sozialrevolutionären Aufbegehrens war trotz eines langsamen Wirtschaftsaufschwungs vor Kriegsausbruch nicht zu erreichen.

Während sich das Regime des Duumvirats Mościcki – Rydz-Śmigły, dem als „zweiter Person im Staate" seit 16. VII. 1936 auch die zivilen Behörden Gehorsam schuldeten und um den nach seiner Ernennung zum Marschall ein Führer- und Militärkult aufgebaut wurde, autoritär verfestigte, schloß sich die Opposition fester zusammen. Die bäuerliche „ Volkspartei" *(SL)* hatte sich wegen des Ausbleibens einer breitenwirksamen Lösung der Agrarfrage stärker radikalisiert und sich im Januar 1937 mit dem Posener Genossenschaftssekretär S. Mikołajczyk an der Spitze eine neue Führung gegeben. Ältere katholische Politiker vereinigten am 10. X. 1937 die Christliche Demokratie mit der Nationalen Arbeiterpartei in einer christlich-demokratischen „Partei der Arbeit" *(Stronnictwo Pracy = SP),* nachdem Versuche der hauptsächlich im tschechoslowakischen Exil lebenden Politiker gescheitert waren, in der *Front Morges* – nach dem Schweizer Wohnsitz des ehemaligen Ministerpräsidenten Paderewski benannt – im Februar 1936 eine engere Zusammenarbeit der *SL,* der *PPS,* der Nationaldemokraten *(Stronnictwo Narodowe = SN)* und der Christlichen Demokratie zu vereinbaren[24]. Die *PPS* zeigte ihre Opposition 1936/37 durch die Organisierung großer, gewaltsam unterdrückter Streikaktionen, vermied aber jede Zusammenarbeit mit der im Untergrund tätigen *KPP,* die trotz der sowjetischen Volksfrontpropaganda ihre geringe Anziehungskraft nicht erhöhen konnte. Angesichts der wachsenden deutschen Bedrohung bewiesen die vier großen Oppositionsparteien *SL, PPS, SP* und *SN* seit März 1939 ihre ungebrochene Staatsgesinnung und arbeiteten trotz aller ideologischen und politischen Meinungsverschiedenheiten loyal mit dem Regierungslager in der Abwehr der drohenden Aggression von außen zusammen.

Dieser neue Regierungsblock hatte sich am 1. III. 1937 dank der im Auftrag Rydz-Śmigłys von Oberst A. Koc mit den politischen Organisationen geführten Konsultationen am 1. III. 1937 als „Lager der Nationalen Einigung" *(OZN)* mit einem nationaldemokratischen Vorstellungen huldigenden Programm konstituiert, ohne eine breite Massengefolgschaft gewinnen und eine totalitäre Einparteienherrschaft aufbauen zu können[25]. Offiziere, Beamte und Funktionäre stellten die Mehrzahl der Mitglieder. Da es Koc nur gelang, Teile der faschistisch ausgerichteten jungen Intelligenz wie die *Falanga* unter B. Piasecki und ihren „Verband der polnischen Jugend" *(ZMP)* zu gewinnen, und die Mościcki-Minister eine Liberalisierung des etatistisch und funktionärshaft verkrusteten parlamentarischen Lebens forderten, mußte er am 10. I. 1938 demissionieren. Sein Nachfolger, General S. Skwarczyński, konnte die völlige Entpolitisierung des *OZN* nicht aufhalten, die bar jeder Ideologie allein die Leerformel vom Dienst am Vaterland und für die Armee vertrat. Bei den vorgezogenen Parlamentswahlen am 6./12. XI. 1938 erreichte das *OZN* dank massiver Eingriffe und wegen des Wahlboykotts der Opposition 161 von 208 Mandaten und kam dem angestrebten Ziel der Einparteienherrschaft noch näher. Die von Präsident Mościcki am 21./22. XI. erlassenen Staatsschutz- und Pressedekrete, die Streik-, Sabotage- oder Boykottaufrufe unter schwere Strafe stellten, dienten ebenfalls dem Ausbau der Machtbehauptung. Trotz dieser dem Zeitgeist huldigenden Einschränkung der Wahl-, Vertretungs- und Pressefreiheit und trotz mancher Verletzung der Grundrechte und der Rechtsstaatlichkeit erfreuten sich die Polen immer noch relativ großzügiger politischer und individueller Freiheiten, vor allem im Vergleich mit der Lage der Bevölkerung in den großen, totalitär regierten Nachbarstaaten.

Als die krisenhafte Zuspitzung der gesamteuropäischen politischen Lage im Sommer 1939 der polnischen Staatsnation die erneute Gefährdung ihrer Eigenstaatlichkeit bewußt machte, rückte sie trotz aller trennenden sozioökonomischen und ideologischen Gräben zu einer unverbrüchlichen Einheit zusammen. In den zwanzig Jahren der II. Republik war Polen über die alten Teilungsgrenzen und die einstige Teilgebietshaltung hinweg zu einem modernen Staatswesen zusammengewachsen, das zwar bei der – durch die Weltwirtschaftskrise zusätzlich erschwerten – Modernisierung seiner Wirtschafts- und Sozialordnung und bei der Integration der Nationalitäten weitgehend versagt, aber der Bevölkerung ein lebendiges, unzerstörbares Nationalbewußtsein, Einsatz- und Opferbereitschaft sowie Vertrauen in die politische und militärische Führung vermittelt hatte. Dem rücksichtslosen Expansionswillen Hitlers und der Skrupellosigkeit Stalins konnte Polen aber auch im Bündnis mit den Westmächten nicht standhalten – mit der leichtfertigen Auslösung des Zweiten Weltkriegs, der trotz tapferer militärischer Gegenwehr raschen Zerschlagung und Aufteilung sowie der von der deutschen Lebensraum- und Rassenideologie diktierten unbarmherzigen deutschen Besatzungspolitik begann die leidvollste Phase der polnischen Geschichte.

5.4 Polen im Zweiten Weltkrieg

Der Abschluß des deutsch-sowjetischen Nichtangriffspakts und eines als „Geheimes Zusatzprotokoll“ bezeichneten Teilungsvertrags am 23. VIII. 1939 hatte die strategische Lage Polens wesentlich verschlechtert, auch wenn die polnisch-französische Militärkonvention vom 19. V. und das erst am 25. VII. zustandegekommene Beistandsabkommen mit Großbritannien nach einiger Zeit aktive Hilfe vorsahen. Da zur Vermeidung jedweder Provokation und in der Hoffnung auf den Erfolg der Vermittlungsaktion des Schweden Birger Dahlerus die Teilmobilmachung am 25., die allgemeinen Kriegsvorbereitungen aber erst am 30. VIII. befohlen wurden und daher der Aufmarsch der polnischen Verbände noch nicht abgeschlossen war, hatte Hitler den für den 25. VIII. erteilten Angriffsbefehl kurzfristig zurückgenommen und den zur Rechtfertigung des Kriegsausbruchs eingeplanten „polnischen“ Überfall auf den Sender Gleiwitz auf den Abend des 31. VIII. festgesetzt. Am Morgen des 1. IX. stießen die deutschen Verbände in breiter Front aus Ostpommern und Ostpreußen, aus dem nördlichen Schlesien und dem deutschen „Schutzstaat Slowakei“ im Süden in Richtung Łódź – Warschau vor und konnten dank ihrer zahlenmäßigen und waffentechnischen Überlegenheit und durch den konsequenten Einsatz der Luftwaffe schnelle Erfolge erzielen. Tapfere Einzelaktionen polnischer Verbände wie die „Schlacht an der Bzura“ (9.–15. IX.) vermochten den mit weiträumigen Umfassungsmanövern einhergehenden deutschen Vormarsch nicht aufzuhalten; am 7. IX. sahen sich Regierung und Oberbefehlshaber Rydz-Śmigły zum Verlassen Warschaus gezwungen. Nach der Kapitulation letzter Großverbände am 19. IX. waren trotz des fortdauernden Widerstands in einigen festen Plätzen die operativen Maßnahmen beendet. Als die von Hitler seit dem 3. IX. zur unmittelbaren Teilnahme an den Kampfhandlungen gedrängte Sowjetregierung am 17. IX. die Rote Armee in die ihr im Geheimen Zusatzprotokoll zugeteilten weißruthenischen und ukrainischen Provinzen einrücken ließ, traten die höchsten polnischen Staatsorgane – Präsident, Regierung und Militärführung – auf rumänisches Territorium über und wurden sogleich interniert. Die polnische Staatsgewalt auf ihrem bisherigen Hoheitsgebiet war damit erloschen[1].

Gerade mit dem Hinweis, daß der polnische Staat nicht mehr existiere, daher auch kein Bruch der Nichtangriffsvereinbarungen von 1932 und 1934 vorliege, begründete die Sowjetregierung die aktive Teilnahme an der Zerschlagung Polens mit der Notwendigkeit, den Schutz der weißruthenischen und ukrainischen Minderheit zu gewährleisten. Mit dem Zusatzabkommen vom 28. IX. 1939 sicherte sie sich unter Aufgabe der ethnisch-polnischen Gebiete zwischen Weichsel und Bug die Ausweitung ihrer Einflußsphäre auf Litauen. Bei den am 22. X. durchgeführten scheindemokratischen Wahlen zu einer westukrainischen und einer west-weißruthenischen Nationalversammlung stimmten über 90% der Bevölkerung für die kommunistischen Abgeordneten, die Ende Oktober den Anschluß ihrer Gebiete an die jeweilige Sowjetrepublik erbaten; am 1. und 2. XI. 1939 billigte der Oberste Sowjet die Inkorporation unter grundlegenden Veränderungen der bisherigen sozioökonomischen und politischen Verhältnisse[2]. Litauen, das für die Rückgabe des Wilna-Gebiets am 10. X. der UdSSR Stützpunkte einzuräumen hatte, wurde, wie die beiden anderen baltischen Republiken Estland und Lettland auch, durch sowjetische Ultimaten im Juni 1940 zur Regierungsumbildung, zur Hinnahme der Besetzung durch sowjetische Truppen und schließlich im Juli zum Anschluß an die UdSSR gezwungen. Unter den 1939 etwa 13 Mill. Einwohnern in den von der UdSSR annektierten ostpolnischen Gebieten befanden sich etwa 5,275 Mill. mit polnischer Muttersprache, die einer Entpolonisierung und einer Ukrainisierung bzw. Weißruthenisierung unterworfen wurden. Die vom April 1940–Juni 1941 in fünf Wellen vorgenommenen Deportationen erfaßten über 1,2 Mill. Menschen und trafen vor allem die staatlichen, kulturellen und religiösen Repräsentanten des Polentums. Neben den 4,53 Mill. Ukrainern und 1,125 Mill Weißruthenen stellten die Juden mit 1,1 Mill. Einwohnern ein starkes Kontingent, das ebenfalls harten Bedrängungen durch die Sowjetbehörden ausgesetzt war, zumal ihm mit den Verstaatlichungsmaßnahmen die materiellen Lebensgrundlagen beschnitten wurden[3]. Zudem waren an die 300000 Polen als Kriegsgefangene in sowjetische Hand gefallen, von denen im Frühjahr 1940 in Katyń 4504 Offiziere ermordet wurden[4].

Klare Vorstellungen über die künftige Organisation der dem Deutschen Reich zugefallenen ethnisch-polnischen Gebiete westlich der Demarkationslinie den Flüssen Pissa, Narew, Bug und San entlang besaß Hitler nach Beendigung der Kampfhandlungen nicht, die Polen 66300 Tote, 134000 Verletzte und etwa 400000 Gefangene in deutscher Hand gekostet hatten. Der reale Machtzuwachs und der persönliche Prestigegewinn für den „Führer“ lösten bei der deutschen Bevölkerung eine bisher nicht gekannte Identifikation mit dem nationalsozialistischen Staat und seinen aggressiven Zielen aus. Eine geschickte Propaganda wußte die als Antwort auf Provokationen deutscher Diversanten in einer Atmosphäre von Angst und Haß begangenen polnischen Ausschreitungen gegen Angehörige der deutschen Minderheit, bei denen der Bromberger Blutsonntag am 3. IX. trauriger Höhepunkt war, in so eindringlicher Art und Weise unter einer Vervielfachung der Zahl der Opfer auszuschlachten, daß der deutsche Überfall und die zahlreichen Vergeltungsaktionen gerechtfertigt werden konnten und die Forderung nach einer „schonungslosen Bestrafung“ des polnischen Volkes breiten Widerhall fand[5]. Hitler ließ seinen um den 25. IX. ventilierten Plan, einen in etwa dem Königreich Polen im Ersten Weltkrieg entsprechenden entmilitarisierten und ganz von Deutschland abhängigen polnischen Reststaat zu schaffen, nach dem 12. X. fallen, als sich die Westalliierten durch dieses „Zugeständnis“ nicht zur Aufnahme von Friedensverhandlungen bereit zeigten und weil sich keine angesehenen Polen für die

Bildung einer „Quisling"-Regierung zur Verfügung stellten. In einem Erlaß über Gliederung und Verwaltung der Ostgebiete wurde die westliche Hälfte Polens mit den wichtigsten Industriezentren bereits am 8. X. direkt annektiert, der Rest von 142000 km² mit 10,6 Mill. überwiegend polnischen Bewohnern in einem „Generalgouvernement für die besetzten polnischen Gebiete" unter Reichsminister H. Frank zusammengefaßt. Da es lange als Kompensationsobjekt galt, wurde das Generalgouvernement bis Juli 1940 rücksichtslos ausgebeutet, bevor es als „Nebenland des Reiches" in einer verwirrenden Vielgleisigkeit die brutalen Unterdrückungsmethoden der Polizeimacht Himmlers und die auf den Ausbau seines persönlichen Herrschaftsbereichs abzielenden Verwaltung Franks erdulden mußte. In dieser „Heimstätte der Polen" wurde unter Ausschaltung und bald auch physischer Vernichtung der intellektuellen Kader ein bescheidenes kulturelles, wirtschaftliches und nationales Eigenleben geduldet, solange es dem Ziel diente, die Polen während des Krieges auf die Stufe eines halbfreien, technisch einsetzbaren Hilfsvolks ohne politisches Eigenbewußtsein zu reduzieren. Polnische Beamte wurden nur in Unterinstanzen und in der Verkehrs- und Finanzverwaltung eingesetzt; eine meinungsbildende Presse, politisch-historisches Schrifttum, das Ober- und Hochschulwesen sowie Parteien waren verboten. Die Juden verfielen der totalen Entrechtung und mußten ihren Wohnsitz in Ghettos nehmen. Als der Plan ihrer Massenaussiedlung nach Madagaskar scheiterte, wurde eine „Endlösung" der Judenfrage vorbereitet[6]. Polnische „Fremdarbeiter" fanden sich in wachsender Zahl zwangsweise in die deutschen Industriezentren verschickt[7].

Von den „ Eingegliederten Ostgebieten", deren Abgrenzung gegenüber dem Generalgouvernement bis zum Sommer 1940 geheimgehalten wurde, fielen der Kreis Suwałki und das nördliche Masowien, 16000 km² mit 1 Mill. Menschen, an Ostpreußen; die Wojewodschaft Pommerellen, rd. 21000 km² mit 1,95 Mill. Einwohnern, wurde mit Danzig und Teilen Westpreußens zum „Reichsgau Danzig-Westpreußen" zusammengelegt; das Dąbrowa-Revier mit Oberschlesien, etwa 10600 km² mit 2,6 Mill. Einwohnern, größtenteils dem Regierungsbezirk Kattowitz, zum kleineren Teil dem Regierungsbezirk Oppeln zugeschlagen; das umfangreichste Gebiet mit 44000 km² und rd. 5 Mill. Menschen wurde mit Posen und dem in Litzmannstadt umgetauften Łódź als Zentren im „Reichsgau Wartheland" organisiert[8]. Heinrich Himmler, am 7. X. 1939 zum „Reichskommissar für die Festigung des deutschen Volkstums" ernannt, unternahm es, die 9,2 Mill. Personen mit polnischer von den 653000 Menschen mit deutscher und 582000 Bewohnern mit jiddischer oder hebräischer Muttersprache zu trennen und durch konsequente Germanisierung der Mischbevölkerung – Kaschuben, Masuren, Schlonzaken, Oberschlesier – diese ebenso wie Teile der deutschsprechenden Polen für das Deutschtum zu gewinnen. Früh und brutal durchgeführte Enteignungs- und Aussiedlungsaktionen im Warthegau sollten dort das Polentum schwächen und Platz für die aus dem Baltikum, Ostgalizien, Wolhynien und Bessarabien umgesiedelten Volksdeutschen schaffen. Die jüdische Bevölkerung wurde bald in die Ghettobezirke des Generalgouvernements abgeschoben. Reichsdeutsche und volksdeutsche Beamte bauten eine strafforganisierte Verwaltung auf, die bald eine in vier Kategorien unterteilte Bevölkerungsliste vorlegte, die den Polen nur die Stellung von „Schutzangehörigen" des Deutschen Reiches zuwies. Auch hier wurden durch Ausrottung und Deportation der gesamten Intelligenz und durch eine restriktive Schulpolitik die Voraussetzungen für die Unterdrückung auch der geringsten nationalpolitischen Regung geschaffen. Bei der Entlohnung und Lebensmittelzuteilung blieben die auch sonst sozial und rechtlich diskriminierten Polen eindeutig benachteiligt, sollten sie doch nur billige und gefügige Arbeitskräfte für die deutsche Rüstungsindustrie stellen[9].

Am Tag der Kapitulation von Warschau, am 27. IX. 1939, trat der im verbündeten Rumänien internierte Präsident Mościcki zurück und ernannte den nach Paris gelangten Senatspräsidenten W. Raczkiewicz zu seinem Nachfolger. Dieser beauftragte am 30. IX. den General W. Sikorski mit der Bildung einer Exilregierung. Schwierigkeiten warf die Zusammenarbeit zwischen den Vertretern der bisherigen Opposition mit Repräsentanten des Piłsudski-Lagers wie dem ehemaligen Außenminister A. Zaleski und dem stellvertretenden Staatspräsidenten und stellvertretenden Oberbefehlshaber K. Sosnkowski auf. Die bald nach Angers verlegte, von den USA, Großbritannien und Frankreich anerkannte Exilregierung, die sich im Nationalrat *(Rada Narodowa)* ein von 19 früheren Sejmabgeordneten beschicktes Exilparlament schuf, widmete sich vorrangig dem Aufbau einer Exilarmee, um als kämpfender Verbündeter die Wahrung der Kontinuität des Staates zu betonen und selbst einen militärischen Beitrag zur Befreiung der Heimat zu leisten. Im Frühjahr 1940 waren etwa 90 000 der über die Nachbarländer nach Frankreich und England geflohenen Polen bereits erfaßt und in drei Divisonen an der französischen Ostfront eingesetzt[10]; bei der Kapitulation Frankreichs glückte es der über Bordeaux nach London gelangten Exilregierung Sikorski, etwa 17 000 Mann und die im Aufbau befindliche Luftwaffe nach Großbritannien zu evakuieren. Vor allem die amerikanische Bereitschaft, seit März 1941 die Exilregierung am Pacht- und Leihprogramm zu beteiligen, beschleunigte den weiteren Ausbau der Freiwilligenarmee, die sich bereits bei der Luftschlacht um England im September 1940 ausgezeichnet hatte[11].

Schon Ende September 1939 war in Polen selbst durch Offiziere unter Leitung des Generals M. Karaszewicz-Tokarzewski ein „Dienst am Siege Polens" *(Służba Zwycięstwu Polski = SZP)* als Kern für eine Untergrundarmee organisiert worden, dem Anfang Oktober ein aus Angehörigen der bisherigen Oppositionsparteien gebildeter Politischer Beirat beiseitegestellt wurde. Während die straffe Verwaltung in den Eingegliederten Ostgebieten und im russischen Besatzungsteil die Aufstellung größerer konspirativer Gruppen wirkungsvoll unterband, konnte mit der Zeit dank der Hilfe und Unterstützungsbereitschaft der Bevölkerung im Generalgouvernement ein richtiger Untergrundstaat mit einer Untergrundarmee, aber auch einem eigenen geheimen Schul- und Kommunikationssystem aufgebaut werden[12]. Bereits Ende Dezember 1939 wurde die *SZP* in den „Verband für den bewaffneten Kampf" (*Związek Walki Zbrojnej = ZWZ*) überführt und dem Oberbefehl von General Rowecki unterstellt, der den strikten Befehl hatte, nur Führungskader und kleine Einheiten zu organisieren, die Sabotageakte und die Nachrichtenbeschaffung übernahmen, aber offene Kampfhandlungen zu vermeiden hatten[13]. Die politischen Parteien schlossen sich zu einer „Hauptorganisation Untergrundpolen" zusammen, konnten aber keine allzu große Wirksamkeit entfalten; erst das „Politische Verständigungskomitee" (*Polityczny Komitet Porozumiewawczy = PKP*), dem seit September 1940 C. Ratajski als Regierungsdelegierter vorstand, erlangte größeren Einfluß. Der Schock der eigenen Niederlage und der unerwartet rasche militärische Zusammenbruch Frankreichs erzwangen vorerst ein Stillhalten. Die maßlose deutsche Herrschaft rottete inzwischen den Glauben an die aus der Zeit des Ersten Weltkriegs geschätzte deutsche Gerechtigkeit und Verwaltungstüchtigkeit aus und führte mit der Zeit auch die bäuerliche Bevölkerung aus der Apathie zu einer kämpferischen Ablehnung der Fremdherrschaft. Sowohl die nationalsozialistische Volkstums- und Umsiedlungspolitik als auch der Polizeiterror Himmlers nährten einen tiefen Haß und bedingten den raschen Zulauf zu den Untergrundkämpfern; die strafrechtlichen Sonderbestimmungen, die im Vergleich zu den Deutschen bestehende erhebliche Benachteiligung sowie die systematische Ausrottung oder Deportation der politischen und kulturellen Eliten motivierte alle polnischen Patrioten zu einem opfermutigen Widerstand[14].

Der Angriff Hitlers auf Rußland am 22. VI. 1941 veränderte schlagartig die politische und militärische Konzeption des polnischen Untergrunds. Das von der Wehrmacht eroberte Ostpolen wurde auf Anordnung Hitlers am 17. VII. 1941 derart geteilt, daß Ostgalizien dem Generalgouverneur Frank persönlich unterstellt, der Bezirk Białystok vom ostpreußischen Oberpräsidenten Koch verwaltet und der Hauptteil der weißruthenischen und ukrainischen Gebiete dem Reichsminister für die besetzten Ostgebiete Rosenberg zugeschlagen wurde. Die allein den kriegswirtschaftlichen Erfordernissen dienende Ausbeutung und die sowohl die polnischen als auch die ukrainischen nationalen Erwartungen verletzende koloniale Territorial- und Verwaltungsordnung schürten den Widerstand vor allem im Generalgouvernement, weil die ungezügelte Entnahme von Rohstoffen, Nahrungsmitteln und Vieh besorgniserregende Versorgungsengpässe heraufbeschwor und die Mißachtung des Privateigentums an Grund und Boden die bäuerlichen Massen erst recht der Untergrundbewegung in die Arme trieb. Die Kommunisten, die sich bis Juni 1941 sorgfältig bedeckt gehalten hatten, begannen mit Unterstützung der radikalen Linken ebenfalls, eine eigene Untergrundorganisation aufzubauen und das Lager des Widerstands zu verstärken. Den wohl bedeutendsten Impuls erhielt der Widerstandswille der Polen durch die Mitte 1942 einsetzende planvolle physische Vernichtung der polnischen Staatsbürger mosaischen Glaubens, der mit mehr als 2,5 Mill. Menschen fünf Sechstel der polnischen Juden zum Opfer fielen. Die Furcht der ethnisch-polnischen Bevölkerung, ihr könnte nach der Ausrottung der Juden infolge des nationalsozialistischen Rassenwahns selbst eine teilweise Liquidation bevorstehen, wuchs an und verstärkte den Abwehrkampf der nationalen Résistance.

Die politischen Weichenstellungen nahm die Londoner Exilregierung vor, die aufgrund des Insistierens des britischen Premiers Churchill nach schwierigen Verhandlungen am 30. VII. 1941 ein Abkommen mit der Sowjetunion schloß, das die deutsch-sowjetische Vereinbarung vom 29. IX. 1939 für ungültig erklärte, die Aufnahme diplomatischer Beziehungen, die Unterstützung im Kampf gegen Hitler-Deutschland und die Aufstellung einer aus polnischen Kriegsgefangenen gebildeten Exilarmee in der UdSSR vorsah. Eine sofort nach Moskau entsandte Delegation konnte am 14. VIII. die Modalitäten vereinbaren, doch der Aufbau der von General W. Anders geführten Armee erwies sich wegen des Fehlens von Offizieren und dem schlechten Gesundheitszustand der Mannschaften als so schwierig, daß Sikorski Anfang Dezember 1941 selbst bei Stalin vorsprach; wegen der sowjetischen Weigerung, den territorialen *Status quo ante* Polens zu garantieren, konnte ein Einvernehmen nur darüber erzielt werden, insgesamt sechs polnische Divisionen aufzustellen und sie zeitweise nach Zentralasien und den Iran zu verlegen. Die sowjetische Weigerung, den ehemals polnischen Staatsangehörigen ukrainischer, weißruthenischer und jüdischer Nationalität aus den einstigen Ostgebieten als angeblich sowjetischen Staatsbürgern den Eintritt in die polnischen Kampfverbände zu gestatten, beunruhigte das Londoner Exilkabinett stark, doch traten seine Befürchtungen wegen möglicher sowjetischer Territorialforderungen etwas in den Hintergrund, als sich die Regierung der UdSSR im britisch-sowjetischen Bündnisvertrag vom 26. V. 1942 ausdrücklich zu dem Grundsatz bekannte, keine Grenzänderungen anzustreben. Bereits im März/April 1942 war die auf 67 000 Mann angewachsene Anders-Armee in den Iran, dann in den Irak und nach Palästina verlegt worden. Die bis zum 1. V. 1945 auf knapp 200 000 Mann gebrachte Exilarmee zeichnete sich im Westen auf allen Kriegsschauplätzen aus und verhalf mit ihren Erfolgen (u. a. Monte Cassino, Landung in der Normandie, Arnheim) der Exilregierung zu Sympathie und wachsendem Ansehen[15]. Obschon die Regierung Sikorski als gleichberechtigter kriegführender Partner der Allianz gegen Hitler anerkannt wurde und an der Unterzeichnung der Atlantikcharta sowie der Deklaration der Vereinten Nationen teilnahm, gelang es ihr in der für die polnische Nation lebenswichtigen Grenzfrage aber selbst bei den Westalliierten nicht, für die Forderung nach Restituierung Polens in seinen Vorkriegsgrenzen vorbehaltlose

Unterstützung zu finden[16]. Die bereits am 11. XI. 1940 vereinbarte Zusammenarbeit mit der tschechoslowakischen Exilregierung wurde am 23. I. 1942 mit dem Ziel erweitert, eine Föderation beider Länder mit gemeinsamer Außen-, Verteidigungs-, Wirtschafts- und Finanzpolitik anzustreben[17]. Wegen interner Meinungsverschiedenheiten war es nach Unterzeichnung des Abkommens mit der UdSSR zum Rücktritt der Minister Sosnkowski, Zaleski und Seyda und am 3. IX. 1941 zur Auflösung des Nationalrats gekommen; die Krise konnte erst am 22. I. 1942 mit der Bildung einer stärker nach links tendierenden „Regierung der nationalen Einheit“ unter Sikorski und der Berufung eines auf 31 Mitglieder erweiterten Nationalrats am 3. II. beigelegt werden.

Die verschärfte Besatzungspolitik und die ersten Niederlagen der deutschen Wehrmacht im Winter 1941/42 hatten die im Generalgouvernement unter dem Kommando von General Rowecki operierenden Untergrundverbände auf 100 000 Mann anwachsen und die Zahl der Sabotageakte steigen lassen. Mit der Angliederung der nationaldemokratischen und der bäuerlichen Kampfverbände konnte die Résistance am 14. II. 1942 in die „Armee im Lande“ *(Armia Krajowa = AK)* überführt werden, die neben den Vorbereitungen für einen allgemeinen Aufstand gezielte Diversionsakte, Attentate und Partisanenaktionen durchführte und der deutschen Besatzungsmacht schwere Schlappen zufügte, die durch grausame Repressalien gegen die Zivilbevölkerung geahndet wurden. Das Politische Verständigungskomitee, die politische Repräsentanz der demokratischen Parteien im Untergrund, und die Ende 1943 über 300 000 Mitglieder zählende *AK* sahen ihre Hauptaufgabe darin, auf jede nur mögliche Weise die deutsche Kriegführung im Osten zu erschweren und ihren Beitrag zur Wiedererrichtung eines unabhängigen Polen zu leisten[18].

Zunehmende Konkurrenz erwuchs den bürgerlich-demokratischen Kräften durch die von Moskau seit Juni 1941 aktivierten Kommunisten, die sich nach dem Verband zum Kampf um die Befreiung *(Związek Walki o Wyzwolenie = ZWW)* unter M. Spychalski im Januar 1942 in der Polnischen Arbeiterpartei *(Polska Partia Robotnicza = PPR)* eine neue Organisation gaben und in einem Jahr etwa 8 000 Mitglieder warben. Sie schufen sich im Frühjahr 1942 in der Volksgarde *(Gwardia Ludowa = GL)* eine eigene Kampftruppe, deren militärische Bedeutung anfangs relativ gering blieb. Krisen, so nach der Ermordung des ersten *PPR*-Sekretärs M. Nowotko am 28. XI. 1942 oder nach der Verhaftung seines Nachfolgers P. Finder am 14. XI. 1943 blieben nicht aus, obgleich der nachrückende „Heimatkommunist“ W. Gomułka von dem aus der UdSSR eingeschleusten „Moskowiter“ B. Bierut unterstützt wurde. In Verhandlungen mit einigen linksorientierten Splittergruppen, so mit der Arbeiterpartei polnischer Sozialisten *(RPPS)* und der „Volkswille“-Abspaltung der Bauernpartei, waren im Dezember 1943 die Voraussetzungen für die Konstituierung eines Landesnationalrats *(Krajowa Rada Narodowa = KRN)* geschaffen worden, dessen zwanzig Mitglieder in der Neujahrsnacht 1944

erstmals berieten und den Beschluß faßten, durch die Überführung der *GL* in eine Volksarmee *(Armia Ludowa = AL)* unter dem Oberbefehl des Generals M. „Rola"-Żymierski den Untergrundkampf zur Befreiung Polens ihrerseits zu intensivieren[19].
Die sich im Winter 1942/43 zwischen der Londoner Exilregierung und dem Kreml zuspitzende Auseinandersetzung um die Grenzziehung im Osten ließen es Stalin angebracht erscheinen, ohne Rücksichtnahme auf die dominierenden bürgerlich-demokratischen Kräfte die der KPdSU loyal ergebenen polnischen Kommunisten im sowjetischen Exil und in der Heimat stärker zu fördern. Das polnische Insistieren, die am 13. IV. 1943 bekanntgewordenen Leichenfunde von Katyń zufriedenstellend zu erläutern, veranlaßte Stalin am 25. IV. zum Abbruch der diplomatischen Beziehungen. Eine Schwächung der antikommunistischen Kräfte trat zudem durch die Verhaftung des *AK*-Kommandeurs Rowecki am 30. VI. und, weit bedeutsamer, durch den Unfalltod Sikorskis am 4. VII. in Gibraltar ein[20]; die als Versöhnungsgeste an den Kreml intendierte stärkere Berücksichtigung der Linken in der vom verständigungsbereiten Bauernpolitiker S. Mikołajczyk neugebildeten Regierung wurde in Moskau nicht als ausreichend betrachtet, weil der neue Oberbefehlshaber K. Sosnkowski und der fähigste Militär, General W. Anders, als entschiedene Gegner der UdSSR galten. Stalin setzte allein auf die *PPR* und den am 8. V. 1943 gegründeten Verband Polnischer Patrioten *(Związek Patriotów Polskich = ZPP)* unter der Führung von W. Wasilewska, A. Lampe und S. Jędrychowski. In ihrem Hauptquartier in Sel'ce an der Oka stellte der Oberst Z. Berling auch neue polnische Verbände auf, die später an der Seite der Roten Armee einen wichtigen Beitrag zur Befreiung des polnischen Kernlandes leisteten[21]. Die von den Sowjetorganen besonders geförderten *ZPP*-Politiker konnten mit der Zeit ihren Einfluß auch in Polen auf Kosten der Heimatkommunisten erweitern. Diese frühen Gegensätze, die erst nach dem Sturz Gomułkas im September 1948 offen ausgetragen wurden, hinderten *ZPP* und *PPR* nicht, ihre politischen Vorstellungen nach außen hin geschlossen zu vertreten. In der Ablehnung der Piłsudski-Verfassung von 1935, in der Forderung nach Enteignung des Großgrundbesitzes und nach Verstaatlichung der Industrie sowie in der den sowjetischen Vorstellungen entsprechenden Haltung hinsichtlich der künftigen Grenzregelung stimmten beide Gruppen überein, während die Meinungen in der Bewertung der Zusammenarbeit mit den bürgerlichen und sozialistischen Kräften im Untergrund und über Zeitpunkt und Erfolgsaussichten des offenen Kampfes gegen die deutsche Besatzungsmacht auseinanderklafften. Ihre politische Konzeption für ein Nachkriegspolen ging von der Prämisse der „Erbfeindschaft" gegenüber Deutschland aus; eine starke, umfassende Anlehnung an die UdSSR sollte die Sicherheit Polens garantieren. Die von Stalin seit Dezember 1941 betriebene Westverschiebung Polens wurde von den Kommunisten als Realisierung der historischen „piastischen" Konzeption eines an Oder

und Ostsee angelehnten Polen und im Interesse einer endgültigen Niederwerfung des nationalsozialistischen Aggressionspotentials zur dauerhaften Aufrechterhaltung des Friedens in Nachkriegseuropa propagiert[22]. Die konsequente Ausrichtung auf die UdSSR als der voraussichtlich dominierenden Macht in Europa nach Kriegsende erlaubte der *PPR* die Entwicklung einer realistischen Nachkriegskonzeption und eröffnete den Kommunisten einen politischen Spielraum, der den Vertretern der bürgerlichen Parteien und der Exilregierung verschlossen blieb.

Im Gegensatz zur 1938 liquidierten *KPP* scheuten sich die Kommunisten nicht, nationale Töne anzuschlagen; der Rekurs auf den Nationalismus diente der Aufgabe, den aus den Erfahrungen der Kriegs- und Besatzungszeit verständlichen Deutschenhaß zum Abbau der bisher latent vorhandenen Vorbehalte gegenüber der UdSSR einzusetzen. Die Identifizierung von Nationalismus und Kommunismus unter Betonung populärer nationaler, vor allem territorialer Interessen durch die Heimatkommunisten wurde von der Sowjetführung ausdrücklich mit dem Argument gebilligt, daß das Anheizen nationalistischer Gefühle nur ein Zwischenstadium auf dem Weg zum wahren Internationalismus darstelle.

Die Entscheidung über die politische Ausrichtung und die geographische Zuordnung Nachkriegspolens lag seit Herbst 1943 aber bereits weitgehend bei den Großmächten. Die neue Exilregierung Mikołajczyk beharrte zwar auf dem Standpunkt, die Regelung der Grenzfragen späteren Verhandlungen vorbehalten und der Roten Armee eine Besetzung polnischen Staatsgebiets erst nach Abschluß einer Vereinbarung gestatten zu wollen, in der eine Übertragung der Zivilverwaltung im befreiten Territorium an eine vom Exilkabinett benannte Administrative festzulegen gewesen wäre. Die inzwischen von der UdSSR errungenen militärischen Erfolge ließen es auf der Konferenz von Teheran (28. XI.–1. XII. 1943) Churchill und Roosevelt notwendig erscheinen, den von Stalin unnachgiebig geforderten territorialen Konzessionen auf Kosten Polens durch eine generelle Westverschiebung des Landes entgegenzukommen. Als die Rote Armee am 4. I. 1944 bei Rokitno und Sarny in Wolhynien erstmals die polnische Ostgrenze von 1921 erreichte und eine Zusammenarbeit mit den Einheiten der *AK* nach Möglichkeit vermied, intensivierte der kommunistische Untergrund seine Aktivitäten, zumal heftige Auseinandersetzungen innerhalb der Londoner Exilregierung und im *AK*-Untergrund über den Verlauf der Nachkriegsgrenzen politische Initiativen weitgehend unterbanden. Am 15. II. sah sich Mikołajczyk zur Unterstellung der Gebiete östlich der Linie Wilna-Lemberg an die *de facto* bereits bestehende sowjetische Militärverwaltung gezwungen, verknüpfte damit aber den irrealen Vorbehalt, daß spätere Grenzabsprachen nicht vorweggenommen, die Deutschen aus dem vorgesehenen Erweiterungsgebiet im Westen umgesiedelt und die Westmächte die territoriale Integrität Polens und seine politische Unabhängigkeit im Rahmen eines demokratisch-parlamentarischen Systems garantieren würden. Am 3. VIII. veranlaßte

Churchill unter erheblichem Druck die Exilregierung, den direkten Ausgleich mit der Kremlführung zu suchen, und verbürgte sich, daß als Entschädigung für die Einbußen im Osten eine Übereignung der deutschen Gebiete bis an Oder und Neiße einschließlich der Städte Breslau und Stettin vorgenommen werde[23].

Inzwischen hatte sich in der Heimat der Kampf gegen die deutsche Besatzungsmacht weiter eskaliert. Der am 19. IV. 1943 ausgelöste Warschauer Ghettoaufstand konnte den Abtransport der letzten Juden in die Vernichtungslager ebensowenig aufhalten wie die Verzweiflungsaktionen in den Ghettos von Białystok und Wilna im September. Der deutsche Besatzungs- und Polizeiterror veranlaßte im Winter 1943/44 die jetzt von Graf „Bór“ -Komorowski geführte *AK*, zu einem offenen Guerillakrieg überzugehen und große Waffen- und Verpflegungslager in den Wäldern anzulegen, um bei Herannahen der Roten Armee für den offenen Aufstand (Aktion „Burza“) gerüstet zu sein. Am 9. I. 1944 wurde die Politische Landesvertretung in einen Rat der Nationalen Einheit *(Rada Jedności Narodowej = RJN)*, der sich aus jeweils drei Vertretern der vier großen Oppositionsparteien *PPS, ND, SL* und *SP*, je einem Repräsentanten von drei kleineren Gruppierungen und Beauftragten der Geistlichkeit und sozialer Organisationen zusammensetzte, unter dem Vorsitz des Sozialisten K. Pużak erweitert, der trotz der Betonung seiner pro-westlichen Ausrichtung nicht ausschloß, mit der UdSSR unter der Voraussetzung der Anerkennung der territorialen Integrität Polens und der Nichteinmischung in die inneren Angelegenheiten zusammenzuarbeiten.

Im Verlauf ihrer Sommeroffensive von 1944 überschritten Einheiten der Roten Armee mit Unterstützung polnischer Untergrundverbände in breiter Front den Bug und kämpften danach Gebiete frei, deren Zugehörigkeit zu einem wiederzuerrichtenden polnischen Staat auch von der Sowjetregierung nicht bestritten wurde[24]. Am 21./22. VII. konstituierte sich in Chełm (Cholm) ein Polnisches Komitee der Nationalen Befreiung *(Polski Komitet Wyzwolenia Narodowego = PKWN)*, das die Regierungsbefugnis für diese ethnisch-polnischen Distrikte westlich der alten Curzon-Linie für sich beanspruchte. Dieser von der Regierung der UdSSR begünstigte Zusammenschluß kommunistischer und linkssozialistischer Politiker mit „fortschrittlichen“ Vertretern der alten Oppositionsparteien wird seither als Staatsgründungstag der Volksrepublik festlich begangen. Zum damaligen Zeitpunkt war noch nicht abzusehen, ob sich diese am 25. VII. vom größeren Lublin aus unter Vorsitz des Sozialisten E. Osóbka-Morawski als „Lubliner Komitee“ ihre Arbeit aufnehmende polnische Administrative würde durchsetzen können gegen eine – von der überwiegenden Mehrheit der Bevölkerung als einzig legitime Repräsentation anerkannte, von den Westalliierten unterstützte – Londoner Exilregierung und ihre Untergrundorgane in dem von den deutschen Truppen noch weitgehend kontrollierten Land[25].

Angesichts der als bedrohlich empfundenen Haltung der Westmächte in der Grenzfrage, der Konstituierung des „Lubliner Komitees" und des raschen Vormarsches der Sowjettruppen, die Ende Juli die Weichsel erreichten, entschloß sich *AK*-Kommandant „Bór"-Komorowski am 1. VIII. 1944, mit seinen etwa 50 000 Kämpfern in Warschau den nationalen Aufstand auszulösen. Da die sowjetische Heeresgruppe Rokossovskij am östlichen Weichselufer nur Mitte September bescheidene Entlastungsaktionen unternahm, und da auch wegen des sowjetischen Hinhaltens die britischen und amerikanischen Versuche, den Aufstandsherd aus der Luft zu versorgen, vollkommen unzureichend blieben, mußten die *AK*-Einheiten, die bis zum 4. VIII. zwar den größten Teil der Hauptstadt eroberten, die Initiative jedoch den eilig herangeführten deutschen Entsatzkräften überlassen und trotz tapferer Gegenwehr am 2. X. 1944 kapitulieren[26]. Die Hoffnung der *AK*, die sowjetischen Truppen nicht als Befreier, sondern höchstens als Kampfgenossen in der den Deutschen allein entrissenen Hauptstadt begrüßen und damit der politischen Entwicklung einen neuen Impuls geben zu können, hatte unter schwersten Opfern begraben werden müssen.

Trotz des Verdachts, die Sowjetführung habe durch die passive Haltung ihrer Truppen das Verbluten großer Teile des national gesinnten Widerstands mit verursacht, suchte die Regierung Mikołajczyk mit relativ großer Kompromißbereitschaft einen Ausgleich mit dem Kreml und dem kommunistischen Untergrund. Da Stalin aber unnachgiebig auf dem Verzicht der polnischen Gebiete östlich der Curzon-Linie bestand und das Lubliner Komitee den bürgerlichen Kräften nur vier von 18 Sitzen in einer Nachkriegsregierung einräumen wollte, trat Mikołajczyk, der starkem britischen und amerikanischen Druck ausgesetzt gewesen war, am 24. XI. 1944 zurück. Die von dem *PPS*-Politiker und entschiedenen Anti-Kommunisten T. Arciszewski gebildete Regierung wurde in der Grenzfrage von den Alliierten nicht mehr konsultiert und blieb von ihrer Regelung ausgeschlossen.

Am 1. I. 1945 proklamierte sich das Lubliner Komitee mit der Begründung, die Londoner Exilregierung habe jeden Kontakt zu der Bevölkerung verloren, als Provisorische Regierung und übersiedelte nach der sowjetischen Anerkennung in das durch die seit dem 12. I. laufende Winteroffensive befreite Warschau. Diese willfährige Administrative benützte Stalin ebenso zur Durchsetzung seiner Grenzforderungen den Westalliierten gegenüber auf der Konferenz von Jalta (4.–11. II.) wie seine starke militärische Position. Während am 6. II. 1945 grundsätzliches Einvernehmen über den Verlauf von Polens Grenze im Osten der modifizierten Curzon-Linie entlang und im Westen der Oder und der Lausitzer Neiße entlang erzielt werden konnte, kam eine bindende Vereinbarung über die Aufnahme von Exilpolitikern in eine „Regierung der nationalen Einheit" und die Abhaltung freier Wahlen nicht zustande. Obschon ein Junktim zwischen Grenzziehung und alsbald abzuhaltenden Wahlen vereinbart worden war, mußten Briten und Amerikaner bei den Ende Februar in

Moskau geführten Verhandlungen rasch erkennen, daß die Sowjets der Provisorischen Regierung ein Vetorecht bei der Nominierung der zu den internen polnischen Verhandlungen einzuladenden Exilpolitiker zubilligten. In einer Atmosphäre wachsenden Mißtrauens, die durch das harte Vorgehen der Provisorischen Regierung gegen potentielle Opponenten und die Deutschen sowie durch die Unterzeichnung eines polnisch-sowjetischen Bündnispakts am 21. IV. 1945 entstanden war, froren die Amerikaner die Verhandlungen für mehr als einen Monat ein. Während die Provisorische Regierung die allgemeine Instabilität, Rechtsunsicherheit sowie die große Teile des polnischen Volkes erfassende, alte Gruppenbildungen zerreißende und die politischen Kräfte absorbierende elementare Bevölkerungsverschiebung zu nutzen wußte, um im Gefolge der Roten Armee ihr Hoheitsgebiet bis Ende März 1945 an die vorgesehene neue Westgrenze vorzuschieben, büßten die bürgerlich-sozialistischen Kräfte ihre Mitwirkungsmöglichkeiten weitgehend ein. Seit Januar 1945 versuchten daher viele Mitglieder der *AK* unterzutauchen; vornehmlich Offiziere gründeten eine kleine militärisch-politische Untergrundorganisation „Unabhängigkeit" *(Niepodległość = NIE)* zum Überdauern während der sowjetischen Okkupation. Unter Zusicherung freien Geleits bewogen, Beratungen mit sowjetischen Regierungsstellen aufzunehmen, wurden die 15 wichtigsten zivilen und militärischen Führer der *AK*-Résistance nach Moskau verbracht, wo sie im Juni 1945 langjährige Strafen zudiktiert erhielten; über 50000 *AK*-Mitglieder wurden in die UdSSR deportiert. Der Rat der Nationalen Einheit sah sich zur Selbstauflösung gezwungen. Die Provisorische Regierung, die in ihrer Zusammensetzung nur eine geringe Konsistenz aufwies, machte sich mit Hilfe ihres von S. Radkiewicz geleiteten Sicherheitsamtes *(Urząd Bezpieczeństwa)* daran, ihre Gegner einzuschüchtern und alle, deren Patriotismus und Loyalität während der Kriegsjahre in Zweifel gezogen wurden, einem umständlichen und entwürdigenden Überprüfungsverfahren zu unterwerfen[27].

Bei den – dank der Vermittlungsaktion des amerikanischen Sonderbotschafters H. Hopkins – in Moskau wieder aufgenommenen innerpolnischen Verhandlungen wurde schließlich am 21. VI. 1945 der Bauernpartei *SL* ein Drittel aller Regierungssitze und eine angemessene Repräsentation in allen staatlichen Organen zugestanden. Die daraufhin am 28. VI. in Warschau gebildete „Regierung der nationalen Einheit" *(PRZN)* wurde von den zwölf Vertretern der bisherigen Provisorischen Regierung beherrscht, obschon Mikołajczyk als stellvertretender Ministerpräsident und als Minister für Landwirtschaft und Agrarreform seiner Bauernpartei weitere fünf Kabinettsposten, darunter das wichtige Innenressort, hatte sichern können. Die Exil-*PPS* war nur mit einem Minister vertreten; nur noch linke Abspaltungen und die dominierende *PPR* hatten sonst Berücksichtigung gefunden. Die Regierungen der USA und Großbritanniens, die gerade Polen zum Testfall des guten Willens der UdSSR erhoben hatten, eine nationalstaatliche und demokratisch ausgerichtete Neuordnung Europas zu tolerieren, anerkannten am 5. VII. diese *PRZN,* in der nur zwei Vertreter des Londoner Exilpolentums unter den 21 Ministern zu finden waren, und entzogen damit der von der breiten Öffentlichkeit immer noch als legitim respektierten, politisch aber seit langem einflußlosen Londoner Regierung, die sich bis Ende der 1950er Jahre um die Aufrechterhaltung ihres Rechtsanspruchs bemühte, die völkerrechtliche Basis.

Die *PRZN,* vertreten durch Bierut und Mikołajczyk, wurde zu den Potsdamer Verhandlungen (17. VII.–2. VIII. 1945) zugelassen und konnte mit sowjetischer Unterstützung ihren Standpunkt auf der ganzen Linie durchsetzen. Im Art. IX b der Konferenzakte wurden, ohne eindeutige Definition des Grenzverlaufs, die ehemals ostdeutschen Gebiete bis zur Oder und der westlichen Neiße einschließlich des Territoriums der Freien Stadt Danzig und das südliche Ostpreußen, rund 103 000 km², vorläufig unter die Verwaltung des polnischen Staates gestellt. Der Art. XIII gestattete in ordnungsgemäßer und humaner Weise den Transfer der in Polen und in den unter polnischer Verwaltung stehenden Gebieten lebenden Deutschen in die alliierten Besatzungszonen des ehemaligen Deutschen Reiches[28]. Mit der Aufnahme dieser Transporte und mit der Aufstellung eines Aufnahmeplans des Alliierten Kontrollrats für Deutschland vom 17./ 20. XI. 1945 wurde von den Westmächten *de facto* anerkannt, daß es sich bei der polnischen „ Verwaltung" um mehr als nur ein Provisorium handelte und bei einer Friedensregelung mit der vorbehaltlosen Einbeziehung dieser Gebiete in den polnischen Staat gerechnet werden mußte. Angesichts der gezielten Ansiedlung der aus den ehemals polnischen Ostregionen vertriebenen Polen in den „wiedergewonnenen Westgebieten" (von den über 3 Mill. Polen, die 1939 in dem an die UdSSR abgetretenen Gebiet gelebt haben, wurden etwa 2,2 Mill. nach Polen transferiert, zwei Drittel davon wurden in den Westgebieten angesiedelt) und der damit geschaffenen normativen Kraft des Faktischen hätte jede spätere Veränderung der Grenzziehung unter Berufung auf den im Potsdamer Abkommen niedergelegten juristischen Standpunkt außerordentliche Schwierigkeiten heraufbeschworen und dem von den Westalliierten auf den Kriegskonferenzen vertretenen Standpunkt einer Westverschiebung Polens widersprochen.

In dem am 16. VIII. 1945 zwischen der sowjetischen und der polnischen Regierung abgeschlossenen Grenzvertrag wurde die Curzon-Linie mit geringen Korrekturen zugunsten Polens als neue Staatsgrenze festgeschrieben. Dadurch gab Polen ein Gebiet von rd. 180 000 km² mit einer Vorkriegsbevölkerung von annähernd 12 Mill. Menschen auf. Ostpreußen wurde durch eine Demarkationslinie aufgeteilt, die vom Frischen Haff bei Braunsberg fast genau in östlicher Richtung bis zur einstigen polnisch-litauisch-deutschen Dreiländerecke bei Suwałki verlief. Den Bevölkerungsaustausch, über den zwischen dem Lubliner Komitee und den Sowjetbehörden bereits am 9. und 22. IX. 1944 grundsätzlich Einvernehmen erzielt worden war, regelte ein Verfahrensabkommen vom 6. VII. 1945.

Nach der Beilegung des strittigen Grenzverlaufs entsprechend der Vorkriegsgrenzen im Raum Teschen und im Gebiet von Glatz der ČSR gegenüber umfaßte das wiedererstandene Polen ein Gebiet von 312730 km^2 (1939: 388634 km^2).

In dem polnischen Staatsgebiet von 1921 hatten am 1. I. 1939 nach Schätzungen 34,85 Mill. Einwohner gelebt. Die „summarische Volkszählung" vom 14. II. 1946 ergab für die bei Polen verbliebenen 209000 km^2 die Zahl von 18,85 Mill. und für die 103000 km^2 der ehemals ostdeutschen Gebiete 5,09 Mill. Einwohner, insgesamt knapp 24 Mill. Bürger. Etwa die Hälfte der polnischen Kriegsverluste von mehr als 6 Mill. Menschen war auf die von den Deutschen vorgenommene allgemeine Judenausrottung zurückzuführen. Der Krieg hatte nicht nur die natürliche Bevölkerungsvermehrung der letzten 35 Jahre aufgezehrt, sondern Polen den Großteil der Intelligenz und der qualifizierten Arbeiter gekostet.

Die Bevölkerungsverschiebungen, bedingt durch eine gezielte Evakuierung durch deutsche Stellen, dann eine ungezügelte Flucht und die anschließend durchgeführte Zwangsumsiedlung der Deutschen, durch die Repatriierung der Kriegsgefangenen und der nach Deutschland verschleppten Arbeiter, durch die Rückkehr von Emigranten und Auswanderern der Vorkriegszeit, durch den Bevölkerungsaustausch zwischen Polen und der UdSSR, und schließlich durch die Binnenwanderung der im Laufe des Krieges dislozierten Bevölkerung, setzten zwischen 1944 und 1947 eine nach Millionen zählende Menschenmasse in Bewegung. Von den fast 12 Mill. Bewohnern der ehemals deutschen Ostgebiete hatte etwa die Hälfte im Winter und Frühjahr 1945 die Massenflucht vor der Roten Armee ergriffen; 1,25 Mill. Rückkehrern wurde von den Polen die Wiederansiedlung versagt. Nach Schätzungen lebten im Sommer 1945 im polnischen Herrschaftsbereich noch 5,65 Mill. Deutsche. In einer ersten großen Welle wurden im Juni/Juli 1945 vermutlich 250000 Deutsche abgeschoben; zwischen August und November 1945 weitere 400000. 1946 wurden etwa 2 Mill. Deutsche in die alliierten Besatzungszonen überstellt, 1947 noch einmal rd. 500000. Als Folge der Kriegseinwirkungen, auf der Flucht, bedingt durch die unzureichende Nahrungsmittelversorgung in den ersten Nachkriegsmonaten und während der Zwangsumsiedlung verstarben 1,2 Mill. Deutsche aus den Ostgebieten. Etwa 1,2 Mill. Deutsche, 30000 Danziger und 430000 Volksdeutsche blieben von der Vertreibung verschont[29]. Unter den in der polnischen Volkszählung vom 3. XII. 1950 aufgeführten Gruppe der „Autochthonen" erfaßten 1,25 Mill. Menschen dürften sich vorwiegend ehemals deutsche Volkszugehörige befunden haben. Im Rahmen der seit 1955 zwischen den Rotkreuzgesellschaften beider Länder vereinbarten Familienzusammenführung haben fast 400000 Menschen ihren Wohnsitz aus der VR Polen in die Bundesrepublik Deutschland verlegt; aufgrund neuer Abmachungen in den

Jahren 1975/76 durften weitere 140 000 Deutschstämmige aus Polen ausreisen.
Zwischen 1945 und 1947 hatten sich die polnischen Behörden auch der 2,2 Mill. Repatrianten und Rückwanderer aus dem Westen sowie der mehr als 2 Mill. Umsiedler aus der UdSSR anzunehmen[30]. Nach der Sowjetunion wurden aus Polen 519 000 Menschen übergeführt; im Rahmen der im November 1956 in Moskau erzielten Vereinbarungen erhielten bis Ende 1958 weitere 225 000 polnischstämmige Sowjetbürger die Umsiedlungsmöglichkeit nach Polen.
Obschon die deutsche Öffentlichkeit und die Bundesregierungen vor 1969 diesen Tatbestand nicht wahrhaben wollten, wurde die Potsdamer Konferenz *via facti* für Polen zum abschließenden Akt des Zweiten Weltkriegs, da dort Territorial- und Volkstumsfragen im polnisch-deutschen Grenzgebiet für einen historischen Zeitabschnitt eine – wenn auch recht gewaltsame, unorganische und politisch lange umstrittene – Regelung erfahren hatten. Polen, das sich in seiner Vergangenheit stets als Vormauer des Abendlandes und der lateinischen Christenheit verstanden hatte, fand sich nach dem nationalsozialistischen Inferno mit den unersetzlichen Menschenverlusten, schweren Vermögensschäden, den Gebietseinbußen und einer durchschnittlichen Westverschiebung um mehr als 150 km dem Zwang ausgesetzt, über das Trennende der Kriegsjahre hinweg und unter Verzicht auf vordergründige ideologisch-politische Postulate wieder zu einer geeinten Nation zusammenzuwachsen, um dem ihm zugewiesenen Platz in einem Nachkriegseuropa auszufüllen. Die Gefahr, daß Polen unter dem übermächtigen Einfluß des omnipotenten sowjetischen Nachbarn zu einem willenlosen Werkzeug der UdSSR in ihrem ostmitteleuropäischen Vorfeld degradiert werden könne, war – wie die Entwicklung während der Hochzeit des Stalinismus zeigen sollte – nicht von der Hand zu weisen. Wenn in der schwierigen Aufbauphase des volksdemokratischen Regimes trotz der Fragwürdigkeit der gewählten Methoden und unbeschadet aller Rückschläge dennoch unbeirrbar der Weg zur Ausbildung eines modernen Staats- und Sozialgefüges eingehalten wurde und das rückständige Agrarland der Zwischenkriegszeit zu einem leistungsfähigen Industriestaat eigener Prägung umgestaltet wurde, so sind diese Errungenschaften ausreichender Beweis für den Leistungswillen, die Anpassungsbereitschaft und die politische Mündigkeit der durch Teilungszeit und Krieg gereiften polnischen Nation.

Anmerkungen zu 5.1 und 5.2

1 Hinweise und bibliographische Angaben zur Geschichte der polnischen Parteien bei J. Holzer, Mozaika polityczna Drugiej Ṛzeczy pospolitej, Warszawa 1974.

2 H. Jabłoński, Polityka Polskiej Partii Socjalistycznej w czasie wojny 1914–1918, Warszawa 1958; ders., Narodziny Drugiej Rzeczypospolitej 1918–1919, Warszawa 1962.

3 Die Vorgeschichte der KPP stellt erschöpfend dar G. W. Strobel, Die Partei Rosa Luxemburgs, Lenin und die SPD, Wiesbaden 1974; ders. (Hg.), Quellen zur Geschichte des Kommunismus in Polen 1878–1918, Köln 1968. Da sich wegen der Erfolglosigkeit seit 1924 mehrfach kleine patriotische Flügel in der Untergrund-KPP herausbildeten, die auf Anweisung der Komintern stets rasch ausgeschlossen wurden, hielt Stalin die polnischen Genossen für so unzuverlässig, daß er diese „Trockijisten, nationalistischen Abweichler, Provokateure, Spione und Diversionisten" entweder liquidieren oder in die GULags einweisen ließ. Mitte des Jahres 1938 hörte die KPP zu bestehen auf. Auch die im Juli 1924 gegründeten prokommunistischen Bauernparteien, die Unabhängige Bauernpartei unter S. Wojewódzki und die Weißrussische Arbeiter- und Bauern-Hramada unter B. Taraskevič, haben die in sie von der Roten Bauern-Internationale (Krestintern) gesetzten Erwartungen nicht erfüllt. M. K. Dziewanowski, The Communist Party of Poland. An Outline History, Cambridge, Mass., [2]1977; J. Kowalski, Komunistyczna Partia Polski 1935–1938. Studium historyczne, Warszawa 1975.

4 Z. Grot (Hg.), Powstanie Wielkopolskie 1918/19, Poznań 1968; T. Grygier, S. Kubiak, A. Kucner, Studia z historii Powstania Wielkopolskiego 1918/19, Poznań 1967; S. Kubiak, Niemcy a Wielkopolska 1918–1919, Poznań 1969.

5 I. F. D. Morrow, L. M. Sieveking, The Peace Settlement in the German-Polish Borderlands..., London 1936; J. Pajewski (Hg.), Problem polsko-niemiecki w traktacie Wersalskim, Poznań 1963; H. Dominiczak, Granica polsko-niemecka 1919–1939, Warszawa 1975.

6 Aus der umfangreichen und z. T. bis heute stark emotionsbeladenen Oberschlesien-Literatur seien zur Vertiefung der Problematik hier nur folgende Werke aufgeführt: Osteuropa-Institut Breslau (Hg.), Oberschlesien und der Genfer Schiedsspruch, Breslau 1925; W. J. Rose, The Drama of Upper Silesia. A Regional Study, London 1936; G. Kaeckenbeek, The International Experiment of Upper Silesia..., London 1942; W. Schumann, Oberschlesien 1918/19. Vom gemeinsamen Kampf deutscher und polnischer Arbeiter, Berlin 1961; T. Jędruszczak, Powstania śląskie, Katowice 1972; E. Sonntag, Adalbert (Wojciech) Korfanty. Ein Beitrag zur Geschichte der polnischen Ansprüche auf Ostoberschlesien, Kitzingen 1954; M. Orzechowski, Wojciech Korfanty. Biografia polityczna, Wrocław 1975.

7 E. Viefhaus, Die Minderheitenfrage und die Entstehung der Minderheitenschutzverträge auf der Pariser Friedenskonferenz 1919, Würzburg 1960.

8 O. Heike, Das Deutschtum in Polen 1918–1939, Bonn 1955; M. Cygański, Mniejszość niemiecka w Polsce centralnej w latach 1918–1939, Łódź 1962; S. Potocki, Położenie mniejszości niemieckiej w Polsce 1918–1939, Gdańsk 1969.

9 K. Witt, Die Teschener Frage, Berlin 1935; P. S. Wandycz, France and Her Eastern Allies 1919–1925. French-Czechoslovak-Polish Relations from the Paris Peace Conference to Locarno, Minneapolis 1962, S. 75–103, 265–269, 276–291; D. Perman, The Shaping of the Czechoslovak State, Leiden 1962.

10 J. Lewandowski, Federalizm. Litwa i Białoruś w polityce obozu belwederskiego 1918–1920, Warszawa 1962.

11 G. Rhode, Die Entstehung der Curzon-Linie, in: Osteuropa 5 (1955), S. 81–92.

12 Der polnisch-sowjetische Krieg 1918–1920, Bd. 1, Berlin 1940; N. Davies, White Eagle, Red Star: The Polish Soviet War 1919–20, New York 1972; P. S. Wandycz, Soviet-Polish Relations 1917–1921, Cambridge, Mass., 1969.

13 A. E. Senn, The Great Powers, Lithuania and the Wilna Question, Leiden, Köln 1966; P. Łossowski, Stosunki polsko-litewskie 1918–1920, Warszawa 1966.

14 Dazu M. HANDELSMAN (Hg.), Polska w czasie wielkiej wojny 1914–1918, Bd. 3, Warszawa 1936. Mit Ausnahme von Westpreußen und der Provinz Posen waren alle polnischen Distrikte von den Kampfhandlungen berührt worden. Zahlenangaben bei F. ZWEIG, Poland Between Two Wars. A Critical Study of Social and Economic Changes, London 1944, S. 31–33; A. AJNENKIEL, Od ‚rządów ludowych' do przewrotu majowego: Zarys dziejów politycznych Polski 1918–1926, Warszawa 1964, S. 18; Z. LANDAU, J. TOMASZEWSKI, Zarys historii gospodarczej Polski, Warszawa 1962, S. 17f.

15 Statistische Angaben nach den Volkszählungsergebnissen von 1921 in: Roczniki Statystiki Rzeczypospolitej Polskiej III, Warszawa 1925, S. 7–11, Tabelle 3. Siehe dazu A. POLONSKY, Politics in Independent Poland 1921–1939, Oxford 1972, S. 1–7. Einen bedeutsamen Beitrag zum Verständnis der polnischen Wirtschaftsentwicklung leistete C. PORALLA, Die Wirtschaft zwischen den beiden Kriegen, in: W. Markert (Hg.), Osteuropa-Handbuch Polen, S. 69–97.

16 Mały Rocznik Statystyczny 1931, S. 10, Tab. 19.

17 Die Studie von M. MIESZCZANKOWSKI, Struktura agrarna Polski międzywojennej, Warszawa 1960, trägt wesentlich zum Verständnis des hier angesprochenen Problemkreises bei. S. a. G. IPSEN, Die polnische Volkskraft und der Bevölkerungswechsel in Ostdeutschland, in: W. Markert (Hg.), Osteuropa-Handbuch Polen, S. 268–313.

18 Die personelle Zusammensetzung der Regierungen verzeichnet W. MARKERT (Hg.), Osteuropa-Handbuch Polen, S. 674–679.

19 J. MAKOWSKI, Nowe konstytucje, Warszawa 1925; M. PIETRZAK, Rządy parlamentarne w Polsce w l. 1919–1926, Warszawa 1969.

20 P. KORZEC, Der Block der Nationalen Minderheiten im Parlamentarismus Polens, in: ZfO 24 (1975), S. 193–220.

21 Z. LANDAU, W dobie inflacji, Warszawa 1967; ders., J. TOMASZEWSKI, Od Grabskiego do Piłsudskiego. Okres kryzysu poinflacyjnego i ożywienia koniunktury 1924–1929, Warszawa 1971.

22 Zwischen 1921 und 1931 nahm die Bevölkerung um 1,7% oder 450000 Personen jährlich zu, danach, bis 1938, um 1,2% oder um 370000. Gleichzeitig waren zwischen 1919 und 1925 1,2 Mill. repatriierte Polen aus Rußland einzugliedern. Die Verschärfung der amerikanischen Einwanderungsgesetzgebung mit der Festlegung von Quoten trug zu einer starken Abnahme der Auswanderungszahlen nach den USA nach 1929 bei. 870000 Personen kehrten zwischen 1919 und 1938 als Reimmigranten nach Polen zurück. Zahlenangaben bei ZWEIG, Poland Between Two Wars, S. 19–21.

23 C. MADAJCZYK, Burżuazyjno-obszarnicza reforma rolna w Polsce 1918–1939, Warszawa 1956; M. MIESZCZANKOWSKI (s. o. Anm. 17); M. SERING, Agrarrevolution und Agrarreform in Ost- und Mitteleuropa, Berlin 1929; T. OBERLÄNDER, Die agrarische Überbevölkerung Polens, Berlin 1935.

24 WANDYCZ, France and Her Eastern Allies ..., Minneapolis 1962; J. KUKUŁSKA, Francja a Polska po traktacie wersalskim 1919–1922, Warszawa 1970; J. CIAŁOWICZ, Polsko-francuski sojusz wojskowy 1921–1939, Warszawa 1970.

25 J. K. HOENSCH, Polen und die Tschechoslowakei, in: K. Bosl (Hg.), Gleichgewicht-Revision-Restauration ..., München, Wien 1976, S. 277–313 (mit Literaturangaben).

26 E. BASIŃSKI (Hg.), Stosunki polsko-radzieckie w l. 1917–1939 ..., Warszawa 1973, J. KORBEL, Poland Between East and West: Soviet and German Diplomacy towards Poland 1919–1933, Princeton, N. J., 1963; G. SHOTWELL, M. LASERSON, Poland and Russia, 1919–1945, New York 1945.

27 B. PUCHERT, Der Wirtschaftskrieg des deutschen Imperialismus gegen Polen 1925–1934, Berlin 1963; C. KRUSZEWSKI, The German-Polish Tariff War

(1925–1934) and its Aftermath, in: JCEA 3 (1943), S. 294–315; B. RATYŃSKA, Geneza wojny celnej polsko-niemieckiej, in: Najnowsze Dzieje Polski 6 (1963), S. 77–103; H. SOKULSKI, Wojna celna Rzeszy przeciw Polsce w l. 1925–1934, in: Sprawy Międzynarodowe 8 (1958), S. 54–65.

28 Neben PORALLA (s. o. Anm. 15) bietet POLONSKY, Politics in Independent Poland, S. 547–551, ausführliche Literaturangaben zur polnischen Wirtschaftsentwicklung.

29 In den Gesamtdarstellungen der deutsch-polnischen Beziehungen wird dem Locarno-Komplex breiter Raum gewährt. V. KELLERMANN, Schwarzer Adler, Weißer Adler. Die Polenpolitik der Weimarer Republik, Köln 1970; H. v. RIEKHOFF, German-Polish Relations 1918–1933, Baltimore, London 1971; J. KRASUSKI, Stosunki polsko-niemieckie 1919–1925, Poznań 1962; ders., Stosunki polsko-niemieckie 1926–1932, Poznań 1964. S. a. R. DĘBICKI, The Foreign Policy of Poland, New York 1962. Die wichtigsten Spezialuntersuchungen stammen von Z. J. GĄSIOROWSKI, Stresemann and Poland before Locarno, und: Stresemann and Poland after Locarno, in: JCEA 18 (1958), S. 25–47, 292–317; W. BALCERAK, Polska polityka zagraniczna wobec układów lokarneńskich, in: Przegląd Zachodni 15 (1959), S. 259–297. Vgl. a. H. ROSENTHAL, German and Pole: National Conflict and Modern Myth, Gainesville 1976; W. W. KULSKI, Germany and Poland, Syracuse, New York 1976.

30 Die beste Gesamtdarstellung der Minderheitenproblematik in einer westlichen Sprache legte vor S. HORAK, Poland and Her National Minorities 1919–1939, New York 1961. Die Stellung der deutschen Minderheit untersuchten neben O. HEIKE (s. o. Anm. 8) T. BIERSCHENK, Die deutsche Volksgruppe in Polen 1934–1939, Kitzingen 1954; R. BREYER, Das Deutsche Reich und Polen 1932–1937. Außenpolitik und Volksgruppenfragen, Würzburg 1955. Zur Lage der Ukrainer und Weißruthenen s. A. ŻÓŁTOWSKI, Border of Europe. A Study of the Polish Eastern Provinces, London 1950. S. jetzt auch J. TOMASZEWSKI, Rzeczpospolita wielu narodów, Warszawa 1985.

31 A. SÜSTERHENN, Das polnische Konkordat vom 10. Februar 1925, Köln 1928; W. MYSIEK, Kościół katolicki w Polsce w l. 1918–1939, Warszawa 1966.

32 Die wichtigste Monographie zum Verständnis der Hintergründe, der Zielsetzung und der Durchführung des Staatsstreichs verfaßte J. ROTHSCHILD, Pilsudski's Coup d'État, New York 1966.

Anmerkungen zu 5.3

1 T. REK, Pierwsze lata dyktatury Piłsudskiego 1926–1930, Warszawa 1956.

2 J. R. SZAFLIK, Polskie Stronnictwo Ludowe Piast, 1926–1931, Warszawa 1970.

3 A. CZUBIŃSKI, Centrolew. Kształtowanie się i rozwój demokratycznej opozycji w Polsce w l. 1926–1930, Poznań 1963.

4 R. STANIENDA Polens neue Verfassung, in: Osteuropa 10 (1935), S. 535–552; H. ROOS, Piłsudski und de Gaulle, in: VfZG 8 (1960), S. 257–267.

5 Die gesellschaftspolitischen Auswirkungen von Piłsudskis Konfrontationskurs beschreibt eindrucksvoll J. ŻARNOWSKI, Społeczeństwo Drugiej Rzeczypospolitei 1918–1939, Warszawa 1973.

6 Genaue Zahlenangaben bei PORALLA, in: W. Markert (Hg.), Osteuropa-Handbuch Polen, S. 73, und ausführlicher, bei L. WELLISZ, Foreign Capital in Poland, London 1938, S. 151 ff.

7 ZWEIG, Poland Between Two Wars, S. 102 ff.

8 Außenhandelsstatistik in Mały Rocznik Statystyczny 1939, S. 166 f. und 175 f.

9 H. LIPPELT, Zur deutschen Politik gegenüber Polen nach Locarno, in: VfZG 19 (1971), S. 323–372.

10 B. BUDUROWYCZ, Polish-Soviet Relations 1932–1939, New York, London 1963; M. LECZYK, Polityka II Rzeczypospolitej wobec ZSRR w l. 1925–1934, Warszawa 1976; B. JAWORZNICKI, Polsko-radziecki pakt o nieagresji z r. 1932, in: Sprawy Międzynarodowe 5 (1952), S. 70–82; R. UMIASTOWSKI, Russia and the Polish Republic 1918–1941, London 1945.

11 C. KIMMICH, The Free City. Danzig and German Foreign Policy 1919–1934, New Haven, London 1968; B. DOPIERAŁA, Gdańska polityka Józefa Becka, Poznań 1967; H. L. LEONHARDT, Nazi Conquest of Danzig, Chicago 1942.

12 Die angeblichen Präventivkriegspläne Piłsudskis und ihre Bedeutung für die deutsch-polnischen Beziehungen haben in der historischen Publizistik ein höchst kontroverses Echo ausgelöst. In den beiden erschöpfenden Darstellungen von H. ROOS, Polen und Europa. Studien zur polnischen Außenpolitik 1931–1939, Tübingen 1957; und von M. WOJCIECHOWSKI, Die polnisch-deutschen Beziehungen 1933–1938, Leiden 1971, finden sie ebenso Berücksichtigung wie in Aufsätzen von B. Čelovský, Z. J. Gąsiorowski, M. B. Lepecki, T. Kuźmiński, H. Roos, W. Pobóg-Malinowski u. a.

13 In den Arbeiten von Breyer, Roos und Wojciechowski wird dem Zustandekommen des deutsch-polnischen Nichtangriffsvertrags nachgegangen. S. a. Z. J. GĄSIOROWSKI, The German-Polish Nonaggression Pact of 1934, in: JCEA 15 (1955), S. 3–29; J. LIPSKI, Przyczynki do polsko-niemieckiej deklaracji o nieagresji, in: Belona 3 (1950), S. 18–37, und 4 (1951), S. 3–21. Die Rückwirkungen auf das polnisch-französische Verhältnis interpretiert T. KUŹMIŃSKI, Polska, Francja, Niemcy 1933–1935. Z dziejów sojuszu polsko-francuskiego, Warszawa 1963.

14 Aus der reichhaltigen Literatur zur Außenpolitik Becks gegenüber der ČSR seien hier nur aufgeführt J. KOZEŃSKI, Czechosłowacja w polskiej polityce zagranicznej w l. 1932–1938, Poznań 1964; S. STANISŁAWSKA, Polska a Monachium, Warszawa 1967; H. BATOWSKI, Zdrada Monachijska. Sprawa Czechosłowacji i dyplomacja europejska w roku 1938, Poznań 1973.

15 E. RACZYŃSKI, The British- Polish Alliance: Its Origin and Meaning, London 1948; A. M. CIENCIALA, Poland and the Western Powers 1938–1939. A Study in Interdependence of Eastern and Western Europe, Toronto 1968; M. TURLEJSKA, Rok przed klęską, Warszawa [2]1962.

16 H. BATOWSKI, Ostatni tydzień pokoju, Poznań 1964; ders., Agonia pokoju i początek wojny. Sierpień-wrzesień 1939, Poznań 1969.

17 W. MICHOWICZ, Walka dyplomacji polskiej przeciwko traktatowi mniejszościowemu w Lidze Narodów w 1934 roku, Łódź 1963.

18 R. ILNYTZKYJ, Deutschland und die Ukraine 1934–1945, München 1958.

19 A. TARTAKOWER, Zawodowa i społeczna struktura Żydów w Polsce Odrodzonej, in: Żydzi w Polsce Odrodzonej, Warszawa 1931; R. MAHLER, Jews in Public Service and the Liberal Professions in Poland, 1918–1939, in: Jewish Social Studies 6 (1954); F. J. BERANEK, Das Judentum in Polen, in: W. Markert (Hg.), Osteuropa-Handbuch Polen S. 119–123; O. JANOWSKY, People at Bay: The Jewish Problem in East Central Europe, London 1938.

20 A. MICEWSKI, W cieniu marszałka Piłsudskiego, Warszawa 1968; P. STAWECKI, Następcy Komendanta, Warszawa 1969; zur politischen Geschichte H. und T. JĘDRUSZCZAK, Ostatnie lata II Rzeczypospolitej, 1935–1939, Warszawa 1970.

21 Sławek, in Opposition zu Rydz-Śmigły stehend, beging am 3. IV. 1939 Selbstmord.

22 G. W. STROBEL, Die Industrialisierung Polens am Vorabend des Zweiten Weltkriegs zwischen Innen- und Wehrpolitik, in: ZfO 24 (1975), S. 221–271; M. DROZDOWSKI, Polityka gospodarcza rządu polskiego, 1936–1939, Warszawa 1963.

23 H. Laeuen, Der Kampf um das polnische Bauerntum, in: Osteuropa 12 (1936), S. 1–11; ders., Der polnische Bauernstreik, in: Osteuropa 13 (1937), S. 12–24; M. Kukiel, Strajk chłopski w 1937 r. – dokumenty archiwalne, Warszawa 1960.
24 H. Przybilski, Front Morges w okresie II Rzeczypospolitej, Warszawa 1972.
25 T. Jędruszczak, Piłsudczycy bez Piłsudskiego. Powstanie Obozu Zjednoczenia Narodowego w 1937 roku, Warszawa 1963; E. D. Wynot, Polish Politics in Transition. The Camp of National Unity and the Struggle for Power, Athens 1974.

Anmerkungen zu 5.4

1 N. Vormann, Der Feldzug 1939 in Polen. Die Operationen des Heeres, Weißenburg 1958; J. Kirchmayer, Kampania wrześniowa, Warszawa 1946; N. Bethell, The War Hitler Won. September 1939, London 1972; L. Moczulski, Wojna Polska. Rozgrywki dyplomatyczne w przededniu wojny i działania obronne we wrześniu-październiku 1939, Poznań 1971; Polskie Siły Zbrojne w Drugiej Wojnie Światowej, London 1951–1962.
2 E. Bonall, International Law and the Plebiscites in Eastern Poland 1939, in: JCEA 5 (1945/46), S. 378–393.
3 B. Kuśnierz, Stalin and the Poles. An Indictment of the Soviet Leaders, London 1949.
4 J. Mackiewicz, Katyn – ungesühntes Verbrechen, Zürich 1949; K. Zawodny, Zum Beispiel Katyn. Klärung eines Kriegsverbrechens, München 1971.
5 Die weitgehend den offiziellen Stellungnahmen der reichsdeutschen Behörden folgende Darstellung von P. Aurich [= P. Nasarski], Der deutsch-polnische September 1939. Eine Volksgruppe zwischen den Fronten, München, Wien 1969, wurde korrigiert von W. Schubert, Das Unternehmen „Bromberger Blutsonntag“. Tod einer Legende, Köln 1989.
6 A. Eisenbach, Hitlerowska polityka zagłady Zydów, Warszawa 1961.
7 M. Broszat, Nationalsozialistische Polenpolitik 1939–1945, Stuttgart 1965; C. Madajczyk, Polityka III Rzeszy w okupowanej Polsce, 2 Bde, Warszawa 1970; G. Eisenblätter, Grundlinien der Politik des Reiches gegenüber dem Generalgouvernement 1939–1945, Phil. Diss. Frankfurt 1965; C. Łuczak, Polscy robotnicy przymusowi w Trzeciej Rzeszy podczas II Wojny Światowej, Warszawa 1974.
8 C. Łuczak, „Kraj Warty“ 1939–1945, Poznań 1972; K. Śmigiel, Die katholische Kirche im Reichsgau Wartheland 1939–1945, Dortmund 1984.
9 R. L. Koehl, R.K.F.D.V.: German Resettlement and Population Policy 1939–1945, Cambridge 1957; E. Duraczyński, Wojna i okupacja (wrzesień 1939–kwiecień 1943), Warszawa 1974.
10 W. Biegański, Wojsko Polskie we Francji 1939–1940, Warszawa 1967.
11 Polskie Siły Zbrojne, Bd. 2, London 1959–1975.
12 J. Krasuski, Tajne szkolnictwo polskie w okresie okupacji hitlerowskiej 1939–1945, Warszawa 1971.
13 W. Jacobmeyer, Heimat und Exil. Die Anfänge der polnischen Untergrundbewegung im Zweiten Weltkrieg, Hamburg 1973.
14 C. Klessmann, Die Selbstbehauptung einer Nation. NS-Kulturpolitik und polnische Widerstandsbewegung. Düsseldorf 1971.
15 T. Rawski, Z. Stapor, J. Zamojski, Wojna wyzwoleńcza narodu polskiego w l. 1939–45. Węzłowe problemy, Warszawa 1966; E. Kozłowski, Polski wysiłek zbrojny na frontach II Wojny Światowej i wkład w zwycięstwo nad faszyzmem, Warszawa 1975.

16 W. T. KOWALSKI, Walka dyplomatyczna o miejsce Polski w Europie 1939–1945, Warszawa 1972; S. ZABRIEŁŁO, O rząd i granice. Walka dyplomatyczna o sprawę polską w II Wojnie Światowej, Warszawa [3]1965.

17 P. S. WANDYCZ, Czechoslovak-Polish Confederation and the Great Powers 1940–1943, Bloomington 1956; D. BRANDES, Großbritannien und seine osteuropäischen Alliierten 1939–1943, München 1988, S. 134–142.

18 J. J. TEREJ, Na rozstajach dróg. Ze studiów nad obliczem i modelem Armii Krajowej, Wrocław 1978.

19 Die Gründung und Politik der PPR sowie die Aktionen von GL und AL haben in der polnischen marxistischen Historiographie viel Aufmerksamkeit und eine verklärende Darstellung erfahren. S. u. a. M. MALINOWSKI, Geneza PPR, Warszawa [2]1975; J. PAWŁOWICZ, Z dziejów konspiracyjnej KRN 1943–1944, Warszawa 1961; J. B. GARAS, Oddziały Gwardii Ludowej i Armii Ludowej 1942–1945, Warszawa 1971.

20 D. IRVING, Accident. The Death of General Sikorski, London 1967; O. TERLECKI, Generał S., 2 Bde, Kraków usw. 1981–1983.

21 F. ZBINIEWICZ, Armia Polska w ZSRR, Warszawa 1963.

22 W. GÓRA (Hg.), Kształtowanie się podstaw programowych Polskiej Partii Robotniczej w l. 1942–1945, Warszawa 1958.

23 M. ORZECHOWSKI, Odra-Nysa Łużycka-Bałtyk w polskiej myśli politycznej okresu II Wojny Światowej, Wrocław usw. 1969.

24 B. DOLATA, Wyzwolenie Polski 1944–1945. Działania wyzwoleńcze Armii Radzieckiej i Ludowego Wojska Polskiego, Warszawa 1974.

25 K. KERSTEN, Polski Komitet Wyzwolenia Narodowego..., 1965; A. PRZYGOŃSKI, Z zagadnień strategii frontu narodowego PPR 1942–1945, Warszawa 1976.

26 J. KIRCHMAYER, Powstanie warszawskie, Warszawa [7]1973; A. SKARŻYŃSKI, Polityczne przyczyny powstania warszawskiego, Warszawa [4]1974; völlig überbewertet wird die Rolle von PPR und AL bei A. PRZYGOŃSKI, Udział PPR i AL w powstaniu warszawskim, Warszawa 1970. S. a. H. v. KRANNHALS, Der Warschauer Aufstand, Frankfurt 1962; G. BRUCE, The Warsaw Uprising, London 1972; J. M. CIECHANOWSKI, The Warsaw Rising of 1944, Cambridge 1974; J. K. ZAWODNY, Nothing But Honour ..., London 1978.

27 J. M. CIECHANOWSKI, Postwar Poland, in: R. R. Leslie (Hg.), The History of Poland Since 1863, S. 280–298; G. RHODE, Die politische Entwicklung Polens im Zweiten Weltkrieg, in: W. Markert (Hg.), Osteuropa-Handbuch Polen, S. 213–220; W. GÓRA, Volksrepublik Polen, Berlin 1979, S. 69–102.

28 W. WAGNER, Die Entstehung der Oder-Neiße-Linie in den diplomatischen Verhandlungen während des Zweiten Weltkriegs, Stuttgart 1964; A. KLAFKOWSKI, Umowa poczdamska a sprawy polskie 1945–1970, Poznań 1970; F. FAUST, Das Potsdamer Abkommen und seine völkerrechtliche Bedeutung, Frankfurt, Berlin 1969; A. FISCHER (Hg.), Teheran – Jalta – Potsdam. Die sowjetischen Protokolle von den Kriegskonferenzen der „Großen Drei", Köln 1968; L. GELBERG, Die Entstehung der Volksrepublik Polen. Völkerrechtliche Probleme, Frankfurt 1972.

29 H. KUHN, Das Deutschtum in Polen und sein Schicksal in Kriegs- und Nachkriegszeit, in: W. Markert (Hg.), Osteuropa-Handbuch Polen, S. 138–164; T. SCHIEDER (Hg.), Dokumentation der Vertreibung der Deutschen aus Ost-Mitteleuropa, Bd. 1, 1–3, Bonn 1956–1960; A. BOHMANN, Menschen und Grenzen, Bd. 1, Köln 1969.

30 K. KERSTEN, Repatriacja ludności polskiej po II Wojnie Światowej, Wrocław usw. 1974.

6 Polen als Volksdemokratie (1944/45–1989)

6.1 Die gleitende kommunistische Machtübernahme (1944–1947)

Wie in anderen von Sowjettruppen besetzten und von einem durch Kommunisten beherrschten Koalitionskabinett regierten osteuropäischen Staaten auch trug die *PPR* in Polen von Anfang an Sorge, um die Voraussetzungen für eine gleitende Machtübernahme unter Ausschaltung aller sich ihrem Herrschaftsanspruch in den Weg stellenden demokratischen Kräfte zu schaffen. Doch die überall im Lande spürbare russische Präsenz, die Ausschreitungen der Rotgardisten der Zivilbevölkerung gegenüber, die anfangs völlig unkoordiniert durchgeführten sowjetischen Kriegsbeuteaktionen und der Schmerz über den Verlust von 46% des Vorkriegsterritoriums an die UdSSR haben die Machtergreifung der polnischen Kommunisten nicht gerade erleichtert. Gerüchte, eine Annexion des gesamten osteuropäischen Vorfelds durch die Sowjetunion stehe unmittelbar bevor, ließen in breiten Kreisen der so geschichtsbewußten, vom Gefühl der kulturellen und sozioökonomischen Überlegenheit den Russen gegenüber beherrschten polnischen Öffentlichkeit starke antirussische und antikommunistische Strömungen entstehen, gegen die sich die *PPR* nur schwer behaupten konnte. Unter dem Schutzschirm der Besatzungstruppen bemühten sich die polnischen Genossen um die Aktivierung der „fortschrittlich-demokratischen Kräfte" mit dem Ziel, eine „neue Demokratie" aufzubauen, und richteten ihr innenpolitisches Programm auf die unaufschiebbaren politischen, sozialen und wirtschaftlichen Reformen aus, die beitragen sollten, den antikommunistischen Kräften die Basis zu entziehen. Ihr vorrangiges Interesse galt dem Aufbau einer wirkungsvollen politischen Organisation, die aus dem Kern disziplinierter Anhänger und einem Umfeld verbündeter Gruppen, die die meisten Nahziele teilten, bestehen sollte. Sorge mußte der *PPR* jedoch bereiten, daß die dynamische Entwicklung der Mitgliederzahlen, die vom Juli 1944 bis um Frühjahr 1945 von 20000 auf 300000 angewachsen waren, danach stagnierte und sich mancher enttäuscht abwandte. Als im August 1945 nur noch knapp 190000 Mitglieder der Partei angehörten, öffnete die *PPR* ihre Reihen für Idealisten und Sympathisanten, Opportunisten und Mitläufer, faschistische Konvertiten und verängstigte Beamte, die zwar kaum Verständnis für die wissenschaftlichen Grundlagen des dialektischen Materialismus aufbrachten, in ihrer jeweiligen Position aber für die Durchführung der Befehle der Partei Sorge trugen. Bis zum Sommer 1948 entstand so ein Block von 950000 Mitgliedern[1]. Auf dem I. Parteitag der *PPR* vom 6.–12. XII. 1945 entschuldigte der Erste Sekretär, W. Gomułka, die Absage an die Diktatur des Proletariats oder einer einzigen Partei, das Bekenntnis zur parlamentarischen Demokratie, die Achtung des Privateigentums, die Aufrechterhaltung freundschaftlicher Beziehungen zu den Westmächten und den eigenen, polnischen Weg zum Sozialismus mit der taktischen Notwendigkeit, eine Massenbasis aufzubauen, das Mißtrauen der Bevölkerung einzuschläfern und die neuen Staatsgrenzen abzusichern.

Gefährlichster Konkurrent und Sammelbecken aller oppositioneller Kräfte war die am 22. VIII. 1945 in Krakau von S. Mikołajczyk, dem Ex-Premier der Londoner Exilregierung, gegründete Polnische Bauern-(Volks-)partei (*Polskie Stronnictwo Ludowe = PSL*), die sofort massenhaft Zulauf fand und bei ihrem ersten Kongreß vom 19.–21. I. 1946 600 000 Mitglieder zählte. Das liberale Programm Mikołajczyks verfolgte das Ziel, ein demokratisch-parlamentarisches System nach westlichem Vorbild zu installieren, die Macht der Geheimpolizei zu beschneiden, Pressefreiheit zu gewährleisten, die Industrie nach dem von der britischen Labour Party vorgegebenen Muster zu nationalisieren und den kommunistischen Einfluß zurückzudrängen; es wurde von der *PPR* mit wachsender Verbitterung bekämpft[2]. Daneben konnte sich die christlich-demokratische „Partei der Arbeit" (*Stronnictwo Pracy = SP*), von dem aus dem Londoner Exil zurückgekehrten Karol Popiel neu aufgebaut, nicht zu einer eigenständigen Kraft entwickeln; nach massiven Eingriffen der Staatsorgane näherte sich die *SP* unter F. Widy-Wirski im September 1946 dem von den Kommunisten dominierten Regierungslager an. Die Lubliner „Demokratische Partei" (*SD*) blieb klein und einflußlos, weil die Mehrheit der älteren adligen und großbürgerlichen Politiker von legaler politischer Tätigkeit ausgeschlossen war. Mit Geduld und politischem Geschick hatte es die *PPR* verstanden, sich die vorbehaltlose Unterstützung der Sozialisten zu sichern. Bereits im September 1944 hatten der spätere Premier E. Osóbka-Morawski und der Generalsekretär S. Matuszewski unter der traditionsreichen Abkürzung *PPS* eine neue politische Organisation aufgebaut, zu der im Januar 1945 die alte *PPS-Lewica* und, nach Kriegsende, aus Konzentrations- und Gefangenenlagern sowie aus der Emigration Politiker stießen, die der Vorkriegs-*PPS* das Profil gegeben hatten[3]. Doch auch nachdem der aus deutscher Lagerhaft zurückgekehrte J. Cyrankiewicz am 1. VII. 1945 das Generalsekretariat übernommen hatte, blieb die Mitgliederzahl vorerst gering; erst nach der Vereinigung mit einem russophoben Flügel unter Z. Żuławski und K. Pużak konnte Anfang 1946 die Zahl von 200 000 Gefolgsleuten erreicht werden. Da der als Ersatzparlament fungierende Landesnationalrat *KRN* am 4. IX. 1945 die Gründung weiterer Parteien untersagte, war für oppositionelle Kräfte der Aufbau legaler Organisationen nicht mehr möglich.

Doch zahlreiche Polen, zumal die Piłsudski-Anhänger aller Richtungen und die Mitglieder der alten Christlich-Nationalen Partei, fanden sich von den zugelassenen und in der Regierungsverantwortung stehenden fünf politischen Vertretungen nicht ausreichend repräsentiert und verblieben weitgehend im Untergrund, wo sie die Nachfolgeorganisation der *AK*, die *NIE*-Verbände, aktiv unterstützten. Diese bald in „Freiheit und Unabhängigkeit" *(Wolność i Niepodległość = WIN)* umbenannten Kräfte mußten sich gegen die rechtsradikal ausgerichteten Nationalen Streitkräfte *(Narodowe Siły Zbrojne = NSZ)*, gegen dic im Südosten des Landes operierenden Einheiten der Ukrainischen Aufstandsarmee *(UPA)* und gegen lokale Widerstandsgruppen mit oft kriminellem Einschlag abgrenzen. Der Kampf gegen den Terror der „Leute aus dem Walde", der auf beiden Seiten etwa 30 000 Tote gekostet haben dürfte, trug insgesamt dennoch zu einer Festigung des Regimes bei. Er bot der *PPR*, die bald alle ihr politisch mißliebigen, aber in legaler Opposition stehenden Kräfte der Sympathie oder gar der aktiven Unterstützung der Untergrundverbände bezichtigte, den willkommenen Anlaß zum weiteren Ausbau des Sicherheitsapparats, der bald auch bei der Ausschaltung der politischen Gegner zum Einsatz gelangte. Das aus dem Innenministerium ausgegliederte gesamte Sicherheitswesen unterstand S. Radkiewicz, einem in Moskau vom *NKWD* geschulten Funktionär, der schon im Lubliner Komitee das Sicherheitsamt *(UB)* und die Bürgermiliz *(Milicja Obywatelska = MO)* als neue Polizeiorgane aufgebaut hatte, zu denen im Mai 1945 das Korps der Inneren Sicherheit *(Korpus Bezpieczeństwa Wewnętrznego = KBW)* als kasernierte Polizeitruppe für Spezialaufgaben kam. Von der im Februar 1946 geschaffenen, nicht unifomierten Freiwilligen Reserve der Bürgermiliz *(Ochotnicza Rezerwa Milicji Obywatelskiej = ORMO)* wurde eine bessere Kontrolle der Bevölkerung erwartet. Obgleich es den Sicherheitsbehörden gelang, im November 1945 die Hauptquartiere und die Führungsstäbe der bewaffneten Opposition auszuheben, konnten erst nach Einsatz sowjetischer Spezialisten für Bandenbekämpfung die meisten Widerstandsnester bis Jahresmitte 1947 liquidiert werden[4].

Die unter dem Diktat der Alliierten und ohne Beilegung der Sachdifferenzen gebildete Regierung der Nationalen Einheit bemühte sich ernsthaft, den Wiederaufbau des Landes, die Versorgung seiner Bewohner und das Problem der Bevölkerungsverschiebung zu bewältigen[5]. Der Moskau-Emigrant B. Bierut hatte in seiner Funktion als Präsident des Landesnationalrates und damit als *de facto*-Staatsoberhaupt den politisch unprofilierten, den kommunistischen Pressionen willfährigen *PPS*-Politiker E. Osóbka-Morawski als Premier berufen, in dessen Kabinett der *PPR*-Sekretär W. Gomułka als Erster Stellvertretender Ministerpräsident zur ausschlaggebenden Kraft aufstieg. Mit Ausnahme des Zweiten Stellvertreters und Landwirtschaftsministers Mikołajczyk zeigten die aus dem Exil zurückgekehrten oder von den nichtkommunistischen Parteien in die Regierung delegierten Minister wenig Stehvermögen, zumal ihnen der *PPR* angehörende Staatssekretäre zur Seite gegeben waren, die für die Durchsetzung der Parteilinie in ihren jeweiligen Ressorts sorgten. Der Verpflich-

tung nachzukommen, „sobald wie möglich" freie und unbehinderte Wahlen unter Beteiligung aller demokratischen und antifaschistischen Parteien abzuhalten, schien PPR und *PPS* auch zu Jahresbeginn 1946 noch nicht ratsam, weil sich die *PSL* weigerte, in einem „ Demokratischen Block" mit einer Einheitsliste anzutreten, die ihr nur 25% der Mandate eingebracht hätte. Deshalb wurde die Durchführung eines Referendums am 30. VI. 1946 vorgeschoben, bei dessen Fragestellung – Abschaffung des Senats als Oberhaus, Agrarreform und Nationalisierung der Grundstoffindustrie sowie endgültige Festlegung der polnischen Westgrenze an Oder und Neiße – große, von der Parteizugehörigkeit unabhängige Mehrheiten zu erwarten waren. Anstelle eines dreifachen „Ja" forderte Mikołajczyk seine Anhänger auf, in der ersten Frage mit „Nein" zu votieren. Nach dem erst mit zehntägiger Verspätung bekanntgegebenen Ergebnis hatten sich trotz Wahlbehinderung und gesetzwidriger Auszählung bei der Abstimmung über den Senat 32% für „Nein" entschieden, während sich 91,6% für die Oder-Neiße-Grenze aussprachen. Gomułka ließ fortan keine Gelegenheit verstreichen, um seinen Intimfeind Mikołajczyk der Komplizenschaft mit ausländischen Mächten und den Gegnern einer demokratischen Ordnung in Polen zu beschuldigen.
Die Vorbereitungen für die schließlich auf den 19. I. 1947 anberaumten Parlamentswahlen arteten im Vorfeld des Kalten Krieges und der unverblümten Kritik von US-Außenminister Byrnes an der polnischen Westgrenze fast zu einem Bürgerkrieg aus. Den im „Demokratischen Block"vereinten *PPR, PPS, SD* und *SL* stand die *PSL* als einzige Oppositionspartei gegenüber. Die vom kommunistisch beherrschten Sicherheitsapparat ausgehende Einschüchterung sowie der Ausschluß ganzer Wählergruppen ließen keine „freien" und„unbehinderten" Wahlen nach den Vorstellungen der Westalliierten zu; die schwierige Versorgungslage, die Repressalien und der sich in allen Bereichen des öffentlichen Lebens unaufhaltsam ausbreitende Einfluß der Kommunisten entmutigten viele *PSL*-Anhänger, sich persönlich für den Aufbau eines demokratisch-parlamentarischen Systems in Polen einzusetzen. Obschon in den von Beobachtern der Westmächte und der Bauernpartei kontrollierten Wahllokalen zwischen 60 und 68% der Stimmen für die Liste der *PSL* abgegeben wurden, wies das am 22. I. bekanntgemachte Ergebnis 80,1% der Stimmen für den „Demokratischen Block" aus, der 394 der 444 Sejmsitze erhielt, während 10,3% der Stimmen, aber nur 27 Mandate der *PSL* zugeteilt wurden. Der Verfassungsgebende Reichstag konstituierte sich am 4. II. und wählte Bolesław Bierut, Mitglied des PPR-Politbüros und bisheriger Vorsitzender des Landesnationalrats, zum Staatspräsidenten. Der *PPS*-Sekretär Cyrankiewicz stellte am 7. II. das neue Kabinett vor, in dem die kommunistische Dominanz trotz einer Mehrheit der nicht der *PPR* angehörenden Minister weit stärker als zuvor verankert war. Der ausschlaggebende Einfluß lag jetzt nach Gomułka bei den beiden Stellvertretenden Ministerpräsidenten A. Zawadzki und H. Minc, dem Unterstaatssekretär

beim Ministerpräsidenten J. Berman und beim Sicherheitschef Radkiewicz, die alle Mitglieder des Politbüros der *PPR* waren. Am 19. II. 1947 nahm der Sejm die „Kleine Verfassung" an, in der unter Anlehnung an das Grundgesetz von 1921 die Kompetenzen der Staatsorgane formal nach dem Prinzip der Gewaltenteilung geregelt wurden, obschon sie durch die Übertragung legislativer und kontrollierender Funktionen an den Staatsrat dem Übergang zum neuen, euphemistisch als „Neue Demokratie" proklamierten „volksdemokratischen" Regierungssystem Rechnung trug.

Danach wurde die Ausschaltung der oppositionellen Kräfte zielgerichtet fortgesetzt. Die im Mai und Juni 1947 durchgeführte Verhaftungswelle, der rd. 200 führende Mitglieder der *WRN*-Richtung unter der Beschuldigung zum Opfer fielen, sie hätten Vorbereitungen zur gewaltsamen Beseitigung der Volksdemokratie getroffen, und Schauprozesse mit abschrekkend hohen Urteilen zerschlugen auch den Widerstand innerhalb der *PPS*. Hinter den Kulissen wurden bereits Gespräche über die Schaffung einer „Einheitsfront von unten", der organisatorischen Unterstellung der Sozialisten unter den kommunistischen Kontrollapparat, geführt. Im September 1947 liefen dann Gerüchte um, Mikołajczyk werde wegen Hochverrats vor Gericht gestellt; dem von den Sicherheitsbehörden streng überwachten Bauernpolitiker, der keine Möglichkeit mehr zur Ausübung einer legalen Opposition sah, blieb am 27. X. nur die Flucht ins Ausland. Ihm folgte sein Parteifreund S. Korboński und K. Popiel vom *SP*. Die Führung der Polnischen Bauernpartei fiel an J. Niećko, der die *PSL* ins kommunistische Fahrwasser steuerte. Der von vielen Polen beklagte Entschluß Mikołajczyks und seiner politischen Freunde, das Exil zu wählen, erleichterte die Gleichschaltung in Polen: Endlich herrschte „Ruhe im Lande", denn es war ganz einfach niemand mehr da, der sich dem Willen Gomułkas, Bieruts und damit letztlich den Anordnungen Stalins hätte widersetzen können. Der Versuch der bäuerlichen und bürgerlichen Kräfte, durch konstruktive Mitarbeit in ein von den Kommunisten gezielt unterwandertes Staatswesen Reste alter politischer Gesinnung hinüberzuretten und die nationalen Traditionen Polens zu bewahren, war damit endgültig gescheitert.

Die Westverschiebung Polens bedingte nicht nur auf politischem, sondern auch auf sozioökonomischem Sektor einen weitgehenden Neuanfang. Für die erzwungene Abtretung eines Gebiets im Osten mit extensiv betriebener Land-und Forstwirtschaft erhielt Polen im Westen agrarisch intensiv genutzte Landstriche mit einem relativ hoch entwickelten industriellen und gewerblichen Produktionsapparat, einem dichten Verkehrs- und Energieversorgungsnetz sowie reichen Bodenschätzen, die trotz der vorhandenen Kriegsschäden die industriellen Kapazitäten um ein Viertel vergrößerten. Der mit großzügiger Auslandshilfe – allein die *UNRRA* steuerte 481 Mill. Dollar bei – eingeleitete Wiederaufbau wurde durch das Fehlen qualifizierter Arbeitskräfte und die Entnahmen der Sowjetregierung beeinträchtigt, die bis 1956 allein aus langfristigen Kohle-Lieferverpflichtungen zum Sonderpreis einen Gewinn von 2 Mrd. Rubeln erzielte. Unter diesen schwierigen Startbedingungen fiel es den polnischen Behörden nicht leicht, die Bevölkerung zu ernähren und mit den lebensnotwendigsten Konsumgütern zu versorgen, die Wirtschaft in Gang zu setzen und der durch die tiefgreifenden Umschichtungen der nationalen und sozialen Bevölkerungsstruktur entstandenen sozialpolitischen Aufgaben einigermaßen Herr zu werden.

Bereits am 15. VIII. 1944 hatte das Lubliner Komitee die Enteignung des land- und fortstwirtschaftlichen Großgrundbesitzes und die Verstaatlichung der großen und mittleren Industriebetriebe angekündigt. Das Gesetz vom 3. I. 1946 legalisierte die entschädigungslose Enteignung aller Unternehmen des Bergbaus, des Handels, des Verkehrs-, Bank- und Versicherungswesens, die in deutscher Hand oder im Besitz von Kollaborateuren gewesen waren, während sonst für die Verstaatlichung der Schlüsselindustrien und der Handels- und Gewerbebetriebe mit mehr als 50 Beschäftigten eine Abfindung vorgesehen wurde[6]. Die am 23. X. 1944 verfügte Währungsreform beseitigte nicht nur das Nebeneinander verschiedener Währungen, sondern schöpfte auch den im Land vorhandenen Geldüberhang ab und ermöglichte eine Umverteilung des Nationalvermögens. Einem Anfang 1945 eingesetzten „Wirtschaftskomitee beim Ministerrat" und dem am 10. XI. 1945 geschaffenen Zentralen Planungsamt kamen neben den Industrieministerien die wichtigsten Rollen bei der Koordinierung der Wiederaufbau- und Wirtschaftsmaßnahmen sowie bei der Ausarbeitung eines für 1947–1949 vorgesehenen Dreijahrplans zu[7]. Obwohl 61% des – wertmäßig geringen – Außenhandels mit den Westmächten abgewickelt wurden, sah sich die Regierung Cyrankiewicz, in der dem „Moskowiter" Hilary Minc der größte Einfluß auf die Ausrichtung der Wirtschaftspolitik zugefallen war, genötigt, sich verstärkt auf den von der UdSSR beherrschten Volkswirtschaftsraum auszurichten und am 7. VII. 1947 die Einladung zur Teilnahme an der Pariser Marshall-Plan-Konferenz abzulehnen. Von diesem Zeitpunkt an wurde korrespondierend mit der Ausschaltung der organisierten politischen Opposition und mit der Errichtung des monolithischen Regimes der Kommunistischen Partei die polnische Wirtschaftsentwicklung unter zunehmender Vernachlässigung der nationalen Eigenerfordernisse dem sowjetischen Wirtschaftsmodell angeglichen. Unter Bevorzugung der Eisen- und Stahlerzeugung und der Produktionsgüterindustrie konnte zwar ein ungewöhnlich schnelles Wachstum des industriellen Sektors erzielt werden – aber auf Kosten folgenschwerer Mißverhältnisse im gesamtökonomischen Gefüge, des raschen Absinkens des Lebensstandards und von Engpässen bei der Nahrungsmittelversorgung.

Dem Versprechen der Kommunisten, dem (1946) 16,1 Mill. Menschen oder 68,2% der Einwohnerschaft ausmachenden bäuerlichen Bevölkerungsanteil endlich Gerechtigkeit widerfahren zu lassen, waren mit der

Ankündigung einer Bodenreform am 15. VIII. und durch den Erlaß von Durchführungsbestimmungen am 6. IX. 1944 rasch Taten gefolgt[8]. Der von Deutschen oder Kollaborateuren gehaltene Boden sollte entschädigungslos enteignet, die über 100 ha betragende landwirtschaftliche Nutzfläche unter Abstandszahlungen vom Staat übernommen und über einen Landfonds an Klein- und Kleinstbetriebe weitergegeben werden. Diese Umverteilung sah in den alten Landesteilen Betriebsgrößen von etwa 5 ha und in den „wiedergewonnenen Westgebieten" von 7–15 ha vor[9]. Insgesamt hat die 1946 durchgeführte Bodenreform die Agrarstruktur nicht wesentlich verändern noch die durch Vieh- und Saatgutmangel sowie Trockenheit ausgelöste Versorgungskrise 1946/47 verhindern können. Die Kapitalarmut der Bauern, Versorgungsschwierigkeiten mit Maschinen und Kunstdünger, das rasche Bevölkerungswachstum bei gleichzeitiger Abwanderung vieler Landarbeiter in die Industrie und ins Baugewerbe sowie die 1947 einsetzenden staatlichen Eingriffe in die Produktion trugen zu einem weiteren Niedergang der landwirtschaftlichen Erzeugung bei. Diese Agrarkrise gab denjenigen *PPR*-Fuktionären Auftrieb, die unter Berufung auf Stalins Lehrsatz, mit der sozialistischen Industrialisierung müsse die „sozialistische Umgestaltung des Dorfes" einhergehen, immer drängender die Kollektivierung der Landwirtschaft forderten mit dem Argument, die Zusammenlegung und Mechanisierung könnte die Versorgung der rasch wachsenden Industriezentren eher gewährleisten. Hier war ein Konfliktpotential vorgegeben, das nach 1948 die polnische Innenpolitik entscheidend beeinflußte.

6.2 Auswirkungen und Überwindung des Stalinismus (1948–1956)

Solange der Kampf gegen Mikołajczyk und die legale Opposition noch nicht entschieden war, hatte im Politbüro der *PPR* weitgehend Einvernehmen geherrscht, daß Polen – wie von Generalsekretär Gomułka in der ersten Ausgabe der theoretischen Monatsschrift *Nowe Drogi* (Neue Wege) im Januar 1947 ausführlich dargelegt – auch ohne die Diktatur einer Partei oder einer Klasse den „eigenen nationalen Weg zum Sozialismus" verfolgen könne. Als sich A.A. Ždanov für eine Beschleunigung des revolutionären Tempos in den Volksdemokratien aussprach, eine vorbehaltlose Unterordnung der osteuropäischen Staaten unter die Hegemonialmacht UdSSR forderte und die Respektierung der uneingeschränkten Führungsrolle der KPdSU in ideologischen Fragen verlangte, witterten die „Moskowiter" in der polnischen Parteiführung Morgenluft und suchten die „Heimatkommunisten" wegen ihres „bourgeoischauvinistischen Nationalismus" im Kreml zu diffamieren. Deren Führer Władysław Gomułka hatte wegen des starken Widerstands in der Bevölkerung gegen eine allzu weitgehende Übernahme der sowjetischen Errungenschaften Bedenken gegen die Gründung eines Kommunistischen Informationsbüros (Kominform) im September 1947 erhoben, Vorbehalte gegen eine straffe Gängelung der einzelnen kommunistischen Parteien durch das ZK der KPdSU angemeldet und die Forderung nach baldiger Kollektivierung der Landwirtschaft rundweg abgelehnt. Damit hatten sich die Heimatkommunisten offen dem von Stalin persönlich proklamierten Kurs in den Weg gestellt; es war abzusehen, daß der Kremlchef diese Unbotmäßigkeit bestrafen würde.

Vorerst konnte jedoch auf Gomułka und seine Freunde beim Ausbau der kommunistischen Machtbastionen in Staat und Wirtschaft sowie bei der Herstellung der parteipolitischen „Einheitsfront von unten" mit den Sozialisten noch nicht verzichtet werden. Trotz der am 28. IX. 1946 vereinbarten „organisatorischen Einheit" widersetzte sich eine *PPS*-Gruppierung um Osóbka-Morawski und den bekannten Soziologen J. Hochfeld der formalen Verschmelzung, weil eine Garantie liberaler Grundrechte wie Meinungs-, Presse- und Versammlungsfreiheit und die Duldung des privaten Handwerks und Kleinhandels nicht gewährleistet schienen. Unter kommunistischem Druck mußte die *PPS*-Führung eine Überprüfung ihrer Mitglieder vornehmen, die 150000 Genossen nicht überstanden; nach weiteren Säuberungen im April/Mai 1948 schmolz die Mitgliederzahl auf 570000 zusammen. Der geschickt und im Sinne der Kommunisten lavierende Premier Cyrankiewicz drängte im September 1948 die Vereinigungsgegner aus der *PPS* hinaus und brachte die danach weniger als 500000 Mitglieder zählenden Sozialisten auf dem Vereinigungsparteitag (15.-21.XII. 1948) in die von den 900000 Kommunisten dominierte Vereinigte Polnische Arbeiterpartei *(Polska Zjednoczona Partia Robotnicza = PZPR)* ein. Den Vorsitz im ZK übernahm B. Bierut, die drei Sekretärsposten fielen an Cyrankiewicz, Zawadzki und R. Zambrowski. Unter den elf Mitgliedern des Politbüros waren acht Vertreter der alten *PPR* (Berman, Bierut, Jóźwiak-„Witold", Minc, Radkiewicz, Spychalski, Zambrowski und Zawadzki), die alle – außer Vizekriegsminister M. Spychalski – vorbehaltlos den Moskauer Kurs vertraten, aber nur drei der einstigen *PPS* (Cyrankiewicz, Rapacki, Świątkowski). Die bisherigen Parteiorgane der *PPS (Robotnik)* und der *PPR (Głos Ludu)* stellten ihr Erscheinen zugunsten der neuen Parteizeitung *Trybuna Ludu* ein.

Mit der Gründung der *PZPR* hatten die Kommunisten die uneingeschränkte Macht im Lande übernommen und sich jedes potentiellen Herdes einer organisierten Opposition entledigt. Obschon im November 1947 die Bauernpartei *PSL* den Parteien des „Demokratischen Blocks" gleichgeschaltet und danach gründlich von Anhängern Mikołajczyks gesäubert worden war, mußte sie sich mit der im Oktober 1948 ebenfalls einem Säuberungsprozeß unterworfenen *SL* im November 1949 zur Vereinigten Volkspartei *(Zjednoczone Stronnictwo Ludowe = ZSL)* zusammenschließen. Damit war die Parteistruktur Polens in eine starre, seither nicht mehr abgeänderte Form gebracht worden: Neben der herrschenden

PZPR bestanden künftig nur noch die beiden Gefolgsparteien *ZSL* (1980 knapp über 400000 Mitglieder) und die zahlenmäßig unbedeutende (unter 100000 Mitglieder) Demokratische Partei (*SD*).
Viel nachhaltiger als die Bereinigung der Parteienlandschaft sollte sich innerhalb der kommunistischen Partei der Machtkampf zwischen Nationalkommunisten und „Moskowitern" auswirken, bei dem Gomułka und seine Anhänger auf der Strecke blieben, die Vorbehalte gegen die von Stalin geschürte Kampagne gegen das Jugoslawien Titos und die geforderte Kollektivierung der Landwirtschaft angemeldet hatten. Nach einer ZK-Sitzung am 3. IX. 1948 wurde Gomułka von seinem Amt als Generalsekretär der *PPR* entbunden und seine engsten politischen Freunde in der Hierarchie zurückgestuft. Auf dem neugeschaffenen Posten eines „Vorsitzenden des ZK" übernahm Bierut die Leitung der Partei[10]. Gomułka, auf dem Vereinigungsparteitag zwar noch ins ZK gewählt, verlor am 21. I. 1949 sein einflußreiches Ministerium für die wiedergewonnenen Gebiete und wurde als stellvertretender Direktor in eine Wirtschaftsbehörde, die Oberste Kontrollkammer, abgeschoben. Im November 1949 wurde er aus dem ZK ausgeschlossen, zum Leiter des Warschauer Sozialversicherungsinstituts degradiert und – wie die meisten der prominenten Heimatkommunisten – 1951 in Haft genommen. Es sprach jedoch in gleicher Weise für die Schwäche der Anklage der „Rechts- und nationalen Abweichung" und der „Ignorierung des Kampfes gegen den Nationalismus" wie für das empfindliche Rechtsgefühl der Nation, daß zu einer Zeit, als in den anderen Volksdemokratien die Führer der nationalkommunistischen Richtung liquidiert wurden, ein spektakulärer Prozeß mit Terrorurteilen ausblieb. Gomułka und die verhafteten Nationalkommunisten wurden im Dezember 1954 mit der Verpflichtung auf freien Fuß gesetzt, sich strikter Zurückgezogenheit zu befleißigen. 1956 voll rehabilitiert, kehrten fast alle nach der Verdrängung der „Moskowiter" in führende Partei- und Staatsämter zurück[11].
Mit dem Ziel, den Klassenkampf zu verschärfen, die Gegner des neuen Regimes zu enttarnen und die Beziehungen zur Sowjetmacht zu intensivieren, trieben die „Moskowiter" die Umgestaltung von Staat, Gesellschaft und Wirtschaft rasch voran und kontrollierten alle Schlüsselstellungen in den Exekutivorganen des Staates, in der Justiz, auf dem Produktionssektor und in den Massenorganisationen wie der Branchengewerkschaft, den Frauen- und Jugendverbänden sowie im Genossenschaftswesen. Die Kopierung des Erziehungs- und Wissenschaftssystems der UdSSR auf allen Ebenen wurde mit der Notwendigkeit begründet, eine neue, nach marxistisch-leninistischen Grundlagen geschulte Intelligenz unter Einschluß der Bürokratie und der Parteifunktionäre und durch die Bevorzugung der Kinder aus Arbeiter- und Bauernfamilien heranzubilden[12]. Die bereits seit 1945 unter kommunistischer Aufsicht stehende Presse, der Rundfunk und das Verlagswesen wurden reorganisiert, die Zensurmaßnahmen weiter verfeinert. Der sozialistische Realismus stieg

zur künstlerischen Norm auf; im architektonischen Bereich wurde der sowjetische Monumental- und Zuckerbäckerstil auch für Polen verbindlich. Erste Konflikte mit der katholischen Kirche traten nach der Verstaatlichung des kirchlichen Schulwesens und Landbesitzes auf, wobei die angebliche Abhängigkeit vom Vatikan, der „Vorhut des amerikanischen Imperialismus", als Vorwand für restriktive Maßnahmen diente. Obgleich die Bürokratie als Folge der Nationalisierung und der Industrialisierung kräftig anwuchs, verloren die staatlichen Institutionen rasch an Bedeutung; auch das Parlament spielte nur noch eine nominelle Rolle. Die *PZPR* wurde zum allgegenwärtigen und allmächtigen Kontrollapparat ausgebaut, dessen Aufsicht alle Bereiche des öffentlichen Lebens und der Privatsphäre unterworfen waren: Der in der UdSSR seit 1937 praktizierte Stalinismus mit seiner institutionellen und ideologischen Einförmigkeit wurde konsequent auf Polen übertragen[13].

Eine bedeutende Rolle beim Aufbau der volksdemokratischen Ordnung und bei der Absicherung der kommunistischen Vormachtstellung war dem vom sowjetischen *NKWD* bzw. *KGB* direkt kontrollierten Geheimdienst zugefallen; acht von 20 Abteilungen des von Radkiewicz straff geführten Sicherheitsministeriums unterstanden direkt sowjetischen Offizieren, drei weitere hatten sowjetische „Berater". Von den elf polnischen Abteilungsleitern hatten vier längere Zeit aktiv für den *NKWD* gearbeitet, einer war Offizier der Roten Armee[14]. Bis zum Herbst 1949 kam den polnischen Streitkräften, die nach der Entlassung aller Offiziere, die unter Piłsudski oder in der Exilarmee gedient hatten, ebenfalls stark von sowjetischen Beratern durchsetzt waren, keine wichtige Funktion im politischen Leben zu; mit der Ernennung des Sowjetmarschalls und Oberbefehlshabers der in Polen stationierten Sowjettruppen, Konstantin Rokossovskij, am 7. XI. 1949 zum polnischen Verteidigungsminister wurde eine grundlegende Neuausrichtung der Innen- und Verteidigungspolitik vollzogen. Unter verstärktem Einsatz sowjetischer Berater – bis 1956 sollen rd. 17 000 Sowjetoffiziere Dienst in den polnischen Streitkräften geleistet haben – wurden bis 1952 die Truppenzahl auf 500 000 Mann verdoppelt und die Verteidigungsausgaben mehr als verdreifacht. Die Notwendigkeit, Industriekapazitäten vorrangig für die Rüstungsproduktion bereitzustellen und die hohen Verteidigungskosten aufzubringen, hat die durch den 1949 vollzogenen Übergang zur starren Planwirtschaft sowieso schon hart betroffene Nationalökonomie stark belastet und zu einem weiteren Absinken des bereits recht bescheidenen Lebensstandards beigetragen. Die Einführung einer Organisationsstruktur, des Drills und der Rangordnung sowie neuer Uniformen nach sowjetischem Muster dokumentierte auch nach außen, wo künftig die Loyalitäten der nationalen Streitkräfte liegen mußten[15].

Im Parteileben erfolgte in diesen Jahren unter Führung Bieruts die vollständige Angleichung der *PZPR* an das Vorbild der KPdSU, verbunden mit einer straffen Disziplinierung der Partei von oben nach unten mit Hilfe der Kader, der Parteiaktivisten, der von der *PZPR* beherrschten Massenorganisationen und einer umfassenden Schulungsarbeit. Durch die Verordnung vom 20. III. 1950 erhielten die bereits 1944 eingesetzten National- und Volksräte *(Rady Narodowe)* auf Gemeinde-, Kreis- und Wojewodschaftsebene neben den Legislativfunktionen auch die Exekutivgewalt; mit der Aufhebung der Gewaltenteilung konnte die *PZPR* ihre Omnipotenz weiter ausbauen. Die endlich am 22. VII. 1952 angenommene neue Verfassung trug der ausschlaggebenden Rolle der Kommunisten ebenfalls Rechnung und bestimmte den Sejm bzw. seine Gliederungen theoretisch gleichzeitig zur gesetzgebenden Körperschaft, zum Träger der obersten Staatsgewalt und – nach der Abschaffung des Staatspräsidentenamtes – zum kollektiven Staatsoberhaupt. In den grundsätzlichen Aussagen über die Justiz, die Verwaltung und die kommunale Ordnung waren besonders ausgiebige Anleihen bei der Stalin-Verfassung von 1936 gemacht worden; die Präambel berief sich ausdrücklich auf das verpflichtende Vorbild der UdSSR – ein bei souveränen Staaten einmaliges Phänomen[16]. An den Sejmwahlen vom 26. X. 1952 beteiligten sich über 95% der Wahlberechtigten, die zu 99,8% der Einheitsliste der Nationalen Front zustimmten und unter den 425 Abgeordneten nach dem vorgegebenen Schlüssel 273 *PZPR*-Mitglieder, 90 *ZSL*- und 25 *SD*-Kandidaten sowie 37 Parteilose ins Parlament entsandten. Parteichef Bierut, der in das Amt des Ministerpräsidenten überwechselte, stellte infolge der fortschreitenden Diversifikation der Industrieressorts eine auf 35 Minister angewachsene Regierung vor, wobei die eigentliche Entscheidungsgewalt den acht stellvertreteden Ministerpräsidenten vorbehalten blieb, die als Politbüromitglieder oder als Sekretäre des ZK über eine Hausmacht verfügten. Die Erfüllung der Wirtschaftspläne betrachtete die neue Regierung als ihre Hauptaufgabe; die Verminderung des Einflusses der katholischen Kirche und des Klerus war ihr ein weiteres vorrangiges Anliegen.

Bei der Diskussion eines ab 1950 verbindlichen Sechsjahrplans war die Erwartung geäußert worden, bis 1955 den „Umbau zur sozialistischen Wirtschaft“ abschließen zu können. Zur Bewältigung der unrealistisch hohen Planziele wurde ein Anwachsen der Beschäftigtenzahl von 3,6 Mill. auf 5,7 Mill. und eine Steigerung der Industrieproduktion um 158,3% vorgesehen. Eine am 28. X. 1950 durchgeführte Währungsreform sollte einmal mehr den Kaufkraftüberhang abschöpfen und die Vernachlässigung der Konsumgüterproduktion rechtfertigen. Die bald auftretenden Disproportionen im gesamtökonomischen Entwicklungsgefüge konnten trotz mehrfacher Plankorrekturen 1953/54 nicht beseitigt werden. Leistungsanreize durch die Steigerung der Reallöhne wurden durch die Preiserhöhungen, besonders auf dem Nahrungsmittelsektor, weitgehend neutralisiert. So war 1955 ein Absinken der Produktion in den wichtigsten Industriezweigen nicht zu kaschieren; für die weitere Entwicklung wirkten sich jedoch am negativsten die Fehler aus, die bei der Planung und Durchführung der Investitionen gemacht worden waren[17].

Mitverursacht wurde das Debakel durch die nach 1949 einsetzende, in vier Grundtypen vollzogene Kollektivierung der Landwirtschaft. Die Taktik von Partei und Regierung, durch die Differenzierung zwischen Klein- und Mittelbauern sowie die auf Fremdarbeit angewiesenen Großbauern („Kulaken“) den Klassenkampf in das Dorf zu tragen und danach ein Bündnis zwischen Arbeitern und „werktätigen Bauern“ zu konstruieren, schlug fehl. Die aufsässigen Kleinbauern, nach den Landzuteilungen von 1945 durchaus für die Kommunisten eingenommen, kehrten jetzt dem Regime den Rücken, schlachteten aus Protest ihr Vieh und vernichteten ihr Saatgut, denn wegen des Fehlens von Konsumgütern und einer hohen Inflationsrate zeigten sie an Geldentschädigungen nur geringes Interesse. Obgleich im Verstaatlichungsprogramm mehrere Konsolidierungsphasen eingelegt wurden, mußte – zumal nach schlechten Ernten 1949, 1951 und 1953 – die Zwangsbewirtschaftung der Lebensmittel aufrechterhalten werden; der Getreidebedarf ließ sich nur durch hohe Importe aus der UdSSR bzw. durch devisenzehrende Ankäufe im westlichen Ausland decken. Der II. Parteitag der *PZPR* (10.–17. III. 1954) beschäftigte sich daher vornehmlich mit der Überwindung der deplorablen Lage in der Landwirtschaft; auch die dort beschlossene Erhöhung der Investitionen und die Bereitstellung von mehr Kunstdünger und Maschinen konnte die Erfüllung der um 20% herabgesetzten Plandaten nicht mehr gewährleisten. Nicht nur das Festhalten der Bauern an veralteten Anbaumethoden und das Fehlen einer modernen Agrartechnik, sondern vor allem die schweren psychologischen Fehler, die bei den gewaltsamen Kollektivierungsversuchen gemacht worden waren, hatten das Scheitern der Agrarpolitik mitbedingt.

Die nach 1950 offen einsetzende kirchenfeindliche Politik hatte gleichfalls das Vertrauen der Bevölkerung zu Partei und Staatsmacht in dem nominell zu 97,8% katholischen Land erschüttert. Die von den Kommunisten verfolgte Trennung von Staat und Kirche, die Verstaatlichung der Schulen und des kirchlichen Grundbesitzes und die Beeinträchtigung der Wirkungsmöglichkeiten des Klerus kam auch in dem von der Regierung mit dem Episkopat am 14. IV. 1950 geschlossenen Kirchenabkommen zum Ausdruck, das immerhin den Religionsunterricht an den Schulen, den Fortbestand des kirchlichen Verlagswesens, die Existenz der Katholischen Universität Lublin und der Orden ebenso absicherte wie die öffentliche Durchführung von Gottesdiensten, Wallfahrten und Prozessionen. Doch mit der „Bewegung sozial-fortschrittlicher Katholiken“ *(PAX)* und der Gruppe der „Patriotischen Priester“ wurden die Bischöfe zunehmend unter Druck gesetzt, um beim Vatikan die Angleichung der Diözesan- an die neuen Staatsgrenzen zu vertreten[18]. Der seit 1948 amtierende unbeugsame Primas S. Wyszyński wurde am 26. IX. 1953 verhaftet, am 28. seiner Ämter enthoben und schließlich in einem Kloster interniert, nachdem er die Verurteilung von Geistlichen in fragwürdigen Schauprozessen mißbilligt hatte. Die anderen Bischöfe sahen sich genötigt, am 17. XII. 1953 den vom Staat geforderten Treueeid abzulegen und die personelle und institutionelle Kontrollfunktion des staatlichen „Amtes für kirchliche Angelegenheiten" anzuerkennen. Der Prozeß der formalen Ausschaltung der Kirche mit der Übertragung der Schlüsselpositionen an die im Kielwasser der Kommunisten agierenden „Fortschrittlichen" erreichte 1955 einen Höhepunkt, als ein Drittel der Kirchen und Kapellen sowie zwei Fünftel der Männer- und Frauenklöster geschlossen und schließlich durch die Verfolgungsmaßnahmen ein Viertel der gesamten Welt- und Klostergeistlichkeit verhaftet, deportiert oder ins Exil gezwungen wurden[19]. Erst nach Beginn des „Tauwetters" 1956 wurden die restriktiven Maßnahmen etwas zurückgenommen und ein Teil der verhafteten Geistlichen freigelassen.

Außenpolitisch hatte die UdSSR seit dem Abschluß eines Freundschafts- und Beistandsvertrags am 21. IV. 1945 ein Netz von Verträgen, Wirtschaftsabkommen, Vereinbarungen über Militärhilfe, über den Austausch von Experten oder die Gewährung technischer Hilfe und vielfältiger weiterer Verbindlichkeiten über Polen gelegt, das Gewähr bot, ein potentielles Ausbrechen Polens aus dem sich formierenden „sozialistischen Lager" bereits im Ansatz zu unterbinden[20]. Das Verhältnis zu den Westmächten hatte sich bereits 1946 nach Reden Churchills am 5. III. in Fulton, Missouri, und des amerikanischen Außenministers Byrnes am 6. IX. in Stuttgart abgekühlt, die den Grenzverlauf an Oder und Neiße in Frage gestellt hatten. Unter sowjetischer Vermittlung kam am 10. III. 1947 ein Bündnisvertrag und am 4. VII. ein Wirtschaftsabkommen mit der ČSR zustande, durch die auch die strittige Grenzziehung analog zur Vorkriegsregelung eine Bestätigung fand. Der am 28. VI. 1948 proklamierte Ausschluß Jugoslawiens aus der Familie der „brüderlichen kommunistischen Parteien" wurde von den polnischen Heimatkommunisten nur mit Vorbehalten gutgeheißen. Am 25. I. 1949 war Polen in Moskau Gründungsmitglied des – erst nach 1955 größere Bedeutung erlangenden – Rats für Gegenseitige Wirtschaftshilfe (RGW bzw. *Comecon*). Nach der Gründung der DDR mußten die unter der polnischen Bevölkerung verständlicherweise verbreiteten und von der Propaganda zuvor geschürten anti-deutschen Ressentiments derart kanalisiert werden, daß eine Annäherung an den jüngsten kommunistischen Bruderstaat möglich wurde. In der am 6. VI. 1950 unterzeichneten Deklaration über die „endgültige Friedens- und Freundschaftsgrenze" an Oder und Neiße und in dem am 6. VII. in Görlitz abgeschlossenen Grenzvertrag verzichtete die DDR vorbehaltlos auf das ehemalige Ostdeutschland[21] und schuf damit die Voraussetzung für den langsamen Abbau der historisch gewachsenen, im Kriege leidvoll zugespitzten und auch durch die kommunistische Herrschaft nicht wesentlich reduzierten nationalen Vorurteile und Verdächtigungen zwischen Deutschen und Polen[22]. Von einer uneingeschränkten außenpolitischen Handlungsfreiheit der polnischen Regierung konnte in der Hochzeit des Stalinismus jedoch nicht gesprochen werden.

Stalins Tod am 5. III. 1953 beendete die Ära, in der die Entschlüsse eines einzelnen die Grundlagen der Sowjetpolitik und die Stoßrichtung des Weltkommunismus unvermittelt veränderten. In Polen vollzog sich der Übergang zu dem von der neuen Führungstroika Malenkov–Chruščev–Berija praktizierten „neuen Kurs" nur zögernd, weil der „Stalin von Polen", B. Bierut, fürchtete, bei der Lockerung seiner Einschüchterungspolitik das schlummernde Problem der „rechten nationalistischen Abweichung" Gomułkas aufzurühren. Die Notwendigkeit, einige der schlimmsten wirtschaftlichen Mißstände zu beheben, und der gleichzeitige Zwang, der durch die schlechte Versorgung mit Nahrungsmitteln und Konsumgütern wachsenden Unzufriedenheit in der Bevölkerung zu begegnen, bedingten eine vorsichtige Korrektur am bisherigen Kurs der einseitigen Bevorzugung der Schwerindustrie. So herrschten auf dem II. Parteitag der *PZPR* im März 1954 besorgte Töne über die ökonomische und politische Entwicklung vor[23]. Besorgniserregend war der Rückgang der Mitgliederzahl, die zwischen 1948 und 1951 von 1,5 Mill. auf 1,14 Mill. gefallen war und jetzt eine Erholung auf 1,3 Mill. zeigte, wobei die Bauern als Folge der Zwangskollektivierung und die Arbeiter wegen der schlechten Ernährungslage massenweise die *PZPR* verlassen hatten. Ohne eine Machteinbuße zu erleiden, verzichtete Parteichef Bierut am 18. III. 1954 zugunsten Cyrankiewiczs auf das Premieramt und widmete sich vorrangig der Aufgabe, eine Intensivierung der Parteiarbeit auf dem Lande zu erreichen. Immerhin konnte bei den am 5. XII. 1954 abgehaltenen Wahlen zu den Volksräten die Einheitsliste der Nationalen Front mit 98% der abgegebenen Stimmen ein in der Norm liegendes Ergebnis erzielen.

Ein Wandel kündigte sich dennoch mit einem Revirement im Terrorapparat an: Am 7. XII. 1954 wurde das Ministerium für Staatssicherheit aufgelöst und der seit 1944 amtierende Sicherheitschef Radkiewicz sowie seine engsten Mitarbeiter degradiert und bald danach sogar wegen Machtmißbrauchs verurteilt. Ein weiteres ZK-Sekretariat sollte künftig die Aufgaben der Geheimpolizei und der Abwehr koordinieren, während dem 1950 suspendierten und jetzt wiedererrichteten Innenministerium das Korps für Innere Sicherheit, die Grenzschutztruppe und die Bürgermiliz unterstellt wurden. Haftentlassungen von Regimegegnern und der Abbau der zuvor nahezu unumschränkten Herrschaft der Sicherheitsbehörden verstärkten in der Bevölkerung das Gefühl einer wachsenden Rechtssicherheit. Die von Chruščev im Kampf um die Alleinherrschaft in der UdSSR bei den verbündeten Volksdemokratien begünstigten Liberalisierungstendenzen erreichten Polen aber in einer problematischen Entwicklungsphase: Die schwierigste Etappe der Industrialisierung und Kollektivierung schien zwar gerade bewältigt worden zu sein, doch die neuen gesellschaftlichen und politischen Institutionen hatten noch nicht Wurzel geschlagen. Die Verunsicherung über die sozioökonomische Krise, über den Grad der Entfremdung der Arbeiterklasse und der Intelligenz von ih-

rem Regime sowie die Ungewißheit über ihr persönliches Schicksal lösten bei Bierut und seinen stalinistischen „Moskowitern", für die eine Alternative sowohl politisch als auch in Person der „Heimatkommunisten" vorhanden war, eine entschiedene Abwehrhaltung gegen das „Tauwetter" aus. In äußerlicher Loyalität und Linientreue machte daher die Troika Bierut–Berman–Rokossovskij die Wiederannäherung an Jugoslawien mit, während sie den Abschluß des multilateralen Vertrags über Freundschaft, Zusammenarbeit und gegenseitigen Beistand (Warschauer Pakt) am 14. V. 1955 und die Anwesenheit von Sowjettruppen als innenpolitischen Ordnungsfaktor durchaus begrüßte. Da die polnischen Initiativen eine Détente mit den Westmächten herbeizuführen und die Beziehungen zur Bundesrepublik Deutschland durch den Verzicht auf Reparationszahlungen (1. I. 1954) und die – einseitige – Proklamation der Beendigung des Kriegszustands (31. I. 1955) zu normalisieren, ohne Erfolge geblieben waren, gab es zu einer engeren militärischen Zusammenarbeit mit dem sozialistischen Lager keine Alternative.
Die Abrechnung Chruščevs mit Stalin auf dem XX. Parteitag der KPdSU (14.–25. II. 1956) hat Bierut, der seit 1943 wendig und konsequent der stalinistischen Konzeption in Polen zum Sieg verholfen hatte, nur wenige Tage überlebt: er verstarb überraschend, erst 64 Jahre alt, am 12. III. 1956 in Moskau. Chruščev flog selbst nach Warschau, um die Wahl des Nachfolgers im Parteivorsitz zu überwachen. Anstelle des eigentlich vorgesehenen Apparatschiks stalinistischer Prägung R. Zambrowski setzte der neue Kremlchef auf E. Ochab und ermutigte ihn, die innenpolitischen Zwänge weiter abzubauen. Die im April verkündete Amnestie für 30000 Häftlinge, darunter 9000 politische Gefangene, die Entlassung zahlreicher Minister, Funktionäre und Beamter, einschneidende Maßnahmen gegen die Willkür der Geheimpolizei und eine offene Diskussion über die Fehler der bisherigen Wirtschaftspolitik ließen die Bevölkerung etwas aufatmen. Nach dem am 6. V. erfolgten Sturz der „Grauen Eminenz" der Bierut-Ära, des stellvertretenden Premiers und Politbüromitglieds Jakób Berman, der als einer der Hauptverantwortlichen für die „Verletzung der sozialistischen Gerechtigkeit" während der stalinistischen Epoche in Polen galt, erhielten der Sejm, die anderen Parteien und die Tagespresse die Möglichkeit zu selbständigerer Initiative eingeräumt; den Intellektuellen und der Kirche wurde mehr Verständnis und die Bereitschaft zur Abstellung ihrer Gravamina entgegengebracht. Erst der am 22. VI. 1956 unter der Belegschaft der Posener *ZISPO*-Werke ausgebrochene, anfangs rein materiell motivierte Streik, der nach dem 28. VI. in einen politischen Konflikt mit stark antisowjetischer Tendenz ausuferte und erst nach blutigen, wenigstens 48 Tote und 270 Verletzte kostenden Zusammenstößen durch den Einsatz regulärer Armeeinheiten niedergeschlagen werden konnte, machte die aufgestaute Verbitterung und das Ausmaß des dadurch genährten revolutionären Potentials deutlich. Dem nach Studenten und Intellektuellen jetzt auch von breiten Be-

völkerungskreisen aufgenommenen Ruf nach grundlegenden Reformen hoffte die verunsicherte und zerstrittene Partei- und Staatsführung durch administrative Maßnahmen und Umbesetzungen in den Schlüsselressorts genügen zu können. Die interne Diskussion in der Parteispitze, wie der euphemistisch mit „Demokratisierung" und „Veränderung" umschriebenen Forderung der polnischen Öffentlichkeit nach mehr Unabhängigkeit nachgekommen werden könne, ohne das Verhältnis zur UdSSR zu beeinträchtigen oder das sozialistische Regime im Lande zu gefährden, ließ zwei deutlich unterscheidbare Gruppierungen entstehen. Die „Dogmatiker" oder „Natolin-Gruppe" wollte die außen-, wirtschafts- und militärpolitischen Bindungen an die UdSSR noch enger gestalten, um der drohenden „Konterrevolution" begegnen zu können; die „Evolutionisten" oder „Revisionisten" traten für die Fortsetzung institutioneller Reformen in Politik und Wirtschaft ein, ohne die Diktatur der Partei wesentlich abzumildern. Der von Chruščev gebilligten Rehabilitierung der Nationalkommunisten um Gomułka und Spychalski an der Spitze kam die *PZPR* am 5. VIII. 1956 nach; die internen Gespräche zeigten aber rasch, daß ihre von der Öffentlichkeit mit wachsender Intensität geforderte Rückkehr in das Politbüro und in die Regierung gegen die Opposition der „Natolin-Gruppe" nicht durchzusetzen war.
Erst als am 9. X. der Rücktritt des Baumeisters der stalinistischen Wirtschaftspolitik, H. Minc, den Weg zu einem umfassenden Revirement der Führungspositionen freigemacht hatte, beschloß das Politbüro, dem für den 19. X. einberufenen ZK-Plenum die Wahl Gomułkas zum Ersten Sekretär und die Entmachtung des Verteidigungsministers, Politbüromitglieds und Marschalls der Sowjetunion Rokossovskij vorzuschlagen. Die an diesem Tag unangemeldet in Warschau eintreffende gewichtige sowjetische Delegation mit Chruščev an der Spitze sah sich genötigt, dem Machtwechsel in Polen und dem damit verbundenen Programm des Aufbaus des Sozialismus nach nationalpolnischen Gesichtspunkten zuzustimmen, denn es zeigte sich keine personelle Alternative für Gomułka, die Gewähr geboten hätte, den schwelenden innenpolitischen Konflikt beizulegen. Obwohl es in den ersten Tagen nach der Wahl Gomułkas zu antisowjetischen Demonstrationen und gewaltigen Sympathiekundgebungen für die Entwicklung in Ungarn kam, lieferten gerade die tragischen Ereignisse in Budapest der neuen Führung den Anlaß, die Zügel wieder anzuziehen. Rokosovskij und eine Reihe hoher Offiziere wurden ihrer Ämter entbunden und Mitte November in die UdSSR zurückbeordert; doch Gomułkas Programm gemäßigter innenpolitischer Reformen stellte nicht die neuralgischen Punkte sowjetischer außenpolitischer Dominanz in Osteuropa, nämlich die Zugehörigkeit zum sozialistischen Lager und die führende Rolle der Partei, in Frage. Zwar haben in den Anfangsjahren von Gomułkas Herrschaft die in Polen praktizierten Doktrinen die einstige ideologische und institutionelle Gleichförmigkeit im sowjetischen Hegemonialbereich gesprengt, ohne daß es jedoch zur Ausbil-

dung einer neuen, bedrohlichen Art von Kommunismus gekommen wäre, in dem innere Liberalität und äußeres Unabhängigkeitsstreben unter dem Banner des Nationalkommunismus eine Symbiose hätten eingehen können[24].

6.3 Die „Ära Gomułka" (1956–1970)

Die Rückkehr Gomułkas an die Parteispitze leitete einen neuen Abschnitt in der polnischen Nachkriegsgeschichte ein; in den Oktobertagen 1956 kam es aber keinesfalls zu einer richtigen „Revolution" oder zu einem vollständigen Bruch mit der stalinistischen Vergangenheit. Die bereits am 20. X. personell umbesetzte Parteiführung und die im November 1956 neuernannten Regierungsmitglieder boten die Gewähr, sich einem grundlegenden Kurswechsel machtvoll entgegenzustemmen. Trotz der unangefochtenen, von seiner Popularität und der bald gewährten Rükkendeckung durch die UdSSR gestützten Autorität wollte es Gomułka nicht gelingen, die rivalisierenden Flügel innerhalb der *PZPR* miteinander zu versöhnen und einheitliche ideologische Richtlinien durchzusetzen. Die Diskussionen um den „polnischen Weg zum Sozialismus" wurden teils von opportunistischen Motiven, teils von persönlichen Antipathien beherrscht. Die stark vom Stalinismus geprägten Mitglieder der „Natolin"-Fraktion hatten zwar wichtige Positionen eingebüßt, doch war ihre Gefolgschaft in der Partei stark genug, um auf sie Rücksicht nehmen zu müssen. Einer zweiten, den früheren „Evolutionisten" entsprechende Gruppierung, der „Puławska"-Fraktion oder dem „Parteizentrum" , in dem Cyrankiewicz, der zum Landwirtschaftsminister ernannte abgelöste Parteichef Ochab und der neue Außenminister Rapacki den Ton angaben, schien Gomułka selbst nahezustehen. Ihre Machtbasis lag vor allem im Regierungsapparat. Von seinen ehemaligen politischen Freunden und absolut loyalen heimatkommunistischen Parteigängern, die eine dritte Gruppierung bildeten, entfremdete sich Gomułka im Laufe der Jahre. Die jungen Intellektuellen, allen voran der Philosoph L. Kołakowski, der durch seine Artikel und scharfsinnigen Analysen erst das geistige Klima für den Oktoberumschwung vorbereitet hatte, wurden bald als „Revisionisten" und – obschon die äußerste Linke bildend – als „Rechte" diffamiert. Gomułkas offensichtliches Bemühen, als Sachwalter des gesamten werktätigen Polentums und seiner nationalen Interessen zu wirken, trug ihm anfangs auch die enthusiastische Zustimmung und einen großen Vertrauensbonus der den Kommunisten mit Distanz gegenüberstehenden Bevölkerungskreise ein, die auf diesen zum „Frühling im Oktober" hochstilisierten Umbruch große Erwartungen im Hinblick auf eine weitere Liberalisierung, Demokratisierung und rasche Besserung der Lebensumstände setzten. Doch wegen der Einbettung Polens in das sozialistische Lager, der außenpolitischen Rücksichtnahmen, der zwar angeschlage-

nen, aber dennoch weiterhin starken Stellung der Stalinisten und wegen der tradierten politischen Vorstellungen Gomułkas mußten diese überzogenen Hoffnungen ganz einfach enttäuscht werden.
In seiner großen Programmrede auf dem VIII. Plenum am 20. X. 1956[25] stellte Gomułka eine Abkehr von der starren Herrschaft des Plans, eine Erweiterung der Arbeiterselbstverwaltung, die Schaffung materieller Anreize für die Werktätigen, einen Abbau der Auswüchse in der Verwaltung und ein stärkeres Mitspracherecht für die Satellitenparteien *ZSL* und *SD* in Aussicht. Mit Begeisterung wurde die Abkehr von der Zwangskollektivierung der Landwirtschaft aufgenommen. Zwei Drittel der vorhandenen Kollektivbetriebe lösten sich zugunsten privater Bauernstellen auf oder verblieben in der neuen, loseren Form genossenschaftlichen Wirtschaftens. Diese Entwicklung wurde von dem am 7. I. 1957 ernannten Landwirtschaftsminister Ochab nicht nur toleriert, sondern durch das Einräumen größerer Selbständigkeit für die landwirtschaftlichen Produktionsgemeinschaften gefördert. Die großzügige Gewährung von Agrarkrediten, Steuervergünstigungen und die Senkung der Zwangsablieferungsquoten bei gleichzeitiger Erhöhung der Ankaufspreise wirkten sich anfangs positiv auf die Produktivität in der Landwirtschaft aus. Zudem schufen die vom Staat unterstützten Meliorationen, die Elektrifizierung und die beginnende Mechanisierung bessere Lebensbedingungen im Dorf, so daß die Landflucht etwas abebbte – was den Behörden wiederum die Chance bot, den sozialen Problemen im städtischen Bereich und dem Wohnungsbau größere Aufmerksamkeit zu schenken. Ein 1959 eingerichteter Fonds zur Entwicklung der Landwirtschaft stellte den Agrarzirkeln als der einfachsten Form der bäuerlichen Kooperation zusätzliche Mittel für die Bewältigung von Gemeinschaftsaufgaben zur Verfügung; mit Hilfe der bald auf über 35 400 Zirkel angewachsenen Genossenschaftsbewegung eröffneten sich Partei und Regierung trotz Beibehaltung der überwiegend privatbäuerlichen Wirtschaftsstruktur ein mit materiellen Anreizen gekoppeltes Mitspracherecht auf dem flachen Lande. Auch wenn bis 1961 die Agrarproduktion um 33% stieg, konnte Polen den stärker wachsenden Nahrungsmittelbedarf nicht decken.
Gomułka stellte auch eine Reorganisation im industriellen Planungs-, Verwaltungs-, Produktions- und Verteilungssystems in Aussicht und leitete sie durch die Abschaffung der Staatlichen Kommission für Wirtschaftsplanung und die Einsetzung einer Plankommission beim Ministerrat zum 1. I. 1957 ein. Der Dezentralisierung des Leitungsapparats lief die Dekonzentration vor Investitionsmitteln parallel. Die in Aussicht gestellten Arbeiterräte durften sich aber nicht selbständig entfalten und fanden sich bereits im Frühjahr 1957 der Kontrolle der Branchengewerkschaften und der Betriebszellen der *PZPR* unterstellt. Die von einem ökonomischen Beirat unter Vorsitz von Prof. O. Lange vorgelegten Thesen für ein neues Wirtschaftsmodell fanden zwar am 30. VII. 1957 die Zustimmung des Ministerrats; diese als „Rückkehr zum Kapitalismus" oder als „anarcho-

syndikalistisch" gebrandmarkten Reformvorschläge konnten sich aber in der Praxis nicht durchsetzen. Auch durch mehrere Korrekturen am ersten Fünfjahrplan waren ein Absinken der Produktionsziffern und eine rückläufige Investitionstätigkeit nicht aufzuhalten. Gomułka sperrte sich zudem lange gegen die von Chruščev im Rahmen des RGW verfochtene supranationale Arbeitsteilung, weil er ein Anwachsen der wirtschaftlichen Abhängigkeit und damit eine größere politische Erpreßbarkeit der kleineren Ratsmitglieder durch die UdSSR vermeiden wollte. Das am 14. XII. 1959 in Sofia unterzeichnete Statut des Rats für Gegenseitige Wirtschaftshilfe räumte die polnischen Vorbehalte dann aber weitgehend aus.
Die in den 1960er Jahren praktizierten Wirtschaftsgrundsätze sahen erneut eine einseitige Bevorzugung der Schwer- und Grundstoffindustrie vor, wobei jedoch für die Konsumbedürfnisse der Bevölkerung wenigstens einigermaßen Sorge getragen wurde. Bei dem weiterhin hohen Investitionsanteil von durchschnittlich 19,5% des Nationaleinkommens und bei erschöpften Reserven, die das Ausloben zusätzlicher materieller Anreize für die Planerfüllung verboten, konnten die Plandaten nur selten erreicht werden. Eine schlechte Ernte 1959 und katastrophale Erträge 1962 zwangen zur generellen Modifizierung des Plans – die Notwendigkeit, unter Rentabilitätskriterien für den Markt und allein unter marktwirtschaftlichen Gesichtspunkten zu produzieren, wurde danach zwar erkannt und in gelehrten Zirkeln auch erörtert, wegen der befürchteten Umstellungsschwierigkeiten wurden aber alle Reformansätze von der Parteiführung zurückgestellt. Hoffnungsfroh konnte allein die Tatsache stimmen, daß immer mehr qualifizierte Arbeiter und Techniker in das Erwerbsleben integriert werden konnten, denen auch die Aufgabe oblag, die jetzt verstärkt einströmenden Jungarbeiter aus den geburtenstarken Nachkriegsjahrgängen in den Produktionsprozeß einzugliedern[26].
Das Versprechen der neuen Führung, den Sejm künftig „wählen" und nicht nur über die Einheitsliste abstimmen zu lassen, sowie der Hinweis, dem Parlament seine in der Verfassung verankerte Stellung als oberstem Organ der Staatsgewalt tatsächlich zuzugestehen und die Legislative nicht länger durch das bisher vom Staatsrat exzessiv wahrgenommene Recht, Dekrete zu erlassen, zu unterlaufen, weckten die Erwartung einer Rückkehr zu parlamentarisch-demokratischen Prinzipien. Bei den für den 20. I. 1957 ausgeschriebenen Wahlen befanden sich unter den 723 Kandidaten für die 459 Sitze nur etwas über 50% *PZPR*-Mitglieder, die mit 238 Mandaten aber die einfache Mehrheit stellten. 119 Abgeordnete gehörten der *ZSL*, 39 der *SD* an und 63 galten als parteilos, unter denen sich auch Vertreter von drei konkurrierenden katholischen Gruppierungen befanden. Besonders die fünf Mitglieder des *Znak*- (Zeichen-)Zirkels griffen engagiert bei sozialpolitischen Fragen in die Parlamentsdebatte ein. Unter dem wiedergewählten A. Zawadzki als Vorsitzendem des Staatsrats übernahm Gomułka als einfaches Mitglied sein einziges Staatsamt. In der erneut von Cyrankiewicz gebildeten Regierung konnte vor allem in den

Wirtschafts- und Industrieressorts Vertreter der alten stalinistischen Ausrichtung ihren Einfluß behaupten. Der Sejm durfte in der Tat eine größere Aktivität entfalten, wobei ein breites Meinungsspektrum, Stimmenthaltungen und vereinzelt sogar Gegenstimmen die bisher in den Volksdemokratien betont beachtete Einstimmigkeit durchbrachen. Gomułka, der in Erinnerung an die Auswüchse des „Personenkults" vor einer machtvollen Alleinherrschaft zurückschreckte und durch einen koordiniert-kollegialen Führungsstil anfangs die auseinanderstrebenden Kräfte in der Partei zusammenzuhalten suchte, sah sich bald zum Lavieren zwischen den Gruppierungen gezwungen und fand sich dem wachsenden Druck der alten Garde ausgesetzt, der er sich in Denken und Handeln durchaus verwandt fühlte. Unter dem Motto: „Die Partei muß monolithisch sein", wurde die Presse bald unter verstärkte Parteiaufsicht gestellt, das Recht auf freie Vereinigung beschnitten, die Arbeiterselbstverwaltung ausgehöhlt und die überfällige Wirtschaftsreform zugunsten der eingefahrenen planwirtschaftlichen Methoden zurückgestellt.

Bei der Ausgestaltung des Verhältnisses zur UdSSR im Winter 1956/57 hatte Gomułka Wert auf die Beachtung der leninistischen Konzeption von der Gleichberechtigung, der uneingeschränkten Souveränität und der Nichteinmischung in die inneren Angelegenheiten der sozialistischen Bruderländer gelegt. Er wurde nicht müde zu betonen, daß die VR Polen wegen der Notwendigkeit zur Verteidigung der Oder-Neiße-Grenze und aus wirtschaftlichen Kausalitäten auf die UdSSR angewiesen bleibe und mit ihr – wie bisher – ein aufrichtiges Freundschaftsverhältnis unterhalten wolle. Unter dieser Prämisse handelten sich die Polen die Zusage einer Kompensation für die bisherige Ausbeutung auf wirtschaftlichem Gebiet, den Abzug der sowjetischen Statthalter und Kontrolleure, einen Vertrag über die Stationierung der Sowjettruppen sowie die Repatriierung von Polen aus der UdSSR ein. Die auf der Ersten Weltkonferenz der Kommunistischen und Arbeiterparteien im November 1957 in Moskau vertretene Forderung nach Achtung des eigenen polnischen Wegs zum Sozialismus wurde durch das geduldige Werben Chruščevs immer weiter reduziert und Polen mit der Zeit wieder uneingeschränkt in das sozialistische Lager mit der UdSSR als der unangefochtenen Führungsmacht eingegliedert. Dieser Prozeß wertete auch eine außenpolitische Initiative ab, an die Außenminister Adam Rapacki große Hoffnungen geknüpft hatte: Am 2. X. 1957 bot er vor der Vollversammlung der UN den Verzicht Polens auf Produktion und Lagerung von Atomwaffen unter der Voraussetzung an, daß sich beide deutsche Staaten diesem Vorgehen anschlössen. Dieser mehrfach modifizierte Rapacki-Plan, der die Überlegenheit der konventionellen sowjetischen Rüstung außer acht ließ, fand bei den NATO-Staaten keine Gegenliebe und wurde durch Chruščevs Berlin-Ultimatum vom 27. XI. 1958 politisch unglaubwürdig[27]. Gomułkas Credo, „die Grundlage unserer Außenpolitik bildet das enge Bündnis mit der UdSSR und den Mitgliedstaaten des Warschauer Paktes", führte schließlich zur vorbehaltlosen Unterstützung der sowjetischen Position in der Berlin- und in der Kuba-Krise, in der Kampagne gegen die chinesischen und die albanischen Genossen sowie im Konflikt um die „nationale Exklusivität und Selbstsucht" Rumäniens.

Das polnische Bemühen um bessere Beziehungen zur Bundesrepublik Deutschland wurde durch die Aufnahme von Gesprächen, an denen von deutscher Seite vor allem der Krupp-Bevollmächtigte B. Beitz initiativ beteiligt war, bald aber auch Regierungsstellen beschäftigte, honoriert. Wegen der polnischen Forderung nach Anerkennung der Oder-Neiße-Grenze und wegen des von der Regierung Adenauer aufrechterhaltenen Alleinvertretungsanspruchs in deutschlandpolitischen Fragen konnte am 7. III. 1963 nur eine Vereinbarung über die Einrichtung einer deutschen Handelsmission in Warschau erzielt werden. Obwohl die Westmächte in der einen oder der anderen Form zu verstehen gegeben hatten, daß sie an Polens Oder-Neiße-Grenze nicht rütteln würden, blieben diese Versicherungen stets im Schatten dessen, was man in Polen den „revisionistischen westdeutschen Revanchismus" nannte. In dieser von Mißtrauen geprägten Atmosphäre wurde in Polen der immer wieder – auch von den Heimatvertriebenen – feierlich betonte deutsche Gewaltverzicht nicht zur Kenntnis genommen. Auch wenn ein gangbarer Weg zur Aufschnürung des Pakets, das für die Bonner Politik die Frage der Beziehungen zur DDR, das Berlin-Problem, die Hallstein-Doktrin, den Wiedervereinigungsanspruch und die Regelung der Ostgrenze einschloß, noch nicht gefunden werden konnte, bildeten die „Ostdenkschrift" der Evangelischen Kirche Deutschlands vom September und der am 18. XI. 1965 veröffentlichte „Brief der polnischen Bischöfe an die zum Konzil in Rom versammelten deutschen Bischöfe" den Ausgangspunkt eines fruchtbaren Dialogs über die Grenzen hinweg, der von den Regierungen nicht negiert werden konnte.

Seit Oktober 1956 hatte sich Gomułka bemüht, die Kirche aus ihrer Funktion als Sammelbecken oppositioneller Kräfte herauszulösen und zu einem systemstabilisierenden Faktor zu machen. Die nach der Haftentlassung und Wiedereinsetzung des Primas Wyszyński am 7. XII. 1956 unterzeichnete Vereinbarung gestattete den Geistlichen die Erteilung des Religionsunterrichts und die uneingeschränkte Seelsorge; zugleich wurde die Rückkehr der amtsenthobenen Priester und Ordensleute geduldet. Doch bereits Ende der 1950er Jahre verfolgten Partei und Regierung erneut einen restriktiven Kurs, der durch Erschwernisse beim Abhalten des Religionsunterrichts eskalierte und eine Beteiligung der katholischen Kirche an den staatlichen Milleniumsfeiern (1960–1966) wegen unerfüllbarer Auflagen ausschloß. Obgleich es 1960 zu einer Begegnung zwischen Gomułka und Kardinal Wyszyński kam, konnte kein Einvernehmen über die Modalitäten der Übereignung des ostdeutschen Kirchenbesitzes an die katholische Kirche erzielt werden; das Schulgesetz von 1961, das Religionsunterricht in Schulräumen untersagte, eine Steuerverordnung, die kirchliche Einrichtungen wie Handelsunternehmen besteuerte, und die Verweigerung von Baugenehmigungen und -materialien für neue Kirchen trugen zu einer weiteren Abkühlung des Verhältnisses Staat – Kirche bei. Die wachsende Unzufriedenheit unter der Bevölkerung über die sozioökonomische Stagnation und die Verkrustung des Gomułka-Regimes in der zweiten Hälfte der 1960er Jahre wurde vom Episkopat nicht als Druckmittel gegen die Staatsmacht instrumentalisiert; dennoch regten sich in der Partei Stimmen gegen die angeblich antistaatliche und antisozialistische Haltung des Episkopats, wobei auch die Versöhnungsbotschaft von 1965 an die deutschen Bischöfe als angeblicher Verrat der patriotischen Interessen scharf verurteilt wurde.

Auf dem III. „Parteitag der Stabilisierung“ im März 1959, der nur knapp 1 Mill. *PZPR*-Mitglieder repräsentierte, konnte Gomułka dank der Rükkendeckung Chruščevs zwar die letzten Anhänger der „Natolin“-Fraktion aus dem ZK abwählen lassen, sich aber nicht dem zunehmenden Druck konservativ-nationalkommunistischer Kreise entziehen[28]. Die schwierige Wirtschaftslage zwang den Parteichef zu personellen und ideologischen Zugeständnissen; der weitere Abbau liberaler und geistiger Freiheiten ging mit politischen Prozessen gegen angebliche Regimegegner einher, die zur weiteren Verunsicherung der enttäuschten Bevölkerung beitrugen. Die des „Revisionismus“ verdächtigten Wochenblätter *Nowa Kultura* und *Przegląd Kulturalny* mußten im Juni 1963 ihr Erscheinen einstellen, der *Klub Krzywego Koła,* ebenfalls ein Forum der theoretisch-ideologischen Auseinandersetzung zwischen Parteilosen und Kommunisten, war schon im Winter 1962 geschlossen worden. Politischer Immobilismus, Altersstarrsinn, ein manischer Zwang, an allen Entscheidungsprozessen beteiligt zu werden, sowie das Unvermögen, elementare Sachzwänge realitätsgerecht zu erfassen, prägten immer stärker Gomułkas persönlichen Verwaltungsstil und begünstigten eine grundlegende Umstrukturierung in der Führungsspitze der Partei. Die Vertreter der älteren Generation, die ihr „Mandat“ aus sowjetischen Händen oder im Untergrundkampf erworben hatten, fanden sich von einer jungen, gutausgebildeten, unsentimentalen Generation von Kadern bedrängt, deren Nationalgefühl, Ehrgeiz und Pragmatismus stärker ausgeprägt waren als die unkritische Hingabe an die Sache der Partei und des Sozialismus. Zur politischen Integrationsfigur dieser „Partisanen“ stieg der stellvertretende Innenminister, General M. Moczar, auf, der mit einem nationalchauvinistischen und offen antisemitischen Programm anfangs gegen die „internationalistischen Moskowiter“ Stimmung machte und seinen Gefolgsleuten auf dem IV. Parteitag der *PZPR* im Juni 1964, der hauptsächlich Wirtschaftsfragen behandelte, im ZK eine solide Basis sicherte[29]. Moczar, im Dezember 1964 zum Innenminister ernannt, baute den Geheimdienstapparat rasch aus, reorganisierte die Polizei *(MO)* und die auf 260 000 Mann angewachsenen Kampfgruppen der freiwilligen Bürgermiliz *(ORMO);* auf dem erneut beschrittenen Weg zum Polizeistaat wurden die Bürger-

rechte wieder häufiger und skrupelloser verletzt. In dem mächtigen, bald 800000 Mitglieder zählenden Kombatantenverband *ZBoWiD*, der jetzt die Widerstandskämpfer aller Richtungen vereinigte, schuf sich Moczar eine Hausmacht, die vom Presseimperium des Präsidenten der Friedensbewegung sozial-fortschrittlicher Katholiken *(PAX)*, Bolesław Piasecki, propagandistische Unterstützung erhielt.
Die Verhärtung bekamen vornehmlich die Intellektuellen zu spüren, die sich am 19. III. 1964 in einem Memorandum an Premier Cyrankiewicz gegen Schreib- und Publikationsverbote und sonstige Erschwernisse zur Wehr setzten, aber auf dem polnischen Schriftstellerkongreß am 19. IX. vom Parteichef höchstpersönlich abgekanzelt wurden. Die Verhaftung unliebsamer Autoren[30], der Parteiausschluß des Philosophieprofessors Kołakowski und die auf dem ZK-Plenum am 16./17. V. 1967 beschlossenen restriktiven kulturpolitischen Leitlinien konnten das intellektuelle Ferment und die spürbarer werdende Unzufriedenheit in der Bevölkerung nicht wesentlich beeinträchtigen. Wie schlecht es um das Ansehen der *PZPR* bestellt war, hatte Gomułka bereits bei den Sejmwahlen am 30. V. 1965 erfahren müssen, als die kommunistischen Kandidaten deutlich weniger Stimmen erhielten als die Parteilosen oder die Vertreter der *ZSL* und der *SD*. Die angespannte Lebensmittelversorgung und das Zurückbleiben der gewerblichen Wirtschaft hinter den Planzielen führten zu einem realen Kaufkraftverlust und ermöglichten nur bescheidene Steigerungsraten des Nationaleinkommens; die Eingliederung der geburtenstarken Jahrgänge in das Erwerbsleben ließ sich nur auf Kosten der Arbeitsproduktivität erreichen. Die starke, von Gomułka als unverzichtbar herausgestellte Abhängigkeit von der UdSSR, die in der Unterzeichnung eines neuen Freundschafts- und Beistandsvertrags am 8. IV. 1965 eine weitere Formalisierung erfahren hatte, stellte bei dem Nationalstolz der Polen eine weitere Quelle der Unzufriedenheit dar.
Ganz bewußt geschürt wurde diese wachsende Unruhe von Moczar, der den Sechstagekrieg von 1967 zum Vorwand nahm, um gegen die ihm mißliebigen Intellektuellen, aber auch gegen seine Gegner in der Partei mit unverhüllt antisemitischen Parolen ein von breiten Bevölkerungskreisen willig unterstütztes Kesseltreiben zu entfachen, das bekannte Wissenschaftler, Schriftsteller und Journalisten veranlaßte, Polen den Rücken zu kehren[31]. Die Ablösung des Altstalinisten Novotný in der ČSSR und die ersten schüchternen Vorboten des „Prager Frühlings" zeigten rasch Rückwirkungen auf Polen, wo ein am 4. III. 1968 begonnener Streik der Studenten von den Sicherheitsorganen ohne Probleme niedergeschlagen werden konnte. Da nicht auszuschließen war, daß Moczar die Unruhen für einen Sturz Gomułkas ausnutzen wollte, reagierte der Erste Sekretär unangemessen hart, sah er in den relativ unbedeutenden Studentendemonstrationen doch nicht nur eine Bedrohung des Machtmonopols der Partei, sondern auch der Existenz des sozialistischen Polen schlechthin[32].
Unter den mehr als 700 prominenten Opfern der anschließenden Säube-

rungen befanden sich auch der Staatsratsvorsitzende Ochab und Außenminister Rapacki, die als einzige den Mut besessen hatten, die Machenschaften Moczars und die nachlassenden Führungsqualitäten Gomułkas im Politbüro zu kritisieren.

Die Einsicht, daß ihn nur die vorbehaltlose Unterstützung der sowjetischen Genossen gegen die Fronde der „Partisanen“ im Amt halten könne, mag Gomułka auch veranlaßt haben, von Anfang an das Reformexperiment der tschechoslowakischen Genossen mit wachsendem Mißtrauen zu verfolgen und entschieden für eine Intervention zur Beendigung der liberal-demokratischen Entwicklung in Prag einzutreten. Aus Dankbarkeit ließ es sich Brežnev nicht nehmen, seinem Protegé auf dem V. Parteitag der *PZPR* (November 1968) persönlich beizuspringen und die erneuerten Angriffe der „Partisanen“ und der mit Gomułkas Immobilismus und fehlenden Durchschlagskraft unzufriedenen „Technokraten“ abzuwehren. Im Mittelpunkt der Parteitagsdiskussionen stand wiederum die Reform der Volkswirtschaft, denn sie – und nicht die überfällige politische Erneuerung – sollte die für die Gesundung Polens ausschlaggebenden Impulse liefern. Die in der Resolution in Aussicht gestellte Steigerung der Industrieproduktion um 47% und des Pro-Kopf-Einkommens um über 20% mußte angesichts der deprimierenden Realitäten wie eine unerreichbare Zukunftsvision erscheinen. Die antirevisionistische Kampagne, die Auslöser für die stärkere Überwachung des Bildungs- und Kultursektors gewesen war, wurde ausdrücklich bestätigt, während die schrillen antisemitischen Töne in den Hintergrund traten. Obschon 234 000 Polen, darunter 151 000 Arbeiter, seit dem IV. Kongreß ihr Parteibuch eingebüßt hatten, zählte die *PZPR* erstmals mehr als 2 Mill. Mitglieder – 6,3% aller Polen, von ihnen 40% Arbeiter, 11% Bauern und 49% „Angehörige der Intelligenz“ gehörten der nun drittstärksten kommunistischen Partei der Welt an[33].

Gleich nach Abschluß des Parteitags, der die Machtfülle der „Partisanen“im ZK und im Sekretariat bestätigt hatte, machte sich Gomułka daran, durch personelle Umbesetzungen auf Kosten seiner Gegner die eigene Stellung zu konsolidieren. Hilfestellung leistete ihm der selbstbewußte Kattowitzer Parteisekretär Edward Gierek, ein pragmatischer Technokrat, der die Wirtschaftsintelligenz und die jungen Parteimitglieder hinter sich wußte. Die am 1. IV. 1969 durchgeführten Sejmwahlen brachten keinerlei Verschiebung des durch die Einheitsliste festgelegten Kräfteverhältnisses innerhalb der Nationalen Front, obgleich es aufschlußreich war, daß Gomułka mit 99,44% der Stimmen bereits knapp hinter Gierek (99,78%) rangierte. Von den 14 dem neuen Parlament angehörenden Vertretern katholischer Richtungen organisierten sich jeweils fünf im *Znak*- und im *PAX*-Zirkel, vier gehörten der Christlich-Sozialen Vereinigung *(ODISS)* an. Dem Staatsrat stand als Nachfolger von E. Ochab der Gomułka-Vertraute und langjährige Verteidigungsminister M. Spychalski vor; die Regierungsbildung übernahm der unverwüstliche

J. Cyrankiewicz. Nachdem er in der Partei für Ordnung gesorgt und die Flügelkämpfe einigermaßen unterbunden hatte, besaß Gomułka die Möglichkeit, sich stärker außenpolitisch zu engagieren und vorrangig die Normalisierung der Beziehungen zur Bundesrepublik Deutschland zu verfolgen.

In einer seiner seltenen Wahlreden hatte der Parteichef am 17. V. 1969 die Bereitschaft zu Verhandlungen mit Bonn bei einer endgültigen Anerkennung der polnischen Westgrenze an Oder und Neiße signalisiert. Die seit der Bildung der Großen Koalition im Dezember 1966 veränderten ostpolitischen Leitlinien, die mit der Aufnahme der diplomatischen Beziehungen zu Rumänien am 31. I. 1967 ihre erste Bewährungsprobe erfahren hatten, waren von den „Falken" im sozialistischen Lager auf der Außenministerkonferenz am 8.–10. II. 1967 in Warschau mit der Forderung abgeblockt worden, neben der Oder-Neiße-Grenze habe Bonn auch die Existenz der DDR und die Ungültigkeit des Münchener Abkommens von 1938 „von Anfang an" anzuerkennen. Die August-Ereignisse von 1968 in der ČSSR und die internen Auseinandersetzungen in der *PZPR* hatten die Aufnahme eines Ost-West-Dialogs, für den breite Kreise der deutschen Öffentlichkeit und auch die SPD auf ihrem Nürnberger Parteitag im März 1968 eingetreten waren, verhindert. Erst nach den Wahlen zum VI. Deutschen Bundestag und der Bildung der sozialliberalen Regierungskoalition im Herbst 1969 konnten konkrete Verhandlungen aufgenommen werden, wobei die Grenzfrage unverändert den *nervus rerum* darstellte; aber auch die Lösung humanitärer Fragen – die Ausreise deutschstämmiger Polen, Regelung von Rentenansprüchen polnischer Zwangsarbeiter, Entschädigung der überlebenden KZ-Häftlinge – bereitete Schwierigkeiten. In dem am 7. XII. 1970 in Warschau unterzeichneten Vertrag verpflichteten sich beide Regierungen zu uneingeschränkter Achtung ihrer territorialen Integrität. Eine Gewaltverzichtserklärung, die Bereitschaft zur „vollen Normalisierung und umfassenden Entwicklung ihrer gegenseitigen Beziehungen" sowie der Intensivierung der Zusammenarbeit auf wirtschaftlichem, wissenschaftlichem und kulturellem Gebiet fanden in dem Vertrag Aufnahme, der aber von Anfang an aus den Reihen der CDU/CSU-Opposition und vom Bund der Vertriebenen eine lautstarke Kritik erfuhr[34].

Kaum eine Woche nach der Vertragsunterzeichnung, die ein in polnischen Bevölkerungskreisen zum Teil noch vorhandenes Gefühl der Bedrohung durch die „westdeutschen Revanchisten" abbaute, kam es zu einem elementaren Aufbegehren weitgehend aus ökonomischen Gründen. Das Unvermögen, zu einer grundlegenden Umstrukturierung der Nationalökonomie zu gelangen, hatte eine wirtschaftliche Dauerkrise ausgelöst, deren Sprengkraft der altersstarre Gomułka, ganz dem Urteil seines „inneren Führungskreises" ausgeliefert und ohne wirklichen Kontakt zur Basis, verkannte. Die auf dem V. *PZPR*-Kongreß diskutierte „Notwendigkeit des Übergangs von der extensiven zu einer intensiven und selektiven Entwicklung" führte allein dazu, die personelle Überbesetzung in den Betrieben durch gezielte Entlassungen abzubauen und die Kritiker durch kontinuierliche Säuberungen in der Partei mundtot zu machen. Als bei umlaufenden Gerüchten über eine Währungsreform und drastische Steuererhöhungen im Juli 1970 die Arbeitsnormen heraufgesetzt wurden, regte sich so breiter Widerstand, daß die Regierung eine für Oktober vorgesehene zweite Anhebung der Arbeitsleistungen nicht einzuführen wagte und vorerst auch eine bereits im Detail vorbereitete Preiserhöhung für die hochsubventionierten Grundnahrungsmittel zurückstellte. In der Euphorie nach der polnisch-deutschen Vertragsunterzeichnung hielt es Gomułka für opportun, am 12. XII. 1970 Preiserhöhungen zwischen 13% und 36,8% ankündigen zu lassen, die bereits am nächsten Tag in Kraft treten sollten. Diese empfindlichen Preisanhebungen wenige Tage vor Weihnachten trieben Polens Arbeiter auf die Straße. Der Streik auf Danzigs Werften gab das Signal zum Aufstand, der nicht nur in den Küstenstädten, sondern auch in den großen Industriezentren von Demonstrationen, Brandschatzung, Plünderung und dem Einsatz von Schußwaffen begleitet war und Polen an den Rand eines Bürgerkriegs, vielleicht auch in die Gefahr einer sowjetischen Militärintervention brachte. Die „Dezember-Ereignisse" kosteten laut Polizeibericht 45 Menschenleben und 1 165 Verletzte; der Sachschaden wurde mit 405 Mill. Złoty (= 60 Mill. DM) angegeben. Erst am 6. Tag der blutigen Unruhen, am 20. XII., wurden Gomułka und seine engsten Gefolgsleute aus dem Politbüro abgewählt und ihrer Regierungsämter enthoben – eine vierzehnjährige Ära, die mit großen Erwartungen begonnen hatte, kam im Chaos und Blutvergießen zu einem unrühmlichen Ende[35].

Gomułka, mit seinem Sturz zur politischen Unperson degradiert, war an seiner politischen Kurzsichtigkeit, seiner dogmatischen Unbeweglichkeit, dem starrsinnigen Festhalten an einmal gefaßten Beschlüssen, seiner verletzenden Unbeherrschtheit und durch die schlechte Wahl seiner Freunde und Berater gescheitert; Mut, persönliche Einsatzbereitschaft, konsequente Hingabe an die Sache der Revolution, sein Glauben an die Mission Volkspolens sowie seine persönliche Bescheidenheit verdienen Erwähnung. Als Patriot konnte er seinem Volk einen eigenen polnischen Weg zum Sozialismus zumuten, weil dieser dem historischen Bewußtsein der Nation nicht widersprach und auch von der Sowjetführung toleriert wurde. Seine Abneigung gegen Intelligenz, Liberalität und Reformbereitschaft, seine Scheu vor allen Neuerungen – vor neuen Gedanken, neuen Problemen und neuen Menschen – in seiner Umgebung haben die Dezember-Krise und seinen zweiten Sturz mitverursacht.

6.4 Erfolg und Scheitern Giereks (1970–1980)

Wie erwartet, wurde der mit einem hohen Vertrauensvorschuß der Bevölkerung ausgestattete Edward Gierek am 20. XII. 1970 zum Nachfolger im Parteivorsitz berufen; bei den umfassenden personellen Veränderungen im Politbüro, dem ZK-Sekretariat und in der Regierung mußten die Vertrauten Gomułkas ihre Plätze für die oberschlesische Seilschaft Giereks räumen. Für J. Cyrankiewicz, der dem amtsenthobenen Staatsratsvorsitzenden Spychalski nachfolgte, übernahm Piotr Jaroszewicz den Premierposten. Eine Reihe politischer, wirtschaftlicher und sozialer Zugeständnisse der Partei sollte die explosive Lage entspannen helfen. Gierek, dem neben seiner persönlichen Ausstrahlungskraft und Kontaktfreudigkeit der Ruf als pragmatischer, dem Wirtschaftsaufschwung Priorität einräumender „Macher“ zugute kam, scheute sich nicht, auf den Werften, in den Großbetrieben und auf Parteiversammlungen harte Kritik über Fehler und Versäumnisse der Vergangenheit entgegenzunehmen und Möglichkeiten zur Beilegung der Klagen zu erörtern. Der Forderung nach Ablösung der Verantwortlichen war leichter nachzukommen als den Erwartungen nach Erhöhung des Lebensstandards, mehr persönlicher Freiheit und einem größeren Maß an Rechtsstaatlichkeit, nach verläßlicheren Informationen und einem erweiterten Mitspracherecht der Arbeiter im sozioökonomischen Entscheidungsprozeß. Als sich, ausgehend vom Textilzentrum Łódź, nach dem 14. II. 1971 eine zweite Streikwelle über das Land ergoß und jetzt auch politische Reformen verlangt wurden, rangen sich Ministerrat und Politbüro zu der Entscheidung durch, die Preiserhöhungen vom 12. XII. 1970 unter Beibehaltung der Kostensenkungen auf dem Konsumgütersektor rückgängig zu machen und die Niedrigstlöhne sowie die Renten zu erhöhen. Die Bereitschaft der sozialistischen Bruderländer, vorrangig der UdSSR, durch Lebensmittellieferungen, Bereitstellung von Barmitteln sowie von Fertigungsanlagen und Materialien zur Beseitigung der Wohnraummisere zur inneren Konsolidierung beizutragen, erleichterte der neuen Führung den Start. Das Versprechen, in sechs Monaten ein praktikables Wirtschaftsmodell vorzulegen, das durch ein Gleichgewicht zwischen Schwer- und Konsumgüterindustrie, die Verbesserung der Lohnstruktur und eine Beschleunigung des Wohnungsbaus gekennzeichnet sein sollte, wurde von einer Dezentralisierung und Vereinfachung der Wirtschaftsbürokratie mit einer klaren Abgrenzung der Kompetenzen zwischen Partei, Regierung, Wirtschaft, Verwaltung, Gewerkschaft und Arbeiterselbstverwaltung begleitet. Am 19. III. 1971 beschloß der Sejm eine Korrektur des Wirtschaftsplans, des Budgets und der Steuergesetze, wodurch eine Erhöhung der Reallöhne, eine Verbesserung der Marktversorgung und der Agrarproduktion erreicht werden sollten[36]. Unter dem Schlagwort der „Neuen Horizonte“ wurde den Konsumbedürfnissen der Bevölkerung als der „stärksten Triebfeder der Wirtschaftsentwicklung“ Priorität eingeräumt.

Während hinter verschlossenen Türen Dutzende von Kommissionen und Subkomitees, besetzt mit den besten Köpfen des Landes, über Reformmodellen brüteten, durch die den im 4. Planjahrfünft (1971–1975) ins Erwerbsleben tretenden zwei Millionen jungen Polen Arbeits- und Studienplätze, Wohnungen und soziale Einrichtungen garantiert werden sollten, konnte sich Gierek mit offenkundiger Rückendeckung des Kreml daran machen, die wegen ihres extrem nationalkommunistischen Programms suspekten „Partisanen“ aus den Führungsgremien der *PZPR* zu verdrängen und die wegen ihrer fachlichen Qualifikationen und wegen der fehlenden Verstrickung in Parteiintrigen akzeptable Generation der Dreißig- bis Vierzigjährigen in Schlüsselpositionen zu hieven. Moczar, im Dezember 1970 als Vollmitglied ins Politbüro gelangt und mit erweiterten Kompetenzen im Sekretariat des ZK betraut, mußte trotz seiner Hausmacht im Sicherheitsapparat, in der auf 380 000 Mitglieder aufgestockten Freiwilligen Reserve der Bürgermiliz *ORMO* und im geschlossen auftretenden Partisanen/Veteranen-Verband *ZBoWiD*, bereits im April 1971 seine ZK-Funktion an S. Kania abtreten und sich mit dem einflußlosen Posten eines Chefs der Obersten Kontrollkammer beim Ministerrat zufrieden geben. Auf dem für Dezember 1971 einberufenen VI. Parteitag der *PZPR* kam es dann zu einer einschneidenden Wachablösung: In das von 91 auf 115 Sitze erweiterte ZK wurden nur 49 alte Mitglieder wiederberufen; aus dem Politbüro wurden neben Moczar und dem bisherigen Außenminister S. Jędrychowski auch J. Cyrankiewicz abgewählt, der sich als blasser Opportunist ein Vierteljahrhundert lang allen Kurskorrekturen angepaßt hatte. Der in geschickter Regie vorbereitete und durchgeführte Parteitag, der 2,27 Mill. Mitglieder repräsentierte, bot Gierek die Gelegenheit, seine Vorstellung von „sozialistischer Demokratie“ zu erläutern, wobei er die Notwendigkeit einer erweiterten Unabhängigkeit des Regierungsapparats von der Partei bei größerer Kontrolle durch diese betonte, die Ausweitung der Kompetenzen von Parlament und Volksräten ankündigte und eine Reform der Branchengewerkschaften und die Erweiterung der betrieblichen Arbeitermitbestimmung bekanntgab[37]. Bereits im Dezember 1971 hatte Gierek den Sejm vorzeitig auflösen und Neuwahlen für den 10. III. 1972 ausschreiben lassen – die Personalrotation wurde auch hier durch den Austausch von 280 der 460 Abgeordneten dokumentiert. Entsprechend der früheren Wahlarithmetik fielen 55% der Sitze an die *PZPR*, 25% an die Bauernpartei *ZSL*, 8% an die Demokratische Partei *SD* und 12% an Parteilose und die drei katholischen Zirkel.

Gierek konnte mit den Anfangserfolgen durchaus zufrieden sein – ihm allein hatte es die *PZPR* zu danken, daß es in den kritischen Monaten des Jahres 1971 ungeachtet anhaltender Streiks, Demonstrationen und der Besetzung von Partei- und Regierungsgebäuden zu einer allmählichen Beruhigung im Lande gekommen war und die politische Führung ihre Glaubwürdigkeit zurückgewonnen hatte. Die Reallöhne waren im ersten Jahr um durchschnittlich 5,3% angehoben worden, die Produktion hatte in der Industrie um 8%, in der Landwirtschaft um 3,7% zugenommen. Als vorrangige Aufgabe der gesamten Investitionstätigkeit wurde ein langfristiges Wohnungsbauprogramm verabschiedet und der Preisstopp für Grundnahrungsmittel trotz wachsenden Kaufkraftüberhangs verlängert. Die mit der Verbesserung der Infrastruktur begründete Verwaltungsreform festigte den Einfluß der Partei auf dem flachen Lande; unter langsamer Entmachtung der zeitweise geduldeten Arbeiterräte konnten die regimekonformen Branchengewerkschaften ihre traditionelle Rolle als Transmissionsriemen der Partei wieder wahrnehmen[38]. Durch die konstruktive Mitarbeit in den Gremien des Rats für Gegenseitige Wirtschaftshilfe und der Warschauer-Pakt-Organisation, durch intensive Pflege der Kontakte zu den Bruderparteien sowie durch die Unterstützung der von der UdSSR propagierten Abrüstungsvorschläge und des Zustandekommens einer Konferenz für Sicherheit und Zusammenarbeit in Europa (KSZE) verstand es die neue Führung rasch, die Vorbehalte gegen den „Westler" – weil einstigen Westemigranten – Gierek und seine Wirtschaftspolitik in den sozialistischen Partnerländern abzubauen. Die Öffnung der Grenzen gegenüber der DDR und der ČSSR im Januar 1972 führte zu einem so sprunghaften Anwachsen des Reiseverkehrs, daß sich die Regierungen bereits am Jahresende gezwungen sahen, den Geldumtausch drastisch einzuschränken. Der Besuch des US-Präsidenten Nixon in Warschau (31. V.–1. VI. 1972), ein erster offizieller Besuch Giereks in Paris (2.–6. X.) und die Aufnahme diplomatischer Beziehungen zur Bundesrepublik Deutschland (14. IX. 1972) dokumentierten das Bemühen, weltweit Kontakte zu pflegen.

Da der wirtschaftliche Aufschwung auch 1973 anhielt und in den ersten drei Jahren des Fünfjahrplans Zuwachsraten von 33% in der Industrie und von 19% in der Landwirtschaft sowie eine Steigerung der Durchschnittslöhne um 37% erreicht worden waren, konnte sich die *PZPR* im Herbst 1973 leichten Herzens an die Vorbereitung der Feiern zum 30. Jahrestag der Gründung Volkspolens und an die Ausarbeitung der Volkswirtschaftspläne für das Planjahrfünft 1976–1980 machen. Die im Februar 1974 veröffentlichten Thesen des ZK der *PZPR* zum Staatsjubiläum verkündeten euphorisch „Perspektiven des Aufbaus einer entwickelten sozialistischen Gesellschaft" mit dem Ziel, bis 1990 das Nationaleinkommen mindestens zu vervierfachen. Doch die weltweite Energiekrise nach dem Jom-Kippur-Krieg vom Oktober 1973 und die sich danach in den westlichen Industrienationen ausbreitende Stagflation zeitigten rasch Rückwirkungen im sozialistischen Lager und trafen die inmitten eines Umstrukturierungsprozesses stehende polnische Nationalökonomie besonders hart. Wegen des nachlassenden Importbedarfs der kapitalistischen Länder waren die devisenbringenden Westausfuhren kaum noch zu steigern, während bei stetig wachsendem Einfuhrbedarf an hochtechnisierten Produktionsmitteln immer größere, nur durch Kredite abzudeckende Außenhandelsdefizite in Kauf genommen werden mußten. Wachsende Schwierigkeiten bei der Bereitstellung von Grundnahrungsmitteln gingen bei stark steigenden Kosten mit einer wesentlichen Verlangsamung im Wirtschaftswachstum und beim Volkseinkommen einher. Eine im Juli 1975 verordnete Verwaltungsreform entzog daher nicht nur den Kritikern in der Provinz die Basis ihrer Macht, sondern bot der Parteiführung auch die Möglichkeit, das traditionsbefangene Agrarland notfalls auch mit Druck von oben zu einem modernen Industriestaat umzuformen[39].

Der Bevölkerung, durch optimistische Prognosen und hochfliegende Versprechungen in einer allzu großen Erwartungshaltung, fiel es nach dem kurzen Aufschwung schwer, sich den veränderten Verhältnissen anzupassen. Um die spürbare Ernüchterung nicht außer Kontrolle geraten zu lassen, kehrte die Partei schrittweise zu restriktiveren Maßnahmen zurück. Das bekam als erste die katholische Kirche zu spüren, der nach 1970 größere Freiheiten eingeräumt worden waren. Seit der Übertragung des ehemals deutschen Kirchenbesitzes in den Oder-Neiße-Gebieten (23. VII. 1971) war der Episkopat sichtlich bemüht gewesen, seinen Beitrag zur inneren Stabilität zu leisten und die von der *PZPR* betonte Notwendigkeit eines Dialogs zwischen Christen und Kommunisten, zwischen Kirche und Staat wahrzunehmen. Mit neugewonnenem Selbstbewußtsein erhob der Klerus die Forderung nach größerer Gewissens-, Glaubens- und Meinungsfreiheit und trat für soziale Gerechtigkeit und „ angemessene Lebensbedingungen" für alle Bürger ein. Nach der Angleichung der Bistumsgrenzen an die neue polnische Staatsgrenze (28. VI. 1972) wurden die Zensurbestimmungen für kirchliche Publikationen gelockert und den Sprechern des Katholizismus auch im Sejm gestattet, ihre Standpunkte offener zu vertreten. Die Erleichterungen beim Bau neuer Kirchen, bei der Ausbildung des theologischen Nachwuchses und der Arbeit der kirchlichen Hilfsorganisationen verband die Partei mit der Erwartung der „uneingeschränkten Anerkennung des sozialistischen Charakters" Polens durch die Kirche, die ihrerseits ihren Wunsch nach voller Handlungsfreiheit und die Weigerung, sich der sozialistischen Staatsmacht zu unterwerfen, aufrechterhielt. Die Aufnahme diplomatischer Kontakte zwischen der polnischen Regierung und dem Vatikan sowie ein Besuch Giereks bei Papst Paul VI. (1. XII. 1977) konnte den grundsätzlichen Antagonismus ebenfalls nicht beseitigen. Die heikle Frage der Berücksichtigung der kirchenrechtlichen Existenz der jetzt in der UdSSR liegenden Metropolien Wilna und Lemberg schloß das Zustandekommen eines Konkordats aus. Da die Kirche aber trotz äußerer Machtlosigkeit eine überragende Stellung im öffentlichen Leben behauptet hatte und die geistige Renaissance des Katholizismus auf immer breitere Bevölkerungsschichten übergriff, fand sich die Partei nach 1975 genötigt, durch kleinliche administrative Maßnahmen deren Arbeit erneut zu erschweren, ohne dadurch die Breitenwirksamkeit des Katholizismus beeinträchtigen zu können.

Schriftsteller, Journalisten, Künstler und Wissenschaftler, die in der Spätphase des Gomułka-Regimes mancherlei Erschwernissen ausgesetzt gewesen waren, hatten unter Giereks Herrschaft anfangs relativ unbeeinträchtigt arbeiten können. Bereits auf dem Schriftstellerkongreß am 4./5. II. 1972 in Łódź wurde deutlich, daß die Erwartungen der schöpferischen Intelligenz und der Partei nicht deckungsgleich waren, auch wenn der Forderung nach größerer Meinungsfreiheit und besserer Information 1974 mit der Abschaffung der präventiven Vorzensur für einige Presseorgane und der Restrukturierung der politischen Sendungen im Fernsehen etwas entgegengekommen wurde. Die Historiker konnten sich an die Bearbeitung bisher tabuisierter Themenkomplexe – etwa den polnisch-sowjetischen Krieg von 1920, die Beziehungen zur UdSSR in der Zwischenkriegszeit, die Liquidierung der KPP durch Stalin 1938 und die Darstellung der Piłsudski-Ära – machen, solange die politisch notwendig erscheinende Rücksichtnahme auf die Empfindlichkeit der sowjetischen Genossen eingehalten wurde und das patriotische Anliegen gewährleistet blieb. Als sich aber nach 1975 verstärkt Unmut zu regen begann, zögerte die Partei nicht, auch hier die Lockerungen zurückzunehmen und ihr Informationsmonopol zu befestigen. Der Abbau des „Systems der selektiven Freiheit" und der Rückfall in die ideologische Konformität wurde in den sozialistischen Bruderländern lebhaft begrüßt.

Auf dem VII. Parteitag der *PZPR* (8.–12. XII. 1975) verband Gierek die Aussage, „daß unser Volk besser lebt, daß es wohlhabender ist als vor fünf Jahren". mit dem Eingeständnis einer Verlangsamung des ökonomischen Entwicklungstempos und der Ankündigung, daß die 1971 eingefrorenen, nur durch hohe Staatssubventionen möglichen Preise für Grundnahrungsmittel heraufgesetzt werden müßten[40]. Der bereits mehrfach in Aussicht gestellte, am 24. I. 1976 veröffentlichte Entwurf der neuen Verfassung wurde nicht nur vom Episkopat, sondern auch von zahlreichen Intellektuellen, die 40 000 Unterschriften für ihre Resolution gesammelt hatten, als korrekturbedürftig bezeichnet – dennoch wurde das umstrittene Konzept in nur leicht modifizierter Form bereits am 10. II. ohne Gegenstimmen bei einer Enthaltung vom Sejm angenommen[41]. Polen wurde als „sozialistischer Staat" – nicht mehr als Staat der „Volksdemokratie" – bezeichnet und die *PZPR* zur „führenden politischen Kraft der Gesellschaft beim Aufbau des Sozialismus" erhoben – sie besaß damit verbal also nur einen Auftrag mit geschichtlich begrenzter Wirkung. Volkspolen war verpflichtet, „die Freundschaft und Zusammenarbeit mit der Sowjetunion und den anderen sozialistischen Staaten" zu stärken, aber auch die „friedliche Koexistenz und Zusammenarbeit" zu „Staaten mit anderer Gesellschaftsordnung" zu suchen. Das für die Bevölkerung wohl wichtigste Prinzip war in dem Satz niedergelegt worden: „Die VR Polen läßt sich in ihrer Politik von den Interessen des polnischen Volkes, seiner Souveränität, Unabhängigkeit und Sicherheit, seinem Wunsch nach Frieden und Zusammenarbeit zwischen den Völkern leiten". Da bei den darauffolgenden Parlamentswahlen am 21. III. 1976 99,46% der Stimmen für die Liste der Nationalen Front abgegeben wurden und nur 1,9% der 23,5 Mill. Wahlberechtigten den Urnen ferngeblieben waren, durfte sich Gierek, der mit 99,99% in seinem Wahlkreis Sosnowiec das absolut beste Ergebnis erzielt hatte, in seinem Kurs durchaus bestätigt fühlen.

Als jedoch am 24. VI. drastische Preiserhöhungen – so bei Zucker um 100%, bei Fleisch um 60% – bekanntgegeben wurden und Hamsterkäufe die Regale der Geschäfte leerfegten, machte sich mit Zentren in Radom und Ursus ein so allgemeiner und für die Parteiführung in diesem Ausmaß völlig unerwarteter Unmut Luft, daß sich Premier Jaroszewicz genötigt sah, unter nicht unbeträchtlichem Prestigeverlust für *PZPR* und Regierung die unzulänglich vorbereiteten Veränderungen im subventionierten Preisgefüge rückgängig zu machen. Hunderte wurden verhaftet, Tausende entlassen, 78 Personen in Sondergerichtsverfahren wegen „Rowdytums" zu Gefängnisstrafen bis zu zehn Jahren verurteilt. Trotz der unbestreitbaren persönlichen Popularität von Gierek, der wenige Wochen zuvor der Bundesrepublik Deutschland seinen ersten Besuch abgestattet hatte, und der trotz aller offenkundigen Unzulänglichkeiten imponierenden wirtschaftlichen Aufbauleistung war eine echte Konsolidierung und Aussöhnung der Polen mit ihrer Obrigkeit nicht erreicht worden. Konsumverzicht, Abbau der künstlerischen und wissenschaftlichen Vielfalt, eine Verstärkung der ideologischen Gängelung durch die Partei, Verletzung des lebendigen Nationalgefühls und des religiösen Empfindens der Bevölkerung schufen eine explosive Atmosphäre, die bei einer weiteren Verschlechterung der Versorgungslage die Gefahr von Unruhen oder gar Aufständen nicht ausschloß.

Das brutale Vorgehen der Polizei gegen die Protestler und die hohen Haftstrafen führten am 23. IX. 1976 zur Gründung eines Komitees zur Verteidigung der Arbeiter (*KOR*)[42], dessen führende Mitglieder – u. a. der Literaturkritiker Jan Józef Lipski, der Schriftsteller Jerzy Andrzejewski, die Schauspielerin Hanna Mikołajska, der Ökonom Jacek Kuroń und der Historiker Adam Michník – sich der betroffenen Familien annahmen, juristische Hilfestellung leisteten und gegen die Verletzung der Verfassungsnormen protestierten. Der stetig wachsende Kreis von Mitarbeitern und Sympathisanten veranlaßte die Regierung im Mai 1977, heftige propagandistische Attacken gegen *KOR*-Mitglieder zu führen, sie festzunehmen und einen Prozeß vorzubereiten. Der Druck der öffentlichen Meinung war aber so stark, daß vor dem Nationalfeiertag am 22. VII. eine Amnestie verkündet und die Verhafteten sowie die verurteilten Arbeiter freigelassen wurden. Neben der in „Komitee für gesellschaftliche Selbstverteidigung" umbenannten Vereinigung entstanden konkurrierende Organisationen wie die „Bewegung für Menschen- und Bürgerrechtsverteidigung" (*ROPCIO*), die „Polnische Verständigung für Unabhängigkeit" (*PPN*) oder die „Gesellschaft für wissenschaftliche Kurse" (*TKN*), die als „Fliegende Universität" (*UL*) in den größeren Städten Vorlesungen zur polnischen Zeitgeschichte, aber auch zu ökonomischen, soziologischen und literarischen Themen abhielt. Ein weitverzweigtes Untergrundverlagswesen brachte unzensierte Zeitschriften und kritische Bücher heraus. Der 1979 von parteigebundenen und parteilosen Wissenschaftlern und Journalisten gegründete Klub „Erfahrung und Zukunft" forderte in seinem „Bericht über den Zustand der Republik und über die Möglichkeiten einer Verbesserung" die Begrenzung der Allmacht der Partei, die Beachtung der Rechtsnormen, eine wirkliche Kontrollfunktion für das Parlament und eine Korrektur der Wirtschaftspolitik. Diese politische und geistige Renaissance, die auch führende Wissenschaftler ermutigte, mit ihrer Kritik und ihren Anregungen öffentlich hervorzutreten, erfaßte vor allem die junge Generation, die zum Motor der Erneuerungsbewegung wurde und die auch jene vom kommunistischen Alltag enttäuschten oder verdrängten Altpolitiker aus der Kriegs- und ersten Nachkriegszeit mitriß[43].

Der Partei fiel es immer schwerer, sich auf dieses gesamtgesellschaftliche Phänomen einzustellen. Hinter den Kulissen bekämpften sich die etwa gleichstarken Flügel derjenigen Kräfte, die eher nach politischen Lösungen suchten, und der Gruppierung, die in Polizeikategorien dachte. Versuche, die Aktivitäten der Jugendorganisationen im parteikonformen Sinn zu beeinflussen und durch Reformen im Bildungswesen die frühere Kontrollfunktion zurückzuerlangen, brachten nicht die gewünschten Ergebnisse. Der anhaltende Energiemangel und die Rohstoffknappheit beeinträchtigten weiterhin die Wirtschaftsentwicklung, wobei z. B. 1978 das Nationaleinkommen nur um 2,8 % anstatt der geplanten 5,8 % wuchs, und die Industrie mit einer Steigerungsrate von 5,8 % sowie die Landwirtschaft mit einem Zuwachs von 4,2 % die Planvorgaben nur zu zwei Dritteln erreichten. Die expansive Lohnentwicklung mit einem starken Kaufkraftüberhang begünstigte die Inflation. Die agrarische Nutzfläche von 19,371 Mill. ha. wurde immer noch zu fast 80 Prozent durch bäuerliche Kleinbetriebe bewirtschaftet, von denen zwei Drittel über weniger als 5 ha und nur 11 % über mehr als 10 ha Ackerland verfügten; von den 5,235 Mill. Erwerbstätigen in der Land- und Forstwirtschaft, 29,5 % aller Werktätigen, waren 4,25 Mill. Einzelbauern, die 1978 gerade 13 % des Nationaleinkommens einbrachten. Im „vergesellschafteten Sektor" nahmen die Staatsgüter 17,3 % und die wenigen verbliebenen landwirtschaftlichen Produktionsgenossenschaften 2,1 % der Fläche ein; viele von ihnen leisteten zwar als Saatgut- und Viehzuchtbetriebe gute Arbeit, blieben aber meist defizitär. In der Industrie waren immerhin 4,8 Mill. Arbeiter, auf dem Bausektor 1,3 Mill., im Handel 1,1 Mill., im Verkehrs- und Nachrichtenwesen 1,08 Mill, im Bildungsbereich 858 000 und in der Gesundheitsfürsorge 552 000 Menschen beschäftigt; der industrielle Sektor erwirtschaftete bereits 57 % des Nationaleinkommens. Der in relativ kurzer Zeit vollzogene Wandel von einem überwiegend agrarisch strukturierten Land zu einem modernen Industriestaat mit einer jungen Arbeiterschaft schien auch in Krisenzeiten günstige Voraussetzungen für eine dynamische Weiterentwicklung zu bieten[44]. Doch die mit Großprojekten gekoppelte Kreditaufnahme im Westen, die im April 1981 die Summe von 26 Mrd. Dollar überstieg, mußte immer häufiger zum Stopfen der Haushalts- und Außenhandelsdefizite sowie zum Ankauf von Nahrungsmitteln herhalten; die Erwartung, diese Devisenschulden durch die Steigerung der Rohstoffexporte und die Entnahmen aus der laufenden Produktion abtragen zu können, erwies sich als illusorisch. Der Verfall in der Partei, unter deren Funktionären Korruption und Bereicherungsstreben grassierten, machten die Appelle an den Patriotismus, die Opferbereitschaft und für einen erhöhten Arbeitseinsatz unglaubwürdig. Die aus ökonomischer Rücksichtnahme immer lautstärkere Betonung des „unerschütterlichen Bündnisses" mit der UdSSR und die Anstrengungen zur „Vertiefung der Einheit des sozialistischen Staatenbündnisses"[45] trugen nicht dazu bei, das Vertrauen der nationalbewußten Bevölkerung in ihre Führung zu stärken.

Die von Gierek unter dem Vorbehalt, daß es keine Alternative zur gegenwärtigen politischen Plattform gäbe, angesichts der wachsenden Schwierigkeiten geäußerte Bereitschaft zur Intensivierung des Dialogs zwischen Staat und Kirche wurde vom Episkopat begrüßt. Sein Angebot zur Zusammenarbeit, um den Verfall der Sitten, die beängstigend hohen Scheidungszahlen und den Alkoholmißbrauch zu bekämpfen, verband Primas Wyszyński aber mit der Erwartung einer Aufhebung der Zensur und der Gewährung der Pressefreiheit für eine „authentische" katholische Presse. Die Wahl des Krakauer Kardinals Karol Wojtyła am 16. X. 1978 zum Papst erfüllte die ganze Nation nicht nur mit berechtigtem Stolz, sondern stärkte auch das Selbstbewußtsein der dem Katholizismus treu ergebenen Bevölkerungsmehrheit dem Machtanspruch der Partei gegenüber. Der Glaube an die der Nation innewohnenden Werte, an die unverzichtbare geistliche und moralische Führungsrolle der Kirche, an die Bedeutung der nationalen Traditionen teilte sich der Gesamtgesellschaft mit, als der polnische Papst Johannes Paul II. anläßlich des 900. Todestags des Hlg. Stanisławs, des Schutzpatrons Polens, im Juni 1979 seine Heimat besuchte und einen religiösen Aufschwung ohnegleichen auslöste. Der Episkopat wußte diese Mobilisierung der Massen zu nutzen, um die Diskriminierung der Gläubigen und der Kirche anzuprangern, mahnend auf die sich rapide verschlechternde Wirtschaftslage und die sozialen Folgen hinzuweisen und die fachfremden Einstellungskriterien, vor allem Linientreue anstelle von Kompetenz, anzuprangern. Die katholische Kirche unterstützte auch die verstärkte Hinwendung zur Tradition, zur Nationalgeschichte und zum historischen Mythos, die zum intellektuellen Korrelat eines wiedererwachten Patriotismus wurden, der sich deutlich vom „neuen Nationalismus" der „Partisanen" unterschied[46].

Da sich die Bewältigung des Alltagslebens für die Normalbürger immer schwieriger gestaltete, wuchs die kritische Distanz der unzufriedenen Bevölkerung zur Partei- und Staatsführung spürbar an. Auf ihrem

VIII. Parteitag vom 11.–15. II. 1980 suchte die *PZPR* einen Sündenbock für die Fehler der Vergangenheit und fand ihn in dem unpopulären Ministerpräsidenten Jaroszewicz, der am 18. II. von dem Gierek-Vertrauten Edward Babiuch abgelöst wurde. Ohne den Abbau der über 40% der Staatseinnahmen verschlingenden Subventionen für Grundnahrungsmittel und eine generelle Erhöhung der Preise zur Abschöpfung des Kaufkraftüberhangs war an eine Sanierung der binnenwirtschaftlichen Misere nicht zu denken. Als nach den Benzinpreisen trotz der unzulänglichen Versorgung auch die Fleischpreise zum 1. VII. 1980 kräftig angehoben wurden, kam es zu einer insgesamt friedlich verlaufenden Welle von apolitischen Streiks, die nach innerbetrieblichen Vereinbarungen über Lohnerhöhungen rasch beendet wurden. Auslösender Faktor der „August-Ereignisse" war dann die am 14. VIII. verfügte Entlassung der Kranführerin Anna Walentynowicz auf der Danziger Leninwerft, die dem seit zwei Jahren bestehenden, von *KOR*-Mitgliedern beratenen „Gründungskomitee Unabhängige Gewerkschaften" angehörte. Nach den 17000 Arbeitern der Danziger Leninwerft legten in wenigen Tagen die Beschäftigten in den Küstenstädten, aber auch im oberschlesischen Industrierevier und in den großen Kombinaten die Arbeit nieder und beauftragten ein überbetriebliches Streikkomitee unter Lech Wałęsa, ihre Forderung auf Einräumung des Streikrechts, auf Gründung einer unabhängigen Gewerkschaft, nach Respektierung der Meinungsfreiheit, nach Aufhebung der Zensur und der Gewährleistung eines Zugangs zu den Medien der Regierung gegenüber zu vertreten. Mit dem Verlangen nach Aufhebung der Privilegien für Parteifunktionäre, Mitglieder des Sicherheitsdienstes und der Miliz wurde die Erwartung von Lohnerhöhungen für alle Arbeiter als Ausgleich für die gestiegenen Lebenshaltungskosten verbunden. In diesem diszipliniert, friedlich und still verlaufenden Ausstand dokumentierte sich die totale Entfremdung der Partei- und Staatsführung von der Basis, den jetzt sehr selbstbewußt auftretenden Arbeitern der zweiten und dritten Generation, die genug von der verlogenen Propaganda hatten, sie bestimmten als Eigentümer der Produktionsmittel die Geschicke des sozialistischen Staates. Die Funktionäre der Parteikomitees in den Fabriken und der Branchengewerkschaften hatten sich längst unglaubwürdig gemacht, weil sie nur der Ausbeutung das Wort geredet, sich aber nicht für die Mitbestimmung und die materielle Absicherung der Arbeiter eingesetzt hatten. Die streikenden Arbeiter verkündeten keine ideologischen Schlagworte, traten aber als politische Klasse für die entmündigte Gesamtgesellschaft auf[47].

Die Parteiführung brauchte mehrere Tage, um auf die neue Lage zu reagieren. Verhaftungen von *KOR*-Mitgliedern, denen als „antisozialistischen Elemente" die Verantwortung für die von den Arbeitern bereits seit zwei Jahren vorbereiteten Besetzungsaktionen der Betriebe zugeschrieben wurde, zeugten ebenso von Hilflosigkeit wie die Entlassung Babiuchs und die Ernennung von Józef Pińkowski zum Ministerpräsidenten

(24. VIII.). Während der seit dem 23. VIII. geführten Verhandlungen zwischen Regierungsvertretern und den überbetrieblichen Streikkomitees in Danzig und Stettin meldete sich auch Kardinal Wyszyński am 26. VIII. besänftigend, zur Verblüffung der Streikenden weitgehend im Sinne des Regierungsstandpunkts zu Wort, während tags darauf der Episkopat zwar zur Aufrechterhaltung der Ordnung und zu Besonnenheit aufrief, gleichzeitig aber die Achtung der unabdingbaren Rechte der Nation, die Gewährleistung der geistig-kulturellen Freiheiten und die Verbesserung der Versorgungslage forderte. Die am 31. VIII. von einem Regierungsausschuß und dem überbetrieblichen Streikkomitee in Danzig geschlossene Vereinbarung, die in leicht abgeänderter Form auch in Stettin und am 2. IX. in Schlesien unterzeichnet wurde, brachte ein weitgehendes Einlenken der Staatsmacht: die Anerkennung neuer, unabhängiger und sich selbst verwaltender Gewerkschaften, Einräumung des Streikrechts und des Zugangs zu den Medien, Verbesserungen bei der Lebensmittelversorgung, im Gesundheitswesen und im sozialen Bereich, sowie den Abbau der Privilegien für Funktionäre und die Berücksichtigung von Leistungskriterien bei Stellenbesetzungen. Die grundlegenden Konflikte wurden durch diesen Gesellschaftsvertrag aber nicht ausgeräumt, sondern nur vertuscht. Während überall im Lande neue Komitees der Gewerkschaft Solidarität (*Solidarność*) entstanden, denen bis Herbst 1981 rd. 10 Mill. Mitglieder beitraten, versuchten *PZPR* und Regierung, den Zeitgewinn zu einer Sammlung der Kräfte und zu einer Aushöhlung des Kompromisses zu nutzen[48].

Zum Hauptverantwortlichen für alle Fehler der Vergangenheit wurde unverzüglich Edward Gierek abgestempelt. Dieser vertrauenerweckend biedere, aufgeschlossen, beherrscht und kompetent wirkende, seit 1956 dem inneren Führungszirkel angehörende Pragmatiker war mit der Zeit von der Macht korrumpiert worden und hatte sich weit von den Zielen und Verhaltensnormen entfernt, die ihm im Dezember 1970 den Aufstieg an die Spitze der *PZPR* eingetragen hatten. Die anfangs vielversprechende Konzeption, Polen in kürzester Zeit aus einem industrialisierten Agrarland zu einer modernen Industriemacht umzuformen und die inzwischen auf über 36 Mill. Menschen angewachsene Bevölkerung durch einen Gulasch-Kommunismus mit dem Herrschaftsmonopol der *PZPR*, die immerhin 3 Mill. Mitglieder zählte, auszusöhnen, war bereits 1974/75 sowohl an den weltwirtschaftlichen Gegebenheiten, den lagerinternen Rücksichtnahmen und den binnenpolitischen Voraussetzungen gescheitert. Die durch die Kreditgewährung der Westmächte unterstützte industrielle Gigantomanie mit ihrer komplizierten Technik konnte von der schwerfälligen Zentralplanbürokratie nicht mehr beherrscht werden. Die Einsicht, dieses die polnische Nationalökonomie überfordernde Programm abzubrechen, die Erwartungen zurückzuschrauben und den Entwicklungsprozeß unter Berücksichtigung der unverzichtbaren Bedürfnisse der Bevölkerung zu verlangsamen, ist Gierek abgegangen.

Neuer Erster Sekretär wurde am 6. IX. 1980 der seit 1975 dem Politbüro angehörende, den Polen weitgehend unbekannte Stanisław Kania, der seit 1971 im ZK-Sekretariat das wichtige Sicherheitsressort verwaltet hatte. Die Sowjetführung, durch die Gesamtentwicklung, das Nachgeben der Staatsmacht und die Kapitulation der Partei stark beunruhigt, sah sich am 11. IX. 1980 dennoch veranlaßt, durch die Zusage von Wirtschaftshilfe zu einer Beruhigung beizutragen. Während Gerüchte über Vorbereitungen einer militärischen Intervention der sozialistischen Bruderländer umliefen, die im Dezember 1980 und im März 1981 neue Nahrung erhielten, konnte die Gewerkschaft Solidarität am 24. X. 1980 ihre Registrierung erreichen; die vom Gericht verfügten Auflagen, die auch die ausdrückliche Anerkennung der führenden Rolle der *PZPR* beinhalteten, wurden am 10. XI. in einem Revisionsverfahren vom Obersten Gerichtshof zurückgenommen. Die durch das Aufflammen von Einzelstreiks und landesweite Protestaktionen verunsicherte Partei setzte auf einem ZK-Plenum vom 1.–3. XII. ihre Selbstreinigung mit der Entlassung Giereks und dreier weiterer Mitglieder aus dem Politbüro fort, in das der „Partisan" Moczar und zwei weitere „Dogmatiker" aufgenommen wurden; die Warnungen vor den deplorablen volkswirtschaftlichen Folgen des Streiks und vor den angeblich „antisozialistischen Aktivitäten" von *Solidarność* erhielten durch die wachsende Kritik der Genossen aus der UdSSR, der DDR, der ČSSR und aus Bulgarien an der Führungsschwäche der *PZPR* und an der „unerträglichen Anarchie" in Polen ein besonderes Gewicht. Die mit der Zulassung einer Bauerngewerkschaft „Land-Solidarität" und um die Einführung der Fünftagewoche verbundene neue Streikwelle veranlaßte die Regierung am 31. I. 1981, in der Frage der arbeitsfreien Samstage einem Kompromiß zuzustimmen und der Solidarität die Herausgabe einer Wochenzeitung zu gestatten sowie Sendezeiten in Funk und Fernsehen zur Verbreitung gewerkschaftsbezogener Informationen einzuräumen.

Unter dem Druck der antipolnischen Propagandakampagne in den Bruderländern, die mit immer schrilleren Tönen Chaos und Anarchie in Polen konstatierten und *Solidarność* unter dem Vorwurf des „Machtmißbrauchs" verdächtigten, einen Konfrontationskurs zu steuern, eine Doppelherrschaft aufzubauen und die marxistisch-leninistischen Positionen der *PZPR* auszuhöhlen, übergab Premier Pińkowski am 9. II. 1981 sein Amt an Verteidigungsminister (seit April 1968) und Politbüromitglied (seit 1971) General Wojciech Jaruzelski, der am 12. II. die Vorlage eines Zehn-Punkte-Programms zur Gesundung der Wirtschaft mit Warnungen an die Solidarität und der Forderung nach einer dreimonatigen Streikpause verband. Der Oberkommandierende der rd. 320000 Mann zählenden Streitkräfte, von denen 210000 in der Armee, 85000 in der Luftwaffe und 22500 in der Marine dienten, konnte zur Aufrechterhaltung der inneren Ordnung auch auf die 77000 schwerbewaffneten Spezialisten des Sicherheitskorps, auf die über 350000 Mitglieder der *ORMO* und die

18 000 Mann Grenztruppen zurückgreifen[49]. Gewillt, die zerfallende Partei wieder zur ausschließlichen Führungskraft zu machen, löste er am 18. X. 1981 selbst den bisherigen Parteichef Kania ab, den ein außerordentlicher Parteitag der *PZPR* erst am 18. VII. mit 1311 von 1939 abgegebenen Stimmen in seinem Amt bestätigt hatte. Der Tod des Primas Wyszyński am 28. V., dem durch seine Autorität und persönliche Integrität eine ausschlaggebende Rolle bei den Versuchen einer Konsolidierung der Lage zugefallen war, beeinträchtigte den Dialog zwischen den drei großen gesellschaftlichen Gruppierungen Kirche – Partei – Gewerkschaft Solidarität; der am 9. VII. 1981 in sein Amt eingeführte Nachfolger Józef Glemp, bisher Bischof von Ermland (Warmia), konnte und wollte die katholische Kirche nicht in dem von der Staats- und Parteiführung gewünschten Maße als Stabilisierungsfaktor und Vermittler im Dialog *Solidarność – PZPR* exponieren.

Die durch wilde Streikaktionen immer katastrophaler werdende Wirtschaftslage, die trotz weltweiter Hilfe eine ausreichende Versorgung der Bevölkerung mit Lebensmitteln und Medikamenten nicht erlaubte, das Absinken der Produktivität und damit auch des Volkseinkommens um über 20% sowie die entschiedene Ablehnung der Regierungspläne für eine nur eng begrenzte Arbeiterselbstverwaltung und die Reorganisation der staatlichen Betriebe beherrschten den in zwei Etappen (5.–10. IX. und 26. IX.–7. X. 1981) in Danzig-Oliva durchgeführten ersten Kongreß der unabhängigen Gewerkschaft Solidarität. Die Forderung eines radikalen Flügels angesichts der offenkundigen Unfähigkeit der *PZPR*, der von ihr beanspruchten Führungsrolle gerecht zu werden, selbst politische Funktionen zu übernehmen, wurde von Partei- und Regierungschef Jaruzelski als offene Kampfansage aufgefaßt. Während er taktisch geschickt ihm ergebene Militärs in die Schaltstellen der Zivil- und Wirtschaftsverwaltung einschleuste, suchte er Primas Glemp und den zum Vorsitzenden von *Solidarność* gewählten Wałęsa zu bewegen, in einer geplanten Front der Nationalen Verständigung mitzuarbeiten. Doch die Bildung militärischer Einsatzgruppen, die in den Großstädten die Versorgung und die Arbeitsfähigkeit des Gesundheitswesens sicherstellen sollten, heizte das innenpolitische Klima ebenso stark an wie der Beschluß des VI. ZK-Plenums der *PZPR* vom 27./28. XI., im Sejm einen Gesetzentwurf über Notstandsmaßnahmen einzubringen. Als das erweiterte Präsidium der Solidarität nach einer Sitzung am 3./4. XII. in Radom drohte, jede Einschränkung der seit August 1980 erkämpften Rechte der Arbeiter mit einem Generalstreik zu beantworten, nahmen auch die mit einer Interventionsdrohung verbundenen Pressionen der kommunistischen Bruderländer auf Jaruzelski zu, die pluralistisch-demokratische Entwicklung sowie den wachsenden Autoritätsverfall von *PZPR* und Regierung gewaltsam zu beenden. Am Morgen des 13. XII. 1981 rief General Jaruzelski im Namen des Staatsrates das Kriegsrecht (eigentlich: den Kriegerischen Zustand, *stan wojenny*) gemäß Art. 33 der Verfassung aus und übertrug die staatlichen Machtbefugnisse einem von ihm selbst geleiteten Militärkomitee der Nationalen Errettung (*Wojskowy Komitet Ocalenia Narodowego = WKON*). Mit diesem Rückfall in einen Bonapartismus war erneut der Versuch gescheitert, in Polen ein realistisches Modell des Sozialismus zu verwirklichen. Der politisch bewußten und reifen Bevölkerung war es versagt geblieben, eine echte Demokratisierung zu erreichen, die Achtung der Menschenrechte durch die Kontrolle der Machtausübung zu gewährleisten und die allgewaltig-monopolistische Polnische Vereinigte Arbeiterpartei zu veranlassen, sich nach der Korrektur ihrer bisherigen Fehlentwicklungen im Geiste der humanitären Prinzipien von Marx grundlegend zu reformieren.

6.5 Der Konkurs des volksdemokratischen Systems (1981–1989)

Nach der Verkündung des Ausnahmezustands wurde ein Demonstrationsverbot erlassen, die Bewegungsfreiheit der Bevölkerung eingeschränkt, das Streikrecht aufgehoben und die wichtigsten Unternehmen der Oberaufsicht und der Gerichtsbarkeit des Militärs unterstellt, wodurch Arbeitsverweigerung sogar mit der Todesstrafe geahndet werden konnte[50]. Mit der Suspendierung der Solidarität und des Unabhängigen Studentenverbandes ging die gezielte Festnahme und meist langfristige Internierung ihrer Führer und Funktionäre einher. Nach offiziellen Angaben kamen bis zum Jahresende 1982 über 3600 Personen in Haft, von denen viele wegen Fortsetzung der Gewerkschaftstätigkeit, wegen Organisation von Protestaktionen oder Verbreitung falscher Informationen in Schnellverfahren zu langfristigen Gefängnisstrafen verurteilt wurden[51]. Aber auch der abgesetzte und zur Unperson gewordene Parteichef Gierek und eine Reihe ehemaliger Partei- und Staatsfunktionäre wurden zeitweilig festgenommen. Bei der Niederschlagung erster Streiks in Danzig und Schlesien durch Armeeinheiten gab es am 17. XII. 1981 im Bergwerk „Wujek" sieben Tote und zahlreiche Verletzte.
Weltweite Proteste gegen die Außerkraftsetzung der in der Verfassung garantierten Rechte, eine am 11. I. 1982 verabschiedete Deklaration des NATO-Rats und die von den USA und ihren Verbündeten verhängten Wirtschaftssanktionen wurden als „unzulässige Einmischung in die inneren Angelegenheiten Volkspolens" von der Warschauer Führung entschieden zurückgewiesen. Um so enger wurden dagegen in den Folgemonaten die Beziehungen zu den Partnern im Warschauer Pakt und dem RGW gestaltet. Nach einer Erstinformation der sowjetischen Genossen zwischen dem 10. und 12. I. 1982 durch Außenminister Czyrek, der Zusagen über die politische, diplomatische und wirtschaftliche Unterstützung erhielt, stattete Jaruzelski nach der UdSSR (1./2. III.) auch der DDR (29. III.), der ČSSR (5./6. IV.), Ungarn (21./22. IV.), Bulgarien (20. V.) und Rumänien (4. VI.) Besuche ab, wobei in den Kommuniqués die Entschlossenheit der polnischen Seite, „jegliche Aktion [zu unterbin-

den], die auf eine Desorganisation der Wirtschaft oder eine Veränderung des gesellschaftlich-politischen Systems abzielt", eine besondere Würdigung erfuhr. Allein drei Inspektionsreisen des Oberbefehlshabers der Vereinigten Streitkräfte des Warschauer Paktes, des Sowjetmarschalls Kulikov, im Jahr 1982 nach Polen (14. III., 18. V. und 15.XII.) machten jedoch deutlich, daß die innenpolitische Lage als bedrohlich eingeschätzt wurde und der „Normalisierungsprozeß" nur langsam vorankam.
Trotz der allgegenwärtigen Präsenz von Militär und Sicherheitskräften konnten Streiks, Demonstrationen und Proteste in der Bevölkerung nicht vollständig unterdrückt werden. Vor allem die weiterhin schlechte Versorgungslage gab mehrfach Anlaß zum Ausbruch offener Unzufriedenheit. Die von der Regierung vorbereiteten, vom Sejm verabschiedeten und mit großen Vorschußlorbeeren bedachten Maßnahmen, der wirtschaftlichen Talfahrt Einhalt zu gebieten und Reformen einzuleiten, erwiesen sich als wenig erfolgreich. Eine auf dem VII. ZK-Plenum am 24./25. II. gestartete Initiative, den verbliebenen *PZPR*-Mitgliedern durch eine ideologische Deklaration mit dem Titel „Wofür wir kämpfen und wohin wir gehen" neuen Mut zu machen, zeigte wenig Wirkung – die Kommunisten, in deren Führungsgremien das Personalkarussel nicht zur Ruhe kam, hatten ihr Ansehen in der Öffentlichkeit völlig verspielt. Auch die am 28. IV. bekanntgegebene Lockerung des Kriegsrechts sowie die Entlassung von 800 Internierten und die Beurlaubung von 200 Verhafteten blieb ohne das erwartete positive Echo. Zwischenfälle bei einer Warschauer Demonstration am 3. V., dem Jahrestag der Verfassung von 1791, bildeten den Auftakt zu landesweiten Protestaktionen, die in den großen Städten nur durch Verhängung einer Ausgangssperre unterbunden werden konnten. Als der Sejm am 8./9. X. 1982 bei zehn Gegenstimmen und neun Enthaltungen ein neues Gewerkschaftsgesetz beschloß, durch das alle bisherigen Gewerkschaften – damit auch *Solidarność* – aufgelöst wurden und das die Gründung neuer Arbeitervertretungen auf Betriebsebene vorschrieb, kam es im ganzen Land erneut zu schweren Straßenunruhen und Zusammenstößen. Bereits zuvor waren die Berufsverbände der Journalisten, der Schriftsteller und der darstellenden Künstler zur Selbstliquidation veranlaßt und durch regimetreue Nachfolgeorganisationen ersetzt worden. Den anhaltenden Mahnungen westlicher Regierungen, des Papstes und des polnischen Episkopats, die verfassungsmäßigen Garantien wieder in Kraft zu setzen und den Dialog mit allen Gesellschaftskreisen zu suchen, kam Jaruzelski schließlich zum Jahresende 1982 nach: Der Vorsitzende der *Solidarność*, Lech Wałęsa, durfte am 12. XI. von seinem Verbannungsort Arlamowo in Ostpolen nach Danzig zurückkehren; am 17. XII. konstituierte sich ein Landesrat der Patriotischen Bewegung der Nationalen Wiedergeburt (*PRON*) unter dem Vorsitz des katholischen Schriftstellers Jan Dobraczyński; am 19. XII. verkündete der Staatsrat die Aussetzung des „Kriegerischen Zustands" mit Wirkung vom 31. XII. 1982.

Während die Organisation der neuen Betriebsgewerkschaften, die sich in einem von der *PZPR* leichter zu kontrollierenden landesweiten Dachverband (*OPZZ*) zusammenschließen mußten, dessen Vorsitz am 24. XI. 1984 Alfred Miodowicz übernahm, dank staatlicher Hilfe und mit massivem Druck auf die Arbeiter zügig vorankam (im Frühjahr 1983 waren angeblich bereits 1,7 Millionen Werktätige den 11 275 Betriebsorganisationen beigetreten), wurden die *Solidarność*-Anhänger zunehmend kriminalisiert und in den Untergrund abgedrängt. Die Entdeckung ihrer geheimen Sendeeinrichtungen und Druckereien sowie die verhängten hohen Haftstrafen zeigten langsam ihre Wirkung[52]. Die internationale Aufwertung, die *Solidarność* durch die am 5. XI. 1983 bekanntgegebene Verleihung des Friedensnobelpreises an ihren Vorsitzenden erfuhr, löste scharfe Kritik der Staatsführung aus, nicht zuletzt deshalb, weil Wałęsa die damit verbundene Summe dem kirchlichen Fonds zur Unterstützung der polnischen Landwirtschaft stiftete[53].

Nachdem auf ihrem ersten Kongreß vom 7.–9. V. 1983 die Patriotische Bewegung der Nationalen Wiedergeburt alle Polen zur Aussöhnung aufgerufen hatte, wurden ihr durch eine Verfassungsänderung am 14. VII. vom Sejm praktisch die bisherigen Aufgaben der Nationalen Einheitsfront übertragen. Ihrer Initiative, das Kriegsrecht aufzuheben, schloß sich am 18. VII. auch der Militärrat der Nationalen Errettung (*WRON*) an, so daß der Sejm rechtzeitig zum Nationalfeiertag in seiner Sitzung am 20./21. VII. 1983 die Beendigung des „Kriegerischen Zustandes" bekanntgeben konnte; wenige Tage zuvor hatte er jedoch eine umfassende Notstandsgesetzgebung verabschiedet, die künftig im Falle der Gefährdung der inneren Sicherheit oder bei Naturkatastrophen in Kraft treten sollte. Durch Änderungen des Strafgesetzbuches wurden zudem die Mitgliedschaft in geheimen oder aufgelösten Gewerkschaften, der Aufruf zu Unruhen und die Organisierung von illegalen Protestaktionen unter empfindliche Strafen gestellt, die auch bei der Verbreitung von Falschinformationen, die sozialen Unfrieden hervorrufen konnten, Anwendung finden sollten. Vorschriften „für die Zeit der Überwindung der gesellschaftlich-politischen Krise" beinhalteten die Möglichkeit einer Verlängerung der Arbeitszeit und Maßnahmen zur Festigung der Arbeitsdisziplin. Alle Bemühungen jedoch, durch neue Sozialgesetze und Verordnungen über die Reorganisation landwirtschaftlicher Genossenschaften, deren Selbstverwaltung, Unabhängigkeit und Selbstfinanzierung erweitert wurden, eine Steigerung der Agrarproduktion und eine Verbesserung der Lebensmittelversorgung zu erreichen, zeigten nur bescheidene Erfolge. Zucker, Fleisch und Fette waren trotz ständig angehobener Abgabepreise nur auf Karten zu beziehen. Die Spitzenpolitiker der RGW-Partner und die neue Sowjetführung unter Generalsekretär J. V. Andropov, die sich im Jahresverlauf 1983 bei Besuchen in Polen von den Fortschritten des „Normalisierungskurses" überzeugten, konnten den wachsenden polnischen Lieferungsanforderungen wegen eigener

Engpässe nicht im gewünschten Maße nachkommen.
Während der 18 Monate unter Kriegsrecht hatten sich Partei- und Staatsführung bemüht gezeigt, die religiösen Wirkungsmöglichkeiten der Katholischen Kirche nicht zu beeinträchtigen. Bereits am Abend des 13. XII. 1981 hatte Primas Glemp in einer Predigt Militärregierung und Gesellschaft vor einem Blutvergießen gewarnt und dazu aufgerufen, politisch sinnlose Opfer zu vermeiden. Im Widerspruch zu dem später von der Untergrundorganisation der *Solidarność* gegen sie erhobenen Vorwurf wegen zu starker politischer Anpassung setzten sich Primas und Bischofskonferenz bei den Behörden für die Wiederzulassung unabhängiger Gewerkschaften, die Verbesserung der Haftbedingungen und die Freilassung der Internierten ein; den Familien der Betroffenen wurde materielle Hilfe zuteil[54]. Ein von Glemp berufener Sozialpolitischer Rat suchte die moralische Autorität der Katholischen Kirche zu nutzen, um eine Aussöhnung von Bevölkerung, Staatsmacht und kommunistischer Monopolpartei herbeizuführen. Der von Papst Johannes Paul II. für den Sommer 1982 geplante Besuch zu den 600-Jahr-Feiern des Gnadenbildes der Madonna von Tschenstochau mußte jedoch unterbleiben. Obwohl die Kirche das Verbot von *Solidarność* verurteilte, kam es am 8. XI. 1982 zu einem spektakulären Treffen zwischen Jaruzelski und Glemp, bei dem ein Polenaufenthalt des Heiligen Vaters für Juni 1983 vereinbart werden konnte. Glemp, am 6. I. 1983 zum Kardinal erhoben, mußte bei einer weiteren Unterredung mit dem Partei- und Regierungschef am 9. III. jedoch einschneidende Auflagen hinnehmen, um ausufernde Manifestationen zugunsten der Solidarität und eine Ermutigung der erniedrigten, um die Früchte ihres Engagements betrogenen gesellschaftlichen Kräfte von vornherein auszuschließen. Auch wenn die von Johannes Paul II. bei seinem Aufenthalt vom 16.–23. VI. 1983 verlesenen Botschaften in Partei- und Regierungskreisen wegen ihrer unverhüllten Sympathie für die gewaltsam unterbundene Erneuerungsbewegung mit Befremden aufgenommen wurden, sah sich Jaruzelski in seinem von den „Betonköpfen" in der *PZPR* bekämpften Stabilisierungskurs jedoch bestätigt, war die Kirchenführung doch genötigt worden, die vom Kriegsrecht geschaffenen Fakten zu akzeptieren.
Der gegen Jahresende von der Partei intensivierte Vorwurf eines zunehmenden „Klerikalismus" und die in einem Artikel von Vizepremier Rakowski in der Wochenzeitung „Polityka" enthaltene Beschuldigung, der Episkopat habe mit seinem Schweigen zu den gesellschaftlichen Auflösungserscheinungen im Herbst 1981 die Verhängung des Kriegsrechts heraufbeschworen, leiteten eine Trübung der Beziehungen ein. Am 5. I. 1984 trafen Glemp und Jaruzelski erneut zusammen, wobei die Forderungen der Bischofskonferenz nach Anerkennung des öffentlichrechtlichen Status für die römisch-katholische Kirche, die Rückgabe der Caritas in kirchliche Aufsicht sowie die Einstellung der Schikanen gegen unliebsame Priester ebenso besprochen wurden wie die Freilassung der

zu langjährigen Gefängnisstrafen verurteilten *Solidarność*- und *KOR*-Aktivisten. Bei einem Besuch des päpstlichen Sonderbotschafters, Erzbischof Poggi, Anfang Februar standen die Modalitäten der Herstellung diplomatischer Beziehungen zwischen dem Heiligen Stuhl und der Volksrepublik auf dem Programm, doch konnte weder jetzt noch bei einem weiteren Arbeitstreffen vom 24. V.–12. VI. ein Durchbruch erzielt werden. Auslöser der Verhärtung war eine im Herbst 1983 begonnene Kampagne zur Beseitigung von „religiösen Symbolen“ aus Polens Schulen, die sich im Frühjahr 1984 zu einem Schulstreik in der Landwirtschaftsschule Miętno ausweitete, der erst nach massiven Interventionen der Bischofskonferenz Ende April mit einem Kompromiß beigelegt werden konnte. Aber noch im Dezember besetzten in Włoszczowa 300 Kinder ihre Schule, um die Wiederanbringung der abgehängten Kruzifixe zu erzwingen. Da sich engagierte Kleriker nicht scheuten, trotz fehlender Rückendeckung durch ihre Vorgesetzten die Verletzung der Menschenrechte und Übergriffe der Sicherheitsorgane anzuprangern, gerieten sie in das Kreuzfeuer der Kritik, die eskalierte, als der an der Warschauer Stanisław-Kostka-Kirche wirkende Arbeiterpriester Jerzy Popiełuszko am 19. X. 1984 von vier Mitarbeitern der Staatssicherheit entführt, gefoltert und ermordet wurde. Trotz der Verurteilung der Täter im Februar 1985 zu hohen Haftstrafen blieb die Atmosphäre vorerst vergiftet[55]. Dazu trug auch eine von der Parteipresse im Jahresverlauf 1985 angeheizte Kampagne gegen die kulturelle Tätigkeit der Kirche bei, die auf der 2. ideologisch-theoretischen Konferenz der *PZPR* Ende November in der Drohung Parteichef Jaruzelskis gipfelte, daß die Behörden politischen Klerikalismus, Fanatismus und Intoleranz nicht länger dulden würden und es Pflicht des Episkopats sei, sich vorbehaltlos für das Wohl Volkspolens einzusetzen. Angesichts einer von den regierenden Kommunisten nicht aufzuhaltenden Entideologisierung der polnischen Innenpolitik konnte die homogene Katholische Kirche als Ort nationaler Identifikation und als Ersatz für politische Oppostion ihren Einfluß auf die Bevölkerung und das gesamte öffentliche Leben sogar noch ausweiten.
Obschon sich die wirtschaftlichen Verhältnisse nur langsam besserten, hatte Ministerpräsident General Jaruzelski durchaus Grund, mit den Erfolgen der von der Sowjetführung uneingeschränkt mitgetragenen „Normalisierungspolitik“ zufrieden zu sein. Nachdem ihn der Sejm am 21. XI. 1983 zum Vorsitzenden eines neugeschaffenen Nationalen Verteidigungsrates und zum Oberbefehlshaber der Streitkräfte in Kriegszeiten ernannt und ihm ähnlich weitreichende Befugnisse wie unter dem Kriegsrecht zugestanden hatte, gab Jaruzelski das Verteidigungsressort auf, das danach sein enger Vertrauter General Florian Siwicki leitete. Die Militärischen Operationsgruppen fanden weiterhin Verwendung. Da an die Abhaltung von Sejmwahlen noch nicht zu denken war, verlängerte das Parlament ganz einfach seine Legislaturperiode. An den im Februar beschlossenen und am 17. VI. 1984 durchgeführten Wahlen zu den

Volksräten auf Regional- und Kommunalebene beteiligten sich nach offiziellen Angaben trotz des Boykottaufrufs der Untergrund-Solidarität immerhin 75% der Wahlpflichtigen. Einer erneut von *PRON* ausgehenden Initiative zur Verabschiedung eines großzügigen Amnestiegesetzes kam der Sejm in einer Festsitzung aus Anlaß des 40. Jahrestags der Volksrepublik Polen am 21. VII. nach; bis zum 15. XI. 1984 gelangten über 321 000 Personen, darunter auch 1563 aus politischen Gründen Verurteilte, in den Genuß dieser Begnadigung. Mit dem Inkraftsetzen einer neuen Presseverordnung war jedoch eine Verschärfung der Zensur verbunden, denn sie räumte den staatlichen Überwachungsorganen in Zukunft das alleinige Recht ein, über die Herausgabe neuer Publikationen zu entscheiden. Die vom Sejm am 29. V. 1985 bestätigte liberalere Wahlordnung sah vor, künftig 15% der als „Spitzenpolitiker" eingestuften Abgeordneten über eine Landesliste abzusichern, während in den 410 Wahlkreisen jeweils zwei Kandidaten um ein Mandat konkurrieren sollten. Bei dem mit achtzehnmonatiger Verspätung schließlich am 13. X. abgehaltenen Urnengang machten – da weiterhin Wahlpflicht bestand – 78,86% der Wahlberechtigten trotz erneuerter Boykottaufrufe von ihrem Stimmrecht Gebrauch. Die niedrigste Wahlbeteiligung wurde aus den *Solidarność*-Hochburgen Danzig, Nova Huta und Łódż (65,8% bzw. 68,5%) gemeldet. Entsprechend der zuvor festgelegten Relationen erhielt die *PZPR* 245 der 460 Sitze; die Vereinigte Bauernpartei *ZSL* wurde mit 106, die Demokratische Partei *SD* mit 35 Mandaten bedacht. Unter den 74 Parteilosen befanden sich auch 13 Repräsentanten verschiedener regimekonformer katholischer Gruppen. Obgleich es aus Anlaß nationaler Gedenktage immer wieder zu – meist friedlich verlaufenden – Demonstrationen kam und die schwierige Versorgungslage teilweise zu wilden Streiks führte, hielt General Jaruzelski die innenpolitische Lage für ausreichend konsolidiert, um sich unter Verzicht auf den Premierposten am 7. XI. 1985 zum Vorsitzenden des Staatsrats wählen zu lassen. In das Regierungsamt rückte der angesehene Kattowitzer Wirtschaftswissenschaftler Zbigniew Messner ein, der dem bisherigen Kabinett bereits seit November 1983 als stellvertretender Ministerpräsident angehört hatte.

Auch mit der Entwicklung auf außenpolitischem Gebiet konnte Jaruzelski insgesamt zufrieden sein. Bereits im Januar 1984 hatten die USA ihre Wirtschaftsrestriktionen gelockert und nach der Generalamnestie im Juli auch ihren Widerstand gegen den Beitritt Polens zum Internationalen Währungsfonds und zur Weltbank aufgegeben. Während eines Antrittsbesuchs bei dem neuen KPdSU-Generalsekretär K. U. Černenko am 4./5. V. war Jaruzelski sowjetische Hilfe bei der Überwindung der ökonomischen Engpässe zugesagt worden; dieses Entgegenkommen mußte allerdings mit der Unterzeichnung eines langfristigen Programms über die Vertiefung der wirtschaftlichen und wissenschaftlichen Zusammenarbeit bis zum Jahr 2000 honoriert werden. Besuche des griechischen Premierministers Papandreou sowie des österreichischen und finnischen

Außenministers im Oktober in Polen wurden als Durchbruch aus der Isolation gefeiert. Dagegen verschlechterten sich die Beziehungen zur Bundesrepublik Deutschland, deren Regierung nach mehrjähriger Pause erneut die Verfolgung einer revisionistischen und revanchistischen Politik vorgeworfen wurde. Da von den polnischen Regierungsstellen – sekundiert von Primas Glemp – auch das Vorhandensein einer deutschen Minderheit bestritten wurde, sagte Außenminister Genscher, nicht zuletzt auch aus Verärgerung über kleinliche Auflagen, einen für den 21. XI. terminierten Aufenthalt in Warschau kurzfristig ab. Mit großem Pomp wurde dagegen vom 26.–30. IV. 1985 die Verlängerung des Warschauer Paktes um weitere 20 Jahre durch die Repräsentanten des östlichen Militärbündnisses begangen, obschon sich die UdSSR geweigert hatte, die auch von Polen gewünschten Modifikationen zu akzeptieren.
Zwar wurde die Regierung nicht müde, von einer Erholung der Wirtschaft und einer Verbesserung der Versorgungslage zu sprechen, aber selbst nach offiziellen Angaben lagen noch 1983 das Brutto-Nationaleinkommen um 20% und die Arbeitsproduktivität um 17% unter den Vergleichszahlen von 1978. Die mehrfache drastische Heraufsetzung der Nahrungsmittelpreise führte zu keiner Verbesserung im Warenangebot; die schlechte Qualität der Produkte vertiefte noch die allgemeine Unzufriedenheit. Da die Zins- und Tilgungsdienste für die während der 1970er Jahre aufgenommenen Auslandsanleihen nicht geleistet werden konnten, wuchs die Brutto-Verschuldung von 26,8 Mrd. $ im Jahr 1984 bis 1987 auf 39,2 Mrd. $ an; die Partnerländer im RGW hatten rd. 7 Mrd. Rubel gestundet. Die in sich oft widersprüchlichen Maßnahmen zu einer Reform des gesamten Wirtschaftslebens wurden zudem nur halbherzig in Angriff genommen; wenn sich die überzogenen Erwartungen nicht sogleich einstellten oder sich die Proteste in der Bevölkerung häuften, gab die Regierung sie vorschnell wieder auf. Der stete Anstieg der Lebenshaltungskosten traf kinderreiche Familien und Rentenempfänger besonders hart, konnte aber den Kaufkraftüberhang nicht abschöpfen, weil in hartnäckigen Auseinandersetzungen häufig eine beträchtliche Erhöhung des Arbeitslohns erkämpft wurde, die wiederum einen enormen Anstieg der umlaufenden Bargeldmenge (1985: 23%; 1986: 15%) und eine Beschleunigung der Inflationsrate bedingte[56].
Nachdem 17 Gläubigerländer am 15. VII. 1985 in Paris eine Vereinbarung zur Umschuldung der zwischen 1982 und 1984 nicht gezahlten Verbindlichkeiten unterzeichnet hatten, stand der Aufnahme Polens in den Internationalen Währungsfonds am 12. VI. 1986 und wenig später auch in die Weltbank nichts mehr im Wege. Damit waren die Voraussetzungen für eine Umschuldungsvereinbarung mit den Gläubigerbanken gegeben, wobei sich jedoch rasch herausstellte, daß die Exporterlöse für Kohle, Kupfer, Schwefel und Lebensmittel nicht für die pünktliche Zahlung der fälligen Außenstände ausreichten. Selbst die Wiedergewährung der Meistbegünstigungsklausel durch die USA am 19. II. 1987

konnte die wirtschaftliche Talfahrt nicht stoppen. Auch als Premier Messner am 16. IV. im Sejm mit seinen 174 Thesen die 2. Etappe der Wirtschaftsreform vorstellte, lag eine grundlegende ökonomische Konsolidierung in weiter Ferne. Die vom 5. ZK-Plenum der *PZPR* am 10. X. 1987 gebilligten Vorschläge sahen in 129 Einzelmaßnahmen die Verkleinerung des Verwaltungsapparates, mehr Eigenverantwortung der Unternehmen, eine Förderung der Privatinitiative, aber auch radikale Veränderungen des Preisniveaus, insbesondere bei Dienstleistungen und Grundkonsumgütern vor. Der Protest gegen die gravierenden Auswirkungen der Reformen begann sich zu formieren.

1987 standen 17,3 Mill. Polen (46%) in einem Arbeitsverhältnis, von denen 71,3% im „sozialistischen Wirtschaftssektor" und 28,3% in der Landwirtschaft beschäftigt waren. Von der agrarischen Nutzfläche von 18,8 Mill. ha befanden sich 76,5% in Privatbesitz; die Genossenschaften verfügten über 4,8%, die Staatsgüter über 18,7% des Bodens. Da aber die durchschnittlich nur 5,8 ha großen privaten Bauernstellen wegen der schlechten Infrastruktur und des Fehlens von Dünger, Saatgut und Maschinen keine effiziente Produktion zuließen, konnte die ausreichende Versorgung mit Nahrungsmitteln der nach Schätzungen 1989 auf 38,4 Mill. Menschen angewachsenen Bevölkerung nicht immer sichergestellt werden. Die staatlich festgesetzten Ankaufspreise deckten häufig nicht einmal die Herstellungskosten; das fehlende Warenangebot und die hohe Inflationsrate nahmen den Bauern zudem jeden Anreiz, ihre Ernte zu vermarkten. Auch eine für 1989 in Aussicht gestellte Agrarreform mit der Zusage, den Markt freizugeben, konnte die Privatbauern nicht dazu bringen, die Erzeugung wesentlich auszuweiten. Keiner der Experten verfügte über ein Zaubermittel, um die wirtschaftliche Misere wirkungsvoll zu beenden. Selbst die Katholische Kirche gab am 2. IX. 1986 wegen ständig heraufgesetzter staatlicher Mitspracheforderungen ihren seit vier Jahren verfolgten Plan auf, für die Modernisierung der privaten Landwirtschaft einen aus westlichen Spenden finanzierten Fonds einzurichten. Die von Kardinal Glemp am 18. IX. 1987 ins Leben gerufene Agrarstiftung der Katholischen Kirche zur Untersützung der privaten Landwirtschaft entsprach weder im Umfang noch im Aufgabenbereich der ursprünglichen Konzeption.

Daß er auch als Staatsratsvorsitzender die politischen Fäden nicht aus der Hand zu geben gewillt war, demonstrierte General Jaruzelski vom 29. VI.–3. VII. 1986 auf dem X. Kongreß der gerade noch 2,25 Mill. Mitglieder zählenden *PZPR*, deren neues ZK ihn einstimmig als Parteichef bestätigte. Mit der Ablösung von sieben der insgesamt 13 Politbüromitglieder und durch die fortgesetzte Einschleusung von Offizieren in Schlüsselpositionen konnte Jaruzelski seine Basis sogar wesentlich erweitern. Der neue Generalsekretär der KPdSU, M. S. Gorbačov, vertrat bei dieser Gelegenheit in einer Grußadresse die Auffassung, die polnische Krise sei kein Aufstand gegen den Sozialismus, sondern ein genuiner

Protest der Arbeiter gegen Entartungen und Abweichungen von sozialistischen Grundsätzen gewesen. Der „fortschreitenden Stabilisierung der innenpolitischen Lage" wurde am 17. VII. mit einer neuerlichen Amnestie Rechnung getragen, von der 1078 politische Oppositionelle, darunter Adam Michník, Bogdan Lis und Zbigniew Bujak, profitierten. Wałęsas Versuch, dieses Einlenken für eine Legalisierung der verbotenen Gewerkschaft *Solidarność* zu nutzen, wurde jedoch sogleich unterbunden: Der am 30. IX. als Ersatz für den im Untergrund tätigen Provisorischen Koordinierungsausschuß (*TKK*) gebildete Provisorische Rat wurde bereits am 9. X. „wegen Bedrohung der Sicherheit, der Ruhe und der öffentlichen Ordnung" von Innenminister General Kiszczak verboten. In dem von Staats- und Parteichef Jaruzelski am 6. XII. berufenen „Gesellschaftlichen Beirat", der den Dialog auch mit dem kritischen Teil der Bevölkerung führen sollte, aber keinerlei Kompetenzen besaß, wurden *Solidarność*-Aktivisten nicht berücksichtigt.
Nach drastischen Preiserhöhungen, die für Lebensmittel rd. 15%, für Energie 50% betrugen, rief Lech Wałęsa am 28. III. 1987 zum Kampf gegen die ineffektive Preis- und Wirtschaftspolitik und für wahre Reformen auf, so „wie Herr Gorbačov sie macht". Am 16. IV. legte die Solidaritätsführung einen Katalog für eine umfassende Wirtschaftsreform vor, in dem sie auch den Rückzug der *PZPR*-Vertreter aus der Unternehmensleitung und die Gleichbehandlung von Privat- und Staatsunternehmen verlangte.Trotz staatlicher Einschüchterungsmaßnahmen kam es am 1. und 3. V. zu landesweiten Protestdemonstrationen. Sowohl Senator Edward Kennedy, der am 22. V. den „Robert F. Kennedy-Preis für Menschenrechte" an die Regimekritiker Bujak und Michník überreichte und deshalb von Jaruzelski nicht empfangen wurde, als auch Papst Johannes Paul II. bei seinem 3. Pontifikalbesuch in der Heimat (8.–14. VI. 1987) plädierten für eine konstruktive Versöhnungspolitik und eine grundsätzliche und dauerhafte Erneuerung des politischen und sozioökonomischen Systems. Wie stark die Unzufriedenheit angewachsen war, zeigten am 11. XI., dem Unabhängigkeitstag, die Demonstrationen in Warschau, Danzig, Kattowitz und Krakau, bei denen die Wiederzulassung der Solidarität und mehr Freiheit gefordert wurden. Obschon die Verwaltungsbehörden einen erneuten Anlauf Wałęsas unterbanden, der mit Hilfe einer Nationalen Exekutivkommission (*NEC*) die Wiederzulassung der verbotenen Gewerkschaft zu betreiben versuchte, traf der von ihr erlassene Aufruf, sich bei einem für den 29. XI. 1987 angesetzten Referendum gegen die Reformvorschläge der Regierung zu entscheiden, genau die Stimmung in der Bevölkerung. Bei diesem seit 41 Jahren ersten Referendum sprachen sich bei einer Beteiligung von 67,3% der Berechtigten nur 44,28% der Abstimmenden für die Wirtschaftspläne und 46,29% für das „polnische Modell" politischer Reformen aus. Messner, der am 24. X. eine einschneidende Regierungsumbildung vorgenommen hatte, wobei die Zahl der Ministerien von 26 auf 19 reduziert worden war und

zehn neue Ressortchefs berufen wurden, sah sich jetzt gezwungen, die vorgesehenen Preisanhebungen zu reduzieren und auf einen längeren Zeitraum zu verteilen – was wiederum die Einführung des „sozialistischen Marktmechanismus“ verzögern mußte. Eine gewisse Erleichterung erbrachte am 16. XII. 1987 die Unterzeichnung eines neuen Umschuldungsabkommens mit den Staaten des „Pariser Klubs“, das zur Begleichung der aufgelaufenen Rückstände in Höhe von 9 Mrd. $ und für die 1987/88 fälligen Verbindlichkeiten eine 10-Jahres-Frist einräumte. Als am 1. II. 1988 die abgemilderten Preiserhöhungen in Kraft traten, wodurch Konsumgüter und Dienstleistungen durchschnittlich um 36%, Grundnahrungsmittel um 40%, Mieten um 50% sowie Gas und Strom um 100% teurer wurden, machte sich aufgestauter Unmut in der Bevölkerung Luft, der auch durch eine bescheidene Erhöhung der Renten und Familienbeihilfen nicht nachließ.

Ein am 25. IV. bei den Verkehrsbetrieben im westpolnischen Bromberg (Bydgoszcz) begonnener Ausstand löste eine auf alle polnischen Industrieregionen übergreifende Streikwelle aus, die erst durch massive Polizeieinsätze bis zum 12. V. beendet werden konnte. Bemühungen der Regierung Messner, durch ein neues Wahlgesetz mit Garantie der geheimen Stimmabgabe und durch die Einführung eines Zivildienstes für Wehrpflichtige Vertrauen zu gewinnen, waren nur mäßig erfolgreich: an den Kommunalwahlen vom 19. VI. beteiligten sich nur rd. 56% der Stimmberechtigten. Die ohne Gegenstimmen vom Sejm am 11. V. erteilten Sondervollmachten für die Regierung zur Durchsetzung der Wirtschaftsreform, die ihr ermöglichten, Löhne und Preise einzufrieren sowie unfähige Betriebsleiter und renitente Arbeiter zu ersetzen, heizten die Stimmung weiter auf. Am 16. VIII., dem 8. Jahrestag der Solidarität-Gründung, brachen erneut wilde Streiks aus, die rasch das ganze Land erfaßten und das Wirtschaftsleben fast vollständig zum Erliegen brachten. Auf einer Krisensitzung der ZK der *PZPR* übte Jaruzelski harte Kritik am Kabinett Messner und forderte es auf, die wirtschaftlichen und politischen Reformen „ohne halbe Maßnahmen“ fortzuführen; der offizielle Gewerkschaftsbund *OPZZ* verlangte sogar den Rücktritt der Regierung. Da er keine Patentrezepte zur kurzfristigen Verbesserung der Versorgungslage, zur Verlangsamung der galoppierenden Inflation (60%) und zur langfristigen Sanierung der Wirtschaft vorlegen konnte, wurde der glücklose Premier am 19. IX. 1988 vom Sejm mit 359 gegen 1 Stimme abgewählt. Von dem am 27. IX. bestätigten neuen Ministerpräsidenten Mieczysław Rakowski, der am 13. X. sein Kabinett vorstellte, in dem Reformer die wirtschaftlichen Schlüsselpositionen besetzten, wurde ein energischer Kampf gegen den weiteren ökonomischen Niedergang erwartet.

Die Streiks waren nach einem Aufruf Wałęsas bereits Anfang September beendet worden, der am 31. VIII. mit Innenminister Kiszczak zusammengetroffen war; der General hatte bei dieser Gelegenheit erstmals die

Möglichkeit von Verhandlungen über die Wiederzulassung von *Solidarność* nicht ausgeschlossen. Am 15./16. IX. waren in größerem Kreis weitere Gespräche geführt worden, obschon sich sowohl Jaruzelski als auch der *OPZZ*-Vorsitzende Miodowicz und das Politbüromitglied und ZK-Sekretär Rakowski gegen eine Legalisierung unabhängiger Gewerkschaften ausgesprochen hatten. Bei einer vom Fernsehen am 30. XI. übertragenen Diskussion mit Miodowicz konnte Wałęsa erstmals seit 1981 seine Ansichten öffentlich darlegen und den Vorwurf entkräften, er spalte die Arbeiterschaft und politisiere die Betriebe. Auf Grund seines Plädoyers für Gewerkschaftspluralismus und für die Wiederzulassung von *Solidarność*, wobei er betonte, daß auf deren Anhänger bei der überfälligen Umgestaltung des politischen und ökonomischen Organismus nicht verzichtet werden könne, formierten sich innerhalb weniger Tage Hunderte neuer Betriebszellen der Solidarität. Nachdem schon im November 1987 die – damals noch behinderte – Neugründung der 1948 mit der *PPR* zwangsvereinigten traditionsreichen Polnischen Sozialistischen Partei (*PPS*) stattgefunden hatte, deren Vorsitz der Historiker Jan Józef Lipski übernahm, schlossen sich am 18. XII. 1988 *Solidarność*-Aktivisten, Mitglieder des Klubs der katholischen Intelligenz (*KIK*) und unabhängige Experten in einem von Wałęsa geleiteten Bürgerkomitee (*Komitet Obywatelski*) zusammen, um den Forderungen der Opposition mehr Nachdruck verleihen zu können. Die Regierung wollte im Rahmen einer begrenzten Zulassung von regimekritischen Gruppierungen zwar nur die Gründung von Verbänden, nicht aber von politischen Parteien tolerieren, trotzdem konstituierte sich am 15. II. 1989 auch die 1946 verbotene Christlich-Demokratische Arbeiterpartei mit dem Rechtsanwalt Władysław Siła-Nowicki an der Spitze neu.

Das Sanierungsprogramm der Regierung Rakowski, die vor der Stillegung unrentabler Betriebe – so auch der Danziger Lenin-Werft, der Geburtsstätte der *Solidarność* – nicht zurückschreckte und mit der Absicherung von ausländischen Kapitalanlagen die Einführung eines freien Unternehmertums verband, stieß in der *PZPR* und vor allem im Gewerkschaftsdachverband *OPZZ* auf Widerspruch; Jaruzelski sah sich genötigt, dem ZK am 21./22. XII. 1988 die Wahl von acht neuen Politbüromitgliedern und vier ZK-Sekretären zuzumuten. Dem jetzt auch von Rakowski mitgetragenen und weitgehend von ihm konzipierten Programm eines gewerkschaftlichen und politischen Pluralismus in einer „sozialistischen parlamentarischen Demokratie" stimmte ein vom 16.–18. I. 1989 beratendes ZK-Plenum erst zu, nachdem Staats- und Parteichef Jaruzelski, der Premier und die Minister Kiszczak (Inneres) und Siwicki (Verteidigung) mit dem Rücktritt von ihren Partei- und Staatsämtern gedroht hatten. *Solidarność* durfte mit einer – vorerst auf zwei Jahre begrenzten – Legalisierung rechnen, jedoch nur unter der Voraussetzung, keine Streiks auszulösen und sich als „Teil der sozialistischen Ordnung", nicht aber als Oppositionspartei zu verstehen. Der Aufnahme der seit September 1988 vorbereiteten Gespräche zwischen den Vertretern der Regierung unter Leitung von General Kiszczak und den von Wałęsa geführten Repräsentanten des Bürgerkomitees stand damit nichts mehr im Wege. Sie begannen am 6. II. 1989 in Warschau.

Zwar begleiteten zahlreiche Streiks um Lohnerhöhungen die Gespräche am Runden Tisch, aber Regierung und Bürgerkomitee unternahmen in zähen, mehrfach vom Scheitern bedrohten Verhandlungen alle Anstrengungen, um einen Erfolg sicherzustellen. Am 26. II. kündigte Verteidigungsminister Siwicki im Laufe der nächsten zwei Jahre eine Verminderung der Streitkräfte um 40000 Soldaten an; am 15. III. wurden 76 Offiziere und vier Politiker, unter ihnen General Władysław Anders und der Vorsitzende der Bauernpartei Stanisław Mikołajczyk, rehabilitiert, denen der Ministerrat zwischen 1946 und 1949 die Staatsbürgerschaft aberkannt hatte. Noch größeres Aufsehen erregte Regierungssprecher Jerzy Urban, der in die seit langem in der Bevölkerung geführte Diskussion um die „weißen Flecken" im offiziellen Geschichtsbild eingriff und den stalinistischen Sicherheitsdienst *NKVD* für die im Frühjahr 1940 in Katyń vorgenommene Ermordung von über 4500 polnischen Offizieren und für die Deportation von über 1 Million Polen nach Sibirien und Kasachstan verantwortlich machte[57].

Am 5. IV. 1989 lagen endlich die über 200 Seiten umfassenden Beratungsergebnisse des Runden Tisches vor. Obgleich zahlreiche Detailfragen noch von einer speziellen Kommission geklärt werden mußten, hatte man auf politisch-verfassungsrechtlichem Gebiet weitreichendes Einvernehmen erzielt. Bei den für Juni vorgesehenen Sejmwahlen wurden der Opposition und den Parteilosen 35 % der Mandate zugestanden, während der *PZPR* und ihren bisherigen Koalitionspartnern 65 % der Sitze vorbehalten blieben. Für die dann im Jahr 1993 fälligen Parlamentswahlen sollen diese Auflagen jedoch nicht mehr gelten. In die wiederzuerrichtende zweite Kammer, den Senat, waren alle 100 Mitglieder frei zu wählen, deren Einspruch gegen Gesetzesvorhaben nur mit Zwei-Drittel-Mehrheit der 460 Abgeordneten überstimmt werden konnte. Anstelle des aufzulösenden Staatsrats erhielt der künftig von beiden Kammern auf 6 Jahre zu wählende Präsident weite Exekutiv-Vollmachten, dem neben dem Oberbefehl über die Streitkräfte das Recht eingeräumt wurde, den nationalen Notstand zu proklamieren, den Ministerpräsidenten zu nominieren und den Sejm aufzulösen. Mit einer Strafrechtsreform war auch die Unabhängigkeit und Unabsetzbarkeit der von einem demokratisch zusammengesetzten Gremium zu wählenden Richter gekoppelt. Eine Novellierung des Gewerkschaftsgesetzes von 1982 sollte die Tätigkeit mehrerer Arbeitervertretungen in einem Betrieb ermöglichen, was auch die Wiederzulassung von *Solidarność* und der Land-Solidarität erlaubte. Der Opposition wurde die Herausgabe einer Tageszeitung (*Gazeta Wyborcza*) mit einer Auflage von 500000 Exemplaren gestattet; außerdem räumte man ihr eine wöchentliche Sendezeit im Fernsehen und im Rundfunk von 30 bzw.

60 Minuten ein. Auf wirtschaftlichem Gebiet war an die schrittweise Einführung eines freien Marktes für Agrarprodukte gedacht; die wegen der hohen Inflation notwendigen Lohnanpassungen sollten nur jeweils 80% der Teuerungsrate betragen. Nach kurzer Debatte stimmte der Sejm am 7. IV. 1989 den Vereinbarungen zu; am 17. IV. vollzog das Warschauer Wojewodschaftsgericht die Registrierung von *Solidarność*. Eine Verständigungskommission unter der gemeinsamen Leitung von Kiszczak und Wałęsa sollte die Einhaltung der Vereinbarungen überwachen.
Als geschickter Schachzug der Regierung erwies sich am 17. V. die Verabschiedung eines ganzen Pakets von Gesetzen zur Gewissens- und Religionsfreiheit, das die Rechte aller Religionsgemeinschaften bedeutend erweiterte. Ihnen wurde nicht nur unrechtmäßig beschlagnahmtes Eigentum zurückgegeben, sondern sie erhielten auch die Zusicherung, Kirchen und Schulen bauen und Religionsunterricht abhalten zu können; sogar der Gründung eigener Zeitungen, Rundfunk- und Fernsehstationen, Bildungseinrichtungen, Theater und Kinos sollten künftig keine Hindernisse mehr in den Weg gelegt werden. Den 62000 Geistlichen, Mönchen und Nonnen war es künftig gestattet, der Sozialversicherung beizutreten. Dadurch waren endlich die Voraussetzungen für die Herstellung der im September 1945 abgebrochenen diplomatischen Beziehungen zum Vatikan geschaffen, deren Aufnahme am 17. VII. 1989 bekanntgegeben wurde.
Die Parlamentswahlen, an denen sich am 4. VI. 62% der Wahlberechtigten, bei den Stichwahlen am 18. VI. 1989 sogar nur 25% beteiligten, endeten trotzdem mit einem Fiasko für die *PZPR* und ihre bisherigen Satellitenparteien. Da die Landesliste nicht die erforderliche Mehrheit erreichte, besaßen die darauf berücksichtigten Spitzenfunktionäre künftig kein Mandat mehr. Der Koalition mit 299 Sitzen (*PZPR* 173, *ZSL* 76, *SD* 27, regimetreue Katholiken 23) standen 161 Mitglieder des Bürgerkomitees und Parteilose gegenüber; in den Senat waren 99 Bewerber des Bürgerkomitees und ein Parteiloser gekommen. Jaruzelski, der aus dem Politbüro und dem ZK der *PZPR* austrat, um „Präsident aller Polen" zu sein, wurde am 19. VII. mit nur einer Stimme Mehrheit in das höchste Staatsamt berufen. Seine Nachfolge als Parteichef trat am 29. VII. der bisherige Ministerpräsident Rakowski an, der bei den Parlamentswahlen ohne Mandat geblieben war. Mit der Auswechslung von fünf der 18 Politbüromitglieder und dem Rücktritt von fünf der neun ZK-Sekretäre reagierte die *PZPR* auf ihre Wahlniederlage. Dem ihr angehörenden Innenminister Kiszczak, der am 2. VIII. vom Sejm zum Ministerpräsidenten gewählt wurde, gelang es trotz des sich als Unterhändler am Runden Tisch erworbenen Ansehens nicht, Mitglieder des Bürgerkomitees zum Eintritt in sein Kabinett zu bewegen. Nachdem er bereits am 14. VIII. seinen Auftrag zurückgegeben hatte, nominierte Präsident Jaruzelski auf Vorschlag Wałęsas den Publizisten Tadeusz Mazowiecki, der am 24. VIII. mit Zustimmung von 378 der 423 anwesenden Abgeordneten

des Sejm das Mandat zur Regierungsbildung erhielt. Der erste nichtkommunistische Ministerpräsident einer Volksdemokratie nach über 40 Jahren hatte aber als Vorbedingung nicht nur dem Verbleib der *PZPR*-Mitglieder Kiszczak und Siwicki im Innen- und Verteidigungsressort und damit der Kontrolle der Sicherheitskräfte und der Armee durch die Kommunisten zuzustimmen, sondern er mußte auch die Einhaltung der Verpflichtungen Polens dem Warschauer Pakt gegenüber gewährleisten.
Der 1927 geborene Jurist und gläubige Katholik Mazowiecki, der schon von 1961–1971 für die katholische *ZNAK*-Gruppe im Sejm gesessen hatte, war wegen seiner Tätigkeit im Klub der katholischen Intelligenz *KIK* und der illegalen Gesellschaft für wissenschaftliche Kurse, als Herausgeber der Wochenzeitung *„Tygodnik Solidarność“* und als einer der engsten Berater Wałęsas im Dezember 1981 für ein Jahr interniert worden. Er mußte die fast unlösbare Aufgabe übernehmen, das wirtschaftlich völlig ruinierte und in seinem ökologischen Gleichgewicht höchstgradig gestörte Polen vom „totalitären zum demokratischen System“ überzuleiten. In seiner Regierungserklärung räumte er neben der Einführung der Marktwirtschaft der Einhaltung der Rechtsstaatlichkeit und der Aufhebung des kommunistischen Informationsmonopols Priorität ein. Seinem Kabinett, dem elf vom Bürgerkomitee gestellte Minister, zwölf Kommunisten und ein Parteiloser angehörten, sprach der Sejm am 12. IX. ohne Gegenstimme das Vertrauen aus. Die neue Regierung zögerte nicht, die Bevölkerung auf die schweren Opfer hinzuweisen, die Voraussetzung für eine Erholung der Volkswirtschaft sind. Ein am 29. XII. 1989 verabschiedetes drakonisches Sanierungsprogramm soll die innerhalb von zwölf Monaten auf 700% gekletterte Inflation eindämmen, die Stillegung unrentabler Staatsbetriebe beschleunigen, den Abbau von Sozialleistungen erlauben und zu einer leistungsbezogenen Entlohnung führen. Trotz einer Preissteigerung bei Grundnahrungsmitteln allein im Jahresverlauf 1989 um 880% und der ständigen Abwertung des Złoty wurden der Bevölkerung drastische Zuschläge bei Mieten und Strom, Fahrkarten und Arzneimitteln sowie eine rigorose Steuererhöhung zugemutet, um den beträchtlichen Kaufkraftüberschuß abzuschöpfen. Selbst Arbeitslosigkeit und eine weitere Verringerung des bereits äußerst bescheidenen Lebensstandards wurden in der Erwartung hingenommen, daß nur so und mit Selbstbeschränkung, Disziplin und Realismus der problematische Übergang von der Plan- zur Marktwirtschaft zu bewältigen ist. Sogar das ZK der *PZPR* hatte sich zuvor genötigt gesehen, den Sozialismus und die Partei für gescheitert zu erklären und die Notwendigkeit zu proklamieren, unter geändertem Namen und mit neuem Programm als linke Volkspartei den Herausforderungen einer parlamentarischen Demokratie zu begegnen.
Der auch in Polen als „unumkehrbar“ bezeichnete Erneuerungsprozeß wurde von Ermutigung, guten Ratschlägen und konkreten Hilfszusagen der westlichen Industrieländer und des Internationalen Währungsfonds,

der in einer ersten Tranche 1,3 Mrd. $ bereitstellte, begleitet. Vom 2.–4. XI. 1988 hatte sich die britische Premierministerin Margaret Thatcher in Polen aufgehalten und dabei auch mit Kardinal Glemp und Wałęsa gesprochen. Der französische Staatspräsident François Mitterand sagte Mitte Juni 1989 ebenso eine Finanzhilfe und Entgegenkommen bei der Umschuldung zu wie der amerikanische Präsident George Bush, der am 9./10. VII. Warschau und Danzig besuchte. Großzügige materielle Unterstützung bot auch Bundeskanzler Helmut Kohl bei seinem Polenaufenthalt vom 8.–13. XI. an; den Erwartungen seiner Gastgeber, die Endgültigkeit der polnischen Westgrenze entlang Oder und Neiße auch nach einer möglichen Wiedervereinigung der beiden deutschen Staaten ohne Vorbehalte zu garantieren, entsprach er jedoch nicht. Die seit Juli 1989 wiederbelebte Grenzdiskussion und die Weigerung der Bonner Regierung, den im Zweiten Weltkrieg zwangsverpflichteten polnischen Ostarbeitern eine individuelle Entschädigung zu gewähren, erschwerten bisher die vielbeschworene „endgültige Aussöhnung" zwischen dem deutschen und dem polnischen Volk ebenso nachhaltig wie die kleinlichen polnischen Schikanen der deutschen Minderheit gegenüber oder das lange Zögern der Warschauer Regierung, der Gründung eines deutsch-polnischen Jugendwerks und der Errichtung eines westdeutschen Kulturinstituts zuzustimmen. Von einem gewachsenen Selbstbewußtsein gegenüber der bisherigen Hegemonialmacht UdSSR zeugte der Passus, den Mazowiecki bei seinem Moskau-Besuch am 27. XI. in das Abschlußkommuniqué aufnehmen ließ: „Jedes Land hat die völlige Freiheit bei der Wahl seines gesellschaftlich-politischen Weges". In diesem Geiste stellte der Beschluß des Sejm vom 29. XII. 1989, die „Volksrepublik" abzuschaffen, das Land wieder mit dem traditionsreichen Namen *Rzeczpospolita Polska* zu bezeichnen und dem Wappenadler die Krone zurückzugeben, nicht nur einen symbolischen Akt dar, sondern ein politisches Programm, das auf die nationale Wiedergeburt des Staates am 11. XI. 1918 nach 123jähriger Teilungszeit verweist. Die Selbstliquidation der PZPR am 27./28. I. 1990, zahlreiche Parteigründungen und zunehmende Meinungsverschiedenheiten innerhalb des Bürgerkomitees *(Komitet Obywatelski)* über Tempo und Inhalte der Regierungsmaßnahmen sowie wegen Wałęsas Bemühungen, das Amt des Staatpräsidenten zu übernehmen, sind Beweise nicht nur für die dynamische Entwicklung des gesellschaftlichen und politischen Pluralismus, sondern sie dokumentieren auch, daß der demokratischen Republik Polen erneut ein ähnlich schwieriger Weg wie vor 70 Jahren bevorstehen dürfte.

Den neuen Herausforderungen sollten sich Staatsführung, Regierung und Bevölkerung trotz der gegenwärtigen politischen und sozioökonomischen Umbrucherscheinungen aber gewachsen zeigen, weil in Polen inzwischen eine moderne, reife, strukturierte und selbstbewußte Gesellschaft entstanden ist, die ein lebendiges Traditionsbewußtsein, ein hingebungsvoller Patriotismus und eine tiefe, emotionale Bindung an den

Katholizismus mit der wechselvollen Geschichte der Nation verbindet. Das Wissen um die Bewältigung der vielfältigen, die Eigenstaatlichkeit und die ethnische Substanz Polens bedrohenden Gefahren in der Vergangenheit, die Überzeugung, über die vornehmsten Tugenden der abendländisch-christlichen Kultur zu verfügen, die ungebrochene Lebenskraft und Regenerationsfähigkeit, der Bildungseifer und die nationale Solidarität untereinander sind Garantien für die konstruktive Bewältigung der weiterhin gravierenden Probleme der Gegenwart. „*Jeszcze Polska nie zginęła* . . .“

Anmerkungen zu 6

1 N. Kołomejczyk, PPR 1944–1945. Studia nad rozwojem organizacyjnym partii, Warszawa 1965. M. Malinowski (Hg.), Polska Partia Robotnicza 1942–1948. Dokumenty programowe, Warszawa 1984.
2 S. Mikołajczyk, The Rape of Poland. Pattern of Soviet Aggression, New York 1948.
3 B. Syzdek, Polska Partia Socjalistyczna w latach 1944–1948, Warszawa 1974; W. Kowalski, Wkład PPR i PPS w rozwój spółdzielczości w Polsce w latach 1944–1948, Warszawa 1986; N. Kozlowski, Die politischen Zielvorstellungen in der Polnischen Sozialistischen Partei in den Jahren 1941–1948, München 1982.
4 T. Walichnowski, U źródeł walk z podziemiem reakcyjnym w Polsce, Warszawa 1975; M. Turlejska, Spór o Polskę, Warszawa 1972.
5 Die politische Geschichte der Anfänge Volkspolens stellen dar: L. Gelberg, Die Entstehung der Volksrepublik Polen, Frankfurt 1972; K. Kersten, Narodziny systemu władzy. Polska 1943–1948, Paris 1986; N. Kołomejczyk, B. Syzdek, Polska w latach 1944–1949. Zarys historii politycznej, Warszawa 1971; A. Polonsky, B. Drukier, The Beginnings of Communist Rule in Poland, London 1980; R. Staar, Poland 1944–1962. The Sovietization of a Captive People, New Orleans 1962; J. Malara, La Pologne d'une occupation à l'autre 1944–1952, Paris 1952.
6 J. W. Gołębiowski, Nacjonalizacja przemysłu w Polsce, Warszawa 1965.
7 Der Wirtschaftsentwicklung nach 1944 wird in der polnischen Historiographie große Aufmerksamkeit geschenkt. S. u. a. A. Jezierski, Historia gospodarcza Polski Ludowej 1944–1968, Warszawa 1971; A. Karpiński, Zagadnienia socjalistycznej industrializacji Polski, Warszawa 1958; H. Jędruszczak, Zatrudnienie a przemiany społeczne w Polsce w l. 1944–1960, Warszawa 1972.
8 H. Słabek, Dzieje polskiej reformy rolnej 1944–1948, Warszawa 1972; ders., Polityka agrarna PPR (Geneza i realizacja), Warszawa 1967.
9 A. Korboński, Politics of Socialist Agriculture in Poland, 1945–1960, New York, London 1965.
10 H. Rechowicz, Bolesław Bierut 1892–1956, Kraków 1974.
11 P. Raina, Gomułka. Politische Biographie, Köln 1970; N. Bethell, Die polnische Spielart. Gomułka und die Folgen, Wien, Hamburg 1971; J. Ptasiński, Drugi zwrot. Gomułka i szczytu powodzenia, Warszawa 1988; B. u. E. Syzdek, Polityczne dylematy Wł. Gomułki, Warszawa 1985; A. Werblan, Władysław Gomułka: Sekretarz Generalny PPR, Warszawa 1988.
12 K. Hartmann, Hochschulwesen und Wissenschaft in Polen, Frankfurt 1962; S. Baske, Bildungspolitik in der Volksrepublik Polen 1944–1986, 2 Bde, Wiesbaden 1987.
13 Vgl. dazu die Aussagen von Z. K. Brzezinski, The Soviet Bloc: Unity and Conflict, New York [2]1967; J. K. Hoensch, Sowjetische Osteuropapolitik 1945–1975, Kronberg 1977.
14 [J. Światło], The Światło Story, in: News From Behind the Iron Curtain 4 (1955) 3.
15 In den polnischen Gesamtdarstellungen wird diese Abhängigkeit weitgehend verschwiegen. S. u. a. Ludowe Wojsko Polskie 1943–1973. Materiały z międzynarodowej konferencji naukowej z okazji 30-lecia Ludowego Wojska Polskiego ... 1973 r., Warszawa 1974.
16 Text bei L. Schultz, Die Verfassungsentwicklung Polens seit 1944, in: Jahrbuch für Öffentliches Recht 3 (1954), S. 331–348.
17 J. M. Montias, Central Planning in Poland, New Haven, Conn., 1962;

A. KARPIŃSKI, Poland and the World Economy, Warsaw 1960; O. LANGE, Über einige Probleme des polnischen Weges zum Sozialismus, Warschau 1957.

18 W. BIEŃKOWSKI, Polityka Watykanu wobec Polski, Warszawa 1949; A. SARRACH, Das polnische Experiment, Augsburg 1964; A. MICEWSKI, Katholische Gruppierungen in Polen, München, Mainz 1978; R. C. MONTICONE, The Catholic Church in Communist Poland 1945–1985. Forty Years of Church-State-Relations, New York 1986.

19 Von 33 Bischöfen waren neun inhaftiert, deportiert oder ins Exil gegangen, von 8624 Weltgeistlichen 2247, von 3106 Mitgliedern kirchlicher Orden 724. S. J. K. HOENSCH, G. NASARSKI, Polen – 30 Jahre Volksdemokratie, Hannover 1975, S. 190; P. LENERT, L'Eglise Catholique en Pologne, Paris 1962.

20 M. F. RAKOWSKI, The Foreign Policy of the Polish People's Republic..., Warszawa 1975; S. KUBIAK (Hg.), Rola Polskiej Rzeczypospolitej Ludowej w świecie (1944–1974), Poznań 1975; Polska Ludowa – Związek Radziecki 1944–1974. Zbiór dokumentów i materiałów, Warszawa 1974; E. J. PAŁYGA, Diplomacja Polski Ludowej 1944–1984. Kierunki – treści – mechanizmy, Warszawa 1986.

21 G. BLUHM, Die Oder-Neiße-Linie in der deutschen Außenpolitik, Freiburg 1963; ders., Die Oder-Neiße-Frage, Hannover 1967.

22 A. SKOWROŃSKI, Polska a problem Niemiec 1945–1965, Warszawa 1967; W. PLAT, Deutsche und Polen. Aus der Geschichte der deutsch-polnischen Beziehungen, Köln 1980; V. VIERHELLER, Polen und die Deutschlandfrage 1939–1949, Köln 1970; V. KELLERMANN, Brücken nach Polen. Die deutsch-polnischen Beziehungen und die Weltmächte 1939–1973, Stuttgart 1973; C. C. SCHWEITZER, H. FEGER (Hg.), Das deutsch-polnische Konfliktverhältnis seit dem Zweiten Weltkrieg ..., Boppard 1975.

23 Drugi Zjazd PZPR, in: Nowe Drogi 8 (1954) 3.

24 Der zum „Frühling im Oktober" führenden Entwicklung hat die westliche Geschichtsschreibung große Aufmerksamkeit gewidmet. W. BRONSKA-PAMPUCH, Polen zwischen Hoffnung und Verzweiflung, Köln 1958; R. HISCOCKS, Poland – Bridge for the Abyss? ..., London usw. 1963; H. KERSTEN, Aufstand der Intellektuellen, Stuttgart 1957; K. SYROP, Spring in October: the Polish Revolution of 1956, London 1957; P. L. ZINNER, National Communism and Popular Revolt in Eastern Europe. A Selection of Documents ... New York 1956; H. J. STEHLE, Nachbar Polen, Frankfurt ^{2}1968; F. GIBNEY, The Frozen Revolution. Poland: A Study in Communist Decay, New York 1959; A. BROMKE, Poland's Politics: Idealism vs. Realism, Cambridge, Mass., 1967.

25 W. GOMUŁKA, Przemówenia, Październik 1956 – Wrzesień 1957, Warszawa 1957.

26 Der gesellschaftlichen Nachkriegsentwicklung wurde in mehreren großen Studien Aufmerksamkeit gezollt: S. u. a. W. WESOŁOWSKI (Hg.), 25 lat Polski Ludowej. Struktura i dynamika społeczeństwa polskiego, Warszawa 1970; ders., W. GOŁĘMBIOWSKI, Klasy, walka klas i przeobrażenie struktury społecznej w Polsce Ludowej, Warszawa 1970; A. SARAPATA (Hg.), Przemiany społeczne w Polsce Ludowej, Warszawa 1965; J. SZCZEPAŃSKI, Zmiany społeczeństwa polskiego w procesie uprzemysłowienia, Warszawa 1973.

27 A. ALBRECHT, Der Rapacki-Plan – neue Aspekte, Poznań 1964.

28 III Zjazd Polskiej Zjednoczonej Partii Robotniczej. Stenogram. Warszawa 10 III-19 III 1959 r., Warszawa 1959.

29 H. LAEUEN, Der Vierte Kongreß der PVAP, in: Osteuropa 14 (1964), S. 903–915; IV Zjazd PZPR, Warszawa 15-20 IV 1964, Warszawa 1964.

30 Der Verurteilung der angesehenen Schriftsteller M. Wankowicz und Jan Miller folgte ein Prozeß gegen J. Kuroń und K. Modzelewski, die in ihrer Disser-

tation die Schwächen des polnischen „Monopolsozialismus" schonungslos aufgedeckt hatten (deutsche Ausgabe Hamburg 1969). Nach der Publikation seines Buches „Marxismus und das menschliche Individuum" sollte der Parteiideologe Adam Schaff 1965 aus dem ZK ausgeschlossen werden.

31 H. LAEUEN, Der intellektuelle Aderlaß, in: Osteuropa 19 (1969), S. 198–204; R. HAMMER, Bürger zweiter Klasse. Antisemitismus in der Volksrepublik Polen und in der UdSSR, Hamburg 1974, S. 96–225.

32 H. LAEUEN, Die Märzunruhen und ihre Folgen, in: Osteuropa 19 (1969), S. 1–17, 110–124.

33 Über den V. Parteitag berichtete H. LAEUEN in: Osteuropa 19 (1969), S. 334–352; s. a. G. W. STROBEL, Die PVAP. Mitgliederbestand, soziale Zusammensetzung, Säuberungen, in: ibid., S. 353–359. V. Zjazd Polskiej Zjednoczonej Partii Robotniczej 11–16 listopada 1968 r., Warszawa 1968.

34 Text in: Dokumente zur Ostpolitik, Bonn 1973, S. 16–24; H. A. JACOBSEN u. a. (Hg.), Bundesrepublik Deutschland – Volksrepublik Polen. Bilanz der Beziehungen ..., Frankfurt, Warszawa 1979; E. JAHN, V. RITTBERGER (Hg.), Die Ostpolitik der Bundesrepublik Deutschland. Triebkräfte, Widerstände, Konsequenzen, Düsseldorf 1974; B. MEISSNER (Hg.), Die deutsche Ostpolitik 1961–1970. Kontinuität und Wandel. Dokumentation, Köln 1970.

35 P.UNGER, Die Ursachen der politischen Unruhen in Polen im Winter 1970/71: eine ökonomische und politische Analyse, Bern, Frankfurt 1975; G. W. STROBEL, Vorgeschichte und Ursachen der polnischen Krise vom Dezember 1970, in: Europa-Archiv 26 (1971), S. 293–302; J. K. HOENSCH, Die politische Lage in Polen, in: Die Internationale Politik 1970–1972, München, Wien 1978, S. 298–315; E. WACOWSKA, Poznań 1956 – Grudziądz 1970, Paryż 1971; dies., Rewolta Szczecinska i jej znaczenie, Paryż 1971.

36 H. LAEUEN, Polen nach dem Sturz Gomułkas, Stuttgart 1972; A. BROMKE, J. W. STRONG (Hg.), Gierek's Poland, New York 1973; G. W. STROBEL, Der neue Kurs in Polen. Giereks Bemühen um die Überwindung der Dezember-Krise von 1970, in: Europa-Archiv 27 (1972), S. 407–420.

37 G. RHODE, Der VI. Kongreß der polnischen Kommunisten, in: Osteuropa 22 (1972), S. 581–607; VI Zjazd Polskiej Zjednoczonej Partii Robotniczej 6–11 grudzień 1971 r. ..., Warszawa 1972.

38 S. LAMMICH, Regierung und Verwaltung in Polen, Köln 1975; M. SADOWSKI, System polityczny Polski Ludowej, Warszawa 1975.

39 Vgl. dazu: Der Spiegel, Nr. 14 vom 31. III., S. 92–95, und Nr. 24 vom 9. VI. 1975, S. 83–85.

40 VII Zjazd Polskiej Zjednoczonej Partii Robotniczej ..., Warszawa 1975.

41 Text in: G. BRUNNER, B. MEISSNER (Hg.), Verfassungen der kommunistischen Staaten, Paderborn usw. 1980, S. 329–349.

42 J. J. LIPSKI, KOR: A History of the Workers' Defence Committee in Poland 1976–1981, Berkeley, London 1985; W. MACKENBACH (Hg.): Das KOR und der „polnische Sommer" . Analysen, Dokumente, Artikel und Interviews 1976–1981, Hamburg 1982.

43 A. ZAGAJEWSKI, Polen. Staat im Schatten der Sowjetunion, Reinbek 1981, S. 152–182.

44 Zur gesellschaftlichen Entwicklung J. SZCZEPAŃSKI (Hg.), Narodziny socjalistycznej klasy robotniczej, Warszawa 1974; W. WESOŁOWSKI (Hg.), Narodziny socjalistycznej społecznej, Wrocław, Warszawa 1977; M. TATUR, Arbeitssituation und Arbeiterschaft in Polen 1970–1980, Frankfurt, New York 1983; K. ZIEMER, Polens Weg in die Krise. Eine politische Soziologie der Ära Gierek, Frankfurt 1987.

45 Aktionsprogramm zur Außenpolitik der PZPR vom 24. I. 1978, in: Trybuna Ludu, 25. I. 1978.

46 A. MICEWSKI, Katholische Gruppierungen in Polen, Köln 1978; A. MICHNÍK, Die Kirche und die polnische Linke. Von der Konfrontation zum Dialog, München 1980; J. TISCHNER, Der unmögliche Dialog. Christentum und Marxismus in Polen, Graz usw. 1982.
47 Aus der Fülle der Darstellungen seien nur genannt: N. ASCHERSON, The Polish August. The Self-Limiting Revolution, Harmondsworth 1982; H. HIRSCH, Bewegungen für Demokratie und Unabhängigkeit in Polen 1976–1980, Mainz, München 1985; K. PUMBERGER, Solidarität im Streik. Politische Krise, sozialer Protest und Machtfrage in Polen 1980/81, Frankfurt 1989; G. SANFORD, Polish Communism in Crisis, New York, London 1983; J. STANISZKIS, Poland's Self-Limiting Revolution, Princeton 1984; H. WAGNER, Die Doppelgesellschaft. Systemwandel in Polen, Berlin 1981.
48 B. BÜSCHER u. a. (Hg.), „Solidarność". Die polnische Gewerkschaft „Solidarität" in Dokumenten, Diskussionen und Beiträgen 1980–1982, Köln 1983; J. HOLZER, „Solidarität". Die Geschichte einer freien Gewerkschaft in Polen, München 1985; M. TATUR, Solidarność als Modernisierungsbewegung. Sozialstruktur und Konflikt in Polen, Frankfurt 1989; J. TISCHNER, Ethik der Solidarität. Prinzipien einer neuen Hoffnung, Graz usw. 1982.
49 The Military Balance 1980/81, London usw. 1980, S. 16f.
50 KSZE-Helsinki-Komitee in Polen (Hg.), Die Menschen- und Bürgerrechte in der Volksrepublik Polen während des Kriegszustandes (13. Dezember 1981–31. Dezember 1982), Mainz 1983; L. LABEDZ (Hg.), Poland under Jaruzelski. A Comprehensive Sourcebook on Poland during and after Martial Law, New York 1984; G. SANFORD, Military Rule in Poland: The rebuilding of communist power, 1981–1983, London usw. 1986.
51 A. SWIDLICKI, Political Trials in Poland 1981–1986, London usw. 1988.
52 A. MICHNÍK, Polnischer Frieden. Aufsätze zur Konzeption des Widerstands, Berlin 1985.
53 H. P. RULLMANN, Lech Wałęsa. Der sanfte Revolutionär, München 1983; L. WAŁĘSA, Ein Weg der Hoffnung. Autobiographie, Wien usw. 1987.
54 A. MICEWSKI, Kirche, „Solidarność" und Kriegszustand in Polen, Mainz, München 1988.
55 S. LAMMICH Der „Popiełuszko-Prozeß". Sicherheitspolizei und katholische Kirche in Polen, Köln 1985; G. SCHUBERT, Unversöhnt. Polen nach dem Priestermord, Köln 1985.
56 J. KORALEWICZ , Crisis and Transition. Polish Society in the 1980s, Oxford usw. 1987.
57 J. K. HOENSCH, Der Hitler-Stalin-Pakt und Polen, in: E. OBERLÄNDER (Hg.), Hitler-Stalin-Pakt 1939. Das Ende Ostmitteleuropas?, Frankfurt 1989, S. 43–60, hier S. 56ff.

Genealogische Tafeln

Die Piasten der Frühzeit

Siemowit

Leszek

Siemomysł

Mieszko I., † 992
x 2. 965/66 Dobrawa, † 977
x 3. 979/80 Oda, † 1023

Bolesław I. Chrobry (d. Tapfere)
966/67–1025
x 3. 987 Emnilda, † 1017
x 4. 1018 Oda

Mieszko II. Lambert
990–1034
x 1013 Richeza v. Lothringen, † 1063

Kazimierz I. Odnowiciel (d. Erneuerer)
1016–1058
x 1041/42 Dobronega Maria, † 1087

Bolesław II. Śmiały Szczodry
(d. Kühne), ≈ 1042–1081

Władysław I. Herman
≈ 1043–1102
x 2. 1081/82 Judith, † 1086
x 3. 1089 Judith Maria, † n. 1110

Zbigniew
† n. 1112

Bolesław III. Krzywousty (Schiefmund)
1085–1138
x 1. 1102 Zbislava, † ≈ 1108
x 2. ≈ 1115 Salomea v. Berg, † 1144

Władysław II.
Wygnaniec
(d. Vertriebene)
1105–1159/1163
Gründer der schlesischen Linie
s. Tafel II

Bolesław
Kędzierzawy
(Kraushaar)
1125–1173

Leszek
1160/65–1186

Mieszko III. Stary
1126/27–1202
Gründer der großpolnischen Linie
s. Tafel III

Henryk
1127/31–1166

Kazimierz II.
Sprawiedliwy
(d. Gerechte)
1138–1194
Gründer der kleinpolnischen und der masowisch-kujawischen
Linie, s. Tafel IV

Die schlesischen Piasten

- Władysław II. Wygnaniec
  1105–1159/63
  x 1. 1125/27 Agnes, † n. 1157
  - Bolesław I. Wysoki (d. Lange)
    n. 1129–1201
    x 2. vor 1163 Christina
    - Henryk I. Brodaty (d. Bärtige)
      1167/74–1238
      x 1188/92 Hedwig, † 1243
      - Henryk II. Pobożny (d. Fromme)
        ≈ 1191–1241
        x 1214/18 Anna von Böhmen, † 1265
        - Bolesław II. Rogatka
          1224/30–1278
          x 1. 1242 Hedwig, † 1259
          - Linie Schweidnitz (bis 1368)
            Linie Liegnitz (bis 1675)
        - Henryk III. Biały
          ≈ 1229–1266
          x 1. Judith von Masowien, † 1257/65
          - Henryk IV. Prawy (Probus)
            ≈ 1257/58–1290
        - Konrad
          ≈ 1230–1273/74
          x 1. 1249 Salomea
          - Henryk I. v. Glogau
            1251/60–1309
            - Linie Glogau (bis 1476)
              Linie Sagan (bis 1504)
              Linie Öls (bis 1492)
  - Mieszko I. Plątonogi
    ≈ 1138–1211
    x Ludmila
    - Kazimierz I.
      1178/79–1229/30
      - Linie Ratibor-Oppeln (bis 1532)
        Linie Teschen-Auschwitz (bis 1625)

Die großpolnischen Piasten

Mieszko III. Stary (d. Alte)
1126/1127–1202
x 1. 1136/40 Elisabeth
x 2. 1151/54 Eudoxia

Odo
1141/49–1194

Bolesław
1159–1195

Mieszko
1160/65–1193

Władysław III. Laskonogi
(Schlenkerbein)
1161/67–1231

Władysław Odonic Plwacz
≈ 1190–1239

Przemysł I.
1220/21–1257

Bolesław Pobożny (d. Fromme)
n. 1221–1279

Przemysł II.
1257–1295

Jadwiga, † 1339
x 1292/93 Władysław I. Łokietek
s. Tafel IV

Rychesa Elisabeth
x 1303 Wenzel II., König
von Böhmen und Polen

Die kleinpolnischen, masowischen und kujawischen Piasten

- Kazimierz II. Sprawiedliwy (d. Gerechte) 1138–1194 x n. 1166 Helena, † 1202/06
  - Leszek Biały (d. Weiße) 1186/87–1227
    - Bolesław Wstydliwy (d. Schamhafte) 1226–1279
  - Konrad I. von Masowien 1187/88–1247 x 1207 Agafia
    - Kazimierz I. von Kujawien ≈ 1211–1267 x 2. 1239 Konstanze, † 1257 x 3. Eufrosina
      - Leszek Czarny (d. Schwarze) 1240/42–1288
      - Siemomysł 1241/45–1287
        - Kujawische Linie (bis 1388)
      - Władysław Łokietek (Ellenlang) 1260/61–1333 x 1293 Jadwiga
        - Kazimierz III. Wielki (d. Große) 1310–1370
        - Elisabeth 1305–1380 x 1320 Karl Robert von Anjou, König von Ungarn
          - Ludwig I. (d. Große) 1326–1382 König von Ungarn und Polen
            - Maria ≈ 1371–1395 x 1385 Sigismund, dt. Kaiser und König von Böhmen
            - Jadwiga n. 1373–1399 x 1386 Władysław II. Jagiełło s. Tafel V
    - Siemowit I. von Masowien 1224–1262
      - Masowische Linie (bis 1526)

Die Jagiellonen und ihre Nachkommen

- Władysław II. Jagiełło
≈ 1351–1434
x 1. 1386 Jadwiga † 1399
x 4. 1422 Sofia Hol'šanskaja
  - Władysław III. Warneńczyk
1424–1444
König von Polen und Ungarn
  - Kazimierz IV. Jagiellończyk
1427–1492
x 1454 Elisabeth
    - Władysław Jagiellończyk
1456–1516
König von Böhmen und Ungarn
      - Anna † 1547
x 1521 Kaiser Ferdinand I.
        - Elisabeth † 1545
1543 Zygmunt II. August
        - Maximilian II.
dt. Kaiser
1564–1576
          - Rudolf II.
dt. Kaiser
1576–1612
        - Katharina † 1572
x n. 1553
Zygmunt II. August
      - Ludwig † 1526
x Maria
    - Jan I. Olbracht
1459–1501
    - Aleksander
1461–1506
x 1495 Helena
    - Zygmunt I. Stary
1467–1548
x 1. 1512 Barbara Zápolya † 1515
x 2. 1518 Bona Sforza † 1557
      - Zygmunt II. August
1520–1572
      - Anna
1523–1596
x 1576 Stefan Báthory
      - Katharina
1526–1583
x 1562 Johann III. Wasa
König von Schweden
        - Zygmunt III. Wasa
1566–1632
x 1. 1592 Anna † 1598
x 2. 1605 Konstanze
          - Władysław IV.
1595–1648
x 1. 1637 Cecilia Renate † 1644
x 2. 1646 Maria Louisa Gonzaga
          - Jan II. Kazimierz
1609–1672
x 1649 Maria Louisa Gonzaga

Regenten und Regierungen Polens

Herzöge und Könige Polens bis zum Jahr 1795

Piasten

≈960–992	Mieszko I.
992–1025	Bolesław I. Chrobry
1025–1031	Mieszko II. Lambert
1031–1032	Bezprym
1032–1034	Mieszko II. Lambert
1034–1058	Kazimierz I. Odnowiciel
1058–1081	Bolesław II. Śmiały
1081–1102	Władysław I. Herman
1102–1107	Zbigniew und Bolesław III. Krzywousty
1107–1138	Bolesław III. Krzywousty

Teilfürstenzeit
(Herzöge im Seniorat Krakau)

1138–1146	Władysław II.
1146–1173	Bolesław IV. Kędzierzawy
1173–1177	Mieszko III. Stary
1177–1194	Kazimierz II. Sprawiedliwy
1194–1202	Leszek Biały und Mieszko III. Stary
1202	Władysław Laskonogi
1202–1210	Leszek Biały
1210–1211	Mieszko Plątonogi
1211–1227	Leszek Biały
1228–1229	Władysław Laskonogi und Henryk Brodaty
1229–1230	Konrad I. Mazowiecki
1230–1238	Henryk Brodaty
1238–1241	Henryk Pobożny
1241–1243	Konrad I. Mazowiecki
1243–1279	Bolesław V. Wstydliwy
1279–1288	Leszek Czarny
1288–1290	Henryk IV. Probus
1290–1291	Przemysł II.
1291–1305	Wenzel II. von Böhmen
1305–1306	Wenzel III. von Böhmen

Königreich Polen
1305–1333 Władysław I. Łokietek
1333–1370 Kazimierz III. Wielki

Haus Anjou
1370–1382 Ludwig von Ungarn
1384–1399 Jadwiga

Jagiellonen
1386–1434 Władysław II. Jagiełło
1434–1444 Władysław III. Warneńczyk
1447–1492 Kazimierz IV. Jagiellończyk
1492–1501 Jan I. Olbracht
1501–1506 Aleksander
1506–1548 Zygmunt I. Stary
1548–1572 Zygmunt II. August

Wahlkönige
1574–1575 Henri Valois
1576–1586 Stefan Báthory
1587–1632 Zygmunt III. Wasa
1632–1648 Władysław IV. Wasa
1648–1668 Jan II. Kazimierz Wasa
1669–1673 Michał Korybut Wiśniowiecki
1674–1696 Jan III. Sobieski
1697–1706 August II. der Starke
1704–1709 Stanisław Leszczyński
1709–1733 August II. der Starke
1733–1736 Stanisław Leszczyński
1733–1763 August III.
1764–1795 Stanisław August Poniatowski

Republik Polen 1919–1939
Staatschef
Józef Piłsudski, 14. XI. 1918–9. XII. 1922

Präsidenten
Gabriel Narutowicz, 9.–16. XII. 1922
Stanisław Wojciechowski, 20. XII. 1922–14./15. V. 1926
Ignacy Mościcki, 1. VI. 1926–30. IX. 1939

Regierungen der Zweiten Republik
Ignacy Daszyński, 7.–14. XI. 1918
Jędrzej Moraczewski, 18. XI. 1918–16. I. 1919
Ignacy Paderewski, 16. I.–9. XII. 1919

Leopold Skulski, 13. XII. 1919–9. VI. 1920
Władysław Grabski (I), 23. VI.–24. VII. 1920
Wincenty Witos (I), 24. VII. 1920–13. IX. 1921
Antoni Ponikowski (I), 19. IX. 1921–5. III. 1922
Antoni Ponikowski (II), 10. III.–6. VI. 1922
Artur Śliwiński, 28. VI.–7. VII. 1922
Julian Nowak, 31. VII.–14. XII. 1922
Władysław Sikorski, 16. XII. 1922–26. V. 1923
Wincenty Witos (II), 28. V.–14. XII. 1923
Władysław Grabski (II), 19. XII. 1923–14. XI. 1925
Aleksander Skrzyński, 20. XI. 1925–5. V. 1926
Wincenty Witos (III), 10. V.–14. V. 1926
Kazimierz Bartel (I), 15. V.–4. VI. 1926
Kazimierz Bartel (II), 8. VI.–24. IX. 1926
Kazimierz Bartel (III), 27. IX.–30. IX. 1926
Józef Piłsudski (I), 2. X. 1926–27. VI. 1928
Kazimierz Bartel (IV), 27. VI. 1928–13. IV. 1929
Kazimierz Świtalski, 14. IV.–7. XII. 1929
Kazimierz Bartel (V), 29. XII. 1929–17. III. 1930
Walery Sławek (I), 29. III.–23. VIII. 1930
Józef Piłsudski (II), 25. VIII.–4. XII. 1930
Walery Sławek (II), 4. XII. 1930–26. V. 1931
Aleksander Prystor, 27. V. 1931–9. V. 1933
Janusz Jędrzejewicz, 10. V. 1933–13. V. 1934
Leon Kozłowski, 15. V. 1934–28. III. 1935
Walery Sławek (III), 28. III.–12. X. 1935
Marian Zyndram-Kościałkowski, 13. X. 1935–15. V. 1936
Felicjan Sławoj-Składkowski, 15. V. 1936–30. IX. 1939

Exil-Regierung 1939–1945
Präsident
Władysław Raczkiewicz, 30. IX. 1939–Juli 1945

Regierungen
Władysław Sikorski, 30. IX. 1939–4. VII. 1943
Stanisław Mikołajczyk, 14. VII. 1943–20. XI. 1944
Tomasz Arciszewski, 29. XI. 1944–28. VI. 1945 (1. VI. 1947)

Volksrepublik Polen 1944–1981
Vorsitzender des Landesnationalrates *(KRN)*
Bolesław Bierut, 22. VII. 1944–6. II. 1947

Staatspräsident
Bolesław Bierut, 7. II. 1947–August 1952

Vorsitzende des Staatsrates
Aleksander Zawadzki, 20. XI. 1952–7. VIII. 1964
Edward Ochab, 12. VIII. 1964–11. IV. 1968
Marian Spychalski, 11. IV. 1968–23. XII. 1970
Józef Cyrankiewicz, 23. XII. 1970–28. III. 1972
Henryk Jabłoński, 28. III. 1972–7. XI. 1985
Wojciech Jaruzelski, 7. XI. 1985–19. VII. 1989

Präsident der Republik Polen
Wojciech Jaruzelski, seit 19. VII. 1989

Regierungen
Edward Osóbka-Morawski, 21. VII. 1944–5. II. 1947
Józef Cyrankiewicz, 8. II. 1947–20. XI. 1952
Bolesław Bierut, 20. XI. 1952–18. III. 1954
Józef Cyrankiewicz, 18. III. 1954–23. XII. 1970
Piotr Jaroszewicz, 23. XII. 1970–18. II. 1980
Edward Babiuch, 18. II.–24. VIII. 1980
Józef Pińkowski, 24. VIII. 1980–9. II. 1981
Wojciech Jaruzelski, 11. II. 1981–6. XI. 1985
Zbigniew Messner, 8. XI. 1985–19. IX. 1988
Mieczysław Rakowski, 27. IX. 1988–29. VII. 1989
Czesław Kiszczak (gewählt, aber ohne Mehrheit im Parlament), 2. VIII.–14. VIII. 1989
Tadeusz Mazowiecki, seit 24. VIII. 1989

Erste Sekretäre der PPR/PZPR
Władysław Gomułka, 14. XI. 1943–3. IX. 1948
Bolesław Bierut, 3. IX. 1948–12. III. 1956
Edward Ochab, 20. III.–19. X. 1956
Władysław Gomułka, 20. X. 1956–20. XII. 1970
Edward Gierek, 20. XII. 1970–6. IX. 1980
Stanisław Kania, 6. IX. 1980–18. X. 1981
Wojciech Jaruzelski, 18. X. 1981–19. VII. 1989
Mieczysław Rakowski, 29. VII. 1989–27. I. 1990

Auswahlbibliographie

1 Bibliographien

American Bibliography of Russian and East European Studies, Bloomington/Indiana 1957 –
BALTRAMAJTIS, S.: Sbornik bibliografičeskich materialov dlja geografii, istorii, prava, statistiki i ėtnografii Litvy s priloženiem spiska litovskich i drevneprusskich knig s 1553 po 1903 g., St. Peterburg ²1904.
BAUMGART, J. u. a. (Hg.): Bibliografia historii polskiej za rok..., Wrocław 1944/47. 1959 –
Bibliografia polskiej archeologii pradziejowej i średniowiecznej za lata..., Wrocław 1977 –
BYSTROŃ, J. St.: Bibliografja etnografji polskiej, Kraków 1929.
CZAPLICKA, F. u. a. (Hg.): Bibliografia walki wyzwoleńczej narodu polskiego przeciw hitlerwoskiemu okupantowi 1939–1945. Materiały z lat 1945–1960, Warszawa 1961.
–: Bibliografia wojskowa II wojny światowej. Materiały za lata 1939–1958. Część polska, Warszawa 1961.
DAVIES, N.: Poland, Past and Present. A Selected Bibliography of Works in English, Newtonville/Mass. 1977.
ESTREICHER, K. u. a. (Hg.): Bibliografia polska. 34 Bde, Kraków 1872–1951.
FINKEL, L.: Bibliografia historii polskiej. 3 Bde, Warszawa ²1956.
GAWEŁEK, F.: Bibliografia ludoznawstwa polskiego, Kraków 1914.
GELLES, R., J. PABISZ: Bibliografia Historii Śląska za lata 1945–1975, Wrocław usw. 1981.
GUNZENHÄUSER, M.: Bibliographie zur Geschichte der polnischen Frage bis 1919, Stuttgart 1940.
–: Bibliographie zur Nationalitätenfrage und zur Judenfrage der Republik Polen 1919–1939, Stuttgart 1943.
HORECKY, P. L.: East Central Europe – a Guide to Basic Publications, Chicago 1969.
KANET, R.: Soviet and East European Foreign Policy: A Bibliography of English and Russian Language Publications, Oxford 1974.
KOZŁOWSKI, E.: Bibliografia powstania styczniowego, Warszawa 1964.
LEWAŃSKI, R. C.: Poland. (World Bibliographical Series, Bd. 32). Oxford usw. 1984.
LOEWE, V.: Bibliographie der schlesischen Geschichte, Breslau 1927.
MADUROWICZ-URBAŃSKA, H. (Hg.): Bibliografia historii Polski. 3 Bde, Warszawa 1965–1974.
MALISZEWSKI, E.: Bibljografja Pamiętników Polskich i Polski dotyczących (Druki i rękopisy), Warszawa 1928.
Materialy dlja bibliografii po istorii narodov SSSR XVI–XVII vv. Litovskorusskoe gosudarstvo i Pol'ša do Chmel'ničiny. Trudy istoričesko-archeografičeskogo instituta, t. 4 (1933), S. 143–180.
MEYER, K.: Bibliographie zur osteuropäischen Geschichte. Verzeichnis der zwischen 1939 und 1964 veröffentlichten Literatur in westeuropäischen Sprachen zur osteuropäischen Geschichte bis 1945, Berlin 1972.

MIODUCHOWSKA, M.: Materiały do bibliografii historii Ruchu Ludowego w latach 1864–1974. Druki zwarte wydane w Polsce ludowej, Warszawa 1979.
PELCOWA, J., M. LENARTOWICZ (Hg.): Bibliographie sur la Pologne. Pays – Histoire – Civilisation, Varsovie 1963.
PŁOSKI, S., W. CHOJNACKI (Hg.): Bibliografia Historii Polski XIX wieku, Wrocław 1958–
La Pologne au XIIIe Congrès International des Sciences Historiques à Moscou, Bd. 2, Varsovie 1970.
PRZYBOŚ, A. (Hg.): Polska w okresie drugiej wojny północnej 1655–1660. Bibliografia, Warszawa 1957.
RASPE, H.-U., H. RISTER: Geschichtliche und landeskundliche Literatur Pommerns 1940–1955, Marburg 1958.
RHODE, G.: Polen (Veröffentlichungen 1945–1960), HZ Sonderheft 1 (1962), S. 158–211.
–: Schlesische Bibliographie für die Jahre 1942–1951 –, Marburg 1954–
RISTER, H.: Schrifttum über Polen 1943–1951 mit besonderer Berücksichtigung des Posener Landes, Marburg 1953 und Nachträge.
–: Schlesische Bibliographie, Marburg 1954–
SKWIROWSKA, S. (Hg.): Bibliographie des travaux des historiens polonais en langues étrangères parus dans les années 1945–1968, Wrocław 1971.
SMOGORZEWSKI, K.: Abrégé d'une bibliographie relative aux relations germano-polonaises, Paris 1933.
SMOLITSCH, I.: Verzeichnis des sovetrussischen Schrifttums 1939–1952 zur Geschichte Osteuropas und Südosteuropas, in: ForschOsteuropG., Bd. 3 (1956), S. 99–281.
STANKIEWICZ, M.: Bibliografia litewska od 1517 do 1701 r., Kraków 1889.
STILLER, J. (Hg.): Schrifttum über Polen (ohne Posener Land). 1961/62 und Nachträge. 1966–1970 und Nachträge (Auswahl), 1971–1973 Marburg 1971, 1980, 1983.
SYMMONS-SYMONOLEWICZ, K.: Studies in Nationality and Nationalism in Poland between the Two Wars (1918–1939): a Bibliographic Survey, New York 1944.
VIGOR, P. H. (Hg.): Books on Communism and the Communist Countries, London 1971.
WERMKE, E.: Bibliographie der Geschichte von Ost- und Westpreußen für die Jahre 1930 –, Königsberg 1931 –, Marburg 1953 –
–: Bibliographie der Geschichte von Ost- und Westpreußen, Königsberg 1933.
WOJTKOWSKI, A.: Bibliografia historii Wielkopolski, 2 Bde, Poznań 1938.
ZERNACK, K.: Schwerpunkte und Entwicklungslinien der polnischen Geschichtswissenschaft nach 1945, HZ Sonderheft 5 (1974), S. 202–323.

2 Quellen

Acta historica res gestas Poloniae illustrantia I–XIII, Kraków 1878–1908.
Akty i dokumenty dotyczące sprawy granic Polski na Konferencji Pokojowej w Paryżu 1918–1919. Zebr. i wyd. przez Sekretariat Jeneralny Delegacji Polskiej. 4 Bde, Paryż 1920–1926.
APPELT, H., W. IRGANG (Hg.): Schlesisches Urkundenbuch. Bd. 1–, Wien u.s.w. 1971–
COMTE D'ANGEBERG [L. Chodźko, E. H. Noailles]: Recueil des traités, conventions et actes diplomatiques concernant la Pologne 1762–1862, Paris 1862.
Ausgewählte Quellen zur Kirchengeschichte Ostmittel-Europas, Ulm 1959.
BALZER, O.: Skarbiec i Archiwum Koronne w dobie przed-jagiellońskiej, Lwów 1917.

Bierzanek, R., J. Kukułka (Hg.): Sprawy polskie na Konferencji Pokojowej w Paryżu w 1919 r. Dokumenty i materiały. 3 Bde, Warszawa 1965–1968.
Biskup, M., K. Górski (Hg.): Akta stanów Prus Królewskich. Bd. 1–6–, Poznań, Toruń, Warszawa 1955–1979–
Borowski, S. (Hg.): Kodeks Stanisława Augusta, Warszawa 1938.
Bujnoch, J. (Hg.): Gallus Anonymus: Polens Anfänge (Chronicon). Chronik und Taten der Herzöge und Fürsten von Polen, Graz, Wien, Köln 1978.
Codex diplomaticus Poloniae. 4 Bde, Varsovie 1847–1887.
Feldman, J. (Hg.): Czasy saskie. Wybór źródeł, Kraków 1928.
Gąsiorowska-Grabowska, N., S. Kalabiński (Hg.): Źródła do dziejów klasy robotniczej na ziemiach polskich. 3 Bde, Warszawa 1962–1968.
Górski, K. (Hg.): Iwentarz aktów sejmików Prus Królewskich (1600–1764), Toruń 1950.
Grünhagen, C., C. Wutke (Hg.): Regesten zur schlesischen Geschichte, Breslau 1892–
Heck R.: Polska w okresie monarchii stanowej (1346–1454). Wybór tekstów, Warszawa 1955.
Helbig, H., L. Weinreich (Hg.): Urkunden und erzählende Quellen zur deutschen Ostsiedlung im Mittelalter, Darmstadt 1962.
Kötzschke, R. (Hg.): Quellen zur Geschichte der ostdeutschen Kolonisation im 12. und 13. Jahrhundert, Leipzig ²1931.
Konopczyński, W. (Hg.): Dyariusze sejmowe z wieku XVIII. 3 Bde, Warszawa 1911–1937.
Krzyżanowski, S. (Hg.): Monumenta Poloniae Paleographica, Cracoviae 1907–1910.
Kürbis, B. (Hg.): Chronica Poloniae maioris – Kronika wielkopolska, Warszawa 1970.
Kumaniecki, K. W. (Hg.): Odbudowa państwowości polskiej. Najważniejsze dokumenty 1912 – styczeń 1924, Warszawa, Kraków 1924.
–: Zbiór najważniejszych dokumentów do powstania Państwa Polskiego, Kraków 1920.
Kuraś, S. (Hg.): Zbiór dokumentów małopolskich, Wrocław 1962/63 –
Kutrzeba, S., W. Semkowicz (Hg.): Akta unji Polski z Litwą, 1385–1791, Kraków 1932.
Kutrzeba, S., A. Mańkowski (Hg.): Polskie ustawy wiejskie XV–XVIII w., Kraków 1938.
Labuda, G.: Materiały źródłowe do historii Polski epoki feudalnej. Słowiańszczyzna pierwotna. Wybór tekstów, Warszawa 1954.
Łabuński-Żerbiłło, J. (Hg.): Unia Litwy z Polską(1385–1569). Akty unii i przywilejów stanowych litewskich, Warszawa 1913.
Lewicki, T. (Hg.): Źródła arabskie do dziejów Słowiańszczyzny. Bd. 1, Wrocław, Kraków 1956.
Maleczyński, K. (Hg.): Codex diplomaticus nec non epistolaris Silesia. Kodeks dyplomatyczny Śląska. 2 Bde, Wrocław 1956–1959.
Małowist, M. (Hg.): Materiały źródłowe do historii Polski epoki feudalnej. Wybór tekstów, Warszawa 1954–1955.
Materiały źródłowe do historii polskiego ruchu ludowego. 4 Bde, Warszawa 1966–1967.
Meyer, E. (Hg.): Deutschland und Polen 1772–1970. 2 Bde, Stuttgart 1971, 1972.
Monumenta Medii Aevi Historica. 19 Bde, Kraków 1874–1927.
Monumenta Poloniae Vaticana. 7 Bde, Cracoviae 1913–1950.
Monumenta vetera illustrantia historiam Poloniae. 2 Bde, Osnabrück 1969.
Papée, S. (Hg.): XX lat Rzeczypospolitej Polskiej 1918–1938, Lwów 1938.
Pomniki dziejowe Polski. Monumenta Poloniae historica. 6 Bde, Neue Serie Kra-

ków, Warszawa 1946–
SAWICKI, J. (Hg.): Wybór tekstów źródłowych z historii państwa i prawa polskiego, Bd. 1, Warszawa 1951.
SMOLKA, S.: Polnische Annalen bis zum Anfange des vierzehnten Jahrhunderts, Lemberg 1873.
STENZEL, A. (Hg.): Chronica Polonorum. Breve Chronicon Silesiae; Chronica principum Poloniae. Catalogus abbatum Saganensium, Breslau 1835.
THEINER, A. (Hg.): Vetera monumenta Poloniae et Lithuaniae gentiumque finitimarum historiam illustrantia, maximam partem nondum edita ex tabulariis Vaticanis deprompta, collecta ac serie chronologica disposita ab Augustino Theiner, Neudruck: Osnabrück 1969.
Volumina legum. Prawa, Konstytucye y przywileie Królestwa Polskiego, Wielkiego Xięstwa Litewskiego y wszystkich prowincyi należących na wolnych seymich koronnych od seymu wiślickiego roku pańskiego 1347 aż do ostatniego seymu uchwalone. 10 Bde, Warszawa, Kraków 1732–1952.
WIMMER, J. (Hg.): Wypisy źródłowe do historii polskiej sztuki wojennej, Warszawa 1953–
WIŚNIEWSKI, J. (Hg.): Diplomata regum Poloniae et privilegia cardinalium Poloniae a saeculo XII usque ad saeculum XVI in chartis pergameneis scripta et in archivo capituli Sandomiriensis conservata, ope ac sumptibus Joannis Wiśniewski impressa, Sandomierz 1926.
WOJCIECHOWSKI, Z. (Hg.): Documenta occupationis Teutonicae. 7 Bde, Poznań 1945–1959.
WOLIŃSKI, J. u. a. (Hg.): Materiały do dziejów Sejmu Czteroletniego. 4 Bde, Wrocław 1955–1961.

3 Gesamtdarstellungen

3.1 Gesamtdarstellungen zur polnischen Geschichte

ARNOLD, S., M. ŻYCHOWSKI: Abriß der Geschichte Polens. Von den Anfängen des Staates bis in die neueste Zeit, Warszawa 1967.
ARNOLD, S.: Geografia historyczna Polski, Warszawa 1951.
–: Historia Polski do połowy XV wieku, Warszawa ^{3}1973.
BANDTKIE, J. S.: Dzieje narodu polskiego. Wydanie 3 znaczne pomnożone. 2 Bde, Wrocław 1835.
BIELECKI, F. u. a.: Polen. Geschichte, Wirtschaft, Kultur, Warszawa 1966.
BISKUP, M. (Hg.): Historia Dyplomacji Polskiej. Tom I: Połowa X w. – 1572, Warszawa 1980; Tom II: 1572–1795, Warszawa 1982.
BOBRZYŃSKI, M.: Dzieje Polski w zarysie, Warszawa 1974.
BOGUCKA, M.: Dawna Polska. Narodziny, rozkwit, upadek, Warszawa ^{2}1974.
BRANDYS, M.: Poland, New York 1974.
BUSZKO, J., J. GIEROWSKI, J. WYROZUMSKI: Historia Polski. 4 Bde, Warszawa 1978.
CARL, H.: Kleine Geschichte Polens, Gütersloh [1963].
CZAPLIŃSKI, W., T. ŁADOGÓRSKI (Hg.): Atlas historyczny Polski, Warszawa, Wrocław ^{4}1977.
CZAPLIŃSKI, W. (Hg.): The Historical Atlas of Poland, Warszawa usw. 1986.
CZUBIŃSKI, A., J. TOPOLSKI: Historia Polski, Wrocław usw. 1988.
FORSTER, K.: L'ancienne Pologne (800–1796), Paris 1840.
FUHRMANN, R. W.: Polen-Handbuch. Geschichte, Politik, Wirtschaft, Hannover 1990.
GIEYSZTOR, A. u. a. (Hg.): History of Poland, Warszawa ^{2}1979.

Gieysztor, A. (Hg.): Polska dzielnicowa i zjednoczona. Państwo, społeczeństwo, kultura, Warszawa 1972.
Gieysztor, A., S. Herbst, B. Leśnodorski: Tausend Jahre Polen, Warszawa 1976.
Gloger, Z.: Geografia historyczna ziem dawnej Polski, Kraków ^{2}1903.
–: Encyklopedia staropolska ilustrowana [Przedruk fotooffsetowy wydania z lat 1900–1903], Warszawa 1958.
Gumowski, M.: Handbuch der polnischen Numismatik, Graz 1960.
–: Podręcznik numizmatyki polskiej, Kraków 1914.
Halecki, O.: Geschichte Polens, Frankfurt 1963.
Hanisch, E.: Die Geschichte Polens, Bonn, Leipzig 1923.
Hellmann, M.: Daten der polnischen Geschichte, München 1985.
Historia polityczna Polski. 2 Bde, Warszawa 1920–1923.
Istorija Pol'ši. 4 Bde, Moskva: AN SSSR 1954–1965.
Istorija Pol'ši. V trech tomach, Moskva: AN SSSR ^{2}1955–1958.
Jobert, A.: Histoire de la Pologne, Paris ^{3}1974.
Krzyżanowski, A.: Dzieje Polski. Słowo wstępne: J. Lewandowski, Paris 1973.
Kurkiewicz, W., A. Tatomir, W. Żurawski: Tysiąc lat dziejów Polski. Kalendarium. Chronologiczny przegląd wydarzeń, Warszawa ^{5}1974.
Lelewel, J.: Dzieła, Warszawa 1957–[Hg. J. Adamus u. a.].
Łepkowski, T. (Hg.): Słownik historii Polski, Warszawa ^{5}1969.
Lewicki, A.: Dzieje narodu polskiego w zarysie. Wydanie nowe, Warszawa 1904.
Macůrek, J.: Dějiny polského národa, Praha 1948.
Manteuffel, T. u. a.: Historia Polski. 4 Bde, Warszawa 1957–1969.
Marciniak, Z. (Hg.): Wielka Encyklopedia Powszechna PWN, Warszawa 1962–1970.
Melichar, V. (Hg.): Dějiny Polska, Praha 1975.
Meyer, E.: Grundzüge der Geschichte Polens, Darmstadt ^{2}1977.
Michnik, H., L. Mosler: Historia Polski do roku 1795, Warszawa ^{5}1960.
Montford, H. de: La Pologne, Paris 1951.
Moraczewski, J.: Dzieje Rzeczypospolitej Polskiej. 9 Bde, Poznań 1843–1855.
Naruszewicz, A.: Historya narodu polskiego. Wydanie nowe Jana Nep[omucena] Bobrowicza. 10 Bde, Lipsk 1836–1837.
Pogonowski, I. C.: Poland: A Historical Atlas, New York 1987.
Polska, jej dzieje i kultura od czasów najdawniejszych do chwili obecnej. Opracowanie zbiorowe. 3 Bde, Warszawa 1927–1932.
Polski Słownik Biograficzny. T. I–XXVI (A–P), Kraków, Wrocław 1935–1981.
Reddaway, W. F. u. a. (Hg.): The Cambridge History of Poland, Cambridge 1950–1951.
Rhode, G.: Geschichte Polens. Ein Überblick, Darmstadt ^{3}1980.
Roeppel, R.: Geschichte Polens (ab Bd. 2 von Jakob Caro). Bd. 1–4, Gotha 1840–1875.
Rose, W. F.: Poland, Harmondsworth 1939.
Samsonowicz, H.: Historia Polski do roku 1795, Warszawa ^{3}1976.
Skowronek, M. u. a. (Hg.): Historia Polski, Bd. 1 –, Warszawa 1978 –
Slocombe, G.: A History of Poland, London 1939.
Smoleński, W.: Dzieje narodu polskiego, Warszawa ^{7}1921.
–: Historja Polski, Warszawa ^{5}1927.
Sobieski, W.: Dzieje Polski. 3 Bde, Warszawa ^{2}1938.
Szujski, J.: Dzieje Polski. 4 Bde, Kraków ^{2}1894–1895.
Tazbir, J. (Hg.): Zarys Historii Polski, Warszawa 1979.
Topolski, J. (Hg.): Dzieje Polski, Warszawa 1976.
Topolski, J.: Die Geschichte Polens, Warszawa 1985.
Trzeciak, E., J. Wańkowicz (Hg.): Polen, Warszawa 1974.

TYMOWSKI, M., J. KIENIEWICZ, J. HOLZER: Historia Polski, Paris 1986.
WOJCIECHOWSKI, Z. (Hg.): Poland's Place in Europe, Poznań 1947.

3.2 Gesamtdarstellungen zur Geschichte Litauens und einzelner Landschaften

ALLEN, W. E. D.: The Ukraine – A History, Cambridge 1940.
BARDACH, J.: O dawnej i niedawnej Litwie, Poznań 1988.
BUJAK, F.: Galicja. 2 Bde, Lwów 1908–1910.
Dzieje Warmii i Mazur w zarysie. 2 Bde, Warszawa 1981.
Dzieje Wielkopolski. 2 Bde, Poznań 1969–1973.
GĄSIOROWSKI, A., J. TOPOLSKI (Hg.): Wielkopolski Słownik Biograficzny, Warszawa, Poznań 1981.
Geschichte Schlesiens. Hg. von der Historischen Kommission für Schlesien (unter Leitung v. H. AUBIN u. a.). 2 Bde, Stuttgart 1961–1973.
Górny Śląsk. 2 Bde, Poznań 1959.
HELLMANN, M.: Grundzüge der Geschichte Litauens und des litauischen Volkes, Darmstadt 1966.
Historia Śląska. Opracowanie Zbiorowe. 4 Bde, Wrocław 1963–
HRUSHEVSKY, M.: A History of the Ukraine, New Haven 1941.
JURGĖLA, K. R.: History of Lithuanian Nation, New York 1948.
KACZMARCZYK, Z. u. a. (Hg.): Ziemie Staropolskie. 5 Bde, Poznań 1948–1959.
KOLANKOWSKI, L.: Dzieje Wielkiego Księstwa Litewskiego za Jagiellonów. Bd. I: 1377–1499, Warszawa 1930.
KUTRZEBA, S. u. a. (Hg.): Historja Śląska od najdawniejszych czasów do roku 1400. 3 Bde, Kraków 1933–1939.
LABUDA, G. (Hg.): Historia Pomorza. 2 Bde, Poznań 1969, 1976.
ŁOSSOWSKI, P.: Po tej i tamtej stronie Niemna. Stosunki polsko-litewskie 1883–1939, Warszawa 1985.
OCHMAŃSKI, J.: Dzieje Litwy, Wrocław 1967.
ODYNIEC, W.: Dzieje Prus Królewskich (1454–1772). Zarys monograficzny, Warszawa 1972.
Das östliche Deutschland. Ein Handbuch. Hg. Göttinger Arbeitskreis, Würzburg 1959.
PIWARSKI, K.: Historia Śląska w zarysie, Katowice, Wrocław 1947.
POPIOŁEK, K.: Śląskie dzieje, Warszawa, Kraków [2]1981.
SCHUMACHER, B.: Geschichte Ost- und Westpreußens, Würzburg [5]1959.
VAJTKJAVIČJUS, B. (Hg.): Istorija Litovskoj SSR. S drevnejšich vremen do našiach dnej, Vil'njus 1978.

4 Einzelne Epochen

4.1 Vor- und Frühgeschichte

ANTONIEWICZ, W.: Archeologia Polski, zarys czasów przedhistorycznych i wczesnohistorycznych ziem polskich, Warszawa 1928.
CZEKANOWSKI, J.: Wstęp do historii Słowian. Perspektywy antropologiczne, etnograficzne, prehistoryczne i językoznawcze, Poznań [2]1957.
HELLMANN, M.: Neue Kräfte in Osteuropa, in: Handbuch der Europäischen Geschichte, hg. v. T. Schieder, Bd. 1, Stuttgart 1976, S. 357–370.
HENSEL, W.: Die Anfänge des polnischen Staates, Warschau 1960.
HERRMANN, J.: Wikinger und Slawen. Zur Frühgeschichte der Ostseevölker, Berlin 1981.

JAŻDŻEWSKI, K.: Atlas do pradziejów Słowian. 2 Bde, Łódź 1948–1949.
–: Poland, New York 1965. [Ancient Peoples and Places, 45.]
KOSTRZEWSKI, J.: Les origines de la civilisation Polonaise. Préhistoire – protohistoire, Paris 1949.
KOSTRZEWSKI, J. u. a.: Pradzieje Polski, Wrocław ²1965.
KOSTRZEWSKI, J.: Prasłowiańszczyzna. Zarys dziejów i kultury Prasłowian, Poznań 1946.
KRUKOWSKI, S. u. a.: Prehistoria ziem polskich, Kraków 1939–1948. [Encyklopedia Polska, T. 4, cz. 1, dz. 5.]
KUCHARENKO, J. V.: Archeologija Pol'ši, Moskva 1969.
LABUDA, G.: Słowiańszczyzna pierwotna. Wybór tekstów, Warszawa 1954.
LABUDA, G., Z. STIEBER (Hg.): Słownik starożytności słowiańskich. Encyklopedyczny zarys kultury Słowian od czasów najdawniejszych do schyłku wieku XII, Bd. 1–6–, Wrocław 1961 –
LABUDA, G.: Studia nad początkami państwa polskiego, Poznań ²1987.
LEHR-SPŁAWIŃSKI, T.: O Pochodzeniu i praojczyźnie Słowian, Poznań 1946.
ŁOWMIAŃSKI, H.: Początki Polski. Z dziejów Słowian w I tysiącleciu n. e. 5 Bde, Warszawa 1970–1973.
MACHNIK, J.: Frühbronzezeit Polens. Übersicht über die Kulturen und Kulturgruppen, Wrocław 1977.
MILDENBERGER, G.: Studien zur Völkerwanderungszeit im östlichen Mitteleuropa, in: ZfO 28 (1979) 3.
TYMIENIECKI, K.: Ziemie polskie w starożytności. Ludy i Kultury najdawniejsze, Poznań 1951.
WIŚLAŃSKI, T.: The Neolithic in Poland, Wrocław 1970.

4.2 Piasten

ARNOLD, U., M. BISKUP (Hg.): Der Deutschordensstaat Preußen in der polnischen Geschichtsschreibung der Gegenwart, Marburg 1982.
BALZER, O.: Genealogia Piastów, Kraków 1895.
BARDACH, J., A. GIEYSZTOR u. a.: Historia Polski do roku 1466, Warszawa ⁴1960.
BISKUP, M., G. LABUDA: Dzieje zakonu krzyżackiego w Prusach, Gdansk 1986.
BOOCKMANN, H.: Der deutsche Orden. Zwölf Kapitel aus seiner Geschichte, München 1981.
Deutschland, Polen und der Deutsche Orden, Braunschweig 1975.
DOWIAT, J.: Polska – państwem średniowiecznej Europy, Warszawa 1968.
GIEYSZTOR, A.: La Pologne et l'Europe au Moyen Âge, Warszawa 1963.
GRODECKI, R. u. a.: Dzieje Polski średniowiecznej. 2 Bde, Kraków 1926.
GRODECKI, R.: Polska piastowska. Oprac. J. Wyrozumski, Warszawa 1969.
GRONOWICZ, A.: The Piasts of Poland, New York 1945.
HECK, R. (Hg.): Piastowie w dziejach Polski. Zbiór artykułów z okazji trzechsetnej rocznicy wygaśnięcia dynastii Piastów, Warszawa 1975.
HELLMANN, M.: Die politisch-kirchliche Grundlegung der Osthälfte Europas, in: HB d. Europ. Gesch., Bd. 1, hg. v. T. Schieder, Stuttgart 1976, S. 857–938.
HENSEL, W.: Polska przed tysiącem lat, Wrocław ³1967.
–: La naissance de la Pologne, Wrocław 1966.
JASIENICA, P.: Polska Piastów, Warszawa ⁵1974.
KOSSMANN, O.: Polen im Mittelalter. Beiträge zur Sozial- und Verfassungsgeschichte, Marburg 1971.
KLUBÓWNA, A.: Ostatni z wielkich piastów, Warszawa 1982.
ŁOWMIAŃSKI, H. (Hg.): Polska w okresie rozdrobnienia feudalnego, Wrocław 1973.

MALECZYŃSKI, K.: Zarys dyplomatyki polskiej wieków średnich, Wrocław 1951.
MANTEUFFEL, T. (Hg.): Polska pierwszych Piastów. Państwo, społeczeństwo, kultura, Warszawa 1968.
MODZELEWSKI, K.: Chłopi w monarchii wczesnopiastowskiej, Wrocław usw. 1987.
TYMIENIECKI, K., G. LABUDA, H. ŁOWMIAŃSKI (Hg.): Początki państwa polskiego. Księga tysiąclecia. 2 Bde, Poznań 1962.
TYMIENIECKI, K.: Polska w średniowieczu, Warszawa 1961.
VETULANI, A.: Polska za Piastów. Ustrój polityczny i różnicowanie się społeczeństwa, Warszawa 1949.
WOJCIECHOWSKA, M., Z. WOJCIECHOWSKI: Polska Piastów – Polska Jagiellonów, Poznań 1946.
WOJCIECHOWSKI, Z.: Państwo Polskie w wiekach średnich: dzieje ustroju, Poznań ²1948.
–: L'État polonais au Moyen Âge: histoire des institutions, Paris 1949.
WYROZUMSKI, J.: Kazimierz Wielki, Wrocław usw. 1986.

4.3 Jagiellonen

BISKUP, M., K. GÓRSKI: Kazimierz Jagiellończyk, Warszawa 1987.
BOGUCKA, M., H. SAMSONOWICZ: Dzieje miast i mieszczaństwa w Polsce przedrozbiorowej, Wrocław u. a. 1986.
HALECKI, O.: Dzieje unii Jagiellońskiej. 2 Bde, Kraków 1919–1920.
JASIENICA, P.: Polska Jagiellonów. 2 Bde, Warszawa 1975.
KOLANKOWSKI, L.: Dzieje Wielkiego Księstwa Litewskiego za Jagiellonów, Warszawa 1930.
–: Polska Jagiellonów: dzieje polityczne, Lwów 1936.
KUCZYŃSKI, S. M.: Wielka z zakonem krzyżackim w latach 1409–1411, Warszawa 1987.
RHODE, G.: Polen-Litauen vom Ende der Verbindung mit Ungarn bis zum Ende der Vasas (1444–1669), in: HB d. Europ. Gesch., Bd. 3, hg. v. T. Schieder, Stuttgart 1971, S. 1008–1061.
SAMSONOWICZ, H.: Złota jesień polskiego średniowiecza, Warszawa 1971.
SAMSONOWICZ, H. (Hg.): Polska Jana Długosza, Warszawa 1984.
ZIVIER, E.: Neuere Geschichte Polens, Bd. 1: Die zwei letzten Jagellonen 1506–1572, Gotha 1915.

4.4 Wahlkönigtum

ARNOLD, S., J. MICHALSKI, K. PIWARSKI: Historia Polski. Od połowy XV wieku do roku 1795, Warszawa ²1954.
CEGIELSKI, T.: Das Alte Reich und die Erste Teilung Polens 1768–1774, Stuttgart, Warszawa 1988.
FEDOROWICZ, J. K., M. BOGUCKA, H., SAMSONOWICZ (Hg.): A Republic of Nobles. Studies in Polish History to 1864, London usw. 1982.
HOENSCH, J. K.: Sozialverfassung und politische Reform. Polen im vorrevolutionären Zeitalter, Köln, Wien 1973.
KONOPCZYŃSKI, W.: Dzieje Polski nowożytnej. 2 Bde, Warszawa 1936.
LAEUEN, H.: Polnische Tragödie, Stuttgart ²1958.
LEŚNODORSKI, B. (Hg.): Polska w epoce Oświecenia. Państwo, społeczeństwo, kultura, Warszawa 1971.
MACISZEWSKI, J.: Szlachta polska i jej państwo, Warszawa 1969.
MÜLLER, M. G.: Polen zwischen Preußen und Rußland. Souveränitätskrise und Reformpolitik 1736–1752, Berlin 1983.

MÜLLER, M. G.: Die Teilungen Polens 1772–1793–1795, München 1984.
Polen und Deutschland im Zeitalter der Aufklärung. Reformen im Bereich des politischen Lebens, der Verfassung und der Bildung. XIII. deutsch-polnische Schulbuchkonferenz der Historiker vom 27. Mai–1. Juni 1980 in Münster/W., Braunschweig 1981.
PRZEDZIERSKI, R.: Diplomatie et Protocole à la Cour de Pologne. 2 Bde, Paris 1934, 1937.
ROOS, H.: Polen von 1668–1795, in: HB d. Europ. Gesch., Bd. 4, hg. v. T. Schieder, Stuttgart 1968, S. 692–752.
TAZBIR, J. (Hg.): Polska XVII wieku. Państwo, społeczeństwo, kultura, Warszawa [3]1977.
WISNER, H.: Najjaśniejsza Rzeczpospolita. Szkice z dziejów Polski szlacheckiej XVI–XVII wieku, Warszawa 1978.
WÓJCIK, Z. (Hg.): Polska służba dyplomatyczna XVI–XVII wieku. Studia, Warszawa 1966.
WYCZAŃSKI, A. (Hg.): Polska w epoce odrodzenia. Państwo, społeczeństwo, kultura, Warszawa 1970.
WYCZAŃSKI, A.: Polska – Rzeczą Pospolitą szlachecką 1454–1764, Warszawa 1965.
ZAJĄCZKOWSKI, A.: Hauptelemente der Adelskultur in Polen, Marburg 1967.
ZERNACK, K. (Hg.): Polen und die Polnische Frage in der Geschichte der Hohenzollernmonarchie 1701–1871. Referate einer deutsch-polnischen Historiker-Tagung vom 7.–10. November 1979 in Berlin-Nikolassee, Berlin 1982.
ZIELIŃSKA, Z.: Walka ‚familii' o reformę Rzeczypospolitej, 1743–1752, Warszawa 1983.

4.5 „Nation ohne Staat"

BIENARZÓWNA, J.: Rzeczpospolita Krakowska 1815–1846, Kraków 1948.
BAIER, R.: Der deutsche Osten als soziale Frage. Eine Studie zur preußischen und deutschen Siedlungs- und Polenpolitik in den Ostprovinzen während des Kaiserreichs und der Weimarer Republik, Köln usw. 1980.
BEAUVOIS, D.: Le Noble, le serf, et le révizor. La noblesse polonaise entre le tsarisme et les masses ukrainiennes (1831–1863), Paris 1985.
BLANKE, R.: Prussian Poland in the German Empire (1871–1900), New York 1981.
BOREJSZA, J. W.: Piękny wiek XIX, Warszawa 1984.
CHOWANIEC, C.: La question polonaise 1796–1921 (Historique, facteurs, problèmes), Milano 1968.
GRABIEC, J. (pseud.) [J. Dąbrowski]: Dzieje porozbiorowe narodu polskiego, Warszawa, Kraków 1920.
Die deutsch-polnischen Beziehungen 1831–1848, Vormärz und Völkerfrühling. XI. deutsch-polnische Schulbuchkonferenz der Historiker vom 16.–21. Mai 1978 in Deidesheim, Braunschweig 1979.
FELDMAN, W.: Dzieje polskiej myśli politycznej w okresie porozbiorowym. 3 Bde, Kraków, Warszawa 1913–1920.
–: Geschichte der politischen Ideen in Polen seit dessen Teilungen (1795–1914), München, Berlin 1917.
FRANKEL, H.: Poland. The Struggle for Power 1772–1939, London 1946.
GRONIOWSKI, K., J. SKOWRONEK: Historia Polski 1795–1914, Warszawa [2]1977.
HENSEL, J.: Polnische Adelsnation und jüdische Vermittler 1815–1830. In: Forschungen zur osteuropäischen Geschichte, Bd. 32, Berlin 1983.
HOLZER, J.: Polska 1870–1939, Warszawa 1968.

HOLZER, J., J. MOLENDA: Polska w pierwszej wojnie światowej, Warszawa 1963.
JAWORSKI, R.: Handel und Gewerbe im Nationalitätenkampf. Studien zur Wirtschaftsgesinnung der Polen in der Provinz Posen (1871–1914), Göttingen 1986.
JEDLICKI, J.: Jakiej cywilizacji Polacy potrzebują. Studia z dziejów idei i wyobraźni XIX wieku, Warszawa 1988.
KAMINSKI, T.: Polish Publicists and Prussian Politics. The Polish Press in Poznań during the Neue Kurs of Chancellor Leo von Caprivi 1890–1894, Stuttgart 1988.
KARWOWSKI, S.: Historya Wielkiego Księstwa Poznańskiego. 3 Bde, Poznań 1918–1931.
KIENIEWICZ, S.: The Emancipation of the Polish Peasantry, Chicago 1969.
KIENIEWICZ, S.: Historia Polski 1795–1918, Warszawa 1975.
KIENIEWICZ, S. (Hg.): Polska XIX wieku. Państwo, społeczeństwo, kultura, Warszawa 1977.
KISIELEWSKI, T.: Ojczyzna chłopi ludowcy, Warszawa 1987.
KOBERDOWA, I.: Między pierwszą a drugą rzecząpospolitą. Dzieje Polski 1795–1918, Warszawa 1976.
KUKIEL, M.: Dzieje Polski porozbiorowe. 1795–1921, London 1961.
KULCZYCKI, L.: Królestwo Polskie 1815–1914, Kraków 1916.
ŁEPKOWSKI, T.: Polska – narodziny nowoczesnego narodu 1764–1870, Warszawa 1967.
LESLIE, R. F. (Hg.): The History of Poland since 1863, Cambridge 1980.
MANTEUFFEL-SZOEGE, G. V.: Geschichte des polnischen Volkes während seiner Unfreiheit 1772–1914, Berlin 1950.
NAIMARK, N. M.: The History of the „Proletariat“: The Emergence of Marxism in the Kingdom of Poland, 1870–1887, New York 1979.
PACHONSKI, J.: General Jan Henryk Dąbrowski, 1755–1818, Warszawa 1984.
PIENKOS, A. T.: The Imperfect Autocrat. Grand Duke Constantine Pavlovich and the Polish Congress Kingdom, New York 1987.
POBÓG-MALINOWSKI, W.: Najnowsza historia polityczna Polski 1864–1945. 3 Bde, Londyn 1959–1960.
RECKE, W.: Die polnische Frage als Problem der europäischen Politik, Berlin 1927.
RHODE, G.: Polen und die polnische Frage von den Teilungen bis zur Gründung des Deutschen Reiches, in: HB d. Europ. Gesch., Bd. 5, hg. v. T. Schieder, Stuttgart 1981, S. 677–745.
SOBIESKI, W.: Dzieje Polski lat ostatnich od roku 1865, Warszawa [1925].
STREITER, K. H.: Die nationalen Beziehungen im Großherzogtum Posen (1815–1848), Bern usw. 1985.
TRZECIAKOWSKI, L.: Pod pruskim zaborem 1850–1918, Warszawa 1973.
WACHHOLZ, S.: Rzeczpospolita Krakowska. Okres od 1815–1830 roku, Warszawa 1957.
WANDYCZ, P. S.: The Lands of Partitioned Poland, 1795–1918, Seattle, London 1974.
WAPIŃSKI, R.: Roman Dmowski, Lublin 1989.
WERESZYCKI, H.: Historia polityczna Polski 1864–1918, Paris ^{2}1979.
–: Pod berłem Habsburgów. Zagadnienia narodowościowe, Kraków 1975.
WINIARSKI, B.: Ustrój polityczny ziem polskich w XIX wieku, Poznań 1923.
–: Ustrój prawno-polityczny Galicyi, Warszawa 1915.
ZIELIŃSKI, H.: Historia Polski 1864–1939, Warszawa ^{3}1971.

4.6 Zweite Republik

AJNENKIEL, A.: Polska po przewrocie majowym. Zarys dziejów politycznych Polski 1926–1939, Warszawa 1980.

CHOJNOWSKI, A.: Piłsudczycy u władzy. Dzieje Bezpartyjnego Bloku Współpracy z Rządem, Wrocław usw. 1986.
CIENCIALA, A. M., T. KOMARNICKI: From Versailles to Locarno. Keys to Polish Foreign Policy, 1919–1925, Lawrence 1984.
CZUBIŃSKI, A.: Komunistyczna Partia Polski (1918–1938). Zarys historii, Warszawa 1985.
CZUBIŃSKI, A.: Najnowsze dzieje Polski 1914–1983, Warszawa 1987.
CZUBIŃSKI, A.: Polską Odrodzona. Społeczne i polityczne aspekty rozwoju odrodzonego państwa polskiego. Rozprawy i studia, Poznań 1982.
DĘBICKI, R.: Foreign Policy of Poland, 1919–1939, New York 1962.
Die deutsch-polnischen Beziehungen 1919–1932. XVII. deutsch-polnische Schulbuchkonferenz der Historiker 11.–17. Juni 1984 in Augsburg, Braunschweig 1985.
DROZDOWSKI, M. M.: Ignacy Jan Paderewski. A Political Biography, Warszawa 1981.
DZIEWANOWSKI, M. K.: Poland in the Twentieth Century, New York 1977.
FARYŚ, J.: Koncepcje polskiej polityki zagranicznej 1918–1939, Warszawa 1981.
GARLICKI, A.: Józef Piłsudski, 1867–1935, Warszawa 1988.
GARLICKI, A. (Hg.): Z Dziejów Drugiej Rzeczypospolitej, Warszawa 1986.
GRABOWSKI, Z.: Twenty Years of Poland's Independence, Glasgow 1944.
HEIKE, O.: Das Deutschtum in Polen 1918–1939, Bonn 1955.
HELLER-SLOPNICKA, C.: On the Edge of Destruction. Jews of Poland between the Two World Wars, New York 1977.
KARSKI, J.: The Great Powers and Poland 1919–1945. From Versailles to Yalta, New York usw. 1985.
KOMARNICKI, T.: The Rebirth of the Polish Republic. A Study in the Diplomatic History of Europe 1914–1920, London u. a. 1957.
KORZEC, P.: Juifs en Pologne. La question juive pendant l'entre-deux-guerres, Paris 1980.
KOZLOWSKI, N.: Die politischen Gruppierungen innerhalb des Piłsudski-Lagers 1926–1939, München 1978.
LANDAU, Z., J. TOMASZEWSKI: Druga Rzeczpospolita. Gospodarka, społeczeństwo, miejsce w świecie, Warszawa 1977.
MACHRAY, R.: The Poland of Piłsudski, London 1936.
MACKIEWICZ, S.: Geschichte Polens vom 11. November 1918 bis zum 27. September 1939, Marburg 1956.
MARKERT, W. (Hg.): Polen. Osteuropa-Handbuch, Köln, Graz 1959.
MICEWSKI, A.: Z geografii politycznej II Rzeczypospolitej, Warszawa 1964.
Najnowsze dzieje Polski: Materiały i studia z okresu 1914–1939, Warszawa 1958–
NAŁĘCZ, D. und T.: Józef Piłsudski – legendy i fakty, Warszawa 1986.
La Pologne 1919–1939. 3 Bde, Neuchâtel 1946–1947.
POLONSKY, A.: Politics in Independent Poland 1921–1939. The Crisis of Constitutional Government, Oxford 1972.
RHODE, G.: Polen von der Wiederherstellung der Unabhängigkeit bis zur Ära der Volksrepublik 1918–1970, in: HB d. Europ. Gesch., Bd. 7, hg. von T. Schieder, Stuttgart 1974, S. 978–1061.
ROLLET, H.: La Pologne au XXe siècle, Paris 1984.
ROOS, H.: Geschichte der Polnischen Nation 1918–1985. Von der Staatsgründung im Ersten Weltkrieg bis zur Gegenwart. Fortgeführt von M. Alexander, Stuttgart usw. ^{4}1986.
SHARPS, S. L.: Polen. Weißer Adler im roten Feld, Göttingen 1956.
STRYSZOWSKI, B.: Zarys dziejów narodu i państwa polskiego w latach 1914–1939, London ^{2}1981.
SZAFLIK, J. R.: Polskie Stronnictwo Ludowe Piast 1926–1931, (Włocławek) 1970.

TERLICKI, O.: Pułkownik Beck, Kraków 1985.
TOMICKI, J.: Lewica socjalistyczna w Polsce 1918–1939, Warszawa 1982.
TOMICKI, J. (Hg.): Polska Odrodzona 1918–1939. Państwo, społeczeństwo, kultura, Warszawa 1982.
TOMICKI, J.: Polska Partia Socjalistyczna 1892–1948, Warszawa 1983.
WANDYCZ, P. S.: The Twilight of French Eastern Alliances 1926–1936, Princeton 1988.
WATT, R. M.: Bitter Glory. Poland and its Fate 1918–1939, New York 1979.
WIĘCH, K.: PPS w pierwszych latach parlamentaryzmu 1921–1923, Warszawa 1987.
WINTER, N. O.: The New Poland. The Story of the Resurrection of a Submerged People, Freeport, New York 1972.
WITOS, W.: Moje wspomnienia, Olsztyn 1981.
ŻARNOWSKI, J. (Hg.): Życie polityczne w Polsce 1918–1939, Wrocław usw. 1985.
ZWEIG, F.: Poland Between Two Wars. A Critical Study of Social and Economic Changes, London 1944.

4.7 Zweiter Weltkrieg

BARTOSZEWSKI, W.: Uns eint vergossenes Blut. Juden und Polen in der Zeit der „Endlösung", Frankfurt 1987.
BROSZAT, M.: Nationalsozialistische Polenpolitik 1939–1945, Frankfurt, Hamburg [2]1965.
COUTOUVIDIS, J., J. REYNOLDS: Poland 1939–1947, Leicester 1986.
CYPRIAN, T., J. SAWICKI: Nazi Rule in Poland, 1939–1945, Warsaw 1961.
DĄBROWSKI, S.: Koncepcje przebudowy Polski w programach i publicystyce ruchu ludowego 1939–1945, Warszawa 1981.
Deutschland und Polen von der nationalsozialistischen Machtergreifung bis zum Ende des Zweiten Weltkrieges. XVIII. deutsch-polnische Schulbuchkonferenz der Historiker vom 28. Mai bis 2. Juni 1985 in Nowogard (Naugard), Braunschweig 1986.
DURACZYŃSKI, E.: Między Londynem a Warszawą. Lipiec 1943 - lipiec 1944, Warszawa 1986.
ENGEL, D.: In the Shadow of Auschwitz. The Polish Government-in-Exile and the Jews, 1939–1942, London 1987.
GARLIŃSKI, J.: Poland in the Second World War, Houndmills usw. 1985.
GERHARD, J. u. a.: Druga wojna światowa. Informator 1939–1945, Warszawa 1963.
GROSS, J. T.: Polish Society under German Occupation. The Generalgouvernment, 1939–1944, Princeton 1979.
GROSS, J. T.: Und wehe, du hoffst... Die Sowjetisierung Ostpolens nach dem Hitler-Stalin-Pakt 1939–1941, Freiburg 1988.
GUMOWSKI, J., K. LESZCZYŃSKI: Poland under Nazi Occupation, Warszawa 1961.
GUTMAN, Y., S. KRAKOWSKI: Unequal Victims. Poles and Jews During World War II, New York 1986.
KARSKI, J.: Story of a Secret State, Cambridge 1944.
KLESSMANN, C. (Hg.): September 1939. Krieg, Besatzung, Widerstand in Polen, Göttingen 1989.
KORBONSKI, S.: The Polish Underground State. A Guide to the Underground, 1939–1945, New York 1978.
KORPOLSKA, W.: Władysław Eugeniusz Sikorski. Biografia polityczna, Wrocław usw. 1981.
KOWALSKI, W. T.: Walka dyplomatyczna o miejsce Polski w Europie 1939–1945. 2 Bde, Warszawa [6]1985.

KUBY, E.: Als Polen deutsch war. 1939–1945, Ismaning 1986.
LESSER, G.: Leben als ob. Die Untergrunduniversität Krakau im Zweiten Weltkrieg, Freiburg 1988.
LISZEWSKI, K.: Wojna polsko-sowiecka 1939 roku, London 1986.
LUKAS, Richard C.: The Forgotten Holocaust: the Poles under German Occupation, 1939–1944, Lexington 1986.
MADAJCZYK, C.: Die Okkupationspolitik Nazideutschlands in Polen 1939–1945, Berlin 1987.
Nacht über Europa, Bd. 2: Die faschistische Okkupationspolitik in Polen (1939–1945), Köln 1989.
PARSADANOVA, V. S.: Sovetsko-pol'skie otnošenija gody velikoj otečestvennoj vojny 1941–1945 gg., Moskva 1982.
READ, A., D. FISHER: The Deadly Embrace. Hitler, Stalin, and the Nazi-Soviet Pact 1939–1941, London 1988.
ROZEK, E. J.: Allied Wartime Diplomacy. A Pattern in Poland, New York 1958.
STRUMPH WOJTKIEWICZ, S.: Generał Władysław Sikorski, Warszawa 1981.
SZAFLIK, J. R.: Historia Polski 1939–1947, Warszawa 1987.
SZAROTA, T.: Warschau unter dem Hakenkreuz. Leben und Alltag im besetzten Warschau, Paderborn 1985.
SZCZYPEK, J.: Władysław Sikorski. Fakty i legendy, Rzeszów 1984.
TERLECKI, O.: Generał Sikorski. 2 Bde, Kraków 1981–1983.
TERRY, S. M.: Poland's Place in Europe. General Sikorski and the Origin of the Oder-Neisse Line, 1939–1943, Princeton 1983.
TUSZYŃSKI, W., T. TAMOGRODZKI: Geschichte des polnischen Widerstandskampfes 1939–1945. Militärhistorischer Abriß, Berlin 1980.
Widerstandsbewegungen in Deutschland und in Polen während des zweiten Weltkrieges. X. deutsch-polnische Schulbuchkonferenz der Historiker vom 2.–5. Juni 1977 in Lancut (Polen), Braunschweig [2]1983.
WIECZOREK, M.: Armia Ludowa. Powstanie i organizacja 1944–1945, Warszawa 1979.

4.8 Volksdemokratie

BENEŠ, V., N. J. G. POUNDS: Poland, New York, Washington 1970.
Die Beziehungen zwischen der Bundesrepublik Deutschland und der Volksrepublik Polen bis zur Konferenz über Sicherheit und Zusammenarbeit in Europa (Helsinki 1975). XIX. deutsch-polnische Schulbuchkonferenz der Historiker vom 20.–25. Mai 1986 in Saarbrücken, Braunschweig 1987.
BINGEN, D. (Hg.): Polen 1980–1984. Dauerkrise oder Stabilisierung, Baden-Baden 1985.
BROMKE, A.: Poland. The Last Decade, Oakville, Ont., 1981.
BRUS, W. u. a.: Polen. Symptome und Ursachen der polnischen Krise, Hamburg 1981.
CHRUPEK, Z., S. GEBETHNER: Ustrój społeczno-gospodarczy i polityczny PRL, Warszawa [9]1978.
FEJTÖ, F.: Die Geschichte der Volksdemokratie. 2 Bde, Graz usw. 1972.
GEBETHNER, S.: Ustrój polityczny Polskiej Rzeczypospolitej Ludowej, Warszawa 1976.
GÓRA, W.: Polska Ludowa 1944–1984. Zarys dziejów politycznych, Lublin 1986.
GÓRA, W.: Volksrepublik Polen. Ein Abriß, Berlin 1979.
GROTH, A. J.: People's Poland. Government and Politics, Scranton 1972.
GRUBE, F., G. RICHTER: Der Freiheitskampf der Polen. Geschichte – Dokumentation – Analyse, Hamburg 1981.

HAHN, H.-H., M. G. MÜLLER (Hg.): Gesellschaft und Staat in Polen. Historische Aspekte der polnischen Krise, Berlin 1988.
HAHN, W. G.: Democracy in a Communist Party. Poland's Experience Since 1980, New York 1987.
HOENSCH, J. K., G. NASARSKI: Polen. 30 Jahre Volksdemokratie, Hannover 1975.
JACOBSEN, H.-A. u. a. (Hg.): Bundesrepublik Deutschland – Volksrepublik Polen. Bilanz der Beziehungen und Perspektiven ihrer Normalisierung, Frankfurt, Warszawa 1979.
JERNSSON, F.: Gesellschaft und Staat im Wandel, München 1971.
KARPIŃSKI, J.: Countdown. The Polish Upheavels of 1956, 1968, 1970, 1976, 1980, New York 1982.
KOLANKIEWICZ, G., P. G. Lewis: Poland. Politics, economics, and society, London usw. 1988.
LASOTA, I. (Hg.): 40 lat władzy kommunistycznej w Polsce, London 1986.
LEHMANN, H. G.: Der Oder-Neiße-Konflikt, München 1979.
MORRISON, J. F.: The Polish People's Republic, Baltimore 1968.
NASARSKI, G.: Noch ist Polen nicht verloren. Die Tragödie einer stolzen Nation, Wien 1982.
POKLAD, B. J.: Vnešnjaja politika narodnoj Pol'ši, Moskva 1978.
Polen. Länderberichte Osteuropa, Bd. 3. Hg. v. J. G. Herder-Institut, München, Wien 1976.
Polen. Dreißig Jahre Volksrepublik Polen. 1944–1974, Warszawa 1974.
RAINA, P.: Independent Social Movements in Poland, London 1982.
SADOWSKI, M.: Das politische System Volkspolens, Warszawa 1976.
SCHAFF, A.: Polen heute, Wien, München 1984.
STEHLE, H.: Nachbar Polen, Frankfurt [2]1968.
SZCZEPAŃSKI, J.: Polish Society, New York 1970.
Von THADDEN, J.: Krisen in Polen: 1956, 1970 und 1980. Eine vergleichende Analyse ihrer Ursachen und Folgen, Frankfurt usw. 1986.
TOMALA, M.: Polen nach 1945, Stuttgart usw.1973.
USCHAKOW, A. (Hg.): Erneuerung in Polen. Gesellschaft, Wirtschaft und Kultur im Wandel, München 1982.
Volksrepublik Polen, Warszawa 1976.
WEHLING, H.-G. (Hg.): Polen, Stuttgart usw. 1986.
WEYDENTHAL, J. B. de: The Communists of Poland, Stanford, Cal. 1978.
WIEVORKA, M.: Les Juifs, la Pologne et Solidarność, Paris 1984.
WOODALL, J. (Hg.): Policy and Politics in Contemporary Poland. Reform, Failure, Crisis, London 1982.

5 Gesamtdarstellungen Verfassungsgeschichte u. ä.

AJNENKIEL, A.: Polskie konstytucje, Warszawa 1983.
AJNENKIEL, A.: Administracja w Polsce. Zarys historyczny, Warszawa [2]1977.
AJNENKIEL, A., B. LEŚNODORSKI, W. ROSTOCKI: Historia ustroju Polski 1764–1939, Warszawa [3]1974.
BALZER, O.: Historia ustroju Polski, Lwów 1913.
BARDACH, J. (Hg.): Historia państwa i prawa Polski, 2 Bde, Warszawa [3]1968.
BARDACH, J., B. LEŚNODORSKI, M. PIETRZAK: Historia Państwa i Prawa polskiego. 3 Bde, Warszawa 1979.
BARDACH, J. (Hg.): Historia państwa i prawa Polski do roku 1795. 2 Bde, Warszawa [2]1964.
BARDACH, J.: Studia z ustroju i prawa Wielkiego Księstwa Litewskiego XIV–XVII w., Warszawa 1970.

KONECZNY, F.: Dzieje administracji w Polsce w zarysie, Wilno 1924.
KUTRZEBA, S.: Grundriß der polnischen Verfassungsgeschichte, Berlin 1912.
–: Historia ustroju Polski w zarysie. 4 Bde, Lwów 1905–1920.
LEŚNODORSKI, B.: Parlamentaryzm w Polsce, Kraków 1947.
MAZURKIEWICZ, J., A. KOROBOWICZ: Historia państwa i prawa polskiego, 1795–1864, Lublin 1970.
RYSZKA, F. (Hg.): Historia państwa i prawa Polski 1918–1939. 2 Bde, Warszawa 1962, 1968.
ŚRENIOWSKI, S.: Historia ustroju Śląska, Katowice, Warszawa 1948.
WAGNER, W. (Hg.): Polish Law throughout the Ages, Stanford/Cal. 1970.
WITKOWSKA, H.: Dzieje ustroju Polski w zarysie, Warszawa [4]1919.

6 Soziale Stratifikation

BONIECKI, A.: Herbasz Polski. 15 Bde, Warszawa 1900–1912.
BORKOWSKI, J. Chłopi polscy w dobie kapitalizmu, Warszawa 1981.
BURSZTA, J.: Od osady słowiańskiej do wsi współczesnej, Wrocław 1958.
DWORZACZEK, W.: Genealogia. 2 Bde, Warszawa 1959.
FABER, B. L. (Hg.): The Social Structure of Eastern Europe. Transition and Process in Czechoslovakia, Hungary, Poland, Romania, and Yugoslavia, New York 1976.
GIEYSZTOROWA, I.: Wstęp do demografii staropolskiej, Warszawa 1976.
GOLCZEWSKI, F., W. RESCHKA: Gegenwartsgesellschaften: Polen, Stuttgart 1982.
GRABSKI, W.: Historia wsi w Polsce, Warszawa 1929.
IHNATOWICZ, I., A. MĄCZAK, B. ZIENTARA: Społeczeństwo polskie od X do XX wieku, Warszawa 1979.
INGLOT, S. (Hg.): Historia chłopów polskich, 3 Bde, Wrocław 1970–1980.
LANE, D., G. KOLANKIEWICZ: Social Groups in Polish Society, London 1973.
ŁOZIŃSKI, W.: Polnisches Leben in vergangenen Zeiten, München 1917.
MAJ, K.: Chłopi w dawnej Polsce, Warszawa [2]1947.
ORZECHOWSKI, M. u. a. (Hg.): Historia polskiego ruchu robotniczego. Bd. 1 –, Warszawa 1985 –
PAZYRA, S.: Geneza i rozwój miast mazowieckich, Warszawa 1959.
PRÓCHNIK, A.: Dzieje chłopów w Polsce, Lwów 1922.
PTAŚNIK, J.: Miasta i mieszczaństwo w dawnej Polsce, Warszawa [2]1949.
–: Miasta w Polsce, Lwów 1922.
SCHNEIDEGGER, U.: Industrialisierung und sozialer Wandel in Polen. Vorwort v. J. Strzelecki, Bern 1977.
SIUCHNIŃSKI, M. (Hg.): Miasta Polskie w tysiącleciu, Wrocław 1965–1967.
STARYKOŃ-KASPRZYCKI, S. J. (Hg.): Polska Encyklopedia Szlachecka. 12 Bde, Warszawa 1935–1938.
ŚWIĘTOCHOWSKI, A.: Historia chłopów polskich w zarysie, Warszawa [2]1949.
SZYMANSKI, A.: Class Struggle in Socialist Poland, New York usw. 1984.
TYMIENIECKI, D.: Historia chłopów polskich. 3 Bde, Warszawa, Wrocław 1965–1969.
VIELROSE, E.: Die Bevölkerung Polens vom 10.–17. Jahrhundert, Magdeburg 1958.
Z dziejów chłopów polskich (od wczesnego feudalizmu do 1938 r.), [Warszawa] 1968.
ZAJĄCZKOWSKI, A.: Z dziejów intelligencji polskiej. Studia historyczno-socjologiczne, Wrocław 1962.
ŻYCHLIŃSKI, T.: Złota księga szlachty polskiej. 29 Bde, Poznań 1879–1907.

7 Nationalitäten-Problematik

Bałaban, M. A.: Z historyi Żydów w Polsce. Szkice i studja, Warszawa 1920.
Borwicz, M.: 1000 years of Jewish life in Poland, Paris 1955.
Bystroń, J. S.: Etnografia Polski, Poznań 1947.
Chojnowski, A.: Koncepcje polityki narodowościowej rządów polskich w latach 1921–1939, Wrocław 1979.
Eisenbach, A.: Emancypacja Żydów na ziemiach polskich 1785–1870, Warszawa 1988.
Ficowski, J.: Cyganie polscy. Szkice historyczno-obyczajowe. Warszawa 1953.
Golczewski, F.: Polnisch-jüdische Beziehungen 1881–1922. Eine Studie zur Geschichte des Antisemitismus in Osteuropa, Wiesbaden 1981.
Goodhardt, A.: Poland and the Minority Races, London 1920.
Hagen, W. W.: Germans, Poles, and Jews. The Nationality Conflict in the Prussian East, 1772–1914, Chicago, London 1980.
Halecki, O.: Das Nationalitätenproblem im alten Polen, Krakau 1916.
Handelsman, M.: Rozwój narodowości nowoczesnej, Warszawa 1923.
Heike, O.: Die deutsche Minderheit in Polen bis 1939. Ihr Leben und Wirken kulturell – gesellschaftlich – politisch. Eine historisch-dokumentarische Analyse, Leverkusen 1985.
Horak, S.: Poland and Her National Minorities 1919–1939; a Case Study, New York usw. 1961.
Kötzschke, R., W. Ebert: Geschichte der Ostdeutschen Kolonisation, Leipzig 1937.
Kossmann, O.: Die Deutschen in Polen seit der Reformation, Marburg 1978.
Mahler, R.: Dzieje Żydów w Polsce przedrozbiorowej, Warszawa 1946.
Majkowski, A.: Historia Kaszubów, Gdynia 1938.
Mróz, L.: Cyganie, Warszawa 1971.
Peřich, L.: Slezsko. Přehled národnostního vývoje, Praha 1945.
Paprocki, S. J. (Hg.): Polen und das Minderheitenproblem, Warschau 1935.
Saprok, G.: Deutsche in Polen und im Baltikum, Leipzig 1939.
Schmidt, E.: Geschichte des Deutschtums im Lande Posen unter polnischer Herrschaft, Bromberg 1904.
Wasilewski, L.: Litwa i Białoruś. Zarys historyczno-polityczny stosunków narodowościowych, Warszawa, Kraków 1925.
Wasiutyński, B.: Ludność żydowska w Polsce w wiekach XIX–XX. Studium statystyczne, Warszawa 1930.
Weinryb, B.: The Jews of Poland, Philadelphia 1973.
Wiebe, H.: Das Siedlungswerk niederländischer Mennoniten im Weichseltal zwischen Fordon und Weissenberg bis zum Ausgang des 18. Jahrhundert, Marburg 1952.
Żydzi w Polsce odrodzonej, Warszawa 1936.

8 Wirtschaft

Baranowski, B. (Hg.): Histoire de l'économie rurale en Pologne jusqu'à 1864, Wrocław 1966.
Barbag, J.: Geografia gospodarcza Polski w zarysie, Warszawa [2]1949.
Bujak, F.: Rozwój gospodarczy Polski w krótkim zarysie, Kraków 1925.
Encyklopedia historii gospodarczej Polski do 1945 roku. 2 Bde Warszawa 1981.
Gargas, S.: Geschichte der Nationalökonomie im alten Polen, Berlin 1925.
Gliszczyński, J., M. Syrek: Gospodarka Polski Ludowej, Warszawa 1980.
Górecki, R.: Gospodarczy dorobek Polski w latach 1918–1938, London 1946.

GRADOWSKI, R.: Podstawowe zagadnienia historii gospodarczej Polski okresu międzywojennego, 1918–1939, Warszawa 1964.
GRODEK, A.: Historia gospodarcza XIX i XX wieku, Warszawa 1959.
GRODEK, A.; I. KOSTROWICKA: Historia gospodarcza Polski, Warszawa 1955.
JEZIERSKI, A.: Historia gospodarcza Polski Ludowej 1944–1968, Warszawa 1971.
JONCA, K.: Historia gospodarcza Polski w zarysie do 1939 roku, Wrocław 1984.
KALIŃSKI, J., Z. LANDAU: Gospodarka Polski Ludowej 1944–1955, Warszawa [2]1978.
KARPIŃSKI, A.: Zwanzig Jahre wirtschaftliche Entwicklung Volkspolens 1944–1964, Warszawa 1964.
KOŁODZIEJCZYK, R.: Zarys dziejów kapitalizmu w Polsce, Warszawa 1974.
KOSTROWICKA, I., Z. LANDAU, J. TOMASZEWESKI: Historia gospodarcza Polski XIX i XX wieku, Warszawa [3]1978.
LANDAU, Z., J. TOMASZEWSKI: Druga Rzeczpospolita. Gospodarka, społeczeństwo, miejsce w świecie, Warszawa 1977.
–: Wirtschaftsgeschichte Polens im 19. und 20. Jahrhundert, Berlin 1986.
–: Zarys historii gospodarczej Polski 1918–1939, Warszawa [2]1962.
LAVIGNE, M.: The Socialist Economies of the Soviet Union and Europe, London 1974.
LESKIEWICZOWA, J. (Hg.): Zarys historii gospodarstwa wiejskiego w Polsce. 3 Bde, Warszawa 1964–1970.
LIPIŃSKI, E.: Studia nad historią polskiej myśli ekonomicznej, Warszawa 1956.
MĄCZAK, A., Z. LANDAU : Dzieje gospodarcze Polski do roku 1939. Warszawa 1988.
MODZELEWSKI, K.: Organizacja gospodarcza państwa piastowskiego X–XIII w., Wrocław 1975.
MURRAY, M.: Poland's Progress 1919–1939. With an Introduction by E. Barker, London [4]1947.
OCHMAŃSKI, W.: Gospodarowanie na roli na ziemiach polskich w rozwoju dziejowym, Warszawa 1959.
RUSIŃSKI, W.: Rozwój gospodarczy ziem polskich w zarysie, Warszawa [3]1973.
RUTKOWSKI, J.: Histoire économique de la Pologne avant les partages, Paris 1927.
–: Historia gospodarcza Polski. 2 Bde, Poznań [2]1946, 1950.
SECOMSKI, K. (Hg.): 35 lat Gospodarki Polski Ludowej, Warszawa 1979.
STYŚ, W.: Zarys historii gospodarczej Polski, Warszawa [2]1960.
TAYLOR, J.: The Economic Development of Poland: 1919–1950, New York 1952.
ZIENTARA, B. u. a.: Dzieje gospodarcze Polski do roku 1939, Warszawa [3]1973.

9 Kirche

ABRAHAM, W.: Organizacja kościoła w Polsce do połowy wieku XII, Poznań [8]1962.
AMMAN, A. M.: Abriß der ostslawischen Kirchengeschichte, Wien 1950.
CASTELLAN, G.: „Dieu garde la Pologne". Histoire du catholicisme polonais (1795–1980), Paris 1981.
CHODYNICKI, K.: Kościół prawosławny a Rzeczpospolita Polska, zarys historyczny 1370–1632, Warszawa 1934.
CIUPAK, E.: Katolicyzm ludowy w Polsce, Warszawa 1973.
DOWIAT, J.: Historia Kościoła katolickiego w Polsce do połowy XV w., Warszawa 1968.
GASTPARY, W.: Historia protestantyzmu w Polsce od połowy XVIII w. dq pierwszej wojny światowej, Warszawa 1977.
GÓRSKI, K.: Od religijności do mystiki. Zarys dziejów życia wewnętrznego w Polsce. Cz. 1: 966–1795, Lublin 1962.

HALECKI, O.: Tysiąclecie Polski Katolickiej, Rom 1966.
HEYDEN, N.: Kirchengeschichte Pommerns. 2 Bde, Köln [2]1957.
KAŁWA, P., M. RECHOWICZ u. a. (Hg.): Księga tysiąclecia katolicyzmu w Polsce. 3 Bde, Lublin 1969.
KASTNER, K.: Kirchengeschichte Schlesiens, Breslau [2]1920.
KLEINDIENST, A., O. WAGNER: Der Protestantismus in der Republik Polen 1918/19–1939 im Spannungsfeld von Nationalitätenpolitik und Staatskirchenrecht, kirchlicher und nationaler Gegensätze, Marburg 1985.
KŁOCZOWSKI, J. (Hg.): Kościół w Polsce. 2 Bde, Kraków 1966, 1970.
KNEIFEL, E.: Geschichte der Evangelisch-Augsburgischen Kirche in Polen, Niedermarschacht 1962.
KUMOR, B.: Historia Kościoła. 4 Bde, Lublin 1973–1978.
KUMOR, B., Z. OBERTYŃSKI (Hg.): Historia Kościoła w Polsce. T. 1, cz. 1–2. Do roku 1764, Wrocław, Poznań 1974.
LIKOWSKI, E.: Dzieje Kościoła unickiego na Litwie i Rusi w XVIII i XIX wieku, uważene głównie ze względu na przyczyny jego upadku. 2 Bde, Warszawa [2]1906.
MANTHEY, F.: Polnische Kirchengeschichte, Hildesheim 1965.
MARKIEWICZ, S.: Państwo i Kościół w Polsce Ludowej, Warszawa 1981.
MICEWSKI, A.: Kardynał Wyszyński. Prymas i mąż stanu, Paris 1982.
Millénaire du Catholicisme en Pologne, Lublin 1969.
PELESZ, J.: Geschichte der Union der ruthenischen Kirche mit Rom von der ältesten Zeit bis auf die Gegenwart. 2 Bde, Wien 1880.
PIEKARSKI, A.: The Church in Poland. Facts, figures, information, Warszawa 1978.
RAINA, P.: Stefan Kardynał Wyszyński Prymas Polski. 3 Bde, London 1979–1988.
RECHOWICZ, M. (Hg.): Dzieje teologii katolickiej w Polsce. 2 Bde, Lublin 1974.
RĘCZLERSKI, W.: The Protestant Churches in Poland, London 1944.
RHODE, G.: Brandenburg-Preußen und die Protestanten in Polen 1640–1740. Ein Jahrhundert preußischer Schutzpolitik für eine unterdrückte Minderheit, Leipzig 1941.
SILNICKI, T.: Z Dziejów Kościoła w Polsce. Studia i szkice historyczne, Warszawa 1960.
SVITIČ, A.: Pravoslavnaja cerkov' v Pol'še i ee avtokefalija, Buenos Aires 1959.
TAZBIR, J.: Geschichte der polnischen Toleranz, Warszawa 1979.
–: Historia Kościoła katolickiego w Polsce (1460–1795), Warszawa 1966.
VÖLKER, K.: Kirchengeschichte Polens, Berlin, Leipzig 1930.
WOLIŃSKI, J.: Polska i Kościół Prawosławny. Zarys historyczny, Lwów 1936.

10 Kultur

BOCHNAK, A.: Zarys dziejów polskiej historii sztuki, Kraków 1948.
BOGUCKA, M.: Dzieje kultury polskiej do 1918 r., Wrocław u. a. 1987.
BRÜCKNER, A.: Dzieje kultury polskiej. 3 Bde, Warszawa [3]1957–1958.
BUDZYK, K., A. LIBERA, Z. PIETRUSIEWICZÓWNA: Historia literatury polskiej. Od początków piśmiennictwa do końca XVIII wieku, Warzawa 1953.
BYSTROŃ, J. S.: Kultura ludowa, Warszawa [2]1947.
CHAŁASIŃSKI, J.. Kultura i naród. Studia i szkice, Warszawa 1968.
CZEPULIS-RASTENIS, R. (Hg.): Inteligencja polska XIX i XX wieku, Warszawa 1987.
DMOCHOWSKI, Z.: The Architecture of Poland; an Historical Survey, London 1956.
DOBROWOLSKI, T. (Hg.): Historia Sztuki polskiej w zarysie. 3 Bde, Kraków 1962.
DOBROWOLSKI, T.: Nowoczesne malarstwo polskie 1764–1939. 2 Bde, Wrocław usw. 1957–1960.
DOWIAT, J. (Hg.): Kultura Polski średniowiecznej X–XIII w., Warszawa 1985.

Fuksiewicz, J.: Film w Polsce, Warszawa 1972.
Gieysztor, A. (Hg.): Historia kultury średniowiecznej w Polsce. 2 Bde, Warszawa 1962, 1964.
Gieysztor, A.: Società e cultura nell'alto medioevo polacco, Wrocław 1965.
Hartmann, K.: Polen, Nürnberg 1966. (Kultur der Nationen. Geistige Länderkunde.).
Historia nauki polskiej w monografiach. 34 Bde, Kraków 1948.
Jachimecki, Z.: Muzyka polska w rozwoju historycznym od czasów najdawniejszych do doby obecnej. T. 1, cz. 1–2, Kraków 1948–1951.
Janicki, S.: Film polski od A do Z, Warszawa ^{3}1977.
Jarociński, S. (Hg.): Polish Music, Warszawa 1965.
Krejči, K.: Geschichte der polnischen Literatur, Halle 1958.
Kridl, M.: A Survey of Polish Literature and Culture, Den Haag 1956.
Krzyżanowski, J.: A History of Polish Literature, Warszawa 1978.
Krzyżanowski, J. u. a.: Słownik folkloru polskiego, Warszawa 1965.
Langer, D.: Grundzüge der polnischen Literaturgeschichte, Darmstadt 1975.
Maciąg, W.: Die polnische Gegenwartsliteratur, 1939–1976, München 1979.
Miłobędzki, A.: Zarys dziejów architektury w Polsce, Warszawa 1963.
Miłosz, C.: Geschichte der polnischen Literatur, Köln 1981.
Moszyński, K.: Kultura ludowa Słowian. Cz. 1–2, Kraków 1929–1939.
Pazdur, J., W. Hensel (Hg.): Historia kultury materialnej Polski. 5 Bde, Wrocław 1978.
Raszewski, Z.: Krótka historia teatru polskiego, Warszawa 1977.
Sivert, T. (Hg.): Dzieje teatru polskiego. Bd. I –, Warszawa 1977 –
Suchodolski, B.: Dzieje kultury polskiej, Warszawa 1980.
Suchodolski, B. (Hg.): Historia nauki polskiej. Bde 1–3, 6–7, Wrocław 1970–1975.
Tatarkiewicz, W.: Historia filozofii. 3 Bde, Warszawa ^{5}1958.
Tazbir, J.: Kultura szlachecka w Polsce. Rozkwit – upadek – relikty, Warszawa 1978.
Walicki, M.: Malarstwo polskie: gotyk, renesans, wczesny manieryzm, Warszawa 1961.
Wąsik, W.: Historia filozofii polskiej. 2 Bde, Warszawa 1958–1966.
Wirth, A. (Hg.): Polnisches Theater. 2 Bde, Neuwied 1967.
Wojciechowski, A.: Polnische Malerei der Gegenwart. Richtungen, Programme, Werke, Warszawa 1977.
Wyka, K. (Hg.): Historia literatury polskiej. 4 Bde, Warszawa 1975–1978.
Zamoyski, A.: The Polish Way. A Thousand-year History of the Poles and their Culture, London 1987.

11 Militär

Anusiewicz, M. (Hg.): Dzieje oręża polskiego 963–1945. Praca zbiorowa w 3 tomach, Warszawa 1968–1974.
Histoire Militaire de la Pologne – problèmes choisis, Warszawa 1970.
Hubert, W.: Historja wojenna polska w zarysie. 2 Bde, Lwów, Warszawa ^{2}1921.
Korzon, T.: Dzieje wojen i wojskowości w Polsce. 3 Bde, Lwów usw. ^{2}1923.
Kukiel, M.: Zarys historii wojskowości w Polsce, London ^{5}1949.
Malcher, G. C.: Poland's Politicized Army. Communists in Uniform, New York usw. 1984.
Nowak, T., J. Wimmer: Historia oręża polskiego 963–1795, Warszawa 1981.
Okęcki, S. (Hg.): Historia wojskowości, Warszawa 1960.
Rostafiński, M.: Zarys historii rozwoju wojskowości w Polsce (992–1792 r.), Poznań 1922.

Sikorski, J. (Hg.): Zarys dziejów wojskowości polskiej do r. 1864. 2 Bde, Warszawa 1965–1966.
Wiatr, J. J.: The Soldier and the Nation. The Role of the Military in Polish Politics, 1918–1985, Boulder usw. 1988.

Personenregister

Abasa, Pascha 141
Adalbert von Prag, Hlg. (Vojtěch, † 997) 21, 25, 40
Adalbert, Bischof von Pommern 30
Adenauer, Konrad, dt. Bundeskanzler 1949–1963 320
Adolf von Holstein 33
Agnes von Österreich (x Władysław II. von Schlesien und Polen 1125/27) 33
Al'bedinskij, Petr Pavlovič, Generalgouverneur von Warschau 220
Albert, Vogt von Krakau 48, 66
Albrecht I., dt. König 1298–1308 37
Albrecht II., dt. König 1438/39 83
Albrecht I. von Brandenburg-Ansbach, Hochmeister, Herzog von Preußen (1511 bzw. 1525–1568) 102, 103, 118
Albrecht der Bär, Herzog von Sachsen und der Nordmark 33, 63
Aldona/Anna (x Kazimierz III. Wielki 1325) 48
Aleksander, Großfürst von Litauen, König von Polen 1492 bzw. 1501–1506 89, 97, 101
Aleksej Michajlovič, Zar 1645–1676 147, 149
Alexander I., Zar 1801–1825 185 f., 189–195, 242
Alexander II., Zar 1855–1881 215–218
Alexander III., Papst 35
Alfonso II. von Ferrara 122
Altenstein, Karl Freiherr von, preuß. Unterrichtsminister 209
Anders, Władysław, General 284, 286, 349
Andreas I., König von Ungarn 1046–1061 25
Andreas II., König von Ungarn 1205–1235 40
Andreas III., König von Ungarn 1290–1301 40
Andreas, Bischof von Wilna 73
Andropov, Jurij Vladimirovič, Generalsekretär der KPdSU 1982–1984 340
Anna Ivanovna, Zarin 1730–1740 158
Anna, Tochter Władysławs II. von Böhmen und Ungarn (x Ferdinand I. 1521) 118
Anna, Tochter Zygmunts I. (x St. Báthory 1576) 122 f.
Anna von Innerösterreich (x Zygmunt III. Wasa 1592) 134
Arciszewski, Tomasz, Ministerpräsident der poln. Exilregierung 1944–1947 289
Arpaden 20, 40
Askanier 38, 48
August II. der Starke, König von Polen 1697–1733 155–160, 174
August III., König von Polen 1733–1763 156, 160–162

Babiuch, Edward, poln. Ministerpräsident 1980 334
Bach, Alexander, österr. Innenminister 1848–1859 226
Badeni, Graf Kazimierz, österr. Ministerpräsident 1895–1897 227
Baidor, mongol. Feldherr 39
Bairischer Geograph (Geographus Bavarus) 14
Balk, Hermann, Landmeister des Deutschen Ordens 41

Balkanslawen 83
Barss, Franciszek, Leiter der „Agentur" 184
Bartel, Kazimierz, mehrfacher poln. Ministerpräsident 1926ff. 265–267
Basileios II., oström. Kaiser 976–1025 22
Báthory, Andreas, Kardinal 133
Baysen, Hans von, Statthalter im Königl. Preußen 85
Beck, Józef, poln. Außenminister 1932–1939 270–272, 277
Beitz, Berthold, Krupp-Generalbevollmächtigter 320
Béla I., König von Ungarn 1061–1063 26
Bem, Józef, General 213
Benedikt VIII., Papst 23
Beneš, Edvard, tschechoslow. Außenminister und Präsident 1918 bzw. 1935/39–1948 262
Berg, Graf Fedor Fedorovič, Statthalter in Polen 1863–1874 218, 220
Berija, Lavrentij Pavlovič, sowjetruss. Sicherheitschef 1939–1953 313
Berling, Zygmunt, General 286
Berman, Jakub, stellv. poln. Ministerpräsident 1947–1956 304, 307, 314
Bernhard, Ludwig, dt. Publizist 233
Berthold IV., Graf von Andechs und Herzog von Meran 37
Beseler, Hans-Hartwig von, Generalgouverneur von Warschau 237
Béthlen, Gabor, Fürst von Siebenbürgen 140
Bethmann Hollweg, Theobald von, dt. Reichskanzler 1909–1917 238
Bezprym, Herzog von Polen 1031/32 24
Bielowski, August, Historiker 221
Bierut, Bolesław, poln. komm. Politiker 285, 291, 302–304, 307, 309, 313f.
Bismarck, Fürst Otto von, dt. Reichskanzler 1871–1890 219, 230f., 233f.
Bobranen 14
Bodzanta, Erzbischof von Gnesen 57
Bogdan III. (der Einäugige), Hospodar der Moldau 1504–1517 91
Bogumił, Erzbischof von Gnesen 27
Bogusław IV., Herzog von Pommern († 1637) 141
Bogusza, Richter, Burghauptmann von Danzig 1308 47
Boleslav I., Herzog von Böhmen 935–967 16f.
Boleslav II., Herzog von Böhmen 967–999 20
Boleslav III., Herzog von Böhmen 999–1003 21
Bolesław I. Chrobry, Herzog, König von Polen 992–1025 16–25, 60
Bolesław II. Śmiały Szczodry (der Kühne, Freigiebige), Herzog, König von Polen 1058–1079 26f., 61
Bolesław III. Krzywousty (Schiefmund), Herzog von Polen 1102–1138 28–33, 59
Bolesław IV. Kędzierzawy (Kraushaar), Herzog von Polen 1146–1173 31, 33f.
Bolesław V. Wstydliwy (der Schamhafte), Herzog von Krakau-Sandomierz 1227–1279 39
Bolesław Pobożny (der Fromme), Herzog von Großpolen-Kalisch 1239–1279 38–40, 51
Bolesław I. Wysoki (der Lange), Herzog von Breslau 1163–1201 35f.
Bolesław IV., Herzog von Masowien († 1454) 84
Bolesław Jerzy I. Trojdenovič, Herzog von Masowien-Czersk 1324/25–1340 48, 54
Bonifaz VIII., Papst 45
Bonifaz IX., Papst 76
Bonin, Gustav von, Oberpräsident der Provinz Posen 1851–1859 230
„Bór"-Komorowski, Tadeusz, Oberbefehlshaber der AK 288f.
Bořivoj II., Sohn Vratislavs I. von Böhmen († 1124) 28

Branicki, Jan Klemens, Krongroßhetman 162
Břetislav I., Herzog von Böhmen 1037–1055 25
Břetislav II., Herzog von Böhmen 1092–1100 (?) 27
Brežnev, Leonid Il'ič, Generalsekretär der KPdSU 1964–1982 323
Brühl, Graf Heinrich, Minister Augusts III. 161
Brüning, Heinrich, dt. Reichskanzler 1930–1932 270
Brun von Querfurt, Prußenapostel († 1009) 21, 40
Bülow, Fürst Bernhard von, dt. Reichskanzler 1900–1909 235
Bujak, Zbigniew, Solidarność-Vorsitzender der Region Masowien 346
Buonacorsi, Filippo (Callimachus), Humanist 99
Buonvisi, Francesco, päpstl. Nuntius 152
Burgunden 13
Bush, George, amerikan. Präsident seit 1989 352
Byrnes, James Francis, amerikan. Außenminister 1945–1947 303, 312

Cäcilia Renate, Erzherzogin (x Władysław IV. 1637) 141
Calvin, Johann, Reformator 107
Camblak (Dzamblak), Grigorij, Metropolit von Kiew 92
Caprivi, Graf Leo, dt. Reichskanzler 1890–1894 234
Carceribus, Galhard de, päpstl. Nuntius 54
Castlereagh, Viscount Henry R. St., engl. Außenminister 1812–1822 191
Celtis-Pickel, Konrad, Humanist 100
Černenko, Konstantin Ustinovič, Generalsekretär der KPdSU 1984/85 343
Cesarini, Giuliano, päpstl. Legat 83
Chłopicki, Józef, General 198f.
Chmielnicki (Chmel'nyc'kyj), Bohdan, Kosaken-Hetman 143, 146f., 149
Chmielnicki (Cheml'nyc'kyj), Jurij, Kosaken-Hetman 149
Chodkiewicz, Jan Karol, lit. Großhetman 140
Chopin, Frédéric, Komponist 204
Chruščev, Nikita Sergeevič, Erster Sekretär der KPdSU 1953–1964 313–315, 318, 319, 321
Churchill, Winston, engl. Premierminister 1940–1945 284, 287, 312
Clemens III., Gegenpapst 27
Clemens VIII., Papst 139
Comenius, Jan Amos, Bischof der Bruder-Unität 140
Condé, Fürst Louis II., franz. Heerführer 152f.
Conti, Prinz François Louis de, franz. Heerführer, Prätendent 1697 155
Cyrankiewicz, Józef, poln. Ministerpräsident 1947–1952, 1954–1974, Vorsitzender des Staatsrates 1970–1972 301, 303, 305, 307, 313, 316, 318, 322, 324, 326f.
Czarniecki, Stefan, Kronfeldhetman 148
Czartoryski, Fürst Adam Jerzy 185f., 190f., 193f., 195–200, 203, 206, 215
Czartoryski, Fürst Adam Kazimierz 190f., 199
Czartoryski, Fürst August Aleksander 163
Czartoryski, Fürst Michał Fryderyk 163
Czechowicz, Gabriel, poln. Finanzminister 1929 266
Czyrek, Józef, poln. Außenminister 1980–1982 338

Dadosesani (Dziadostane) 14
Dahlerus, Birger, schwed. Diplomat 279
Dąbrowski, Jan Henryk, General 184, 186
Daniil Romanovič, Fürst von Halicz-Vladimir 1205/17–1264 39
Daszyński, Ignacy, poln. sozialist. Politiker 229, 251, 266
Dembiński, Henryk, General 200

Demetrius (Griša Otrep'ev) 136f.
Demetrius II. Räuber (Vor) von Tušino 137
Denisko, Joachim, Brigadier 242
Diebitsch, Graf Hans, russ. Feldmarschall 199
Dietrich, Markgraf von Meißen 63
Dietrich, Markgraf der Nordmark 20
Diller, Baron Erich von, Militär-Generalgouverneur in Lublin 238
Długosz, Jan, Chronist 82, 100
Dmitrij Donskoj, Großfürst von Moskau 1359–1389 72
Dmochowski, Franciszek Ksawery, poln. Dichter und Reformer 184
Dmowski, Roman, Mitbegründer der ND, Delegationsleiter auf der Pariser Friedenskonferenz 223–226, 229, 237, 241, 248, 251, 254, 266
Dneprkosaken 138f., 146
Dobiesław, Kastellan von Krakau 57
Dobronega Maria (x Kazimierz I. Odnowiciel 1041/42) 25
Donkosaken 138
Dorošenko, Petro, Hetman der rechtsufrigen Ukraina 152
Dowbór-Muśnicki, Józef, General 240
Drucki-Lubecki, Fürst Franciszek Ksawery, Finanzminister des Kgr. Polen 1821–1831 194, 202
Dubrawa (Dubravka, Dobrava, x Mieszko I. 965) 17
Dubronega, Schwester Bolesławs II. 63
Dunin-Sulgustowski, Marcin, Erzbischof von Gnesen/Posen 210
Dzierzgowski, Mikołaj, Primas 107
Dzierżyński, Feliks, poln. Sozialist, Gründer der sowjetruss. Čeka 223f.

Edigü, tatar. Emir 74
Eichler, Stanisław, humanist. Rechtsgelehrter 96
Ekkehard von Meißen 21
Elbgermanen 13
Elena (x Aleksander 1495) 89f.
Eleonore, Erzherzogin (x Michał Korybut Wiśniowiecki 1670) 152
Elisabeth/Elżbieta, Tochter Władysławs I. Łokietek (x Karl Robert d'Anjou, König von Ungarn) 48, 55f.
Elisabeth/Elżbieta, Enkelin Kazimierz' III. Wielki (x Karl IV., dt. Kaiser) 53
Elisabeth von Habsburg (x Kazimierz IV. Jagiellończyk 1454) 86
Elisabeth von Habsburg (x Zygmunt II. August 1543) 118
Engels, Friedrich 200, 245
Ernst, Erzherzog 121f., 134
Erzberger, Matthias, dt. Zentrumspolitiker 240
Eugen IV., Papst 83
Euphemia, Schwester Władysławs I. Łokietek (x Jurij Leonidovič) 40
Evans, Alfred und Thomas, engl. Fabrikanten 195
Ezzo, Pfalzgraf von Lothringen 22

Falkenberg, Johann, Dominikanermönch 78
Fedor Ivanovič, Zar 1584–1598 123, 134, 136
Ferdinand I., König von Böhmen und Ungarn 1526, dt. Kaiser 1556–1564 91, 118, 122
Ferdinand II., dt. Kaiser 1619–1637 134
Ferdinand III., dt. Kaiser 1637–1657 141
Ferdinand, Erzherzog 134
Ferdinand d'Este, Erzherzog, österr. Heerführer 189
Fijałkowski, Antoni Melchior, Erzbischof von Warschau 216

Finder, Paweł, PPR-Politiker 285
Firlej, Jan, Krongroßmarschall 121
Flottwell, Eduard von, Oberpräsident von Posen 1830–1840 210f.
Frank, Hans, Generalgouverneur von Zentralpolen 1939–1945 281, 283
Franz Joseph I., Kaiser von Österreich 1848–1916 226, 237
Friedrich/Fryderyk, Sohn Kazimierz' IV. Jagiellończyk, Erzbischof von Gnesen 101
Friedrich I. Barbarossa, dt. König, röm. Kaiser 1152–1190 34f., 63
Friedrich II., dt. König, röm. Kaiser 1202–1250 37, 41, 64
Friedrich III., dt. König und Kaiser 1440–1493 85, 87
Friedrich IV., König von Dänemark 1699–1730 157
Friedrich von Brandenburg-Ansbach 88
Friedrich von Sachsen, Hochmeister des Deutschen Ordens 1498–1510 101
Friedrich VI. von Hohenzollern, Kurfürst von Brandenburg 1417–1425 80
Friedrich I., König in Preußen 1701–1713 103
Friedrich II. der Große, König in Preußen 1740–1786 162, 164
Friedrich August von Sachsen, Herzog von Warschau 1807–1813 187
Friedrich Wilhelm I. von Brandenburg-Preußen, der Große Kurfürst 1640–1688 148f.
Friedrich Wilhelm I., König in Preußen 1713–1740 159
Friedrich Wilhelm III., König von Preußen 1797–1840 208
Friedrich Wilhelm IV., König von Preußen 1840–1861 211f.

Gallus Anonymus, Chronist 53, 59ff.
Gasztołd, Jan, Wojewode von Wilna 84
Gedymin, Großfürst von Litauen († 1341) 48, 69
Gedyminiden 55, 76
Genscher, Hans-Dietrich, dt. Außenminister seit 1974 344
Georg (Jiři) von Podiebrad, König von Böhmen 1458–1471 86f.
Georg Wilhelm, Kurfürst von Brandenburg 1618–1640 140
Georg I. Rákóczy, Fürst von Siebenbürgen 1630–1648 143
Georg II. Rákóczy, Fürst von Siebenbürgen 1648–1660 147f.
Gepiden 13
Gero, Markgraf 17
Géza I., König von Ungarn 1074–1077 20
Gierek, Edward, Erster Sekretär der PZPR 1970–1980 323, 326–328, 330f., 333–336, 338
Gilon von Toucy, Bischof von Tusculum 30
Glemp, Józef, Primas 337, 341f., 344f., 352
Glinskaja, Elena (x Zar Vasilij III.) 90
Glinskij, Fürst Michail, lit. Marschall 90, 118
Gneisenau, August Wilhelm Anton von, General 210
Godunov, Boris Fedorovič, Zar 1598–1605 136
Goebbels, Joseph, dt. Reichsminister für Volksaufklärung und Propaganda 275
Gołuchowski, Graf Agenor, Statthalter in Galizien 226
Gomułka, Władysław, Erster Sekretär der PZPR 1956–1970 285f., 301–304, 306–308, 313, 315–326, 330
Goplanen (Glopeani) 14, 16
Gorbačov, Michail Sergeevič, Generalsekretär der KPdSU seit 1985 345f.
Gorčakov, Aleksandr Michajlovič, russ. Außenminister 1856–1879 219
Gorčakov, Michail Dmitrievič, Statthalter im Kgr. Polen († 1861) 215f.
Goremykin, Ivan Logginovič, russ. Ministerpräsident 1906, 1914–1916 237
Gorszkowski, Franciszek, Aufstandsführer 1797 242
Goten 13

Gottfried/Christianus, Abt von Lekno 40
Grabski, Stanisław, poln. Unterrichtsminister 264
Grabski, Władysław, poln. Ministerpräsident 1920ff. 259, 261
Graziani, Kaspar, Hospodar der Moldau 1619/20 139
Gregor VII., Papst 26, 41, 61
Gregor IX., Papst 41
Gregor XIII., Papst 133
Groicki, Bartłomiej, humanist. Rechtsgelehrter 96
Grolmann, Carl von, General 210
Gruszczyński, Jan, Bischof von Włocławek und Krakau 93
Grzegorz z Sanoka, Erzbischof und Humanist 100
Grzymułtowski, Krzysztof, poln. Diplomat 154
Güldenstern, Sigismund, Kastellan von Danzig 159
Günter von Schwarzenburg, Komtur des Deutschen Ordens 47
Gurko (Romejko-Gurko), Josif Vladimirovič, Statthalter im Kgr. Polen 220
Gurowski, Graf Adam, Leiter der TDP 204
Gustav Adolf, König von Schweden 1611–1632 135, 140f.

Habsburg, Haus 91, 99, 101f., 122, 133f., 137, 141
Haller, Józef, General 239–241
Hansemann, Ferdinand von, Mitbegründer des Dt. Ostmarken-Vereins 234
Hauke-Bosak, Józef, General 218
Hedwig, Hlge, (x Henryk I. Brodaty 1188/92) 37, 63
Hedwig (x Jakub Sobieski 1691) 155
Heinrich der Löwe, Herzog von Sachsen und Bayern 1139–1195 33
Heinrich II., dt. König, röm. Kaiser 1002–1024 21f.
Heinrich III., dt. König, röm. Kaiser 1039–1056 25
Heinrich IV., dt. König, röm. Kaiser 1056–1106 26–28, 61
Heinrich V., dt. König, röm. Kaiser 1106–1125 29
Heinrich VI., dt. König, röm. Kaiser 1190–1197 35
Heinrich II., der Zänker, Herzog von Bayern und Kärnten 955–995 20
Heinrich von Berg, schwäb. Graf 29
Heinrich von Plauen, Hochmeister des Deutschen Ordens 77
Heinrich von Preußen, Prinz 1726–1802 164
Heltman, Wiktor, Führer der TDP 204
Henri III. Valois, König von Polen 1574/75 und Frankreich 1574–1589 121–123
Henryk, Fürst von Sandomierz († 1166) 31, 34
Henryk I. Brodaty (Heinrich der Bärtige), Herzog von Schlesien 1201–1238 36, 38f., 63
Henryk II. Pobożny (Heinrich der Fromme), Herzog von Schlesien 1238–1241 37
Henryk III., Herzog von Glogau 38, 47
Henryk IV. Probus, Herzog von Schlesien 1270–1290 37, 63f.
Hermann, Erzbischof von Köln 25
Hermann von Meißen, Markgraf 22
Hermann von Salza, Hochmeister des Deutschen Ordens 40, 64
Himmler, Heinrich, „Reichsführer" SS 281, 283
Hitler, Adolf, dt. Reichskanzler 1933–1945 271–275, 278–280, 283f.
Hochfeld, Julian, poln. Soziologe 307
Hodo, Markgraf der Ostmark 17
Hohenlohe-Schillingsfürst, Fürst Chlodwig, dt. Reichskanzler 1894–1900 234
Hohenzollern 103, 136
Hołówko, Tadeusz, Vorsitzender des BBWR 275

Honorius III., Papst 40
Hopkins, Harry, amerikan. Politiker 290
Horn, Karl Wilhelm von, Oberpräsident von Posen 1862 230
Hosius, Stanisław, Kardinal 108
Hunyadi, János, Wojewode von Siebenbürgen 1441, ung. Reichsverweser 1446 83, 86
Hus, Jan, tschech. Reformator 79

Ibrāhīm ibn Ja'qkūb, jüdischer Kaufmann 17, 59
Imeretinskij, Aleksandr Konstantinovič, Generalgouverneur des Kgr. Warschau 224
Innozenz II., Papst 30
Innozenz III., Papst 40
Innozenz IV., Papst 40, 69
Innozenz VIII., Papst 88
Islam III. Girāi, Krimkhan 1644–1654 146
Ivan III., Großfürst von Moskau 1462–1505 88–90, 138
Ivan IV. Groznyj, Zar 1533/47–1584 110, 121, 132
Izabela (x János I. Zápolya 1539) 102
Izjaslav Jaroslavič, Fürst von Kiew 1054–1078 26

Jackowski, Maksymilian, Genossenschaftsgründer 232
Jadwiga/Hedwig, Königin von Polen 1385–1399 56f., 68, 72f., 76
Jadwiga, Tochter Władysławs II. Jagiełło 80
Jadwiga (x 1535 Joachim II., Kurfürst von Brandenburg) 121
Jadwinger (Jatvjagen) 14, 21, 28, 33, 36, 39f., 41
Jagiełło (Iogailas) s. Władysław II. Jagiełło
Jakób ze Żnina, Erzbischof von Gnesen 30
Jakob Świnka, Erzbischof von Gnesen 38
Jan II. Kazimierz, König von Polen 1648–1668 143, 146–149, 151, 174
Jan Muskata, Bischof von Krakau 48,
Jan I. Olbracht, König von Polen 1492–1501 87–89, 97, 101, 115
Jan III. Sobieski, König von Polen 1674–1696 131f., 152–155, 170
Janicki, Klemens, Literat 100
Janko z Czarnkowa, Chronist 53, 67
János I. Zápolya, König von Ungarn 1526–1540 87, 102
Janusz III., Herzog von Masowien († 1526) 104
Jaromir, Herzog von Böhmen 1002–1012 26
Jaroslav der Weise, Großfürst von Kiew 1019–1054 23–25
Jaroslav Osmomysl', Fürst von Halicz 1153–1187 39
Jaroslaw, Erzbischof von Gnesen 48
Jaroszewicz, Piotr, poln. Ministerpräsident 1970–1980 326, 331, 334
Jaruzelski, Wojciech, General, Ministerpräsident 1981–1985, Staatsratsvorsitzender 1985–1989, Präsident 1989/90 336–339, 341–343, 346–348, 350
Jędrychowski, Stefan, poln. Außenminister 1968–1971 286, 327
Jędrzejewicz, Janusz, poln. Ministerpräsident 1933/34 268
Jérôme Bonaparte, König von Westfalen 1807–1813 187
Johann von Luxemburg, König von Böhmen 1311–1346 37, 47, 48f., 53, 63, 66
Johann III., König von Schweden 1569–1592 121f., 134f.
Johannes XV., Papst 16
Johannes XIX., Papst 23
Johannes XXII., Papst 48
Johannes XXIII., Papst 116
Jonas, Metropolit von Moskau und ganz Rußland 92

Joseph II., dt. Kaiser 1765–1790 164
Jóźwiak-„Witold“, Franciszek, Politiker der PZPR 307
Juden 51, 55, 67, 96, 126, 130, 131, 132, 150, 164, 176, 181, 189, 193, 205, 208, 216, 224, 226, 228, 233, 234, 255, 258, 260, 263, 276, 280ff., 284, 288, 292
Judith, Schwester Vratislavs von Böhmen (x Władysław Herman 1081/82) 27
Judith Maria, Schwester Heinrichs IV. (x Władysław Herman 1089) 27
Julius II., Papst 102
Jurij L'vovič, Fürst von Halicz-Wolhynien 1301–1316 40

Kadłubek, Wincenty, Bischof von Krakau, Chronist 53, 67
Kakowski, Aleksander, Erzbischof von Warschau 239
Kania Stanisław, Erster Sekretär der PZPR 1980/81 327, 336f.
Kara Mustafa, Großwesir 153
Karaszewicz-Tokarzewski, Mieczysław, General 282
Karl IV., dt. König, röm. Kaiser 1346–1378 38, 53, 55
Karl V., dt. und span. König, röm. Kaiser 1519–1556 103
Karl VI., dt. Kaiser 1711–1740 160
Karl IX., König von Frankreich 1560–1574 122
Karl Robert d'Anjou, König von Ungarn 1308–1342 45, 48, 54, 55
Karl von Lothringen, Herzog 152f.
Karl IX., König von Schweden 1604–1611 135, 137
Karl X. Gustav, König von Schweden 1654–1660 148f.
Karl XI., König von Schweden 1672–1694 155
Karl XII., König von Schweden 1697–1718 157f.
Karl Philipp von Pfalz-Neuburg 155
Karnkowski, Stanisław, Primas 134, 171
Karol Ferdynand, Bischof von Breslau und Płock 143
Kaschuben 14, 281
Katharina/Katarzyna Jagiellonka (x Johann III. Wasa 1562) 121
Katharina, Erzherzogin (x Zygmunt II. August 1553) 118
Katharina II., Zarin 1762–1796 162, 164, 167, 176, 181
Kazimierz I. Odnowiciel (der Erneuerer), Herzog von Polen 1034/38–1058 25f., 61
Kazimierz II. Sprawiedliwy (der Gerechte), Herzog von Polen 1177–1194 33–35
Kazimierz III. Wielki (der Große), König von Polen 1333–1370 38, 40, 44f., 48–56, 66f., 105
Kazimierz IV. Jagiellończyk, Großfürst von Litauen 1440–, König von Polen 1447–1492 83–89, 92f., 104, 115f., 121
Kazimierz (Kaźko) IV. von Pommern-Stolp († 1377) 55f., 67
Kazimierz I., Herzog von Kujawien 1233–1267 39
Kazimierz, Sohn Władysławs II. Jagiełło 80
Kazimierz, Hlg., Sohn Kazimierz IV. Jagiellończyk († 1484) 87
Kelten 13
Kennedy, Edward, amerik. Senator seit 1963 346
Kennedy, Robert F., amerik. Präsident 1961–1963 346
Kennemann, Hermann von, Mitbegründer des Dt. Ostmarken-Vereins 234
Kessler, Graf Harry, dt. Gesandter in Warschau 1918 254
Kettler, Gotthard, Landmeister des Deutschen Ordens, Herzog von Kurland 1561–1587 109
Kettler, Friedrich Wilhelm, Herzog von Kurland († 1711) 158
Kiejstut (Kęstutis), litauischer Fürst 69
Kietlicz, Henryk, Erzbischof von Gnesen 38, 40f., 64
Kirsztajn, Jan Cerazyn, humanist. Rechtsgelehrter 96

Kisiel, Adam, Wojewode von Bracław 146
Kiszczak, Czesław, poln. Innenminister 1981–1990 346–351
Kniaziewicz, Karol, General 184
Knut, König von England 1016– und Dänemark 1019–1035 25
Koc, Adam, Oberst 277
Koch, Erich, Gauleiter von Ostpreußen 283
Kochanowski, Jan, poln. Schriftsteller 100
Kohl, Helmut, dt. Bundeskanzler seit 1982 352
Kołakowski, Leszek, poln. Philosoph 316, 322
Kołłątaj, Hugo, poln. Reformer 166, 178
Koloman I. (Kálmán), König von Ungarn 1095–1116 28
Konarski, Stanisław, poln. Schulreformer und Staatsdenker 162
Koniecpolski, Jan, Krongroßhetman und Kanzler 82, 85
Konrad I., Herzog von Masowien und Kujawien 1194/1202–1247 38–42, 47, 64
Konrad II., dt. König, röm. Kaiser 1024–1039 24
Konrad III., dt. König 1138–1152 33
Konrad Zoller von Rotenstein, Hochmeister des Deutschen Ordens 76
Konrad III. Rudy, Herzog von Masowien-Czersk 1462–1503 104
Konstantin Nikolaevič, Großfürst, Statthalter im Kgr. Polen 1862/63 217
Konstantin Pavlovič, Großfürst, Statthalter im Kgr. Polen 1815–1832 194, 198 f., 218
Kopernikus, Nikolaus, Astronom 100
Korboński, Stefan, Politiker der PSL 304
Korfanty, Wojciech, Führer der schlesischen Aufstände 1920/21 260, 267
Kosaken 90, 140, 143, 146, 148, 149, 152
Kościuszko, Tadeusz, poln. Offizier und Freiheitskämpfer 167, 184, 186, 199
Kotzebue (Kocebu), Pavel Evstaf'evič, Generalgouverneur von Warschau 220
Kozłowski, Leon, poln. Ministerpräsident 1934/35 268
Koźmian, Stanisław, Historiker 227
Krasiński, Michał, Anführer der Konförderation von Bar 163
Krępowiecki, Tadeusz, Führer der TDP 204
Krimtataren 88, 102, 105, 139, 141, 150
Krukowiecki, Jan, General 200
Kulikov, Viktor, Oberkommandierender der Streitkräfte des Warschauer Paktes bis 1989 339
Kuroń, Jacek, Gründungsmitglied des KOR 331
Kwiatkowski, Eugeniusz, Nationalökonom, Finanzminister 1935–1939 277

Ladislaus I., der Heilige, König von Ungarn 1077–1095 26
Ladislaus Posthumus, König von Ungarn und Böhmen 1440/44–1457 83, 86
Lampe, Alfred, poln. kommunist. Politiker 286
Lanckoroński, Stanisław, Kronfeldhetman 147
Lange, Oskar, poln. Wirtschaftstheoretiker 317
Langiewicz, Marian, „Diktator" 1863 218
Lanskoj, Vasilij Sergeevič, russ. Senator 191
Łaski, Jan, Krongroßkanzler, Erzbischof 106
Ledóchowski (Halka-L.), Mieczysław, Erzbischof von Gnesen/Posen 231 f.
Lędzice (Lendizi) 14
Lelewel, Joachim, Historiker 195, 199, 204, 207
Leo, Juliusz, Bürgermeister von Krakau 237
Leo X., Papst 116
Leopold I., dt. Kaiser 1658–1705 152 f., 155
Leopold II., dt. Kaiser 1790–1792 167

Leszek (Lestik), Fürst von Gnesen 16
Leszek, Herzog von Masowien 1173–1186 34f.
Leszek Biały (der Weiße), Herzog von Krakau-Sandomierz 1194/1202–1227 35, 38f., 42, 63
Leszek Czarny (der Schwarze), Herzog von Krakau-Sandomierz 1279–1288 39, 64
Lev Danilovič, Fürst von Halicz-Wolhynien 1268/72–1301 40
Libelt, Karol Fryderyk, radikal. Demokrat 212, 245
Lieberman, Herman, PPS-Politiker 267
Limanowski, Bolesław, Gründungsmitglied der PPS 222, 229
Linde, Samuel Bogumił, poln. Sprachforscher 185
Lipski, Jan Józef, poln. Literaturkritiker 331, 348
Lis, Bogdan, Solidarność-Führer 346
Litauer 39, 48, 53f., 57, 69, 106, 110, 220
Liutizen 14, 20–22, 24
Lloyd George, David, brit. Premierminister 1918–1922 241, 255
Lobkowicz, Fürst August, Gouverneur von Galizien 205
Lothar III., dt. König, röm. Kaiser 1125–1137 30
Lubart, litauischer Fürst 54
Łubieński, Feliks, Justizminister im Hzgt. Warschau 186, 243
Lubomirski, Jerzy, Kronfeldhetman 149–151
Lubomirski, Fürst Zdzisław, Mitglied des Regentschaftsrates 1916 239
Ludwig IV. der Bayer, dt. König 1314–1347 47, 48f.
Ludwig I. der Große, König von Ungarn 1342–und Polen 1370–1382 52, 55, 57, 66f., 72, 76
Ludwig II., König von Böhmen und Ungarn 1516–1526 102
Ludwig XIV., König von Frankreich 1643–1715 153
Ludwig XV., König von Frankreich 1715–1774 160
Ludwig von Erlichshausen, Hochmeister des Deutschen Ordens 85
Łukasiński, Walerian, Major, Mitglied der Patriot. Gesellschaft 198
Luther, Martin, dt. Reformator 103
Luxemburg, Haus 55, 73, 76
Luxemburg, (Luksemburg), Rosa, radik. Sozialistin 223
Łyskowski, Ignacy, Gründer des „Thorner Wirtschaftskongresses“ 230

Maciejowski, Samuel, Bischof von Krakau, Kanzler 107
Magnus, Kastellan von Breslau 27
Magnus, Herzog von Holstein 110
Mahmed Girāi, Krimkhan 1515–1523 90
Maksimocič, Konstantin, Generalgouverneur von Warschau 1905 225
Malenkov, Georgij, sowjetruss. Ministerpräsident 1953–1955 313
Marchlewski, Julian, Gründungsmitglied der SDKPiL 223
Marcinkowski, Karol, Arzt, Gründer des Pol. Vereins für Unterrichtshilfe 211
Maria Kasimira de la Grange d'Arquien (Marysieńka, x Jan III. Sobieski) 153, 155
Maria, Tochter Ludwigs I. von Ungarn (x Kurfürst Sigismund von Brandenburg 1385) 56f.
Maria Louisa Gonzague de Mantua-Nevers (x Władysław IV. 1646, x Jan II. Kazimierz 1649) 142, 151
Maria Theresia, dt. Kaiserin 1740–1780 164
Martin V., Papst 78, 80, 92
Marx, Karl 338
Masław (Miecław), Mundschenk 25, 61
Masowier (Mazowszanie) 14, 17

Masuren 281
Matthias, Erzherzog, dt. Kaiser 1612–1619 134
Matthias Corvinus, König von Ungarn 1458–1490 86f.
Matuszewicz, Tadeusz, Finanzminister im Herzogtum Warschau 189
Maximilian I., dt. Kaiser 1493–1519 102f., 118
Maximilian II., dt. Kaiser 1564–1576 122f.
Maximilian, Erzherzog 134
Mazepa, Ivan Stepanovič, Kosaken-Hetman 1687–1709 158
Mazowiecki, Tadeusz, poln. Ministerpräsident seit 1989 350–352
Mazzini, Giuseppe, ital. Demokrat 204
Mehmed IV., Sultan 1648–1687 152
Melanchthon, Philipp, dt. Reformator und Humanist 107
Mendelson, Stanisław, Gründungsmitglied der PPS 222
Mengli Girāi, Krimkhan 1468–1515 88, 90
Messner, Zbigniew, poln. Ministerpräsident 1985–1988 343, 345–347
Mestwin II. (Mszczuj), Fürst von Pommerellen 1266–1294 38
Methodios, byzant. Slawenmissionar († 885) 16, 59
Metternich, Fürst Klemens Lothar, österr. Staatsmann 191, 205
Michael Küchmeister, Hochmeister des Deutschen Ordens 77
Michail Fedorovič Romanov, Zar 1613–1645 138, 141
Michail, Großfürst, russ. Heerführer 199
Michał Korybut Wiśniowiecki, König von Polen 1669–1673 152f.
Michał Zygmuntowicz (Mykolas Zygimantiatis), lit. Fürst 85
Michník, Adam, Historiker, Gründungsmitglied des KOR 331, 346
Mickiewicz, Adam, poln. Nationaldichter 195, 204, 213, 215
Mierosławski, Ludwik, Aufstandsführer 207, 211f., 214, 217, 245
Mieszko I. (Misaca, Mesico), Herzog von Polen ≈ 960–992 16ff., 59
Mieszko II. Lambert, König, Herzog von Polen 1025–1034 22, 24, 61
Mieszko III. Stary (der Alte), Herzog von Großpolen 1146– und Krakau 1173–1202 31, 34f., 38, 63
Mieszko I., Herzog von Ratibor 1177– und Krakau 1210/11 36
Mikołajczyk, Stanisław, Ministerpräsident im Exil 1943/44, Vorsitzender der SL 277, 286f., 289–291, 301–304, 306, 349
Mikołajska, Hanna, poln. Schauspielerin, Gründungsmitglied des KOR 331
Miljutin, Nikolaj Alekseevič, russ. Politiker 219
Miłkowski, Zygmunt, Schriftsteller, Gründer der „Liga Polska“ 223
Minc, Hilary, PZPR-Politiker 303, 305, 307, 315
Mindaugas (Mendovg), Großfürst von Litauen († 1263) 40, 64, 69
Miodowicz, Alfred, Vorsitzender der Gewerkschaft OPZZ seit 1984 340, 348
Mircea, Wojewode der Walachei 1386–1418 75
Mitterand, François, franz. Staatspräsident seit 1981 352
Mniszech, Maryna (x Demetrius 1605) 136
Moczar, Mieczysław, PZPR-Politiker 321f., 327
Modrzewski, Frycz-M., Andrzej, Staatsdenker 100
Molotov, Vjačeslav Michajlovič, sowjetruss. Außenminister 1939–1949 und 1953–1956 274
Mongolen 37, 39
Monomachoviči 30
Montesquieu, Charles Louis de Secondat, franz. Staatsdenker 166
Montluc de Valence, Bischof, franz. Gesandter in Polen 122
Moraczewski, Jędrzej, poln. Ministerpräsident 1918/19 251, 254
Mościcki, Ignacy, poln. Staatspräsident 1926–1939 266, 268, 276–278, 282
Mostowski, Tadeusz, Innenminister im Kgr. Polen 1815–1830 194
Murad II., Sultan 1421–1451 83

Murav'ev, Michail Nikolaevič, Generalgouverneur von Wilna 218

Napierski-Kostka, Aleksander, Aufstandsführer 147
Napoléon Bonaparte, Kaiser der Franzosen 1804–1814 175, 184–190, 242
Napoléon III., Kaiser der Franzosen 1852–1870 215–219
Narutowicz, Gabriel, poln. Staatspräsident 1922 260
Naumann, Friedrich, dt. Politiker 238, 240
Niećko, Józef, Vorsitzender der ZSL 304
Niemojowski, Wincenty und Bonawentura, poln. Politiker im Kgr. Polen 194
Nikolaj I., Zar 1825–1855 194, 198f., 201, 204, 215
Nikolaj II., Zar 1894–1917 223
Nikolaj Nikolaevič, Großfürst, Oberbefehlshaber der russ. Armee 236
Nikolaus V., Papst 85
Nikolaus von Thüngen, Bischof von Ermland 87
Nixon, Richard Milhouse, amerik. Präsident 1968–1974 328
Nolken, Karl, Polizeipräsident von Warschau 225
Norbert von Prémontré, Erzbischof von Magdeburg 30
Novosil'cev, Nikolaj Nikolaevič, russ. Staatsmann 194ff.
Novotný, Antonin, Erster Sekretär der KPČ und Präsident der ČSSR 1957–1968 322
Nowotko, Marceli, Sekretär der PPR († 1942) 285

Obotriten 14, 20f.
Ochab, Edward, Erster Sekretär der PZPR 1956, Vorsitzender des Staatsrates 1964–1968 314, 316f., 323
Oda (x Mieszko I. 979/80) 20f.
Oda (x Bolesław I. 1018) 22
Odo, Herzog von Großpolen 1177–1194 35
Ogiński, Michał Kazimierz, lit. Großhetman 190
Oleśnicki, Zbigniew, Bischof von Krakau 79–85, 93
Olgierd (Algirdas), Großfürst von Litauen 1345–1377 69, 74
Olszowski, Andrzej, Unterkanzler 152
Opaliński, Krzysztof, Wojewode von Posen 148
Opolanen (Opolini) 14, 20
Orzelski, Świętosław, poln. Adliger 121
Orzeszkowa, Eliza, poln. Schriftstellerin 221
Osman II., Sultan 1618–1622 139
Osóbka-Morawski, Edward, poln. Ministerpräsident 1945–1947 288, 301f., 307
Ossoliński, Jerzy, Kanzler 146
Ostrogski (Ostrožskij), Fürst Konstanty, lit. Hetman 90
Ostrogski (Ostrožskij), Fürst Konstanty Wasyl 139
Ostroróg, Jan, poln. Magnat und Humanist 100
Ostrowski, Graf Józef, Mitglied des Regentschaftsrates 1916 239
Otrep'ev, Griša s. Demetrius
Otto I., dt. König 937–, röm. Kaiser 955–973 17, 60
Otto II., dt. König, röm. Kaiser 973–983 20
Otto III., dt. König, röm. Kaiser 983/995–1002 20ff.
Otto, Sohn Bolesławs I. Chrobry († 1033) 24
Otto, Sohn Albrechts des Bären 63
Otto von Bamberg, Bischof, Missionar Pommerns 30, 58, 62
Ottokar II., Přemysl, König von Böhmen 1253–1278 37, 41

Paderewski, Ignacy, Pianist, poln. Ministerpräsident 1919 240, 254, 259, 277
Panin, Nikita Ivanovič, russ. Außenminister 164

Papandreou, Andreas, griech. Ministerpräsident 1981–1989 343f.
Paskevič, Ivan Fedorovič, russ. Feldmarschall 199–201, 215
Paul I., Zar 1796–1801 181, 185
Paul II., Papst 86
Paul VI., Papst 329
Peter, Hospodar der Moldau ≈ 1378–1392 74
Peter I. der Große, Zar 1689–1725 157–159
Petljura, Simon Vasil'evič, Ataman der Ukrain. Volksrepublik 257
Petru Rareş, Hospodar der Moldau 1527–1538 91
Philipp Wilhelm von Pfalz-Neuburg 152
Piasecki, Bolesław, Gründer der PAX-Gesellschaft 278, 322
Pieracki, Bronisław, poln. Innenminister 275
Piłsudski, Józef, poln. Staatsmann 222–225, 229, 237–239, 241, 251, 254, 256, 260, 265–268, 270, 272, 276, 309
Pińkowski, Józef, poln. Ministerpräsident 1980/81 334, 336
Piotr Włostowic (Peter Włast), Palatin in Schlesien 33
Piotrowski, Andrzej, Landbote von Wieluń 159
Pius X., Papst 225
Plettenberg, Wolter von, Landmeister des Deutschen Ordens in Livland 90
Pociej, Hypatius (Hipacy), Bischof 139
Poggi, Luigi, Erzbischof, päpstl. Sonderbotschafter 342
Polanen (Poloni, Polanie) 14, 16
Polovcer 26
Pomoranen 14, 28
Poniatowski, Fürst Józef, Kriegsminister im Hzgt. Warschau 167, 186, 189f.
Poniatowski, Stanisław, Kastellan von Krakau 158
Popiel, Karol, SP-Politiker 301, 304
Popiełuszko, Jerzy, poln. Priester 342
Popławski, Jan Ludwik, Mitbegründer der „Nationalen Liga“ 223
Possevino, Antonio, Jesuitendiplomat 133
Potocki, Graf Alfred, österr. Ministerpräsident 1870/71 227
Potocki, Graf Andrzej, österr. Statthalter in Galizien 230
Potocki, Józef, Krongroßhetman 158
Potocki, Mikołaj, Krongroßhetman 147
Potocki, Stanisław Kostka, Kultusminister im Kgr. Polen 194
Požarskij, Dmitrij Michajlovič, russ. Feldherr 138
Primko, Vogt von Posen 48
Prus, Bolesław (Aleksander Głowacki), poln. Schriftsteller 221
Prußen 14, 21, 28, 33f., 36, 39f.
Prystor, Aleksander, Oberst, poln. Ministerpräsident 1931–1933 268
Przemysł I., Herzog von Großpolen 1239–1257 38
Przemysł II., Herzog von Großpolen 1279–, König von Polen 1295/96 38, 64
Przyłuski, Jakub, poln. Staatsdenker 100
Przyłuski, Leon, Erzbischof von Gnesen/Posen 231
Pułaski, Józef, Anführer der Konföderation von Bar 163
Puttkammer, Eugen von, Oberpräsident von Posen 230
Pužak, Kazimierz, PPS-Politiker 288, 301

Raczkiewicz, Władysław, Staatspräsident im Exil 1939–1947 282
Radim/Gaudentius, Erzbischof von Gnesen 21
Radkiewicz, Stanisław, Sicherheitsminister 1945–1954 290, 302, 304, 307, 309, 313
Radziejowski, Hieronim, Unterkanzler 148
Radziwiłł, Anna (x Konrad III. Rudy von Masowien) 104

Radziwiłł, Fürst Anton, Statthalter im GHZM Posen 186, 208–210
Radziwiłł, Barbara (x Zygmunt II. August 1547) 107
Radziwiłł, Janusz, lit. Großhetman 148, 151
Radziwiłł, Jerzy, Bischof von Wilna 133
Radziwiłł, Karol 162f.
Radziwiłł, Luise Charlotte 155
Radziwiłł, Michał, Oberbefehlshaber 1830 199
Radziwiłł, Mikołaj, lit. Großkanzler 109f.
Rakowski, Mieczysław, poln. Ministerpräsident 1988/89 341, 347f., 350
Rapacki, Adam, poln. Außenminister 1956–1968 307, 316, 319, 323
Ratajski, Cyryl, Vorsitzender des PKP 283
Reglindis, Tochter Bolesławs I. Chrobry (x Hermann von Meißen) 22
Rej, Mikołaj, poln. Literat 100
Ribbentrop, Joachim von, dt. Außenminister 1938–1945 274
Richeza (x Mieszko II. Lambert 1013) 22, 25
Roeder, Friedrich Erhardt von, General 209
Roesner, Gottfried, Bürgermeister von Thorn 160
Rohrbach, Paul. dt. Publizist 238
Rokossovskij, Konstantin Konstantinovič, poln. Verteidigungsminister 289, 309, 314f.
„Rola"-Żymierski, Michał, Marschall 286
Roman Mstislavič, Fürst von Halicz-Wolhynien 1170–1205 39
Romanoviči 48
Roosevelt, Franklin D., amerik. Präsident 1930–1945 287
Rosenberg, Alfred, dt. Minister für die Ostgebiete 283
Rostislaviči 28
Rousseau, Jean Jacques, franz. Staatsdenker 166
Rowecki (Grot), Stefan, General, Kommandant der AK 283, 285f.
Rudolf von Habsburg, dt. König 1273–1291 37
Rudolf von Rüdesheim, päpstl. Legat 86
Rudolf von Schwaben, dt. Gegenkönig 1077 26
Rudolf II., dt. Kaiser 1576–1612 134
Rurikiden 136
Rybiński, Maciej, General 200
Rydz-Śmigły, Edward, Marschall 276–279, 297

Salomea von Berg (x Bolesław III. 1115) 29, 31, 33, 62
Salomon, Sohn Andreas' I. von Ungarn 26
Samboriden 35, 38
Sazonov, Sergej Dmitrievič, russ. Außenminister 1910–1916 237f.
Schleinitz, Christof von, Ordensdiplomat 118
Schlonzaken 281
Schmitt, Henryk, Historiker 221
Schön, Theodor von, Oberpräsident von Ost- und Westpreußen 209
Schönberg, Dietrich von, Berater Albrechts von Brandenburg 118
Schuckmann, Friedrich von, preuß. Innenminister 209
Sędziwój z Szubina, Wojewode von Kalisch 57
Seeckt, Hans von, dt. Generalstabsoffizier 262
Seyda, Marian, Minister der Exilregierung 285
Sforza, Bianca Maria (x Kaiser Maximilian I.) 118
Sforza, Bona II. (x Zygmunt I. 1518) 100, 106, 118
Sforza, Gian Galeazzo, Herzog von Mailand 100
Siciński, Władysław, Landbote von Upita 151
Sieciech (Sethech), Palatin 27, 32

Siegfried von Feuchtwangen, Hochmeister des Deutschen Ordens 41
Siemomysł, poln. Fürst 16
Siemowit, Fürst von Gnesen 16
Siemowit I., Herzog von Masowien 1248–1262 39
Siemowit III., Herzog von Masowien 1370–1381 55
Siemowit IV., Herzog von Płock 1379–1424/25 57, 76
Sieniawski, Adam, Krongroßhetman 157
Sienicki, Mikołaj, poln. Adliger 121
Sienkiewicz, Henryk, poln. Schriftsteller und Nobelpreisträger 221
Sigismund, König von Ungarn 1387–, Böhmen 1419–, dt. König 1410–, röm. Kaiser 1433–1437 56f., 76–81, 86
Sigismund von Brandenburg, Enkel Kazimierz' IV. Jagiellończyk 121
Sigismund, Sohn Georgs I. Rákóczy 143
Sikorski, Władysław, poln. Ministerpräsident 1923, im Exil 1939–1943 229, 260, 284, 286
Siła-Nowicki, Władysław, Vorsitzender der Partei der Arbeit 348
Silvester II., Papst 21
Sit Achmet (Sajjid Ahmed I.), Khan der Goldenen Horde 88
Siwicki, Florian, poln. Verteidigungsminister 1983–1990 342, 348f., 351
Skalon, Georgij Antonovič, Generalgouverneur von Warschau 225
Skarbimir, poln. Magnat 28, 32, 62
Skarga, Piotr, Jesuit 137–139
Skirgiełło (Skirgail), Bruder Władysławs II. Jagiełło 72f.
Skirmunt, Konstanty, poln. Außenminister 1921 262
Skrzynecki, Jan Zygmunt, Oberbefehlshaber 1831 199
Skrzyński, Aleksander, poln. Ministerpräsident 1925/26 265
Skulski, Leopold, poln. Ministerpräsident 1919/20 259
Skwarczyński, Stanisław, General 278
Skythen 13
Slavnikiden 20
Sławek, Walery, Oberst, poln. Ministerpräsident 1930ff. 266, 268, 276, 297
Sławoj-Składkowski, Felicjan, poln. Ministerpräsident 1936–1939 276
Slenzanen (Sleenzani, Slasane) 14, 20
Śliwiński, Artur, poln. Ministerpräsident 1922 260
Sobieski, Jakób, Sohn Jans III., Prätendent 153f.
Sofia Hol'šanskaja (x Władysław II. Jagiełło 1422) 80
Sorben 13
Sosnkowski, Kazimierz, mehrf. Kriegsminister 229, 282, 285f.
Spychalski, Marian, PZPR-Politiker 285, 307, 315, 323, 326
Spytek z Melsztyna, kleinpoln. Adliger 83
Stalin (Džugašvili), Josif Vissarionovič, Generalsekretär der KPdSU 1922–1953 264, 272, 278, 284, 286f., 289, 294, 304, 306, 313f., 330
Stanisław, Hlg., Bischof von Krakau 27, 61, 333
Stanisław, Herzog von Masowien († 1524) 104
Stanisław I. Leszczyński, König von Polen 1704–1709, 1733–1736 157f., 160
Stanisław II. August Poniatowski, König von Polen 1764–1795 162–164, 166, 168, 170, 189
Staszic, Stanisław, poln. Reformer 166, 178, 185
Stefan Báthory, König von Polen 1576–1586 122f., 131–136, 146, 169
Stefan der Große, Hospodar der Moldau 1457–1504 88f.
Stefański, Walenty, Führer des „Bundes der Plebejer" 211
Stojałowski, Stanisław, Genossenschaftsgründer 228
Stolypin, Petr Aleksandrovič, russ. Ministerpräsident 1906–1911 226
Stresemann, Gustav, dt. Außenminister 1923–1929 270

Stürmer (Štjurmer), Boris Vladimirovič, russ. Ministerpräsident 1916/17 238
Sudauer 14
Šujskij, Vasilij Ivanovič, Zar 1606–1610 137 f.
Suleiman II. der Große, Sultan 1520–1566 91
Sułkowski, Józef, Minister Augusts III. 161
Suvorov, Aleksandr Vasil'evič, Feldherr 164, 167, 184
Svatopluk, Herzog von Böhmen († 1109) 29
Svjatopolk Vladimirovič, Großfürst von Kiew 987–1018/19 22
Svjatopolk II. Izjaslavič, Großfürst von Kiew 1093–1113 28
Svjatoslav Jaroslavič, Fürst von Černigov († 1076) 26
Swenzonen 47
Światkowksi, Henryk, PPS-Politiker 307
Świdrygiełło (Svitrigailas), Großfürst von Litauen 1430–1432 76, 81–84
Świętochowski, Aleksander, poln. Publizist 221
Świętopełk, Herzog von Pommern 38
Świętosława (Sigrid-Storrada), Tochter Mieszkos I. 20
Świtalski, Kazimierz, poln. Ministerpräsident 1929 267
Szafraniec, Stanisław, poln. Adliger 121
Szajnocha, Karol, Historiker 221
Szela, Jakub, Aufstandsführer 1846 208
Szujski, Józef, Historiker 227
Szydłowiecki, Krzysztof, Kanzler 106

Tagino, Erzbischof von Magdeburg 22
Taraskevič, Bronislav, Gründer der Weißruss. Arbeiter- und Bauern-Hramada 294
Tarnowski, Jan, Krongroßhetman 91
Tarnowski, Graf Stanisław, Literaturhistoriker 227
Tataren 85 f., 88 f., 99, 111, 141, 146, 147, 150, 152
Terlecki, Cyrill (Terlec'kyj, Kyrylo Semenovyč), Bischof 139
Thatcher, Margaret, brit. Premierministerin seit 1979 352
Theophanu, dt. Königin, röm. Kaiserin († 991) 20
Thietmar von Merseburg, Bischof, Chronist 17, 20, 59 f.
Thugutt, Stanisław, poln. Innenminister 1918/19 267
Tiedemann, Heinrich von, Mitbegründer des Dt. Ostmarken-Vereins 234
Tito, Josip Broz, jugosl. Staatsmann 308
Tochtamyš, Khan der Goldenen Horde 1377–1395 74
Tomicki, Piotr, Unterkanzler 106
Trąba, Mikołaj, Erzbischof von Gnesen 78 f.
Trebowanen 14
Traugutt, Romuald, „Diktator" 1863/64 218
Tuchačevskij, Michail Nikolaevič, sowjetruss. Marschall 257
Türken/Osmanen 83, 88 f., 99, 109 f., 141, 147, 153 f.
Tyssowski, Jan, Aufstandsführer 1846 208

Uchański, Jakub, Primas 121 f.
Udalrich (Oldřich), Herzog von Böhmen 1012–1033 24
Ukrainer 220, 263, 275, 280
Ulrich von Jungingen, Hochmeister des Deutschen Ordens 76
Unger, Bischof von Posen 21
Urban V., Papst 49
Urban, Jerzy, Pressesprecher der poln. Regierung 1984–1989 349

Vandalen 13
Vasilij I. Dmitrievič, Großfürst von Moskau 1389–1425 74
Vasilij II. Vasil'evič Temnyj, Großfürst von Moskau 1433–1462 85, 92
Vasilij III. Ivanovič, Großfürst von Moskau 1505–1533 89f., 102
Vas(s)il'ko Romanovič, Fürst von Vladimir († 1269) 39
Veleti 13
Vladimir Svatoslavič der Heilige, Fürst von Kiew und Novgorod 980–1015 20
Vladimirko Volodarevič, Fürst von Zvinogrod und Halicz 1125–1152 30
Vladislav I., Herzog von Böhmen 1109–1125 28
Vojkov, Petr Lazarevič, sowjetruss. Gesandter in Warschau 270
Volodar' Rostislavič, Fürst von Przemyśl († 1124) 30
Vratislav I., Herzog, König von Böhmen 1086–1092 26f.
Vseslav Brjačislavič, Fürst von Polock († 1101) 26

Wagrier 14
Waldemar, Markgraf von Brandenburg 1308/17–1319 47
Walentynowicz, Anna, Gründungsmitglied von „Solidarność" 334
Wałęsa, Lech, Vorsitzender von „Solidarność" 334, 337, 339f., 346–352
Warcisław I., Herzog von Stettin († um 1135) 30
Waryński, Ludwik, sozialist. Politiker 222, 229
Wasilewska, Wanda, Gründungsmitglied des ZPP 286
Weißruthenen 220, 263, 275, 280
Wenzel (Václav) II., König von Böhmen und Polen 1278–1305 37, 45
Wenzel (Václav) III., König von Böhmen und Polen 1305/06 37, 45
Wenzel IV., dt. König 1376–1400, König von Böhmen 1378–1419 53, 76, 79
Wettin, Haus 156f., 159, 166
Wichmann, sächs. Graf 17
Wiclif, John, engl. Reformator 79
Widukind von Corvey, Chronist 17, 59
Widy-Wirski, Feliks, Vorsitzender der SP 301
Wielopolski, Marquis Aleksander, Chef der Zivilregierung im Kgr. Polen 202, 216–218
Wikinger 15
Wilhelm von Habsburg, Verlobter Jadwigas 56f., 72
Wilhelm II., dt. Kaiser 1888–1918 236
Wilhelm von Rosenberg, böhm. Burggraf 122
Willisen, Wilhelm von, Generalmajor 212
Wilson, Thomas Woodrow, amerik. Präsident 1913–1921 240f.
Wincenty Kot, Erzbischof 93
Winrich von Kniprode, Hochmeister des Deutschen Ordens 54
Wislanen 14, 16, 21
Wisław von Rügen 47
Wiśniowiecki, Fürst Jarema, poln. Magnat 142, 146, 152
Witold (Vytautas), Großfürst von Litauen 1392–1430 69, 73–82, 136
Witos, Wincenty, poln. Ministerpräsident 1923 und 1926 259–261, 265, 267
Witte (Vitte) Sergej Jul'evič, russ. Ministerpräsident 1905/06 225
Wittelsbach, Haus 48, 55
Władysław Biały von Gniewków, Prätendent 1373/75 55
Władysław Herman, Herzog von Polen 1079–1102 26–28, 32
Władysław I. Łokietek (Ellenlang), Herzog, König von Polen 1306/20–1333 37–39, 45, 47f., 54, 66
Władysław II. Jagiełło, Großfürst von Litauen, König von Polen 1386–1434 57, 63, 69, 72f., 76–81, 93, 97

Władysław III. Jagiellończyk (Warneńczyk), König von Polen 1434– und Ungarn 1440–1444 80–84
Władysław III. Laskonogi (Stöckerbein), Fürst von Großpolen 1202–1229 38, 42, 64
Władysław Odonic, Herzog von Großpolen 1229–1239 38, 42, 64
Władysław II., König von Böhmen 1471 – und Ungarn 1490–1516 86–89, 101 f.
Władysław von Oppeln, Statthalter in Rotreußen 1372–1378 55 f., 73, 76
Władysław II. Wygnaniec (der Vertriebene), Herzog von Polen und Schlesien 1138–1146 31, 33 f.
Władysław IV. Wasa, König von Polen 1632–1648 138–143
Włodkowicz z Brudzenia, Paweł, Rektor der Univ. Krakau 78
Wojciechowski, Stanisław, poln. Staatspräsident 1922–1926 260, 265
Wojewódzki, Sylwester, Gründer der Unabhängigen Bauernpartei 294
Wojtyła, Karol = Johannes Paul II., Papst 333, 339, 341, 346
Wolliner (Vuloini) 14
Wormdith, Peter von, Prokurator des Deutschen Ordens 78
Wybicki, Józef, Publizist 166, 184, 186
Wyhowski (Vyhovs'kyj), Ivan Evstaf'evič, ukrain. Hetman 1657–1659 149
Wysłouch, Bolesław, galiz. Bauernreformer 228
Wysocki, Piotr, Leutnant, Führer des Novemberaufstands 1830 198
Wyzsyński, Stefan, Primas 311, 320, 333, 335, 337

Zajączek, Józef, General, Statthalter im Kgr. Polen 184, 186, 194
Zaleski, August, poln. Außenminister 1926–1932 282, 285
Zaliwski, Józef, Oberst 204
Zambrowski, Roman, PZPR-Politiker 307, 314
Zamoyski, Andrzej, Krongroßkanzler 165
Zamoyski, Graf Andrzej, Gründer der „Landwirtschaftl. Gesellschaft" 202, 216
Zamoyski, Jan, Kanzler, Krongroßhetman 112, 121–123, 128, 133–135, 137, 139, 142
Zamoyski, Graf Maurycy, Präsidentschaftskandidat 1922 260
Zamoyski, Graf Władysław, Gründer der „Monarchist. Gesellschaft des 3. Mai" 203
Zápolya, Barbara (x Zygmunt I. Stary 1512) 102
Zasławski, Dominik, poln. Magnat 142
Zawadzki, Aleksander, Vorsitzender des Staatsrates 1952–1964 303, 307, 318
Zawisza Kurozwęcki, Bischof von Krakau 56
Zbigniew, Herzog von Polen 1102–1107 27–29, 61
Zbislava (x Bolesław III. 1102) 28, 62
Zborowski, Samuel, kleinpoln. Magnat 133 f.
Zebrzydowski, Mikołaj, Krongroßmarschall 136, 139
Żeligowski, Lucjan, General 257, 265
Zenon, päpstl. Legat 79
Zerboni di Sposetti, Josef von, Oberpräsident von Posen 208
Żółkiewski, Stanisław, Krongroßhetman 138 f., 153
Żuławski, Zygmunt, PPS-Politiker 301
Zygmunt Kiejstutowicz, Großfürst von Litauen 1432–1440 81–84
Zygmunt Korybutowicz, Neffe Władysławs II. Jagiełło 79
Zygmunt I. Stary (der Alte), König von Polen 1506–1548 90 f., 100–106, 121, 134
Zygmunt II. August, König von Polen 1548–1572 106–112, 121, 122
Zygmunt III. Wasa, König von Polen 1587–1632 und Schweden 1594–1604 134–138, 140
Zyndram-Kościałkowski, Marian, poln. Ministerpräsident 1935/36 276